U0915428

中国文化遗产年鉴

The Chinese Cultural Heritage Annal

书画艺术

《中国文化遗产年鉴·书画艺术卷》编辑委员会 编

文物出版社

总 策 划：杨曙光
版式设计：邢志强
责任编辑：孙　霞

图书在版编目（CIP）数据
中国文化遗产年鉴·书画艺术卷/《中国文化遗产年鉴》编辑委员会编.—北京：文物出版社，2007.6
ISBN 978-7-5010-2218-2

Ⅰ.中... Ⅱ.中... Ⅲ.①文化遗产－中国－年鉴 ②汉字－书法－中国－年鉴③中国画－中国－年鉴
Ⅳ.K203-54

中国版本图书馆CIP数据核字（2007）第074903号

中国文化遗产年鉴·书画艺术卷
《中国文化遗产年鉴·书画艺术卷》编辑委员会 编
*
文物出版社出版发行
（北京东直门内北小街2号）
http://www.wenwu.com
E-mail:wed@wenwu.com
北京画中画印刷有限公司印刷
新华书店经销
889×1194 1/16 印张：34
2007年6月第一版 2007年6月第一次印刷
ISBN 978-7-5010-2218-2 定价：430.00元

本年鉴由广州英豪文化传播有限公司北京分公司资助出版

《中国文化遗产年鉴·书画艺术卷》编辑委员会

艺术顾问：王　琦　刘大为　刘曦林　孙　克

主　任：王　仲

副主任：程大利　赵长青　刘文新　杨曙光

委　员：(按姓氏笔画为序)

王　琦　王　仲　王　平　王冬龄　王朝瑞　王广德　王　利　马新林
龙　瑞　丛文俊　**孙　克**　刘大为　刘　艺　刘　恒　刘心亮　刘守安
刘根长　刘文新　刘曦林　吕品田　孙轶青　孙景波　朱乃正　邵大箴
陈履生　苏士澍　李　一　李中原　李宝林　李荣海　李　伟　李　穆
李松涛　李天祥　杜滋龄　沈卫星　沉　浮　邹立颖　杨曙光　张旭光
范迪安　周尊圣　赵立凡　赵长青　段成桂　郭怡孮　唐　辉　崔　陟
程大利　谢　云

主　　编：苏士澍

执行主编：李　伟

凡例 FAN LI

一、2006年6月10日，《中国文化遗产年鉴》编辑委员会编辑出版了首部《中国文化遗产年鉴》。本书是《中国文化遗产年鉴》第一分卷。

二、《中国文化遗产年鉴·书画艺术卷》是对中国书画艺术发展历史的忠实记录和高度概括总结。作为首卷，本书还简要介绍了中国书画艺术的历史渊源及沿革发展，历代的名家名作及其影响。

三、《年鉴》当代部分主要收录了当代有突出贡献和有影响的书画名家和后起之秀。

四、由于资料浩如烟海，佳作如云，难以割舍，只能取开放的方式，不求一次收全，但求逐次完善，对于未能辑入的名家书画印鉴将在今后的年鉴中增补。

五、本《年鉴》以水墨丹青、毛笔书法、金石篆刻为主。画分山水、人物和花鸟三大类，书法以书体分类，再以作品发表时间为序。

书画篆刻历代名家传以生年排序，生年相同或生年不详者以卒年排序，发表时间、生卒年均不详者，列入该时期之首。

为查找方便，当代中青年书画家介绍，按照书画家姓名的汉语拼音，以英语字母表顺序排序。

六、本《年鉴》记录事件发生的截止日期为2007年3月31日。

《中国文化遗产年鉴·书画艺术卷》编辑委员会

2007年5月3日

目 录 CONTENTS

前言 QIANYAN

2006年6月10日，是我国首个“文化遗产日”。《中国文化遗产年鉴》编辑委员会适时出版了首部《中国文化遗产年鉴》，其内容丰富广泛，涵盖了物质文化遗产和非物质文化遗产两方面，它的出版发行受到了广泛的关注与好评。今年6月9日，将迎来“第二个国家文化遗产日”，《中国文化遗产年鉴》第一分卷《书画艺术卷》也顺利付梓。

中国书画艺术，集物质文化遗产和非物质文化遗产为一体，是中国优秀传统文化的重要组成部分和表现形式之一。她融汇了多种传统文化元素，凝聚了中华民族的无穷智慧，以独具民族性的精神气质，崇高的审美追求与审美品质以及别具一格的表现技法，形成了伟大独特的人文艺术景象，成为民族优秀传统文化乃至东方文化艺术的代表。中国书画艺术达到了人类文化艺术史上的至高境界，是世界文化艺术的绚丽瑰宝，是中华民族对人类文化史的伟大贡献。

《中国文化遗产年鉴·书画艺术卷》是对中国书画艺术发展历史的忠实记录和高度概括总结。在中国书画艺术发展的历史长卷中，大家辈出，名作荟萃。伟大艺术家和珍贵的书画艺术作品，共同成为我们文化艺术星河中的璀璨耀眼的明星，他们是我们民族文化发展史的光辉的见证和骄傲。随着时代的发展，中国世界地位的进一步提升，传统的中国书画艺术正焕发出夺目的光芒。

继承优秀的文化遗产是利在当代，功在千秋的大事，在当今建设和谐社会中尤其有着重大的现实意义。希望有志于此的同仁，共同担负起新时期传承、发展与弘扬中国优秀传统文化的使命。从优秀传统文化中汲取宝贵而丰富的文化营养，以满足和丰富人们的物质和文化需求，陶冶情操，在建设社会主义和谐社会中发挥积极的作用。

当前，我国政府及全社会进一步加大对中国文化遗产的保护力度，继承和弘扬中国文化遗产事业正逢前所未有的大好环境。希望《年鉴》编委会乘此东风，广泛深入地做好各项文化遗产项目的保护与宣传工作，进一步推进中国文化遗产的系列介绍与传播，优秀的传统文化必将在和谐社会的建设中如春风化雨，绽放出盛世光彩。

保护文化遗产
守望精神家园

孙家正
二〇〇七年五月

中华文化博大精深
书画艺术源远流长

八五叟孙轶青题

在優秀文化传统
基礎上創新

為中國文化遺產年鑑題

丁亥春 王琦

奇光之往應繼
異采之來詩開

爲中國文化年鑑題

歲在癸巳 文懷沙

道子风采
千古传名

八十九叟娄师白书

詩情畫意傳千古
揮毫潑墨繪新篇
丙戌歲晚湖人李鐸題

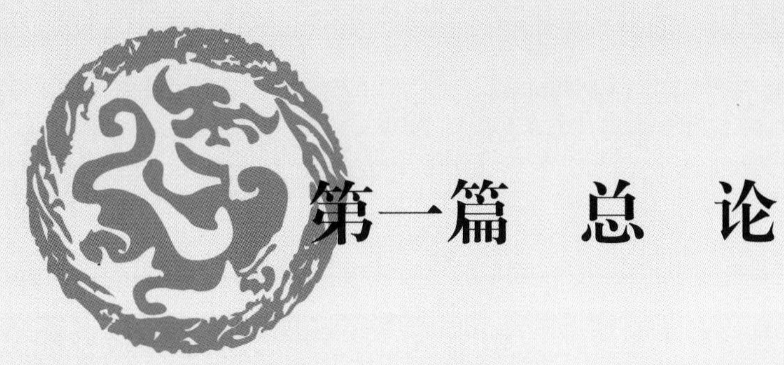

第一篇　总　论

龙瑞
《山居图》
中国画作品

第一章　中国哲学是中国书画的最高精神境界

中国哲学是具有浓郁的自然生命美学精神的哲学。这种生命哲学不同于近现代西方叔本华和尼采等人的悲观的、反理性的、盲目冲动的性质，而是对生命积极向上的发展的肯定，在本质上也就是对包含人在内的整个宇宙、自然生命的美的肯定。因此，中国哲学的天地之“道”、“艺”在本质上相通了。中国哲学就是中国艺术美创造所遵循的理论基础。美国美学家苏珊·朗格说：“你愈是深入地研究艺术品的结构，你就会愈加清楚地发现艺术结构与生命结构的相似之处”。中国书画正是对“生命结构”在审美方面的体现，而且这种体现与西方的模仿自然说不同。中国书画家认为不理解道统，就不可能认识自然与社会的本质，不可能有创造力来描绘自然与社会，书画印只有作为“道”的表现形式才能具有艺术的价值。在古老悠久的文明传承中，书画印不但有一个完整的发展历史，而且这历史还与一个强大的“道”的精神文化传统是共同发展的。“道”的发扬到 “情”的融会和“艺”的娴熟达到了高度的理性和高度的感悟天衣无缝的结合，达到了极致的通达与极致的热情的统一。它赋予大千世界和芸芸众生以永恒的艺术魅力，让观赏者受到视觉的震撼和心灵的感动，从而知道何谓世界艺术之大美。

先秦诸子的哲学思想对艺术的发展起了很大的影响。儒道两个学派奠定了中国文化的美学基础。

《易经》与中国书画印之间，一开始便在精神上达到了一种内在的契合。历代书画家也从中寻找艺术创造的法则。如清代笪重光：“山实，虚之以烟霭；山虚，实之以亭台。山形欲转，逆其势而后旋，树影欲高，低其余而耸。”就是说的虚实、顺逆的处理。意象是中国美术的中心范畴。如“比兴”、“兴象”、“形神”、“气韵”、“神韵”、“意境”都建构在意象之上。可以看出意象可以通向审美形象，或者更接近审美形象，更带有审美意味。

儒学对中国文化的影响，有着无法估量的重大作用。它不仅塑造了民族的性格，而且对中国书画影响极其深远。儒学创始人孔子就有过很多的极富价值的美学言论，他宣扬的仁义道德和个人修养，在山水文人画中得到了淋漓尽致的表现。孔子认为艺术必须符合“仁”的要求，他强调“美”和“善”的统一，“文”与“质”的统一，孔子强调“乐而不淫，哀而不伤”，即“和”的审美标准。后世很多书画家的审美趣味、理想都是以这个“和”字为核心的。孔子的审美观还强调人的主体作用，“智者乐水，仁者乐山。智者动，仁者进；智者乐，仁者寿。”孔子的美学思想在文化史上的影响很大，它形成了一种把艺术和政治教化紧密联系在一起的传统。

中国书画传统，既关注生命，又关注精神的。重生命以乐，怀精神而气，气发展成气韵，这正是中国美学重要的范畴之一。而道家思想所主张的“虚空清淡”对中国书画印艺术的发展所起的作用最大。它对精神世界的重视与中国书画“意境”有着异曲同工之妙。中国书画史上的“尚韵、尚法、尚意、尚态、尚朴”，“逸、气、神、骨、味”都可以从道家思想中找到最开始的源头。作为道家的创始人老子提出的“道”、“气”、“象”、“有”、“无”、“虚”、“实”、“味”、“妙”、“虚静”、“玄鉴”、“自然”等等，将“自然”放在至高无上的地位，充满了美学智慧，对于中国古典美学及其艺术创作都有极为巨大的影响，是中国古典美学关于“气韵生动”、“境生于象外”、“平淡与拙朴”等理论的发源地。老子的哲学思想反映出人类追求自然美的艺术精神，对后世的书法审美及书学理论产生了深远的影响。

在美学方面，《庄子》的影响超过《老子》。庄子美学主要贡献集中为审美心理自由论。庄子提出“心斋”和“坐忘”可看作是审美心境的真正发现。庄子认为审美的心境应该是虚的，如果审美者心中塞满种种成见，那就会把美的事物看成是丑的事物，造成美丑的颠倒。由于庄子哲学的影响，中国书画在反映生活时更为注重主观世界的真实体现，强调书画家们的真情流露，力求通过艺术形象表现主观心理世界之真。

魏晋南北朝是山水画兴起期，著名的山水画家有宗炳、王微等。陶渊明是东晋末年的田园诗人，是中国田园诗的鼻祖。他将“自然”提升为一种美的至境，对当时书画影响很大。从他的《归园田居》诗中可以看出诗人对自然的崇敬和热爱，后世山水画也是从对自然的崇敬发展到对自然美的欣赏从而繁荣起来的。书画家们也从陶渊明特立独行的诗歌中丰富着自己的艺术题材和表现形式。

宋代理学的“文从道出”、“文以载道”说，为儒家美学开了一条经脉。朱熹是宋代集理学大成者之一。他强调格物致知、躬行实践、居静养气，具有一种不懈追求真理的精神。在朱熹的哲学体系中，他认为美是给人以美感的形式和道德的善的统一、文与质、文与道和谐统一才是完美的。朱熹对奢侈性的物欲予以反对，但对审美活动需求给予了肯定。他亦吸收道、禅的某些成分，可以说他对书画艺术美学思想的影响极为深远。

明代早期的一位重要理论家王阳明，继承并发展陆九渊的心学理论，成为明代思想意识形态的主流。王阳明首创了心学，它的最大特征是审美走向内心，审美发自内心。它彻底改变了理学美学的思路和内容，成为中国美学史上另一条发展之路。心学讲究个人的对内自省和对外实践的统一，致良知。王阳明的良知不只是伦理道德，还是自然感性。理学是将理性与感性对立起来的，宋代理学家明确提出："存天理，灭人欲"，而王阳明认为"视、听、言、动"也是性，也是天理。明代自然人性论美学就建立在王阳明这一学说的基础上。王阳明心学中的"灵明"，正是天人合一的哲学论、美学论，这接触到了审美的一些本质性的特点。审美其实是一种感悟、一种直觉，是一种情感性的体验。"心学"对哲学、文化、艺术产生过很重要的影响。明代后期的汤显祖、李贽等都是王阳明"心学"的信服者和追随者。

李贽是明晚期进步的启蒙思想家。他对孔孟礼教、程朱理学进行了前所未有的猛烈批判。李贽反对理学家所谓的"存天理，灭人欲"的说教，反对以封建伦理道德来扼杀人的生活欲望和个性特点。主张要"好察""百姓日用之迩言"。李贽的思想中最富有美学意味的是"童心"说。李贽认为只有保持"童心"的纯真，从自己的情性和阅历出发，才能写出天地间的至文。就艺术创作来说，李贽认为"童心"是文艺的源泉，他说："天下之至文。未有不出于童心焉者也。苟童心常存，……无时不文，无人不文，无一样创制体格而非文者。"这里的童心即是真心、真情流露。李贽强调好文章都是发愤之作，作家要摆脱世俗传统观念的束缚，敢于把自己对于社会生活的真实感受和见解写出来，这就是"童心说"的本质。李贽的倡导真心，个性的美学观，体现晚明文学中自我意识觉醒的新趋势，是一种崭新的美学思想。

除以上对中国书画印影响很大的哲学家之外，特别值得注意的是，中国宗教对中国书画艺术精神的启迪。

佛教自东汉时期传入我国，其宣扬的"真、善、美"广为中国书画界所推崇，发展到后世的"禅学"更是为文人墨客所尊崇。佛教经过多次佞佛、灭佛的风风雨雨，到了隋唐时代，佛教美术已经中国化了，如吴道子的"吴带当风"。佛教未至前，国人的绘画未完全脱尽原始的简拙气象，佛教艺术传到我国，才开始见到崭新的绘画风格。梁代张僧繇的佛画，创立了"张家样"；北齐曹仲达的佛画，创立了"曹家样"；怀素的狂草书法，弘一法师（李叔同）所追求的恬淡之境，也表现出超脱的禅学意境。

佛教对绘画的影响主要表现在三个方面：第一：题材上出现了描摹"历代帝王像"、"孔子像"等。在汉代前，还没有用画像来表现对皇帝或儒、道祖师崇拜的做法；第二：在表现技法上出现了"晕染法"；第三：从绘画种类来看，促进了石窟壁画、佛寺道观壁画的迅速发展。顾恺之的《维摩诘像》、张僧繇的《二十八宿神形图》、吴道子的《送子天王图》、王维、贯休的《罗汉图》以及李公麟的《维摩演教图》等都是很有影响的宗教艺术代表作。

佛教对书法的影响主要是禅宗思想。禅宗的影响不只是造就了一大批禅书，更重要的是参与构建了一些对中国艺术十分有影响的美学思想，尤其是禅宗的情感说、意境说。情感说，追求一种超然物外的情感意味，这对唐代书法走向成熟，起了至关重要的作用。意境说，对于书法艺术而言，主要表现在书法鉴赏和评价标准上。宋代书法鉴赏，皆以有无意境为标准。黄庭坚认为："字中有泥，如禅家句中有眼，……心意闲澹，乃如微耳"。他将闲澹无为、清虚空灵的禅宗意境，视为书法创作的最高境界。

道教绘画大约产生于汉末，早期主要是宣传道教教义，如《太平经》中的《乘马驾龙图》等。道教人物画主要表现道教的神灵，比较世俗化，与民间生活保持着密切联系，充满了人间生活气息。可以说，道教的绘画艺术反映了特定历史时期民众的道教信仰、意识观念和审美观念。在道教的发展影响下，产生了许多道教艺术家：顾恺之、吴道子，他们道释画兼擅，创作了许多道教题材绘画。唐代四川青城山道士画家张素卿，画有《老子过流沙图》等道画作品，倍受赞赏。此外还有宋代武宗元、元代黄公望、张彦辅、方从义等、明代吴伟、清代金农……都是道教绘画的领潮人物。道教画代表作品有《西汉彩绘帛画》、《朱雀、神人、铺首画像石》、《朝元仙仗图》、永乐宫壁画《奉宝玉女》等。

"道"的抽象性和阴阳对比观念，禅宗的心性论和意境说理论，都为书法艺术走向成熟增添了光辉。道教对书法的影响，首先从道教的"墨符"说起。信仰道教的大书法家张旭，他的狂草艺术就直接受益于道教的宇宙论和狂奔宣泄的墨符。此外书法大家虞世南的书法也带有明显的道教书法的特征。宋代著名书法家苏轼、黄庭坚等的书法艺术，也都从道教理论中受到启迪。代表作品有：张叙《古诗四帖》、苏轼《赤壁赋》等。

中国哲学不仅为中国书画艺术提供了理论基础，它也要求书画艺术追求和谐之美。古人认为和谐是宇宙之道的体现，反映了天地万物的生命精神。人们以欣赏的态度去体悟自然万物，以身心的和谐去体悟万物的和谐，因而能引起共鸣。儒家强调适中而不偏颇，把他们推进了审美的"中和"观念中。这不仅肯定了形式美的地位，提出了最高的审美理想"文质彬彬，善美统一"，而且为人们的审美活动确定了批评的尺度，这个尺度就是"中庸"。道家则讲究太和、至和，崇尚自然，重视和谐作为宇宙生命精神的体现。老子从宇宙论的角度看待人生和社会的诸问题，要求顺其自然，顺情适性。主张以广大无边，周流不息的宇宙精神为最高和谐，由此心灵所创造出的艺术，才能达到太和、至和的境界。佛教则追求一种完美无缺的圆相，讲究形体的圆妙光泽。禅宗更是讲究圆形的意识，尤其推崇圆轮、圆月、圆坛等。艺术作品作为"外师造化，中得心源"的产物，其和谐体现了造化的生命精神，又体现了主题情感的和谐。物我同一，才能使作品生气灌注。古人首先将艺术中的和谐看成是自然之道的体现。同时艺术是物感于心的产物，其和谐同时表现为物我间的高度契合以及和谐的生命节奏和韵律，同时在动静相成虚实相生中体现出生命的和谐。书画作品风格中，阴阳化生的和谐规律体现为刚柔并济，刚中含柔，柔中寓刚，两者和谐有致，遂有艺术的生命力。中国哲学赋予中国书画以灵魂，倡导书画以"中和之美"、"顺其自然，顺情适性"，以达到和谐的审美要求。

在古代，书画艺术的自然风格常被视为理想的境界。道法自然成为众书画家追求的最高境界。历代书画论也多把"自然"列为最高的艺术品位。自然风格的最高理想体现在艺术之中。艺术作品在本质上是人工的产品，体现了主体的创造精神。但在艺术形式上人们又常常以自然、充满生机为崇高的追求，推崇艺术作品宛若天成的自然风格，让人领悟到自然之机比起形色的均衡、对称更为重要。张彦远《历代名画记·论画体工用榻写》中极力推崇自然风格："自然者为上品之上"，就是强调自然风格的天然体道境界，为品评艺术的最高标准。在审美的角度上，师法造化，是每一种风格的艺术品所遵循的重要原则。就是说自然的作品必合一气运化，神完而气足。这种自然的内涵包括师法造化的自然，性情流露的自然，艺术构思的自然和艺术表现的自然。

中医和武术也对书画产生了很大的影响，在中医的各种概念和范畴，诸如"形"、"气"、"象"、"情"、"志"、"意"、"精"、"神"、"和"等词汇都先后进入了书画美学理论的领域。正如美学将"神"定为最佳一品，中医之谓"神"，则是人所处的最佳状态，是"形"与"气"的和谐统一，体现的是中医"天人合一"的和谐之美。

中华武术具有鲜明的民族特征，其美学特征不仅具有装饰美、形体美、造型美、结构美等外在特征，更具有节奏美、精神美等内在美学特征。武术套路是艺术的另一种表现形式。是一种"距离"的美，是经过创造所表现出的一种感染力、震撼力的美。武术套路通过形式美、意蕴美表现武术的艺术性。武术有"四美"："形、神、德、道。""形美"即所谓"外练筋骨皮"；"神美"即所谓"内炼精气神"；"德美"即所谓"尚武崇德，以德服人"；"道美"即所谓"以术求道"。"道"正是中国武术追求的最高境界，也是中国书画印所追求的最高境界。

总体来说，中国哲学是中国书画印的最高精神境界，为书画印提供了丰富的理论基础，并赋予书画印以灵魂，强调以自然为上。书画家们总希望书画符合于自然的形态，没有人工的痕迹。

参考书目：

《朱子理学美学》 潘立勇　《中国绘画史》 田卫平
《中国美术简史》 孔令伟　《中国美学思想史》 敏泽
《中国绘画史》 陈师曾　《走进中国艺术殿堂》 高奇
《宗教与文化》 黄海德　《宗教与文化》 钱振勤
《中西宗教与艺术》 张育英　《诗画同源与山水文化》 李亮
《唐宋诗美学与艺术论》 陶文鹏

第二章　中国美学是中国书画通往中国哲学的桥梁

中国美学是以审美意象为主体的美学，是中华民族在长达五千年的历史行程中逐步创立并完善起来的，源远流长，风格卓越。中国书画，是中国古代艺术的灵魂，成为中国艺术最奇异的瑰宝，并以它独特的文化韵味屹立于世界艺术之林。中国书画以“意境”取胜，书画中往往蕴涵了无穷无尽的哲学思想。中国美学从来都不是孤立存在的，它与中国书画艺术史紧密联系，密不可分。博大精深的中国美学指导着中国书画的发展方向，用强大的理论体系给中国书画注入源源不断的动力，成就了中国书画最灿烂的艺术篇章。而中国书画通过中国美学的指导，又进一步丰富和发展了中国哲学。

首先，中国美学指导中国书画“度物象而取其真”。

“真、善、美”的美学思想在中国可谓是贯穿了整个书画发展史。其中，“真”是排在首位的。五代荆浩就明确提出中国书画应该“度物象而取其真”，他把物象分为“华”与“实”两部分：“华”既是美，是书画成立的第一条件，但“华”的成立必须要有“实”，他认为“实”才是物的神，物的性情。必须做到“华”与“实”的统一，就是所谓的“气传于华”，这才能得到物的“真”。这一理论早在《易传》中就有所体现，而且《易传》中提到的 “观物取象”，在书画艺术中首次把形象和思想、情感联系起来。到魏晋南北朝时期，刘勰在《文心雕龙》中说：“神用象通，情变所孕”，从艺术构思活动的角度，提出了“意象”这个范畴。顾恺之将这一理论应用于绘画，并提出“传神写照”，要求绘画不单只是简单的形似，而更强调神的相似。由于顾恺之如此强调“以形写神”、“形神相似”，所以在他画中人物的眼神中传达出幽冥微茫、深妙玄远的意蕴，表现出对“道”、“一”之本体的妙悟，顾恺之以形写神的最高境界即在于此。他还提出“迁想妙得”的审美方法，“迁想”是画家充分发挥审美的主观能动性，去感受、发现对象的性格特征和神韵；“妙得”是捕捉人物生命姿态中最灵妙动人之处。

宗炳在《画山水序》中指出，“道”在山水中还具有“形”、“趣灵”、“媚”的感性和审美特征，她呈现出动态的、取悦身心的、趣味盎然、灵妙动人的诗意和魅力。在山水中体悟这样的“道”，会使人“万趣融其神思”，获得巨大的审美快乐。山水画的审美价值就在于它可以展现宇宙创化的生机和自然造化之妙理。宗炳肯定山水画具有虚拟的真实性，这种真实性是以人们远眺或鸟瞰事物的心理感受为基础的。这一观点直接影响了中国山水画散点透视的空间意识的形成。

荆浩的“度物象而取其真”的理论以及他在“真”这个范畴所做的规定，在美学上首次把“气”和“意象”这两个范畴统一了起来，从而也就把“气韵生动”和“观物取象”统一了起来。在他的理论中，“真”不是客观世界被动的反映，不是照抄某一个孤立的物象，它是在把握自然山水的本题和生命上的一种创造，是画家将主观审美感受与客观世界融为一体而创造出来的“自然”。此后，中国书画家在创作中都会以其作为理论指导，将“象”的范畴向“境”的范畴推移，这种演变与“真”是属于同一个思想进程。后世文人绘画中所讲究的“意境”，就是“真”的一个最好的反映。

其次，中国美学指导中国书画“抑恶扬善”。

“抑恶扬善”也是中国书画最大的特点之一。在我国，建立在宗法血缘基础之上，以伦理道德为纽带的社会关系，始终支撑着两千多年的封建制度。所以强调“善”与“美”，即道德伦理之间血肉相连的思想，一直处于主导地位。

一千多年来佛教宣扬的“因果报应”也教导着人们积德行善，“善”在中国社会拥有了最广泛的群众基础。自汉武帝“罢黜百家，独尊儒术”后，儒学便成为封建正统思想统治了中国思想界。传统中国书画是文人的艺术，在儒学熏陶下的士大夫使中国书画中的“善”有了实现的可能。

儒学欣赏艺术，重视两个标准：一个是“善”，一个是“美”。“美”与“善”的统一，在某种意义上，也是形式与内容的统一。艺术的形式应该是“美”的，而内容则应该是“善”的。惟有尽善尽美，才是最好的艺术。“善”是中国传统文化中特有的道德精神，也是一种境界。

孔子曰：“仁者爱人”。他认为，艺术可以在人的主观意识修养中起到十分积极的作用。但是，只有符合“仁”的要求的艺术才能起到这种作用。此后的“文”与“质”也可以进一步表明这一点。“文”是指人的“文饰”，“质”是指人的内在道德品质。“文”与“质”的统一，实际上也就是“美”与“善”的统一。孔子所重视的“善”就是指道德修养，其着眼点就是品位追求。儒学讲究“仁山智水”，所谓“仁者乐山，智者乐水”。中国画家以山水画独步天下，宋、元寄情于山水、明清喻心于物，就是因为山水情怀，最能反映中国人的品位追求。在中国书画中，松的坚毅、梅的高洁、竹的虚心和节操、兰的典雅和情趣最为人们所乐道也是一个证明。中国的山水画、人物花鸟画中都有着同样的这种对“善”的追求。“恶”的人品与画品也是为人所不耻的。南宋大书法家蔡京因为是宋徽宗时的“六贼”之首，而被人们所唾弃，书法“宋四家”也将他排除于外。

儒学的这种“抑恶扬善”的价值观，在中国艺术史上始终居于主流地位。中国传统艺术中，可以有不与“善”直接发生关系的艺术品，但却始终没有与“善”产生冲突的艺术品。艺术风格可以不同，艺术标准可以不同，但从来都只许扬“善”，不许为“恶”。中国书画或深沉隐逸，或雄伟旷达，为后世提供了一批极为珍贵的文化遗产。

再次，中国美学指导中国书画从尚韵、尚法、尚意、尚态再到尚朴的发展演变。

中国书画历史悠久，以不同的风貌反映出时代的精神。追寻五千年书画发展的轨迹，“晋人尚韵，唐人尚法，宋人尚意，元、明尚态、清人尚朴”的时代风格相当明显。

“晋人尚韵”，弘扬的是个性；“唐人尚法”，尊崇的是法度；“宋人尚意”，喜欢的是创意；“元明尚态”，景仰的是笔调；“清人尚朴”，追求的是情理。在每一个时代的风格变化中，“逸、气、神、骨、味”的评价标准一直贯穿于整个书画史发展过程的始终，从未出现断层。所谓“运笔者天也，流美者地也”，而后人总是站在前人已有的高度上，通过继承与发展形成了自己时代最独特的风格与韵味，历久弥新。

魏晋时期，正是道家的玄学风靡四方的时候。道家的那种重“心”略“物”的思想，奠定了中国山水画甚至整个中国艺术的重表现而略再现的美学观念和基础。山水审美意识进入绘画领域，开创了山水画这一新体裁；“晋人尚韵”，崇尚的就是气韵、韵致。于实用中崇尚自然情趣，即有高度韵胜，将楷书“自然”化了；人物画由汉代重视外在动作的生动变化发展为对人物灵妙的风神、精神的表现；“尚韵”在中国书画史上作为美学的审美范畴，既有广泛的指向，又有其特定的涵义。其特定的涵义是指魏晋书画的时代特征的总括——“气韵生动”。具体的说，它是指魏晋书画超凡绝俗、潇洒飘逸的审美风格以及萧散、简远、平和、恬淡、超逸、蕴藉的艺术特征。魏晋书画的尚韵特征，是由魏晋时期众多的书画家共同缔造的，尤其是东晋王羲之、王献之父子，他们是尚韵时代的代表人物。晋代书画艺术的发展促进了绘画美学思想的繁荣，出现了顾恺之的《论画》、《魏晋胜流画赞》；宗炳的《画山水序》，王微的《叙画》，谢赫的《画品》等画论，为我国绘画美学理论奠定了基础。

艺术自觉的溪流，来自黄河上下、大江南北。进入隋唐以后，终于汇成了滚滚洪流，书画艺术随之由“尚韵”发展到“尚法”。书画之心、书画之神、书画之意、书画之道的实现，必然依赖于创作手法。为此，唐代书画家掀起了重规尚法的艺术高潮。关于执笔、用笔、结构、篇章乃至品评都有一套成熟的属于自己时代的法度。唐代艺术自觉，崇尚美善合一，以“善”为支点，实现了楷书的规范化；同时，楷法大胆地走向奔放的一端即是草法，于是又有浪漫化相伴随。

宋代书画美学继承了晋人的尚韵思想，突出书画艺术的韵味境界。黄庭坚认为具有韵的书法作品必须具备两个特点：一是“笔少令韵胜”。二是笔法上要沉著痛快，不假工巧。苏东坡认为，书家若通其意，就不应在书写时有意为之或在技巧上苦思冥想，而应遵循让意从胸中自然流出“天真烂漫是吾师”的法则。“古人神气淋漓翰墨间，妙处在随意所如，自成体势”，实质上已经提出了书画的个性化发展与尚意主张。

宋代艺术创作尤为注重追求意境中的“气韵”，把“气韵”作为艺术作品最高的审美要求。他们不仅向外发现了自然美，还向内发现了人精神自由美。宋人的“尚意”注重哲理性、书卷气、风格化和意境表现。

元朝的文化高压，迫使元人师法晋唐，在书画艺术创作上，继承大于创新。明代书法美学强调“心手交畅”、

"得心应手"，把意和法、心和手辩证地统一了起来，规矩入巧，乃名神化，固不滞不执，有圆通之妙焉。认为书法艺术中的"神气"实际上来自于禀赋，而书法境界的高下主要是取决于天资、气禀的高下。书为心迹，书法是心灵的传达；欲书必先舒心，保持相应的审美心境。书法本质上成为舒散怀抱、表达心意的一种艺术形式。一直到明中期"吴中四家"崛起，书画开始朝尚态方向发展。祝允明、文征明、唐寅、王宠依赵孟頫而上通晋唐，取法弥高，笔调亦绝代，这和当时思想观念的开拓解放有关，书画开始迈入倡导个性化的新境域。晚明书画追求大尺幅，震荡的视觉效果，侧锋取势，横涂竖抹，满纸烟云，使书画原先的秩序开始瓦解。其代表人物书家张瑞图、黄道周、王铎、倪元瑞等，他们将笔法的运用推向了历史的高潮。

到明末清初，美学主潮流以抒情明理为旗帜，追求个性与发扬理性互相结合，正统的古典美学与求异的新型美学并盛。清代书法的总体倾向是尚朴，有帖学与碑学之分。帖学虽然传承时间长，但未有很好地加以清理、认识、调整，其积弊日益加深，因此到了清代日渐式微，而碑学如雨后春笋般地繁荣了。当时著名的书家如金农、邓石如、何绍基、赵之谦、吴昌硕、张裕钊、康有为等纷纷用碑意写字作画，达到了尽性尽理、璀灿夺目的境地，可谓是中国书画文化的一大景观。

清代的石涛，提出"一画"论，将笔墨技法与绘画原理结合起来，从哲学的角度揭示了以山水画为代表的中国画的美学本质，并阐明了中国画家如何在艺术创作活动中获得自由这样一个根本的问题，从而将古典画论提升到前所未有的高度。

我国的书画艺术是重视形式美而进行创作的。但其发展中却更加重视内容的美，受"意境说"美学思想的影响，逸、气、神、骨、味深为中国书画家们所推崇。逸本来是指一种生活形态和精神境界，它渗透到书画中，就出现了所谓的"逸格"。元代的"逸笔草草"就是为了写心中"逸气"，而这正是"逸格"的美学内涵。气是指书画艺术中的气韵。谢赫"六法"中将气韵摆在了第一位，认为"气韵，生动是也"，即"气韵生动"。"气韵"这一美学概念所体现的重视精神上的高风绝尘，体现了古人对人精神美的重视。"气韵"这一美学概念形成后，对我国后世的美学理论和艺术创作起到了重大而深远的影响。骨指"风骨"，是书画艺术作品中的"笔力"。它揭示的美学思想，不仅深刻地影响着唐代的艺术创作，如陈子昂提出的"汉魏风骨"，而且还长久地影响着以后的艺术创作及美学思想的发展。味是指精神的愉悦和精神的享受，它对审美关系做了高度的概括，这在美学史上是一个飞跃。它的内涵在唐宋两代又得到进一步的丰富和发展，逐渐成为中国古典美学的一个重要的美学范畴。"逸、气、神、骨、味"成为书画品格的五个关键因素，一幅作品，必定要兼具这五方面的品格，才能称得上是优秀的作品。

中国书画，之所以博大精深，就是因为在浩浩荡荡的历史长河中，积累和发展了丰富的美学思想。美学思想又反过来赋予了中国书画独有的哲学内涵与韵味。

第四，士大夫的忧患意识与闲情逸致对中国书画具有重大影响；

中国书画历来都被认为是文人的书画。能书会画的多半是士大夫阶层。受封建正统思想的影响，中国历史上诗儒、画儒、书儒之多，形成了中国文化的独有景观。忠君爱国原本就是中国古代知识分子的政治理想，他们常常将这种思想倾注于笔墨之端。中国古代有名的大艺术家，或隐或宦。在战乱频繁，山河破碎时，他们忧国忧民。南宋画家郑思肖作了一幅《墨兰图》，无根无土，笔简而情深，表达宋破家亡、无处可依的愤恨；马远、夏珪则供助"马一角，夏半边"的构图形式来表达对残破山河的无奈。在国泰民安、天下升平时，他们那份闲情逸致则浸润其间，"采菊东篱下，悠然见南山"的场景频频见诸于画端。

宋金元时期，受文人士大夫闲适清韵趣味的影响，书画美学注重意境的空灵，强调艺术"适意"、"乐心"的审美愉悦与娱乐消愁的作用，比如欧阳修曾提出了"学书为乐"与"学书消日"的观点。

最后，民间艺人、工匠朴素的审美情趣为中国书画提供了艺术源泉。

尽管流芳千古的书画大家大都属士大夫阶层，但也无法掩盖民间艺术的灼灼锋芒，民间艺术对书画的影响不

尽管流芳千古的书画大家大都属士大夫阶层，但也无法掩盖民间艺术的灼灼锋芒，民间艺术对书画的影响不容小觑。从中国书画历史上看，不少大手笔，并非出自宫廷或者世家，而是来自民间。中国民间艺术创作群体，无数的能人巧匠蛰伏其中，可谓藏龙卧虎。几千年来的民俗传统，民间艺术总是以其朴实无华，寓意吉祥，为书画艺术的创作提供了源源不断的素材与灵感。受民间艺术影响，中国书画也是“图必有意，意必吉祥”。民间艺术寓大雅于大俗之中，而伟大的艺术品，只有能达到雅俗共赏才是最有生命力的。它不仅为艺术家所珍视，尤为社会所承认。中国书画恰如其分的吸取了这点，真正做到了雅俗共赏。为中国书画在艺术上的卓越成就又添上了浓重的一笔。

总之，中国书画艺术的灿烂辉煌与中国美学有着极其重要的联系，中国美学指导中国书画艺术的发展方向与目标。作为最典型的东方艺术，中国美学指引着中国书画通达于中国哲学所宣示的美妙境界。

参考资料：

《中国美学史大纲》 叶朗著 上海人民出版社

《中国艺术精神》 徐复观著 春风文艺出版社

《中国美学思想史》第一卷 敏泽著 齐鲁书社

《中国古典美学史》 陈望衡主编 湖南教育出版社

《中国艺术史·书法篆刻卷》 史仲文主编 河北人民出版社

《中国美学简史》 朱志荣主编 北京大学出版社

第三章　中国文学与中国书画的渊源

文学与书画都是中国文化艺术宝库中璨灿的明珠。虽然“文学”与“书画”是两种完全不同的表现形式。但文学与书画却是“形异神同，息息相依”。尽管，在创作实践中，文学对于书画的影响似乎更直接、更明显，但这种影响并不是单向的。素来就有“诗书画印”之说，画与诗、文是互动的，是相辅相成的。文学与书画两者之间是一种“相得益彰”的关系。“文学”可以因为有书画的素养更精彩，“书画”也可以因为有文学的功底而更灵动。

文学对于书画具有启智筑基、滋补气质、陶冶性情的功效。文学的素养能转换为书画的意境，提升书画的品位。无论是书家还是画家，其文学素养如何，对他作品的风貌、格调、意境都有着直接的影响。

一、文学与书画同源

绘画追求一种“画中有诗”的意境，希望通过绘画来表达一种心境。中国画历来有书画同源、诗画同源之说。画家通过笔墨技艺的处理和形式美的表现，力求使画面情景相融，意趣逢生。宋人张舜民说：“诗是无形画，画是无形诗。”诗与画的有机结合，用画来表现诗意，或将诗题在画中互相衬托，来表达画家的感情。例如：以水墨写意为主体的文人画，讲求诗书画统一，注重笔墨情趣。绘画与文学的紧密联系，形成一种独特的风格。

王维是盛唐山水田园诗代表作家，空明境界和宁静之美是王维山水田园诗艺术的结晶。因心境空明，他对自然的观察极为细致，感受非常敏锐，像画家一样，善于在动态中捕捉自然事物的光和色，在诗里表现极丰富的色彩层次感。如：“日落江湖白，湖来天地青”（《送邢桂州》）。“荆溪白石出，天寒红叶稀。山路元无雨，空翠湿人衣”（《山中》）。“白云回望合，青霭入看无。分野中峰变，阴晴众壑殊”（《终南山》）。

书法与文学虽然分属两个范畴，但就创作途径而言，二者都是通过“字”作为创作载体的艺术，“字”的结构和含义，是书法和文学的重要组成部分。随着时代的发展，书法和文学用“字”作为载体，共同传递着不同的理念和感受。书法是以一种视觉美来展示一种神韵、一种心境；而文学是用内容来反映一种思想、一种观念。一个通过“字”的结构表现美，一个通过“字”的含义表达美，但二者在创作主旨、风格、法度、结构、艺术手法等方面都具有相通之处，即都通过笔墨表达作者所思所感。 因而在传递美的同时，也具有教化的实用性。可以说，在一定程度上，书法帮助文学作品充满厚重或灵动的美感，文学帮助书法日益完善深邃。

二、文学与书画作品在创作主旨、内容、风格上的关系

在创作主旨、内容、风格上，书画和文学作品是相通的。它们都是通过艺术创作， 让人们了解大千世界。文学与书画都把握了人生真实景象，体现了茫茫宇宙、渺渺人生的诸多感慨，饱含了不可言传的情结、难以表达的深思、无法解答的微妙，夹杂着作者的身世遭逢、人生体验、情感震撼，因而具有浓烈的人文色彩。当然，不同创作主体所反映的自然界物象，直抒胸臆的感叹，必然因人而异、因时代而异。通常，社会的发展变革，对文学家和艺术家的触动是非比寻常的，让他们不由自主地染上时代的色彩，创作出杰出的文学作品和书画作品，并能够准确地把握时代的脉搏，具备个人风格特色，能引起审美者的内心共鸣，从而流芳百世。

三、文学与书画在作品整体立意和构思上的关系

对文学和书画而言，作品整体立意和构思都非常关键。文学作品需要经过精心审慎的构思，才能使描绘的对象清晰生动，使表达的思想深厚隽永，使作品充满艺术的温情和智慧的光芒。而书画也是一样，在下笔之前要经过思考，才能出新意，出品位。晋卫夫人曾在《笔阵图》中说：“意在笔后者败，意在笔前者胜。”王羲之在《书论》中也进一步强调：“凡书贵乎深静，令意在笔前，字居心后，未作之始，结思成矣。”这些都充分说明，书法下笔之前要经过深入地思考，只有成竹在胸，才能下笔有神，达到高妙的境界。认真的构思，对于书画和文学作品的创作，都有重要的意义。

就创作的过程而言，好的书画作品和文学作品，都需经过艰苦而漫长的构思、准备，才能一挥而就。立意的过程是作者本人酝酿思考的过程，这一过程对书画作品和文学作品的成功非常关键。

四、文学与书画在表现方法和技巧上的关系

山水、草木、鸟兽都是有生命力的，好的文章在笔墨挥洒处固然倾注了作者的热情，但也同样需要谋篇布局，遣词造句。杜甫曾说“语不惊人死不休”，就说明了文学创作要讲究用词的精妙。就艺术表现的手法而言，绘画和书法作为不同的艺术类别，它们的表现方法和技巧同样重要。绘画通过一笔一画来使描绘对象栩栩如生、鲜灵活泼。而书法首先必须掌握一定的法度，要有基本的执笔、运笔、结构、章法。其次，书写的字的点线笔画必须构筑出字的骨、筋、肉、血，充满生命的灵动感和节奏感。

好的书画和文学作品都做到了虚与实的完美结合。一幅画要吸引人应有神韵，能让人感到作者的所思所想；好的文学作品也总是留给读者想象的空间，这样读起来才更耐人寻味。

五、文人画与中国诗书画的结合

文人画是绘画历史长河中一支美妙的激流，尤其是在绘画意境创造上具有独特的创新性。文人画的作品大都取材于山水古木、竹石、花鸟等。表现手法以水墨或淡色写意为多。其画面大多追求以诗表达画意，或以画面表达诗意，被人称为诗情画意。所以文人画是一种综合型艺术，集文学、书法、绘画及篆刻艺术为一体，是画家多方面文化素养的集中体现。

“文人画始自东坡，至松雪敞开大门。”文人画的作者多集诗、书、画为一体，“诗不能尽、谥而为书、变而为画。”绘画文学化了，题跋和用印成为画面的内容。诗词入画更加强了诗的意境。书法入画，强调笔法的书写性、主张书画相通。注重经营画面布局，强调个人品学修养，题诗填词，利用诗、书强化画面效果，追求诗、书、画、印的完美结合，强调绘画有诗境与诗意。

也有人认为王维是文人画的创始者，他的诗、书、画皆精深微妙，苏东坡对他推崇之至，评其诗画云：“味摩诘之诗，诗中有画；观摩诘之画，画中有诗”（《书摩诘蓝田烟雨图》），自此，遂习称“诗为无形画，画为有形诗”。苏东坡的诗文自不必说，文为唐宋八大家之一，词开豪放一派为众所周知，他的画亦非平庸，画史上有他画“朱竹”，画《枯木竹石图》的佳话。还如欧阳修，亦精于书画，唯因文名而掩其书画名耳。在南宋，陆游、朱熹都是知名书画家。元、明、清书画巨子如赵孟頫、沈周、文征明、董其昌、石涛、朱耷都是博学多艺的兼能者。

诗、书、画、印的合一，使艺术家的视野不断扩大，艺术修养不断提高，这是中华民族精神上的趋同，形式上的合一。文人画追求神似不拘形似，书法追求“精、气、神”，诗文同样要求“以气为先”，重视“有神”，因此，诗、书、画在精神本质上得到了融合。诗人在赋诗之余读书画、作书画，画家在画上题诗词，甚至题长跋。如明王冕《点水梅花图》，竟题上了近千字的《梅先生传》。近代著名画家姚茫父，1924年作《黄牡丹图》，画面上仅一枝牡丹，却题写了近千言的《黄牡丹纪事》，题后仍感兴犹未尽，又在画面左上方题了长短句《蝶恋花》，结果，一枝牡丹全淹没在字海中，再在画上钤印，这种融合真可令人“叹为观止”。

总之，文学与书画是中华文化文脉深处的两个宠儿，底色相近，如出一辙，只是在具体的表达形式上有所区别：一个用方块文字来表达，一个用线条和水墨色彩来表达。但无论是文学还是书画，它们都是民族的记忆，时代的镜子，不仅透视出时代的风貌，同时也折射出人们的民族情感与民族精神。

第四章　中国诗词音乐舞蹈是中国书画的直接内涵

中国书画，综合众妙，通于自然，是中华文化艺术的结晶。中国书画通于诗词之境界，通于音乐节奏与舞蹈之韵律。书画除了在形象上的各种艺术性外，在内涵方面，也受诗词音乐舞蹈莫大的影响。

首先，中国诗词为中国书画提供了丰富的创意，中国书画作品中总是充满了诗情画意。

诗词和书画都是反映一定时空中的社会生活，只是用不同的方式来写景抒情叙事，诗歌是用文字来构筑空间，书画则是用线条与色彩构筑空间。可以说，诗歌通过语言达到一种书画的审美效果，而书画则通过画面达到一种诗意的境界。如山水诗就为山水画提供了丰富内涵。当诗歌中的田园诗、山水诗在两晋南北朝时期兴起时，山水画也处于萌芽状态。到了诗风大盛的唐代，诗歌中所创造的无数艺术形象，已成了后代画家追求的楷模，甚而成为画家创作取之不尽的间接源泉。山水诗的艺术表现形式，以历数、枚举与排列组合的手法，所构成的格律对偶句式最为明显，取得了时空统一的画面效果，这与山水画运用散点透视经营位置是相通的.如宗炳就论述了近大远小的透视原理，运用透视法在构图上解决空间感问题。并将其运用到山水画的布局上，使画面上的景色有了广度、深度和层次。

诗词不仅对书画的内涵有影响，在创作意境上也互相渗透、水乳交融、诗情画意、融为一体。中国画就是诗画合璧最典型的例子，画史上所谓蔡邕“三美”，郑虔“三绝”，就是对诗书画合璧的推崇和赞誉，诗情画意即是对两种艺术形式完美结合的高度概括。魏晋南北朝山水诗从曹操的《观沧海》到谢灵运的“玄言诗”，无不体现诗人隐遁泉林，寄情山水，寻求精神慰籍和解脱，与大自然融为一体，物我两忘的精神情致。山水画中借物咏情，诗画融合，对后世影响极大，特别是在诗画意境的开拓上值得称道的第一人——王维的山水画意构成源于山水诗。如《山居秋暝》：“空山新雨后，天气晚来秋。明月松间照，清泉石上流。竹喧归浣女，莲动下渔舟。随意春芳歇，王孙自可留。”王维的诗人气质使他在描绘山水时也带有比兴的眼光去看自然。触景生情，融情入景，情景交融，使人和自然相互渗透，赋予山水画以诗的气质。苏轼“诗画本一律”的观点，也道出了两种艺术方法所具有的共性，诗画内在联系的纽带——情意，即画中意，诗中情。

其次，中国音乐对中国书画产生了重大的影响，天籁佳音的旨趣在中国书画中得到自然的流露。

在音乐舞蹈方面对书画的影响也不逊色与诗词的影响。古代哲学家认识到音乐的境界是极为丰富而高尚的，它是文化的集中表现，为书画家的艺术作品提供精神与情趣的内涵，让人从中国书画中领会天籁佳音。唐代诗人郎士元《听邻家吹笙》诗云：“凤吹声如隔彩霞，不知墙外是谁家。重门深锁无寻处，疑有碧桃千树花。”就是人们在感受音乐时会情感移易，受到触动，得到净化、深化和升华。音乐引导人们把握世界万物里最深沉的节奏起伏，音乐使人们心中幻现出自然的形象，因而丰富了音乐感受的内容，书画的创作也就随着音乐的激荡而一泻千里。

文人墨客也由于在自然现象中意识到音乐境界而使书画表现的自然形象增加了深度。六朝画家宗炳爱游山水，归来时将所见名山都画于壁上，曰：“抚琴动操，欲令众山皆响。”一个充满音乐情趣的宇宙是中国书画家的艺术境界，书画家们对这个宇宙的态度，正如宗炳所说：“身所盘桓，目所绸缪，以形写形，以色貌色”。儒家建构礼乐文化的这种历史性努力，对中华民族审美心理习惯的形成和书画艺术价值的确立有着巨大、深远的影响。

最后，中国舞蹈对中国书画也产生了深远的影响。

我国古代舞蹈在原始社会中渡过了萌芽、形成期，大致在青铜时代已臻于成熟。然后在封建社会中进一步发展，历汉至唐，在唐代达到了鼎盛期。自宋以后，随着艺术领域的整体变动而进入转型期。节奏化了的自然，可以由中国书画艺术表达出来，中国书画所描绘的自然就是这音乐舞蹈的境界。舞蹈与诗词、书画等文学艺术都在作品中融入了情感，舞蹈之形作为情感的载体，直接披露人的心灵、意绪。舞蹈鲜明的节奏感和韵律感是舞蹈艺术生命情调的表征，使舞蹈成为诗意的载体。如唐代画家吴道子请裴将军舞剑以助壮气。唐代的“健舞”，著名的舞伎公孙大娘被大诗人杜甫誉为“一舞剑器动四方”，其舞姿雄健英武，大书家张旭因观其舞书法大进，从而成就“狂草”这一书法风格。唐代时，书法家把草书作为抒发胸臆、展露性情的艺术手段，使草书大放异彩。在唐代，先后有张旭与怀素把草书的艺术推到了高峰。

张旭是把草书高度艺术化的先行者。为人桀骜狂放，精善草书，淋漓尽致的把草书用来表达对生活的感受，他观看公孙大娘舞剑，悟出了书法的门道，并以诗文记下了公孙大娘弟子舞剑的感受：“来如雷霆收震怒，罢如江海凝清光”，道出了舞蹈中的节奏和韵律变化，也道出了草书千变万化的精妙之处。

书画艺术以其独特的艺术魅力感染着人们，它将历史文化的沉积与诗歌、音乐和舞蹈等艺术的精神凝聚在自己的艺术作品中，丰富着书画的艺术题材和精神内涵，成为中国文化中不可或缺的有机组成部分。

参考书目：

《诗画同源与山水文化》 李亮 中华书局

《唐宋诗美学与艺术论》 陶文鹏 南开大学出版社

《音乐美学教程》 卢建华 上海社会科学院出版社

《中国美学研究》 朱志荣 上海三联书店

《华夏美学》 李泽厚 天津社会科学院出版社

《中国古代审美文化论》 吴中杰 论文

《中国美术史论集》 宗白华 安徽教育出版社

《中国古代诗歌艺术精神》 李达五 重庆出版社

第五章　中国书画的对外交流

艺术是人类的共同财富。世界上各种文明的优化提升、差异互动、多样共存、互补共生的文化进程。优化了本土书画艺术文化。中外书画艺术的交流在中国书画的历史上从来没有中断过，古代中国既有对外来艺术的借鉴，又有本土文化的对外传播，促进了各种文明的发展。

第一节　中国书画与中亚、西亚、南亚的交流与融合

在世界四大文明古国中，古埃及、古印度、古巴比伦王国都不同程度的出现了文明的断层。惟有中华文明源远流长，延绵至今。汉代张骞开辟的丝绸之路，使中国书画从此开始了频繁的与中亚、西亚、南亚的交流与融合。其最频繁时期是汉唐时期，最主要的表现形式则是佛教艺术传入对中国书画的影响。

魏晋南北朝时期佛教在中国的传播，开始出现了中国吸收外来艺术影响的第一次高潮。初期在丝绸之路上，新疆的克孜尔千佛洞壁画的人物，用曲铁盘丝描法与凸凹不平的染色法；敦煌莫高窟壁画，构思完整、厚重朴拙、线条粗放、有大片颜色的平涂，是受印度阿旃陀壁画和汉墓壁画的双重影响形成的。

东吴画家曹不兴曾摹写康僧会带到建业的“西国佛画”作为佛像的典范，能将佛画得与真人一样，衣纹褶皱紧贴身体，富有立体感，被称为“曹衣出水”，号“曹家样”。此后，顾恺之、戴逵、陆探微、张僧繇、曹仲达等六朝名家皆工佛画，促进了中外绘画的交流。北朝以后的敦煌艺术也是一个逐渐本土化的过程，这与汉族力量在西域的成长，以及汉文化在异域的传播直接相关，这种力量在隋唐时代达到了顶峰。此外，东罗马艺术与萨珊波斯艺术的影响，也构成了魏晋南北朝时期的一大景观，并渗透到中国佛教艺术中。犍陀罗艺术与笈多艺术的影响伴随着佛教的传播陆续东渐中国西域与内地。

隋唐五代时期是中外美术交流史上的黄金时代。在中国艺术中融合了印度、波斯等外来因素，形成了高贵典雅、异彩纷呈的风格。到唐朝时，王维就受过禅宗的影响，主张“心空”，他的山水画就追求空寂的境界。中国与印度、波斯、阿拉伯等中亚、西亚、南亚许多国家建立了广泛的经济和文化联系。

宋元时期，在、东南沿海港口泉州，出现了中国内地罕见的印度教题材的雕刻。

中国书画也对中亚艺术文化产生了影响。先秦时期，陕西扶风西周宫室遗址出土的西亚人形象的小型骨雕人头，在哈萨克斯坦与阿尔泰山西部南麓发现的山字纹战国铜镜等，都透露了先秦时期中外艺术交流的迹象。

西亚以古文化发达著称，并且是伊斯兰教、基督教、犹太教、拜火教以及其他一些宗教的发源地。在波斯细密画的发展中就吸收了中国绘画的影响。波斯细密画线条工细，色彩富丽，与中国传统绘画的工笔重彩颇相类似。

第二节　中国书画对东亚的影响及在东方文化发展中的地位

在构成东亚的文化艺术的基础上，中国的书画艺术对东亚的影响长久而深刻。汉代艺术以其深沉雄大的气势向外传播，影响遍及朝鲜、越南、日本等国。唐朝是当时世界上最繁荣的文化中心，唐代艺术以空前的规模向东方各国特别是日本、高丽传播，唐朝绘画对日本平安、镰仓乃至后世产生巨大的影响。到宋代时，虽然政治经济上积贫积弱，文化艺术上却是空前的兴盛。宋徽宗书画上高超的艺术造诣对宋朝乃至日本影响深远。宋代书法上的“尚意”和禅宗的发展，对日本等东亚诸国的影响也极为明显。日本当代绘画中仍能很明显地找到中国禅宗绘

画的影子。此后的元明清都是大一统繁荣的封建王朝，中国书画对东亚文化的影响也是无可比拟。在整个交流过程中，中国始终是作为一个文化上的强国而处于核心地位，影响着东亚书画艺术的发展方向与进程。交流是双向的，与此同时，东亚各民族的特异性即民族风格也对中国书画产生了重大的影响。

大一统的封建王朝到清代时，民族矛盾空前尖锐，浙江一带抗清失败的明遗民，亡命日本，出家为僧。浦江人物画僧心越、杭州释像画家逸然等，受到日本僧俗的欢迎，对日本画坛有重要影响。雍正时期，清廷解除海禁后，花鸟画家沈铨、山水画家伊海等也赴日传艺，他们都为中日文化交流做出了杰出的贡献，他们的作品至今还被珍藏在博物馆、寺庙或私人家中，受到日本人民的喜爱。

鸦片战争后，中国书画艺术家向日本学习，并发展出岭南画派。他们的中国书画不再是只用水墨，而开始在水墨中掺入水彩、水粉画的粉质颜料，在不吸水的矾纸上作画，有"新国画派"之称。我国书画界与日本的交流一直持续到今天。

第三节　中国书画与欧美的交流

中国与欧美的艺术交流是双向的。鸦片战争后，经历欧美外来美术的冲击，中国书画艺术经历了严酷的考验，并保持了自身的独立性。

在汉代的丝绸贸易和唐以来的陶瓷贸易中，欧洲人部分地接触了东方文明的影响。元代初年来自意大利威尼斯的马可波罗东游后所著《马可波罗行记》问世，第一次完整地将中国介绍到西方。书中充满了对中国文明的溢美之词。神秘的东方文明和遍地黄金的诱惑，激发了许多欧洲殖民者到东方探宝，促进了中西书画的交流。

明清时期的欧洲艺术比以前任何一个时期都更强烈地影响了中国书画的发展。随着欧洲天主教的传播和中西贸易的发展，中国开始出现了吸收外来艺术的第二次高潮。

明末利马窦等人通过所携带的图像作品间接影响了中国的书画艺术家们。如肖像画方面，采用西洋新法的风气比较明显，谢彬、徐璋、郭巩、孟永光等人都采用这种方法。

清初传教士带来的西洋画风对宫廷绘画的影响很大，尤其是以西方传教士画家意大利的郎世宁、法国的王致诚、捷克的艾启蒙等为代表的新体画派，形成清宫院画的一大特色。带来西洋画的凸凹明暗和透视法，在皇宫为皇帝作战功图，以精细逼真的艺术效果受到欢迎。同时，前后几批传教士中的画家，也学习了中国水墨画的散点透视、笔墨皴擦的技法，画出了中西合璧的画，如王致诚的《十骏图》。

明代后期西方传教士带来的影响，一直延续到18世纪中叶，视觉艺术成为重要的传教工具。这种新画派绘画为少数中国画家所接受。

受此影响，明清之际像张宏、吴彬、龚贤等不少画家自觉地重新反思北宋的风格。清宫廷画家如焦秉贞、冷枚、丁观鹏等，也参酌西法，注重凸凹明暗的光影效果，笔法纤细写实，如焦秉贞的《仕女图》。

鸦片战争迫使清王朝打开国门，西方文化的冲击客观上也给沉闷的中国书画艺术吹来了一丝新鲜的空气。中国书画在政治的跌宕冲撞中，开始了艺术上新的反思。西学东渐的思潮涌起，中国人开始主动的向西方学习。大批留学生为中国书画艺术的发展作出了重要贡献。建国以后很长的一段时间，受国际国内政治局势影响，中国书画基本上为东欧的"苏派"美术所影响。它启迪了中国写生造型的功力，却也使中国书画陷入呆板生硬的艺术境地。苏派美术隆重的院体派弊端直到今天中国还深受影响。文革以后，欧美艺术在中国又重新刮起了新一轮的旋风，伤痕美术就深受其影响。十一届三中全会以后，改革开放的中国开始了狂热的崇尚追捧西方艺术。星星画会、"85思潮"无不证明了这一点。然而，这种对西方艺术的盲目崇拜与追捧，却使中国书画在全球一体化的进程中迷失了自己的方向，既没有领悟到西方艺术的内在，又逐渐失去了中国书画的精髓。而愈来愈多的西方艺术家却发现中国传统书画这枝艺术奇葩，开始了对中国书画的深入研究与学习。中国画的水墨等独有的传统中国书画形式越来越多的出现在国际艺术大展或者国际艺术大赛上，其追求的"意境"赋予画面浓厚的文化底蕴和艺术气息，打破了西方艺术程式上的思维，开始为更多的西方人所认可和欣赏，为中国书画艺术走向世界提供了历史契机。

中国书画的对外交流，横跨整个欧亚大陆，后来波及到欧美乃至澳洲。一部灿烂辉煌的中国书画发展史，始终是一部中国书画对外交流史。在中国书画的对外交流中， 各种外来文化与文明为中国书画的发展注入了新鲜的活力和源源不断的动力。中国书画是勤劳智慧的中华民族缔造的，而各种外来文明为它的繁荣与发展也起到了重要的推动作用。在如今这个改革开放、繁荣昌盛的年代，中国书画艺术的未来在于现代化。而书画艺术现代化的实现，就要古为今用，要继承更要发展；洋为中用，目的在于走向世界。在中国书画艺术的对外交流中，始终是不能偏离中国书画本身的特质。只有这样，中国书画艺术才能回归到本来应有的位置。

参考书目：

《移植与变异》　王镛　中国人民大学出版社

《中亚艺术与文化史图鉴》巫新华　中国人民大学出版社

《中国美术史》　洪再新　中国美术学院出版社

《美学与艺术鉴赏》　金元浦　论文

《西方美术通论》　陈世宁　南京大学出版社

第六章　中国书画是中国传统文化最生动的表现形式之一

中国书画，作为中国传统文化的载体，体现了中华民族传统文化的精髓内涵，是人类思想宝库中的珍贵财富。在全球化的进程中，我们要强调自己的民族文化特色，应该从传统文化中汲取营养，而书画无疑是达到这一目的的重要途径之一。中国书画是中国传统文化的代表，也是中国传统文化最生动的表现形式之一。更重要的是，中国书画艺术与中国传统文化相表里，与中华民族精神成一体。

首先，书画作品是天人合一的具体体现。

唐张彦远说，所谓画者，“四时并用，发于天然”。这就等于将书画的本性确立在中国传统文化人法地、地法天的天人合一的范畴之内。所谓“龟字效灵，龙图呈宝，自巢燧以来，皆有此端。”正是人领会天意后，将天意图绘出来的结果。这一点，只有上古之人做到了。张彦远又说：“上古之画，迹简意淡而雅正，顾、陆之流是也；中古之画，细密精致而臻丽，展、郑之流是也；近代之画，焕烂而求备，今人之画，错乱而无旨，众工之迹是也。”上古之画，迹简意淡，唯求天然。后来的绘画追求形式的完备，却丢掉了绘画的宗旨。

其次，书画艺术中包涵着中国文化的精髓——民族精神

传统文化还强调个人的道德修养和精神内涵，勉励人们建立远大志向。古代的仁人志士常常借助书画来言志抒怀。唐张怀瓘《书议》云：“夫翰墨及文章至妙者皆有深意，以见其志。”清人刘熙载在《艺概》中也说：“写字者，写志也。”那些仁人志士的墨迹，之所以震撼人心、鼓舞人心，是他们的凌云壮志，通过手法的挥运，笔墨的表现，转化为一种精神，感染了观者。岳飞的四字榜书“还我河山”，气势宏伟，笔笔力扛千钧，仿佛灌注了岳飞的一腔热血和一身豪气，使人感到“撼山易，撼岳家军难”的豪壮。书法最重筋骨，古人以筋骨比喻笔力，骨力即字的果敢之力，此四字坚定而苍劲，以骨力雄强称胜。它高悬于岳飞塑像的上方，好比响彻于天地间的一声怒吼，声贯长虹，“三军不可夺志”的豪迈气概呼之欲出，一个“精忠报国”志士的高大形象跃然纸上。面对这幅作品，无论你是否有深厚的书法修养，无不为之感到心灵的震动。陆游的行草书《自书诗卷》，是这位爱国诗人的八旬之作，其意致之高远，令观者在为其浓淡相得的墨色、挥洒自如的笔法、清劲飘逸的书风所感染的同时，更为其倾泻于笔端的“胸中磊落藏五岳”之人生境界和“大舸破浪”、“瘦蛟出海”之磅礴气势而心潮澎湃。文天祥的《木鸡集序卷》，通篇笔势如同疾风扫落叶，一气呵成，爽劲清秀，流畅遒丽。书如其人，豪迈俊逸，高标秀出的书法品格，使人自然联想起他力抗元军，九死一生，不为利诱，视死如归的高风亮节和浩然正气。他以不足知天命之年，为民族利益蒙难殉身，诠释了他《正气歌》的精神意义。出自戊戌六君子之一谭嗣同之手的题壁书“去留肝胆两昆仑”，遒美劲健，把书者“如需流血，请自嗣同始”的凛然正气彰显无遗。

我们站在这些民族英雄的书作面前，用我们的心灵去感知他们的赤子之心和高尚情怀，震撼之余，会油然升起一种敬仰之意，增强我们的民族自尊心和凝聚力，激发我们作为中华民族一员的历史使命感，鼓舞我们为建设祖国不懈努力。同时中国绘画也“表白”了民族精神，以一种“亲切”的“样式”体现出了中国哲学思想。中国画长于留白、布虚。中国哲学以“空而不空”为美丽，白不是不画，而是不画之画。中国文化所贵在于精、气、神，不为形役，不为物累，体现在画上也是虚实相生。先秦以至汉唐的艺术以错彩镂金为特征，宋元明清的艺术以清水芙蓉美为主流。前者之堂皇与后者之精微正体现了中国美学和中国文化的两极性的内在张力，形成了中国文化的视觉太极图式的整体性。它说明中国绘画艺术逐渐向小巧精致发展，向静态内向发展，也在一定程度上体现出这门文化的精微化的一面，是中国人精神再度深邃化的一个反映。

再次，书画艺术中包涵的中国文化“以和为贵”的价值理念，是消除现代文明造成的心理失衡弊端的一剂良方。

中国文化的精神崇尚天人合一、贵和尚中。这种强调整体和谐的思想，肯定事物是多样性的统一，主张以广阔的胸襟、海纳百川的气概，兼容并包，使社会达到“太和”的理想境界。书画的理想境界也是和谐，但这种和谐不是简单的线条均衡分割，状如算子的等量排列，而是通过参差错落、拾遗补缺、调轻配重、浓淡相间等艺术手段的运用，达到的一种总体平衡，即“中”、“和”意义上的平衡。笔画间的映带之势，顾盼之姿，在注重个体存在的同时，兼顾补充其它的功用。如《兰亭序》的章法整体雅致匀衡，也是通过对每一纵行的左偏右移不断调整、造势救险而实现的。可见，一点一画，互相牵制，互为生发，彼此衬托；一字一行，小大参错，牝牡相衔，彼此渲染，中国文化“和为贵”的价值观，通过书画艺术的中和之美得到了完美体现。

书画艺术以静态的形式，通过黑白关系的处理，揭示出虚实相生的对立统一关系，证明了万事万物的得失互转、阴阳相赞、和谐共存的辩证关系。人们可以从中领悟到否泰之间、取与之间、顺逆之间互为条件的变化规则，从而冷静地面对物欲横流的竞争中的胜负得失，以保证健康乐观的良好心态。同时，人们通过对书画艺术作品的欣赏，感受那多姿多彩的点、线、色彩的组合，体会在静态之美中幻化出的强烈的动态效果，欣赏者会不由自主地进入到一种超越现实、开阔胸襟、升华人格、融入自然的佳境。书画艺术“于空虚中创现生命的流行”，点画的飞动之势，犹如“悬针垂露之异，奔雷坠石之奇，鸿飞兽骇之姿，鸾舞蛇惊之态”，传达出中国文化中“天人合一”的精神所在。对书画艺术的欣赏水平，可以使人们对天、地、人原始共生性的认识得到进一步升华，荡涤后现代时期躁动不宁的不良情绪，如朱光潜先生所言：“以出世的精神，做入世的事业。”

从古至今，中华民族对书画的普遍热爱，固然有它独特的赏心悦目、怡养性情的魅力使然，但透过这欣赏的层面，再作思考，其根源还是在于它承载着中华民族的人文理想和追求，是中国传统文化最生动的表现形式之一。

四、书画与审美陶冶。除了使人们深化对中国文化精髓的认识以外，书画艺术还可以提高人们的审美自觉性，陶冶情操，享受中华文明带来的幸福感。

书画通过千变万化的线条和色彩组合，构成一种奇趣百出的艺术境界，使其“无形而具图画之灿烂，无声而具音乐之和谐”。我们感受王羲之惠风和畅的《兰亭序》，会被他飘逸脱俗与中和之美所抚慰，和暖之风，徐徐入怀，沁人心脾；感受张旭风驰电掣的《古诗四贴》，会被他狂放不羁，自在任性的写意与浪漫所感染，迅雷疾风，波澜壮阔，激魂荡魄；感受王铎辉煌壮丽的宏幅巨制，会被他的自我张扬、恣肆挥洒所惊愕，铿锵之响，雄浑高亢。吴道子所画人物衣褶飘举，线条遒劲，潇洒秀逸，大袖飘飘，线条流畅。浪漫的中唐时代，曾把张旭的草书与李白的诗歌、裴旻的剑舞称为时代的绝响。书画作品中的笔墨线条，是艺术家们情感的倾诉，心性的抒发，怀抱的展示：《兰亭序》可见王右军之飘逸，《祭侄稿》可睹颜鲁公之悲愤；就整体而言，自古至今的书画珍品，凭借着千姿百态的线条构建，共同聚集着对中国文化的陈述，对民族精神的彰显。拙朴的甲骨文和端严的金文；中正匀衡的秦刻石，表明了四海一统的辉煌。即使是从某个汉字的书写中，我们也可以体味到民族传统文化的内涵。中国书画艺术所包容的审美元素丰富而多样，通过提高人们对书画艺术的欣赏水平，可以使人获得多层面的哲学教诲和审美享受，它的无穷魅力，也将通过人民审美水平的提高，带来民族素质的提升。

书画艺术中所蕴含的中国文化的思辨哲理，诠释中华民族对人类自然生命的认识。在世界文化争奇斗艳、多元发展的今天，学习中国书画，通过书画来体悟传统文化的精髓，在继承中进行创新，应该不失为提高民族素质，弘扬民族精神的一条重要途径。

参考书目：

《中国绘画史》 陈师曾 中国人民大学出版社
《中国美学思想史》 敏泽 湖南教育出版社
《中国书画研究》 梅墨生 陕西人民美术出版社
《中国美术史》 田卫平 湖南大学出版社
《中国美术简史》 孔令伟 上海人民美术出版社

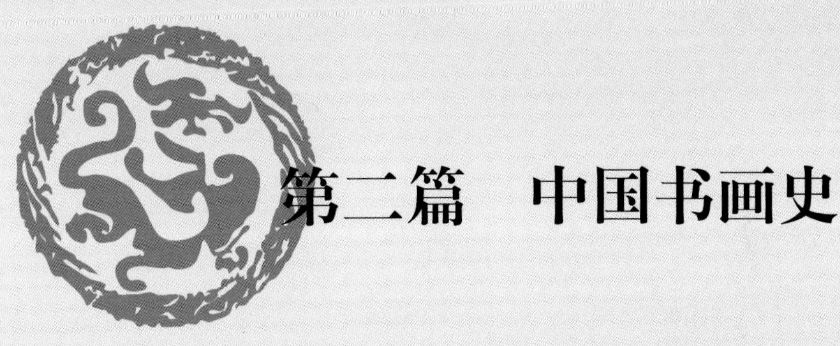

第二篇 中国书画史

程大利 《雨后溪山》 45 × 34cm 中国画作品

第一章　中国画史

中国是世界上最古老的文明古国之一，有着悠久的历史，辽阔的疆土和丰富的物产。在天赋的优厚物质基础上，勤劳智慧的中华儿女经过长期的实践探索，创造出灿烂辉煌的精神文化。其中，中国绘画源远流长，以其鲜明的民族风格和卓越成就，而在世界绘画史上有着不可替代的地位。愈是民族的，就愈是世界的。几千年来，虽然中国画迭经变化，然而却始终保持着浓郁的中国特色而卓然独立于世界绘画之林。

狭义的传统的中国绘画就是中国人的独特思维，观察，审美，并借助于毛笔，绢帛，宣纸，水墨以及特殊的水性中国画颜料，进行创作的具有浓厚中国特色的一种画种。广义的中国绘画则包含了一切视觉符号的表现形式，包括工艺美术、建筑美术和宗教美术，甚至以后传入的西洋油画因其“油画民族化”而通通属于中国绘画的范畴。此外，由于长期的摸索实践，中国画还产生了一套体系庞大缜密的绘画技法和独到理论，从而放射出历久弥新的动人光彩。

总之，中国画以其优秀的民族传统和不朽的作品而熠熠生辉，这些艺术瑰宝不仅是中华民族的骄傲，也是人类艺术宝库中的珍品。

在这章中，我们将着重阐述传统意义上的中国画的发展。

第一节　东汉之前的绘画

从历史上看，我国绘画从七八千年前新石器时代的彩陶画肇始，此后及至公元前约5000年到前3000年的仰韶文化，以及稍后的马家窑文化，已经在彩陶上有了人面，鱼纹，蛙纹，鹿纹等较为复杂的文饰或图案，随后渐渐有了一些简单情节的绘画作品。

随着原始社会的解体，我国绘画艺术更是有了飞速的发展。据传商汤开国之初，大臣伊真就绘制过“九主之事”，对国君成汤进行劝谏。后来，又有过商高宗武丁画梦的传说。由于生产技术的普遍提高以及青铜等新质材料的运用，其绘画艺术也发生了深刻的变化，奇特的青铜纹饰、简朴玄思的战国帛画、秀婉劲健的先秦漆画次第登场亮相，向我们勾勒了青铜时代的绘画水平和精神风貌。

夏商周时期，青铜器取代陶瓷玉器而被大量使用在宗教祭祀活动中，它们制作精致、造型优美，上面的装饰绘画呈现出一种神圣威严、神秘凝重而又粗犷豪放的艺术风格。

春秋时期，民间艺人绘画艺术的想象力愈益丰富。并且出现了壁画，战国时期则更进一步出现了宫廷绘画和专职的画工。以后历朝，绘画技法在画家们前赴后继的摸索下得以不断提高，并出现了“六法”，“外师造化”“中得心源”等重要的绘画理论，培养出一代又一代的名家大师，蔚成一个绚丽灿烂博大精深的中国绘画的百花园。

1949年在湖南长沙陈家大山楚墓出土的《人物·凤帛画》所绘墓主人为贤淑端庄的女性，挽髻束冠、细腰婀娜、长裙曳地、合掌侧立，画面黑白对比、虚实搭配、动静相宜、变化有致、简劲古拙，头的上方另有一龙一凤，生动逼真。同时出土的《驭龙图》，画中男子峨冠博带、器宇轩昂、持剑御龙、极富神采，反映了当时楚国男士的大丈夫形象、装束和气概。

两汉时期，壁画盛行，不仅宫殿环壁皆是，连墓室都有壁画。举凡伏羲、女娲、君臣、宴饮打猎、日常生活等，都可以作为壁画的原始题材。比如洛阳烧沟、八里台、卜千秋等西汉墓室壁画，所画人物往往粗笔勾勒，画风简朴放逸，气势生动，具有相当的水平。

这一时期灿烂的文化铸就了无比绚丽的艺术，成就了大量和缓柔美的绘画作品，酝酿了一个无比轻柔飘逸的空间，形成了璀璨的中国绘画的民族风格。

第二节　魏晋南北朝时代

魏晋南北朝在中国历史上，是一个极动乱的时代，可是就文化发展史来说，它又是一个伟大的时代，是一个丰富灿烂的时代，是汉民族和各少数民族文化大交融的时代。在一个佛教文化全面进入中国的新形势下，出现了继春秋战国时期“百家争鸣”后的第二次大的思想解放运动，使中国艺术从内外两个方面有了新的突破：内是指在汉代美术基础上对传统艺术表现的深化；外是指对佛教文化艺术的吸收消化，由此达到一个空前的审美高度。

由于玄学的兴起，中国古代绘画美学开始形成，并将绘画的美学思维提高到了哲学的层面。这时，绘画创作出现了一个空前繁荣的局面，曹不兴、卫协、顾恺之、戴逵、陆探微、宗炳、王微、谢赫等著名画家和画论家灿若群星。他们创作了大量的作品，其人物画日趋精微成熟。此时的人物画创作不再局限于汉代宣传道德规范的经史、孝子之类的内容，反映生活特别是士族生活面貌的作品有所增加；山水画也迈过了古拙的装饰性表现阶段，正在发展成为一种独立的画科；花鸟画也逐步由人物画中独立出来。以文学作品为题材的绘画创作也日趋活跃，上层社会的知识分子也参与到绘画创作活动中，画家们不再仅仅注重外部环境的铺陈和形状、姿态、时间的描述，要求绘画能够生动的表现人们内在的精神气质、格调风度，重神而不重形，这就使得一些画家同时又成为了画论家。如顾恺之的“传神论”，即“四体妍蚩，本无关于妙处，传神写照，正在阿堵之中。”已经意识到传神的关键在眼睛，而不仅靠人的形体动态。而后谢赫又提出“六法精义，万古不移”，“气韵生动”等理论。实际上，“传神论”与“六体论”都是魏晋玄学思想反映到人物画创作的一种表现，后来成为了中国绘画的基本美学原则，它大大促进了人物画的发展，出现了像顾恺之、陆探微、张僧繇这样彪炳千古的大家。

顾恺之是名扬千古的人物画大师。他多做人物肖像及神仙、佛像、禽兽、山水等。具有悠然超世的精神，获得社会的普遍赞扬。当时谢安称他所画：“以为自苍生以来，未之有也。”他作的《女史箴图卷》，是一幅我们现在尚能看到的最古的画卷，可能是隋唐时代的摹本，它受到米芾的《画史》和《宣和画谱》重视，又为董其昌，项墨林等评论家、鉴藏家所称赞。

难能可贵的是，顾恺之不仅具有可贵的创作实践，并且同时还有着一整套完整的绘画理论。他留下的《论画》、《画云台山记》和《魏晋胜流画赞》是我国历史上最早的绘画理论专篇。其中“以形写神”是他的核心美学观点。他的《画云台山记》又反映了他的山水画理论基础，即“丹崖”、“绝涧”、“孤松”、“潭渊”这类自然事物本身是美的。宗炳提出“以形写形，以色貌色”。王微提出自然事物可以让人“神飞扬”、“思浩荡”。

在绘画上，张僧繇用笔奔放，骨气奇伟，诡状殊形，千变万化。花卉之外，张僧繇画山水不加勾勒，直接把各种颜色用不同的深浅染出山石树木，开后世“没骨山水”的先声。

另一方面，随着佛教在国内的进一步发展，使得这一时期的宗教美术出现极其繁荣的景象，在六朝美术中占有相当大的分量。国内现存的主要石窟如敦煌、麦积山、云冈、龙门等，都开创于这个时期。敦煌石窟由于各族人民的智慧创造，绘制了数以万计的绘画和雕塑，仅绘画部分，展开排列就有25公里之长，是古代人民留给我们的一个艺术宝库。尤其是敦煌壁画等中国佛教美术类型及典型作品，对后世文化产生了极其深远的影响。 五世佛和顾恺之创作的维摩吉像壁画，狮子国（今斯里兰卡）送来的玉佛，并称三绝。张僧繇还吸收了天竺（古印度）遗法，在金陵一乘寺寺门上用朱红和青绿画了不少的花卉，远远望去有凹有凸，非常有立体感，走近一看，才知道是平面画。由于这个原因，好奇的人们后来索性就把一乘寺称之为凹凸寺。

魏晋南北朝是我国古代美术发展史上的重要阶段。在这一时期里，绘画、雕塑等都有划时代意义的进步，绘画尤其是人物画方面在取得较高艺术成就的同时，开始出现了理论性的总结，提出了一系列带根本性的美术理论问题，对当时和后世的美术创作实践及美术理论发展，有着深远的影响。

第三节　隋唐五代时期

隋唐五代的美术，绘画是中枢，并出现了崭新的面目，人物画尤其是吴道子画派和周昉画派的艺术风格臻于完善，成绩卓著。山水画有金碧和水墨两种形式交相辉映。花鸟画发芽滋长，而且丰富多彩。

公元581年，杨坚建立了隋朝，全国又实现了统一和繁荣，使得文学艺术也相应的得到发展。虽然短短30余年，在绘画上，却能承秦汉魏晋以来的各种艺术表现形式和方法，它结束了北朝以佛教为国教的局面，也结束了南朝清淡的颓废风气。南北不同的画风互相吸收和融合，一度出现辉煌的局面。

隋朝都城长安聚集南北画家之精英，各展所长，涌现出了杨子华、展子虔、董伯仁、杨契丹等名家，或精于宫观，或擅画贵族车马，或以佛寺壁画见长，在宗教艺术上也有所成就。佛教造像、壁画繁盛。以敦煌石窟来说，隋窟有九十五个之多，其绘画、雕刻是前代的继续，又明显区分于前代。下开有唐一代画风，在绘画上成为过渡到唐代的一座桥梁。

隋朝绘画除壁画外，卷轴画已经风行。隋代画家展子虔的存世作品《游春图》是我国目前发现的存世的山水卷轴画中最古的一幅，也是我国早期山水画处在演变阶段的一幅重要绘画作品。 它在山水画形式格局方面的突破，对我国山水画趋向独立画科的发展，起了重大的推进作用。它的出现，标志着山水画的稚拙阶段已经结束，"青绿重彩，工细巧整"的较为完整的山水画创作逐渐开始。

《宣和画谱》说他所画山水，"咫尺有千里之趣"。在我国山水画乃至整个绘画史上，占有举足轻重的地位。此外，隋炀帝时期主持编撰的《古今艺术图》对后世影响也颇大。

唐代，在中国美术史上占有极为重要的地位，绘画在这一时期发展到繁荣昌盛的阶段。海陆交通的发展，促进了各国和个民族之间的文化艺术交流，唐代美术从其中吸取了很多有益的因素。无论是画的技法和风格，还是总结性的画论，都取得了突破性进展。绘画上逐渐形成细致的分科，画家们有的一专多能，有的专擅一门、多方面深入探索，如王维、郑虔等人是诗人也是画家，艺术上相互渗透相互融化，对绘画的发展同样起到促进作用。这一时期的绘画，极富现实主义精神，把唐代的丰功伟业和社会风貌，充分的表现了出来。风格或"满壁风动"，或"灿烂而求备"，造型艺术达到了历史的顶峰。

唐代的绘画，出现了向新的高峰发展的趋势，随着绘画的理论总结与指导，绘画技法也不断发展，绘画实践与绘画理论相互促进，相辅相成，并对外域文化艺术加以融化，使得中国画进入一个新的成熟期。

绘画实践与绘画理论相互促进，相辅相成，并对外域文化艺术加以融化，使得中国画进入一个新的成熟期。

唐代美术表现范围进一步扩大及其审美功能的拓展。随着封建社会政治经济的稳定与发展和统治阶级的需要与爱好，肖像与仕女画也风靡一时。在人物画家中阎立本、吴道子、张萱、周昉、贯休、石恪等都是艺绝当代、影响深远的大家。阎立本继承和发展了魏、隋以来的优秀传统，重视人物精神刻划，在用笔上较之顾恺之的"细密精致"更富于变化，为了烘托人物精神，线条粗粗细细，紧紧松松，富有弹性。用色吸取了六朝盛行的晕染法，能成功地把对象的质感和厚度表现出来。

吴道子通过墨线的肥瘦抑扬，表现出物象的运动感和量感，为白描的发展作出了贡献。受舞剑启发，有意识的将舞剑的那股子神出鬼没的气势融入自己的画里，顿使所画人物获高古诡异，力足神完之妙。所画人物衣纹，线条飘举灵动，就好比兰叶的线条，人称"吴家样"或者"吴带当风"。又在所带的线描当中稍许施加一点淡淡的色彩，从而形成了个人独创的"吴装"特色。

在山水花鸟画方面，唐代出现了以山水、花鸟为题材的绘画创作的活跃和众多山水、花鸟画家。

唐朝是我国山水画蓬勃兴起的时期。山水画继东晋南朝以后继续发展，从而脱离工艺装饰而形成独立的画种，表现形式也渐趋多样。被广泛应用于殿堂府第中屏风、壁画装饰。灿烂必备的工笔重彩画风已日臻成熟，笔致豪放；淡彩清色、水墨晕染都成为这个时代的新风格，即王维的水墨山水画派和李思训的金碧山水画派，二人分别被后世尊为"南宗"和"北宗"，对后世影响极其深远。

唐代花鸟画开始成为独立的画科，在服饰、器物上皆以奢丽为尚，用花鸟极为普遍。到唐末已臻精妙，唐代的花鸟画多描绘于屏风障壁及团扇等处，少有卷轴之作。作为花鸟画的别枝，唐朝动物画名家如曹霸、韩干、韦偃等，也为这一时期的动物走兽画，再添辉煌。

作为这一时期绘画的主要内容，宗教人物画的成就达到新的艺术高度。各种壁画艺术蓬勃发展起来，石窟壁画、寺观壁画、宫殿壁画、墓室壁画等，均以多姿多彩的风貌交映于画坛。

在塑造形象和描绘宏伟场景等方面都展现了高度的艺术水平，宗教艺术中日益显示出世俗化倾向。唐代的石窟造像涌现出新的高潮，在敦煌莫高窟、洛阳龙门石窟、太原天龙山石窟、四川广元和乐山摩崖造像中，其规模气势与艺术技巧都大大超越前代。长安和洛阳等地的寺观建筑及塑像也宏丽无比，并出现了像杨惠之那样的优秀雕塑家。

墓室壁画也取得相当高的成就，这些多姿多彩的壁画，以表现当时人们的社会生活、社会风尚、习俗为主，改变了南北朝时期那种着意描绘古代故事的画风，与宗教壁画迥然不同。大量用于墓葬的俑群中，传神的塑造了各种人物和动物的形象，其技艺使后代难以企及。这些墓室画是我国民间画工所绘制，在我国美术史上占有极其重要的地位。

五代是中国绘画发生急剧变化的时期，具有承上启下、开辟新风的历史地位。从五代开始，盛唐时期那种意气风发的高亢情调不复存在，整个文化氛围由外向转为内向。新的文学艺术形式，如山水艺术的发展，在这一时期出现了转机，和盛唐的统一局面相比，五代的艺术面貌就明显的突出了地方文化的色彩。

在我国，五代历史虽然不太长，但人物画的成就不容低估。其实南唐画院周文矩笔下的人物，比起唐朝周昉的设色浓艳，别有一番雕镌之功。此外如有名的顾闳中，出家人贯休，也是一时人物释道画家的俊彦，在隋唐五代人物画的绚丽的园囿里，绽放出各自耀眼的奇葩。

山水画、花鸟画成为五代绘画中的双璧，云兴霞蔚，蒸蒸日上。

五代山水，上承隋唐余绪，下开两宋先河，其主要画家有荆浩，董源，巨然等大师，他们的恢弘和缜密的技法，以及对于山川精神的把握，既把我国隋唐以来的山水画，推向到了一个前所未有的高峰，也为两宋元明清时期山水画的发展，奠定了扎实的根基。

随着皇室贵族装饰宫室环境的需要和社会上对绘画艺术多方面的需求，五代时期的花鸟，极盛一时，特别是富庶安定而艺术活跃的西蜀和南唐地区的成就更为突出。徐黄二体（徐熙、黄筌）交相辉映，终于形成了“写生”和“落墨花”两大流派特色，即“黄家富贵、徐熙野逸”。尤其是黄家父子的浓丽画风，为画院所崇尚。在翰林院创没骨画法的徐熙之孙徐崇嗣和隐于钟山的步衣钟隐，也在花鸟画上享有很高的盛誉。花鸟画的发展大大超越了唐代花鸟画水平。

第四节　宋代

两宋时期，由于统治阶级奉行崇文抑武的基本国策，因此在稳定和发展经济的前提下，文学艺术达到了继唐而来的又一高潮。四大领域即宫廷绘画、文人绘画、宗教绘画和民间绘画在这一时期都发展到较高水准。这一时期的美术，绘画的变革最为显著。画种方面，山水花鸟画占了统治地位，卷轴画日益增多，壁画也不再像以前一样繁荣，宗教绘画与前代相比，更注意向世俗生活贴近，并已转为平民特征的绘画样式。文人绘画作为美术史上的新现象，自北宋正式崛起，开始和院体画角逐起来，并逐渐成为主流。文人画把艺术家的个性放进创作之中，对后世影响深远。院体画在技巧与风格方面，变化也是显著的。宋代宫廷绘画的突出成就表现在画院的建立与繁荣。还在宋朝立国之初，就继承了西蜀，南唐翰林图画院的制度，广纳天下绘画奇才，由朝廷组织画家进行多方面卓有成效的创作。两宋画院是中国封建社会画院的极盛时期，对于绘画创作和人才培养取得了较大的成就。宋代民间绘画集中体现在风俗画的畅行与繁荣。宋代民间绘画与各代相比不仅表现为更强的时代特色，而且其水平之高、制作之精也极为后人所关注。

这一时期的人物画，经过李公麟，梁凯等一代大师的艰辛探求和刻苦摸索，又有大的突破。北宋时期，武宗元，李公麟和燕文贵，刘松年等的人物画创作，就题材而言，他们一举突破了传统的佛道、圣贤、仕女等范围，而把探索的触角，广泛伸及到了农家、渔户、村牧、山樵、行旅、婴戏等下层社会各个阶层的方方面面。到北宋晚期张择端、苏汉臣、李嵩等名家，进入到一个以描写风俗、市井生活为主的新的发展阶段。张择端和他创作的《清明上河图》，可谓脍炙人口。再从技法来看，李公麟变古出新的技艺，以清毫淡墨，简洁明快的"白描"手法描绘人物，着重表现文人士大夫幽雅的韵致。他对于不同人物的刻画，都能够形神逼肖，入木三分。对于后世人物画的发展，起到了举足轻重的影响。再如南宋人物画家梁楷，所创减笔草草的写意画法，也在我国人物绘画的历史上，起到了楷模的作用。

宋代，我国山水画继承隋唐五代以来的良好趋势，又有了新的蓬勃的发展，从而迎来了山水画繁花盛开风格多样的花季。当时山水画的主流，基本上是以水墨山水为主。并着力于展现关洛一带大自然雄浑开阔的景象。

山水画家主要有北宋的李成、范宽、郭熙，郭忠恕，南宋的李唐，刘松年，马远，赵伯驹等。"马一角"、"夏半边"画风也已发展成熟。

米芾在北宋末年的画坛上异军突起，创造了一种信手而作，随意点染，讲究水墨情趣的山水画法，被后世誉为 "米氏云山"。

两宋是花鸟画的鼎盛和变革时期。四川籍画家赵昌提出要"师法造化"，即深入自然对物态进行观察研究，作为构思和创作的依据，而一直到易元吉、崔白出，才打破了单调的黄家画风。与此同时，作为"湖州竹派"的一面大旗，苏轼号召发起了"文人画"运动，其特点为"以诗入画"、"诗书画合一"，不尚形似，强调意境，为后世所追崇。

第五节　元代

元朝的建立，结束了唐末以来各民族长期各自为政和南北对峙的分裂局面，实现了空前的大统一，加强了文化艺术之间的交流；但同时元朝也是我国历史上第一个由少数民族统治的朝代，民族歧视十分明显，元代绘画在复杂的历史中发生着深刻的变化。

总体而论，元代绘画远不及唐宋。但是，从整个元代来看，还是闪现了许多光辉的亮点。元朝时宗教绘画出现了我国历史上最后一次兴盛，喇嘛教的艺术独树一帜，成为与汉地文化相抗衡的特殊力量，佛寺道观壁画制作具有相当规模，成为该时期主要的艺术特色。此外，文人绘画风格已偏离了宋画的坚实而走向空灵，人物、山水、花鸟画一时升华到一个潇洒出尘的新的境界，将宋以来形成的文人绘画推向新的高峰，赵孟頫主张的援书入画、书画一律和画贵有古意等，开启了元代的绘画革命，对后世产生了深远的影响。

元代的人物画与山水、花鸟相比显得成绩平平。大体而言，元代人物画前期以钱选和赵孟頫充满古意的风格为代表，后期则有张渥的白描人物画和王绎的肖像画。赵孟頫师法汉唐，借古开新，使汉唐成熟的人物画出现革命性的转折。在元代的人物肖像画创作中，宫廷画家主要是为帝后做肖像绘画，并无多少突破。相反，在民间各地都涌现出了许多出色的肖像画家。元末王绎所绘的《杨竹西小像》就是杰出的画作之一，著作《写像秘诀》一书的著述，成为肖像画法的经典。此外白描的技法继续得到发扬。

元代的山水画是主流，名家辈出，风格纷呈，在山水画发展史上是一个重要的发展阶段。这一时期山水画家很多，大抵受赵孟頫的影响，分为青绿山水和水墨山水两大支流，同时并行发展，而水墨山水画派占了绝对的优势。代表画家有"元四家"：赵孟頫、黄公望、王蒙、吴镇，他们更是山水画之集大成者。元末山水画发展到了水墨写意山水，达到了一个水墨艺术的新高峰，并对我国后世文人画水墨山水，产生了重大影响。

和人物、山水画一样，元代的花鸟画大体也可以分为两支。一支是院体花鸟，它前期延续两宋传统，以工笔设色的院体风格为主，到后期时，风格开始出现由富贵转向清丽；另一支即文人花鸟，它题材上仍局限于竹石梅兰，但表现方法与意境的开拓又向前迈了一大步，为明代以后真正意义的文人花鸟画的发展起到了先导作用。“墨戏”的作风表现了一种简略和隐逸的趣味。除此之外，他们开始了梅兰竹菊的各种组合，开创了“四君子”绘画，借以写情寓意，标榜自我清高。其中李魏著写的《竹谱》，对后世的影响深远。王冕画梅花朵极繁自成一家，生机勃发，富有朝气。

第六节　明代

明代是中国历史上特别复杂的时代。经济的发展和政治的腐败并存，专制的强化与个性解放思潮同在。就是在这种错综复杂的大环境下，明代绘画流派纷呈，风格独特，为我国绘画史添上了一笔重彩。在明初期，由于统治者实行文化与思想上的压制，明代绘画一直呆滞不前，这时，延续南宋院体的宫廷绘画和浙派绘画占据了画坛的主要地位，影响甚大。到明中期，经过几十年的休养生息，经济开始恢复并发展，苏州再度成为东南地区的经济中心。经济的复苏带动绘画的发展，民间绘画开始崛起，其中影响最大的吴门画派发展势如破竹，迅速的取代浙派和宫廷绘画成为画坛的主流，吴门画派延续了王维的水墨山水，将文人画推向了新的高潮，并繁衍出许多的支流，其中董其昌为代表的松江画派引领了整个明末画坛的风尚，为后世追从，他提出的“南北宗”理论更是影响中国画坛几百年，直到现在都是我们划分流派的主要依据。

明朝人物画所画大致“以意趣为主，不复画人物和故事”，出现了文人化和市井化的双轨对接现象，作品中往往表现了浓重文人气或反映文人生活的倾向，甚至底层老百姓生活也跃然纸上，突破了以往人物画反映宗教以及上层生活的固有模式。在技法上，白描人物画师承李公麟；工笔细腻，设色艳丽则效法宋朝画院；水墨点染、逸笔草草的文人写意人物则取径梁楷、石恪。当时的人物大家有戴进、商喜、吴伟等，然而大都效仿古人画面豪放，除了少数作品具有一定的艺术性外，绝大部分缺乏新意而流于庸俗。这一时期的宗教绘画也悄然沉寂。

明代画坛，成就最大的莫过于山水——承元而来，却又不乏吸收两宋营养，荆董风范。这时画家辈出，流派纷呈，从而形成了我国自宋元以来山水画的又一高峰。明代前期，山水画以浙派为中心，他们是金碧山水的后续，崇尚南宋院体画严整苍劲的画法，设色工整艳丽，戴进便是这个画派中的中心人物。他沿袭南宋院画的表现技法和风格，造型能力甚佳，山水画水墨淋漓，斧劈皴运用得心应手，为后世效仿。浙派后来衍生出许多支流，如江夏派、武林派、嘉兴派等，其中蓝瑛被誉为浙派的殿军。到明中期，浙派日渐衰微，吴门画派取而代之。吴门画派实际是水墨渲淡派的延续，他们承续了元四家的传统，追求“风流润藉”，画卷之中无不自然透露出一种“书卷气”。沈周便是此派的核心代表画家，他画风苍劲浑厚、气势雄健，笔锋所指，力透纸背。而使吴派独步中原，开启清代三百年山水画之人，应推吴派分支松江画派创始人董其昌。他的画以淡、雅、简、静为追求目标，画面温润、柔雅、含蓄、安静，发展出所谓“潇洒苍郁“的画风，他的画影响深远，直到民国还余波未尽。

和人物山水画一样，明代花鸟画承继宋元一脉而来，大体分为两个时期，即前期院体画派的传统工笔重彩花鸟画。院体花鸟画依仗画院的强盛势力在当时的花鸟画坛上占领导地位。画院中花鸟画的主将是边文进和吕纪二人。明中期以后，水墨写意花鸟发展迅速，王楷等画家树立了水墨写意的楷模。到唐寅、沈石田时，水墨写意花鸟画才真正形成。唐寅的《古槎栖鸟图》画面水墨写意活泼洒脱，完全摆脱了水墨工笔勾填的阶段。继沈、唐而起，并加以发展水墨写意画的大家，有徐渭、陈道复、周之冕等，他们不仅提高了水墨写意花鸟画的表现技巧和艺术水平，而且推动了水墨写意花鸟的创作。而徐渭可谓其中的集大成者，成为明代中后期花鸟画坛的主将。

第七节　清代

清朝是中国封建社会的最后一个王朝，这是一个夹杂了民族矛盾，同时又有封建正统文化与异端倾向冲突矛盾的极为复杂的朝代。经历了18世纪中叶的康乾盛世，到乾隆后期急剧衰落。鸦片战争打开了中国紧闭的大门，欧洲列强的入侵带来巨大的冲击，中国进入一个风雨飘摇的时代。政治经济的急剧转变，使绘画艺术上出现了巨大的转折。清代早期绘画继续延续前朝的风格，文人绘画占绝对的主体地位。它发展了“南北宗论”的精华，使笔墨和悟性成为古代文人画的基本特质。除此之外，商业绘画也出现了良好的发展势头。扬州一带出现了以绘画谋生的职业画家，以“怪”扬名，如“扬州八怪”。另外，在西方阴影光学透视影响下，开启了一种中西结合的新型画风：一方面宫廷画院出现的“海西画家”为历代帝王贵族所喜爱；另一方面西学东渐，受西方绘画艺术的冲击，一批有为的留学生回国后将所学融入中国传统绘画，促进了绘画艺术的多元化交流。引入西画以及改良中国画的运动，开始有一批思想开放的山水画家在光影透视中寻求绘画的新的突破，其中以信奉天主教的吴历为代表。在他的作品中，画面的构图重视进深感，色调清淡，有如西洋水彩的效果。然而，能够在艺术语言上体现民族精神的，却始终是那些发扬，汲取、或受益于“道咸画学中兴”笔墨成就的画家，有的把西洋写实画法融人中国笔墨，但是他们仍然是受“母乳喂养的一代”，接受了一定的国学滋养，他们画中体现的民族风格，笔墨语言，无一不是近代画学中兴、书学中兴，碑学运动以及金石学养的体现，他们的个人艺术生涯与绘画艺术风格完全不同，却都是对乾嘉道咸以来书画印成就的传承发扬，并代表了所处时代的艺术高峰。

特别要注意的是，在康熙、乾隆年间还绘制了不少表现政治事件的大型图卷。这些作品一般由多名画家共同合作完成，规模甚大。此外，由于闭锁的清王朝对思想文化的残酷压制，这一时期的书籍以总结性为主，出现了一批对后世极具影响的画论著作，如《苦瓜和尚话语录》等。

清代山水画取得了巨大的成就。这一时期的山水，可谓是又一个复古与叛逆两元对垒的精彩时期，而最突出的成就，莫过于清初。

清初山水画坛延续明朝的风格，继续兴复古思潮，以仿古、复古、崇古为其最高追求。其中“江左四王”因善于巧妙的运用干笔枯墨而成为“院体画”的主流。但这一时期的山水画一味的追求笔墨趣味，而多以临摹代替创作，作品题材狭窄使得他们最注重的笔墨趣味却在作品中荡然无存。而同一时期能与“四王”相抗衡的，就是由明入清的“四僧”，他们着重于绘画中所流露出来的悟性与性灵，在创作上的思想境界更胜一筹 。此外，受西方绘画艺术的冲击，开始有一批思想开放的山水画家在光影透视中寻求绘画的新的突破，其中以信奉天主教的吴历为代表。在他的作品中，画面的构图重视进深感，色调清淡，有如西洋水彩的效果。晚清山水绘画缺少大胆创新，死气沉沉，实质性的进展不大。

清代绘画成就最大的莫过于花鸟。除了极个别崇拜边文进和吕纪等人的原体绘画以外，一般来说，是在明代写意花鸟画演变和发展的基础上，进一步得到了丰富和发展。水墨写意花鸟由八大山人继而到“扬州画派”，影响深远。这一时期还出现了花鸟画的正宗——恽格的“没骨画法”，笔墨生动活泼，画面天机物趣，章法简洁明快，设色清丽淡雅的特点代替了浓艳富丽，称之为“逸笔写生”为后人所追崇。此外，指画花鸟也发展到新的境界。高其佩在实践中创造了各种技法，大幅气势磅礴，小册也能刻画入微，别具意趣。到清代中期，“扬州画派”异军突起，他们的创作受商品经济所浸润，其作品内容、风格及艺术趣味在诸方面与正统画家有明显不同，所画水墨竹兰松石及花卉，画风刚健而极富个性。到晚清时，岭南画派和海上画派为花鸟画的发展做出了巨大的贡献，吴昌硕就是其中独创性最强的画家之一。他的绘画受金石书法的影响，用笔奔放有力，布局疏密偏正颇具匠心，形象强烈突出，极有气势。

我国的人物画，经历了明朝的复兴，到清朝时，基本上跌入一个蛰伏、凋零的时期。清前期人物绘画延续明代画风，虽然有禹子鼎等人力挽大局，但由于缺乏创意和写生，人物绘画进入瓶颈期。一直到晚清时期，由于西方绘画的影响，才开始有所复苏，在肖像画和仕女画上出现了新的突破，代表画家有改琦和费丹绪。费丹绪的人物肖像画集各家之所长，以线描为骨干，将笔墨色和谐融合为一体。此外，此时的商业绘画也发展迅速。

清朝绘画是我国古代绘画的终结，也是我国近代绘画的开端。清代绘画经历了封建王朝最鼎盛的时期，宫廷绘画一度盛行。但在一个岌岌可危的封建帝国，它又经历了太多的风云变幻。经受了西学东渐的西方文化艺术洗礼的清代绘画，对后世影响深远。

第八节　民国时期

民国是一个动荡的历史时期，一方面处于水深火热的民族存亡的历史关头，另一方面，西方已全面打开中国的大门，西洋绘画传入中国，新画种与旧传统、本土的和外来的，这一切同时交织在一起，在这片古老的土地上引发了前所未有的文化冲突和思想混乱。

1919年爆发的五四运动，陈独秀在《新青年》杂志上第一次将美术作为传统文化的一方面，以西方先进文明为参照对象，对中国本土艺术作彻底的批判，提出“改良中国画，画家也必须用写实主义”。这就直接引发了中国近代美术史上空前激烈的大争鸣，形成了“革新派”和“国粹派”两大美术阵营。

我国自南朝梁画家张僧繇，唐代画家尉迟跋质那、尉迟乙僧都曾经引进来自印度的“凹凸花”而改变中国画的审美观念，当时引起人们的极大兴趣，并没有出现反对的声浪；为什么到了清末民初，会有如此大的波澜呢？国势悬殊使然而已。高剑父、徐悲鸿、林风眠相继留学归来，而且在不同的地域开始了融合中西以改革中国画的尝试，高剑父主张“把中外古今的长处来折衷地整理一过”，实现“中西合璧”，创造“代表时代”的“现代绘画”并培养黄少强和关山月从事人物画的革新；

徐悲鸿主张“古法之佳者守之，垂绝者继之，不佳改之，未足者增之，西方画之可采入者融之”，试图将西画塑形的表现力与中国画笔墨的力度，气韵集于一纸。

“革新派”成为这一时期学习西洋绘画的印象主义、法国古典主义、欧洲现代绘画运动的主体。它倚仗强势的西方文明和新文化运动的浪潮，迅速占领了优势。向达总结：所谓参合中西之新画，其本身实呈一极怪特之形势：中国人既鄙为低俗，西洋人复訾为妄诞，而画家本人亦不胜其缅勉悔恨之忱。而中国历代美术理论著作《美术丛书》的出版和随后的故宫博物院正式开放，显示了“国粹派”在巨大冲击下所构筑的一道道防御屏障。岭南派、徐悲鸿学派、林风眠学派无一幸免地遭到过传统画家的围攻，蒋兆和的作品也曾被中、西画展一概地拒之门外，但他们又确在20世纪受到了新派画家的拥护，受到了一批具有新学修养的审美者群的拥戴，蒋兆和解决了素描与笔墨的矛盾，他并没有试图在色彩上沟通中西，而是借助西画素描塑形的科学因素，令人信服地以新的技巧完成了传统派画家纯用古法没有完成的塑造现代人物形象的课题，就像齐白石在民族艺术传统自身的基础上实现了文人画的现代转换那样，蒋兆和也以自己作品的成功和自身技巧的完善，证实了融合中西同样是实现中国画向现代转换的可行途径。

在这一时期，上海绘画成就相当大，突出代表是海上画派。海上画派人物绘画融合西方画法，背景变山水花鸟为建筑，在人物绘画的形式上取得了新的突破。此外，擦笔水彩“月份牌”绘画成为人物画的主体，月份牌绘画是郎世宁式的“院体”与民间肖像写真及民间年画的巧妙结合，极大的丰富和满足了中国大众的欣赏趣味。海上画派最擅长花鸟，海派盛期其花鸟画更是独霸天下，他们使沉寂了近百年的中国花鸟绘画重现生机，重放光彩。

同一时期的岭南派则受到的日本画影响，在渲染之外，还包括了当时中国难得一见于日本却颇风行的南宋山水画风。岭南派的折中主义在20年代中期亦引发了方人定与黄般若以言辞激烈著称的“方黄之争”。岭南派山水画家，受傅抱石影响甚大的关山月，稍稍变异其师旧法，坚持写生和关注现实的特点，令原本在岭南派绘画中并不占重要地位的山水画，了无痕迹地融入了“新山水画”运动。弱化西画特征而强化西画写生写实的原则，也正是建国后“新山水画”的萌芽。

齐白石将文人画与民间艺术整合，潘天寿坚守着传统中国画一侧的山头，林风眠在色彩意识上融合西画新派作风，岭南派东取了日本画风，都曾经实现了中国画的革新，但在人物画这个领域里，惟有徐悲鸿、蒋兆和这个将中国水墨画传统与西方写实主义造型原则结合为一体的流派取得了成功。

与绘画思潮一样，美术教育也经历了一场最剧烈的革新。1912年，中国第一所仿西方美术院校的新型美术学校在上海成立。此后，美术院校如雨后春笋，在整个中华大地应运而起。一批著名的留学生和画家先后积极投身美术教育，激进的青年、大师的加入和剧烈的东西文化冲突，让这些美术学院迅速成为传播外国美术的窗口和新美术的策源地。西方美学思想也开始在中国传播，蔡元培“美育代宗教”运动，将席勒极力推崇的古希腊所具备的完美人性的培养和中国传统文化历来注重自然完美的人格和关注精神陶冶的理念结合起来，提倡美育才是吸收外来文化融会贯通的正确方式。这使中国的视觉艺术在继续采纳“新学”的同时，从“美的技术”又回归趋向于“审美”的“美术”概念上来。

20世纪30年代以来，徐悲鸿、徐志摩关于欧洲现代派绘画的辩论即“二徐之争”成为这一时期美术的重要事件，它实质上是古典派与现代派的冲突。在此期间，林风眠发表了《致全国艺术界书》后，南京教育部筹办了第一届全国美展。与此同时，鲁迅先生倡导的左翼绘画以宣传美术的战斗功能而成为其中的著名代表。大众艺术在这一时期也得到了较大的发展。革命根据地的绘画主要以红色招贴画、宣传画为主，提倡美术的“大众化”。1938年延安成立的“鲁迅艺术学院”成为了实现全民族抗日的文化堡垒和艺术中心之一。

总之，这场美术界的革命实质上是“写实”先锋与传统“写意”余脉的交锋。中国洋画运动经历了从实用到审美的变迁，但在严重的民族存亡危机中，东西文化价值观冲突使西洋画在中国的传播一波三折，举步维艰，而纯粹的，特别是现代派的西洋艺术在中国的发展更是难以为继。传统绘画艺术就在这跌宕冲撞中，与西洋绘画交相辉映，绽放出了夺目的光芒。

第九节　建国以来

1949年中华人民共和国的成立，人民成为新中国的主人。中国美术史进入一个崭新的阶段。从历史的观点看问题，新中国的美术史实际上开始于抗日时期的延安，新中国美术的传统首先是延安的传统；新中国美术的精神就是毛泽东《在延安文艺座谈会上的讲话》的精神。

20世纪50年代前期，来自解放区的革命美术传统、由毛泽东《在延安文艺座谈会上的讲话》教导出来的，经过抗日战火和解放战争洗礼的，到工农兵群众中去改变了立足点的延安的文艺工作者成了新中国文艺界的领导，人民群众的革命激情决定了文艺的方向，高度统一的行政管理方法在文化事业上的绝对化。带来艺术群众运动的高效率的同时，也为后来的对书画事业的迫害埋下伏笔。历史上没有哪个时代这么重视美术的济世功能，也没有哪个时代这么大张旗鼓地要求美术为社会服务，运动式、全民性是这个时代的一个极其显著的特征。

这是一个充满革命激情的年代，无数的画家创造了具有时代特色的优异作品，人们或许记不住作者，但记住了视觉中的形象，这是一个能够创造名作的时代——一张画传遍了神州，一张画代表了时代，一张画名满天下。

20世纪50年代前期，来自解放区的革命美术传统、从苏联引进的社会主义现实主义艺术和徐悲鸿先生倡导的写实主义美术教育体系融为一体，构成了新中国美术的基石。

一、现实主义时期

1949～1957是新中国美术史上的现实主义时期。来之不易的新中国自然忘不了为它浴血奋战的战斗历程。新中国建立伊始，人民发自内心对领袖的热爱和对解放的欢呼，成为新中国绘画最先出现的主要题材。革命历史画也就成了这一时期美术创作成就的主要标志。抗美援朝开启了民族自强精神与军事题材美术创作的高潮。此外，中国美术界先后发起的新年画运动、改造中国画运动和油画民族化运动，处于不断改造过程的绘画成为这一时期的主要表现形式。

（一）新年画

年画是中国民间艺术中最流行的形式之一。其实早在革命战争年代，改造旧年画用以传播人民民主主义思想的工作已获得相当成绩，1942年1月在《解放日报》上发表了《关于年画》一文，在延安，新年画也与新秧歌、新民歌同时出现，这些被称为“翻身年画”的新年画受到了广泛的欢迎，新年画很快在解放区得到了普及。证明它是人民所喜爱的富于教育意义的一种美术形式。

“新年画运动”肇始于1949年文化部颁发的《关于开展新年画工作的指示》。指示提出在新年画中应当着重表现劳动人民新的，愉快的斗争的生活和他们英勇健康的形象，群众的欣赏习惯。在某些流行‘门神画’月份牌画等类新年画艺术形式的地方，也应当注意利用和改造这些形式，使其成为新艺术普及运动的工具。发动和组织新美术工作者从事新年画制作，告诉他们这是一项重要的和有广泛效果的艺术工作，反对某些美术工作者轻视这种普及工作的倾向，此外，还应着重与旧年画行业和民间画匠合作，给予他们必要的思想教育和物质帮助，供给他们新年画的内容，让新年画能够通过他们普遍推行。

新年画充分利用与发挥民间年画的优良传统，也随着形式的发展，增加了经济建设、抗美援朝、保卫世界和平等题材。坚持了文艺为工农兵的方向。在政府的极力倡导下，新年画运动取得了卓越的成就，涌现了一大批优秀的新年画，像李可染的《工农模范游北海大会》、叶浅予的《全国各民族大团结》、李琦的《农民参观拖拉机》、林岗的《群英会上的赵桂兰》等，都是著名的例子。

由林岗创作的《群英会上的赵桂兰》是当时流行的劳模题材的作品。林岗以古典的精细、严谨、和谐的画风，在内容和技巧上的高度结合中把新年画推向一个时代的新高峰。它创作的表现领袖题材的构图方式以及表现形式，都深深影响了此后年画的创作。

从历史和艺术的角度去审视20世纪50年代初期的新年画运动，它对画家艺术观的触动和影响都深深波及到后来的美术运动和美术创作，新年画作为现代年画的体系规定了基本的模式且一直指导着年画的创作。

（二）宣传画

宣传画是一种政治性极强的公共艺术。毛主席早在《在延安文艺座谈会上的讲话》中就指出：“我们的文学艺术都是为了人民大众的，首先是为了工农兵的，为工农兵而创作、为工农兵所利用的。”它奠定了新中国宣传画艺术的重要的理论基石。在“抗美援朝”、“三反五反”“三面红旗”新中国的运动中，画家被激起了讴歌新中国的热情。这一时期的美术创作提高了人民群众的政治觉悟，推动了抗美援朝和社会主义建设的发展。

20世纪50年代，宣传画主要代表作有蒋兆和的《把学习成绩告诉志愿军叔叔》、钱瘦铁的《志愿军进军图》、潘天寿的《踊跃多交公粮》、汤文选的《说什么我也要入社》等。

值得一提的是此时的抗美援朝的绘画。这是中国现代艺术史上最为波澜壮阔、激动人心的一幕。它不仅配合了国内的政治运动，宣传了爱国主义，同时也给在异国参战的志愿军以莫大的鼓舞。蒋兆和的《把学习成绩告诉志愿军叔叔》普遍悬挂于前沿地道、包扎站、前方医院，它使志愿军随时感到了祖国对他们的感谢和怀念之情，极大的鼓舞了士气。同时，许多画家被组织到前沿战线感受炮火纷飞，无数艺术家的内心世界在此过程中发生了巨变，提高了艺术家的思想水平。他们绘制了一大批军事战争题材的作品，钱瘦铁的《志愿军进军图》就是其中典型的一例，这些作品对于激发中国人的豪情起到了无可替代的作用。

（三）革命历史画

1961年6月，北京举行“革命历史画创作座谈会”， 中国革命历史博物馆组织画家创作革命历史画，国画在历史画的领域为本画种创造了辉煌。其中有蒋兆和的《渡乌江》、王盛烈的《八女投江》(1954)、叶浅予的《北平解放》(1959)、石鲁的《东方欲晓》(1962)、钱松嵒《红岩》（1962)以独特的视角、具有个性化的语言表现人物和事件、富有激情的色彩，在革命历史画史上成了这个时期的代表作品，把革命历史画创作推向了一个新的发展阶段。

（四）中国画改造运动

新年画创作的高潮过后，无论从文艺政策还是社会的审美需求，年画都已经不能满足人们多层次的审美需求，国画终于找到复苏的机会。传统中国画实际上是属于精英的文人绘画，新中国“工农兵艺术”的定位，让传统国画的推陈出新势在必行。1949年4月《人民日报》就开展了“国画讨论”，1950年《人民美术》的创刊号上也发表了李可染的《谈中国画的改造》、李桦的《改造中国画的基本问题》。而同一时期徐悲鸿也发表了《漫谈山水画》一文。

北京的80余位画家于1949年4月在中山公园举行了“新国画展览会”，此后徐悲鸿创作了《在世界和平大会上听到南京解放的消息》。1950年，傅抱石开始了表现毛泽东诗意的山水画探索，这一年李可染创作了《土改分得老黄牛》。潘天寿于1952年创作了《丰收图》。

1953年以后，艾青、蔡若虹、周扬等认为重新提倡写生，就是请中国画画家们退出死胡同，走上现实主义大道的第一步。国画的改革和发展，是无论如何不能脱离真实反映新的时代的生活的要求，违背新的时代人民的需要的。

国画必须要改造而且新国画必须“内容新、形式新”，并明确提出山水画必须到野外写生。写生中国山水画打破了以往文人绘画墨守成规的临摹与想象，开始了面对真山真水的创作，为后来的新山水画的确立创立了契机，也为人物、花鸟画的发展提供了成功的借鉴。到1956年的第三届全国美展时，大部分都是现实生活中的新山新水，电线杆、房屋等一些物品也作为创作的题材出现在画面中。国画改造运动出现阶段性成果。

这一时期涌现了许多的优秀作品，其中方增先的《粒粒皆辛苦》、周昌谷的《两只羊羔》、黄胄的《洪荒飞雪》等都是这一时期的代表作。

中国画改革虽然不是异常明确意义上的运动，但在新中国成立之际，在一个时代变化的大背景下，这一场中国画改革对画家们来说是肯定不可回避的。在国画改造取得良好的发展势头后不久，“反右”运动开始，国画创作因此受到很大的影响，到文革时基本中断。

二、现实主义与浪漫主义相结合的时期（1958～1965）

这是共和国历史上的多事之秋。随着中苏关系的破裂，苏联绘画的样板作用逐渐消退，取而代之的是具有中国特色的油画风格，即“油画民族化”。这一时期产生了众多的具有强烈的政治意味的美术作品，但即使站在艺术和政治的双重平台，我们也不难发现其中涌现的优异作品，如石鲁的《转战陕北》克服了当时题材上千篇一律的老调重弹，用陕北平岭中的伟人沉思，以雄奇的山岭衬托出毛泽东的开阔胸襟，用中国绘画以现实主义和浪漫主义相互交融的手法，开辟了新的绘画格局。刘文西的《祖孙四代》在中国人物绘画史上具有划时代的意义，傅抱石、关山月联合创作的《江山如此多娇》可用“脍炙人口”来评价。抛开它艺术上的成就不讲，仅仅凭借它将自然山川的景致与宏伟事业的联系所产生的诗意在当时社会的意义，已经超越了以往所有的历史巨作。潘天寿的《灵岩涧一角》，是在写生基础上进行的山水画创作，是山水写生的初步成果。此外王玉珏的《山村医生》、李硕卿的《移山填谷》等都是这一时期的杰出代表作。

1956年至1957年间的学术空气异常浓厚，美术界开展了“创作问题的讨论”，涉及到题材，表现、教学、出版等方面的问题。同时讨论的还有美术史、工艺美术方面的问题。

反右派斗争被严重地扩大化了，造成了不幸的后果，美术界反右的后果除扼杀了刚刚起步的因贯彻“双百”方针而出现的美术创作的繁荣景象。美术界长期被极左思想所统治，忘记了列宁所提出的“我们的工人和农民理应享受比马戏更好的东西，他们有权享受真正伟大的艺术”。忘记了马克思主义美学是从人的审美关系和审美实践出发，追求人的全面发展和全面解放。

三、浩劫时期（1966～1976）

1966～1976年的“文化大革命”以颠覆式的姿态席卷了中国大地，活跃的美术界死灰一般的沉寂。在浮躁动荡的年代，美术的作用仅仅只是发挥了宣传画的政治功能，“红光亮”、“高大全”的样板画推翻了此前复兴美术的所有努力，美术被沦为派系斗争的武器。

在文化大革命初期，十七年的美术成就就被定性为“文艺黑线”的表现，并在这场史无前例的政治风暴中被摧毁得几乎片甲不留。美术界的形势是万马齐喑、空气令人窒息。它使一切正常的美术创作和美术教育活动都停止了，美院停课了，石膏摧毁了，美术家协会也已瘫痪，但群众性的美术运动却异常火暴。配合革命运动而绘制的大量宣传画在群众组织中广为流传。毛泽东形象空前神化，在雕塑和油画中，他几乎是唯一的表现对象。

这一时期的绘画，形成了一种独一无二的“文化大革命”风格：所有油画和宣传画的创作都追求“红、光、亮”、“高、大、全”，红色为画面的主基调。 二是把样板戏的创作经验作为教条推行到美术创作，即“三突出”。

在这种形势下，画家甚至还可能在政治标题的掩盖下追求唯美的表现。如周思聪的《长白青松》所表现的那时期的知青美术。1972年后，周恩来总理力图整顿局势，艺术界抛开了“高大全、红光亮”的艺术羁绊和表象，艺术创作渐渐得以恢复，也诞生了不少真实感人的作品。社会主义建设题材的代表性作品有王迎春和杨立舟合作的《挖山不止》，它情感是真实，在创作观念和表现技法各方面较之五、六十年代的中国画也有了很大的发展。

四、伤痕时期（1967～1985）

1978年召开的中国共产党第十一届三中全会，宣告了“左”倾时代的结束，共和国迎来了一个最好的时期，艺术家思想解放，勇于创新，继承优秀民族传统，关注世界艺术风云，美术事业出现了空前活跃的局面。同年8月11日，上海《文汇报》发表了中篇小说《伤痕》。以此为发端，国内开始出现一系列以反映文革政治运动对人们身心和整个民族、社会造成损伤为内容的文艺作品，它们被称为“伤痕文学”、“伤痕美术”。

伤痕美术以写实的手法再现文革现实，突出它留给民族几代人的心理创伤。它摈弃了“文革美术”虚假的模式，表现出普通人在这段历史中的真实场景，用冷、灰、暗的色调和细腻的笔触渲染记忆中的伤痛情感。艺术家战以贴近普通人的生存体验来唤起人们情感上的共鸣。周思聪的《人民和总理》、程丛林的《1968*月*日雪》，陈丹青的《西藏组图》，罗中立的《父亲》等都是其中的代表作品。

被誉为中国现代艺术里程碑的《父亲》（1979）在社会上产生了广泛的影响。《父亲》成为新时期美术的一个象征，《父亲》的形象也成为“文化大革命”后现实主义美术的一个高峰。这是一件巨幅作品（217厘米*152厘米），整个画面只有一个老年农民的脸部及画面下方显露出来的半只手和半个盛着水的破碗。巨大的画幅产生的那种强烈的视觉效果使每一个观众在他面前都能看到他暴跳的青筋、刀刻般的皱纹、从细小的毛孔里渗出的汗珠，以及干裂焦灼的嘴唇，听到他沉重的喘息，闻到他特有的烟草味和汗腥味……，这种强烈的视觉效果加上画家精心选择的题材，使这种风格具有明显的社会文化含义。

从气质上讲，伤痕美术中蕴含的“忧伤”意识更具有浪漫主义色彩，它重新唤醒了人对生命的惊奇与敬畏，麻木的心灵开始解冻、复苏。

中国新时期美术，随着伤痕美术以及乡土风情美术的发展，恢复了曾经被扭曲的现实主义精神，具有了对形式的自觉和个性的自觉，使美术的思维空间、语言、材料的运用获得了空前的自由。这个时期，老艺术家恢复青春，中年美术家群体壮大，青年一代蓬勃成长，一个多层次的美术队伍日益壮大，美术创作出现了空前的繁荣。

五、改革开放时期

1979年，中国共产党三中全会的召开，改革方针的确立，使中国美术起了根本性的变化。文革的结束，改革开放，敞开的国门让中国人第一次真正有了看世界的机会。人们在审美的领域渴求更多的表达出来。欧美美术中纷呈的流派恰恰给中国提供了一个契机，人们的思想变得空前活跃，中国的85新潮美术第一次在真正意义上对艺术本意进行检讨，中国的艺术形态也第一次真正接近现代概念。至此，创作重新被推崇，整个美术界流派纷繁，异彩纷呈。艺术在此时出现了欣欣向荣的景象，思想的开放终使美术之花绽放得异常鲜艳。在学术界，各种西方思潮被引入。而现代艺术思潮进入中国是80年代以来中国美术一个最重要的特征，整个社会对个性化艺术的兴趣尤为浓烈。

1979年，“星星画会”的现代主义绘画在北京展出，在那个信息闭塞的年代，它成为了85思潮的前奏。

80年代至90年代，是中国现代美术的重要的十年。1977年恢复的高考制度，使一批藏于民间的具备优越才能的青年进入高等学府进行创作和研究，这一批人在艺术上自我摸索了多年，善于思考，在艺术上已经趋于成熟，高等学府提供了一块可让他们进行自我梳理的场所。很快，中国绘画创作进入建国以来的黄金期。只不过，理中国现代艺术成为了欧美近百年艺术的快速回放。85新潮和此后的“89现代艺术展”说明了这一点。

85新潮，是中国现代艺术史上第一次以反传统的形式正式亮相。它不仅在观念上冲击着中国传统文化，更让中国用开放的姿态去看世界艺术的新形式。其中涌现出了一批善于思考、勇于探索中国第一代现代艺术家，对中国美术在新时代的发展起着不可低估的作用。

至“89现代艺术展”，现代艺术的发展达到第一个高潮。这是本土意义上的一个最大规模的展览，也是对80年代在中国的大地上各种演示西方式现代主义观念一个浓缩的样本。它包括了各种当代艺术样式：抽象水墨、装置艺术、观念艺术和行为艺术等等。这一时期的特征是模仿，无论从理论上还是实践上都有着非常生硬的模仿的痕迹。由于缺乏起码的历史传承，本次展览大多数人都无法理解。然而，本次大展使中国的当代艺术形态及方向得到了确认，新一代的艺术家激情澎湃不可遏制，中国艺术在转型开始取得阶段性成效。20世纪90年代在德国举办的“中国前卫艺术大展”，它全面演绎了世界范围内进行的各种新艺术样式：行为表演、平面油画、材料装置等。

这一时期的国画也得到了较大的发展，出现了“新文人画”。它以对传统的回归来达到改良中国画。它使传统中国画在画种纷繁的现代艺术中重新找到了立足之地并名震海外。

然而，纵观中国的现代艺术，不难发现西方的前卫姿态在中国的农业文明的土壤上显得十分孤独。早在20世纪30年代就已从西方舶来的各式各样的西方艺术，在中国都只是昙花一现。中国五千年的灿烂文明，需要我们传承；西方现代文明，我们需要吸收。新世纪在中国从事现代艺术创作需要太多的勇气和坚持，艰难的事业需要艺术家有足够的信心和耐心。越是民族的，就越是世界的。吸取西方现代艺术的精华，实现现代艺术的“民族本土化”，中国绘画才能更为博大精深。

第十节　港澳台地区

早在20世纪50年代初，港澳台地区就有一些画家利用展览会和报刊杂志，宣传并移植现代主义美术，台湾现代主义美术的兴起和民间力量与对国民党高压集权的反抗有关，除此之外，我们也可以把这种与大陆完全不同的文化模式放到冷战文化的大背景中进行反思，从价值认定的角度来看，港澳台艺术家更多的是倒向了西方现代主义。

一、台湾地区绘画

1945年日本投降，台湾回归祖国。由于原来在台的国画传统受到日本侵略者的打压与迫害，而十分薄弱，故主要由大陆来的国画家占支配地位，如溥心畬、黄君璧、张大千等三人的“渡海三家”，他们对台湾光复后初期实有极大影响。还有东洋画和西画，东洋画亦即日本画，由日本侵略者对台湾人民进行殖民化才产生的，并追随日本全盘西化的做法，而以西画为主。画的都是穿唐装的中国人，这是割舍不断的血缘情感在纸、绢上的自然流露。

溥心畬到台湾后，十分受人崇敬。他1962年的《西山草堂古松》，受文徵明《七星桧》卷的影响，笔法豪放、充满诗意。1963年的《水阁清寒静似秋》轴，构图皆从马远、夏珪而来。

在溥心畬门生中，江兆申的成就较高。江兆申1991年作的《长林大泽》短卷更显露出他对古人的仰慕，且别出心裁，自成一家。

周澄，台湾宜兰人。随江兆申学画，他的《白石嵯峨》(1986)，在构图及表现上都有其独创，并在画上题诗，完全是文人画的风味。

李义弘，台湾台南人，以江兆申为师，因此其画《夏日荷池》(1983)等亦有文人画精神。

黄君璧是在台湾艺术界影响最大的画家之一。他1986年的《漫步寻幽》中，一飞瀑从高山而降，成为全画的亮点。这种写法的雄劲使他被称为瀑布专家。黄君璧的弟子，湖南益阳人胡念祖的《云壑飞泉》与之有异曲同工之妙。

黄君璧的弟子中，最能继承其作风的是湖南长沙人罗芳。她的《山水写生册》(1984)笔法简洁、中肯豪放。

郑善禧，福建龙溪县人。拜溥心畬、黄君璧为师。他的《印度一家》(1983)轻轻数笔，亲切感人，有如丰子恺的儿童画。

“渡海三家”中最特别的是张大千。他游历了不少名山大川，这使他的山水画常有奇气。此外，他的天才还在于临摹古风。其技艺之高可从其临摹之作几可乱真的程度见到。1976年，张大千回到台湾定居，五六十年代，在传统国画范围内开始走半抽象之路，不过他在题材方面仍是十分传统的，用了少泼墨技巧来表现云山的景色，有时全画似乎都为云雾所笼罩，完全是抽象之感，张大千很快就领悟到这种抽象表现作风其实与中国传统书画有很多相近之处，因此他很快就能够发展出自己的作品，多用泼墨，但仍保持了中国传统山水的精髓，而把国画带到一个新领域。他迁回台湾定居后，前来访问的后辈几乎天天都有，因此其晚年仍对台湾的艺术发展影响甚巨。

张大千八十多岁所作的最后一张重要作品是《庐山图》，这是一张长达六尺的手卷。其画泼墨甚多，但具象的山树亦不少，在构图及表现上，可说是其一生艺术的大总结，半具象、半泼墨，远山近峰、小树大树、屋宇房舍皆欲隐欲现，说明他这时还能运笔自如。

在张大千的弟子中，技巧最高的是孙家勤。他的《鹭》(1993)用笔工细、趣味甚高。

沈耀初，福建人。其《柳塘游鸭》(1978)，全画构图特别，笔法超逸，且柳、鸭都十分灵活，生气勃勃，此亦为其个人作风。

保持台湾风格的林玉山，一直画日本风格的画，光复后，转回中国传统。其《峡谷风光》(1981)即是代表。

夏一夫，山东人。作品《雪开始融化了》(1989)代表他进一步描写自然间气氛的转变，确有独到之处，使人感到宇宙间大自然的超脱。

何怀硕，生于广东。《悲秋图》(1987)是其代表作，他一方面承受了中国大陆50年代的写实传统，一方面是则将其想像力注入画中，为国画传统注入了新元素。

席德进，四川人。山水画以水彩为主，且受到林风眠的海景影响，《金瓜石山势》(1981)即体现了这种风格。

台湾绘画从日本占领时代的西化油画及水彩转到由大陆移来的国画传统。当时不少年轻画家都不满于这两种传统，由几位赴欧美的画家，如巴黎的赵无极及夏威夷的曾荷作为媒介，因而，提倡改革并随西方最流行的抽象表现派作风，1957年在台北成立的画会即代表这种发展，其中以五月画会与东方画会最为重要。五月画会的声势浩大。在刘国松提出“中国画现代化”的口号之后，五月画会的会员大部分转向水墨，于是“现代水墨画”，一词应运而生，也影响了台湾的老、中、青国画家及整个台湾画坛。

像大陆地区一样，台湾地区的现代美术运动也面临着本土文化、本土情感和西方现代主义的剧烈冲突。例如1976～1979年间，台湾曾经发生过以“爱国家、爱民族、关心社会大众生活”为内容的乡土文艺运动。但1980年后，台湾地区的现代美术主义运动又出现了新的高潮，涌现了像现代画会、中国现代画协会、台北新艺术联盟、新思潮艺术联盟、艺术群、新粒子现代艺术群、滚动、笨鸟等等美术团体，这种现象和85前后的大陆艺坛如出一辙。另外，新抽象、新表现、超现实、新构成、装置等西方现代主义美术的新类型也开始在台湾传播。

刘国松毕业于台湾师范大学艺术系，曾经受溥心畬、林玉山及黄君璧的教导。他让纸厂为他特制一种纸筋纸，最适宜作中国山水，一方面有传统山水的雄伟表现，同时又有新的半抽象感，这种中西绘画传统的结合便成为他个人的新风格，而他发明的这种纸筋纸被称为“刘国松纸”，他本人则被称为“现代水墨画之父”。

五月画会的会员中冯钟睿、陈庭诗、陈其宽都是重要骨干。冯钟睿的《绘画》(1966)、陈庭诗的《生之欲》(1968)、陈其宽的《歌乐山与重庆》(1952)均受到刘国松的很大影响。陈庭诗用台湾建筑材料甘蔗板剪成各种形状，砌成一种抽象的构图，再涂上墨油，以宣纸盖上，构成很大的抽象黑白图画，颇有新意，

李锡奇，1938年生。他用的方法是丝印画，将书法与绘画混合，颇有其个人风格。

台湾的艺术空气到了20世纪末变得十分浓厚，除了台湾师大美术系及艺专之外，另设台北艺术学院与台南艺术学院，台湾大学、中央大学、台师大、文化大学、东海大学、成功大学等都增设艺术研究所。关于艺术的杂志，除了《雄狮美术》及《艺术家》之外，还有不少新杂志，包括《典藏》、《艺术新闻》等。

二、香港地区绘画

香港的书画家从开埠到抗日战争开始，一直都是广州队伍的一个分支。20世纪活跃的画家只有从日本留学回来的任真汉、杨善深和鲍少游。1949年以后，不少画家陆续从大陆来港。除了画家黄般若、邓芬、吕寿琨、丁衍庸、张碧寒、周绿云、彭袭明、周士心和书法金石家冯康侯外，还有从欧美回港的方召麐、邝耀鼎、王无邪及韩志勋等。

从广州迁到香港的画家中，李研山堪称地位最高者，1931年，他受任为广州市立美术学校校长，极力提倡国画，并延请李凤公、黄少梅、张谷雏、邓诵先等教课。李研山是广州画家中纯走中国传统文人画之路的一位，因地位颇高，与广州收藏家们颇为熟稔，因而对传统画有较深认识，《曲江池馆》(1954)即为其代表作。

由广州移居香港的画家中，最活跃及著名者为赵少昂，赵为番禺人，少时随高奇峰（1889～1933）学画，不久即得岭南派“二高”之精髓。1948年转到香港，设立岭南艺苑，数十年之中，可谓门生满天下，为香港最重要画家之一。

赵少昂作画完全是岭南派作风。他画山水，并时常将现代建筑涵盖其中，与传统山水全然不同，然而他最擅长草虫，与别人不同处在于他用很写意的方法来画树枝，其《桂林花桥》以写实的手法画花桥，而对树木、水景却用极自由的笔法，两者相当和谐。

另一位兼并中西的画家是方召麐，江苏无锡人，先从赵少昂学画，后又受教于张大千。到了20世纪80年代，他的尝试已形成一种纯个人的作风，《天下太平》(1983)、《造化神妙》(1984)。用笔完全大胆自由，笔法亦不重形似，而强调其趋势与表现力。

邓芬的《美人图》(1949)，陈福善的《海景》(1978)，杨善深的《双栖》(1981)，饶宗颐的《雨中剪刀峰》(1986)，黄仲方的《层云叠嶂》(2000)，黄般若的《宋王台》(1957)，周绿云的《天神合一》，郭汉深的《凝静》，吕寿琨的《禅画》(1970)，丁衍庸的《京剧人物图》，《荷花鸳鸯图》，张碧寒的《华嵩之寿》(1968)，彭袭明的《西贡山水册》，王无邪的《云序》(1978)等，也都各有千秋。

20世纪80年代开始，由大陆来港访问和定居的书画家不少，如黄苗子、郁风、黄永玉、万青力等。他们都十分活跃，对香港有不小影响。

从外在形态来看，美国的现代主义观念彻底征服了港台，西方现代主义艺术形成了一股强劲的流行时尚。自由的艺术探索、对异质文化的好奇心、政治上的冲动情绪……所有这些因素混杂在一起，刮起了一股现代旋风，涉及到所有门类，催生了一大批语言驳杂、风格混乱的作品。

第十一节　海外华人华侨艺术

我国画家从晚清开始大批出国，最先是到日本。如陈师曾、李叔同、高剑父、高奇峰、陈树人、何香凝、郑锦等。当人们了解到日本的绘画实际上是源于法国后，于是就直接赴法留学。如蔡元培、金城、李毅士、林风眠、徐悲鸿、蔡威廉、林文铮等。二战开始后，几乎所有的留法学生都陆续回国，只有潘玉良和常玉留下来，并一直十分活跃。二战结束后，赵无极、熊秉明和吴冠中等一批留学生再度赴法。1950年代，只有港台画家和学生赴法。如朱德群、曾幼荷、丁雄泉等。1960年代，台湾的廖修平、彭万墀等赴法。1970年代，大陆的陈建中、戴海鹰、司徒立等赴法。1980年代，大陆、港台赴法人数大增，形成了一股热潮，并且旁及西班牙、意大利等西欧国家。

1950年代开始，纽约逐渐成为世界艺术中心。大陆、港台赴纽约的人数也不少，如朱沅芷(1906～1963)、曾景文(1911～2000)等。1990年代，在纽约的中国画家已经数以百计。

在海外的画家不仅学到许多西方的艺术，同时也是中华文化的传播者。在他们自身发展的同时，也让中国书画艺术登上世界绘画的顶尖舞台，并且流传到愈来愈广阔的地域。

华人华侨通过兴建华文学校、创办华文报刊、出版华文书籍将中国语言、文学、书画艺术等进行异域传播。而祖国的日益强大，让许多过去不了解中国的外国人，也对中国产生了愈来愈浓厚的兴趣。孔子学院正在五大洲的许多国家向外国朋友讲授中文和中国文化，就是最明显的例证。

针对传统中国书画艺术在西方文化语境中表现出来的孤立，在海外华人华侨的艺术创作中，将西方现代、后现代艺术的观念性表达方式与传统水墨的表现手段相结合，提供了水墨艺术现代转换的突破口，并通过艺术家们的实践探索，水墨技法作为当代中国书画艺术走向世界的一种表现，不仅为我们提供体现中国文化感觉和心理结构的水墨图像，弘扬中华传统艺术，也成功的将中国书画艺术融入世界，让世界进一步认识了中国书画的魅力。许多华人华侨画家大量吸收了西方绘画的艺术元素，焕发出了中国画革新的光彩，张大千就是其中的佼佼者。他深研传统、不断创新，作品受到各国的好评，被誉为“东方的毕加索”。然而，从西方人的角度看，这些画仍然是中国的。证明了中国水墨技法是无可替代的东方精神的象征，反过来又在国际艺术格局中激发出新的波澜。(作品在台湾地区中介绍)

赵无极，北京人。他把中国古代传统与西方现代抽象艺术品表现结合在一起，他的画反映了中国人的宇宙观与全球性的现代观，虚无玄远，表现冥想的精神，这种中西结合成为赵无极作品的最大特色，也是他在当时法国抽象表现派画家中最为突出的个人色彩。

1960年代，赵无极对中国书法传统兴趣甚浓，并曾发表了一本关于中国书法的书，他的画风也逐渐与书法接近，其作品《一九六四年七月三十日》(1964)，就显出他对中国毛笔笔法的成功运用。

潘玉良(1895−1977)，在上海美专学习时就成绩优异。1921年起先后到法国、意大利学习美术。1928年回国时，已经是很有名气的画家。先在母校担任西洋画系主任，1931年，转任中央大学艺术系主任。后再次赴欧，其作品曾在苏联、英国、美国等地展出。其《读书的女人》(1954)，《少女与丁香》(1962)均表现出她构图上的精心，坚持自己的风格，而不为弥漫巴黎的抽象表现派所动。

朱德群(1920−)，江苏徐州人，从1955年以来，朱德群就居住在巴黎，用宣纸毛笔来显示其在国画上的表现。《旅》(1986)就是这样一幅水墨画作品。

到意大利的中国画家不少，东方画会的两位画家萧勤（1935年生）与霍刚（1932年生）都曾在米兰工作多年，另外如德国、英国、瑞士及西班牙也有中国画家，证明在20世纪后期，中国画家已在欧洲许多国家与西方艺术家打成一片了。

另一位成功地把中西结合来创立自己画风的女画家是洪娴(1938−)。洪娴祖籍扬州，随画家溥心畬学画，赴美之前，其画技完全是传统的中国绘画，尤以白描为佳，加入五月画会后，结果发展出“虽然仍用水墨画，但却把景物抽象化”的个人风格。

顾媚(1934 −)，广州人。先后向赵少昂、胡念祖学画。1984年移居加拿大后，受加拿大西部山水的影响，因而形成其以雪山为主题的画风。其《斌富公园一角》(1985)、《雪霁》(1985)将中国山水变为黑白对比的实景。

赵春翔(1910−1991)，河南人，亲炙林风眠与潘天寿人教导，1956年赴西班牙马德里学习，后来定居纽约30多年。其《自然的挂冠》(1988)，全画没有鲜艳的颜色，而全用水墨的笔法横直相间，再以泼墨把上下边接起来，如此以中国传统水墨画的因素加入西方抽象，从而达到其艺术追求的目的。

85新潮美术之后，一批艺术家接过了西方实验主义艺术的旗帜，步入了国际艺坛，直接同西方世界的艺术展开了交流。对于什么是真正的“现代艺术”，他们开始有了直接的体会。

20世纪90年代之后，以谷文达、黄永、蔡国强等为代表的一批活跃在欧美的海外艺术家纷纷以新的艺术面貌引起了世人的关注。旅法艺术批评家费大为认为，中国海外艺术家的现象是中国大陆20世纪80年代激进的文化批判运动的延续，以《大地魔术师》为标志，是在20世纪90年代西方强调多元文化的背景下出现的一股非西方背景的、来自“边缘地区”的力量中的一个部分。他们创作的不是表现为去迎合西方文化的主流，不是西方人更愿意看到的“东方符号”。海外华人艺术家的创作聚集了20世纪80年代的爆发力，加上面对新环境的挑战，实际上对西方主流文化形成了一定的影响。

在中国，对现代性的探索其实是一个世界范围内的比较和求证过程。中国的现代艺术见证了百年历史变迁，记录了现代化进程的精神轨迹，也映照了一颗灵敏、博大、深沉的民族心灵。

中国绘画是笔墨的艺术、线的艺术、用以大观小的方法塑造形象的艺术、不受时空限制的艺术和综合的艺术。在师造化与法心源二者的统一中，将自然渗入到画家灵魂当中，成为画家整个人品和修养的一个组成部分。中国绘画着重整体境界的描写，它的主题，不是描写某一个地方、某一个人，而是表现某一种情趣、某一种境界，在个体与整体的统一中，强调美的整体境界。中国古代绘画美学思想，虽强调神似，但并非只重神似而不重形似，而是要在形似的基础上，传达出自然力的生命，表现出作者的思想感情，以达到神似。

中国画之美在“整体的境界”，这种整体性体现为情与景、虚与实、时间与空间、声音与色彩、诗与画的浑然不分。建立在道的哲学基础上的中国绘画，强调自然，反映在风格上，就是强调简、淡、雅、拙等。

中国的书画美是一个开放性的系统。书画美离不开人，因为“美的本质离不开人的本质”。兼容并蓄的中国画，却由于艺术的商业化的结果，其独特的艺术表现力正在被西画或其他画种的技法取而代之。齐白石、黄宾虹之后的一些画家的作品在变革的中未失去中国画的品格，因而特别难能可贵。如潘天寿、李苦禅、陆俨少。不过这里所强调的中国画品格，并不意味一成不变的传统模式，更不意味着反对运用西画观念技法丰富国画的表现力。林风眠、傅抱石、李可染、石鲁的国画革新探索的成就是有目共睹的。他的革新体现在“笔墨精神，千古不变”，而“章法面目，刻刻翻新”。他们的艺术成就并不是刻意“创新”的结果，而是植根于中国文化土壤中的必然。画家个性风格与时代感的彰显他们作品的艺术质量。

把科学，民族文化对立起来，甚至把民族文化视为障碍的全盘西化的激进主张，已经使近代中国的精神文明的生存发展付出了沉重的历史代价。然而这一思潮，至今仍有相当影响，对中国绘画的发展，障碍尚多，任重道远。按照中国绘画本身的历史脉络，从中华文化史观出发，运用中国绘画理论本来的语汇，分析中国绘画的风格演进历史以及如何实现中国画的现状化等问题是中国画学者正在探索的课题。

参考文献：

《融会中西的造型与笔墨—蒋兆和研究之一》 刘曦林 著 原载《中国美术史论文集》
《中国美术简史》 孔令伟 编著 上海美术出版社
《中国绘画通论》 阮荣春 主编 南京大学出版社
《中国美术史教程》 薄松年 主编 陕西人民美术出版社
《点击中国绘画》 洪丕谟 著 上海人民美术出版社
《中国现代绘画史》 李铸晋、万青力著 文汇出版社
《中国美术史》 洪再新 编著 中国美术学院出版社
《中国美术史》 张光福 编著 知识出版社
《中国绘画史》 王伯敏 编著 上海人民美术出版社
《走进中国艺术殿堂》 高奇编 著 山东大学出版社

第二章　中国书印史

第一节　东汉之前的书法

先秦是中国文字的产生和初步发展的时期，属于汉字的“古汉字”阶段，同时也开启了我国书法的秀丽篇章。这些古文字出现在龟甲、兽骨、青铜器等材料上，均表现出一种古朴、稚拙、凝重的美。

商代已经创造出丰富的古篆，书刻于甲骨或者铸在青铜器上，已经意识到书写的美观匀称和布局的规整。战国时期出现了隶书的萌芽。秦始皇建立统一的多民族王朝后，推行“书同文”，在大篆的基础上加以改革，即后世的小篆。狱吏程邈创造了隶书，隶书字体结构较篆体简单，汉以后成为通行的字体，。由于书写的需要，草书应运而生。在隶书基础上形成的草书字体称章草。东汉末楷书萌始，行书崭露头角。

在秦汉时期，书法不仅限于实用，而且开始作为艺术品欣赏，涌现出一批杰出的书法家。李斯是我国书法史上第一个有记载的书法家，书法造诣颇高，传泰山、琅琊等刻石均是他的作品。东汉书法家刘德升擅行书，唐代《书断》称他“风瞻妍美，风流婉约，独步当时”。张芝精于草书，被后世誉为“草圣”。

甲骨文：

甲骨文是我国最古老的文字，流行于商代和西周初期。甲骨文最早大量出土于殷商都城废址安阳市小屯村。建国以后在陕西扶风周原遗址及陕西长安、河南洛阳等处也发现过西周早期的甲骨文。从1889年至今，已获甲骨15万片以上，汉字共4000多个，可以辨识的1700多个。甲骨文多为刀刻，所以笔画直线为多，也有稍带曲笔的，字多作长方，结构变化多姿，布局错落有致，展示出早期书法的发展和成就。

金文：

也叫“钟鼎文”。是铸在青铜器上的文字，流行于商周时期。商朝时文字结构中象形意味依然很浓，布局疏朗，气势雄健，结体张开，有意识的追求形式上的完美，如司母戊大方鼎。到周代时出现长片铭文，追求字体的庄重典雅，排列的布局美观。如大盂鼎等。

石鼓文：

是迄今所知传世的最早的石刻文字。大腹如鼓而得名，现世所存石鼓共10个，周宣王时所刻。高一米，直径60多厘米，周围刻有654字，今仅存270个字，文字严谨而端庄。韩愈在公元817年有文字记其事。宋移至汴京，金掠至中都，元郭守敬迁于孔庙。现藏于北京故宫博物院。

盟书：

重要的盟誓写在石片或者玉片上并掩埋于地下称之为盟书。盟书书写或工整，或粗率，落笔较重，起笔尖细，锋芒毕露，结体自然。

帛书：

商周出现的写在丝绸上的文字称之为帛书。1942年在湖南长沙子弹库楚墓出土了一件战国中后期的帛书通称楚帛书。它仍属于篆书，但体式较为简单，字型扁平，用笔较为自由。

小篆：

即秦篆。残存的泰山、琅琊刻石传为李斯所写。泰山石刻宋时尚存232字，此后历经毁迭，现仅存十余字，八字尚完好，其结体端严，笔势圆转，规整中见飘逸；琅琊刻石也已裂残过甚，现存于中国历史博物馆。

隶书：

在西汉末到东汉初发展到成熟阶段，形体由长方转化为宽扁，笔画工整，用笔提按点画间呼应达到变化丰富、和谐完美的境界。民间隶书风格多样，变化丰富，早期用笔尚带篆意，后来逐渐成熟，有的敦厚古朴，有的劲健爽利，有的行笔豪放，随意自然，神采飞扬。

草书：

汉代早期草书是一种简易快速的隶书，后来发展为章草。特征是保留有隶书笔法的印记，一般上下字不加连缀，但又要笔断意连，至东汉章草行笔波迭又遒媚圆转，风格活泼飞动。至汉末，章草中保留的隶书笔画形态逐渐泯灭，形成了上下字之间笔势牵连的一种草书，即今草。其成熟于东晋，代表书家为王羲之等人。到唐代，草书在张旭、怀素笔下更加放纵，其笔势连绵回绕，字型变化繁多，成为"狂草"。

第二节　魏晋南北朝时代

魏晋南北朝是书体演变乃至整个书法发展的转变时期。一度盛行于汉代的隶书走向衰颓，结构轻便、点画灵活而笔画又适当削减的楷书受到肯定，草书经过章草发展成今草，行书在从隶书向楷书的转变中发展并逐渐成熟，楷书、行书、草书成为垂范后世的典型。书法逐渐成为贵族士大夫提高文化修养和追求高雅生活的一部分，至此中国书法史出现了第一次艺术创作高潮。

从宏观上看，魏晋南北朝的书法出现过两次大的起伏：

一是三国的曹魏时期，书家辈出，其中以钟繇最为杰出。他博采众长又融会贯通，唐代《书断》中评他"真书绝妙，乃过于师"。他变通隶法，健全楷制。他的楷书作品字型扁方，用笔古朴厚重，结字茂密，点画之间多有异趣，被奉为楷书之祖。魏朝时期，多立碑石，这些碑石多用方笔，棱角锋利，结体谨严，气势雄浑，刚劲挺拔，在风格上最能体现魏碑书法的特色。其中《龙门二十品》所代表的魏体书法在中国书法发展史上占有独特的地位，对清代及以后的书坛产生了深远的影响。西晋书法则承上启下，虽书道不绝，却波澜不惊。

二是东晋时期，士人崇尚书法，形成风气。王羲之、王献之父子继承钟繇遗法，变通汉魏质朴书风，创妍美流便的新书体，在书法史上形成了规模宏伟的主流，对后世书法的发展产生了深远影响。

王羲之、王献之二王的艺术风格体现了中和平稳、含蓄慰藉的审美境界。他们寓性情、襟度、风格于书法之中，体现了刚柔相济、骨肉兼备、气度与韵味的和谐统一。

其中王羲之以行书《兰亭序》最为知名，传为千古佳作。可惜在唐太宗逝世时《兰亭序》随之陪葬，从此真迹永绝人间。庆幸的是生前有大量摹本，从中可以窥见一二。此外，王羲之草书《快雪时晴贴》曾为北宋宫廷收藏，清代置于内府，与王献之《中秋贴》及王珣《伯远贴》合称"三希"。另一草书《丧乱贴》唐朝鉴真和尚东渡时带去日本，现藏于日本。这些名作有的气脉贯通，行笔流畅；有的温文尔雅，舒畅安详，运笔时急时缓具有强烈的节奏；有的情驰神逸、淋漓奔放。书家笔下变化万端，显示出极高的造诣。

南朝书法则未能跃出二王樊篱。北朝虽石刻众多，在书坛另树一帜，其成就亦未超出东晋。

此外，中国书法在南北朝时期形成了两个不同的流派。即"北碑南帖"。帖宜于行草，故以流美为能；碑宜于楷、隶，故以方严为尚。再加上民族、政治、历史、地理等方面的原因，南朝书法温婉妩媚、风流妍妙；北朝书法则体现为豪放健劲、质朴厚重。

楷书：

因其形体方正，笔画平直可做楷模，故名。也叫正书。它是通过保持汉隶的结体、省改其波桀，同时增加章草的勾带而形成的一种书体。楷书始于汉末，盛行于魏晋南北朝，通行至今。三国时魏国著名书法家钟繇被誉为“楷书之祖”。

行书：

介于草书、正楷之间的一种字体，兼有楷、草两体的某些特色。楷书工整，但书写较慢。草书书写快捷但不易辨识。行书既较楷书书写自由又较草书工整，它有如人之行走，不快不慢，易识易写，故最为常用。相传行书始于汉末，至东晋达到高峰，王羲之、王献之为其杰出代表。

第三节　隋唐五代时期

隋代统一，南北各地书法得以交流融汇，书风上承六朝而又摆脱了前代的粗犷险逸，变为工整端丽，并逐渐趋向规范。著名书法家有智永、丁道护等人。

智永，人称“铁门眼”。曾作《千字文》八百本，分施于浙东各寺院。《千字文》作真草二体，真书圆润古雅，草书严守法度，气韵生动体现了书法家貌似平淡、实则含蓄而工稳的风格。现有墨迹及刻本传世，其中墨迹本现存于日本；石刻本是在宋徽宗时期摹刻上石，现存于西安碑林。而丁道护作品结构平正而顿挫有致，对后世影响颇大。

书法艺术在唐代有大的发展，书法创作成就辉煌。楷书成熟而完美，行书风格多样，草书千变万化，篆、隶虽使用较少，所存书迹却也自有面目。从皇室贵胄到民间都对书法表现出极大的热情和兴趣，善书法者众。唐太宗、唐高宗、武则天在书法上相当有造诣，并对当时的书坛影响颇大。唐代书法最大的特点是“尚法度”，即“唐尚法”。而在众多的书体中，唐人的楷书取得了最大的成就，“初唐四家”都致力于楷书法度的建立，成为“唐尚法”的具体体现，此外，狂草也在唐代异军突起，对后世“尚意”书风影响较大。

唐书法辉煌绚烂，书家辈出。“初唐四家”的欧阳询、虞世南、褚遂良和薛稷，唐中后期的颜真卿、柳公权皆以楷书名世。张旭、怀素才气横溢，书艺绝佳，引领了后世草书风范。

欧书严谨而擅小楷，晚年字体修长，笔力险峻，笔势方正，世称“欧体”。褚巧于楷隶，有萧散之风，以遒劲丰丽、清雅舒展风格见称书坛。传世碑刻《孟法师碑》结体典雅宽舒而用笔刚劲。虞书温润清逸，而薛书秀劲刚健，四人都为楷书的成熟及其风格的多样作出了贡献。

颜体遒劲秀拔，力透纸背，建立起端庄雄伟、气势恢弘的风貌。《祭侄文稿》是颜真卿为祭奠侄子所作，信笔拈来，苍劲自然，而字里行间更鲜明的流露出哀婉悲思之情，被称为行书中的杰作。柳公权是晚唐书法上别开生面、卓有成就的大师，以楷书成就最为突出，柳体出于颜而盛于颜。

“狂张醉素”创造了气势飞动、奇幻多变的草书，其中张旭将草书发展到极致，千变万化，气势绵延，极富节奏感，被尊为“草圣”。传世作品《古诗四帖》气势奔放，笔划千变万化而连绵不断，若风疾电驰，跌宕起伏，韵律感极强，是草书中难得的杰作。怀素是继张旭后的狂草名家，善于从自然形象中领悟书法的变化。他行笔之势飞动，矫健有力，能与张旭相伯仲。《自叙帖》为怀素的代表作，共126行，行笔圆劲奔放。

唐朝还涌现了许多的理论著作，其中《书谱》与《书断》合称为唐代书论“双璧”，对后世影响深远。

由于朝代更迭频繁，战争连年不断，五代的书坛较为冷清，这一时期在书法上影响深远的书家是杨凝式，他继二王、颜柳之余韵，成为承唐启宋的一代宗师。他楷书精绝，工于颠草，笔迹雄强，北宋“四大家”都深受其影响。

第四节　宋代

如果说，晋代书法“尚韵”，唐代书风“尚法”，那么宋代书法艺术的最大特点就是“尚意”。宋人特别追求书法中的意趣，强调主观表现，作品中皆有其鲜明的个性，偏爱自由奔放的行草书者居多，体现了书法家的个人气质与修养、风格上各自独立的新面目。

开创了“尚意”书风以苏轼、黄庭坚、米芾、和蔡襄为首的“宋四家”。蔡襄擅长正书及行书，其正书得力于颜真卿，行书得力于虞世南，加上自己的创造，形成了和平慰藉、端庄婉丽的风格，被苏轼誉为“近世第一”。苏轼书法不拘古法，力主创新，作品有强烈的个性色彩，最擅行书和楷书，以行书更胜。笔势天真烂漫、刚健婀娜而又奔放飞动，放笔处率意潇洒，功夫隐于笔墨之内而情感溢于笔墨之外。传世作品有《治平帖》、《归安丘园帖》等。黄庭坚擅长行、草及楷书。尤其在草书上有很深的造诣，结体变化多端，如行云流水，一泻千里。传世作品有《诸上座帖》等。米芾师承广泛，兼采众长，用笔浑厚爽劲，人谓其书法超逸绝尘、不践陈迹，能出新意于法度之中而绝出笔墨畦径之外。他以行书成就最高，代表作有《蜀素帖》等。

北宋末年的书法家还应提到宋徽宗赵佶，他书法上也相当有造诣，而且行、楷、草书皆能，笔势飘逸、自成一格。特别擅长楷书，还创造了挺劲秀美的“瘦金书”体。

北宋灭亡后，南宋建立。整个南宋的书坛仍然被苏、黄、米的书风统治着，但艺术成就始终无法同北宋相比。在此之外，不顺从时风而稍能自振者，就是陆游、范成、朱熹等人了。陆游草、行书借酒挥运，有郁怒勃发之气，颇足动人；范成则作品有落落自得之态，笔的速度和力度尤为特立独行；朱熹行、草顺畅自然，尤其是行书，笔势迅疾，无意求工，似从胸襟中留出，转折自如，潇洒自然，神韵超妙。

推动宋朝书法艺术发展的还有“法帖之祖”《淳化阁帖》的刻行，印刷技术的日趋成熟和碑刻风气的渐弱，这使行草书有了更为广阔的发展空间。

第五节　元代

元朝是中国历史上第一个由少数民族统治（全国）的朝代，推行的种族歧视政策让汉族士大夫造成了沉重的政治压迫和心理压迫。在这样的时代氛围里，元代书法家无法承袭宋人“尚意”书风。自元初开始，赵孟頫倡上追魏晋，追求一种平淡超脱、中和有序的美感，开创一代书风。赵孟頫诸体皆擅，楷书方面，行书和楷书尤为精绝。赵书雍容华美，平和雅正，潇洒中见高雅，秀逸中见清气。书法风格在当时独步一时，赢得“上下五百年，纵横一万里，举无其匹”的盛誉。元初还有一位名家鲜于枢。鲜于枢擅长楷书及行草书，尤以草书最佳。其作品结构严谨，抱合有致，笔画清秀，使转爽利，与赵孟頫有“南赵北鲜”之称。

这种书风一直延续到元朝后期。到元朝后期，开始出现众多名家，他们开始摆脱赵孟頫的影响，直抒胸臆，敢于独创；还有画家开始与绘画的相互渗透。奇肆多姿、直抒性灵的书法给书坛带来一丝新意，书坛上出现了群采纷呈、多姿多彩的局面。这时的名家有虞集、冯子镇等等。虞集工真、行、草、篆诸体书，皆有法度，尤以行、楷书最为擅长，其楷书端庄秀媚而闻名天下；冯子镇则突破了端雅典丽的书风别出蹊径，书法笔锋犀利，清挺拔俗。

第六节　明代

明代立国之初，朱明王朝在思想上大力推崇儒学，论书者多推崇中和平正的书风，其书法创作则承继宋元崇尚帖学之遗风，具有创造性的书法家很少。

永乐年间，产生了“台阁体”。“台阁体”书家重学书功力，讲究工稳平正，但大都缺乏创造性。

明初的书法家首推“三宋二沈”，即宋克、宋广、宋遂、沈度、沈粲。

宋克擅长小楷、行草，而在章草上的成就最高。他变古章草的扁方字型为长方体势，变圆厚古拙的用笔为挺拔瘦劲的笔画，体长而修美，具有隽秀刚健之气。他还在写行草时融入章草的用笔，增强其健美的形态，展示出一种新的书体风貌。

明中期不少书法家又宗法魏晋唐宋之家，以畅神抒情为目的。而“台阁体”依然是广为流传的实用性书体，书家学晋唐、学赵孟𫖯的仍是主流。但与此同时，在苏州地区又出现了祝允明、文征明和王宠，他们书风大变，形成吴门书派。

吴门书派的书法既非唐宋面目，又与台阁体有别，使明代中期书坛呈现一片别样的风景。其中以祝允明、文征明的成就最高。祝允明楷书、行书均笔致生动，富有特色。其草书奇宕潇洒，奔放雄健，用笔中锋间用侧锋，用墨浓淡富于变化，章法布局纵横交错，开创了草书的新体势。文征明擅长小楷和行草书。以小楷、行书成就最高。小楷师法王羲之，温纯精绝，圆劲古淡；行草书学二王，精能练达，笔法老到，结构紧收，自成一格。

明代后期，书坛可谓百舸争流，不拘一格。在众多书法家中，徐渭的书作尤显得狂纵肆意、擅长草书。他的书法个性鲜明，变明代中前期推举的秀雅温藉风度为大刀阔斧、纵横睥睨的面貌。其传世草书纵横散乱恣肆豪放而不拘法度，并开始在绘画作品中参入笔走龙飞、大气磅礴的题字。

在这期间，还涌现了“晚明四大书家”，即邢侗、张瑞图、米万钟和董其昌。实际上这四个人的书作除了追晋尚韵、法宋尚意、各有新的艺术风格而有别于“台阁”书家以外，并没有什么共同之处。四人中最突出的当属董其昌，他创立了清雅书秀的书风，行楷笔画圆劲秀逸，行笔流畅。分行布局疏朗匀称，行气连贯，以生拙取胜；追求古雅、自然、平淡、萧散的境界，字里行间疏朗而又秀丽空灵，对明末清初的书坛影响极大。黄公望、倪瓒二人书作都具有朴茂、刚健、丰劲、奇逸的特色。明末清初遗民精于书画，代表画家有傅山等。傅山作草书雄奇逸宕，反对工巧为尚，提倡自然真率、朴拙天真之美。

第七节　清代

清代书法在承袭明末书风的基础上有了长足的进步，其最鲜明的特点就是碑学的开创与兴盛。它直接导致了篆、隶、北魏碑各种书体的发展与繁荣。从总体上看，清代书法可以分为两个流派：以阁帖为主、承接晋唐以来的书法传统，追摹王羲之、颜真卿，尤其是赵孟𫖯、董其昌的行楷帖学；另一种是借鉴两周钟鼎、秦篆、汉隶及六朝碑刻的碑学。此时，传统的“帖学”在清代仍占有十分重要的地位。碑学、帖学此消彼长，流派纷呈，名家辈出，中国书法艺术由此出现了一次中兴。

清代早期，帖学占有重要地位。一些善书的汉族文人常常被皇帝委以重任，这使得明末的书风得以延续至清。清代盛极一时的“馆阁体”，就是由明代的“台阁体”演化而来，后来成为科举考试的工具，在社会上影响广泛。帖学书法家中成就突出的有张照、刘墉等人。张照笔力深厚，作风圆健雄浑；刘墉擅长行楷，风格烂漫天真、温柔敦厚，体现了雍容华贵的气度，被誉为“集帖学之大成”，是清代帖学造诣最高的书法家。

清朝中期以来，由于考据之风的兴起，引发了古文字学与金石学研究的高涨。帖学由盛而衰，碑学逐渐兴起。清代的碑学，开始指的是魏碑，后来扩大到包括南朝在内的六朝碑板以及秦汉刻石，碑学的兴起，带动了书法艺术的变革。特别是嘉庆、道光以后，碑学取代帖学成为主流，一时出现百花齐放、争奇斗妍的局面，使清朝前期的尚柔媚纯熟的书风向尚质书风转变，开创了清代书法的新貌。

清初和清中叶的一些画家在书法中创作有意突破帖学。如傅山隶书沉郁跌宕，率意而成；程邃隶书笔意凝重，有金石味等等。 清后期出现了何绍基、邓石如、赵之谦等，他们在楷书上面的成就极大；篆书则出现了邓石如、杨沂孙、等名家；隶书则出现了陈洪绶、伊秉绶、金农等名家。

金农以擅长隶书著称，他创造出了一种用笔方正、棱角分明的特殊风格。所用笔皆将毫剪平，书写时平铺如板刷，横细竖粗、点画浓重，因此称作“漆书”。邓石如书法、篆刻皆长，尤以篆书最为称著。他用隶书笔法作篆书，用笔上提按起富于变化，写来大气磅礴，极富特色。赵之谦擅长楷书，用笔方中带圆，笔势飞动。

清朝末年的书法虽然挣脱了“馆阁体”的桎梏，但其兴盛程度却不及前代，然而也有一些书法名家。他们走碑帖兼容一路，为书法艺术的发展迈出了坚实的步伐，其中集大成者有吴昌硕、康有为等。吴昌硕书、画、篆皆工。康有为提倡以学碑来矫正学帖之靡弱风气，对近世书法影响很大，他的书法提顿忽于转折，讲求力度，有一股霸悍之气。

第八节　民国时期

在民国短短的30多年中，书法家的知识结构和审美趋向发生了变化，书法创作的风格更加丰富。甲骨文的发现，章草的复兴，使书坛上出现了两个特殊的取向。特别在章草方面，民国可谓大家迭出，如郑孝胥、章炳麟等，其书作逾越元、明诸代并遥接汉晋，令章草得以复兴。郑孝胥以书法名世，其书以楷行见长，熔碑、帖一炉，既有精悍之色，又有松秀之趣。章炳麟擅长行书，注重内在美的抒发，于拙重处见真性情，属于内秀一路。

第九节　建国以来

如果说民国书法秉承晚清余绪，那么建国初期的书法大师，又多承继民国而来，他们书法之外，有着深厚的字外功夫和国学根基作为支撑。建国以来书法成就，主要在于“文革”后崛起的现代书法，因知识结构，文学修养的不同，各家的书法造诣也各有不同.

在现代书法家的推动下，当今中国书坛呈现出百花争妍、繁荣昌盛的景象，涌现了大批的书法名家。包括在现代书坛有“南沈北郭”之称的书法名家沈尹默和郭沫若；有潜心北碑，以标准草书著称的于右任；还有在当今书坛影响重大又素有成就的老一辈书法家如谢稚柳、林散之、赵朴初、启功等。

其中沈尹墨是近代中国最负盛名的书法家之一，书法作品秀雅、俊美。谢稚柳教授认为：“数百年来，书家林立，盖无人出其右者。”林散之的书法被称为“散体”草书，他用笔变化多端。正是这种丰富而微妙的变化，造成雄伟飘逸姿态，磅礴放旷的气势，划沙折股的笔意，具有很强的艺术感染力。在建国以来物质条件改变了书法赖以存在的书写条件的历史时期，林散之书法的意义不仅在于富有个性的“散草”的创立，以及有关相应的结字、章法、用笔等方面的创造性的价值；而且还在于，启示现当代书家在继承深厚传统的基础上，如何与新的时代共同迈进，如何在循序渐进中不断地产生突破性的变革。

当代中国面临的是一个风云变幻的“全球化”世界，在快节奏的现代生活的冲击下，书法艺术有着它仅存的狭小空间。当代书法艺术家们在面向时代与开拓未来的困境中从理论与历史研究寻求突破，这就必然赋予书法史以当代的性质。作为中国历史最为悠久、成就最为卓著的艺术形式，我们应总结历史，总结规律，在已有的历史高度上探求书法艺术新的生命与活力。

参考资料：

《全彩中国书法艺术史》　刘守安 主编　宁夏人民出版社

《中国书法理论技法与作品欣赏》　范　斌 编著　浙江大学出版

《中国美术史教程》　薄松年 主编　陕西人民美术出版社

第三篇　中国书画作品

于文江 《午后斜阳》 180 × 170cm 中国画作品

第一章　流派与技法

我国绘画流派虽然起源较早，但直到唐代，才有了历史上的第一次绘画的分流。唐朝是中国封建社会达到成熟强盛的历史顶点，政治上的大一统人心所向，统治者励精图治，经济基础的繁盛促使传统文化也趋于繁荣昌盛的顶峰。中国画发展到此时，取得了显著的成绩。人物山水画的日臻完美、花鸟画的兴起繁荣，无疑是这个时代的艺术结晶。“唐人尚法”，书画上对于前朝的继承、创新、发展使得它承前启后，继往开来，形成了一个光芒万丈的艺术高峰。

大一统的繁荣王朝自然会有文人墨客的歌颂与感叹，他们的绘画大多设色华丽，大气磅礴；与此同时，在推崇儒学的太平盛世，有更多的士大夫选择了写意绘画，在画卷中品味那份儒雅与清淡，与世无争，自得其乐。自王维与李思训开始，艺术上的分流日趋明显，后世的画家无不在其中找到自己的位置。

一、画派

当绘画发展到明朝时，董其昌明确提出了“南北宗”论，即以王维为鼻祖的水墨渲淡画派和以李思训为鼻祖的金碧山水画派。到此，艺术分流开始有了一个明确的分界。在其中，虽然流派纷呈，画风变化多样，却始终也是这两大画派的分支。

南北宗山水流派：

晚明时期，朝纲不振，国势颓弱，文人士大夫中普遍有着消极隐遁的思潮，佛教、玄学应运而兴，王阳明的“心学”泛滥，道、释、儒三教合一的思想盛行，所以这又是一个学术繁荣的时代，许多知识分子积极进行着总结性的学术研究，出现了许多集大成的学术著作，这些文化思潮不可避免对美学思想产生影响。

明代文人莫是龙在《画说》中说，“禅家有南北二宗，唐时始分；画之南北二宗，亦唐时分也。”开启了山水画派分南北两宗的源头。随后董其昌承袭莫是龙学说，在《容台别集·画旨》中完成著名的“南北宗说”，并把它总结为较系统学说，被后世尊为“南北宗说”的创始人。

所谓“南北宗说”是把禅家划分南北两宗的方法嫁接到绘画上，将唐代至明代的画家群体按照“文人”与“非文人”的两种艺术风貌和审美趣味划分为两大绘画流派。一般的理解，“南宗”的“文人画”，有书卷气，是“顿悟”的表现；而“北宗”的绘画，只重视苦练，无天趣可言，是一种“渐悟”。用禅宗的“顿悟”和“渐悟”来做比喻，基本揭示了艺术创作中的基本规律，对明末、清代乃至当代的中国山水画创作都产生了重大影响。

北宗派：

略称“北派”，又称“画院派”，是相对于“南宗派”而言的山水画派。明朝画论认为：北方画家的山水多奇耸。北宗画派的风格金碧山水，就是一种上色的山水画，它以勾勒为法，用笔细密繁琐，颜色以石青、石绿为主；有时为了突出重点，勾勒以金粉，使画面产生亮丽壮观，工致动人的装饰效果。山水精谨繁丽，画面金碧辉煌，反映出浓厚的宫廷与贵族审美气息。色彩富丽，情感外露，十分耐看。代表人物主要有唐代的李思训父子、宋代的赵伯驹、李唐、和明代的仇英、戴进等等。

传承：

（唐）李思训（金碧青绿派）——（宋）赵伯驹、李唐、刘松年（青绿巧整派）——（明）周臣、唐寅、仇英（院体派）

另一支：
（唐）李思训（金碧青绿派）——（宋）刘松年、马远（院体派） ——（明）仇英（院体派）、戴进（浙派）
另一支：
（唐）李思训（金碧青绿派）——（宋）马远、夏珪(水墨苍劲派)——（明）戴进（浙派）吴伟、蓝瑛（江夏派）

南宗派：

略称“南画”，又称“文人画”，是相对于“北宗派”而言。南宗派水墨山水以渲染为法，以笔法为主导，用笔简练奔放，充分发挥水墨的功能，来表现景物的体和面，所谓“肇自然之性，成造化之工”，用墨的浓淡变化表现色的层次变化。北宋沈括《图画歌》云：“江南董源传巨然，淡墨轻岚为一体”，说的就是南宗派的水墨山水。南宗派追求自然清淡，含蓄悠远的境界，以“诗中有画，画中有诗”为高。通过简单的墨色来表现朴素淡逸的景色与心境，情感委婉，富有禅意。唐宋人画山水多湿笔，出现“水晕墨章”之效，元人始用干笔，墨色更多变化，有“如兼五彩”的艺术效果。唐代王维对绘画提出“水墨为上”的主张，后人大都效仿。

传承：
（唐）王维（水墨渲淡派）——（五代）荆浩、关仝——（宋）巨然、李成、范宽、董源——（元）黄公望、王蒙和倪瓒、吴镇——（明）沈周、文徵明、董其昌、陈继儒（吴派）——（清）罗牧（江西派）
元代开始的一支（唐至宋相同）：
（元）黄公望、王蒙、倪瓒、吴镇——（明）顾正谊（华亭派）——（清）释宏仁（新安派）
元代开始的另一支（唐至宋相同）：
（元）黄公望、王蒙、倪瓒、吴镇——（明）赵佐（苏松派）——（清）萧云从（姑熟派）
明代开始的另一支（唐至元相同）：
（明）沈周、文徵明、董其昌、陈继儒（吴派）——（清）王时敏、王鉴、王翚(虞山派)
明代开始的另一支（唐至元相同）：
（明）沈周、文徵明、董其昌、陈继儒（吴派）——（清）王原祁（娄东派）

浙派：

明代前期绘画流派。浙派山水，以戴进为创始人。因创始人戴进为钱塘（今浙江杭州）人而得名。浙派山水，取法于南宋的李唐、马远和夏珪，笔致粗放，多作斧劈皴，行笔有顿跌，有“铺叙远近”，“疏豁虚明”的特色。后至吴伟的崛起，追随者蜂从。它适应了当时宫廷对南宋院体风格的提倡，在画坛上一度成为主流。

传承：
（宋）李唐、马远、夏珪——（明中叶）周文靖、周鼎、陈景初、钟钦礼——（明后期）李在、杜谨、郭诩
另一支：
（宋）李唐、马远、夏珪——（明中叶）吴伟、张路、蒋三松（江夏派）
谢时臣——（明后期）李在、杜谨、郭诩——（明末清初）蓝瑛（武林派）
浙派的分支：
武林派：浙派的殿军，蓝瑛为代表，也称“后浙派”。
嘉兴派：代表人物有项云汴。
江夏派：浙派的支流。创始人吴伟。

吴门画派：

明朝中叶兴起的绘画流派。吴门是苏州别名，是元四家影响最大的地区。吴派的画法，上探北宋董、巨诸家，近追元代四家。吴派画家都属士大夫身份，能诗善画，注重文学修养，强调文学意趣的表达，被称为“利家”画，强调“画有士气”。吴门画派这些风雅人物的绘画中，明显流露出一股“书卷气”，追求“风流润藉”的风格，他们注重自我品格的修养与完善，以清高的人格精神为师表；许多画家接受过良好的传统文化的陶冶，具有丰茂英发的才情。在创作思想上，主张以画抒发胸臆，怡情养性；强调作品意境的构造和笔墨趣味的表达；重视艺术形式的审美意味，形成了抒情娟秀的书画趣味，和淡雅、秀丽、明快、清新的书画风格。他们注重画面的笔墨效果，在调墨的干湿浓淡、运笔的轻重急缓等技术上获得很多经验。这些都是继承了宋元文人画的传统，并在变化了的时代条件下，加以更新和发展的结果。这一派的绘画主张，集中的反映在沈周、文徵明等人的观点中，后来经过董其昌、陈继儒的综合和发挥，表现得更加的系统化。它对明中叶以后的画坛影响甚远。

传承：

（北宋）董源、巨然——（元）黄公望、吴镇、倪瓒、王蒙——（明前期）顾正谊（新安派）——（明中期）沈周、文徵明、唐寅、仇英（吴派）——（明后期）董其昌、陈继儒（华亭派）——（清）王时敏、王鉴、王翚（虞山派）

另一支：

（明中期）沈周、文徵明、唐寅、仇英（吴派）——（明后期）赵佐（苏松派）

另一支：

（明中期）沈周、文徵明、唐寅、仇英（吴派）——（明后期）萧云从（姑熟派）

另一支：

（明）沈周、文徵明、董其昌、陈继儒（吴派）——（清）王原祁（娄东派）

吴门画派的分支：

姑熟派：代表人物萧云从

武进派：邹子麟为代表人物。

江宁派：代表人物盛时泰

娄东派：清初绘画流派，由曾直接受教于董其昌的王时敏开派，又由王原祁为核心。该派以黄公望为宗，极重笔墨功力。

华亭派：

也称“松江派”。创始者为顾正谊，以董其昌为代表。它是吴门画派的延续，将文人画的创作推向顶峰。华亭派注重用笔用墨的表现，他们的作品用笔洗练，墨色清淡。在画面上追求一种温润、含蓄、安静的格调，在表现技法上，注意强调水分和空气的感觉。墨气明润，淡荡清空，格调温和文雅。接下来华亭派又产生了三个支派：一是以赵左为首的苏松派，二是以沈士充为首的云间派；三是以顾正谊为首的新安派。三派虽然风格并不完全相似，却也彼此影响接近，同属于华亭派。

虞山派：

清初绘画流派之一。其核心人物王翚为常熟人，常熟有虞山，故称“虞山派”。王翚被清人奉为“一代正宗”。清代山水画家王恽，先后师王鉴、王时敏的同时，上溯宋元诸家，其纯熟的画法，具有很强的艺术表现力。虞山派盛于康熙（1661～1722）年间，主要学生有杨晋、顾日方及李世倬、上睿、胡节、金学坚等。当时的山水画坛，不归属于娄东派就归属于虞山派，其崇仰古风摹拟风尚，影响颇大。

新安派：

清初绘画流派，创自渐江，因其是安徽新安人，故称“新安派”。仰慕其风格的同郡人汪之瑞、孙逸、查士标，绘画旨趣颇近，合称“新安四大家”。此派上溯元四家，尤重倪瓒，因其尽力明清易代的变化，思想内涵十分深刻，又得力于黄山的启示，意境奇特。新安派对金陵、扬州等地的绘画产生了深远的影响，又有人倾向将这一画派归于黄山派。

金碧青绿派：

北宗派的一个分支。开创人是唐朝李思训。金碧青绿画，就是一种在青绿山水画的山峰、岩石的描线内侧，再加描金线的画法。金碧青绿派就是指这种风格绘画的群体。代表人物有宋代的赵伯驹、李唐、和明代的仇英、戴进等。

院体派：

院体派简称“院派”。开创人是宋朝刘松年。一般指宋代翰林图画院及其后宫廷画家比较工细严谨、讲究法度的绘画派别。这种法度体现在设色和水墨形式上，有精细不苟的程式。亦有专指南宋画院作品，或泛指非宫廷画家而效法南宋画院风格之作。院体派作品为迎合帝王宫廷需要，多以花鸟、山水，宫廷生活及宗教内容为题材，作画讲究法度，重视形神兼备，风格华丽细腻。因时代好尚和画家擅长有异，故画风不尽相同而各具特点。鲁迅说：“宋的院画，萎靡柔媚之处当舍，周密不苟之处是可取的。”《且介亭杂文 · 论“旧形式的采用”》）

明代中期，出现了宫廷内外的画风都趋向粗笔水墨的现象。以林良、吕纪为代表的宫廷花鸟画包含了工笔重彩和水墨写意的不同风格。周臣、唐寅、仇英等都是院体派的代表人物。

青绿巧整派：

北宗派的一个分支。开创人是宋朝赵伯驹。青绿巧整派是指在技法上改变了唐代山水的浓墨辉煌的装饰性，代之以秀丽清雅的文人趣味，创造了一种介于院体画和文人画之间的青绿山水画的派别。

在继承李思训父子金碧传统的基础上，又吸收了水墨渲淡等优秀传统技法，使这一时期的青绿山水不仅避免了繁琐纤弱，还在体现精工细巧的同时具备了雄伟大气的特点。这就是所谓“李、马、刘、夏又一变也”。他们化繁为简，开辟了刚劲壮阔的大斧劈皴，表现手法丰富多彩，在多勾勒、少皴擦的重彩中讲究笔墨技法，提高了青绿山水的表现力度，丰富了人们的视觉感受。青绿山水又分“大青绿”和“小青绿”之分，前者勾而不皴，以赋色为主；后者在水墨皴染基础上再赋色，色调明丽清亮。山水画意境深远，具有浓厚的贵族气息。赵伯驹，李唐、刘松年奠定的这个山水画派，在我国绘画史上具有深远的影响。

水墨苍劲派：

北宗派的一个分支，开创人是宋朝马远。水墨苍劲派以水墨苍劲大斧劈皴作为激发特色，意境清新边角小景作为构图特色，具有强烈的时代风貌。代表画家有宋代夏珪等。

没骨派：

中国画传统花卉（花鸟）画的一种画派。创始人是南朝梁张僧繇。特点是不用墨线勾勒，是直接用颜色或墨色绘成花叶，而没有“笔骨”——即用墨线勾勒的轮廓。代表人物有唐朝杨升、五代后蜀黄筌、北宋徐崇嗣等。

米氏山水派：

中国画的一个画派。创始人是宋朝米芾。他擅长“墨戏”，善用多层烘染和横点子的排比，世称“米家山水”。米氏父子作画以水、云、山为主要内容，技法上将泼墨、积墨、破墨、宿墨、渍染、渲淡等并用于一体，达到云山空阔、烟云变幻的效果。把笔墨运用和笔墨境界提高到一个新水平，丰富了写意山水的审美境界。后世的代表人物有马远等。

扬州画派：

即指扬州八怪，是指:郑燮、罗聘、黄慎、李方膺、高翔、金农、李鱓、汪士慎八位画家。扬州八怪在绘画的风格上,主要继承了前人绘画中的水墨写意画的技巧,并进一步发挥了水墨特长,以高度简括的手法塑造物象，不拘泥于枝枝叶叶的形似。在笔墨上，他们不受约束，纵横驰骋，直抒胸臆。由于他们的作品和当时流行的含蓄典雅的花鸟画风相讳背，所以常受到评论家猛烈批评，被称之为“怪”。扬州八怪在艺术观上最突出的是重视个性表现。他们提倡风格独创，主张“自立门户”,他们公然宣布，自己的作品是为了卖钱谋取生活，撕破了过去文人画家把绘画创作视为“雅事”的面纱。在作品的题材上，他们一方面继承了文人画的传统，把梅、兰、竹、菊、松、石作为主要描写对象，以此来表现画家清高、孤傲、绝俗外，另一方面他们还运用象征、比拟、隐喻等手法，通过题写诗文，赋予作品以深刻的社会内容和独特的思想表现形式。

扬州画派的画家，有着共同的艺术观，包括以下几个方面：

一、在创作上，总的倾向是一致的，但是也绝不在同一个画派之内搞模仿，互相学习但绝不互相追随。

二、这些画家，都极力追求绘画修养的四个基本条件。由于八怪的画风，总的根源是典型的文人画，所以他们重视人品、学问、才情、思想等基本条件对绘画创作的影响。

三、在“八怪”的绘画创作中，可以明显地看出都极力追求“四绝”的艺术处理手法。即：绘画创新、诗创新、书法创新、篆刻创新。

金陵画派：

即指金陵八家。是指龚贤、樊圻、高岑、邹喆、吴宏、叶欣、胡慥、谢荪八人，他们遁迹山林，以诗画相唱和。风格虽不尽相同，但有着相近的艺术意趣。在师法北方山水等不同画风方面独树一帜，给当时以南宗为正统的画坛注入了新鲜的气息。龚贤为八家之首，成就最大。在他的作品中，都是以丰饶富丽的江南风光为题材的，画法上，用疏淡浓墨相间的墨色取其势力，以粗放的皴点取其苍劲浑厚的效果。无论是描写湖光山色，还是表现苍翠欲滴的丛林，都是细细点画，着力于墨丰笔健的旋律，使画面“气宜浓厚、色宜苍秀”。

海上画派：

简称“海派”。清末民初的绘画流派。因集中的地点在上海而得名。是从清代中后期的文人画中蜕变而来。创始人是赵之谦，吴昌硕达到顶峰，像后来的齐白石、潘天寿等卓越的花鸟画家，都从吴昌硕那里吸取了许多养分。其主要特征是将文人画传统与民间美术传统相结合，从古代书法和古代金石艺术中吸取营养，将绘画题材世俗化，将传统水墨写意融入强烈的色彩，讲究造型，注重修养，追求笔墨，形成了诗书画印一体的绘画风格。画境纵逸隽雅，风格独特清新。海派绘画，几乎是在吸纳了西方传统的同时解体了西方文化核心，使其成为中国人接受的文化新类型，对近百年绘画发展产生了重大的影响。

海派的发展历程：

在海派形成期，最主要的名家有“三熊”、“二任”，即张熊、朱熊、任熊、任薰。这些海派早期人物都属于探索型画家，致力于画法的探讨、风格的演变，虽没有形成统一的风貌，但也酝酿出某种共同趋势。

海派中期时，花鸟画成为海派画家的首选。海派花鸟用笔很有特色，善画“战笔”、“断笔”，多侧锋枯笔，飞白满纸，加之逆笔较多，笔线多毛，苍劲而松整，形成一种“清虚”的笔墨韵味。

海派后期时，绘画特色十分鲜明，就绘画风格而言，以“碑”入画、以“印”入画是海派盛期绘画的重要特点之一。

岭南画派：

有“新国画派”之称。是指广东地区以留学日本的高剑父、高奇峰兄弟和陈树人为代表的绘画流派。“二高一陈”世称“岭南三杰”。他们的中国画是在传统技法的基础上，融合日本和西方技法，即水墨中掺入水彩、水粉画的粉质颜料，在不吸水的矾纸上作画，使画面色彩鲜艳亮丽，借此表现岭南阳光充足的亚热带风光。注重写生，具有广东地方特色，形成了具有时代精神和地域性绘画风格的画派。岭南画派的创作题材主要以翎毛走兽、花卉和山水为主，其表现特点是写实性强，善用色彩和水墨渲染、善于将雄健泼辣的笔墨与水分技法结合在一起，渲染出天光云影、月夜朦胧的气氛，使画面清晰而又诗意盎然。岭南画派“二高一陈”作品章法新颖，笔墨温雅，清新脱俗，在中国近现代画坛上独树一帜。

二、技法

在整个中国画发展的历程中，技法不断的在变化发展。 由最开始南北宗论中提到的开派金碧山水和水墨淡渲到青绿山水、没骨画法、再到米氏云山等等，这一系列技法的革新无不丰富了中国绘画，使得中国画在历史长河中历久弥新、经久不衰。

金碧山水：

北宗派山水画技法之一。创始人为唐朝的李思训。它是在“青绿山水”技法所绘山峰、岩石的描线内侧再加描金线。代表人物有宋代的刘松年、马远（院体派）和明代的仇英、戴进（浙派）等。

青绿山水：

北宗派山水画技法之一。始创人为唐朝的李思训。是中国画中施用浓重的矿物颜料的石青和石绿颜料为主，表现山石树木的苍翠而得名。代表人物有宋代的刘松年、马远（院体派）和明代的仇英、戴进（浙派）等。北宋的王希孟所画的《千里江山图》也是青绿山水的代表作之一。

水墨山水：

南宗派山水画的主要技法。创始人是唐朝的王维。水墨山水指纯用水墨所作之画，基本要素有三：单纯性、象征性、自然性。它以渲染为法，用笔简练奔放，强调水墨效能的发挥，追求对水墨山水的皴染，以之来表现景物的体和面，“墨即是色”，指墨的浓淡变化就是色的层次变化。代表人物有五代的荆浩、关仝；宋代的巨然、李成、范宽、董源；元代的黄公望、王蒙和倪瓒、吴镇（吴门画派）；清代的罗牧（江西派）等。

浅绛山水：

中国山水画中的一种设色技巧。创始人是五代董源。凡以淡红青色彩渲染为主的山水画，统称浅绛山水。其方法是先用浓淡，干温变化之墨线勾勒轮廓结构变化之后，再施以淡的赭石，（或掺少稍许砂类）染山石、树木结构处。最后用淡花青类色渲染即成。代表人物有元代黄公望，亦称“吴装”山水。

没骨法：

中国画传统画的一种画法。创始人是南朝梁张僧繇。它是相对于勾勒法而言的。特点是不用墨线勾勒，是直接用颜色或墨色绘成事物的形状，而没有“笔骨”——即用墨线勾勒的轮廓。即同时将形态于色彩表现出来。代表人物有五代后蜀黄筌、北宋徐崇嗣、唐朝杨升等。

三、画种

书斋山水：

元代山水画的一种新的类型，专门以文人画家自己或者友朋的斋室为对象，表现个人的审美情趣和精神寄托。它和表现一般性自然山水的作品相比，更能突出特定的文化背景。

界画：

中国绘画很特色的一个门类。起源很早，晋代已有。在作画时使用界尺引线，故名界画。界画技法严谨，工细而有法度，亭台楼阁，甚至舟船车马，皆比例切实、归整有序，符合数学规律，生动自然。代表画家有顾恺之，隋代的展子虔，唐朝李思训的《九成宫纨扇图》、《宫苑图》等。晚唐尹继昭，五代卫贤、赵德义，赵忠义等人，宋初郭忠恕。元代王振鹏，李容槿，明代仇英，清代袁江，袁耀等。现存的唐懿德太子李重润墓道西壁的《阙楼图》是目前我国最早一幅大型界画，宋代的著名界画有《黄鹤楼》、《滕王阁图》等。

人物画：

是我国传统的画科之一。人物画在春秋时期已经达到很高水准。内容是以描绘人物为主。因绘画侧重不同，又可分为人物肖像画和人物故事、风俗画。据记载，从出土的战国楚墓帛画，可以看到当时人物画的成就。人物画一直是中国传统绘画最主要的画科。唐朝出现仕女图，宋朝白描人物画发展到顶峰，其风俗、市井人物画对后世影响深远。代表画家有东晋顾恺之、隋唐阎立本和吴道子、 宋朝的李公麟、张择端、元朝任仁发、赵孟頫、明朝宫廷画家戴进、吴门丑、人物画四大家——周臣、唐寅、仇英与李士达，清朝画家“扬州八怪”中的“人物画怪”金农等。

道释画：

人物画的一种。以道教、佛教（释教，是佛教在中国的别称）为内容的绘画。魏晋、南北朝以来，宗教画极盛，名家辈出，所作以壁画为多。佛教画如东晋顾恺之、戴逵在建业瓦官寺画《维摩诘像》，南朝宋陆探微、谢灵运画《菩萨像》，唐会昌五年（公元845年）灭佛后堆置于甘露寺。南朝梁张僧繇在上都定水寺画《二神》、《三帝释》，隋代展子虔在洛阳天女寺等处画《菩萨像》，杨契丹在长安宝刹寺画《佛涅盘变》，唐代尉迟乙僧在长安慈恩寺画《千钵文殊》，吴道子在兴唐寺画《金刚变相》；五代杜敬安在成都大圣慈寺画《无量寿佛》等。道教画如唐代张素卿画《天官像》，五代丘文播画《二十四化神仙》，北宋孙知微在成都寿宁院画《惠远送陆道士图》，武宗元在洛阳三圣宫画《太乙像》；还有元代《永乐宫壁画》等。寺院壁画或年久失修，或禁教破坏，所存无几。石窟壁画则保存尚好，如敦煌壁画。也有卷轴画，如传为北宋李公麟的《维摩天女》，武宗元的《朝元仙仗图》，南宋梁楷的《高僧故实》，元初颜辉的《李仙像》等。

钟馗画：

钟馗画，一般特指安徽省灵璧县所产钟馗画像，传说可以镇邪消灾。并认为上方要加盖篆印“灵璧县印”才有效。有记载称唐代的画圣吴道子是第一位擅长钟馗画的大师。灵璧钟馗画所表现的钟馗，勇猛剽悍，面目狰狞，有一种无所畏惧的气魄，在造型方面逐渐形成“剑眉虎眼、阔额虬髯，粗犷雄强，威武逼人，粗丑中不乏妩媚，英武中显得儒雅，豪放中露出温柔，雄强中可现兹情”等独具一格的地方特色，跻身于中华艺术之林。随着时间的推移，在创作题材上更加丰富多彩。在解放前夕，民间画师韩本贵绘制的《百馗图》在上海《申报》上刊登，现代画家赵英汉所绘的新《百馗图》长卷，又一次展现在世人面前，它们共同之处表现在或形象怪异，或天真纯朴，或线条粗犷雄强，或敷色精彩绝艳，既有华夏民族的血液，又继承我国民间艺术的精华，充分表达了灵璧钟馗画的独到之处。

风俗画：

人物画的一种。始于汉代，如辽阳、望都等地墓室壁画和画像石、画像砖等。是以社会生活风俗为题材的人物画。唐代韩滉《田家风俗》，五代李群《孟说举鼎》，北宋张择端《清明上河图》，南宋左建《农家迎妇图》，朱光普《村田乐事图》，苏汉臣《货郎图》等，均为一代名作。南宋时在临安（今浙江杭州）流行一种“堂画”，亦称“风俗画”。清末吴友如《点石斋画报》中有很多作品，均属风俗画。

仕女画：

一作“士女画”。人物画的一种。最早始于战国。原指以封建社会中上层士大夫和妇女生活为题材的中国画，后为人物画科中专指以描绘上层妇女生活为题材的一个分目。仕女画的特点，大都以工笔重彩为主要表现形式，并富于浓烈的装饰。如唐代周昉的《挥扇仕女图》卷，张萱的《虢国夫人游春图》卷，成为仕女样式的典型。历代都有高手，如五代周文矩的《重屏会棋图》卷，北宋王居正的《纺车图》卷，明代仇英的《列女图》卷，清代费丹旭的《仕女册》等。民间木板年画中的“美女画”，亦称“仕女画”。

写真：

中国肖像画的传统名称。绘写人像要求形神肖似，故名。亦称“传神”、“写照”。

白描：

在中国画里，纯以笔勾勒线条而不设色，或渲染水墨来描绘景物或形象的一种绘画形式。白描画法多用于画人物。分为两派，一派出自于北宋大画家李龙眠，称之为铁线描。另一派出自于唐代大画家吴道子，称之为兰叶描。 代表人物有宋朝的李公麟，他将白描画推向历史的顶峰，元代张渥也做出了突出贡献。

花鸟画：

系中国绘画门类中特有的一种绘画画种。以描绘花卉、竹石、鸟虫等为作画主体。在我国四、五千年以前的陶器上就出现了简单的鸟鱼图案，可以作为我国最早的花鸟画。唐张彦远《历代名画记》载：东晋、南朝宋时画在绢帛上的花鸟画已逐步形成了独立的画科。到了唐代，已趋成熟，出现了以工笔勾填，画风艳丽的边鸾和以墨代色，墨分五彩的殷仲容。五代时发展为二，即“徐、黄二体”。追步徐熙、一宗黄鉴。明代沈启南、孙雪居等。涉笔点染，亦追徐熙。徐青藤的花卉，超然畦径，经清石涛到“扬州八怪”的花卉，更完善地形成了诗、书、画三绝。

竹：

竹子四季常青。唐五代已有墨竹，宋代时有专攻墨竹的画家。唐朝王维画竹久负盛名。南唐后主李煜擅长墨竹，用“金刀错”的笔法画竹子，自根到顶，就是极细的地方用双勾，形成独特的技巧。元朝顾安写风竹，功力尤为精到，竹态风势，生动之致。明代王跋墨竹被誉为“国朝第一”。代表人物有唐代萧悦、孙位，宋朝的文同、苏轼，元代李世行、吴镇，明朝的宋克，清代的郑板桥等。

梅：

梅花凌寒而开。梅花在宋代成为一个独立的画科。宋朝扬无咎是两宋相交著名的画梅专家，以墨晕梅花为趣。他的外甥汤正仲开创了“倒晕”画法，既以墨笔勾出花形，然后在画的周围用淡墨晕染。元代时候发展了宋时的“以墨点花”，自成一格。清代的罗聘有“罗家梅派”之称。代表人物有宋代的杨补之、徐禹功，元代王冕，明代的陈录、唐寅，清朝的李芳膺等。

兰：

兰花香而不艳。南宋时期画家郑思肖作了一幅《墨兰图》，无根无土，表达对国破家亡、无处可依的愤恨。是一幅象征意味浓郁的作品，笔简而情深。代表画家有宋代的郑思肖、赵孟坚，元代管道升，明代的文徵明，清代的邹一桂等。

菊：

菊花傲霜吐香，代表人物有宋代的杨宠，他能工能写，以其风致特出，遐迩闻名。元代钱选，清代的邹一桂等，其中邹一桂曾对115种花草和36种洋菊的花蕊和颜色都做过非常认真的观察和记录。清朝的郑板桥也擅长画菊。

荷：

荷花出污泥而不染。宋朝佚名《出水芙蓉图》描绘开放之荷花，娇红明艳，晶莹高洁。元朝钱选，擅长莲花，是从工丽向清淡转化的一种过渡作风。明代唐寅善用泼辣而滋润的墨法，代表作《临水芙蓉》，同时期画家徐渭画墨荷，也盛名一时。

牡丹：

牡丹富贵雍容，作为国花，一直为历朝文人画家所追捧。元朝王渊画牡丹，都是用水墨而成，他以墨色的浓淡、干湿的变化来表现花的俏丽多姿。明代徐渭以泼墨大写意花鸟见长，笔势激动，气度轩昂。如《牡丹礁石图》，几无线条，全用泼墨泼水而成，却墨分五色，浓淡有致，形态生动。代表画家还有明代俞舜臣等。

葡萄：

葡萄在国画史中也属于文人画的一种。元代汤正仲擅画墨葡萄，明朝徐渭的《墨葡萄》，似狂草，大刀阔斧，纵横驰骋。除此之外，岳正之画葡萄也名震一时。

没骨花：

没骨花画法为黄荃首创。是指不用墨线勾轮廓，而纯以色彩晕淡而成的一种画法。宋朝黄派在唐以来凹凸花的基础上，完成了"没骨花"的画法。明代的孙龙，是没骨花画法的重要画家。

岁寒三友：

竹子四季常青，梅花凌寒而开，松树挺拔常绿，常被文人画家用作坚贞、清高的象征，意喻君子之风。元代杨维桢画的《岁寒图》，见之者无不以为"老墨惊人"。代表画家有元代的曹知白。

四君子图：

"四君子"是中国画的传统题材，是对梅、兰、竹、菊四种花卉题材的总称。梅、兰、竹、菊形象的淡雅清新符合中国文人的审美要求和欣赏习惯。宋代开始兴起的墨梅、墨竹在元代得到广泛发展，使"四君子"绘画盛行。它们在笔墨上有很大的发挥余地，主要靠特定的程式来传达其固有的象征意义，直至明清不衰。画家用"四君子"来标榜君子的清高品德。清代"扬州八怪"之一郑板桥即善画此类题材，其中犹以画竹、兰为最妙。明末郑思肖善画兰，而且兰无根，即寓意为河山破碎的无根之忧。

马：

隋唐时期曹霸精于画马，生机勃勃，超凡脱俗。其弟子韩斡，有出蓝之胜，所绘的《照夜白图》，用洗练而富有弹性的铁线勾勒后稍加渲染，将一匹烈马狂暴不羁的神情刻画得栩栩如生。南宋时期画家龚开曾作一幅《骏马图》揭露南宋政治的黑暗。从元朝画家任仁发的《二马图》中，可窥见元人在画马题材上的创作水平。代表人物还有清代的金农等人。

牛：

唐代韩滉，善于画牛，爱用粗重的线条来表现牛的健壮朴厚，富有农家风情。同时期代表画家还有戴嵩。到元朝，又涌现了一批善画“牛”的画家，如陈宣、朱仁等。

虎：

代表画家有宋朝的法常，元朝的陆高翔、胡俨等。

鱼：

最早在新石器时代的彩陶就有“鱼”的图案。在整个中国画的发展过程中，鱼成为一个永久性题材。到元代，一般设色的鱼虫画，谈不上盛于世，却也独放异彩，如文人画家许通、清朝的李芳膺等，均为画鱼名家。

龙：

龙是中华民族的图腾。早在战国时候就有《人物龙凤图》和《人物驭龙图》。代表画家有唐朝的韦鉴、韦偃，元朝的伯颜不花、张德辉、许瑞等。

参考资料：

《中国美术史 》　张光福编著　知识出版社

《中国绘画史》　王伯敏编著　上海人民美术出版社

《走进中国艺术殿堂》　高奇编著　山东大学出版社

《中国绘画通论》　阮荣春编著　北京大学出版社

《中国美术史》　洪再新编著　中国美术学院出版社

第二章　优秀画作

第一节　东汉之前的绘画

中国美术的历史源远流长。古代神话那种大气浑然的文化根基和原型，正是中国美术的源头。东汉之前的中国绘画，处于一个漫长的童年期。对于一个历经5000年文明史的中华民族来说，充满了神秘感和想象力。岩画、彩陶图案、青铜器艺术、漆画、壁画等等画种在这一时期开创并完善起来，画法也样式繁多。这一时期绘画最大的特点是拥有稚拙、朴实之美，遒劲顿拙的笔力中洋溢着当时人们伟大的智慧与无穷无尽的创造力。

原始岩画

古代先民创造的原始岩画是中国绘画最早的遗存。它们大多分布在西北和西南地区，以及江苏连云港。岩画以线条构图，以线成面，大多形成阴面造型，富有幼稚、夸张的特点。充满力度之美，具有豪迈、雄壮而质朴、和谐的原始艺风。

西北岩画以刻凿为多，图案以动物为主，出现了最早的太阳神图腾。

代表岩画：新疆天山岩画、内蒙古阴山岩画、甘肃黑山岩画。

西南岩画以涂绘为多，图案以人物为主。

代表岩画： 云南沧源崖画、广西花山岩画等

河姆渡线刻图纹

新石器时代早期，活跃在浙江东部余姚河姆渡平原的原始住民在劳作之余，开始尝试在器物上刻画图纹，包括植物、动物和图腾。河姆渡所刻图纹线刻精细，轮廓清晰，图象造型也比较准确，勾勒开始具有写实性，装饰风格突出。

其突出纹理主要有：方钵猪纹、陶盆稻穗纹、象牙线刻双凤朝阳纹等

朴拙奔放的彩陶图案

新石器时代，彩陶成为北方原始社会先民的文化象征，代表了原始社会最富有艺术性的文化创造。其彩绘大概可以分为图案、图形两类。

图案主要为植物或者几何线条纹。红黑相间，朴素而匀称，流畅而简洁。河南的仰韶村、西安附近的半坡等，皆有大量的遗存。

图形有人物、野禽、奔鹿、游鱼、伏龟等，或写实，或夸张，形状生动，明快活泼。代表作品有青海省大通县孙家寨出土的彩陶盆。

青铜文饰

奴隶制时代的青铜器具有辉煌的艺术成就。置于庙堂里的集绘画、雕刻、造型、金属冶铸为一体的青铜艺术，成为当时中原美术最为辉煌的代表。标示了我国古代劳动人民的无穷智慧和艺术创造力。青铜艺术大多型制精美，文饰富丽奇瑰，概括简练而又变化多样，采用立体形象、平面浮雕和各种纹刻，为青铜鼎增添了权利至高无上的威严。代表作品有司母戊大方鼎和毛公鼎等。

战国时期青铜文饰出现了战争、狩猎、歌舞等现实生活的场景。代表作品有四川省成都市百花潭出土的战国嵌错铜壶。

简朴玄思的战国楚帛画

最能代表战国绘画艺术成就的遗物为湖南省长沙马王堆出土的《龙凤仕女图》和《人物驭龙图》帛画。两图都以墨线勾勒轮廓，标志着我国以线条描绘人物的民族传统风格，至此已经形成。这两幅作品都是随葬品，具有送死者灵魂升天的含义，表达了楚文化中简朴的道家思想，

先秦漆画

中国是世界上最早发明漆器的文明古国，先秦漆器，特别是战国漆器上的绘画，在中国绘画史上熠熠生辉。虽然当时漆画主要为装饰图案，但其主题部分，却多表现为有明确意义的图画。作画用毛笔一气呵成。漆画构图严谨，线描匀称健劲，冷暖色调对比强烈，带有浓郁的装饰趣味。代表作有湖北随县曾侯乙墓出土的内棺漆画、木盒漆画《舞乐图》和长沙颜家岭出土的战国漆画《狩猎图》等，为以后山水画的产生埋下了伏笔。

秦汉时期的墓室壁画

秦汉时期，中国进入封建社会，国势强盛，统治者大兴土木，雕梁画栋。此时，墓室壁画兴起。汉墓室壁画构图完整充实，人物动物错落有致，画面变化，动感丰富，线条流畅，勾画得体，设色具有明暗和质感，简朴率真，引人入胜。

墓室壁画大多是写实色彩，缅怀墓主生前显赫的生活场景，也有描绘神话传说故事或者历史故事的作品。

西北边疆汉木板画

在丝绸之路上，虽然塞上生活严酷单调，但阻挡不了人们对美的追求，当地汉墓室出土的大量木板画就是最好的证明。木板画情感朴素，画面稚拙，给人以最深刻的印象。代表作品有甘肃武威县磨嘴子五号墓出土的《二立女图》、《边塞男子图》，甘肃额洛纳河中游的汉肩水金关遗址中出土的《一吏一马图》等。

汉画像石和画像砖

在厚葬之风盛行的汉代，人们用刻有画像的画像石、模印烧制的画像砖建造墓室、祠堂、石阕等，装饰建筑，炫耀地位。大致分布在山东、河南、江苏、四川一带。这些画像砖石以描绘现实生活的题材居多，砖石的绘画包括人物、山水、花鸟、鞍马等等。技法较为粗拙凝重，注重形体的大致勾勒，以投影式的平涂法处理而不作局部的细微处理，风格质朴粗放，自然平实，构图独立、简率，黑白对比分明，富有装饰趣味，具有不朽的艺术魅力。代表作有四川彭县出土的《酒肆图》等。

第二节　山水画

独立的山水画正式出现在魏晋南北朝之间，在其后的几千年的漫长的发展过程中，名山大川、风景佳胜、田野村居、楼观舟桥、均成为山水画的创作素材。中国山水画不但表现了丰富多彩的自然美，更形成了讲究容纳天地万物，做到吞吐自如、来去无阻的独特的风格和审美情趣。它集中体现了中国人的自然观与社会审美意识。山水画家笔下的空间穷极宇宙、变幻无穷，以有限的画面，表达置身于天地间充满诗意的无限的空间概念。善于创造美妙的意境而做到“画外有意”、“意趣无穷”，追求的那种平淡中庸、清心寡欲的境界。

魏晋南北朝“或强调哲理性的显现，或重视抒情的表达”，奠定了中国山水画的理论基础。在此后的山水画发展中，涌现了一大批优秀的山水画作。它们或哲思深邃，或隐逸洒脱；或天地同和、会心共鸣，或诗情画意、气韵飘然，为中国书画添上了最浓重的一笔。

《游春图》

隋朝画家展子虔所绘，青绿设色山水画。是我国目前发现的存世的山水卷轴画中最古的一幅，标志着“青绿重彩，工细巧整”的山水画创作的开始。现藏于北京故宫博物院。

《江帆楼阁图》

唐代北宗开山鼻祖李思训所绘，金碧山水画，现藏于台北故宫博物院。

《宫苑图》

唐代北宗开山鼻祖李思训所绘，金碧山水画，现藏于北京故宫博物院。

《雪溪图》

唐代南宗派创始人王维所绘，现藏于台北故宫博物院。

《潇湘白云图》

唐代“米氏山水”画家米友仁所绘，现藏于上海博物馆。

《潇湘奇观图》

唐代“米氏山水”画家米友仁所绘，现藏于北京故宫博物院。

《云山图》

唐代“米氏山水”画家米友仁所绘，现藏于美国大都会博物馆藏。

《匡庐图》

五代后梁南宗派荆浩所绘，青绿山水画，现藏于台北故宫博物院。

《山溪待渡图》

五代后梁到北宋南宗派画家关仝所绘，青绿山水画。现藏于台北故宫博物院。

《秋山问道图》

五代南唐南宗派画家董源所绘，青绿山水画，原作现藏于台北故宫博物院。

《万壑松风图》

五代南宗派画家巨然所绘，青绿山水画。现藏于上海博物馆。

《读碑窠石图》

五代宋初山水画家李成所绘。绢本水墨淡彩立轴，现藏日本大阪市立美术馆。

《万壑松风图》

五代宋初山水画家李成所绘。现藏台北故宫博物院。

《秋江渔隐图》

北宋南宗派画家范宽所绘。现藏于美国堪萨斯纳尔逊博物馆。

《树色平远图》

北宋南宗派画家郭熙所绘，现藏于美国大都会博物馆。

《关山春雪图》

北宋南宗派画家郭熙所绘，现藏于台北故宫博物院。

《幽谷图》

北宋南宗派画家郭熙所绘，现藏于上海博物馆藏。

《窠石平远图》

北宋南宗派画家郭熙所绘，现藏于故宫博物院藏。

《秋山行旅图》

北宋南宗派画家郭熙所绘，现藏于云南省博物馆藏。

《高桐院山水图》

南宋青绿巧整派画家李唐所绘。绢本水墨对轴，现藏于日本京都高桐院。

《千里江山图》

宋徽宗时期青绿山水画家王希孟所绘，现藏于北京故宫博物院。

《踏歌图》

宋朝水墨苍劲派画家马远所绘，现藏于北京故宫博物院。

《静听松风图》

宋朝水墨苍劲派画家马麟所绘，现藏于台北故宫博物院。

《溪山清远图》

宋朝水墨苍劲派画家夏珪所绘，现藏于台北故宫博物院。

《洞庭秋月图》

宋朝水墨苍劲派画家夏珪所绘，现藏于美国弗利尔博物馆。

《遥岑烟霭图》

宋朝水墨苍劲派画家夏珪所绘，现藏于北京故宫博物院。

《山水十二景图》

宋朝水墨苍劲派画家夏珪所绘，现只存四景，藏于美国纳尔逊博物馆。

《富春山居图》

元朝画家黄公望所绘，分水墨和浅绛两种，分别藏于台北故宫博物院及浙江省博物馆。

《洞庭东山图》

元朝画家赵孟頫所绘，绢本淡彩立轴。现藏于上海博物馆。

《鹊华秋色图》

元朝画家赵孟頫所绘，现藏于台北故宫博物院。

《水村图》

元朝画家赵孟頫所绘，现藏于北京故宫博物院。

《幼舆丘壑图》

元朝画家赵孟頫所绘，现藏于美国普林斯顿大学美术馆。

《疏松幽柚图》

元朝画家曹知白所绘，水墨纸本。现藏北京故宫博物院。

《渔夫图》

元朝南宗派画家吴镇所绘，绢本水墨。现藏台北故宫博物院。

《虞山林壑图》

元朝南宗派画家倪瓒所绘，水墨纸本。现藏于美国大都会博物馆。

《春山读书图》

元朝南宗派画家王蒙所绘，淡彩纸本。现藏于上海博物馆。

《滕王阁》

元朝画家唐棣所绘，水墨纸本横卷。现藏美国大都会美术馆。

《洞天问道图》

明朝浙派画家戴进所绘，着色绢本立轴。现藏于北京故宫博物院。

《青山红树图》

明朝后浙派画家蓝瑛所绘，绢本青绿立轴。现藏北京故宫博物院。

《山水画册》

明朝吴派开山鼻祖沈周所绘。纸本水墨淡彩，总共六页，现藏美国纳尔逊。艾金斯美术馆。

《虚谷晚粮图》

明朝吴派中坚唐寅所绘。绢本淡彩立轴，现藏于四川省博物馆。

《平林曳杖图》

明朝吴派代表画家文徵明所绘。水墨纸本小品，现藏于北京故宫博物院。

《山水图》

明朝吴门画派画家陆治所绘。纸本淡赭立轴，现藏美国普林斯顿大学艺术馆。

《设色山水图》

明朝吴门画派画家文嘉所绘。着色纸本立轴，现藏于辽宁省博物馆。

《城南高隐图》

明朝苏松画派先声宋旭所绘。水墨纸本立轴，现藏于北京故宫博物院。

《和靖诗意图》

明朝松江画派核心画家董其昌所绘。绢本淡彩立轴，现藏于北京故宫博物院。

《山居远眺图》

明朝苏松画派创始人赵佐所绘。着色纸本立轴，现藏于上海博物馆。

《疏松高士图》

明末南宗派画家程嘉燧所绘。着色纸本立轴，现藏于北京故宫博物院。

《关山霁雪图》

明末华亭派核心画家董其昌所绘。现藏于北京故宫博物院。

《山水图》

清朝虞山派画家王时敏所绘。纸本着色立轴，现藏于上海博物馆。

《山水图》

清朝虞山派画家王鉴所绘。着色纸本册页现藏于美国普林斯顿大学艺术馆。

《仿唐宋元名家山水图册》

清朝虞山派画家王翚所绘。着色纸本，共 12 页，美国翁戈尔先生收藏。

《山中早春图》

清朝娄东派核心画家王原祁所绘。纸本淡彩立轴，现藏于辽宁省博物馆。

《西岩松雪图》

清朝画家宏仁所绘。水墨纸本，现藏于北京故宫博物院。

《秦淮忆旧图册》

清朝画家石耷所绘。纸本水墨淡彩册页，现藏于美国克利夫兰美术馆。

《苍翠凌天图》

清朝画家髡残所绘。着色纸本立轴，现藏于南京博物馆。

《层岩叠壑图》

清朝画家髡残所绘。现藏于北京故宫博物院。

《苍山结茅图》

清朝画家髡残所绘。现藏于上海博物馆。

《雨洗山根图》

清朝画家髡残所绘。现藏于北京故宫博物院

《云山结楼图》

清朝金陵八家画家龚贤所绘。水墨纸本立轴，现藏于广州美术馆。

《柳村渔乐图》

清朝金陵八家画家樊圻所绘。现藏于北京故宫博物院。

《江山行旅图》

清朝金陵八家画家吴宏所绘。现藏于北京故宫博物院。

《青绿山水图》

清朝金陵八家画家高岑所绘。现藏于北京故宫博物院。

《松窗飞瀑图》

清朝金陵八家画家高岑所绘。现藏于天津博物院。

《松林僧话图》

清朝金陵八家画家邹喆所绘。现藏于南京博物院。

《锺山图》

清朝金陵八家画家叶欣所绘。现藏于北京故宫博物院。

《山水》

清朝金陵八家画家叶欣所绘。现藏于北京故宫博物院。

《溪山隐逸图》

清朝金陵八家画家胡慥所绘。现藏于上海博物馆

《青绿山水》

清朝金陵八家画家谢荪所绘。现藏于北京故宫博物院。

《高山流水图》

清朝黄山派画家梅清所绘。现收藏于北京故宫博物院。

《黄山九龙潭图》

清朝黄山派画家梅清所绘。水墨纸本立轴，现藏于美国克利夫兰艺术博物馆。

第三节 人物画

人物画是中国画中起源最早，历史最为悠久的画种。几千年的文化传承，人物画取得了巨大的成就，而臣忠子孝、礼乐文化始终是人物绘画的主题，为后世留下了无数脍炙人口的画作。在一个经历了几千年封建历史的文明古国，帝王及皇亲贵族、官宦阶层始终是人物绘画亘古不变的主题。封建王朝的奢靡富贵在画中人物身上表现得淋漓尽致。唐朝画家阎立本所作的《历代帝王图》就是其中一个典型的代表。此外，中国是礼仪之邦，自古以来就讲究礼教礼节。

忠君爱国、恪守孝道，是中华民族的优秀传统。中国历代的人物绘画总是追逐着至善至美的脚步，创作了一批又一批的优秀人物画作。

《女史箴图卷》

东晋画家顾恺之所绘。现存英国伦敦不列颠博物馆。

《历代帝王像》

唐朝画家阎立本所绘。现藏于美国波士顿美术馆。

《职贡图》

唐朝画家阎立本所绘。现存是宋代摹本，藏于台北故宫博物院。

《萧翼赚兰亭图》

唐朝画家阎立本所绘。此图有两本，现藏于台北故宫博物院（南宋摹本）和辽宁省博物馆（北宋摹本）。

《送子天王图》

唐朝吴道子所绘。现存作品是宋人摹本，现藏于日本大阪市立美术馆。

《捣练图》

唐朝仕女画画家张萱所绘。现存作品为宋徽宗摹本现藏美国波士顿美术博物馆。

《朝元仙杖图》

宋初道释画家武宗元所绘。绢本白描长卷，现为美国纽约王季迁先生所收藏。

《五马图》

宋朝白描画家李公麟所绘，原藏于日本，二战后不知去向。

《清明上河图》

宋朝人物风俗画画家张择端所绘，现藏于北京故宫博物院。

《秋庭婴戏图》

宋朝人物画家苏汉臣所绘，现藏于北京故宫博物院。

《货郎图》

宋朝界画家李嵩所绘，现藏于北京故宫博物院。

《秋柳飞鸦图》

宋朝简笔人物画家梁楷所绘。现藏于北京故宫博物院。

《六祖破经图》

宋朝简笔人物画家梁楷所绘。现藏于日本国立东京博物馆。

《六祖截竹图》

宋朝简笔人物画家梁楷所绘。现藏于日本国立东京博物馆。

《释迦出山图》

宋朝简笔人物画家梁楷所绘。现藏于日本国立东京博物馆。

《八高僧故事图》

宋朝简笔人物画家梁楷所绘。现藏于上海博物馆。

《归庄图》

元代人物画家何澄所绘。 纸本，现藏于吉林省博物馆。

《消夏图》

元代人物画家刘贯道所绘。淡彩绢本，现藏美国纳尔逊艺术博物馆。

《伯牙鼓琴图》

元代人物画家王震鹏所绘。现藏于北京故宫博物院。

《幼舆丘壑图》

元代人物画家赵孟𫖯所绘。现藏于美国普林斯顿大学美术馆。

《鹊华秋色图》

元代人物画家赵孟𫖯所绘。现藏于台北故宫博物院。

《重江叠嶂图》

元代人物画家赵孟𫖯所绘。现藏于上海博物馆。

《水村图》

元代人物画家赵孟𫖯所绘。现藏于北京故宫博物院。

《出圉图》

元代人物画家任仁发所绘，绢本设色，现藏于北京故宫博物院。

《葛稚川移居图》

元代四大家之一王蒙所绘。现藏于北京故宫博物院。

《杨竹西小像》

元代著名画家王绎所绘。纸本白描手卷，现藏于北京故宫博物院。

《洛神图》

元代著名画家卫九鼎所绘。纸本，水墨白描，现藏于台北故宫博物院。

《风雨归舟图》

明代浙派画家创始人戴进所绘。绢本、淡设色，台北故宫博物院藏。

《宣宗出猎图》

又叫《宣宗行乐图》，明代人物画家商喜所绘。纸本重彩立轴，原作现藏于北京故宫博物院。

《琴高乘鲤图》

明代早期的宫廷画家李在所绘。绢本立轴，现藏于上海博物馆。

《雪夜访普图》

明代画家刘俊所绘。绢本淡彩立轴，现藏于北京故宫博物院。

《听箫图》

明代江夏派创始人画家吴伟所绘。着色绢本立轴，现藏于美国纽约季迁家。

《古贤诗意图》

明代人物在朝四大家画家之一的杜堇所绘。纸本水墨长卷，现藏北京故宫博物院。

《东山携妓图》

明代布衣画家郭栩所绘。纸本水墨白描立轴，现藏于台北故宫博物院。

《流民图》

明代吴门画派先声周臣所绘。水墨设色册页，总共十二升，现藏于美国克利夫兰美术馆、檀香山美术馆。

《溪桥侧杖图》

明代吴门画派代表画家文徵明所绘。现藏于北京故宫博物院。

《孟蜀宫妓图》

明代吴门画派核心画家唐寅所绘。现藏于北京故宫博物院。

《秋风执扇图》

明代吴门画派核心画家唐寅所绘。现藏于上海博物馆。

《金谷园图》

明代吴门画派核心画家邱英所绘。绢本设色立轴，现藏于日本东京知恩院。

《西园雅集图》

明代吴门画家李士达所绘。纸本淡彩横卷，现藏苏州博物馆。

《漉酒图》

明代画家丁云鹏所绘。设色纸本立轴，现藏上海博物馆。

《长白仙踪图》

明代杰出画家崔子忠所绘。彩色绢本横卷，现藏于上海博物馆。

《归去来辞图》

明代著名画家陈洪绶所绘。绢本设色长卷，美国火奴鲁鲁艺术学院收藏。

《兰亭雅集图》

清朝金陵画派画家樊圻所绘。绢本彩色长卷，现藏美国克利夫兰美术馆。

《西斋图》

清代后浙派画家禹子鼎所绘。纸本着色手卷，现藏于上海博物馆。

《金谷园图》

清代著名画家华岩所绘。纸本设色，现藏于上海博物馆。

《山水图》

清代扬州画派之首金农所绘。现藏于上海博物馆。

《携琴仕女图》

清代扬州画派画家黄慎所绘。水墨纸本立轴，现藏于泰州市博物馆。

《冬心午睡图》

清代扬州画派画家殿军罗聘所绘。设色纸本，现藏于上海博物馆。

《浣沙图》

清代人物画家费丹旭所绘。纸本着色，现藏于上海朵云轩。

《麻姑献寿图》

清代海上画派画家任熊所绘。纸本着色，现藏于上海朵云轩。

《群仙祝寿图》

清代海上画派画家任颐所绘。通景屏，精笺纸本，青绿着色，共12幅，现藏于上海美术馆。

第四节　花鸟画

花鸟画至唐代才独立成为中国画的科目，但其发展速度却令人叹为观止。宋时花鸟画便发展成熟，达到历史的鼎盛时期，并取得了骄人的成绩。中国是一个崇尚和谐的国度，自古以来绘画就有“图必有意，意必吉祥”的传统。它恰好是花鸟绘画的真实写照。在传统的中国花鸟绘画中，表现的总是纯真善美，如意吉祥。北宋前期花鸟画家赵昌所绘的《写生蛱蝶图》就是其代表作之一。另外，在两宋时期兴起的“四君子”绘画。“四君子”绘画是属于典型的文人绘画，画家总是寓情于画，寄托自己高雅不俗的品格。画松则表现其坚毅，画梅则表现其高洁，画竹则寄寓其虚心，画兰则表现其淡雅。画卷中总是流露出文人特有的闲散和精致的生活。

《照夜白图》

唐朝画家韩幹所绘。水墨纸本，现藏于美国纽约大都会博物馆。

《五牛图》

唐朝画家韩滉所绘。纸本着色长卷，现藏于北京故宫博物院。

《雪竹图》

五代南唐花鸟画家徐熙所绘。水墨纸本立轴，现藏于上海博物馆。

《写生珍禽图》

五代后蜀画家黄筌所绘。淡彩绢本手卷，现藏于北京故宫博物院。

《山鹧棘雀图》

北宋前期画家黄居寀所绘。绢本着色立轴，现藏于台北故宫博物院。

《写生蛱蝶图》

北宋前期花鸟画家赵昌所绘。纸本着色手卷，现藏于北京故宫博物院。

《寒雀图》

北宋院体派画家崔白所绘。绢本淡彩，现藏于北京故宫博物院。

《柳鸦卢雁图》

北宋院体派画家宋徽宗所绘。纸本淡彩长卷，现藏于上海博物馆。

《墨竹图》

北宋水墨花鸟画家文同所绘。绢本水墨横卷，现藏于上海博物馆。

《潇湘竹石图》

北宋画家苏东坡所绘。现为邓拓旧收藏。

《四梅花图》

北宋水墨花卉画家扬无咎所绘。水墨纸本长卷，现藏于北京故宫博物院。

《雪树寒禽图》

南宋院体派画家李迪所绘。绢本着色立轴，现藏于上海博物馆。

《白描水仙图》

南宋院体派画家赵孟坚所绘。纸本水墨长卷，现藏于天津艺术博物馆。

《观音猿鹤图》

南宋花鸟画家法常所绘。绢本水墨淡彩立轴，现藏于日本京都大德寺。

《墨兰图》

南宋花鸟画家郑思肖所绘。水墨纸本长卷，现藏于日本大阪市美术馆。

《黑葡萄图》

元代画家温日观所绘。纸本水墨立轴，现藏于台北故宫博物院。

《黑梅图卷》

元代画家王冕所绘。水墨纸本，现藏于上海博物馆。

《桃枝松鼠图》

元代画家钱选所绘。纸本着色横幅，现藏于台北故宫博物院。

《秋水秃鹭图》

元代画家任仁发所绘。着色绢本立轴，现藏于上海博物馆。

《竹石集禽图》

元代画家王渊所绘。纸本水墨立轴，现藏于上海博物馆。

《芙蓉鸳鸯图》

元代画家张中所绘。纸本水墨立轴，现藏于上海博物院。

《古槎鸲鹆图》

明朝吴门画派画家唐寅所绘。水墨纸本，现藏于上海博物馆。

《山茶水仙图》

明朝吴门画派画家陈淳所绘。着色纸本，现藏于上海博物馆。

《花果图卷》

明朝画家徐渭所绘。水墨淡彩纸本长卷，现藏于上海博物馆。

《近水桃花图》

明朝华亭派画家陈继儒所绘。绢本淡彩立轴，现藏于上海博物馆。

《花鸟图卷》

明朝画家陈洪绶所绘。着色绢本手卷，现藏于上海博物馆。

《杂画册》

清朝画家朱耷所绘。水墨纸本册页，共计八开，现藏于上海博物馆。

《花卉册》

清朝画家石涛所绘。着色水墨纸本册页，总共十二开，现藏于上海博物馆。

《花卉册》

清朝画家恽寿平所绘。彩色绢本册页，现藏于上海博物馆。

《栗鼠叭叭鸟》

清朝画家华岩所绘。纸本水墨淡彩立轴，现藏于美国弗利尔美术馆。

《蝴蝶兰朱竹图册》

清朝扬州八怪画家之一金农所绘。着色和水墨纸本册页，共计八开，现藏于辽宁省博物馆。

《幽兰图》

清朝扬州八怪画家之一郑板桥所绘。纸本水墨立轴，现藏于辽宁省博物馆。

《菊花图》

晚清画家虚古所绘。着色纸本立轴，现藏于上海博物馆。

《花卉册》

晚清画家赵之谦所绘。纸本彩色册页，共四开，现藏于上海博物馆。

《花鸟册》

晚清海派画家任颐所绘。着色纸本，总共八开，现藏于上海博物馆。

附：建国以来的绘画

《劳动换来光荣》

古一舟所绘。纸本工笔重彩中国画，现藏于新中国美术文献博物馆。

《毛主席和农民谈话》

古元 1951 所绘。纸本工笔重彩中国画，现藏于新中国美术文献博物馆。

《新中国的儿童》

张仃 1950 年所绘。着色纸本中国画。现为私人收藏。

《全国各民族大团结》

叶浅予 1953 年所绘。纸本工笔重彩中国画，现藏于中国美术馆。

《农民和拖拉机》

李琦 1953 年所绘。纸本水墨设色中国画，现藏于中国美术馆。

《考考妈妈》

姜燕 1953 年所绘。纸本水墨设色中国画，现藏于中国美术馆。

《说什么我也要入社》

汤文选 1956 年所绘。纸本水墨设色中国画，现藏于中国美术馆。

《两个羊羔》

周昌谷1954年所绘。纸本水墨设色中国画，现藏于中国美术馆。

《一辈子第一回》

杨之光1954年所绘。纸本水墨设色中国画，现藏于中国美术馆。

《石窟艺术的创造者》

潘絜兹1954年所绘。纸本工笔重彩中国画，现藏于中国美术馆。

《洪荒飞雪》

黄胄1955年所绘。纸本水墨设色中国画，现藏于中国美术馆。

《粒粒皆辛苦》

方增先1955年所绘。纸本水墨设色中国画，现藏于中国美术馆。

《灵岩涧一角》

潘天寿1955年所绘。纸本水墨设色山水画，现藏于中国美术馆。

《八女投江》

王盛烈1957年所绘。纸本水墨设色中国画，现藏于中国军事博物馆。

《北平解放》

叶浅予1957年所绘。纸本工笔重彩中国画，现藏于中国国家博物馆。

《移山填谷》

李硕卿1958年所绘。纸本水墨中国画，现藏于中国美术馆。

《转战陕北》

石鲁1959年所绘。纸本水墨中国画，现藏于中国美术馆。

《主席走遍全国》

李琦1960年所绘。纸本水墨设色中国画，现藏于中国美术馆。

《江山如此多娇》

傅抱石、关山月1960年所绘。纸本水墨设色中国画。现藏于人民大会堂。

《红岩》

钱松嵒1962年所绘。纸本水墨设色中国画，现藏于中国美术馆。

《祖孙四代》

刘文西1962 年所绘。纸本水墨设色中国画，现藏于中国美术馆。

《山村医生》

王玉珏 1963 年所绘。纸本水墨设色中国画，现藏于中国美术馆

《机车大夫》

卢沉 1964 所绘。纸本工笔重彩中国画，现藏于中央美术学院。

《炉前》

张仁芝 1964 年所绘。纸本工笔重彩中国画。现藏于北京画院。

《挖山不止》

杨力舟、王迎春 1973 年所绘。现已经被拍卖。

《人民和总理》

周思聪 1979 年所绘。纸本水墨设色中国画。现藏于中国美术馆。

第五节　其它中国画

中国美术是一个画种繁多的艺术门类。从上古时期到现在，帛画、木板画、漆画等，同样在中国绘画史上占有举足轻重的历史地位。这里对这些画种作一个简单的介绍：

帛画

是在素绢上绘制的图画。现存最早的帛画是战国时楚国的作品：《龙凤仕女图》和《人物驭龙图》。到汉代后期发展成卷轴形式，成为独立欣赏的画幅形式。帛画的型制没有定则，有直幅和T字型条幅，用以随葬，大都表现灵魂升天的主题。楚汉帛画有"白描"和"工笔重彩"两种技法，是早期人物画的重要发明。

代表作品有：1972 年长沙马王堆出土的《西汉帛画》

1974 年长沙马王堆出土的《西汉帛画》，共四幅。

1976 年山东临沂金雀山九号墓中出土的《金雀山帛图》

木板画

也称木简画，壁画的一种，是中国美术的一个重要门类，在汉代属于建筑的组成部分。绘画前先涂刷一层薄薄的灰白泥，作为底子，然后以墨线勾描，再敷以颜色。

代表作品有：武威磨咀子汉墓出土的《羌人图》

江苏扬州邗江胡场汉墓出土的《人物图》

漆画

是指古代彩绘漆器上的装饰画。以色漆绘制图案画面。由于漆料的质地粘稠，所以要以植物油调和，汉代称之为"油画"。

战国时候的"漆画"，就开始了彩绘人物的新作风；汉代时漆画，装饰风格丰富多彩，除了黑红两种主色外，

还发展了多种色彩，甚至添加金银色造成华美绚丽的效果。

壁画

壁画大体可分为石窟壁画、墓室壁画和道观壁画。在封建社会里，壁画主要是被统治阶级用来宣传政教、为自己的奢华生活服务。壁画的画幅大，适宜气势壮阔的抒写。有白描，有没骨法，但多以墨线勾画，线条粗细有致，或刚劲，或柔婉。

中国古代壁画艺术，兴起于汉晋，盛于唐宋，延至明清。古代壁画是我国历史文化遗产中的宝贵财富，在社会、宗教、建筑、美术诸多方面都有历史意义和研究价值。

我国古代石窟壁画的著名代表作品：敦煌莫高窟、龙门石窟和云冈石窟等

我国古代道观壁画的著名代表作品：山西永乐宫、山西兴化寺、山西广胜寺等

我国古代墓室壁画的著名代表作品：嘉峪关魏晋墓、 河南白沙宋墓等

画像石

是刻凿在石料上的图画作品。在汉代的石祠和墓室中大量使用。大约废止于汉末三国时期，魏晋南北朝就已不多见了。技法有单线阴刻、平面减底刻凿和浅浮雕刻凿等，图象风格质朴古拙、大气浑成。画像石祠以山东的“郭巨祠”、“武氏祠”最具代表性。

画像砖

是模压焙制的砖像图画。作为墓室的主要装饰。以单线阳刻的线条造型，画风细腻生动。大约废止于汉末三国时期，魏晋南北朝就已不多见了。

屏风画

室内装饰性绘画的一种形式。它由最初的壁画演变而来，但比壁画便于移动。其形式往往在绢素上画好山水、人物或花鸟等内容，然后裱褙于屏风，供观赏所用。到战国时期，屏风的制作已达到很高的艺术水平。河南信阳战国楚墓出土的漆坐屏，虽属陪葬明器，然而制作技艺和工艺水平之高，令人惊叹。屏座由数条蟠螭屈曲盘绕，做工圆滑自然，加上彩漆的装点，蟠螭栩栩如生。汉代屏风画在种类和形式上较前代有所增改，除独扇屏外，还有多扇拼合的曲屏，也称连屏，或叠扇屏。近年出土的实物中，以长沙马王堆墓出土的漆屏风最为典型，屏身黑面朱背，正面用油漆彩绘云龙纹图案，绿身朱鳞，体态生动自然。隋唐五代时期书画屏风盛行。宋代屏风在造型、装饰上，尤其是屏框内分割小格的作法，到明代还在普遍使用。

扇画

中国扇文化有着深厚的文化底蕴，是民族文化的一个组成部分，它与竹文化、佛教文化有着密切关系。三国时就已出现在扇子上题诗作画。扇画之盛，首推两宋，尤为文人雅士所喜爱。或书或画，集欣赏与实用于一体，渐成传统文化之奇珍异宝，为世人所重。宋代尚文息武，故画学灿烂。今日可见的宋代扇画多为团扇，水墨丹青，雅韵欲流，山水、人物、花鸟俱臻佳境。明清文人墨客题扇、画扇成为一种时尚。近现代的恽寿平、郑板桥、金农、石涛、任伯年以及吴昌硕、齐白石、张大千、徐悲鸿、傅抱石、李可染等都是题扇、画扇的艺术大师。直到今天，人们对于扇上书画仍热爱不减，或缘于其形制之玲珑而易收藏，或因其工艺精美而可把玩，至若名家书画之扇，则尤受宝爱庋藏。

指画

中国传统绘画的表现形式之一。清代满族画家高其佩是其代表画家。他借鉴同时代画家的技法经验，以指头

代笔，创造出了特殊的画风。通过指、腕、掌的变化，信手拈来，尽得其神。指画的盛行反映了当时画坛上对画风变革的渴求。

参考资料：

《中国美术简史》 孔令伟 编著 上海人民美术出版社

《中国美术史教程》 薄松年 主编 陕西人民美术出版社

《中国绘画通论》 阮荣春 主编 南京大学出版社

《点击中国绘画》 洪丕谟 著 上海人民美术出版社

《中国美术史》 洪再新 编著 中国美术学院出版社

第三章　优秀书法篆刻

在文字的创造过程中，我国的先民就用象形文字充分显示了他们的聪明才智。同样，作为开启中国书法篆刻艺术先声的象形文字，赋予了汉字高度的功能性、艺术性与哲理性。汉字的功能性使它拥有的强大的社会使用价值。 而中国书法篆刻艺术作为线的艺术，它以线条的平面布局来激发观者龙飞凤舞的立体感，同时获得沁人心脾的艺术享受，完全在于它深邃的哲理性和无穷无尽的艺术韵味，从而形成了一条绮丽多姿的书法艺术的历史长河，中国书法艺术成为世界艺术之林的一朵奇葩。

社会政治、经济、文化思想的发展始终促进着书法篆刻艺术的发展。殷商时代朴实的甲骨文、金文，春秋战国落落自得的简牍帛书，秦汉大一统王朝精严典雅、庄重肃穆的碑刻等都是有力的佐证。此外，草书、隶书、楷书等法度的形成和发展为后世留下了大批文化艺术遗产。在这漫长的发展过程中，书法篆刻艺术不断的吸取来自其它文化领域的养分来提升自己的表现形式和文化内涵，中国书法篆刻在世界文化艺术中享有无可企及的卓越地位。

第一节　早期书法

一、甲骨钟鼎

甲骨文

甲骨文是中国文字的先祖，是我国现存最早的汉字，至少已有3500余年的历史，可称得上是我国最古老的文字。

甲骨文刻于龟甲或是兽骨之上，又称契文、龟甲文或龟甲兽骨文。

甲骨文直到清代光绪25年(公元1899年)才被发现。发现地是河南省安阳城西北五里处的一个村子。由于洹水决堤，冲出许多甲骨，人们以为是龙骨，用来当药材治病。一个叫王懿荣的商人对这些甲骨发生了兴趣，他赶到河南收集了许多，带回去研究。后来，刘鄂又继续收集。

迄今为止发掘出存世的刻有文字的甲骨大约有15.4万片。上面的刻画符号，也总计达4500个，其中1700个被逐一破译和解释出来。中国国家图书馆是中国乃至世界上收藏甲骨最多的单位，共藏有35651片。

甲骨文字风格演变：

第一期　盘庚、小辛、小乙、武丁时代

此期书风至为宏放雄伟，其书家有韦、永、宾。

第二期　祖甲、祖庚时代

此期书风较为谨饬。其书家有旅、大、行、即。

第三期　廪辛、庚丁时

此期书风转变，陷於颓靡。此期书者，皆未署名。

第四期　武乙、文丁时

此期书风尽去前期笔力幼弱之敝，作品生动、劲峭、时逞放逸不羁之趣。此期署名之书家，仅狄一人，其余尚未发现。

第五期　帝乙、帝辛时代

此期书风除少数兽头大字刻辞外，其余的都异常严肃工整。其书家有泳、黄。

代表作品

《贞旬卜骨刻辞（宾组）》

贞旬卜骨刻辞（宾组）是现存商代甲骨文最早的作品，相当于武丁时期，字形保留了较浓的图画性和笔意性。线条保留了明显的锋中锐末的粗细变化，还保留了图画式的块面填实处理，是一份不可多得的珍品。

钟鼎文（金文）

钟鼎文比甲骨文稍晚出现，称金文、籀篆、籀书、古籀、史书、人篆等。因为它多刻在各种青铜器上，所以又称之为“金文”铜器铭文等。钟鼎文上起殷商，下迄秦汉，其鼎盛时期当数周朝。

钟鼎文是由甲骨文演变而来，与后者相比，它的字体整齐遒丽，古朴厚重， 脱去板滞，变化多样。

特点：象形性弱化，符号性增强。 趋向定型化，但异体依然不少。 形声字增多 ，注重字形美化。

传世的有铭文的钟鼎彝器很多，这一时期主要作品有：《利簋》、《天亡簋》、《盂鼎》、《大盂鼎》、《墙盘》、《王孙钟》、《散氏盘》、《宗周钟》、《虢季子白盘》。尤以《司母戊鼎》、《散氏盘》、《毛公鼎》最为著名，艺术成就也最高。

代表作品

毛公鼎

清末在陕西山岐县出土的西周宣王时的《毛公鼎》，为周宣王时铸成，是鼎类器物的杰出代表。此鼎铸有铭文32行，共497个字，是出土的青铜器铭文最长者。《毛公鼎》铭文的字体结构严整，瘦劲流畅；布局不驰不急，行止得当；笔画圆润古朴，又不失沉重之韵；章法宽松疏朗，又不失恢宏博大之气。每个字与整篇浑然成趣，是金文作品中的佼佼者。现藏在台北故宫博物院。

散氏盘

《散氏盘》又名“矢人盘”，是西周厉王时期重器。以其长篇铭文和精美的书法著称。铭文19行 ，共357字，清乾隆初年陕西风翔出土，曾藏于乾隆内府。《散氏盘》铭文铸于盘内底上，是一件风格非常突出的作品。其书法浑朴雄伟，字体用笔豪放质朴，结字寄奇隽于纯正，壮美多姿。有金文之凝重，也有草书之流畅，开“草篆”之端。

《散氏盘》记载的是西周晚期的土地契约。《散氏盘》造形与纹饰均呈现西周晚期青铜器简约的风格，文字线条宛转灵动，是研究西周金文重要的材料。现藏于台北故宫博物馆。

司母戊大方鼎

司母戊鼎是中国商代后期（约公元前16世纪至公元前11世纪）商王祖庚或祖甲为祭祀其母所铸。是中国目前已发现的最重的青铜器。

1939年3月19日在河南省安阳市武官村一家的农地中出土，因其腹部著有“司母戊”三字而得名，现藏于中国国家博物馆。

大盂鼎

西周周康王时期的大盂鼎，是现存西周青铜器中的大型器。内壁有铭文291字，内容为周王要盂一定要很好地辅助他，敬承文王、武王的德政。其造型端庄稳重，浑厚雄伟，典丽堂皇，为世间瑰宝。铭文大字，字体庄严凝重而美观，开《张迁碑》、《龙门造像》之先河。以书法成就而言，大盂鼎在成康时代当居首位，是西周早期金文书法的代表作。现藏于中国国家博物馆。

虢季子白盘

虢季子白盘铸于周宣王时期，传清道光年间陕西宝鸡川司出土，为西周著名重器。与散氏盘、毛公鼎并称西周三大青铜器。盘内底部有铭文111字，讲述虢国的子白奉命出战，荣立战功，周王为其设宴庆功，并赐弓马之物，虢季子白因而作盘以为纪念。铭文语言洗练，字体端庄，是金文中的书家法本。

虢季子白盘内底部有铭文八行字。铭文不仅有史料价值，也是先秦书法代表作。其书法颇具新意，用笔谨饬，圆转周到，一笔不苟，甚有情致。这派圆转书风对后世影响深远。现藏于中国国家博物馆。

二、简牍心画

书法艺术最重真迹，但秦汉以前的书法中的真迹，一般只有在简帛盟书中才能见到。目前发现的简牍墨迹，最早始于战国时期。

简牍书法

简与牍从形制上讲是有区别的。简、牍的宽度和厚度不同，一般说来，牍较简宽，且厚，通常一简只写一行字，偶尔有写两行或三行以上文字的。牍则较宽，可写多行文字，以木为主。牍可以独立为章，简则须编连成册，故有“简册”和“简策”之称。后世书籍分卷、册、编等即源于此。简牍同陶、甲骨、石、玉、青铜器等一样，是作记录文字（也是书法）的载体，是一定历史时期用以书文记事的主要材料。世界上很多民族都曾有过以木片、竹片作为书写材料的历史，除我国外，朝鲜、日本、中亚地区、埃及、英国和欧洲一些地区，都曾有简牍出土的记载。

简牍分为简和牍。简用竹片或木片做成，分别称之为竹简和木简。文天祥名句：“人生自古谁无死，留取丹心照汗青”中的“汗青”指的就是竹简。

牍皆为木质，故称木牍。许慎《说文》：“牍，书版也。”周时称方或版，秦以后称之为牍。木牍的字体属古隶，文字的结构有的比古文甚至比后来的小篆简单。

代表作品：

（1）秦简

青川木牍

也称赫家坪木牍。1980年出土于四川省青川县郝家坪秦墓。青川木牍文为墨书秦隶，其内容系武王命宰相甘茂等修订的《为田律》及有关部门记事。牍共2枚，一枚残损，一枚完好，尚清晰可辨。被视为目前年代最早的古隶标本。此牍纵有行、横无格，字距大、行距小，字形方扁，取横势。用笔的动势和笔迹清晰地表现出起止时回锋和出锋的变化，向右方向的末笔已显露波挑之势。从书体角度而言，它已展现了一种与金文系统完全不同的书法语言和审美模式。现藏于青川县文化馆。

天水日书简

日书简于1986年4月在甘肃天水市放马滩1号秦墓出土。竹简，计460枚。现藏于天水市北道区文化馆。简成册于战国末的秦王政8年（前239年）。根据书写时间和书写风格的不同，大致可分为前本、后本及墓主记辞。

其特点是：字间紧促，而结字宽博疏朗；用笔厚重拙朴，行笔时见方意；结构上攀大篆，下挽分书，笔画省简，线条干练，二者书体一正一倾，各具特色，皆已显现出相对规整的古隶形态与风格。

云梦竹简

中国湖北省云梦县睡虎地11号秦墓出土的竹简。1975年12月发掘出土。共1100多枚。简文为墨书秦篆，有的写于战国晚期，有的写于秦始皇时期。多系秦国史官喜等人抄录的律令等文书。竹简经整理编纂，分为《编年纪》、《语书》、《秦律十八种》、《效律》、《秦律杂抄》、《法律答问》、《封诊式》、《为吏之道》和《日书》9种。其中最重要的是有关秦代法律的文书，其内容已超出战国李悝的《法经》，具备了刑法、诉讼法、民法、军法、行政法、经济法等方面内容，而以刑法最为成熟。《编年纪》可以说是一部杂记有国家大事件的“喜”的年谱。这批竹简是研究战国晚期到秦始皇时期政治、经济、文化、法律、军事的可信史料，也是校核古籍的重要依据。

里耶秦简

2002年6月出土于湖南省龙山县里耶废弃的秦代古井中，总数达36000余枚，约有20余万字，内容涉及当时社会政治、经济、文化的各个层面，极大地增添和充实了秦代的历史文献和档案资料，其书法的体势因多行的书写而稍显纵势。字体与《云梦睡虎地秦简》相似，都是秦隶。但笔致的意味于所用简的形状与书写者的不同而稍有差异；睡虎地秦简笔致圆润，气息淳厚；里耶简则瘦硬通神，章法茂密。似乎与其后抄写于秦汉之际的马王堆帛书《纵横家书》有着某些一脉相通的关联。

（2）楚简

曾侯乙墓竹简

1978年在湖北随州市西郊擂鼓墩曾侯乙墓出土了大量竹简文物，现藏于湖北省博物馆。其中有240余件竹简，每简长72—75厘米，宽1厘米，字数合计约有6600字之多，内容主要是记录葬仪用的车马与兵甲等.

信阳楚简

信阳楚简系战国早期的简牍之一。1956年初出土于河南信阳市长台关西北小刘庄，所以又称为“长台关楚简”。出土竹简148枚，内容为古书与遣策。现藏于河南省文物研究所。

包山楚简

1986年11月在湖北荆门市十里镇王杨村出土楚简444枚，其中有书简282枚。主要为司法文书、遣策、卜巫祷文等。文物出版社《包山楚墓》及《文物》1988年第五期著录。

（3）汉简

马王堆简牍

马王堆简牍于1972年在湖南省长沙市马王堆发掘，是一座前汉时代的墓葬，即是马王堆一号墓。经过后来的考证，此墓墓主为侯利苍的夫人辛追。该墓出土了墓主的保存完好的湿尸，根据汉代升仙思想而作的浪漫的帛画以及大量的漆器、木俑、绢制品等珍贵文物共1000余件，同时还出土了作为这些随葬品的目录的“遣策”，共有312支竹简，竹简长度27．6厘米，全部字数达2063字。除竹简之外，还有附于竹简上的木牌49件，以及“侯家丞”的封泥等。除了这些，漆器上还书有“侯家”、“群幸食”、“君幸酒”等。竹简的书体虽然属于所谓古隶，但偶尔夹杂有章草风格的点划，书风很流畅。

江陵张家山汉简

1983至1984年，在湖北省江陵县张家山发掘了3座前汉墓，这次发掘最重要的出土物是从第247号墓中发现的约1000枚竹简，同时出土的还有无字木牌一件。竹简按其内容，分为以下几种：汉律、秦谳书、盖庐、脉书、引书，算数书、日书、历谱、遣策。第一种有简500支，第二种200支，这两种共占总数的70%，显示了墓主生前的身份一定与法律有关。第三种是兵法书，第四、五种医书类，第七种是与占卜有关的书籍。在内容上最引人注目的是第六种，这是一种数学问题集，它的发现将中国数学书的历史从传世的《九章算术》提前了很久，是中国数学史上极为重要的发现。这些竹简的书体是与云梦秦简一个系统的隶书，但从其书风上看，既有带篆书意味的地方，也有从草隶而来的笔法。

江陵凤凰山汉简

1973至1975年间，在湖北省江陵县凤凰山发掘了12座前汉墓，有五座墓的随葬品中发现有简牍史料。1973年发掘的第8、9、10号墓出土简牍约141件。8号墓出土竹简175件，因为残破得很厉害，实际尺寸不明。内容似乎是遣策，但原件未见发表。同时出土的128件漆器中，耳杯上有漆书“千金里”、“里”、“万”等字，还有些针刻的符号。9号墓虽然也出土了80件，但由于字迹已模糊，很难看清。另有木牍3件，都是长16．5厘米，宽3．8-4．9厘米，其中有一件有文帝16年（公元前164年）的纪年。内容似为呈送给上司的公文。书体隶书，但是书者所追求的，是至今为止还未见先例的显著的形式美，在书体变迁史上具有极其重要的价值，是凤凰山简牍书法中最肥厚的一种书体。

临沂汉简（银雀山汉简）

1972年在山东省银雀山发掘了两座汉墓。1号墓出土竹简7500余枚，2号墓出土竹简32枚。2号墓简均为武帝元光元年（公元前134年）历谱。

临沂汉简是武帝初年的墓葬，其抄写的时间，约为文、景到武帝初年。随葬品除陶器、漆品等95件之外，是发现竹简数量最多的一次。根据已经公布的材料看，有《孙子》、《孙膑》、《六韬》、《尉缭子》、《管子》、《晏子春秋》、《墨子》、《相狗经》、《曹子阴阳书》、《风角占》、《灾异占》、《杂占等》12种。这12种书籍中最引人注意的是《孙膑》，因年代久远，不少竹简已经损残，严重者已难补缺文字，但从书法研究的角度说，是距今2000多年手书遗迹的发现，即使是一字之得，其价值也是难以估计的。其书体是马王堆帛书《老子》甲本系统的隶书与草隶。

居延汉简

它是1930年至1931年由中国、瑞典学者合组的西北科学考察团，在甘肃、今内蒙古的汉代边塞遗址中所发现的12万余枚汉代简牍。居延汉简不仅数量巨丰，内容庞杂，又有椠、版、牒、检、檄、札、册、符、柿以及觚等名称的区别，而且书体种类也是古隶、分、篆、草乃至真、行等无所不有。它充分、真实地再现了汉代书法书体的孕育、变革、发展的过程，可谓汉代民间书法发展历史的百科全书。特别是20世纪70年代考古发掘中又获得2万余枚，可称简中之冠了。这批简大部分为西汉时期所书。此简秀美精丽，实为难得之佳作。

武威汉代医简

武威汉代医简上无记载确切年号，根据考古学者们的研究，初步推断这批简的年代应界于东汉早期。简书中的文字是东汉医家手抄的一部医疗实践中的经验总结。如果和《流沙坠简》、《居延汉简》中的字体相对比有近似，字形已趋于扁势，篆意基本脱尽，章草韵味浓厚。

甘谷汉简

甘谷汉简于1974年出土于甘肃省甘谷县，据简文记载是桓帝延熹元年（公元158年）的简册，共23简，每简书写两行，用分书抄成，纵横成行，字体宽扁，墨迹清晰，笔画秀丽整齐，是东汉时期的典型之分书。此简尤其突出的是波磔很长，这种波势的放纵与东汉时的《孔宙碑》相类似。

三、书画同源

书画同源是中国传统书画理论中的一个重要观点。包括两方面的涵义：一指中国文字与绘画在起源上有相通之处；二指书法与绘画在表现形式方面，尤其是在笔墨运用上具有共同的规律性。后者成为文人画兴起的重要理论根据之一。

在画史上，以先秦诸子的所谓：“河图洛书”为书画同源的依据，唐代张彦远在《历代名画记·叙画之源流》中也曾说，“颉有四目，仰观垂象，因俪鸟龟之迹，遂定书字之形。造化不能藏其秘，故天雨粟；灵怪不能遁其形，故鬼夜哭。是时也，书画同体而未分，象制肇始而犹略。无以传其意，故有书；无以见其形，故有画。”此为最早的“书画同源”说。《殷契》古文，其体制间架，既是书法，又是图画，近人郑午昌说“是可谓书画混合时代”。

宋元以后，文人画家出于对于笔墨的重视，从新的角度强调了书画同源的观点，其用意在于强调绘画用笔本身独立的形式趣味和审美意义。明代王世贞在《艺苑卮言》一书中从两个方面分析了书画同源：一方面在用笔的技巧上，例如画竹，干如篆，枝如草，叶如真，节如隶，郭熙、唐棣画的树、文同画的竹、温日观画的葡萄，都是由草书中得来的；另一方面从书体所体现的审美理想上，如龙跳虎卧、戏海游天、美女仙人、霞收月上等境界，更是书画相通的。

距今六七千年前新石器时代画在陶器上的图画如鱼、蛙、鹿、鸟、花叶、舞蹈等，是中国最早的绘画作品。最早的象形文字，就是用线条画成的一幅幅小画，后来才演变为现在使用的汉字。正因为绘画和写字都用同样的工具，并且都是以线条为主，故有“书画同源”之说。

“书画同源”是中国书画家的独得之秘，它的内涵幽远深邃，它使中国的书法和绘画自立于世界艺术之林。

第二节　书法的品位

我们鉴赏书法作品的过程，往往以等级区别之。其高下优劣，古人多以“品”名之。

南梁时庾肩吾在《书品》中将自汉至齐梁的一百多个书家及其作品分列为：“上之上、上之中、上之下，中之上、中之中、中之下，下之上、下之中、下之下”九品。

唐李嗣真《书后品》又分为“超然逸品，上上品、上中品、上下品，中上品、中中品、中下品，下上品、下中品、下下品”。后又有人分为“神、妙、能”三品，再后又有分为“神、妙、能、逸、佳”五品。包世臣道：“平和简净，遒丽天成，曰神品；酝酿无迹，横直相象，曰妙品；墨守穷源，思力交至，曰能品；楚调自歌，不谬风雅，曰逸品；墨守迹象，雅有门庭，曰佳品(清品)。”

《艺舟双辑·国朝书品》康有为则分为“神品、妙品上、妙品下，高品上、高品下，精品上、精品下，逸品上、逸品下，能品上、能品下”十一等。

综而言之，包世臣的“神、妙、能、逸、佳”五品划分，是比较中肯的。

明代高廉在论书画时曾提出“三趣”，曰：“天趣者，神是也；人趣者，生是也；物趣者，形似是也。”他的观点很能解释书法五品中的差别。神品和妙品，得的是天趣，那是造化和心原，如神来之笔，自然天成，毫无做作的痕迹。能品和逸品得的是人趣。人趣比天趣要逊一等，但同时也不免有了人工雕琢气，失去了契合于大自然的那种风彩。佳品得的是物趣。物趣在三趣中最低，所以墨守迹象，雅有门庭，仅仅在形似，即对应于客体的外观方面有所成，尚未摆脱“为物所役”的局限。

心师造化，是书法艺术一种极高的境界。所谓的上品、中品、下品，神品、妙品、能品、逸品、佳品，无非也是看其在心师造化天工方面悟到什么程度，师到什么程度。怀素“夜闻嘉陵江水”，“观夏云多奇峰，辄尝师之”，所以笔走蛇龙，得骤雨狂风之势；张旭见公主担夫争道而得书法布局间架之意，观公孙大娘舞剑而悟彻书法的节奏和气韵等等。

书家悟书之实例，不一而足；书法碑帖之极品，不胜枚举。天地造化中，到处是生动鲜活的形象，自然万物中，充塞着赏心悦目的精品。被极具悟性之天才书家捕捉并仿效，再以毕生心血予以提炼升华，达到与自然造化相通相得之境界，自是上上之品；资质稍差，又修道不得要领者，必等而下之；而先天不足，而又后天失调且邯郸学步者，恐穷一生之力亦难有作为也。

第三节　书体及代表珍品

大篆

字体名。狭义专指籀文。广义指甲骨文、金文、籀文和春秋战国时通行于六国的文字。大篆在中国文字史上，夏、商、周三代，就其对文字学的贡献而言，以史籀为最。史籀是周宣王的史官，始变古文，别创新体，作《史籀篇》。大篆的真迹，一般被认为是“石鼓文”。唐初在陕西岐阳天兴县陈仓（今陕西宝鸡）南之畴刻的秦献公十一年作的十首四言诗，是我国最早的刻石文字，经过失而复得，得而复失。原刻的700多字，现存300多字。这十个石墩现存故宫。因内容记载畋猎之事，命名为“猎碣或雍邑刻石”，唐诗人韦应物认为石的形状象鼓，改名“石鼓文”，现作为大篆的代表。

代表作品

《石鼓文》

唐代初年发现于陕西岐阳（今陕西宝鸡），现藏于北京故宫博物院。全文700余字，内容为描写秦王率车马直众田猎心喜的场景。笔法挺拔、浑厚、凝重，章法疏落有致，纵横有象。影响以后秦汉书法的发展。

《秦公簋》

春秋时期秦国所作，甘肃天水出土，现藏于中国国家博物馆。器铭5行，盖铭10行，盖边缘有刻画文1行，共105字。笔画诡秘神奇，方圆兼具，充满变化，字形规整严谨，具有天真率意的美感。

小篆

也叫“秦篆”。形体偏长，匀圆齐整，由大篆衍变而成。今存《琅琊台刻石》、《泰山刻石》残石，即小篆代表作。据说小篆是秦朝丞相李斯对大篆加以去繁就简，改为小篆。小篆是在秦国原来使用的大篆籀文的基础上，取消其他六国的异体字，创制的统一文字汉字书写形式。小篆除了把大篆的形体简化之外，把线条化和规范化达到了完善的程度，几乎完全脱离了图画文字，成为整齐和谐、十分美观的、基本上是长方形的方块字体。小篆的真迹是秦代重要书法家李斯所书的七种刻石：《泰山刻石》、《峄山刻石》、《琅琊刻石》、《芝罘刻石》、《东观刻石》、《碣石刻石》、《会稽刻石》。

代表作品：

《琅琊刻石》

刻于秦始皇二十八年（前219年），刻石为标准体，是最可信的秦代传世石刻之一。记述秦始皇“器械一量，同书文字”与“功盖五帝，泽及牛马”的殊功。至宋代苏轼为高密太守时，始皇刻石已泯灭不存，仅存秦二世元年所加刻辞，世称二世诏文，也就是现在保存下来的琅琊台刻石。今存原石本13行，计86字，笔画接近石鼓文，用笔即雄浑又秀丽，结体的圆转部分比泰山刻石更圆活，确为杰出的小篆代表作。残石现藏于中国国家博物馆。

《泰山刻石》

泰山刻石刻于嘉庆二十年，历代多有摹刻拓本，现存清聂剑光摹刻的明拓本29字和徐宗干摹刻的旧拓本29

字两块刻石，均陈列于岱庙碑廊。1987年泰安市博物馆复制秦刻石全文立于岱庙后寝宫。书法严谨浑厚，平稳端宁；字形公正匀称，修长宛转；线条圆健似铁，愈圆愈方；结构左右对称，横平竖直，外拙内巧，疏密适宜。此刻石为一级文物藏品。

《峄山刻石》

为秦始皇登临峄山时命李斯记颂其德所立，唐时已毁，现存者为宋人转刻（称《长安本》）。篆书圆转遒正，小篆书体章法行列整齐，规矩和谐；结体匀称，上紧下松、亭亭玉立，线条则圆润中不失劲健，被评为“画如铁石，千钧强弩”。因小篆笔画线条直匀圆润，故又有“玉箸书”之称。现藏于西安碑林。

隶书

隶书也叫“隶字”、“古书”。起源于秦朝，在东汉时期达到顶峰，书法界有“汉隶唐楷”之称。相传为秦末程邈在狱中整理，去繁就简，字形变圆为方，笔划改曲为直。

隶书基本是由篆书演化来的，主要将篆书圆转的笔划改为方折，书写速度更快，在木简上用漆写字很难画出圆转的笔划。讲究“蚕头雁尾”、“一波三折”。分“秦隶”（也叫“古隶”）和“汉隶”（也叫“今隶”），此外还有“秦隶”、“古隶”、“八分”、“飞白”、“散隶”的说法，由此可看出，隶书的审美视野大大开阔了。隶书的出现，是古代文字与书法的一大变革。

代表作品：

《张迁碑》

篆额题《汉故穀城长荡阴令张君表颂》，亦称《张迁表颂》，刻于东汉中平三年（186年）无盐境内，于明代出土。碑石在山东东平州学（今山东东平县）。原石今置泰安岱庙炳灵门内。碑中字体大量渗入篆体结构，字型方正，用笔棱角分明，具有齐、直、方、平的特点。碑阳十五行，行四十二字；碑阴三列，上二列十九行，下列三行。碑文多别体，所以有人怀疑是摹刻品，但就端直朴茂之点而言，非汉人不能，所以决为当时之物。碑阴所刻人名，书亦雄厚多姿。

碑文记载了张迁的政绩，是张迁故居韦荫等为表扬他而刻立的。书体以方笔为主，结构严整、端正朴茂。书法朴厚劲秀，方整多变，碑阴尤为酣畅。《张迁碑》出土较晚，保存完好。

《曹全碑》

全称为《合阳令曹全碑》。东汉中平二年（185年）十月立，明万历初年在陕西省　县旧城出土，现存西安碑林。内容为王敞记述曹全生平。此碑是汉碑代表作品之一，是秀美一派的典型。碑石黑明如涂油脂，光可鉴人，书体是用隶书写成。碑石精细，碑身完整，实为汉碑、汉隶之精品。其结体，笔法都已达到十分完美的境地。也是目前我国汉代石碑中保存比较完整、字体比较清晰的少数作品之一。1956年入藏西安碑林博物馆。

草书

为书写便捷而产生的一种字体。始于汉初。当时通用的是“草隶”，即潦草的隶书，后来逐渐发展，形成一种具有艺术价值的“章草”。汉末，张芝变革“章草”为“今草”，字的体势一笔而成。唐代张旭、怀素又发展为笔势连绵回绕，字形变化繁多的“狂草”。草书的特点是结构简省、笔划连绵。

草书流派：

从草书的发展来看：草书发展可分为早期草书、章草和今草三大阶段。

代表作品：

《自叙帖》：

唐朝著名书法家怀素所写的草书法贴，运笔圆劲挺拔，奔放流畅，一气呵成，有“惊蛇走虺、骤雨旋风”之势，“散僧入圣”、“没人操舟”之韵。怀素，僧人，字藏真，本姓钱，长沙人，精勤学书，以善“狂草”出名。相传他因练字勤奋，秃笔成冢，并广植芭蕉，以蕉叶代纸练字，因名其所居曰“绿天庵”。怀素好饮酒，兴到运笔，灵动飞扬而法度具备。晚年趋于平淡。前人评其狂草继承张旭，而有所发展，谓“以狂继颠”，并称“颠张醉素”，对后来影响很大。《自叙帖》是其名作。

《平复帖》

西晋陆机(261～303)书。纵23．8厘米，横20．5厘米。现藏于北京故宫博物院。《平复帖》是现存最早的传世墨迹。内容是写给友人的一个信札，是传世文人中最早的一件，其中有病体“恐难平复”字样，故名。字为章草，但无挑拨，与《淳化阁》所收卫瓘《顿首州民帖》体段相近。大约是当时流行的一种实用书体。

楷书

楷书又称正书，或称真书。楷是规矩，整齐，楷模的意思，是说这种字体可作为法式、模范，即标准字体。

其特点是：形体方正，笔画平直，可作楷模，故名。始于东汉。楷书的名家很多，如“欧体”（欧阳询）、“虞体”（虞世南）、“颜体”（颜真卿）、“柳体”（柳公权）、“赵体”（ 赵孟頫）等。

楷书是由隶书演变而来的，已有近2000年的历史了，兴于汉末，盛于魏晋南北朝。直到现在，仍是汉字的标准字体。

唐代书法成就，楷书最为突出。其代表人物有初唐的欧阳询，盛唐的颜真卿，晚唐的柳公权等楷书大家。此三人与元代的赵孟頫并称为楷书四大家。

代表作品：

《柳公权玄秘塔碑》

全称《唐故左街僧录内供奉三教谈论引驾大德安国寺上座赐紫大达法师玄秘塔碑铭并序》，唐裴休撰文，柳公权书并篆额。邵建和、邵建初镌刻。唐会昌元年（公元841年）12月立。现在陕西西安碑林。全碑共二十八行，行五十四字，下截每行磨损二字，其余完好。此碑习者众多，视为柳体的代表作。

《九成宫醴泉铭》

唐代碑刻。公元632年镌立于麟游（今属陕西）。魏徵撰文，欧阳询正书。记述唐太宗在九成宫避暑时发现醴泉之事。笔法刚劲婉润，兼有隶意，是欧阳询晚年经意之作，历来为学书者推崇。

《韭花帖》

楷书，麻纸，可视为杨氏楷书的代表作。明人董其昌曾为此帖题跋，称此帖“略带行体，萧散有致。”用笔有萧散之感，字距，行距均拉开至极限，然而，其行气纵贯而舒朗空灵，在行款上独树一帜，为前代未有。此外，《韭花帖》在单字结体上独出机杼，或戴高帽，或左右分离，或重心偏移，或轻头重脚，妙趣横生，又似出于自然 ，并无造作之感。

行书

介于楷书、草书之间的一种字体。是为了弥补楷书的书写速度太慢和草书的难于辨认而产生的。笔势不象草书那样潦草，也不像楷书那样端正。楷法多于草法的叫“行楷”，草法多于楷法的叫“行草”。代表作有东晋书法家王羲之的《兰亭序》，前人以“龙跳天门，虎卧凤阁”形容其字雄强俊秀，赞誉为“天下第一行书”。唐颜真卿所书《祭侄稿》，写得劲挺奔放，古人评之为“天下第二行书”。行楷中著名的代表作品是唐代李邕的《麓山寺碑》，畅达而腴润。

行书是楷书的快写，相传始于汉末。它不及楷书的工整，也没有草书的潦草。行书最大特点是用连笔和省笔，较多地保留正体字的可识性结构，从而达到既能简易快速书写又能通俗易懂的实用目的。

代表作品：

《兰亭序》

王羲之（303－361）字逸少，东晋时期人。遍学李斯、钟繇、蔡邕、张昶等书法家，博采众长，自辟蹊径，自成一体。《兰亭序》书风的显著特征体现在用笔细腻和结构多变上。书法主要特点是平和自然，笔势委婉含蓄，遒美健秀。总之，他把汉字书写从实用引入一种注重技法，讲究情趣的境界，标志着书法家不仅发现书法美，而且能表现书法美。

《祭侄稿》

全称《祭侄季明文稿》，书于唐乾元元年（公元758年）。是颜真卿为祭奠就义于安史之乱的侄子颜季明所作。《祭侄稿》辉耀千古的价值就在于以真挚情感主运笔墨，不计工拙，无拘无束，纵笔豪放，一气呵成，血泪与笔墨交融，激情共浩气喷薄。《祭侄稿》是颜真卿最精彩的行书，被称为“天下第二行书”。

其它书体

1、 古文：是孔子旧宅墙壁上的书体。

2、 奇字：就是和古文不一样的书体，大多是古文的别体字，或增减它的笔画或变异它的形体，但大体上是可辨认而难辨认的书体。

3、 刻符：就是刻在符节上的书体，按周代制度，符为六节之一。

4、 虫书：也叫虫鸟书，或者鸟篆。是用以书写信件的字体。

5、 摹印：就是缪篆，用以刻在印玺上的书体。

6、 殳书：殳是古代兵器的一种，但所谓殳书，不一定专指此书。

7、 署书：凡一切题签、匾额所用的字体，都叫署书。

8、飞白书：也称草篆。凡笔势飞举而字画中空的都叫飞白。

9、科斗书：因为它的形状，在每一笔画都是大头小尾的，象个虾蟆子，所以叫科斗，也叫科斗文。

10、倒薤篆：象科斗文一样，头粗尾细，形成的一种别体。

11、悬针篆：这种字体的形状，象一根针悬着，针芒冲下，所以叫悬针。

12、鸟书：也叫鸟篆，或者鸟籀，为一种鸟形古篆。

13、垂露：它的点画连缀象轻露一样，所以叫垂露，汉章帝很重视这种书体。

14、飞草：就是用散笔写的草体

15、填书：也叫填篆，由于字间填满，所以有此名称。

16、散隶：以散笔作隶书，叫做散隶。

17、佐书：也就是秦时的隶书，意思就是说，它的写法敏捷方便，可以辅佐篆书所不及的地方。

18、草隶：草书的一种，在草体与隶体之间，可谓非草非隶，亦草亦隶的一种字。

19、鹤书：也叫鹤头书。

20、瘦金书：宋徽宗赵佶善书，行、草、正书，笔势劲逸，别具一格，自号瘦金体。

第四节　篆刻

篆刻是一种特有的传统艺术，从古至今已有二、三千年的悠久历史。篆刻，即是用篆书刻成的印章，是一种实用艺术品。它又称为“玺印”、“印”或“印章”等。早在殷商时代，人们就用刀在龟甲上刻“字”（即我们现在所称的甲骨文）。这些文字刀锋挺锐，笔意劲秀，具有较高的“刻字”水平。在春秋战国至秦以前，篆刻印章称为“玺”。秦始皇统一六国后，规定“玺”为天子所专用，大臣以下和民间私人用印统称“印”。这就形成了帝王用印称“玺”或“宝”，官印称“印”，将军用印称“章”，私人用印称“印信”。

篆刻主要是书法（主要是篆书）和镌刻（包括凿、铸）结合，来制作印章的艺术。从明清流派篆刻算起已有近500年的历史。而明清流派篆刻是由古代印章发展而来的，古代印章以独特的风貌和高度的艺术性，为篆刻艺术奠定了优良的基础。所以篆刻艺术史可以上溯到2000多年前的春秋战国时代。

篆刻流派

徽派　　何震、巴慰祖、胡唐、董洵、苏宣、汪关、程朴、朱简

徽派的特点：加强了对秦汉印长处的吸取，篆法简洁，章法平正。刀法多采用冲刀，线条凝练。

浙派　　胡震、悉冈

浙派的特点：用刀多采切刀法，线条粗犷，运刀任意不羁，给人老辣痛快的感觉。

西泠八家　　丁敬、黄易、悉冈、陈豫钟、陈鸿寿、钱松、赵之琛

晚清名家　　赵之谦、吴昌硕、黄士陵

代表作品：

古玺《易敞邑圣□卢之□》

古玺《易敞邑圣□卢之□》制作精工，玺文精细，章法生动；字形变化多端，疏密有致；章法则绮丽多姿。

汉代《孙谦印信》

汉代《孙谦印信》从内容到形式都很丰富，属于私印，以缪篆体入印。字体与汉代隶书相似，结体简化，笔画平整方直；风格庄重雄浑，凿印健拔奇肆。

吴镇《梅花庵》

元代吴镇《梅花庵》笔法略近汉人，文字曲折繁复，不易作伪；风格自然质朴，反映了朴素真率的审美趣味。

文彭：《琴罢倚松玩鹤》

明代的文彭的《琴罢倚松玩鹤》秀丽典雅，最有特色，刀法明快自如；章法安排颇具匠心。

何震：《沽酒听渔歌》

明代何震《沽酒听渔歌》一印行楷边款，刀法爽捷，险劲沉着，跌落坚实，透出直率写意，刀痕杂笔痕，痛快生辣中有苍劲的气势，令人耳目一新，是单刀切刀行款的范本。篆法风格简洁质朴，章法平正自然。

黄士陵：《婺源俞旦收集金石书画》

清代黄士陵的《婺源俞旦收集金石书画》章法处理颇具匠心，离奇错落，很有趣味；刀法也刚健雄奇，以圆转为主，整体干净整洁，给人以灵动中显静穆、古雅的感觉；刻印亦不加修饰，也不主张残破。篆刻风格平正朴实，寓拙于巧，独抒胸臆，自成一格。

参考资料：

《中国美术史》 屈建、宋晓峰、王旭著 西北大学出版社

《中国书法理论技法与作品欣赏》范斌编著 浙江大学出版社

《历史文脉篇》 上海书画出版社

《走进中国艺术殿堂》 高奇等编著 山东大学出版社

《中国书法简史》 王镛著 高等教育出版社

《书法论集》 中国书学研究交流会论文选集 邱振中 编著 上海书画出版社

《书法丛谈》 冯亦吾著 天津人民出版社

《古典书学浅探》 晓华著 社会科学文献出版社

《中国上古书法史》 秋子著 商务印书馆

第四章　文房四宝及其制造

“工欲擅其事，必先利其器”，中国书画的超高技艺与其书写工具有着必然的联系。在我国书画发展史中，笔、墨、纸、砚被称为“文房四宝”，是学习传统书画的必备文具。“文房四宝”发明与制作的改进，促进着书画艺术的发展。在世界艺术王国独树一帜，自成体系。此外，随着时代的发展，文人们也开始将笔洗、笔架、笔山、笔盒、镇纸等文具作为文房必备物品。文房用品在历史发展的长河中不仅仅是文具的代名词，更多意义上因其浓厚的文化底蕴而被历代文人所喜爱和珍藏。

第一节　笔（毛笔）

笔为文房四宝之首。毛笔是我国传统书法和绘画的重要工具，是中国特有的书写和绘画用具。因其是用羊毛、兔毛、鼬毛等制成，故称为毛笔。中国的毛笔历史悠久，在民间传说中，有秦代名将蒙恬造笔的说法，蒙恬被尊为笔祖，为当时的“书同文、车同轨”政策做出了重大贡献。

我国制笔历史十分悠久，据考古发掘的资料表明，远在仰韵文化遗址的彩陶上的花纹有一些就是用毛笔绘制的；春秋战国时期各国都普遍使用毛笔，楚国叫“聿”，吴国叫“不律”，燕国叫“弗”。1954 年长沙左家公山古墓中出土了一支战国时期的毛笔，从发掘情况来看，古今毛笔的结构差不多，只是制笔的材料不同罢了。春秋时期就已能制造毛笔。从汉至元，毛笔一直被不断的改进，如汉代钟繇使用的鼠须笔，张芝自造鼠须“张芝笔”，三国魏韦诞制作的“韦诞笔”等。

毛笔主要用动物的毫毛制成，分笔管、笔头、笔帽三个部分。

笔管又称笔杆、笔梗，以竹为主。凡是均匀、挺直、空心小、茎细长的竹茎，就能制成优良的毛笔管。洞庭湖区的湘妃斑竹，茎杆挺直均匀，有紫褐色斑点，状如湘妃泪斑，既适合做笔杆，又极有审美装饰雅趣。

北方地区竹子稀少，因而笔管改用木料。南方的名贵木材也可以用来制笔，如云南红木、海南花梨木，贵州的楠木，云南、东南亚的紫檀木。

除去竹木材料的笔杆，还用金银、玉、水晶、玻璃、象牙、牛角、陶瓷等名贵材料加工制作的笔杆。它们经过特别雕刻与绘画，名贵华丽，成为珍贵的工艺收藏品，具有极强的艺术品位，但同时它们也削弱了笔的实用性，逐渐成为我国笔文化中的奇异花朵。

笔套就是笔帽，起到保护毛笔头的作用。一般也以竹子为主，木头次之。金属、象牙等名贵材料也有用来制造笔套的。

毛笔最重要的部分就是笔头，它选用动物的毫毛制成。不同种类的动物毫发有软硬之别，应以尖、齐、圆、健为最好，即笔锋要尖，散开要齐，笔头紧密，富有弹性，因而具有不同程度的吸水性能和用途。根据动物毫毛的性能，毛笔主要有羊毫笔、狼毫笔、紫毫笔、兼毫笔四种，其余还有鸡毫笔、鼠须笔、马毫笔、虎毫笔等等。

根据毛笔笔锋的长短分类，毛笔有弹性大、适于写大字的长锋，弹性适中的中锋和弹性较小、适于写小字的短锋三种。唐以前，毛笔的笔峰都还以短锋为主；唐以后，笔锋逐渐放长，毛笔开始迅速发展起来。

毛笔中的精品是湖笔，湖笔又称湖颖，被誉为“笔中之冠”，为浙江吴兴（今湖州）出产的毛笔。湖笔的闻名，以当地竹和羊毛的两大优势促成。湖笔笔杆采用浙江天目山北麓灵秀峰盛产的鸡毛竹制作，再选用上等山羊毛，经过浸、拔、梳、连、合等近百道工序精制而成，其毫峰也有尖、齐、圆、健四大优点，称为湖笔的“四德”，为世人所珍爱。

此外，安徽宣州生产的“宣笔”（或称“徽笔”）、衡水毛笔等也很有名。

第二节 墨

墨是用于书画的黑色材料，是用松烟等原料所制成。这样，“元光”、“青松子”、“松滋侯”，便成了墨的雅号或戏称。墨色黑而形似圭，故又称“玄圭”。 墨的发明是中国为人类文明发展作出的巨大贡献。墨的优劣直接影响到书画的神采，一般来说，好墨的标准是：质细、胶轻、色黑、声清、味香。中国历代许多优秀的书画作品由于墨的质地优良而被奇迹般的保存流传下来，字迹清晰，墨色鲜明。

中国的制墨有着悠久的历史。早在殷商时代的甲骨文中就已出现墨迹，不过那时的墨只是一种天然石墨。人工墨和笔一样，在三千多年前就产生了。我国人工墨大约始于战国时代，从那时出土的竹木简来看，那时墨的质量已达到了一定的水平。三国时的书法家韦诞是我国记载的最早的制墨名家，被后世誉为“制墨鼻祖”。汉代制墨规模的继续扩大，制墨作坊的规模也越来越大。西汉时的墨只做成小圆块，只能用研石在砚台上压着研磨。东汉时，墨的形状向墨锭发展，人们可直接用手把墨研磨。到宋朝时，徽州成了全国的制墨中心。“徽墨”名扬天下，制墨名家辈出，胡开文、曹素功，至今仍声名不衰。

墨有多种原料和种类。根据原料，可分为矿物墨、植物墨、动物墨与混合墨四种；根据颜色，可分为黑色墨和彩色墨；根据用途可分为书画墨、药用墨与观赏墨；根据组合可分为单枚墨和集锦墨；根据形状，可以分为球墨、方块墨、圆墨等。

与笔一样，墨的发明和制造首先开始于它的实用性，随着人类文明程度的提高，墨成为珍贵的收藏对象，这一点也与笔有着异曲同工之妙。随着文人士大夫的追捧，制墨技艺日益精湛，到明代时，制墨业竞争激烈，精品叠出，异彩纷呈，形成歙、休两大制墨流派。并涌现了一大批名墨，其中最著名的是徽墨。

徽墨

顾名思义，就是产在古徽州的墨。因讲究质量和工艺装饰而独冠天下。徽墨以松为基本原料，掺入20多种其他原料，经过点烟、和料、压磨、晾干、挫边、描金、装盒等工序精制而成。成品具有色泽黑润、坚而有光、入纸不晕、舔笔不胶、经久不褪、馨香浓郁及防腐防蛀等特点，宜书宜画，素有“香彻肌骨，渣不留砚”之美称。徽墨的色泽可分为“焦、重、浓、谈、清”五个层次，墨色历千年而不褪，油墨黑润赛漆，淡墨丰韵如神；用于书画变化无穷，妙趣横生。它的两面还镌绘各种图案，美观典雅，是书画艺术的珍品。

第三节 纸

纸，作为一种重要的书写材料，为中国古代四大发明之一。它是用植物类纤维加工制作而成。根据纸的原料、产地、加工、用途，纸又可以分为宣德纸、开化纸、毛边纸、毛太纸、玉版纸、清江纸、奏本纸、粉连纸等类别。

纸的应用要晚于笔和墨，在没有纸的古代，人们把文字刻或书写在龟甲、兽骨、竹片、绢帛上。直到西汉时期发明了造纸术，东汉时期蔡伦对造纸术的改进，为我国造纸业的发展，开拓了广阔的前景。宋代以后，造纸技术日益提高，纸的品种也越来越多，纸张质量也得到大幅提高。唐初时，安徽宣州（今泾县）生产出一种高级的毛笔书画用纸，同时又在宣城集散，所以称为宣纸。

宣纸以檀树皮及稻草为原料，经石灰处理、日光漂白及打浆后，用手工抄造而成，其种类发展为10余种。宣纸的特点是纸质洁白、纹理细密、柔软轻飘、不易蛀蚀、经久不变，故有“千年寿纸“的美称。

唐宋以后，宣纸就成为书写名品字画的上等书画用纸了，尤其以今天皖南泾县、太平、宣城等11个县的特产树种青檀树皮制作的宣纸最为出名，历代文人墨客书画名家无不珍爱喜用。用宣纸题字作画，墨韵清晰，层次分明，骨气兼蓄，气势溢秀，浓而不浑，淡而不灰，其字其画，跃然纸上，神采飞扬，夺目生辉，产生出特殊丰满的艺术效果。

明代时候宣纸专指宣州地区生产的青檀纸皮，青檀宣纸的产量和名气在明清达到顶峰。造纸工艺的进步对于书画艺术的发展，起了更为直接的推动作用。

宣纸只是这一类纸的概称，按其配料分，有“净皮”、“棉料”等；按制造层次有单宣、夹宣之分；按其帘纹有“罗纹宣”、“龟纹宣”之分；按颜色皮纹有“虎皮宣”、“蝉翼宣”“珊瑚宣”、“金银笺”“云母笺”等等。按纸性质又可分为：生宣、熟宣、半熟宣等。

生宣质地柔软，吸水性强，画上去的笔墨变化多样，适用于大幅行草书和写意画的创作。但因其化水性强，初学者不易掌握。

熟宣是将生宣用明矾、胶经煮加工而成，其渗墨性受到一定的控制，适用于中小楷书和工笔画的创作。

半熟宣是将生宣用清水蒸一次，或用淡明矾水处理后制成的。因其吸墨功能界于生宣与熟宣之间而成为理想的书画用纸。

第四节　砚

砚又称为砚台、砚池等，它是中国传统文化和书画艺术中不可缺少的研墨和调色用品。一般是用石块或是耐磨材料制作的。砚形似月，分割为磨墨和盛水两部分，前者黑，后者白，故苏轼称砚为“黑白月”。 根据制砚材料，砚有石砚、陶砚、瓦砚、砖砚、瓷砚、玉砚、澄泥砚、漆砂砚、银砚、铜砚、铁砚、化石砚等二三十种。石砚是我国砚台的正宗和主流。

砚产生于春秋时期，距今已有5000年的历史。汉代，砚台逐渐跻身于传统书画艺术的行列。六朝至隋，最突出的是瓷砚的出现，由三足而多足。唐代制砚工艺取得了突飞猛进的发展。随着制砚技术的改进，就出现了石砚，并出现了名盛天下的端砚、歙砚等名砚。唐代常见箕形砚样式，形同簸箕，砚底一端落地，一端以足支持。宋代时，制砚工艺又达到新的高峰，以长方形抄手砚为特色，砚底挖空，两边为墙足，可用手抄底托起。端砚、歙砚、澄砚、洮砚被视为中国四大名砚，而尤以端砚为最佳。宋朝开始把端砚列为“贡品”，蜚声中外。到了清朝时代，砚台趋渐工艺化、美术化，除了实用之外，还有了收藏、观赏的价值。

现世众多的砚台中，最为著名的要数端砚，歙砚和洮砚。

端砚

产于广东端州（今肇东市）东郊的端溪。端州之石属水成岩。用此石制成的端砚石质细腻、坚实，着墨饱满，运笔润滑；且磨好的墨不干不冻，上好的端砚颜色以紫色为主，时常有天然形成的“眼”。因而端砚慢慢地成了肇庆独有的工艺美术品，受到历代文人赞赏，誉为“群砚之首”。

歙砚

产于安徽歙县歙溪，质地较端砚嫩，颜色以青灰为主。歙砚无“眼”，磨出来的墨较端砚上的易干，但其质地和发墨效果和端砚一样，都是最佳的。

洮砚

产于甘肃临洮境内的洮河洮砚乡。好洮砚多为绿色，石质坚硬细腻。雕镌好的洮砚色泽豆绿，光彩异常，为历代书画家所珍爱。

应该说，多种多样的砚台制作首先是为了使用。在岩石中，只有水成岩适合制砚。它是火成岩、片岩碎片、火山喷出物和生物遗骸等经过长期的物理和化学作用，在水中沉积固结的岩体，又称沉积岩。水成岩又可分为碎屑岩、沉淀岩、生物岩三种，其中碎屑岩最好制砚。岩石在形成过程中形成的许多纷繁复杂的花色、纹路、使砚材极为绚丽多姿，具有艺术欣赏价值。

人们在使用和交流中发现有更好的书写砚台，于是确立了石砚和澄泥砚是最佳正品砚的地位，为达官贵人追逐珍藏。而砚台一旦映入文人书画家的眼帘，砚台就被赋予了多种文化含义。制砚的取名、雕刻的花样、天然的纹理、品格的遐寄，凝成特殊的中国文人砚文化的心态模式。 对于砚台外形和内涵的艺术观赏使得书画家们能保持一种良好的书画创作心态。寰宇万千气象、人生世态炎凉，都能汇入砚台一物，融与一心，再发之于笔端。书画艺术的心理内涵更显深刻而快捷。

至此，笔墨纸砚超越其使用价值，因富含工艺价值和文化品位，而深居艺术堂奥。

第五节　笔洗、笔架等案头清供

文房四宝外，还有一些配套文具，起着辅助书画创作的作用。笔洗、笔架、镇纸、毡垫、笔帘、印泥和印章都是需要准备的。下面简单介绍笔洗和笔架和镇纸。

一、笔洗

笔洗是文房四宝笔、墨、纸、砚之外的一种文房用具，是用来盛水洗笔的器皿，在画中国画的过程中也可以作为调色用的水盂。以形制乖巧、种类繁多、雅致精美而广受青睐，传世的笔洗中，有很多是艺术珍品。。

笔洗有很多种质地，包括瓷、玉、玛瑙、珐琅、象牙和犀角等等，基本都属于名贵材质。各种笔洗中，最常见的是瓷笔洗。瓷笔洗传世量最多。堪称瓷洗中佳作的传世品有：汝窑青釉三足瓷笔洗，官窑青釉瓷笔洗，哥窑米黄色五足瓷洗，青灰釉海棠式笔洗，钧窑天蓝釉鼓钉瓷洗，仿定窑螭纹瓷洗，素三彩海水蟾纹三足洗，青花鱼龙纹洗等。

目前可以见到的最早作品是宋代五大名窑（哥、官、汝、定、钧）的产品。这些瓷笔洗一般为敞口，浅腹，形状多种多样，包括花果、鱼、兽等形象。如：桃式洗做成半个桃实形，一端有枝茎，桃叶包绕，造型饱满、风趣，讨人喜欢。宋代官窑、龙泉窑都烧有这种桃式洗，但传世品不多见。现在能见到的桃式洗，大都是明清时期景德镇、宜兴窑及广窑的产品。

葵瓣洗通体呈葵花瓣形，六瓣、八瓣不等，有敞口、撇口、折沿之分。宋代官窑、哥窑有此类型笔洗烧制。明清时期景德镇也有，但一般为青花瓷，以青花鱼藻纹为多。

莲花笔洗器身为莲花形，明、清两代均有烧制。但由于时代不同，窑口不同，洗的装饰风格也有变化。如明代宜兴窑的莲花洗，一般是在洗外部堆贴三根莲茎，茎端处凸起荷叶、荷苞和莲蓬，器体表面布满灰白色片纹。广窑的莲花洗整体塑造成绽开的莲花形，花瓣层层叠叠，且洗通体施明净的蓝灰釉。明、清两代的莲花洗的形制相同，但一般来说，明代的莲花洗的莲瓣舒展自然，很生动；而清代的莲瓣则规整呆板，较程式化。

蔗段洗是将洗的形状塑造成短粗的蔗段样。这种形式的笔洗基本是宋元时期产品，以景德镇青白釉和龙泉青釉的产品为多。

二、笔架

笔架是文人写字作画时用来搁置画笔的文房用具。材质一般为瓷、木、紫砂、铜、铁、玉、水晶。其中实用性的笔架以瓷、铜、铁最为普遍，观赏性的则以玉笔架最为典型。明代以后，文人们对文房用具的追求逐渐高起来，不但要求有与“笔、墨、纸、砚”相配套的文房用具，而且要求这些用具注重实用性的同时还要追求观赏性。因此，作为当时文人雅士追求悠闲雅趣生活的一种象征，雕工精湛的玉笔架在明代极为普遍，有青玉、白玉等，形状以山峰形居多；明代中后期，金、玉、竹、木、牙、角雕刻艺术中出现大量赏玩器，并前所未有地迅速发展起来。为了满足社会需求，民间作坊不断设计创新，许多艺术家也在风格上相互借鉴或者标新立异，于是各种精美的文房摆设和雅玩层出不穷，成一时风尚。而到了清代，玉笔架的雕工更为繁缛，特别是工艺味道浓郁。

三、镇纸

镇纸也叫纸镇、文镇或镇尺、书镇等，是文人写字作画时用来按压纸张、绢等的文房用具。有铜、玉、石、瓷、木、竹等多种材质。自古及今，镇纸形制多样，制作者争奇斗巧，变化万端，是文人案头的把玩之一。

早期镇纸大多用铜或玉制成，以牛、马、兔、鹿等形象为主。《陆编修送月石砚屏》诗中所谓的“三山放翁实赠我，镇纸恰称金犀牛”中的金犀牛，就是一种铜镇纸。我国台北“故宫博物院”收藏的汉代铜错金银虎形书镇，是早期较为优秀的作品。此虎四肢蜷卧，挺硕张口，作呼叫状，形态稚拙可爱，也是少见的铜镇纸。

传世品中，玉镇纸更多。如南北朝时的避邪镇纸，是以传说中之神兽避邪的形状雕琢成的。宋代玉河图洛书镇纸，雕成卧玉龟背负着洛书的样子。南宋的白玉兔镇纸是一只缩头蜷卧的可爱小兔。元代的牧马玉镇，不但雕琢一卧憩回首的马，还在马的身旁刻饰一闲坐的牧马人二者相辅相成，构成一幅生动的景象明代白玉松鼠瓜瓞书镇也是一件情趣盎然的小品。

石质、象牙质是镇纸中的精品，像清代田黄石雕的异兽书镇、象牙雕狮形书镇，均将这些动物刻饰得惟妙惟肖。从象牙雕狮形书镇可以看到，狮呈伏卧状，瞠目露齿似在恫吓什么。狮毛刻得规整有序，很程式化，是典型的清代风格。

明清以来的镇纸以长方形的居多，其次是动物、人物的立体形象。此外还有圆形和四方形等形状镇纸。 镇纸有成对和不同对的两种。特别是长方形的，一般成对的较多。这种形制的镇纸因为形式普通，多在表面装饰上下功夫，有的在一对镇纸上刻写对联，一字一画等。

民间镇纸常用黄铜、竹木等刻制。清末和新中国建国前这种作品犹多。

参考资料：

《中国艺术史——书法篆刻卷》　史仲文　主编　　河北人民出版社

《中国书法理论技法与作品欣赏》范　斌　编著　　浙江大学出版

第四篇　人　物

范扬
《携琴游山图》
180 × 97cm
中国画作品

第一章　历代书画名家传略

李斯

（公元前284年～前208年）楚上蔡人。秦朝著名的政治家、文学家和书法家。李斯为荀卿之徒，后为法家代表人物，任廷尉，他辅佐嬴政一统天下建立秦王朝。在秦始皇统治期间，李斯任丞相。

秦统一后，始皇希望书同文，李斯便将大篆删繁就简，整理出一套笔画简单，形体整齐的文字，称秦篆。始皇将它定为标准书体，通令全国使用。秦篆又称小篆，是大篆的对称，它给人以刚柔并济，圆浑雄健的感觉，对汉字的规范化起了很大的作用。小篆的出现，是汉字发展史上的一大进步。

始皇于前210年十月出游，由左丞相李斯、少子胡亥随从，南至云梦，登会稽山。李斯奉命撰文颂秦德、罪六国、明法规、正风俗，以小篆书写，刻石立碑，是为《会稽刻石》。四字一句，三句一韵，庄重凝炼，是铭文的代表作。传为由李斯书写的刻石还有《泰山封山刻石》、《琅琊刻石》和《峄山刻石》等。

李斯的书法运笔坚劲畅达，线条圆润，结构匀称，点画粗细均匀，既具图案之美，又有飞动之势，成为后世临摹之典范。

蔡邕

（公元132～192年）字伯喈，开封杞县人，东汉辞赋家、书法家。少时博学，师事太傅胡广。汉献帝时曾拜左中郎将，故也称"蔡中郎"。蔡精通音律，书法精篆、隶，尤以隶书造诣最深，名望最高，有"蔡邕书骨气洞达，爽爽有神力"的评价。

汉灵帝熹平四年，蔡邕写《六经》文字于碑，使工匠镌刻，立于太学门前，碑凡46块，被称"鸿都石经"，世称"熹平石经"。碑始立时，观瞻者、摹写者络绎不绝。几经动乱，原碑早已无存。自宋以来，常有残石出土，据说现已集存8000余字，字体方正，结构谨严，是当时通行的标准字体。蔡邕从工匠用帚扫墙中受到启发而创造了"飞白书"，这种书体，笔画中丝丝露白，似用枯笔写成，为一种独特的书体，唐张怀瓘《书断》评论蔡邕飞白书时说"飞白妙有绝伦，动合神功"，后世多效仿者。

钟繇

（公元151～230年）字元常，颍川长社人。汉明帝时官拜太傅，故称"钟太傅"。曾师蔡邕，工篆、隶、行草，尤以楷书最佳。唐张怀瓘《书断》称他："真书绝妙，乃过于师，刚柔备焉。点画之间，多有异趣，可谓幽深无际，古雅有余，秦汉以来，一人而已。"宋《宣和书谱》中评价"各尽法度，为正书之祖"。他的楷书承袭了东汉隶书的遗风，八分开张，左右波挑，势巧形密，自然古雅。他写的《贺捷表》颇有鸿鹄飞张姿态，被梁武帝萧衍评为"群鸿戏海，舞鹤游天"，他的楷书中，还有隶书的笔意。钟繇的书法，与以后的王羲之并称"钟、王"，为后世所宗。

作品有《荐季直表》、《贺捷表》、《宣示表》、《力命表》等。钟的真迹早已失传，宋代以来法帖中所刻的小楷《宣示表》、《荐季直表》等都是晋唐摹本。《荐季直表》"纸墨奇古，笔法深沉"，《三希堂法贴》以此冠首。

顾恺之

（公元346～407年）字长康，小字虎头。晋陵无锡人。东晋时期杰出的画家。曾为桓温及殷仲堪参军，义熙初任通直散骑常侍。他家祖辈都是晋朝官吏、书香人家。顾博学而有才气，工诗赋、书法，尤精绘画，擅画人像、佛像、鸟兽、山水等，有"才绝"、"画绝"、"痴绝"之称。

顾尤擅人物画，其画意存笔先，画尽意在，笔迹周密，紧劲连绵；笔法如春蚕吐丝，轻盈流畅，遒劲爽利，称为"铁线描"；造型布局六法俱全，运思精微。与师承他的南朝宋陆探微、梁张僧繇，并称"六朝三杰"。而"像人之美，张得其肉，陆得其骨，顾得其神，神妙无方，以顾为最"。与陆探微合称"顾陆"，称为"密体"画派，以别于张僧繇、吴道子的"疏体"画派。

画迹《雪霁望五老峰图》被推为山水画开山之作。现存《女史箴图》、《洛神赋图》均为唐宋摹本。《女史箴图》现藏于英国伦敦不列颠博物馆。《洛神赋图》北宋摹本，绢本，水墨着色，纵27厘米、横572

厘米。是以曹植的著名诗篇《洛神赋》为题材创作的巨幅绢本着色画卷。画中顾恺之巧妙地把诗人的幻想在造型艺术上加以形象化。表现的主要是洛神的美貌、光彩以及她和曹植若即若离的关系。

王羲之

（公元303～361年）字逸少，琅琊临沂人，后徙居山阴。东晋著名书法家。官至右军将军、会稽内史，故世称王右军、王会稽。王羲之出身于书法世家，他的伯父王翼、王导，堂兄弟等都是当时的书法名家。王羲之少时曾拜女书法家卫铄为师学习书法。

王羲之楷书师法钟繇，草书学张芝、李斯、蔡邕等，博采众长。他的书法被誉为“龙跳天门，虎卧凤阙”，给人以静美之感，恰与钟繇书形成对比。他的书法平和自然，笔势委婉含蓄，遒美健秀，圆转凝重全然突破了隶书的笔意，创立了秀美的今体书风，其行草被称为如“清风出袖，明月入怀”，被后代尊为“书圣”。

王羲之作品真迹已难见，所存世均为摹本。王羲之楷、行、草、飞白等体皆能，如楷书《乐毅论》、《黄庭经》、草书《十七帖》、行书《姨母帖》、《快雪时晴帖》、《丧乱帖》等。他所书的行楷《兰亭序》最具代表性。是东晋永和九年王羲之作的一篇序文。此帖28行，324字，记述了当时文人雅集的情景。其中有二十多个“之”字，写法各不相同，宋代米芾称之为“天下行书第一”。元赵孟頫曾称此帖为“天下第一法书”。《石渠宝笈》收晋人三帖，此帖列于首位。《兰亭序》表现了王羲之书法艺术的最高境界。作者的气度、风神、胸襟在这件作品中得到了充分表现。

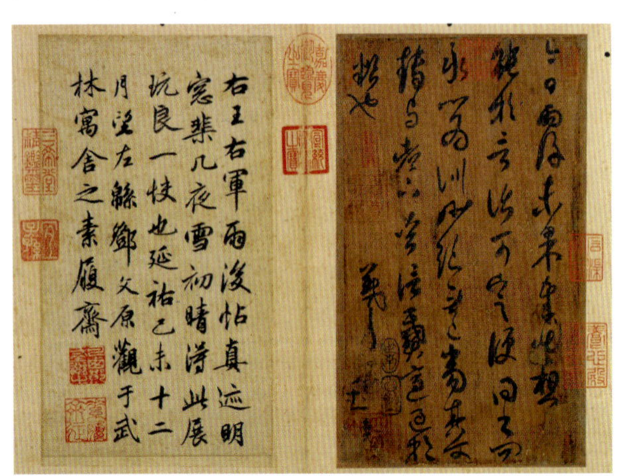
王羲之（晋）　行书　《雨后帖》

王献之

（公元344～386年）字子敬，生于山阴，王羲之第七子，东晋著名书法家。王献之曾任州主簿、秘书郎、秘书丞、长史、吴兴太守等官职；成为简文帝驸马后，又升任中书令。但政绩一般，远不如他的书名显赫。故人称“大令”。在书法史上被誉为“小圣”，与其父并称为“二王”。

幼年随父羲之学书法，兼学张芝。书法众体皆精，尤以行草著名。王献之最具秉赋，敢于创新，不为其父所囿，从而也为魏晋以来的今楷、今草作出了卓越贡献。

他的著名书法作品《洛神赋》，传至宋代只存13行，有玉版刻本，世称《玉版十三行》。另外《中秋帖》、《东山帖》等，也都是书法艺术的瑰宝。他的字在笔势与气韵上要超过其父，米芾称他“运笔如火箸画灰，连属无端末，如不经意，所谓一笔书”，即是指在草书上的“一笔书”狂草。他还劝其父“改其体”，足见其书艺创造上的胆略。

王珣

（公元350～401年）字元琳，小字法护，琅琊临沂人，和其父亲洽、祖父导三代皆以能书著名，书圣王羲之的侄子，晋代书法家。官尚书令，赠车骑将军，谥献穆。

《伯远帖》纸本，行书，纵25.1厘米，横17.2厘米，现藏北京故宫博物院。是王给亲友的一通书函。它行笔峭劲秀丽，自然流畅，是我国古代书法作品中的佼佼者。它的笔画写得较瘦劲，结体较开张，特别是笔画少的字显得格外舒朗，飘逸。《伯远帖》堪称无上至宝，其书体为成熟的行草，运笔自然，各字分立，古逸洒脱，确实是晋人特有的风神，堪与二王争辉。乾隆皇帝视其为瑰宝，将此帖与《快雪时晴帖》、《中秋帖》藏于养心殿西暖阁，专设三希堂，以尽赏玩珍宝之美意。

张僧繇

（生卒年不详）相传为吴人，南朝梁武帝萧衍时著名画家，曾为侍郎，在宫廷秘阁中掌管画事，历官右军将军、吴兴太守。擅作人物故事画及宗教画，时人称为超越前人的画家。梁武帝好佛，凡装饰佛寺，多命他画壁。所绘佛像，自成样式，被称为“张家样”，为雕塑者所楷模。亦精肖像，并作风俗画，兼工画龙，有画龙点睛，破壁飞去的传说。张僧繇对绘画的一大贡献是吸收天竺佛画中的“凹凸花”技法。就是现在所说的明暗法、透视法，这在中国本土绘画中是没有的，能使画面具有立体感，收到逼真的效果。

传他又创造了一种不用轮廓线的“没骨”法，全用色彩画成，改变了顾陆以来的瘦削型的形象，创造出比较丰腴的典型，画人“面短而艳”。后人论其作画用笔多依书法，点曳斫拂，如钩戟利剑，点画时有缺落而形象具备，一变顾恺之、陆探微连绵循环的“密体”画法。后人将其画法与唐吴道子并称为“疏体”，张僧繇的“疏体”画法，至隋唐而兴盛起来。其子善果、儒童，均擅绘宗教画。

其《五星二十八宿》绢本，设色，现藏日本大阪市美术馆。图绘想象中的星宿形象，现仅存五星和十二宿图。每星、宿一图，或作女像，或作老人，或作少年，或兽首人身。人物用游丝描，细劲秀逸，匀洁流畅，设色古雅精微，图中的牛、马等动物亦生动传神，画风谨严。图中太白星神、风星神的形象，脸部修长，尚存南朝人物画的遗风，可能据时代更早的底本传摹所致。每图前有篆书说明。

萧绎

（约公元508年～554年）梁武帝萧衍的第七子，字世诚，小名七符。少眇一目，聪慧好学，博涉群书。初封湘东王，承圣元年即帝位，魏将于谨陷江陵，绎出降被杀。萧绎应是中国历史上最早的皇帝画家。

萧绎自幼爱作书画。尝画《圣僧像》，萧衍为之题识。又画《宣尼像》，并自书赞。出任荆州刺史时绘《蕃客入朝图》，描写25国使者不同的相貌与服饰。唐代张彦远疑《职贡图》即是《蕃客入朝图》。

《职贡图》卷，纵25厘米、横198厘米，现藏中国历史博物馆。现所见为北宋熙宁年间的摹本。图卷原画描绘南朝梁代外国使者25人朝贡的形象。现已残损，仅存12人，皆左向侧身，站姿几乎雷同，但其个性特色鲜明，画中人物比例准确，铁线描遒劲流畅，敷色高雅古朴，体现了南朝绘画艺术的水平。在南朝卷轴画无一存留的今天，这幅宋摹本是研究、了解当时各国历史风俗与中外关系的宝贵资料。

李思训

（公元651～716年，一作648～713年）字健，成纪人。唐宗室孝斌之子，唐代杰出画家。曾任过武卫大将军，以战功闻名于时，世称“大李将军”。其子李昭道称为“小李将军”。其画风精丽严整，以金碧青绿的浓重颜色作山水，细入毫发，独树一帜。在用笔方面，能曲折多变地勾划出丘壑的变化。法度谨严、意境高超、笔力刚劲、色彩繁富，显现出从小青绿到大青绿的山水画的发展与成熟。它和同时期兴起的水墨山水画，都为五代和北宋时期的山水画奠定了基础。

其作品均散佚，《宣和书谱》记载尚有《山届四皓》、《春山图》、《海天落照图》、《江山渔乐》、《群山茂林》等十七幅，现在仅见《江帆楼阁图》和《九成宫纨扇图》。

阎立本（唐）　《步辇图》

阎立本

（生年不详，卒于673年）雍州万年人，唐杰出画家。显庆中任将作大臣，曾任主爵郎中、工部尚书、右相和中书令，时有“右相驰誉丹青“之誉。

阎继承家学，其父阎毗，其兄立德，既有画名，又以擅长工艺、建筑工程著称。阎立本绘画师承隋代的杨契丹、郑法士、董伯仁、展子虔及其父，并上溯张僧繇而“变古象今”。

阎立本善画台阁、车马、肖像，尤长于重大题材的历史人物画和风格画。据史料记载，其画迹见之于《历代名画记》、《唐朝名画录》、《宣和画谱》中的有六七十件，流传至今较为可靠的有《步辇图》、《历代帝王图》和《萧翼赚兰亭图》。

《步辇图》绢本，设色，现藏北京故宫博物院，描写的是唐太宗李世民接见来迎娶文成公主联姻的吐蕃使臣禄东赞的情景。作者以细劲的线条塑造人物形象，具有早期肖像画的特征，线条流畅，色彩艳丽而沉着，较成功地描绘了人物的神态与神情。其中人物的发式与服饰都具有初唐时的特点。

吴道子

（约686～760前后）又名道玄，阳翟人，少孤。唐代画家。相传初学书于张旭、贺知章，未成，乃改习绘画。曾任小吏，做过兖州瑕丘县尉。后游洛阳，玄宗闻其名，任以内教博士，改名道玄，在宫廷作画。

吴道子是中国山水画的祖师，被后人尊称为“画圣”。画佛道人物，更是冠绝于世，师南朝梁张僧繇，笔迹磊落，势状雄峻，生动而有立体感。曾在长安、洛阳等地寺观作佛道宗教壁画三百余间，情状各不相同。落笔或自臂起，或从足先，均能不失尺度；所绘人物，善用状如兰叶的线条表现衣褶，使有飘举之势，人称“吴带当风”；又喜以焦墨勾线，略加淡彩设色，又称“吴装”。画笔洗炼劲爽，《历代名画记》评其“笔才一二，象已应焉”。后人将其与张僧繇并称“疏体”。苏轼评为：“画至吴道子，古今之变、天下之能事毕矣。”民间画塑匠人称他为“祖师”，道教中人更呼之为“吴道真君”、“吴真人”。

其作品不传，存世《送子天王图》系宋人学其风格之作。

张萱

（生卒年不详）京兆人，唐著名画家。开元年间任史馆画直。工画人物，以擅绘贵族妇女、鞍马而名冠当时。曾作《长门怨词》、《宫中七夕乞巧》、《望月》等图，描绘迫居深宫的宫女们之幽怨。相传其所画妇女，喜用朱色晕染耳根；又善以点簇笔法状写亭台、树木、花鸟等宫苑景物。

存世《唐后行从图》，相传为其作品，又有《捣练图》、《虢国夫人游春图》，为宋徽宗之摹本。

《虢国夫人游春图》绢本，设色，高51．8厘米，长148厘米。表现虢国夫人一行九人着轻薄鲜丽的春衫，骑马游春的场面。右半幅图第一个是中年从监，乘浅黄色骏马，第二人是个乘菊花青马的少女，第三人是乘黑色骏马的中年从监随行。疏朗的三骑成为前导，紧接着便是左半幅图中簇拥的五骑，其中前两骑，便是虢国夫人姐妹。虢国夫人在全画的中心点，她身着淡青色窄袖上衣，披白色花巾。与其并行的是韩国夫人，她侧向虢国夫人作似有所告状。动作、表情各不相同，并且分别体现了人物的特点。

周昉

（生卒年不详，唐大历年间已有名气）字景玄，又字仲朗，京兆人。唐代画家，官至宣州长史。初学张萱，尤工仕女画，多写贵族妇女，为当时宫廷、士大夫所重。周昉以肖像画、佛道画著称于世，所绘能兼得神气情性。亦擅画马、鸟兽、草木，时人学之者甚多，程仪、高云、卫宪皆其弟子，五代周文矩亦得其传。画迹有《三家像》、《簪花仕女图》、《五星真形图》、《杨妃出浴图》、《妃子数鹦鹉图》等72件，著录于《宣和画谱》。他所作“水月观音”为雕刻艺人效仿，称“周家样”。

周昉（唐）　《簪花仕女图》

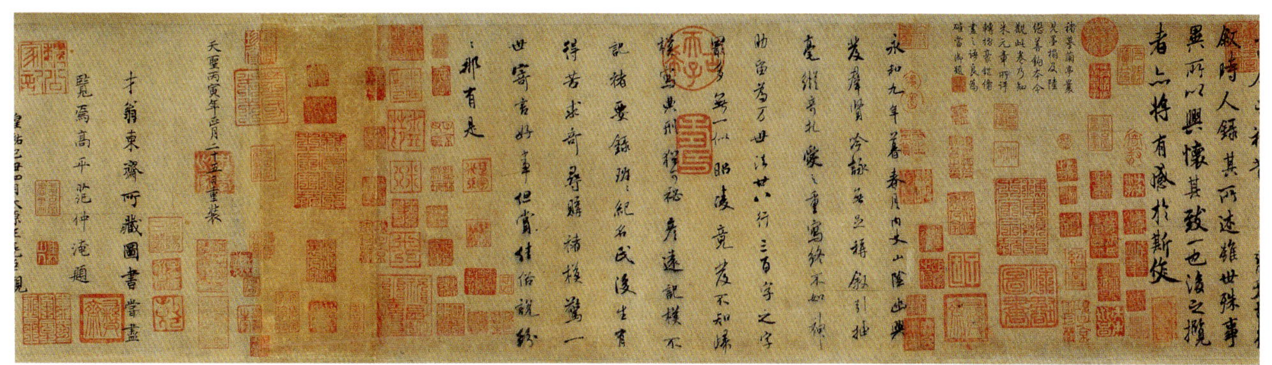

褚遂良（唐） 行书《临王羲之兰亭序帖》

现存作品相传有《纨扇仕女图》、《调琴啜茗图》、《簪花仕女图》等。《簪花仕女图》，绢本（现存辽宁省博物馆），精致地刻画了几个身披轻纱、高髻凌风的贵妇在庭院中闲步、赏花、采花、戏犬的生活情节。人物体态浓丽丰腴，衣饰华美，圆浑流畅的线条，艳丽丰富的色彩，出色地表现了“绮罗纤缕见肌肤”的效果。用笔勾线遒劲古拙，真实地反映了盛唐时期的审美时尚。

褚遂良

（公元596～658或659年），字登善，钱塘人，唐太宗时封河南郡公，世称“褚河南”。唐代书法家。褚博涉文史，尤工书法。太宗时历任起居郎、谏议大夫，官至中书令。后因反对唐高宗立武则天为后，屡被贬职而死。

其书初学欧阳询，继学虞世南，后取法王羲之，融会汉隶。其特点是：正书丰艳，自成一家，行草婉畅多姿，变化多端。当时与欧、虞齐名，学者甚多。颜真卿亦受其影响。

传世书迹有《孟法师碑》、《雁塔圣教序》等。《孟法师碑》用笔方劲古拙，《雁塔圣教序》字体瘦劲丰神，时兼行草，是褚遂良晚年杰作。历来为世人所重。传世碑刻有《同州三藏圣教序碑》、《伊阙佛龛记》、《孟法师碑》等。

虞世南

（公元558～638年），字伯施，越州余姚人。父虞荔，兄虞世基，叔父虞寄，均名重一时。虞寄无子，世南过继于他，故字伯施。隋炀帝时官起居舍人，唐时历任秘书监、弘文馆学士等。他不但书法冠绝一时，且为人正直，性情刚烈，他议论持正，多次向太宗进谏。唐太宗赞叹道：“群臣皆若世南，天下何忧不理！”并称赞他有“五绝”：“一曰德行，二曰忠直，三曰博学，四曰文词，五曰书翰。有一于此，足谓名臣，而世南兼之”。”太宗为他的死“哭之甚恸”，让他陪葬昭陵，赠他礼部尚书，赐谥号文懿，还把他的像画在凌烟阁上。

虞世南年轻时曾向智永学习书法，智永是晋代书圣王羲之的七世孙，藏有王羲之传世真迹，虞世南因此尽得王书真髓，成为一代大家。虞的书法圆融遒逸，风神萧散，自开面貌，秀丽中含筋骨。他偏工行草，而晚年正楷可与王羲之相先后。相传他勤于学书，卧时常在被中划腹练习，作字不择纸笔，都能如字。传世之作有《孔子庙堂碑》、《汝南公主墓志》、《昭仁寺碑》、《论道帖》等。他晚年自撰自书的《孔子庙堂碑》被称为我国书法艺术的瑰宝，以致黄庭坚有“千两黄金哪购得”之叹。原碑立于唐贞观初年。楷书35行，行64字。碑额篆书阴文“孔子庙堂之碑”六字。碑文记载唐高祖五年，封孔子二十三世后裔孔德伦为褒圣侯，及修缮孔庙之事。为虞世南六十九岁时所书。此碑书法用笔俊朗圆润，字形稍呈狭长而尤显秀丽。横平竖直，笔势舒展，一片平和润雅之象。

欧阳询

（公元557～641年）字信本，潭州临湘人，唐代书法家。传世著名的碑刻有《九成宫醴泉铭》、《化度寺碑》、《皇甫诞碑》、《温彦博碑》等。行书墨迹有《千字文》、《张翰》、《卜商》、《梦奠》等贴。其书法初学王羲之及北齐三公郎中刘珉，后渐变其体，尤善小楷，笔力险劲，自成一派，人称“欧体”亦称“率更体”，其书妍紧，冠绝一时，与虞世南、褚遂良、薛稷并称初唐四大书家。曾编有《艺文类聚》一百卷。

《九成宫醴泉铭》碑立于贞观六年，楷书24行，行49字。碑额阳文篆书“九成宫醴泉铭”6字，此碑用笔方整，且能于方整中见险绝，字画紧凑匀称，间架开阔稳健。明赵崡《石墨镌华》称此碑为“正书第一”。欧阳询楷书结体严谨，笔势开张，笔法穿插挪让极有法度。后世所传“欧阳结体三十六法”，就是从他的楷书笔法中归纳出来的结字规律和笔法，对后世有很大的启迪。

唐张怀瓘《书断》称其书“八体尽能，笔力劲险，篆体尤精，飞白冠绝，峻于古人”。其书法，对后世影响很大。其第四子通亦书家，世称“大小欧阳体”。

颜真卿

（公元709～785年）字清臣，琅琊孝悌里人，唐代大臣、书法家。开元年间中举进士，登甲科，曾4次被任命为监察御史，迁殿中侍御史。因受时权臣杨国忠排斥，被贬任平原太守，人称颜平原。肃宗时至凤翔授宪部尚书，迁御史大夫。代宗时官至吏部尚书、太子太师，封鲁郡公，人称“颜鲁公”。他秉性正直，笃实纯厚，有正义感，从不阿于权贵，屈意媚上，以义烈名于时。天宝十四年节度使安禄山发动叛乱，他联络从兄颜杲卿起兵抵抗，附近十七郡响应，被推为盟主，合兵二十万，使安禄山不敢急攻潼关。德宗兴元元年，淮西节度使李希烈叛乱，奸相卢杞却派其前往劝谕，被李缢死。

颜真卿为琅琊氏后裔，家学渊博，五世祖颜师古是北齐著名学者，著有《颜氏家训》，其曾祖、祖父、父亲都工篆隶，母亲殷氏亦长于书法。颜真卿少时家贫缺纸笔，用笔醮黄土水在墙上练字。初学褚遂良，后师张旭笔法，又汲取初唐四家特点，兼收篆隶和北魏笔意，完成了雄健、宽博的颜体楷书的创作，树立了唐代的楷书典范。他的楷书一反初唐书风，行以篆籀之笔，化瘦硬为丰腴雄浑，结体宽博而气势恢宏，骨力遒劲而气概凛然，这种风格也体现了大唐繁盛的风度，并与他高尚的人格契合，是书法美与人格美完美结合的范例。他的书体被称为“颜体”，与柳公权并称“颜柳”，有“颜筋柳骨”之誉。颜体书对后世书法艺术的发展产生了深远影响，唐以后很多名家，都从颜真卿变法成功中汲取经验。尤其是行草，唐以后一些名家在学习二王的基础之上再学习颜真卿而建树起自己的风格。苏轼曾云：“诗至于杜子美，文至于韩退之，画至于吴道子，书至于颜鲁公，而古今之变，天下之能事尽矣。”

《祭侄稿》全称《祭侄季明文稿》，书于唐乾元元年。麻纸本，纵28.2厘米，横75.5厘米，现藏台北故宫博物院。《祭侄稿》是颜真卿为祭奠就义于安史之乱的侄子颜季明所作。《祭侄稿》作为一篇祭文，作者书写时的心绪可想而知。此帖本是稿本，原不是作为书法作品来写的，但正因为无意作书，所以使此幅字写得神采飞动，起伏跌宕。其价值就在于以真挚情感主运笔墨，不计工拙，无拘无束，纵笔豪放，一气呵成，血泪与笔墨交融，激情共浩气喷薄。《祭侄稿》是颜真卿最精彩的行书，被称为“天下第二行书”。

柳公权

（公元778～865年）字诚悬，京兆华原人，官至太子少师。唐代著名书法家，工楷、行书。宪宗元和初年登进士第，穆宗朝，拜右拾遗，充翰林侍书学士，迁右补阙、司封员外郎。文宗朝，迁右司郎中、弘文馆学士，为谏议大夫。文宗喜爱公权的文才，常召入谈论，延至深更。

柳公权初学书法师王羲之父子书体，同时对唐初欧阳询、褚遂良等人的书法作了认真研究，尤对颜真卿的笔法甚为重视，下功夫学习，收欧体之方正，颜体之圆润，经过长期的锤炼，创造了笔划清劲峻拔，骨力遒健的“柳体”书法，自成一派，被世人称赞为“颜筋柳骨”。穆宗尝问笔法，答曰“用笔在心，心正则笔正”。其书瘦劲清健，沉着痛快。米芾赞曰：“修养已成，神气清健，无一点尘俗”。

传世碑刻有《金刚经刻石》、《玄秘塔碑》、《冯宿碑》等。其中《金刚经刻石》、《玄秘塔碑》、《神策军碑》最能代表其楷书风格。柳公权的行草书有《伏审》、《十六日》、《辱向帖》等，他们的风格仍继承王家风格，结体严谨，潇洒自然。《玄秘塔碑》柳公权书并篆额，立于唐会昌元年十二月。楷书共28行，行54字，现藏西安碑林。此碑柳公权六十四岁时所书，书体端正瘦长，笔力挺拔矫健，行间气脉流贯，顾盼神飞，全碑无一懈笔。有以方取势，引筋入骨之赞。

张旭

（生卒年不详）字伯高，一字季明，吴郡人，官至金吾长史，故世称张长史，唐代著名书法家，被尊为“草圣”，其草书与李白诗歌、裴旻剑舞同被称为“三绝”。其诗与贺知章、张若虚、包融号称“吴中四士”。其书法得之于“二王”而又能独创新意。他的楷书端正谨严，规矩至极。

他的草书代表作有《肚痛帖》和传本墨迹《古诗四帖》，正书有《郎官石记》等。《古诗四帖》纸本，草书，五色笺，无款，明董其昌定为张旭书。共40行，凡188字。前两首诗是庾信的“步虚词”，后两首为谢灵运的“王子晋赞”和“岩下一老公四五少年赞”。钤有“宣和”、“政和”、“内府图书之印”、“子固”、“项元汴印”、“宋 审定”、“乾隆”、“嘉庆御览之宝”、“宣统鉴赏”等鉴藏印。此幅草书，通篇意体纵横、气势奔放，运笔无往不收，如锥划沙，无纤巧浮滑之笔。原迹现藏辽宁省博物馆。韩愈赞“旭之书，变动如鬼神，不可端倪，以此终其身而名后世。”怀素传承发展其法，世称“颠张狂素”。

怀素

（公元725～785年）字藏真，俗姓钱，长沙僧人。唐代著名书法家。存世书迹有《自叙帖》、《小草千字文》、《圣母帖》等。他的狂草继承张旭，而有所发展，被称为“以狂继颠”，与张旭齐名，故又世称“颠张醉素”，对后世影响很大。他尤好草书，自言得草圣三昧，被宋朱长文《续书断》列为妙品，其书飞劲园转，变化多端而不失法度。他是唐代继张旭之后的又一大草书家。

《自叙帖》纸本，草书。纵28.3厘米，横755厘米，126行，698字，唐大历十二年书。此帖是其40岁所书，主要记叙他学习书法的经历。就狂草而言，优美无出其右，是其代表作。此帖书法秀健，结构飘逸，深得王献之意趣，历代史家题识甚多，鉴藏者印章累累。《自叙帖》真迹传世有数本，其中完整无缺者现藏台北故宫博物院。

荆浩

（约850～约卒于五代后唐923～936年间）。字浩然，沁水人，隐居太行山洪谷，号洪谷子。唐末五代最具深远影响的山水画家。擅画山水，常携笔摹写山中古松。自称“吴道子画山水，有笔而无墨，项容有墨无笔，吾当采二子之所长，成一家之体”。所作笔墨并重，常绘云中山顶，四面峰峦，气势磅礴，山岩苍苍，峭峰危立，深得北方气象。荆浩不仅创造了笔墨并重的北派山水画，被后世尊为北方山水画派之祖，还为后人留下著名的山水画理论《笔法记》，以假托在神镇山遇一老翁，在互相问答中提出了气、韵、思、景、笔、墨的所谓绘景“六要”，是古代山水画理论中的经典之作，比更早时期南齐谢赫的“六法论”有所发展，具有更高的理论价值。

《匡庐图轴》绢本，水墨，纵185.8厘米，横106.8厘米。此图绘庐山的自然景色。意境宏阔博大，气势雄伟峭拔，反映出以荆浩为代表的北方画派的基本艺术特征。作品采用立轴构图，由下往上看，作品层次井然。在画面的营造上，作者将“高远”、“平远”二法结合起来，交替使用。此图集中体现了荆浩的笔法特点，勾、皴、染三法并举，既突出了造型的结构、形态的立体感和厚重感，又显示了水墨技法的特殊韵致。

关仝

（约公元890～960年后）一作同，长安人，五代后梁画家。是五代后梁山水大画家荆浩的弟子。画史上荆关被并称为北派山水画耆宿。尤擅表现关河气势，石体坚凝，山峰峭拔，杂木丰茂，时称“关家山水”。后人称其与荆浩为“荆关”，与李成、范宽并为五代、北宋间北方山水画主要流派代表。

关仝活动于后梁至北宋初，多画黄河中游地区的巍峰林峦，时而也描绘村居野渡、渔市山驿等生活场景，别具情趣。他的画风，笔简景少，但气壮意长，在北宋时与李成、范宽并称“三家山水”。皴法严实而劲健，力现山崖与林木的坚实形质；画树则有枝无干，观后如临绝壁荒林，唯独不见人物，据说他不擅人物。在北宋水墨山水中也算独特一家。

传世作品有《关山行旅图》与《山溪待渡图》，皆藏于台北故宫博物院。《山溪待渡图》亦绘堂堂大山之景，极具时代特点，突出了山川雄壮之气，亦北宋以前画风。《关山行旅图》同样是主峰高耸，气势夺人。山中云气缭绕，中间有古寺隐现，谷中流水潺，板桥山道，村落茅店，旅客往来，杂以寒林鸡太犬，极富生活气息，用笔简劲老辣。

韩幹

（生卒年不详）京兆人，一作开封人，唐杰出画家，画马名家。初师陈闳，又师曹霸，后被玄宗召为

韩斡（唐）　《神骏图》

宫廷画师，官太府寺丞。擅画肖像人物，尤工画马，韩　能摆脱“螭体龙形”之陈旧形式，着重描绘马的风采神态，得骨肉停匀之法，遂为“古今独步”，自成一家，对后世影响很大。弟子孔荣，颇得其法。

画迹有《姚崇像》、《安禄山像》、《玄宗试马图》、《宁王调马打球图》、《龙朔功臣图》，均录于《历代名画记》，《内厩御马图》、《圉人调马图》、《文皇龙马图》等52件，辑于《宣和画谱》。传世作品有《牧马图》、《照夜白图》。《照夜白图》，纸本，无款名，用笔细劲浑穆，马身肥腴有骨，恣态雄骏。《神骏图》为绢本设色，横122厘米，纵27．5厘米，描绘的是东晋高僧支遁爱马的故事。现藏辽宁省博物馆。

展子虔

（约550～604）隋代杰出画家。渤海人。历北齐、北周。入隋任朝散大夫、帐内都督。曾在洛阳、长安、扬州等地的寺院画过许多壁画。善画故事、人马、山水、楼台；人物的描法细致，后再用色晕开人物的面部，神彩意度极为深致。画马立者有走势，卧者有起跃之状。亦工台阁，写山川远近，有咫尺千里之势。

《游春图》为绢本，是我国目前发现的存世的山水卷轴画中最古的一幅，大青绿着色，宋徽宗赵佶题签。全图描绘官贵仕人在风和日丽、春色宜人的季节，于郊外“踏青”的游乐情景。图卷以自然风光为主，人物殿阁点缀其间。在用笔设色上，以青绿勾填法描绘山川、人物、树石，并直接用青绿赫石涂染，不加皴斫，显示出早期山水画敷彩浓烈，富丽堂皇的古拙之美。这幅青绿山水画被誉为“唐画之祖”。

王维

（公元701～761年）唐诗人、画家。字摩诘，原籍祁，父迁居蒲州，遂为河东人。唐开元年间进士，累官至给事中。安禄山军陷长安时，曾受官职，平乱后责降为太子中允。后官至尚书右丞，世称“王右丞”。再辞官隐居蓝田辋川。

他不仅是有名的画家，还是著名的诗人，又精通音乐，具有多方面的文化修养。王维崇信佛教，性喜山水。其诗多以山水田园为内容，状物传神，精深入微。前期曾写有以边塞、任侠等为题材的诗篇；晚年所作多反映隐逸生活及谈禅说佛。他兼通音乐，工书法，精绘画，擅画平远风景。喜以“破墨”写山水松石。

《辋川图》是王维晚年隐居辋川时所作。画面群山环抱，树林掩映，亭台楼榭，古朴端庄。别墅外，云水流肆，偶有舟楫过往，呈现出超尘绝俗的意境。山谷郁盘，云水飞动，意出尘外。在王维的山水画中，尤其这幅《辋川图》所创造的淡泊超尘的意境，给人精神上的陶冶和身心上的审美愉悦，旷古驰誉。元代汤后士在其所著《画鉴》中说：“其画《辋川图》，世之最著也”。北宋苏轼赞其“诗中有画，画中有诗”。其“不衣文采”的创作思想，对后世文人画影响甚大王维的山水画用水墨渲染，其破墨山水，笔意清润，他的山水画综合了李(思训)吴(道子)两派特点而自成一家。明董其昌推其为山水画“南宗”之祖，并谓“文人之画，自王右丞始”。

罗牧

（公元1622～1705年）字饭牛，号云庵、牧行者。宁都县钓峰人，明末清初名噪一时的江西山水派的开派画家。他品性敦厚，交友重谊，心情开朗，能诗善饮，又善制茶，与徐榆溪友善。罗牧精于绘画，亦长于书法。他的书艺，早年取晋、唐，但又不拘于晋、唐，后遂成一家。所作笔意空灵，林涧苍秀，丘壑幽深，墨气 然，颇具韵味，自成一家，时称妙品，被誉为“江西派英才”。罗牧的书画曾送呈皇帝御览，被旌表为“逸品”。他一生全心于书画，并以书画著称于世，被扬州八怪推为“一代画宗”，足见其在画坛中的地位。

传世作品有《墨笔山水图》、《枯木山石图》、《云山林屋图》、《枯木竹石图》轴，、《林壑萧疏图》轴等。山水壁画《烟江叠嶂图》是当时罗牧最负盛名的山水画代表作，因该画是制作在重新修建的南昌北兰寺内烟江叠嶂堂内的墙壁上，故该作品随着北兰寺的毁坏丧失殆尽，无法让今人一睹其壮观的风貌。尽管如此，由于该画创作于属罗牧山水画创作的巅峰时期，代表其山水画创作的最高水平，因此，它所产生的艺术效果，在技巧、气势上，均获得了当时文人士子阶层乃至整个社会的巨大反响。

董源

（生年不详，卒于962年）字叔达。钟陵人，亦作江南人。原为南唐画院画家，后入宋。南唐时，曾任后苑副使，后苑即北苑，故号“董北苑”。工山水，早年学李思训之青绿山水，亦师王维。擅画秋岚远景，多描写江南真境，不作奇峭笔墨。所写风雨溪谷、烟云晦明、千岩万壑、山石泷水，使人遐想。其画山手法，用笔多细长圆润，形如披麻，皴完后用墨破色渲染，辅以点苔，能充分表现出南方山水风景的秀润多姿。他的这种画风和画法，对以后的文人画家影响很大，形成了一种江南画派的特有风格。

存世作品有《夏景山口待渡图》、《潇湘》、《夏山》、《龙宿郊民》等图。《夏景山口待渡图》描写江南夏日实景，全图构思精细，设色雅淡，岗峦清润，林木秀密。人物比例较小，虽仅勾勒轮廓，却清晰可辨，不装巧趣，尽得天真。米元章评其画云“平淡天真，唐无此品。”宋之后，董氏及其弟子巨然，被尊为“南派正宗”，对后世影响至深。

巨然

（生卒年不详）钟陵人，一说江宁人。五代南唐、北宋画家，僧人。宋太祖灭南唐，翰林图画院不少画家被胁迫到汴京，在宋朝的翰林图画院里供职。巨然也在这种情形下从建业来到京师，居开宝寺为僧。

巨然师承董源，工画山水，笔墨清润，烟岚气象，善用长披麻皴画山，山间奔流急湍，树木多层曲，喜以破笔焦墨点苔，常于水边点缀风蒲，林麓间布置松柏卵石，风格苍郁清润。晚年画风渐趋平淡，愈见自然。为董源画风之嫡传，并称董巨，对元明清以至近代的山水画发展有极大影响。

巨然与荆浩、董源、关仝并称五代四大山水画家，北宋沈括称：“江南董源僧巨然，淡墨轻岚为一体”，后人多以“董巨”并称，视之为南方山水画派之祖。

传世真迹有《秋山问道图》、《层岩丛树图》、《万壑松风图》、《山居图》。《秋山问道图》绢本，水墨，纵156.2厘米，横77.2厘米。体现了董源、巨然在艺术实践中创造出来的用以描绘“淡墨轻岚”的江南山水的一整套“皴、擦、点、染”的技法。画中一派平淡天真之趣，身为僧人的巨然，在其画中也处处透漏着禅机。

李成

（公元919～967年）字咸熙，唐宗室后裔，世居长安，五代时避乱，流寓北海营丘，人称李营丘，五代宋初画家。能诗，善琴、尤擅画山水。初师荆浩、关仝，后师法自然，摹写真景而自成一家。多作平远寒林，潇洒清旷，水石风雨晦明，烟云雪雾，无不尽其形状。画法简练，笔势锋利，好用淡墨，有“惜墨如金”之称；画山石好像卷动的云，后人称这种表现技法为“卷云皴”。时谓山水画必以李成为古今第一。他和关仝、范宽形成为五代、北宋间北方山水画的三个主要流派，学他画法的较多，继承者有李宗成、宋迪、许道宁、翟院深、燕肃、郭熙、王诜等。李成的艺术对后世的山水画画家影响很大，把李成画派推向一个新阶段的画家是宋神宗时期画院的名家郭熙。

画迹有《冬晴行旅图》、《林石雪景图》、《烟岚春晓图》、《秋岭遥山图》、《雪溪图》、《秋山图》、《双峰图》、《平远图》等。《茂林远岫图》绢本，水墨，纵45.4厘米，横141.8厘米，现藏辽宁省博物馆。图中近景轻舟泊渡、行人车马往来其间；远景宫殿密布，塔影隐现。飞泉水口，如闻其声，如临其境。此画历经南宋贾似道、元代鲜于枢、明项元汴等名流收藏，后入清宫内府，上有百多方收藏印迹。

张择端

（生卒年不详）字正道，东武人。北宋画家。早年游学汴京，后习绘画，徽宗朝供职翰林图画院。专工界画宫室，尤擅绘舟车、市肆、桥梁、街道、城郭。

存世作品有《清明上河图》卷，绢本，着色，纵24.8厘米、横528.7厘米。藏北京故宫博物院，台北故宫博物院另藏一本，被视为真迹。图描绘当年汴京近郊清明时节社会各阶层的生活景象，反映了奢华逸乐和贫困辛劳对比鲜明的情状，是一幅具有重要历史价值的优秀风俗画。全卷总计画有人物500余，牲畜50余，船只、车轿各20余，安排得有条不紊，各得其所，并富有戏剧性。是现存规模最大的中国古代风俗画。这幅内容驳杂的作品刻画严谨，几乎找不出一处败笔。

蔡襄

（公元1012～1067年）字君谟，兴化人。天圣八年进士，先后在宋朝中央政府担任过馆阁校勘、知谏院、龙图阁直学士、枢密院直学士、翰林学士、端明殿学士等职。卒赠礼部侍郎，谥忠惠。宋代书法家。与苏轼、黄庭坚、米芾统称宋四家。

蔡襄为人忠厚、正真，讲究信义，学识渊博。他的书法学习王羲之、颜真卿、柳公权，浑厚端庄，雄伟遒丽。苏东坡说："君谟天资既高，积学至深，心手相应，变化无穷，遂为本朝第一"。

蔡襄传世作品较少，传世墨迹有《自书诗帖》、《谢赐御书诗》，以及《陶生帖》《郊燔帖》《蒙惠帖》墨迹多种，碑刻有《万安桥记》、《昼锦堂记》及鼓山灵源洞楷书"忘归石、""国师岩"等珍品。北宋沈括论蔡襄的草书曰："以散笔作草书，谓之散草，或曰飞草，其法皆生于飞白，自成一家。存张旭怀素之古韵，有风云变幻之势，又纵逸而富古意。"

苏轼

（公元1037～1101年）字子瞻，号东坡居士，眉山人，苏洵子。北宋文学家、书画家。嘉 进士，神宗时曾任祠部员外郎，知密州、湖州、徐州。因反对王安石及其新法，贬谪黄州。哲宗时任翰林学士、礼部尚书，后出知杭州，又贬谪惠州、儋州，最后北还，病死于常州。追谥文忠。其文汪洋恣肆，明白畅达，多有创新，为"唐宋八大家"之一。

苏轼明确提出了"士人画"的概念，并强调绘画要追求"萧散简淡"的诗境，即所谓"诗中有画，画中有诗"。主张即兴创作，不拘泥于物象的外形刻画，要求达到"得意忘形"的境界。采用的手法主要是水墨，内容从山水扩展为花鸟，这一时期文人贵戚出身的山水花鸟画家增多与此有关。这股潮流的兴起，是中国绘画史上的一件大事，不但对后代的中国绘画发展产生了深远的影响，甚至在一个时期内，左右了中国画坛。

苏轼擅长行、楷书，曾遍阅晋、唐诸家法书，得力于王僧虔、李邕、颜真卿、杨凝式，而能自成一家。用笔丰腴跌宕，有天真自在之趣，与蔡襄、黄庭坚、米芾并称为"宋四家"。善画竹，学文同，亦作枯木怪石。论画主张"神似"，有"论画以形似，见与儿童邻"的诗句。苏轼存世书迹有《答谢民师论文帖》、《祭黄 道文》、《赤壁赋》、《黄州寒食诗帖》等。画迹有《古木怪石图》、《竹石图》。《寒食帖》是他在宋神宗二年（1069年）被贬为黄州团练副使时所书行草，历代鉴赏家均对《寒食帖》推崇备至，称道这是

张择端（宋） 《清明上河图》（局部）

李公麟（宋）　《摹韦偃牧放图》

一篇旷世神品。世人遂将《寒食帖》与东晋王羲之《兰亭序》、唐代颜真卿《祭侄稿》合称为“天下三大行书”。清代将《寒食帖》并列入《三希堂法帖》。

黄庭坚

（公元1045～1105年），字鲁直，号山谷道人，晚号涪翁，黔安居士，八桂老人，修水县人。北宋诗人、书法家。黄庭坚生于书香门第，其父黄庶进士出身，仕不得志，遂刻意于文词，舅父李常也是诗人兼藏书家。他曾任国子监教授，高宗追封直龙图阁士，加太师，谥号文节。

黄庭坚出于苏轼门下，与张耒、秦观、晁补之并称为“苏门四学士”，后与苏轼齐名，世称“苏黄”。他在宋代影响颇大，开创了江西诗派。他又能词，兼擅行、草书。书法初以周越为师，后取法颜真卿及怀素，受杨凝式影响，尤得力于《瘗鹤铭》，笔法以侧险取势，纵横奇倔，自成风格，为“宋四家”之一。

作品有《山谷集》、《严华疏》、《松风阁诗》、《幽兰赋》等。《松风阁诗帖》墨迹，纸本，纵32.8厘米，横219.2厘米，全文计29行，153字。是黄庭坚七言诗作并行书。宋崇宁元年九月，黄与朋友游鄂城樊山，途经松林间一座亭阁，在此过夜，听松涛而成韵。《松风阁诗帖》为黄晚年杰作，亦其一生行书精品中，最负盛名者。其风神洒荡，长波大撇，提顿起伏，一波三折，意韵十足，遒逸不减《兰亭》，直逼颜氏《祭侄》，堪称行书之精品。

李公麟

（公元1049～1106年）字伯时，舒州舒城人，北宋画家。熙宁进士，官至朝奉郎。元符三年告老，居龙眠山，号龙眠居士。毕生精力用于绘画艺术，与苏轼、黄庭坚、米芾等名士交往，为王安石所推重。好古博学，长于诗，长于考古，多识奇字，自夏、商以来锺鼎、尊、彝，皆能考定世次，辨测款识。善于画马，在佛像、人物、山水、花鸟等都有惊人的成就。传写人物尤精，识者以为顾恺之、张僧繇之亚。所作楷书，有晋及刘宋风格。

李公麟作画注重写生，并博取前人之长，继承顾恺之、吴道子等技法而有所发展。运笔如行云流水，善用线描，多不设色，人称“白描”，造型准确，神态生动，对其后人物画影响很大。后人论其作画“以立意为先，布置缘饰为次”。

存世作品有《五马图》、《临韦偃牧放图》等。

李唐

（约公元1050年生，卒年不详）字晞古，河阳三城人，南宋画家。徽宗朝入画院。高宗南渡，流亡至临安，以成忠郎衔任画院待诏，时年已近八十。擅画山水，变荆浩、范宽之法，以峭劲笔墨，摹写山川雄峻气势。晚年去繁就简，画山创“大斧劈”皴。画水打破鱼鳞纹程式，而得盘涡动荡之状。兼工人物，初学李公麟，后变衣褶为方劲硬折。并以画牛著称。其

李唐（宋）　《采薇图》

画风为刘松年、马远、夏珪、萧照等人所师法，在南宋传派很广，对后世也有大的影响。

存世作品有《万壑松风》、《清溪渔隐》、《长夏江寺》、《采薇》、《村医图》等图。其代表作《万壑松风图》虽完成于南渡之前，仍属于北宋的构图式样，但已经注意到山的侧面与斜面所造成的深度感。在这幅画中，李唐以重墨斧劈皴染的画法，呈现出气势雄伟的气氛，以及质感极佳的山石。

王希孟

（公元1096年生，卒年不详），北宋画家。擅画山水。宋徽宗时被召进朝廷文书库。据《千里江山图》卷后蔡京题跋，知其18岁时为徽宗画院生徒，山水画创作曾得徽宗亲自指导，在政和三年（1113年）之前，创作了《千里江山图》后便无音讯，清人曾推测他完成此画后不久即去世，这幅作品成了他的唯一传世作品。

《千里江山图》卷，绢本，设色，纵51.5厘米，横1191.5厘米，今藏北京故宫博物院。全图以大青绿为基调，山脚、屋墙、水天交接处用深浅各异之赭石色渲染，屋顶用浓黑，人物多粉画，用笔敷彩精细，轻重浓淡生动活脱，灿烂艳灼，美不胜收，千里江山秀丽多姿，雄伟壮观。用传统青绿法，用笔极为精细，在兰绿色调中寻求变化，为千古青绿之杰作。时人赞其画“一点一画均无败笔，远山近水，山村野市，渔艇客舟，桥梁水车，乃至飞鸟翔空，细若小点，无不出以精心，运以细毫”，卷后有宋代蔡京、元代李溥光题记，曾经南宋内府、元代李溥光、清代梁清标及乾隆内府收藏。类似于《千里江山图》的构思和构图，在王希孟之后不断问世。

王希孟（宋）　《千里江山图》

扬无咎

（公元1097～1169年）字补之，号逃禅老人、清夷长者，自称为汉扬雄后裔，故其书姓不从“木”。清江人，寓豫章。南宋画家。绍兴间因不满赵构、秦桧之对外妥协苟安，屡辞官职不就。诗词、书画均享盛名，书学欧阳询，笔势劲利，小字清劲。亦能词，多写男女之情，文辞华美，描写细腻。

扬无咎尤擅画梅，所居庭中“有梅树大如数间屋，苍皮藓斑，繁花如簇”，大得其趣。水墨梅竹、松石、水仙笔法清淡野逸，尤擅画巨幅，枝干苍老如铁石，其葩芬芳，敷如玉雪，豫章人视如拱璧。创用水墨线条圈出花瓣之法，变前人画梅以墨或彩色点瓣来表现花朵，更展示了梅花疏淡清雅之特性。杨无咎画梅功底精深，独步一时，传说他画的梅花张之壁间，便有“蜂蝶集其上”。扬无咎生性耿介，不慕名利，不俯仰时好，故其画有“孤标雅韵”之风。相传徽宗见其画梅，戏称为“村梅”，故其在画卷上自署“奉敕村梅”。亦能画水墨人物，师法李公麟。侄扬季衡、甥汤正仲、弟子刘梦良等均传其法。传世作品有《四梅图》卷及《雪梅图》卷。所著有《逃禅词》一卷。

《四梅图》纸本，墨笔，纵37.2厘米，横358.8厘米，现藏北京故宫博物院。此卷无款，卷左方有宋人自称“海野老农”者题跋。画左上方用墨笔画了一枝偃仰恣纵的野梅。间以疏竹遮映，自成格局，并偕淡墨晕染天色，烘托出梅花和竹上的积雪。全图用笔简逸，布景舒朗清新，颇有“疏影横斜”“暗香浮动”之意趣。柯九思在画卷上钤印九方，这是很少见的。

范宽

（生卒年不详）本名中立，字仲立，因性情宽和，人称为“范宽”，华原人，北宋画家。常往来汴京、洛阳，天圣（1023－1032）中尚在。山水初学李成，继法荆浩，后感“与其师人，不若师诸造化”，因移居终南山、太华山，对景造意，不取繁饰，自成一家。

范宽落笔雄健凝炼，喜用状如雨点、豆瓣、钉头的皴笔画山，皴笔布列山石之正面，起伏更见有势，山顶多植密林，水边置大石，屋宇笼染黑色(后世称为铁屋)，表现出秦陇间峰峦浑厚峻拔之景象，亦擅画雪景。论者以为“得山之骨”。与关仝、李成并为五代、北宋间北方山水画的主要流派代表，对后世影响很大。

存世作品有《溪山行旅图》、《寒林雪景》等图。范宽的《临流独坐图》是又一表现层峦叠嶂、千岩万壑的巨制。深郁的山坳间腾起弥漫浮动的云雾，吞吐变幻，更加强了忘身于山水中的感觉。

郭熙

（生卒年不详），河阳温县人。北宋画家。神宗熙宁（1068－1077）时奉诏入宫廷画院，为图画院艺学，后任翰林待诏直长。

郭工画山水，取法李成，山石用状如卷云的皴笔，画树枝如蟹爪下垂，笔势雄健，水墨明洁。其早期风格较工巧，晚年转为雄壮，常于巨幛高壁，作长松乔木，回溪断崖，表现峰峦秀拔、云烟变幻之景。他是李成之后把中国山水画推向更加细腻更具强烈的感情色彩的代表人物。他的画受到了苏轼、苏辙、黄庭坚等文人的赞扬，他们都有吟咏郭熙作品的诗。

后人将其与李成并称“李郭”，与荆浩、关仝、董源、巨然均为五代、北宋间山水画大师。存世作品有《早春》、《关山春雪》、《窠石平远》、《幽谷》等图。所著画论，由其子郭思纂集为《林泉高致》，内有他所谓的四时山景如笑、如滴、如妆、如睡与“三远”之说。

《早春图》绢本，水墨，纵158.3厘米，横108.6厘米。此图左边有款书“早春，壬子年郭熙画”八字，现藏台北故宫博物院。图绘冬去春来，大地复苏的早春景象。画家不用桃红柳绿来表示春天的到来，而是将春意蕴藏于岩壑林泉之中，传达出春回大地的信息。《早春图》采用中轴线构图，近、中、远景层次分明。奇峰、怪石、长松、杂树、衬托出高峰的雄伟，以及远峰的迷茫幽远。在构图上巧妙地运用“三远”来构成画面。“高远”、“深远”、“平远”结合，组成一个统一的画面空间，创造出既深且广的视觉形象，达到了远观整体，气势宏大，近视局部，引人入胜的最佳效果。作者用笔灵动厚重；用墨滋润明洁，体现出画家高超的艺术技巧。

马和之

（生卒年不详)钱塘人。南宋画家。高宗绍兴初登进士第，官至工部侍郎。因擅画，被列为御前画院十人之首。善画人物山水，画法出自吴道子和李公麟。行笔飘逸，沉着飞动，如行云流水，其画古雅脱俗，独标特异。有“柳叶描”(或称马蝗描)之谓，脱体于吴道子“莼莱条”，而独创一格，人称“小吴生”。

所作笔墨沉稳，结构严谨，构思、意境、造型别开生面。黄公望赞其作品：“笔法清润，景致幽深，较之平时画卷，更出一头地矣。”吴镇谓其画：“清俊可爱，不谓南渡中有此人物，吾侪当为之北面矣。”传世作品有《后赤壁赋图》卷、《鹿鸣之什图》卷、《节南山之什图》卷、《豳风图》卷，现均藏故宫博物院；《唐风图》卷、《鲁颂三篇图》卷、《周颂清庙之什图》卷、《月色秋声图》页均藏辽宁省博物馆。

陆游

（公元1125～1210年）字务观，号放翁，越州山阴人，南宋杰出诗人。少年时即深受家庭亲友间爱国思想的熏陶。年轻时应礼部试第一，为秦桧所黜。孝宗即位，赐进士出身，后官至宝章阁待制。在政治上，主张坚决抗金，一直受到投降集团的压制。晚年退居家乡，但收复中原的信念始终不渝。

陆游创作力非常旺盛，是我国古代作品最多的诗人，仅在他的诗集《剑南诗稿》中保存至今的就有9300多首，所以他自言“六十年间万首诗”。他的诗内容极为丰富，风格雄浑豪放。

陆游亦工书翰，其书名被诗名所掩，书论有《论学二王书》。草书出自张旭，行书源于杨凝式。朱熹称其笔札精妙，遒严飘逸，意致高远。遗留书作不多。传世之作有《尊眷帖》、《苦寒帖》、《怀成都诗帖》等。

《苦寒帖》纸本，纵31.8厘米，横48.37厘米，现藏北京故宫博物院。此帖书于宋孝宗乾道四年十一月二十六日，时陆游44岁，适值被贬后居家。是一件珍贵的书法作品。其用笔方圆兼备，自然流畅。曾经清内府收藏，刻入《三希堂法帖》。

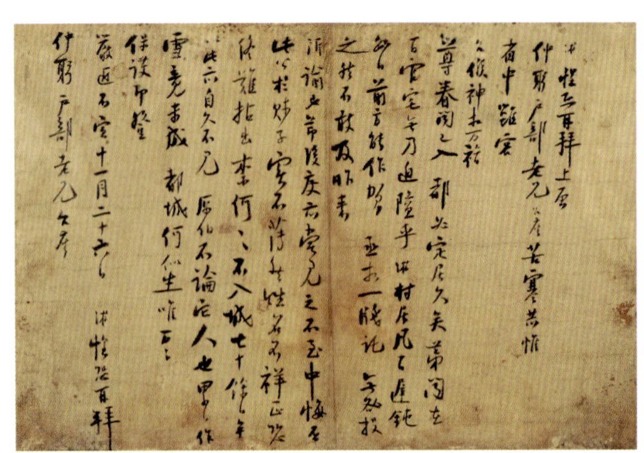

陆游（宋）　《苦寒帖》

马远（宋）　《踏歌图》

马远

（公元1140～1225年）钱塘人。字遥父，号钦山。南宋画家。主要活动在光宗、宁宗时期，任画院待诏。其祖父马兴祖、父亲马世荣，伯父马公显，哥哥马逵，儿子马麟都在画院供职，是个家学渊远的绘画世家。其山水、人物、花鸟俱佳，在我国画史上有巨大的影响。马远与同时的夏珪，号称“马夏”。加上李唐、刘松年，合称“南宋四家”。

马远的画尤以山水画驰名，他继承李唐等人的画法而有所创新。多取特写镜头式的近景，多平视或仰视构图，喜用焦墨作树石，以大斧劈带水墨皴画山岩，危崖峭壁，水色交融。

记载中马远的绘画作品数量较多，但流传至今的已屈指可数。重要作品有故宫博物院收藏的大幅作品《踏歌图》、《水图》、《梅石溪凫图》，及《寒山子像》、《孔丘像》、《石壁看远图》、《高阁听秋图》等一些小幅真品。《踏歌图》，绢本设色，纵192.5厘米，横111厘米。现藏北京故宫博物院。此图是有人物情节的山水画。踏歌农民的几分醉意，儿童的嘻笑顽皮，都表现得简练生动。图中远山奇峭，近石方硬，除大斧劈皴外，还用了钉头鼠尾皴。树木多姿态，云霞掩映中显出辽远的空间和光的感觉，具有清旷秀劲的特殊风格。此图有南宋皇帝的题诗，图右下角款署“马远”二字。

徐禹功

（公元1141年生，卒年不详）江西人。南宋画家。布衣，自号辛酉人。工画梅竹，师扬补之，得其潇洒之趣。

传世作品有《雪中梅竹图》，即《雪梅图》。《雪中梅竹图》绢本，水墨，纵30厘米，横322厘米，现藏辽宁省博物馆。图中野梅横空而出，修竹两竿，枝叶纷披，虬枝疏梅半压积雪，铁干嶙峋，具以水墨烘托出凌雪傲霜之姿，用笔生动老劲。节枝上书“辛酉人”款。乾隆及诸臣在画心空隙处题记多段。前隔水明人徐守和题签，拖尾扬无咎行书《柳梢青》词十阕，词意与书法皆极清秀悦人，与此图皆属精华之品。书画名家赵孟坚所书两长跋，书法特纵，与扬氏端庄静穆形成鲜明对照。

夏珪

（生卒年不详）字禹玉，钱塘人，南宋画家。宁宗时任画院待诏。工画人物，亦擅山水，取法李唐，以秃笔带水作大斧劈皴，称为“拖泥带水皴”，简劲苍老而墨气明润。树叶有夹笔，楼阁不用界尺，随手为之。景中人物点簇而成，多作“半边”、“一角”之景，构图别具一格，有“夏半边”之称，后人也有认为此系为南宋偏安写照。亦写雪景，师法范宽，后人将其与马远并称“马夏”，并与李唐、刘松年合称“南宋四家”。存世作品有《溪山清远》、《江山佳胜》等图。子森，亦善画。

马夏两家自南宋起即形成流派。明代王履、戴

夏珪（宋）《烟岫林居图》

进、吴伟、王谔都是马夏流派的代表人物。戴进承前启后，开创浙派，与推崇南宋文人画的吴派形成并驾齐驱之势，从而使得马夏画风延续发展了四百多年，并且还影响了日本画坛，出现了云谷与狩野等画派。

马麟

（生卒年不详）原籍河中，南渡后三代居钱塘，遂为钱塘人，南宋画家。父马远为光、宁两朝两院待诏，独步一时。麟传家学，工画人物、山水、花鸟。论者认为“麟笔法圆劲，比其父秀润”。

传世作品有《夕阳秋色图》、《夏禹王像》、《层叠冰绡图》。其作品多进呈君王供赏玩或颁赐用，画上常见有南宋宁宗、杨皇后及理宗的题诗。《秉烛夜游》册，绢本，设色，纵24.8厘米，横25.2厘米。此图取材自苏东坡海棠诗：“东风泛崇光，香雾霏霏月转廊，只恐夜深花睡去，更烧高烛照红妆。”绘出茫茫夜色中庭院烛光高照，映照园中海棠盛开。一士人据太师椅当门而坐，品味幽静月夜良辰美景。马麟对自

马麟（宋）　《荷塘飞燕图》

张即之（宋）　《华严经》

然观察敏锐，写生功夫颇深，抒情小景工致细腻，表现宫廷园苑亭廊建筑和园林布局，作品有院体画工整细致的特点，极富有情致。

张即之

（公元1186—1263年），历阳人，字温夫，号樗寮。宋代书法家。官至司农寺丞，授直秘书阁。工书，学米芾而参用欧阳询、褚遂良的体势笔法，尤善写大字。《宋书》本传称其能书闻天下。金人尤宝其翰墨。

存世书迹有《报本庵记》、《书杜诗卷》、《金刚经》、《李伯嘉墓志》及多种尺牍等。《金刚般若波罗蜜经》，书于宝　元年（1153），纸本，墨迹，行楷，竖32.3厘米，现藏日本京都智积院。即之行楷妙绝南宋，此作是其晚年书法精品。下笔简捷凝炼，运笔坚实峻健，点画顾盼生情；结字俊秀而骨力遒劲，使字字结体生动明快，清爽不落俗套。每个字中十分注意笔画中的变化，其笔画的粗细、伸缩舒展皆随机而作，却又不失法度，是独具匠心的书作。故此书迹具有强烈的艺术感染力，为一代楷书名作。

赵伯驹

（生卒年不详）字千里，宋太祖七世孙。祖赵令唆，父赵子笈皆擅画，赵伯骕兄长，高宗赵构朝官浙东路钤辖。善青绿山水、花果、翎毛，笔致秀丽，尤长金碧山水。远师李思训父子。笔法纤细，直如牛毛，极细丽巧整的风致，建南宋画院的新帜。宋高宗极其爱重，称其画有董源、王诜气格。曾命他画集英殿屏风，赏赐很厚。对楼台界画亦尽工间之极。明文徵明赞曰：“艺林中有千里，如山中有昆仑”。

作品有《风云期会图》、《春山图》、《阿阁图》、《后赤壁图》、《文会图》、《鸟雀图》等。传世作品《江山秋色图》卷，绢本，青绿设色，纵55.6厘米，横333.2厘米，现藏故宫博物院。构思巧妙，技艺精湛，描绘重山复岭，江河港渚的秀美壮观的景色。

赵孟坚

（公元1199～1264年）字子固，号彝斋、彝斋居士，浙江海盐人，晚年隐居海盐广陈镇，南宋画家。宋太祖十一世孙，赵孟頫从兄。进士，官至朝散大夫，守严州。修雅博识，诗文书画俱工，嗜书画精品胜于

赵伯驹（宋）　《江山秋色图》

性命，展赏雅玩，至忘寝食。画宗米家法，兼及扬无咎、汤正仲之妙。善画梅兰竹石，笔力劲分歧，风格清高似其为人，尤精白描水仙，笔致细挺秀，满幅满卷，花叶纷披，冰魂玉姿，超尘绝俗，秀而雅淡，条理井然。

传世作品有《白描水仙图》卷，现藏天津市艺术馆；《墨兰图》卷藏北京故宫博物院；《水仙图》卷藏美国纽约大都会美术馆；《岁寒三友图》藏台北故宫博物院。著有《彝斋文编》、《梅谱》。《自书诗卷》纸本，行书八十二行，自录旧作诗五首。自署书于“宝祐甲寅”，即宝祐二年是他五十六岁时所写。卷后有赵孟葆及元苏大年等跋。此卷间架紧密，纵横雄逸，气韵淳古。

杨微

(生卒年不详)高唐人，金代画家，生平待考。

传世作品有《二骏图》卷，纵29.8厘米，横62.3厘米，纸本，设色，现藏辽宁省博物馆。《二骏图》描绘女真族人驯马手套马的惊心动魄场面。画中驯马者及两匹骏马刻画得准确而生动；牧人的发、袯头、皮袍、尖靴、马具，描画细致，特点明显。简略的点景烘托出漠北深秋的独特地域与节令，这与膘肥的骏马、身裹皮袍的牧人和谐统一。作者观察细腻，写实功力、笔墨技术均非常手所能比拟。该画用笔严谨工整，沉着豪放，线条遒劲，勾勒灵活，运笔流畅，人物和马之神态表情刻画细腻，栩栩如生，真实地反映了北方少数民族狩猎生活之特点和勇悍、粗犷之个性。图左自署款：“大定甲辰高唐杨微画”。从署款推定，此图作于金世宗大定二十四年(1184)。拖尾有明初人应光雯、黄寿、黄旸三人七言诗题跋。

钱选

（约公元1239～1299年后）字舜举，号玉潭、霅川翁、习嫩翁等，湖州人，宋末元初画家。南宋进士，南宋灭后，赵孟頫等人应征去元朝做官，他却选择隐居。他的人生态度是：“不管六朝兴废事，一樽且向画图开”。故其作品多描绘古代高人隐士，或表现隐居情趣的山居图，以及花鸟小品。擅画人物、花鸟、蔬果及山水，人物师李公麟，山水师赵令穰、赵伯驹，花鸟师赵昌。笔致柔劲，着色清丽，有装饰味。与赵孟晼、王子中、牟应龙等并称吴兴八俊。

钱选以花鸟画成就最为突出。他的成熟花鸟画，在院画基础上吸取扬无咎一派水墨花卉的技法，创造了新的体格。他的山水画以青绿设色见长，这种源于董源的变体山水，开启了元代水墨山水画的先声。钱

杨微（金）　《双骏图》

选还善画人物，风格亦较古拙。

存世作品有《柴桑翁像》、《梨花双鸠》、《山居》、《浮玉山居》等图。

《浮玉山居图》横卷，纸本，水墨淡彩，纵29.6米、横98.7厘米，现藏上海博物馆。通过对家乡境内浮玉山景色的描绘，表现出一种超然世外的幽居境界，同时也抒发出清高脱俗的情怀。

赵孟頫

（公元1254～1322年）字子昂，号松雪道人、水精官道人，中年曾作孟俯，湖州人，宋宗室。元代书画家、文学家。

宋亡，归里闲居。元世祖忽必烈搜访“遗逸”，经程钜夫荐举，始任兵部郎中，仁宗爱育黎拔力八达朝官至翰林学士承旨，封魏国公，谥文敏。精通音乐，善鉴定古器物，于书法绘画成就尤高。山水取法董源、李成；人物、鞍马师法李公麟和唐人；工墨竹、花鸟，皆以笔墨圆润苍秀见长，以飞白法画石，以书法用笔写竹。力主变革南宋院体格调，自谓“作画贵有古意，若无古意，虽工无益”，遥追五代、北宋法

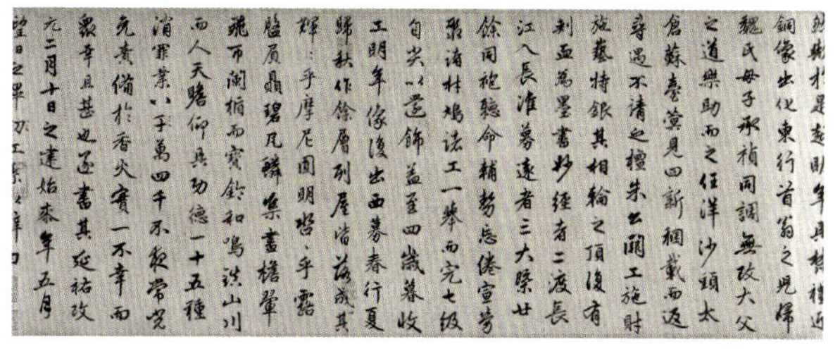

赵孟頫(元)　行书《光福寺重建塔》

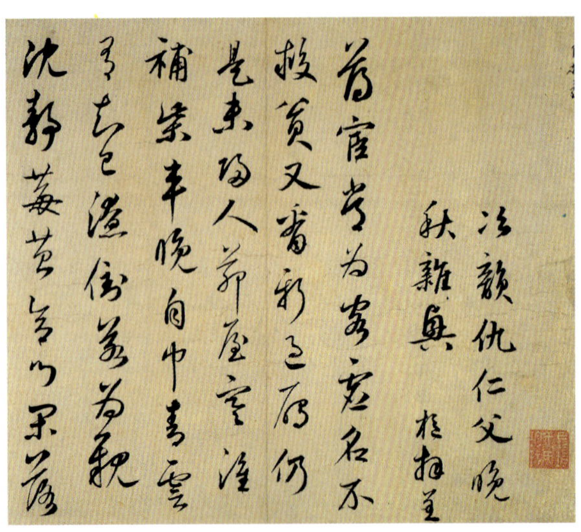

鲜于枢（元）　行书《秋怀诗帖》

度，论者谓：“有唐人之致去其纤；有北宋人之雄去其犷。”开创了元代新画风。能诗文，风格和婉。兼工篆刻，以“圆朱文”著称。传世书迹较多，传世画作有《鹊华秋色图》、《红衣罗汉图》、《幼舆邱壑图》、《秋郊饮马图》、《江村渔乐图》。著有《松雪斋文集》十卷。

鲜于枢

（公元1256～1301年），字伯机，号困学山民，寄直老人，大都人，一说渔阳人，先后寓居扬州、杭州，曾任浙东都省史掾。大德六年任太常典薄。元代著名书法家。他与赵孟頫齐名，同被誉为元代书坛“巨擘”，并称“二妙”，但其影响略逊于赵孟頫。

鲜于枢兼长楷书、行、草书，尤以草书为最。草书学怀素并能自出新意，其书多用中锋回腕，笔墨淋漓酣畅，气势雄伟跌宕，酒酣作字奇态横生。他的功力很扎实，悬腕作字，笔力遒健，赵孟頫对他的书法十分推崇。

鲜于枢代表作有《老子道德经卷上》、《苏轼海棠诗卷》、《韩愈进学解卷》、《论草书帖》等。

鲜于枢存世墨迹中，所书《苏轼海棠诗卷》堪称代表作之一。这一行草纸本纵34.5厘米，横584厘米，系书录苏轼咏海棠七言长古，卷后有元、明以来诸多书家题跋和收藏印记。此卷系鲜于枢运用极富弹性的硬毫写成，以行书为主，兼用草法。与颜氏《祭侄稿》、《刘中使帖》多有契合之处，笔法纵肆，欹态横生。字迹活泼而有力，在孙过庭、李北海之间。结字严谨而纵肆，点线爽健而富有立体感，挥运之中意气雄豪而出入规矩。他以深厚的功力表现出了对书法形式美的追求和创造力。

夏叔文

（生卒年不详）丰城人，元代画家。善画花鸟，所画飞禽用笔工整，设色妍丽，颇有生意。

传世作品有《柳汀聚禽图》轴，纸本，设色，纵130厘米，横67.7厘米，现藏辽宁省博物馆。此图描绘柳汀飞禽，柳树画法古逸，柳枝用笔劲挺，各种禽鸟成双相互顾盼，它们或飞翔或觅食，或游于湖面，神态各异，生动多姿。作品采用左右对角构图，依次布列翠石、垂柳、远汀、飞禽、画面气氛平静。然而众多种类的禽鸟或翔或栖，孕育着勃勃的生机，动静对比和谐，充分体现出作者立意的高明之处。画左上方有作者“丰城夏氏叔文”朱文印一方，无款。

夏叔文（元）　《柳塘聚禽图》

黄公望

（公元1269～1354年）本姓陆，名坚，平江常熟人，元画家。出继永嘉黄氏为义子，因改姓名，字子久，号大痴道人等。曾为中台察院掾吏，一度因事入狱。后入全真教往来杭州、松江等地卖卜。工书法，通音律，能作散曲。

黄公望擅画山水，曾得赵孟頫指授，山水宗法董源、巨然，常在虞山、三泖、富春等处领略自然之胜，随笔模写。水墨、线绛俱作，善以草籀奇字之法入画，笔简而有神韵，气势雄秀，有“峰峦浑厚，草木华滋”之评。其画风渊源董源而变化自成一家。对明、清山水画影响甚大，后人将其与吴镇、倪瓒、王蒙合称为“元四家”。

黄公望所著有《写山水诀》。传世画迹有《富春山居》、《天池石壁》、《九峰雪霁》等。《富春山居图》这幅杰作，足以代表他一生绘画的最高成就。图为长卷，纵仅33厘米，横636.9厘米，山峰起伏，林峦蜿蜒，平岗连绵，江水如镜，境界开阔辽远，雄秀苍莽，简洁清润。山和水全以干枯的线条写出，无大笔的墨，惟树叶有浓墨、湿墨，显得山淡树浓。远处的树有以浓墨点后再点以淡墨，皆随意而柔和。虽师出董巨，又超出董巨，把赵孟頫在《水村图》、《鹊华秋色图》、《双松平远图》中所创造的新法又推向一个高峰，自成一格。

吴镇

（公元1280～1354年），字仲圭，自号梅花道人、梅道人、梅花庵主等。晚年亦号“梅沙弥”。嘉兴人，元代画家。祖父吴泽为抗元猛将，父吴禾、叔父吴森，与赵孟頫至交。家巨富，人号“大船吴”。吴镇师从柳天骥学道，精易理奇门之数。曾教书于村塾，卖卜于崇德、武林等地。曾游历杭州、吴兴等地，晚居嘉兴春波门外，隐居养拙，清贫潦倒终身。为人性孤僻，杜门隐居，不满元朝统治，从不以画媚世。

吴镇工诗文，吴镇以善画山水和墨竹著称。山水画师法董源、巨然，而有新的变化。画法上，多用披麻长皴，兼用厚重的点苔法，以表现山川洲渚的不同景色，构图、意境亦富于变化。其独到之处在于，变董源、巨然的淡墨轻岚而为沉雄郁茂。作品充分发挥水墨丰润、浑然一体的特色，在元代绘画中能自成一派，名冠一时。其画风对明清山水画的发展，有较大的影响。与黄公望、王蒙、倪瓒并称元四家。吴镇善写草书，师法怀素和杨凝式，笔势宛转遒丽，笔法古秀苍劲，风神潇洒。自成一家。

诗文著作有后人辑集的《梅道人遗墨》及《梅花庵稿》传世。存世画迹有《双桧平远》、《渔父》、《秋山》等图，并绘有《竹谱》。

李士行

（公元1281～1328年）字遵道，河北蓟丘人，元代画家，是名画家李衎的长子。诗歌书画除力承家学之外，又得赵孟頫和鲜于枢的指授。善画山水，尝以所画《大明宫图》入见，仁宗嘉其能，命中书与五品官。

传世有《古木竹石图轴》绢本，此图墨竹画法

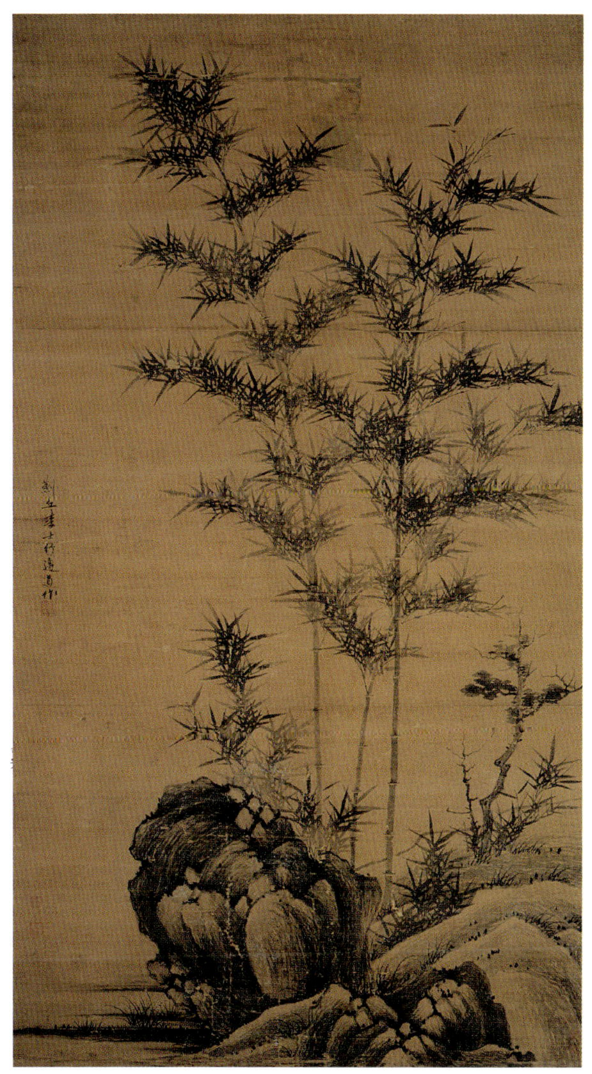

李士行（元）　《竹石图》

纯出于其父李衎，李衎是继文同之后最著名的画竹能手，著有《竹谱》，克绍箕裘的李士行则更以善画古木竹石闻名。深得写生妙趣，但坡石采用大披麻皴，又有别于其父之渴笔渲染，由弯转伸展的古木、而笔直挺立的劲竹，至全然内敛的磐石，全画在和缓起伏的韵律中蕴有婉转微妙的变化，传达出了文人含蓄恬淡的品味。他的画作当时就广获好评。甚至连最以清雅见称的倪瓒也认为，李士行之后，元代画古木竹石者，已无人可堪比拟。

王冕

（公元1287～1359年）字元章，号煮石山农、梅花屋主、饭牛翁、会稽外史等，会稽人，元代画家。工诗善画，尤以墨梅知名。画梅继承宋代仲仁和尚和扬无咎的传统，并有创新，对后世影响甚大。

王冕所作梅花，有疏，有密，或疏密得当，尤以繁密见胜。枝干交错，蕊萼分布，主次分明，层次清晰，达到密中有疏，多而不繁。他绘梅干，注重质感的表现，用笔遒劲，顿挫得宜，富有质感。画新枝时，一笔拉几尺长，引枝断而复连，停而不滞，一气呵成，梢头露出笔的尖锋，显得灵气飞动，生机勃勃；画老干时，笔锋顿挫，能将老干的苍劲表现得淋漓尽致。画花瓣，或用浓淡水墨点染的点花法，或用双线勾勒的圈花法，或点、圈兼施，变化多端，都能生动地表达出梅花的特有形态，并通过对梅花神韵的刻画，抒写自身的情怀和抱负。他画出的梅花如铁线圈成，虽不着颜色，却能生动地表现出千朵万蕊，含笑盈枝的姿态。另外，用胭脂画没骨梅花是王冕的独创，对后世影响很大。

他在传世主要梅花作品有北京故宫博物院藏《墨梅图》卷和台北故宫博物院藏《南枝早春图》轴等。《墨梅图》纸本，墨笔，画枝干挺秀的梅花一枝，穿插得势，淡墨点花瓣，浓墨勾蕊，显得极为清润。并有题诗，诗画相得益彰，画家借画墨梅标榜自己清高孤洁的品格。

柯九思

（公元1290～1343年）字敬仲，号丹丘生、五云阁吏，台州仙居人。元书画家。文宗时官至奎章阁特授学士院鉴书博士，又善鉴识金石，曾为文宗鉴定所藏书画。罢官后寓居松江。擅书法，学欧阳询而雄健稳秀；精画墨竹，师法文同一派，笔墨苍秀，竹干挺拔圆浑，写竹枝用草书法，并点缀以树石、荆棘、野花，饶有生趣。画树枝干，皆以一笔涂抹，形神俱备。其苍松翠柏，林木烟梢，古气磅礴，别有淡逸之趣。作品留传至今的有《竹石图》、《晚香高节图》等。著有《竹谱》一书，有《丹丘生集》辑本。

《清闷阁墨竹图》纸本，墨笔，纵132.8厘，横58.5厘米，图画竹两竿，依岩石挺拔而立，石旁缀以雅竹小草。竹叶以书法之撇笔法写之，墨色浓润，浓淡相间，沉着劲挺。画风从文同中变出，石用披麻长皴，圆劲浑厚，具有空间及体积感。画面清雅秀美，神足韵高，自有一股劲挺拔俗的清高之气，在元代的画竹大家中自成一派。

倪瓒

（公元1301～1374年）又字玄瑛，别号荆蛮民、净名居士、朱阳馆主、沧浪漫士、曲全叟、海岳居士等，又曾署名东海倪瓒、懒瓒，变姓名曰奚玄郎，题名诗画时常用云林。无锡人，元画家。家豪富，筑云林堂“清闷阁”收藏图书文玩，并为友朋吟诗作画之所。初奉佛教禅宗，后入全真教。元末农民军纷起，卖出田宅，疏散家财，浪迹太湖、泖湖一带，寄居田庄佛寺。

擅画水墨山水，师法董源，参以荆浩、关仝技法，创“折带皴”以写山石，画树木则兼师李成。画法疏简，格调天真幽淡，以淡泊取胜。所作多取材于太湖一带景色，构图多取平远之景，善画枯木平远、竹石茅舍，景物简约。其画多以干笔皴擦，笔墨致简，所谓“有意无意，若淡若疏”，形成荒疏萧条一派。意境清远萧疏，自谓“逸笔草草，不求形似”，“聊写胸中逸气”。其简中寓繁、似嫩实苍之画风，对明、清文人水墨山水画颇有影响，后人将其与黄公望、吴镇、王蒙合称为“元四家”。其绘画实践和理论观点，对明清数百年画坛有很大影响。

倪瓒传世作品有《三印帖》、《月初发舟帖》、《客居诗帖》、《寄陈惟寅诗卷》、《杂诗帖》等多种。《雨后空林》、《江岸望山》、《渔庄秋霁》、《水竹居图》、《渔庄秋霁图》、《虞山林壑图》、《幽涧寒松图》、《秋亭嘉树图》、《怪石丛篁图》、《竹枝图》《梧竹秀石》等图。诗文有《清闷阁集》。

王蒙

（公元1308～1385年），字叔明，号香光居士，黄鹤山樵。元代画家。王蒙是元初著名画家赵孟頫的外甥，出身书画世家，曾一度任官，后来弃官隐居于临平的黄鹤山。元朝灭亡后，王蒙山任泰安知州厅事，因胡惟庸案受到牵连下狱，死于狱中。

王蒙博学强记，诗文书画都有很好的功底。其绘画主要师法五代董源、巨然的画法，画面构图繁复周密，纵逸多姿，笔墨繁密松秀，自成一家。他的画从各种手法表现江南林木的苍郁茂盛和湿润感，是元代具有创造性的山水画大师，明清及近代画家几乎都学过他的画。与黄公望、吴镇、倪瓒同称为"元四家"。

传世画迹有《夏日山居图》、《夏日高隐图》、《葛稚川移居图》等。《夏日山居图》为其晚年作品，整个画面险山古木与溪流飞瀑相得益彰，有声有色，自然和谐。整幅图卷，构图深远，结构密而塞，这与元代简洁之风大相径庭，充分体现了作者独到的风格。

戴进（明）　《雪山行旅图》

戴进

（公元1338～1462年）字文进，号静庵、玉泉山人，钱塘(今浙江杭州)人，明代画家。工山水、人物、花卉。所作山水，师马远、夏珪，并取法郭熙、李唐，俱遒劲苍润。其画风在明代中影响甚大，后世推为"浙派"的倡始人。

传世作品有《春山积翠图》、《钟馗夜游图》、《溪堂诗意图》等。戴进山水取法宋人苍劲一派，又融以元人水墨法传统，山石大斧劈皴，水墨淋漓，豪放挺健，下笔较重，粗犷有力，气势充沛。人物工意结合，面部描写较细，神态生动，衣纹线条则粗放顿挫，劲练洒脱，风貌独具。《溪堂诗意图》取法郭熙，构图近于全景式，又融入南宋院画山水风格，画面右侧繁复，左侧空灵。画中主峰高峻，中部双峰耸峙，极具委婉之态；两山间悬流瀑布，透露出空灵的气象。近景茅庐深掩于茂树丛中，最近处访客行在小桥之上，与草庐中倚坐的士人构成呼应关系，处处体现了一个"幽"字。

戴进是浙派巨匠，笔墨布局既清晰又厚重，画面处理既丰富又含蓄，在这一件作品中得到完满的体现。

王绂

（公元1362～1416年)绂，一作芾，字孟端，号友石生，别号鳌里、九龙山人，后以字行，无锡人。明代画家。永乐初，以善书被荐，供事文渊阁，宫中书舍人。后归江南，隐居九龙山。工画山水，尤擅墨竹，其墨竹，在明代很有影响，昆山夏珪师之，亦享大名。永乐十一年、十二年，绂两次随明成祖北巡，作著名的《燕京八景图》。

王绂绘画擅长山水，尤精枯木竹石，师法吴镇、王蒙等元代大家。他的山水画兼有王蒙郁苍的风格和倪瓒旷远的意境，长江远山，丛篁怪石，随意所适，无不妙绝。对吴门画派的山水画有一定影响。然其人品特高，画非为知己者不作，故后人有"舍人风度冠时流，笔底江山不易求"的诗句。他画竹兼收北宋以来各名家特别是倪瓒、柯九思二人之长，经过长期的揣摩，形成独特风格，飘逸雄秀，纵横洒落。《淇渭图》轴，高78.2厘米，宽34.5厘米，纸本。图绘墨

朱瞻基（明）　《莲浦松荫图》

竹一枝，倒垂而下，幽情秀骨，叶肥枝瘦，别显出一种俊逸潇洒之风，笔意颇有元人情趣。人称他的墨竹是明朝第一。

朱瞻基

（公元1399～1435年）即明宣宗，朱元璋曾孙，明仁宗长子，建元宣德，庙号宣宗，自号长春真人，在位十年。工画人物、花果、翎毛、草虫，亦善书，翰墨图书随意所在，尽极精妙。《列朝诗集》中说朱瞻基"点染写生，遂与宣和（宋徽宗赵佶）争胜"。

流传作品有《瓜鼠图》、《武侯高卧图卷》现存北京故宫博物院。《五猫图卷》、《子母猿图》现藏海外。所作《万年松图》，现藏辽宁省博物馆，此图为横卷形式构图，粗细不同的松干松枝伸缩、曲直如苍龙盘旋，枝头一丛丛松针劲健有力，而缠绕在松干松枝上野藤又使得松树刚中见柔，以水墨圈点而成的松树皮则使松树更显圆润，充满生机。松树枝干以水墨渲染，丛丛松针染以淡淡花青。画松树用沉而稳的线条钩括皴鳞，松针遒劲缜密，虽然用笔不多，但非常醒目，使画面极富生趣，给人以清新悦目、明秀端庄之感。

沈贞

（生于1400年，卒年不详）字贞吉，号南斋、陶庵、陶然道人、吴门野樵，长洲人。明代画家。画家沈周的伯父。

工律诗及古文辞，善绘事。山水师法董源、杜琼，并吸取元诸家之长，略具烟林清旷、平淡天真之趣。其画精妙处直逼宋人，然不肯轻为人作，故沈贞的传世作品绝少，传世作品有《秋林观瀑图》轴，纸本，设色，现藏苏州市博物馆。

《竹炉山房图》轴，纸本，设色，为沈贞七十一岁作，是沈氏传世罕见精品。现藏辽宁省博物馆，为国内孤本。此图画山峦耸立，老树槎枒，叶竹围绕山房，生意昂然。右上角行书自题：南斋沈贞款，下钤白、朱文印二。左上有清乾隆帝题诗，此图是在昆陵山为馈赠普照法师而作。景物由近至远，结构同于王蒙山水，轻淡笔意沿袭倪瓒。与刘珏、杜琼诸家接近，时代风格极为明显，从而得以探明沈周画风的出处，可以了解前后承继的脉络。

沈贞（明）　《柳塘赏荷图》

沈周

（公元1427～1509年）字启南、号石田、白石翁、玉田生、居竹居主人等，沈周的曾祖父是王蒙的好友，父恒吉，是杜琼的学生。他的书画乃家学渊源，兼师杜琼。书法师黄庭坚；绘画造诣尤深，兼工山水、花鸟，也画人物，以山水和花鸟成就突出。博取众长，出入于宋元各家，主要继承董源、巨然及元四家黄公望、王蒙、吴镇的水墨浅绛体系。又参以南宋李、刘、马、夏劲健的笔墨，融会贯通，刚柔并济，自成一家。其绘画技艺全面，功力浑朴，发展了文人水墨写意山水、花鸟画的表现技法，成为“吴门画派”的领袖。他与文徵明、唐寅、仇英是明中叶画坛上四大艺术家，在元明以来文人画领域有承前启后的作用。在画史上影响深远。

沈周淡泊功名，一生不仕。他所作山水画，有描写高山大川，表现三远之景者；而更多的是描写南方山水园林，表现了当时文人生活的幽闲意境。沈周早年多作小幅，40岁以后始拓大幅，形成粗笔水墨新风格，中年画法严谨细秀，细笔沉着劲练，以骨力胜，人称“细沈”，晚岁笔墨粗简豪放，气势雄强，时人以其诗、书、画为三绝。沈周的书画流传很广，真伪混杂，较难分辨。他平易近人，贩夫走卒持赝品求题，亦乐而应之。因此，文徵明称他为“神仙中人”。作品有《庐山高图》等，《盆菊幽赏图》画面中树石茅亭，亭中三人，饮酒赏菊，意态悠闲，布势疏朗，景物宜人，为其杰作。

林良

（公元1436～1487年）字以善，南海人，宫廷画家。官至锦衣卫指挥、镇抚，值仁智殿。以善画写意花鸟著称。早期所作设色花果翎毛，画法工细精巧，后来师承南宋放纵简括一路，变为水墨粗笔写意，取得突出成就。在表现技法上，挺健豪爽的笔法，既有迅捷飞动之势，又比较沉重稳练；在运笔顿挫之间，讲求规矩法度。后人评论他的画风是用笔遒劲，如作草书。他的水墨写意花鸟画，在当时上追南宋院体，竞尚艳丽工巧的宫廷画风中独树一帜，是明朝中期院体画派的代表。故颇为当时人所推重，对明代中期的花鸟画风产生了较大影响。他的花鸟画取材广泛，造型严诲，用比较工整而又带写意的水墨画法，表现出由工笔向水墨写意这一过渡阶段的画风。

作品有《双鹰图轴》、《灌木集禽图卷》等。《灌木集禽图卷》画水稻灌木丛中群鸟飞栖景象，有飞鸣食宿各种不同姿态，形象准确，各具生趣。用笔沉稳，墨色淋漓，在笔墨之上套层淡彩，这是继承元代花鸟画的传统方法。

祝允明

（公元1460～1526年）字希哲，号枝山，人称祝枝山，因右手生有六指，所以又号枝指生。长洲人，任过南京应天府通判，所以又有“祝京兆”之称。明代书画家，他的诗文书法，才气横溢，与唐寅、文徵明、徐祯卿号称“吴中四才子”。书法造诣很深，各体兼能，蜚声艺坛，与文徵明、王宠并称“三大家”。陈道复为后起之秀，又称为“吴中四家”。他的书法博采晋唐各家的长处，并有自家面貌。主要成就在于狂草和楷书。狂草来自怀素、张旭，更多的是接近黄山谷，提按和使转的笔法交互使用，行与行之间的距离很紧，形成一种汪洋恣肆的视觉效果。更难得的是楷书又写得相当严谨，有晋唐古雅之风。《名山藏》

林良（明）　《灌木集禽图卷》

说："允明书出入晋魏，晚益奇纵，为国朝第一。"

作品有楷书《出师表》、草书《自书诗卷》、《和陶渊明饮酒二十首》、《赤壁赋》、《杜甫诗轴》等。其书《出师表》谨严浑朴，临写《黄庭经》不注重点画的形似，而结构疏密，转运遒逸，神韵益足。

唐寅

（公元1470～1523年）字子畏、伯虎，号六如居士、桃花庵主，吴县人。青年时中应天府解元，受文学家程敏政青睐，后因程泄题案受牵连入狱，功名受挫，又遭家难，历经坎坷。后在苏州城西北桃花坞建一"桃花庵"，以卖文鬻画闻名。他博学多能，吟诗作曲，能书善画，是我国历史上杰出的画家，与沈周、文徵明、仇英齐名，合称"明四家"，为"吴门画派"中的杰出代表，时与徐祯卿，祝允明，文徵明，切磋文艺，号"吴中四才子"。唐寅性情疏朗，愤世嫉俗，放任不羁，嗜酒过量，与客同醉，自署印"江南第一风流才子"。擅人物、山水、花鸟，其山水早年学周臣，后师法李唐、刘松年，加以变化，画中山重岭复，以小斧劈皴为之，雄伟险峻，而笔墨细秀，布局疏朗，风格秀逸清俊。人物画多为仕女及历史故事，师承唐代传统，线条清细，色彩艳丽清雅，体态优美，造型准确；亦工写意人物，笔简意赅，饶有意趣。其花鸟画，长于水墨写意，洒脱随意，秀润清雅。唐寅书法为画名所掩，主要学赵孟頫，更受李北海影响，笔画俊逸挺秀，婉转流畅，笔力稍弱，钩挑绵软，看不出一丝狂态。

有《骑驴思归图》、《山路松声图》、《事茗图》、《王蜀宫妓图》、《李端端落籍图》、《秋风纨扇图》、《草屋蒲园图》等绘画作品传世。

文徵明

（公元1470～1559年），初名壁，以字行，更字徵仲，号衡山居士，长洲人。明代中期著名的画家、大书法家。工书善画，书模宋、元，亦专法晋、唐。行草笔法智永，大、小楷学黄庭坚，隶书法钟繇，山水师沈周，人物其兼有赵孟頫、倪瓒、黄公望之体。又善画花、鸟、竹、果，画史上将他与沈周、唐寅、仇英并列，为明四大家。在当世他的名气极大，号称"文笔遍天下"。其诗、文、画无一不精，人称是"四绝"的全才，晚年声望极高。

文徵明（明）　《寒林晴雪图》

文徵明的书画造诣极为全面，山水、人物、花卉、兰竹等无一不工。尤擅山水，题材大多描写江南景物，而山水中人物形象与风度，摹仿赵孟頫。人物画师李公麟，远承古代传统，笔法工细流畅，气韵神采，独步一时，到晚年具有粗细两种风格，愈晚愈工。

书法工行草，精小楷。文徵明一生穷究画理，用力实践，声誉卓著，与乃师沈周并驾齐驱，继沈周之后成为吴门派领袖，长达50年之久。所作画往往以抚恤贫族，而拒富人之求，门下赝作亦不禁。八十开外，犹能书蝇头小字，画时花美女。

文徵明的儿子文彭、文嘉、侄子文伯仁均是名画家，弟子中钱谷、陆师道、陆治、陈道复、居节、朱朗等，人材济济，形成一个绘画流派——“吴门画派”，影响深远，一直延续到清代画坛。

作品《浒溪草堂图》绘高木浓阴，掩映草堂，群山环抱，清波荡漾，帆樯林立，榭阁错落。近处草堂敞轩，二高士案前对坐；溪岸边另有二高士，正缓步走向草堂。用笔细腻谨严，山石仅用渴笔微抹，以点苔显出明暗，得写生之助，化出清幽境界。图上角署款：“徵明写浒溪草堂图。”钤白文“徵明”印，卷后别纸有其长跋。

吕纪（明）　《柳荫白鹭图》

吕纪

（公元1477生，卒年不详）字廷振，号乐愚，四明人。明代画家。以画被召入宫，值仁智殿，授锦衣卫指挥使。擅花鸟、人物、山水，以花鸟著称于世，是院体花鸟画代表画家。其花鸟初师边景昭，又学林良，并广泛师法唐宋诸家，所作有工笔重彩和水墨写意两种画法，前者描绘精工，色彩富丽，法度谨严；后者粗笔挥洒，随意点染，简练奔放，富有气势和动感。其山水宗法马远、夏珪，以大斧劈皴画山石，苍劲有力。人物亦法南宋院体，衣纹线条简练顿挫。

作品有《桂菊山禽图》、《雪梅斑鸠图》、《残荷鹰鹭图》、《鹰鹊图》等传世。《狮头鹅图》绢本，设色，工笔画狮头鹅，侧身曲颈回顾古梅，鹅身洁白如玉，眼神形象生动。古梅干枝苍劲，生机勃勃。树下衬以太湖石、月季花，石后有双勾竹隐露，色彩艳丽，衬托出狮头鹅之白身红冠。款署“吕纪”。为明代院体花鸟画的杰作。

谢时臣

（公元1488年生，卒年不详）字思忠，号樗仙。吴人。明代画家。工书法，长于隶书。以善画山水著称，师法吴镇、沈周，稍作变化，江河湖海，无不精好。又作山峦重叠，高耸险峻，笔墨或细密苍劲，或劲健沉郁，或纵横纷披，笔势豪放。他用墨颇侈，多作巨幛大幅，出笔有魄力，构图雄伟严密，名重一时。人物近学吴伟，远宗李公麟，线条劲细潇洒。风格介于“吴派”与“浙派”之间，有的笔势纵横，用力结曲，墨色有时相当浓重，颇具浙派气象；有的颜色浅淡，人物点缀潇洒，又有吴派的清雅气息。

作品有《溪山揽胜图》、《策杖寻幽图》、《武当霁雪图》、《谪仙玩月图》等传世。《虎阜春晴图》整幅画虚实结合，层次分明，笔墨稳健，湿墨渲染，衬托出江南春日胜迹的郁润宜人之色。此图为作者晚年对虎丘写生之作。

陆治

（公元1496—1576年)字叔平，号包山，吴县人，明代画家。陆治工诗文，善行、楷书法。绘画学文徵明，善画花鸟、山水。花鸟以工笔见胜，得徐熙、黄筌遗意，勾勒精细，敷色清丽，有妍丽派之称，与陈淳并重于世。他的山水既受吴门派影响，也吸取宋代院体和青绿山水之长，用笔劲峭，景色奇险，意境清朗，点染花鸟竹石，超乎自然，形同天造，自具风格，在吴门派画家中具有一定创意，自成一家，有出蓝之誉。

《仿赵孟坚水仙图》为陆治六十七岁时所作。全幅画水仙，细笔钩画和间杂晕染的花朵及以线描勾勒的茎叶，布局疏密相间和谐而统一。笔致细劲挺秀，超妙雅淡。

文伯仁（明）《溪桥策杖图》

文伯仁

（公元1502～1575年）字德承，号五峰、又号葆生、摄山老农，长洲人，文徵明侄。明代画家。工画山水，宗王蒙，师法赵孟頫及赵令穰、赵伯驹等，多作重山叠嶂，布景奇兀，构图饱满，意境郁茂，有悠深之趣。擅名于时。兼善人物画，亦能做诗。有《花溪渔隐图》、《太湖图》等传世。

《松风高士图》立轴，纸本，墨笔，纵98.7厘米，横27.6厘米，现藏辽宁省博物馆。为文伯仁晚年力作。画中山峦高峻重叠，危崖陡峭，山径曲折，一瀑下注山前清溪，苍松翠柏隔岸呼应，掩遮草堂。一高士曳杖于桥，环顾四周。深山幽谷，远离尘世。用笔清秀爽利，墨色淡雅苍润。远山用淡色晕染，近山则以渴墨皴擦；山脊草树稀疏，或点染，或草草钩勒。近树着力特大，树干挺拔，枝叶繁密。用笔清秀爽利，墨色浓郁苍劲。

仇英

（约1509～1551）字实父，号十洲，太仓人。长期住苏州，明代杰出画家。初为漆工，后改学画，师周臣。以卖画为生，精于摹古，不拘一家一派。粉图黄纸，落笔乱真。善画人物、鸟兽、山水、楼观之类，皆秀雅鲜丽。尤长于临摹，他功力精湛，以临仿唐宋名家稿本为多。画法主要师承赵伯驹和南宋“院体”，以工笔重彩为主。青绿山水和人物故事画，形象精准，工细雅秀，色彩鲜艳，含蓄蕴藉，色调淡雅清丽，具有文人画的笔致墨韵，直趋宋人室，对后来的尤求、禹之鼎以及清宫仕女画都有很大影响。后人评其工笔仕女，精丽艳逸，神采飞动，为明代之杰出者。连董其昌也称赞他“十洲为近代高手第一。”与沈周、文徵明和唐寅被后世并称为“明四家”。后继仇英画法者，有沈硕、程环、尤求、沈完等人。

作品有《金谷园图》、《汉宫春晓图》、《右军洗砚》、《文姬归汉图》、《柳塘渔艇》、《桃村草堂图》、《观瀑图》、《梅石抚琴图》、《九歌图》、《赤壁赋图》、《桃源仙境图》、《陆羽煎茶图》、《孤山高士图》等。

《清明上河图》绢本，设色，现藏辽宁省博物馆，纵30.5厘米，横987厘米。仇英所描绘的是明代江南城乡人民生活实景，构筑了一幅颇有声势和气魄的风俗画，画面的人物形象，生动而具有独特风貌，作

仇英（明）《清明上河图》

品中所流露的浓浓的生活气息是其他吴门画家所无法比拟的，是仇英的力作。

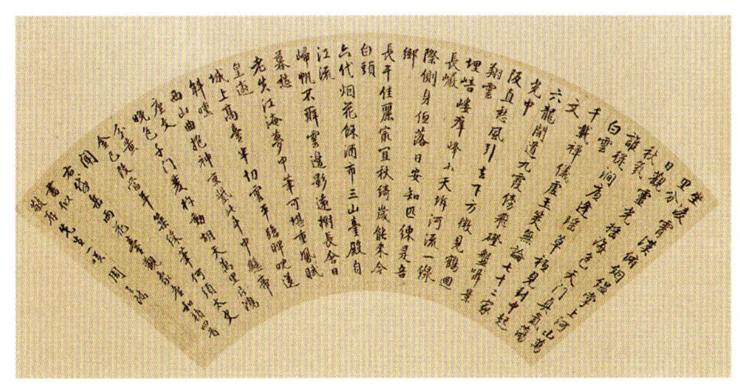

周天球（明）《行楷七律诗》

周天球

(公元1514～1595年)字公瑕，号幼海，一作幻海，又号六止生、六止居士、止园居士、群玉山人、群玉山樵，长洲人。明代画家。博学多识，以诗文、书画名世。少年时于文徵明门下学习书法，文徵明曾赞云："他日得吾笔者，周生也。"善大小篆、古隶、行楷，晚年能自辟蹊径，一时丰碑大碣无不出其手。善画兰，写兰草法，自子昂而后失传，复于公瑕见之，大得郑思肖法。间作花卉也佳，自具风格，有出新之妙。《明画录》谓："墨兰自赵松雪(孟頫)后失传，惟天球独得其妙。"

传世作品有《丛兰竹石图》、《墨兰图》、《兰花图》、《水仙竹枝图》。周天球所书《心经》，气脉贯通，工稳有致，峻厚艳秀，温润苍劲，是不可多得的经典。

周之冕

(公元1521年生，卒年不详)字服卿，号少谷，长洲人。明代画家，万历年间以画花鸟著名。周之冕家中饲养有各种禽鸟，经常观察其饮啄飞止的动态，故笔下花鸟逼真又富生意。画法兼工带写，往往花用勾勒法，叶以墨色点染，被称为"勾花点叶体"。从存世作品看，沈周、陈淳等人早有此画法，唯他专工此法，故有创"勾花点叶派"之说。其画风对晚明花鸟画有一定影响。

作品有《水仙竹石图》、《仿王冕花鸟图》等。《梅花野雉图》纸本，设色，纵134.5厘米，横33.6厘米。绘老干红梅，野雉栖于其上，竹石映带左右。设色清雅，在陈淳、陆治之间，钩花点叶，间出新意。此图写生意味颇浓，构图匀称；工笔精细逼真，而无板滞痕迹，正是难能可贵之处。上有作者"丙申夏日汝南周之冕写"名款，下钤"周之冕印"、"服卿"印章二方。

丁云鹏

(公元1547～1628年)，字南羽，号圣华居士，安徽休宁人，瓒子，詹景凤门人。明代隆庆、天启年间画家、绘墨模名手。工画人物、佛像，得吴道子法；白描取法李公麟，有评"丝发之间而眉睫意态毕具，非笔端有神通者不能也"；设色学钱选，以精工见长；

丁云鹏（明）《释迦牟尼图》

陈继儒（明）《山川出云图》

兼工山水，取法文徵明。曾为名墨工程君房、方于鲁画墨模，《程氏墨苑》、《方氏墨谱》中的图绘，大半出其手笔。曾供奉内廷十余年，董其昌赠以“毫生馆”印章。

明末画家多以山水或花鸟来寄情托兴，丁云鹏却常以人物画来传其情，寓其意。他生长于雕版、制墨发达的徽州，他给书籍画了不少插图，对新安木刻画的发展起了一定的作用。承其画法者，亦多为徽州人。传世作品有《江南春扇》、《待朝图》、《秋溪渔隐图》等。

《观音图》立轴，纸本，设色，纵97.2厘米，横33.1厘米，现藏辽宁省博物馆。此图天地开阔，中部以浅色工笔画白衣观音大士端坐岩石之上，双目下垂，身旁净瓶插青竹数枝。图中人物面部与手指以工笔重彩，平涂淡色，粗细、浓淡间对比强烈，转换自如。全图设色古朴，秀雅不俗，较全面地体现了丁云鹏在粗笔佛像、人物画方面的最高成就。

董其昌

（公元1555～1636年）字玄宰，号思白、思翁，别号香光。松江华亭人。谥文敏，故称董文敏。历任编修，湖广副使、太常寺卿、礼部侍郎、南京礼部尚书等职，后辞官养老于家乡。董其昌才溢文敏，通禅理、精鉴藏、工诗文、擅书画及理论。他是海内文宗，执艺坛牛耳数十年，是晚明最杰出、影响最大的书画家。他的字、画以及书画鉴赏，在明末和清代名声极大。

董善画山水，宗王维、董源、巨然、二米和“元四家”，以墨韵幽雅、意境深邃取胜，追求平淡天真的意趣，讲究笔致墨韵，墨色层次分明，拙中带秀，清隽雅逸。其笔意安闲温和、清新秀丽。《画史绘要》评价道：“董其昌山水树石，烟云流润，神气俱足，而出于儒雅之笔，风流蕴藉，为本朝第一。”董的绘画对明末清初的画坛影响很大，并波及到近代画坛。他注重师法古人，提倡用摹古代替创作。又以禅宗的南北派比附绘画，称“南北宗”。将水墨渲淡画法的文人画家比作南宗，将以青绿勾填画法的职业画家视为北宗，他自诩为南宗正派。其作品《峒关蒲雪图》、《溪山平远图》等，皆为摹古之作。留传至今的有《山水》、《夏木垂阴图》等。一直以来，董其昌的作品都是海内外大收藏家寻觅的目标。

《书画合璧图》手卷，纸本，长29.3厘米，宽340.8厘米，此图又称《潇湘白云图》，作者七十三岁所作。图仿米芾笔意，以墨韵幽雅，意境深邃取胜。用略为夸张的笔法去捕捉流动的大气，描绘多变莫测的流云烟雨，使得山水更显绮丽多姿。

陈继儒

（公元1558～1639年）字仲醇，号眉公、麋公。华亭人。明代文学家和书画家。工诗文、书画，书法师法苏轼、米芾，风格极为典雅秀逸。能画山水，气韵空灵、意境深邃。擅墨梅，以梅竹著称于世，画梅多册页小幅，自然随意，意态萧疏。其山水多水墨云山，笔墨湿润松秀，颇具情趣。陈继儒在当时和董其昌齐名，论画倡导文人画，持南北宗论，重视画家的修养，赞同书画同源。

有《梅花册》、《云山卷》等传世。陈继儒的《云山幽趣图》，绢本，水墨，纵110.4厘米，横54.6厘米，现藏辽宁省博物馆。图中诗，书、画相结合，画由诗显，使山水画题材传达出更为深厚的思想容量，文人墨气十足。

张瑞图

（公元1570～1641年）字长公，一字果亭，号二水、白毫庵主、芥子居士、平等居士、果亭山人等。晋江青阳人，早岁家贫，明万历年间进士，殿试第三，授编修官少詹事，兼礼部侍郎，以礼部尚书入阁，擢武英殿大学士。曾为魏忠贤书写“颂词”，后魏党败被贬，遁迹江南，隐于青阳。

善画山水，以“金刚杵”笔法著称于世，论其源，则师法元人，略参宋人，并不限于北宋，粗笔方折则近乎南宋。山水骨格苍劲，点染清逸，饶有意趣。其特画多剪裁宏阔的景象，画面繁琐，结景细碎，勾皴点染，用意精到。瑞图书名尤著，尤擅行草，气魄宏大，笔势雄伟。清代秦祖永在《桐荫论画》中云：“瑞图书法奇逸，钟王之外，另辟蹊径。”梁巘在《评书帖》中亦曰：“张二水书，圆处皆作方势，有折无转，于古法一变。”又云：“行草初学孙过庭《书谱》，后学东坡《醉翁亭》。明季书学竞尚柔媚，瑞图、王铎二家力矫积习，独标气骨，虽未入神，自是不朽”。杨守敬《跋张二水前后赤壁赋》云：“顾其流传书法，风骨高骞，与倪鸿宝、黄石斋伯仲。”

张瑞图其书法以楷书为主，带入行草，既见汉隶书意，北魏笔法，又呈颜王风骨，峻逸劲力，遒丽疏爽，笔势飞劲，顾盼生姿；其草书更趋炉火纯青，雄劲峻快；整幅作品，法度严谨，点画不悖，章法茂密，错落有致。为明代著名的四大书法家之一，与董其昌，邢侗，米万钟齐名，时人称“邢张米董”，又有“南张北董”之号。在他的影响下，其后的黄道周、倪元璐、王铎、傅山等人亦为一时风气所趋，开启了晚明书坛改革的先河。日本书坛亦极力推崇。

张瑞图又擅山水画。其画师承效法元黄公望，并参立吴派，颇有声望。作品传世极稀，于今罕见。著作有《白毫庵内篇》、《白毫庵外篇》。

倪瑛

(生卒年不详)字伯远，万历、崇祯时人。善画山水、竹石，山水师法宋元，气韵古逸，意境幽深，皴擦点染，苍浑秀润，泉深石乱，木秀云生，设色清妍，秀色宜人。天启年间胡正言辑《十竹斋书画谱》，倪瑛尝作《朱帔竹图》。

传世作品有《归庵图》卷，纸本，设色，纵28.7厘米，横127.4厘米，隶书落款：“归庵图。甲子四月，伯远倪瑛制。”现藏辽宁省博物馆。

项圣谟

(公元1597～1658年)，初字逸，后字孔彰，号易庵，又号胥山樵，多别号，有松涛散仙、存存居士、烟波钓徒、狂吟客、鸳湖钓叟、逸叟等，秀水人。明代画家。出身世家，祖父项元汴，父项德新，都是著名收藏家和书画家。幼承家学，工画善诗，曾以秀才进国子监读书。明亡后，家道破落，卖画自给，郁郁而终。

项圣谟受家庭熏陶，精研古代书画名作，又善于从生活中摄取素材，其作品具有鲜明风格，在明清之际画坛上独树一帜。他的画贴近现实，造型准确，用笔周密，而又意境秀逸，气韵高雅，具有很高的品

倪瑛（明）　《归庵图》

格。所绘山水、人物、花鸟均被称为"毕臻其妙"。董其昌评他的画力追宋代画风,"又兼元人气韵"。李日华称赞他的画风"英思神悟,超然独得",是"崛起之豪"。其《九十九变相图》、《长江万里图》等巨作,都得到后世赞誉。

尤求

(生卒年不详)字子求,号凤丘(一作凤山),长洲人,移居太仓。明代画家,从艺活动约于明嘉靖至万历年间。工写山水,兼人物,画学刘松年、钱舜举。善释道画,尝画太仓小西门关帝庙壁,又为弇山藏经阁壁画诸佛像,皆绝技。兼长白描仕女,艳冶绝世,继仇英以名世。亦善花卉,能诗。

陈洪绶(明) 《斗草图》

传世作品有《饮中八仙图》、《品古图》、《红拂图》、《风云起蛰图》、《围棋报捷图》等。《寒山拾得图》画唐贞观年间高僧寒山与拾得二人。元明清画家多喜以此为画题,此图中左边蓬发者为拾得,右边为寒山。一着淡墨,一似白描,以战笔和铁线描写衣纹,淡墨渲染背景,引出古树枯藤蔓雪之景。

陈洪绶

(公元1599～1652年,一作1598～1652),字章侯,号老莲,后自号老迟,又称悔迟、弗迟、梅僧、云门僧、九品莲台主者,诸暨人,明末画家。

陈嗜酒好色,常常数十天不洗脸。补生员后应乡试不中,至北京捐为国子监生。曾为宫廷作画,受命临摹《历代帝王图》,得到观摩宫廷藏画的机会,绘画水平迅速提高。后来被招为内廷供奉,不受而返南方。其人物画,兼采吴道子的骨法、郑法士的笔法、荆浩墨法、管道昇渲染以及卫协、张僧繇、阎立本、周昉、范琼、李公麟等历代名家的画法。绘画品位经历几次变化,少年妙,壮年神,晚年则化。尤以人物画成就最高,具有自己独特的绘画风格。与崔子忠齐名,号"南陈北崔",后与蓝瑛、丁云鹏、吴彬合称"明末四大怪杰"。

明清之际,摹仿陈洪绶的画家多达数千人,其作品和技法远播朝鲜和日本。陈洪绶一生从事版画艺术,以书籍插图的形式广泛流传于世。他的作品数量很多,流传下来有《九歌图》、《西厢记》、《鸳鸯冢》、《水浒叶子》、《博古叶子》等五种,都由与他同时代的著名刻工雕刻,是明清木刻版画的代表作。陈洪绶的著作,有《宝纶堂集》、《避乱草》、《筮仪象解》等。陈洪绶的版画艺术,对清代画家萧云从、任熊等名家从事版画创作,都有着明显的影响。

《斗草图》中人物衣褶用笔细如游丝,转折有力,松、石勾勒精细,有清幽之趣。作品流露出明亡后,对时局不满,忧郁情绪和追求怪诞的孤傲倔强的个性。为作者五十三岁时所作,属晚年佳作。

王铎

(公元1592～1652年),字觉斯,号痴庵、嵩樵,因生于孟津,又称王孟津。王铎于明末官至礼部尚书、东阁大学士,清顺治间又授以礼部尚书,史书上称其为"贰臣"。

王铎的书法，工真、行、草书，得力于钟繇、王献之、颜真卿、米芾，笔力雄健，长于布局。行草为上乘，他的草书，属大写意一派，恣肆任性，挥洒自如，于纵势中常又横笔崛出，情绪跌宕，势不可挡，表现了撼人心魄的雄壮力量。现代书法家、“草圣”林散之称其草书为“自唐怀素后第一人”。他的行书，含蓄多变，风神洒脱。当时书坛流行董其昌书风，王铎与黄道周、倪元璐、傅山等人提倡取法高古，于时风中另树一帜。近世对日本国书风有极大影响。

存世书迹较多，刻有《拟山园帖》、《琅华馆帖》。《王维五言诗卷》书于崇桢十六年（1643），绫本，楷书、草书。凡32行，其中楷书13行，草书19行，每行字数不一。纵21厘米，横165.5厘米，现藏北京故宫博物院。此诗卷前半部分，无论是字的大小、结体、字画、字距，皆给人一种奇特的感受。诗卷后半部分的行草在王铎作品中则不乏见，章法变化丰富，行笔能纵能敛，整体感强，结体欹正莫测，点画错综复杂，线条枯实互应，故其成就被人给予很高评价。

王时敏

（公元1592～1680年）字逊之，号烟客，又号西卢老人，自号归村老人，太仓人，明末清初画家，清初宫廷画风的主要代表。

王出身世宦之家，为明朝内阁首辅王锡爵孙、翰林王衡之子，官至太常寺少卿，人称王奉常。少年时为董其昌、陈继儒所深激赏。崇祯五年辞官归里，隐居西田别墅，潜心绘画研究与创作，擅山水。家本富于收藏，对宋、元名迹，无不精研。又受董其昌影响，摹古不遗余力，深究传统画法，尤以较多笔墨摹黄公望的作品。王时敏绘画用笔圆润，墨法醇厚，作品气韵神逸，意境精深，其作品在立意、布局、运笔、色彩、线条等方面都达到了很高的境界。后人把他与王鉴、王翚、王原祁合称为“四王”。再加吴历、恽寿平，“四王吴恽”，亦称“清六家”。前人以地域划分，把“四王”中的太仓人王时敏、王鉴、王原祁及其传人称为“娄东派”。娄东派声势浩大，在整个清朝画坛占有统治地位，影响深远，为后人宗仰。王兼工隶书，能诗文。

其传世作品有《层峦叠嶂图》、《秋山图》、《雅宜山斋图》等，并著有《西田集》、《西庐诗草》等。《浮岚暖翠图》绢本，设色，纵163.4厘米，横99.1厘米，现藏台北故宫博物院。画中绘明山秀水，树木楼阁，意境清新幽雅。画面由远及近，层次分明，画方自题“仿黄子久浮岚暖翠图笔意。”

王时敏（清）《浮岚暖翠图》

萧云从

（公元1596～1673年）字尺木，号默思，又号无闷道人，芜湖人。明末清初著名画家。他幼而好学，笃志绘画、寒暑不废。明崇祯年间加入复社，后为副贡生。入清不仕，闭门读书赋诗作画，或遨游名山大川。善画山水，兼工人物，师法唐宋元明诸名家，加以发展，自成风格。其山水构图繁复，行笔方折枯瘦，格调疏秀苍润，追随者颇多，人称姑熟派。人物取法李公麟白描，线条流畅，形象生动。他还曾指导当地工匠汤鹏创作铁画。

早期作《秋山行旅图卷》，绘《太平山水图》43幅，另有《秋山访友图》、《江山览胜图卷》、《云台疏树图》、《离骚图》等。

王鉴

（公元1598～1677年）字玄照，后改元照、园照，号湘碧、染香庵主，太仓人，明代著名文人王世贞曾孙。曾任明末廉州太守，故有“王廉州”之称。少时遍临五代、宋、元名家墨迹，传统功力深厚。入清后不仕，以书画自娱。王工山水，受董其昌影响，于元四家尤为精诣，沉雄古逸，生气盎然，多取法于黄公望，运笔出锋，用墨浓润。树木丛郁而不繁，丘壑深邃而不碎。长于青绿设色，擅长烘染，风格华润。后人把他与王时敏、王翚、王原祁合称“四王”，加上吴历、恽寿平，亦称“清六家”，并为清初“娄东派”首领之一。

其代表作有《长松仙馆图》、《仿巨然山水》、《仿王蒙秋山图》等。著有《染香庵集》、《染香庵画跋》等。传世画迹有《虞山十景图》、《梦境图》等。

作品《虞山十景图》纸本，设色，全图共10页，分别画了虞山的十处风景，用传统笔墨描绘虞山的风景人情，每幅画均抓住景致中的某个特征，着意描绘。作品散发着恬静淡雅的文人气息，是其杰作之一。

龚贤（清）　《自藏山水》

龚贤

（公元1599～1689年）字半千，又字野遗、岂贤，号半亩。昆山人，后迁居南京，清代著名画家。为“金陵八家”之首。他出身贫苦，性孤僻，为人刚直不阿，明亡后定居在南京清凉山，修筑半亩园，晚年以卖画为生。他在诗、书、画上都有一定的成就，也是“复社”中是知名的人物，末年竟为南京权贵欺凌致病而死。

他擅山水，初从北宋入手，主要师法董源、米芾父子。主张革新，强调以自然为本，抒发情感，自成一家。他把山水画艺术的表现技巧概括为四个方面：笔法、墨气、丘壑、气韵，并以创造丘壑为重。龚贤的山水画，用笔“秃而老“，在描写涧壑溪桥、茅亭古树时，不着晕染而气韵生动，苍劲深厚。画山石皴擦多至十余次，而常以浓淡不同的厚重颜色，真实地刻划出湿润多雨的山林景色，具有一种厚重浓淡、沉雄郁茂的独特风格。

代表作《深山飞瀑图》、《急峡风帆图》、《木叶丹黄图》、《重山烟树图》、《溪山人家图》、《云林西园图》等，其著作有《画诀》、《香草堂集》、《柴丈人画稿》等。《清凉环翠图》纸本，水墨，纵30.2厘米，横144.2厘米，北京故宫博物院藏。画描绘了层峦叠嶂，林木深郁的山间书屋。高峻的山岭以“积墨法”画出，墨色浓重苍润，使画面气象峥嵘。“积墨法”为龚贤在总结前人画法的基础上独创的画法，龚贤精研此法是追求一种苍润的境界，他以干笔作墨骨，再以层层皴染包润之，令山林树木呈现出鲜润沉厚的墨韵，使画面湿润厚重之感，这种画法适于表现江南湿意浓重的山水景色，同时也使龚贤的绘画具有了一种深郁静穆的格调。

弘仁

（公元1610～1663年）俗姓江，名舫，字鸥盟。又名韬，字六奇，为僧后，名弘仁，自号浙江学人，又字浙江僧、无智，梅花古衲。徽州歙县人。清代著名画家。明末诸生，甲申后，弃发为僧。工诗文，擅长山水，喜仿云林，深造妙境，虽学宋、元各家，但又直师造化，自题诗云："敢言天地是吾师"。他和查士标、汪之瑞、孙逸，被称为"海阳四家"。学他画风的有祝昌、高翔、秦涵等人。

弘仁虽继承宋元，但又独具风貌。取宋人精谨而去其刻划繁缛，融元人笔墨而强其结构风骨，形成了自己刚正、平实、清醇、蕴藉的艺术风格。作品有卷册多种，笔墨秀逸，风神洒落，还有设色山水和墨笔山水长卷，均为精绝之作。他的画布局奇兀，近景大岩壁立，远山缥渺朦胧，掩映生姿，当时极有声誉。《黄海松石图》纸本，设色，纵198.7厘米，横81厘米。此画突出山之陡峭，但构图重心偏向左面，右面以两峰头与之呼应，石之凹凸处略施淡墨烘染，以加强其厚重感。虬松横出石隙，突出山之险峻。画家以渴笔焦墨勾皴层岩，以浓润的细笔写树，风格冷峻劲峭。

髡残

（公元1612～约1674年，一作公元1612～1692年）俗姓刘，字石溪，又字介丘，号白秃、电住道人，自称残道人，阍住行人，晚署石道人。武陵人，清代著名画家。中年后常住在金陵牛首山幽栖寺为堂头僧。性直而寡言，不忘明朝，与顾炎武等多有交往，体弱多病。擅画山水，师王蒙，又多游名山，注重景物气氛描写，笔墨苍莽高古，奥境奇辟，缅邈幽深，长于干笔皴擦，随意点染，有引人入胜之妙。往往气韵高古中见新意，浑厚中见清秀。其林峦幽深，沉郁谨严，有淳雅之趣。

作品《苍翠凌天图》纸本，设色纵85厘米，横40.5厘米。现藏南京博物院。画面崇山层叠，古木丛生，近处茅屋数间，柴门半掩，远方山泉高挂，楼阁巍峨。山石树木用浓墨描写，干墨皴擦，又以赭色勾染，焦墨点苔。画中题诗并款署"时在庚子深秋，石谿残道人记写。"钤"石谿"、"电住道人"白文印二方。

查士标

（公元1615～1698年）字二瞻，号梅壑。安徽

髡残（清）　《春嶂凌霄图》

休宁人，寓居扬州。清代著名画家。曾为明末秀才，明亡后，闭门高卧，日暮才起，以避宾客。曾有王额驸三顾其居，不见不答。其家藏金石书画、鼎彝甚多，及宋元人真迹，遂精鉴别。他毕生致力于诗文书画，参以变化。画初学倪瓒，后参吴镇，用笔不多，惜墨如金，并以天真幽淡为宗，无纵横习气。晚年画益超逸，直窥元人堂奥。作品风神懒散，气韵荒寒，笔墨疏简，清张庚《国朝画征录》中评为逸品。与同里孙逸、汪之端和弘仁并称"海阳四大家"。他的书法以行书、草书见长，书法米襄阳，极似董文敏，上追颜真卿，颇得精要，时称米、董再生，名重天下。行笔俊逸豪放、神韵深邃。其行书被评为佳品。曾著有《种书堂遗稿》、作品《溪山静坡图》。

作品《空山结屋图》纸本，设色，纵98.7厘米，横53.3厘米，现藏北京故宫博物院。画中用干笔皴擦，率意中不乏繁复；布局工整，树石刻画精微，淡设色极淡雅。此图画空旷山峰的起伏中，一屋舍悄立

于中，意境清幽明净。

罗牧

（公元1622～1705年）字饭牛，号云庵、牧行者。宁都县钓峰人，明末清初名噪一时的江西山水派的开派画家。他品性敦厚，交友重谊，心情开朗，能诗善饮，又善制茶，与徐榆溪友善。罗牧精于绘画，亦长于书法。他的书艺，早年取晋、唐，但又不拘于晋、唐，后遂成一家。所作笔意空灵，林润苍秀，丘壑幽深，墨气滃然，颇具韵味，自成一家，时称妙品，被誉为“江西派英才”。罗牧的书画曾送呈皇帝御览，被旌表为“逸品”。他一生全心于书画，并以书画著称于世，被扬州八怪推为“一代画宗”。

传世作品有《墨笔山水图》、《枯木山石图》、《云山林屋图》、《枯木竹石图》轴、《林壑萧疏图》轴等。山水壁画《烟江叠嶂图》是罗牧最负盛名的山水画代表作，因该画是制作在重新修建的南昌北兰寺内烟江叠嶂堂内的墙壁上，故该作品随着北兰寺的毁坏丧失殆尽，无法让今人一睹其壮观的风貌。该画创作于罗牧山水画创作的巅峰时期，代表其山水画创作的最高水平，在技巧、气势上，均获得了当时文人士子阶层乃至整个社会的巨大反响。

梅清

（公元1623～1697年）原名梅士羲，字渊公，一字远公；号瞿山，又号瞿硎，还有“凡夫”、“稼园”、“雪庐”、“敬亭山农”等号，室名有“天延阁”、“茶峡草堂”。宣城人。梅清“英伟豁达，读书竟夜不眠，以博雅负盛名，诗词雄迈隽逸”。梅清顺治年间中举后，曾四次会试落榜。后遍览燕、齐、吴、楚等地河山，退居家乡的稼园，寄情于诗画以自娱，不再热衷于科举。他的书画为当时文坛王士祯、徐元文等大家所倾慕。《居易录》评其“画山水入妙品，松入神品。写黄山十二篇，备极烟云变化之妙。”

他与石涛交往友善，相互切磋画艺，与梅庚、戴本孝同被称为“黄山画派”，梅清是“黄山画派”之首，他的“黄山画”被公认为“墨松尤苍雄拔秀”，以致“海内鉴赏家，无不宝贵之”。“黄山画派”在山水画史上影响深远。

作品有《黄山图》、《黄山风景图》、《高山流水图》等。他笔下的黄山，以气势取胜，行笔流动豪放，运墨酣畅淋漓。取景奇险，用线盘曲，富有动感。他长期深入黄山，多写生黄山真景。其黄山画作颇丰，为社会广泛珍藏，但传世至今者不多。

朱耷

（公元1626～约1705年）原名统，又名朱耷，明朱元璋之子宁献王朱权的后裔，朱耷的字、号、别名特别多，有八大山人、雪个、个山、个山驴、人屋、良月、道朗等。朱权封为宁献王时，王府所在地在南昌，南昌就成了朱耷的籍贯。明朝灭亡后，朱耷取消了自己的姓，别名“雪个”，后来改为“八大山人”。书画落款，“八大”和“山人”分别联缀在一起，看

朱耷（清）《山水通霄图》

起来就像“哭之”或“笑之”的字样,作为他那隐痛的寄意,他有诗“无聊笑哭漫流传”之句,以表达故国沦亡,哭笑不得的心情。

他善画花鸟竹木,以简略见胜,独出新奇。书法古朴,有晋唐之风。写意花鸟画脱胎于明林良、徐渭等人,笔墨精练,含蓄蕴藉,丰富多彩、淋漓痛快、自成一格。画山水,大都是荒岭怪石,表现了“残山剩水,地寒天荒”的境界。

《山水通景图》纸本,水墨,纵97.6厘米,横35.8厘米,现藏南京博物馆。构图奇险,画面冷气袭人。枯槎斜上,丑石突起,怪石嶙峋,傲然挺立。画面形象单纯,气氛萧条冷落,笔墨粗犷奔放,流露出一股画家的遗愤和对命运的抗争,体现了他“借物写心”的宗旨。

王翚(清) 《秋树昏鸦图》

王翚

(公元1632~1717年),字石谷,号耕烟散人、乌目山人、清晖老人,常熟人,清初杰出的山水画家。

王翚出身于绘画世家。曾祖王伯臣,善画花鸟,祖父王载仕,擅长山水、人物、花卉;父王云客也善画山水。少时见赏于王鉴,被收为弟子;后转师王时敏,临摹宋、元名迹,并与恽寿平切磋画艺。吸取宋、元山水画技法,精研各家,冶为一炉,王时敏推誉“画有南北宗,至石谷而合为一”。曾受清康熙皇帝之命主绘《南巡图》,画成后,御赐“山水清晖”匾额,声名益著,有“画圣”之誉。作品虽多仿古,却具清丽深秀风致,晚年山水画,在简练中颇有苍茫之致。和当时的王时敏、王鉴、王原祁并称“四王”;合吴历、恽寿平,世称“四王吴恽”。其画风影响深远,从学弟子甚众,有杨晋、唐俊、蔡远等,形成颇有特色的“虞山画派”,在中国美术史上具有一定的地位。

传世作品《断崖云气图》、《仿王蒙秋山草堂图》、《霜柯远岫图》等。《秋树昏鸦图》,设色,纸本。纵118厘米,横73.7厘米,现藏北京故宫博物院。画高树垂柳,竹林小径,归鸦点点,画上端右侧题诗。此画笔墨苍老,墨色富于变化,人物形象生动,刻划工细,属晚年佳作。

吴历

(公元1632~1718年)原名启历,字渔山,号墨井道人。江苏常熟人,清代画家。工诗文书画,早年曾随陈瑚学经学,随钱谦益学诗,随陈岷学琴,随王时敏、王鉴学画。他政治上不满清朝统治,思想消极,有出世之念,先近佛教,后加入天主教,教名西满,曾打算赴欧洲修道,但未成行,先居澳门,后往来于上海、嘉定一带传教。虽然他社会地位较低,但却不俯仰权势,人品、画品都很高。吴历擅山水,广泛师承宋元诸家,于吴镇、王蒙用功尤深,并吸取西洋画的某些技法,加以变化发展。其画风貌多样,既刚劲雄伟,又淡雅浑朴,早年善用重墨、积墨,笔墨细润沉着;中年后多用干笔焦墨,画风沉郁苍秀。为时人所重,与王时敏、王鉴、王宷、王原祁、恽寿平并称“四王吴恽”。

作品有《琵琶行图》、《消夏图》、《泉声松色图》、《横山晴霭图》等传世。著《墨井诗钞》、《三巴集》、

《三余集》。晚年创作的《黄山晴霭图卷》，仿王蒙，更具沉郁之气，山石用干笔织墨层层加皴，并用焦墨点擦，阴阳分明，苍郁滋润，具浑厚凝重之特色。

恽寿平（清）《富春山图》

恽寿平

（公元1633～1690年）初名格，字寿平，以字行，又字正叔，号南田、白云外史、云溪外史等。江苏武进人，清代画家。早年向伯父恽向学画山水，取法王蒙、黄公望、倪瓒，并上溯董源、巨然。中年以后转为以花鸟为主。他从明代沈周、孙隆等人的作品中吸取创作经验，创造“仿北宋徐崇嗣”的没骨花卉画法。花鸟画自有黄筌、徐熙不同风貌的两大流派，恽寿平合理吸收两派的技巧，走出了没骨花卉的新路，特点是以潇洒秀逸的用笔直接点蘸颜色敷染成画，讲究形似，但又不以形似为满足，有文人画的情调、韵味。所画花卉，很少勾勒，以水墨着色渲染，用笔含蓄，画法工整，明丽简洁，天趣盎然。其花鸟画作多写生，人称“写生正派”。其山水画亦有很高成就，以神韵、情趣取胜，与清初四王及吴恽合称“清六家”。他又善诗文和书法，诗被誉为“毗陵六逸之冠”。书法兼褚遂良、米芾，融汇贯通，自成格数，被称为“恽体”。恽寿平诗词清新、书法俊秀、画笔生动，时称“三绝”。由于恽寿平一洗前习，独辟蹊径、别开生面，因而四海之内争学南园画风、诗意和书艺，对后世影响很大，因有“常州派”之称。在绘画理论上亦有建树，后人为其编有《南田画跋》一书。

代表作有《梧轩图》、《蓼汀渔藻图》、《林居高士图》等，还有《南田诗草》、《欧香馆集》、《南田画真本》、《南田集》著述多种。《晴川揽胜图》构图以画幅右边直线为主，林木直干密植，山峰直立突起，形成不通风的格局；左边沙渚平波以横线为主，空阔平远，一望无际。全图横与直之间形成对比，大疏大密，互为照应，别具一格。

石涛

（公元1641～1707年）本姓朱，名若极，法名原济，字石涛，别号苦瓜和尚、大涤子、清湘老人、瞎尊者、零丁老人等，广西全州人，清代画家。他既是绘画实践的探索者、革新者，又是艺术理论家。石涛与八大山人、弘仁、髡残合称“清初四僧”。

石涛山水画名极盛，自成一家，既善借鉴古人之长，又饱览名山大川，力主“搜尽奇峰打草稿”，注重外师造化。其山水构图新颖奇异，笔墨雄健纵恣，极富变幻，形成自己苍郁恣肆的独特风格。石涛善用墨法，枯湿浓淡兼施并用，尤其喜欢用湿笔，通过水墨的渗化和笔墨的融和，表现出山川的氤氲气象和深厚之态。皴法主要源于董源、巨然、黄公望、王蒙一路，根据山石自然结构，随机而化。石涛作画构图新奇，无论是黄山云烟，江南水墨，还是悬崖峭壁，枯树寒鸦，都力求布局新奇，意境翻新，于豪放郁勃、宏博奇异的境界之中寓有静穆的气氛。作品具有一种豪放郁勃的气势，以奔放之势见胜。

传世山水画有《搜尽奇峰打草稿》、《泼墨山水》、《云山图》、《海晏河清图》等。石涛亦工兰竹，多水墨写意，行笔爽利，用墨酣畅，造型清新，《墨荷图》、《蕉菊图》、《梅竹图》等皆为存世佳作。石涛深研画理，着有《苦瓜和尚画语录》，为清代重要画论。

王原祁（清）《仿王蒙山水图》

王原祁

（公元1642～1715年），字茂京，号麓台，为王时敏之孙，直接受祖父指授，绘画上完全摹仿黄子久笔墨，干笔皴擦浅绛设色，自栩为笔瑞如金刚杵，但章法多雷同，缺少变化。王原祁在康熙九年中进士，一直混迹官场，康熙三十九年入直南书房，任侍讲侍读学士，户部左侍郎。以后又相继奉命担任《佩文斋书画谱》编纂官和《万寿盛典》总裁官，颇受康熙皇帝尝识。

传世作品《仿工蒙山水图》纸本，设色，现藏北京故宫博物院。此图画面开境大，景物繁多，气度恢弘。绘如镜的湖水，透迤的小径，跌宕的飞泉，浓荫的苍松，飘渺的烟云，巍峨秀拔的峰峦，传达出一种悠远神奇的意境。在布局上，注意运用隐现与对比的手法。在笔墨上追摹王蒙的风格，并充分发挥了元人干笔皴擦的技法，虽为摹古之作，却形成了自己山水画的笔墨特色。

高其佩

（公元1660～1734年）字韦之，号且园，又号南村，别号颇多，如创匠等。铁岭人，清代杰出画家。官至刑部右侍郎。他以指头画名擅一时，后人继者颇多，形成了一种画派。其表现手法，不用笔而求之于手指。理由是“知笔之难用，故单用手指”，“不过求无笔墨痕”而已，他为手指画开宗立派，在绘画史上占有重要地位，他是一位有超前意识的艺术大师。他所画人物形象极为生动，面部用尖指甲细勾，简练传神，画衣纹指尖指甲并用，顿挫自如，冠靴用指掌涂抹，墨色浑然。

他的艺术才能是多方面的，擅画人物，能各具性格，姿神生动；亦画山水，随意点染，云烟生绡；兼写花鸟，无不精妙。少壮时以机趣风神胜，多萧疏灵妙之作；中年以神韵力量胜，简淡古拙，冷集闲逸，千变万化，愈出愈奇；晚年以理法胜，深厚浑穆。画中丘壑无或雷同，指画之染法变化莫测，尤显自然之趣。他的指画清、奇、简淡、浑厚，而神韵尤在指墨之外，其艺术成就，对后世影响很大。“扬州八怪”中的李复堂得到他的传授，黄慎、高凤翰等也都爱到他画风的薰陶。

其作品有《雁行图》、《怒容钟馗图》、《梧桐喜鹊图》、《天空海阔图》、《长江万里图》和《民安物阜图》等。

高其佩（清）《指画怒容钟馗图》

沈铨（清）《松柏九鹤图》

沈铨

（公元1682～1760年）字衡斋，号南蘋。吴兴人，清代画家。沈铨二十岁开始学画，为探求画理而寻师访友，远游他乡。他的画远师南宋，近承明代著名花鸟画家林良、吕纪之技法。工树石、花卉、翎毛。中年时，他的画已名闻江南。雍正元年底携弟子郑培等人赴日本，居长崎传授绘画达2年之久，日人熊代、熊斐等人随其学画，其画在当地甚受欢迎。沈铨忠实地继承明代的画风，然而他并不仅仅是继承，且致力开创新意，增添活力，形成他自己独特的画风。

纵观沈铨的作品，以娴雅雄阔、生机勃勃见长。描绘工整细致，色彩艳丽，形象逼真，生动传神。传世作品有《松鹤图》、《梅花绶带图》、《鹤群图》、《松鹿图》等。

金农

（公元1687～1764年），原名司农，字寿门，号冬心，别号甚多，有金牛、老丁、古泉、竹泉、曲江外史、稽梅主、莲身居士、龙梭仙客、耻春翁、寿道士、金吉金等。浙江杭州人。金居于扬州八怪之首，他嗜奇好学，工于诗文书法，诗文古奥奇特，并精于鉴赏。书法创扁笔书体，兼有楷、隶体势，时称“漆书”。他收藏的金石文字多至千卷。乾隆元年，荐举“博学鸿词”不就。性好游历，“足迹半天下”。五十三岁后才工画，人们称其“涉笔即古，脱尽画家之习”，其画造型奇古，善用淡墨干笔作花卉小品。初画竹，继画马，画佛像，画梅更能独创一格，为“扬州八怪”之一。山水人物画，构思新奇、含蓄，意境幽僻，笔法稚拙，设色淡雅、浓丽兼施，富有笔墨趣味。花果画，吸收书法用笔之法，随意点染，秀逸天成，在轻盈萧洒中寓有沉厚顽强的意趣。

代表作有《东萼吐华图》、《空捍如洒图》、《腊梅初绽图》、《玉蝶清标图》、《铁轩疏花图》等。《玉壶春色图》作于乾隆二十六年，为其暮年的精心之作。画为绢本、设色，长131厘米，横42厘米，是其大幅作品。“岁寒三友”是画家借以自比的绘画题材，也是金农偏好的题材之一。为创造自己的梅花风格，他潜心研究了“八怪”中汪士慎和高翔的梅花，在“不疏不繁之间”创造自己的梅花形象。此画截取梅树干中间部分，通贯于正中，顶天立地，布局奇崛，迥异于常见的折枝花或全株树的构图方式。以大笔铺枝，小笔勾瓣，逸笔草草，初看似乎比例不合，实际上却把梅树刚中有柔、冰肌傲骨的内在精神风貌表现得淋漓尽致。繁枝密萼，穿插有绪，平淡而丰富。水墨的控制得心应手，以饱含水分的淡墨挥写技干，以浓墨点苔，更显出老梅凌寒的性格。画面典雅清丽，凝练简洁；笔墨隽逸雅拙，纯任自然。著述有《冬心诗钞》、《冬心随笔》、《冬心画梅题记》、《冬心画马记》、《冬心杂著》等书。

郎世宁

（公元1688～1766年），清代宫廷画家兼建筑师、天主教耶稣会修士。意大利人，生于意大利米兰，卒于北京。1714被教会派往中国，遂取汉名郎世宁。康熙末以画供奉内廷，得到皇帝的赏识。曾奉命参加圆明园欧洲式样建筑物的设计工作。由于郎世宁带来了西洋绘画技法，向皇帝和其他宫廷画家展示了欧洲明暗画法的魅力，他先后受到了康熙、雍正、乾隆的重用。他是一位艺术上的全面手，人物、肖像、走兽、花鸟、山水无所不涉、无所不精，成为雍正、乾隆时宫廷绘画的代表人物。郎世宁擅长画人物肖像、鸟

郎世宁（清）《松鹤图》

兽、山水及历史画，尤精画马。以欧洲技法为主，注重物象的解剖结构、光影效果及立体感。郎世宁还向中国的宫廷画家传授欧洲绘画的技法；帮助工部右侍郎年希尧撰写《透视学》，此书为第一部介绍欧洲焦点透视画法的著作。

代表作有《平安春信图》、《百骏图》等。《松鹤图》，绢本，设色，纵223厘米，横142厘米，现藏沈阳故宫博物院。为郎世宁画松鹤，唐岱补巨石。巨石挺立于苍松之后，郎世宁参照西洋绘法，皴擦不明显，但有较强的立体感。一对羽毛绚丽丰润的仙鹤绕松而追逐，神态生动逼真。全图洋溢着祥和气氛。此画其用笔、用墨、敷色等与传统中国绘画有较大的差别。画上钤“乾隆御览之宝”方印；右下署款“臣唐岱恭画石”、“臣郎世宁恭画松鹤”，钤有“臣世宁”、“臣岱”朱文方印各一。

郑板桥

（公元1693～1765年）名燮，字克柔，号板桥，清代著名画家。康熙秀才、雍正举人、乾隆进士。江苏兴化人，3岁丧母，由乳母费氏抚养长大。先后当了山东范县、潍县知县，因擅自开仓赈济，拔款救灾，获罪罢官。后来长期在扬州以卖画为生。受石涛、八大山人影响较深，又发挥了自己的独创精神，为“扬州八怪”之一。

他的画以竹、石、兰蕙为最工，用笔秀劲潇洒，多而不乱，少而不疏，芳兰数丛，浓墨画花，秀逸多姿；浓淡疏密，墨色淋漓，天趣横溢，神理俱足。他主张“不泥古法”，重视艺术的独创性。重视深入生活，观察写生。书法杂用篆、隶、行、楷并以隶为主，兼有画意的美感，独创一格，自调用为六分半书，人称之谓“乱石铺街”体。在中国书法史上前无古人。兼长篆刻，古朴不俗。

《桐阴论画》的作者秦祖永曾把丁敬、金农、郑燮、黄易、奚冈、蒋仁、陈鸿寿七人的印章边款题跋辑为“七家印跋”。作品很多，画风极大地影响了清代的画坛。代表作品有《修竹新篁图》、《清光留照图》、《兰竹芳馨图》、《甘谷菊泉图》、《拄石干霄图》、《丛兰荆棘图》、《画竹留赠图》等。有《板桥文集》。郑板桥的诗、书、画、印，被赞为四绝。

姚文瀚

（生卒年不详）号濯亭，顺天人，清代画家。乾隆时供奉内廷，工道释、人物、山水、界画，《石渠宝笈》著录其曾作《仿清明上河图》卷，文瀚于群工角艺时，胸具别裁，画成缩本，乾隆喜而题诗并注：“此卷较择端原本尺幅纵横倍减，而临摹毕肖，人物益小，尤见精能。”尝画《梧阴清暇图》轴、《春朝婴戏图》轴、《岁朝欢喜图》轴、《观音像》轴、《文殊像》轴等。《仿宋人文会图》卷、《紫光阁锡宴图》卷。

传世作品有《四序图》卷，绢本，设色，描绘宫廷仕女春游、纳凉、游湖、赏雪四季不同之悠闲生活、构思巧妙，意境幽曲，刻画细腻，形象生动，笔墨工整，设色典雅。此作人物虽小，然曲尽姿态，形神兼备，现藏北京故宫博物院。

邓石如

（公元1743～1805年），原名琰，字石如，又名

姚文瀚（清）《荷宫消夏图》

顽伯，因避清仁宗名讳，故以字行。号完白山人，又号完白、古浣子、游笈道人，凤水渔长，龙山樵长等，安徽怀宁人，出生寒士之门。20岁左右即开始了一生的游历生涯，浪迹江湖，到处寻师访友。

时人对邓石如的书艺评价极高，称之“四体皆精，国朝第一”，他的书法以篆隶最为出类拔萃，而篆书成就在于小篆。他的小篆以斯、冰为师，结体略长，却富有创造性地将隶书笔法糅合其中，大胆地用长锋软毫，提按起伏，大大丰富了篆书的用笔，特别是晚年的篆书，线条圆涩厚重，雄浑苍茫，臻于化境，开创了清人篆书的典型，对篆书一艺的发展作出不朽贡献。隶书能以篆意写隶，又佐以魏碑的气力，其风格自然独树一帜。楷书并没有从唐楷入手，而是追本溯源，直接取法魏碑，多用方笔，笔画使转蕴涵隶意，结体平正，古茂浑朴。

邓石如以雄厚的书法为基础，做到书从印出，印从书出，打破了汉印中隶化篆刻的传统程式，首创在篆刻中采用小篆和碑额的文字，拓宽了篆刻取资范围，在篆刻上形成了自己刚健的风格，成为在篆刻艺术发展史上杰出的大家，成为众所敬仰的皖派鼻祖、篆刻巨擘。他的书法艺术，开赵之谦、吴昌硕之先河，推动晚清书法艺术之大发展。邓石如的书刻雄风影响深远，近现代的书法家包世臣、吴熙载、莫友之、杨沂孙、徐三庚、赵之谦、吴大澄、吴昌硕、沈曾植、康有为、黄宾虹等无不受到影响

伊秉绶

(公元1754～1815年)字组似，号墨卿，默庵，福建汀州宁化人。乾隆五十四年进士，授刑部主事，迁员外郎，曾任惠州知府，扬州太守等官。他为官清廉，勤政爱民。伊秉绶出生于书香门第喜绘画，工四体，其行楷有颜真卿之神韵，博采广收，兼师百家，自抒己意，为时人瞩目。其隶书成就最高，为清代碑学中的隶书中兴的代表人物之一。书体横平竖直，结体方正，有较强的装饰意趣；用笔圆浑，毫不夸张，意到笔止；气韵生动，飘逸脱俗，结体别出新意，极富变化，大字雄强挺拔、愈大愈壮，小字清新雅丽，端庄多姿。伊秉绶的隶书在笔划上与传统汉隶有很大的不同，他省去了汉隶横画的一波三折，代之以粗细变化甚少的平直笔划；伊秉绶的书法融会秦汉碑碣，古朴浑厚，“有庙堂之气”，对后世的书法创新有很多启示。

著有《留春草堂集》。传世书迹甚富，《隶书五言联》，书于嘉庆二十年，纸本，墨迹。隶书，凡上下联正文10字，款16字，共26字。纵178厘米，横33.3，厘米，现藏首都博物馆。此联严格的中锋行笔，藏头护尾，法度森然，其笔画粗细大致均等，圆润率直，分明是地道的篆、籀笔意。结体左右平均匀称。此五言联，其笔力雄健，中画沉厚挺拔，融合了《郙阁颂》、《张迁碑》、《衡方碑》等汉隶名碑的优点，形成了自己严谨而不刻板，凝重而有韵致，夸张而合情理的隶书风格。

包世臣

(公元1775～1855年)字慎伯，晚号倦翁、小倦游阁外史。安徽泾县人，泾县古名安吴，故人称“包安吴”，嘉庆十三年举人，邓石如弟子，官新喻知县，仕途不顺，终归布衣，学知渊博，对经济、文艺有研

究。工诗文书画，能篆刻，其书法备得古人执笔运锋之奇，一时称为包体。他对自己的书法极其自负。自言“廿六而后学，四十而后知。”、“慎伯中年书从颜、欧入手，转及苏、董，后肆力北魏，晚习二王，遂成绝业。”自以为“右军第一人”。其《小草诗册》确有特色，有集碑帖于一人之感。包世臣的书法称不上是第一流的，但他留给后人的书法论著却是第一流的。所著《艺舟双楫》是一部倡导北魏的力作，是清代碑学思想的经典之一，对清代中、晚后期书风变革，碑学发展甚有影响，至今为书界称颂。另有《清朝书品》、《安吴四种》等著作。

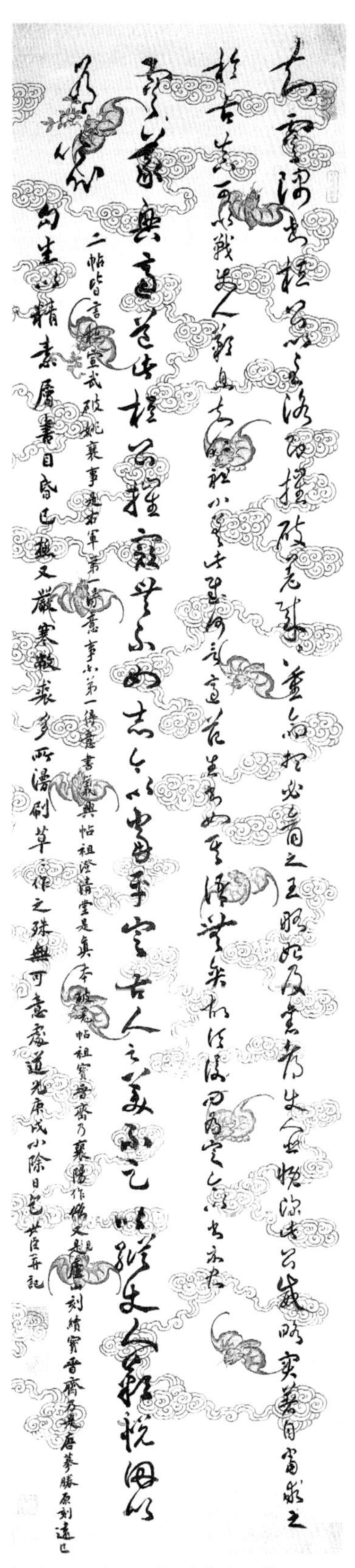

包世臣（清）《行书临右军帖》

第二章　近现代书画名家传略

任伯年

（1840～1896年）名颐，字伯年，号小楼，浙江山阴人。父任鹤声乃民间画工，专擅肖像写真。初从父学画，亦受其族叔任熊影响。后到上海，三十年中以卖画为生。擅长人物、花鸟画，是晚清海上画派的主要代表。

任伯年最突出的成就在花鸟画方面。取法徐渭、陈淳、华岩等人，博采诸家，自成风格，且传统功力极深。无论工笔写意，人物山水，花鸟走兽，无一不精。他的笔墨洒脱传神，色彩妍丽悦目。由于他注重观察，因此他笔下的花鸟，造型准确，曲尽其态。田园瓜豆，真实可爱，充满生机。

任伯年　《春江水暖图》

他的传世作品较多，《野塘雨后》、《芭蕉绣球》等皆为名作，给人以清新明快之感。从画史上讲，他的人物画更为突出，对当时及后世画坛影响颇巨。《故土难忘》、《苏武牧羊》采用写实手法，意境凄凉，表现出他忧时伤国的感情。他的人物画也表现现实生活，在一定程度上揭露社会阶级矛盾，《关河一望萧索》、《倒骑驴图》、《钟馗》等用象征手法，针对现实，讽刺时弊；《八仙祝寿图》则是通过夸张手法，表现对理想生活的追求。任伯年是我国近代绘画史上杰出的画家，徐悲鸿说他是“仇十洲之后，中国画家第一人。”

吴昌硕

（1844～1927年）初名俊，后改名俊卿，字香补、香圃，中年字苍石、昌硕、昌石、仓硕，多别号，有缶庐、缶道人，朴巢、苦铁、破荷亭长、五湖印丐、大聋等，浙江安吉人。杭州西泠印社首任社长，我国近代金石、书、画大师，中国近现代杰出的艺术家，吴派篆刻的创始人，对近现代中国艺坛产生了广泛和深刻的影响，尤对上海画派后期画风影响深刻。

吴昌硕最擅长写意花卉，受徐渭和八大山人影响最大，由于书法篆刻功底深厚，他把书法、篆刻的行笔、运刀及章法、体势融入绘画，形成了富有金石味的豪健画风。他的书法凝炼遒劲，貌拙气酣，犹以篆书最为著名，所临石鼓文，参以两周金文及秦代石刻，融合篆刻用笔，极富金石气息。

吴昌硕传世作品很多，但多在民间流传。其《墨梅图》构图奇特，几条重墨线条，作为梅花主干，小枝旁出。右上侧又伸出数干梅枝，穿插于主干之间。梅花以浅墨勾勒，生机灵动。梅干梅枝的处理，粗看似不合常规，然而细细品味，枝干横竖交叉，杂而不

吴昌硕　《墨梅图》

乱，恰到好处，表现出梅花的风姿，富有浓郁的生活气息。此画可谓是吴昌硕花卉画的奇绝之作，苍劲俊朗而洒脱随意。

齐白石

（1863～1957年）原名纯芝，字渭清，后改名璜，号白石，别号借山吟馆主者、寄萍老人等，湖南湘潭人。现代书画家、篆刻家。

早年曾为木工，学习绘画、诗文、篆刻、书法，靠为人写照、卖画、刻印为生。中年曾“五出五归”多次出游南北，1919年定居北京，专业卖画、刻印。

在艺术上常与陈衡恪相切磋，推崇徐渭、朱耷、原济、李鱓及吴昌硕等诸家，六十岁后，画风骤变，重视创造，融合了传统写意画和民间绘画的表现技法，形成独特的艺术风格。擅作花鸟虫鱼，笔墨纵横雄健，造型简练质朴，色彩鲜明热烈；并善于把阔笔写意花卉与微毫毕现的草虫巧妙地结合一起，亦画山水、人物。论画有妙在似与不似之间，太似为媚俗，不似为欺世的见解。篆刻初学浙派，后多取法汉代凿印，布局奇肆朴茂，单刀直下，劲辣有力。能诗文。曾任中国美术家协会主席、中央文史馆研究馆员、北京中国画研究会主席、北京中国画院名誉院长。1953年中央文化部授予“人民艺术家”称号。

出版有《齐白石作品选集》、《齐白石山水画选》等画册多种。1952年，齐白石为祝贺亚洲与太平洋地区和平会议在京召开创作了《百花与和平鸽》，歌颂人类进步事业。画面上，在白花盛开的春光里，一群仪态万千的鸽子，安详地在百花丛中憩休憩、觅食。画境和平、宁静、安详，表达了对新生活的歌颂，对于人类和平的呼唤。

黄宾虹

（1865～1955年）原名懋质，后改名质，字朴存，中年更字宾虹，别署予向，晚年署虹叟、黄山山中人等。生于浙江金华。早年曾参加同盟会、南社、国学保存会等，后潜心学术，深研画史、画理。曾在国粹学报、神州时报、商务印书馆等作编纂工作，并主持编写神州国光社的《神州大观》。历任新华艺专、北平艺专、中央美院华东分院教授、全国政协委员。学养渊博，著述宏富，诗书画印及鉴赏皆精，为中国近现代艺术史上的一代巨匠，被国家授予“中国人民优

黄宾虹作品

秀的画家”称号。在我国近现代绘画史上，有“南黄北齐”之说，“北齐”指的是花鸟画巨匠齐白石，而“南黄”就是山水画大师黄宾虹。

著有《古画微》、《虹庐画谈》、《鉴古名画论》、《黄山画家源流》、《画法要旨》、《宾虹草堂印谱》、《画学编》、《宾虹杂著》、《宾虹诗草》等。

其作品《秋林图》轴，纸本，设色。纵122.8厘米，横48.8厘米，现藏天津人民美术出版社。此图充分体现出他的“峰峦浑厚，草木华滋”的艺术风格。图绘山峦重叠，林木扶疏，云雾缭绕，层次颇多，画面清妍秀润，意趣生动。构思平中见奇，近取其质，远取其势，笔墨枯润相间，有虚有实，繁而不乱。

陈半丁

（1876～1970年）原名陈年，字半丁，后以字行世。1876年生于浙江绍兴，中国画家。出身贫寒，自幼学习诗文书画。20岁时赴上海，经友人介绍与任伯年、吴昌硕相识，后拜吴昌硕为师。40岁后到北京，应蔡元培之邀，就职于北京大学图书馆，后任教于北平艺术专科学校。四十年代曾多次参加或举办各种形式的书画展览和捐款义卖展览。1956年在第二届全国政协会议上，与叶恭绰一起提出了“继承传统，大胆创新，成立中国画院”的建议，引起了党和国家领导人的重视。20世纪五十年代后，历任北京中国画院副院长，中国画研究会会长，中国美术家协会理事，

中国民族美术研究所研究员，中央文史馆馆员，全国文字改革委员会委员，第三届中国文联委员，全国第二、三、四届政协委员。

陈擅花卉、山水、人物、走兽，以写意花卉最知名。除任颐、吴昌硕外，又师法赵之谦、徐渭、陈淳，形成独特风格。作品笔墨苍润朴拙，色彩鲜丽、沉着，形象简练、概括，讲求诗书画印的相互作用。陈还是京津画派的典型代表人物，是20世纪书、画、印兼擅的艺术大家。出版有《陈半丁画册》、《陈半丁花卉谱》。

从陈的作品《白蔷薇》可看出，其笔墨、意境深得文人雅趣和“金石画派”遗风，画风潇洒而刚健婀娜。

于右任

（1879～1964年）原名伯循，字诱人，后以诱人谐音“右任”为名；别署骚心、髯翁，晚号太平老人。陕西三原人。为国民党元老。于右任早年参加辛亥革命。中华民国成立后，1912年元旦，陪同孙中山先生去南京就任中华民国临时大总统，他本人被推选为民国首任交通部次长。1918年至1922年，根据孙中山的指示，回陕组织成立靖国军，与当时的北洋军阀在陕实力人物陈树藩、刘镇华进行了激烈的斗争。后长期担任民国政府的监察院院长。于右任是著名的教育家、诗人、书法家。他在20世纪二、三十年代，收藏古代碑志耗资16万多银元，他收藏并捐献给西安碑林博物馆的墓志中，现被定为国家一级文物的有《夫人管氏墓志》、《元珍墓志》、《穆亮墓志》等书法极品20多种，都是我国书法宝库中的无价之宝。

于右任 书法

1905年，协助马相伯创立复旦公学，后时时关注复旦，曾三度援手救助复旦于危厄之中，有“复旦的孝子”之称。

于右任精书法，尤擅草书，首创“标准草书”，被誉为“当代草圣”。他于1932在上海创办标准草书社，以易识、易写、准确、美丽为原则，整理、研究与推广草书，整理成系统的草书代表符号，集字编成《标准草书千字文》，而后自己又手写一遍，刊印行世，此书影响深远，至今仍在重印。

著作《右任诗存》、《右任文存》、《右任墨存》、《标准草书千字文》等。《录杜甫诗草书轴》笔画简单，形态优美。他基本上写的是不相连属的今草，但他的草书是由章草入今草的，在他的草书作品中，不时可以见到章草的笔法。在用笔方面，几乎笔笔中锋，精气内蓄，墨酣力足，给人以饱满浑厚的感觉。

沈尹默

(1883～1971)原名君默，字中，后更名尹默，号秋明、匏瓜。浙江吴兴人，与赵孟頫是同乡。近代中国最负盛名的书法家之一，也是我国杰出的学者、诗人。沈尹默初以诗名，是五四新文化运动的一员主将。

他少时就开始学书法，在地方上已颇有书名。沈是以学帖出名的，他在碑上也下了苦功。近50岁时致力于行草书，从米南宫而智永，而虞世南，而褚遂良，再上溯二王。又在故宫博览历代名迹，眼界大开。这是沈书法生涯中一个关键时期。其书法由此大进，秀雅、俊美的个人风格也基本形成。51岁上办了第一次个人书展，以后几乎一年一次，名震南北。民国初年，书坛就有“南沈北于（右任）”之称。文学家徐平羽谓沈之书法“超越元、明、清，直入宋四家而无愧。”谢稚柳认为：“数百年来，书家林立，盖无人出其右者。”沈被称为“书坛泰斗”。

沈在书法实践的同时，也深入研究了书法理论。他结合自己学书的体会，将书法理论通俗化，起到了广泛的宣传作用。著有《谈书法》、《书法漫谈》、《书法论》等。沈逝世后出版的《沈尹默书法集》比较全面地收集了他二十岁以后的各个时期的代表作，反映了他书法嬗变的全过程。1999年出版的《沈尹默手稿墨迹》收集草稿书札精品四十余件，以行草为主。沈尹默于1949年后，积极从事书法艺术的教育与普及工作，培养了不少卓有成就的书家。上海的书坛上，

沈尹默 书法

至今仍活跃着许多沈的传人。

于非闇

(1889～1959年)，名照，字非厂、非闇，号闲人，室名玉山砚斋。满族，山东蓬莱人，生于北京。

清末贡生，初以教书为生，曾任私立华北大学、京华美术专科学校、国立艺术专科学校美术教员，1949年后受聘为中央美术学院民族美术研究所研究员、北京中国画研究会副会长，北京中国画院副院长。擅工笔花鸟，从陈洪绶入手，上溯唐、宋勾勒，造型逼真，态势极妍，用色鲜艳，富丽典雅，尤喜画牡丹、鸽子，白描兰、竹、水仙亦见清逸。书法工瘦金体，兼擅治印。20世纪40年代后，个人风格更趋成熟，有南陈（之佛）北于之称。

于非闇的工笔双勾重彩花鸟画，主要吸收了三方面的营养：从古代绘画遗产中汲取精华；注重从写生中体察物理、物情、物态；借鉴民间绘画中优秀的技法。如装饰风格、色彩的对比与协调，以及朴素祥和的题材与审美习惯。这些都使他的作品获得了广大的接受群体。于氏还精于国画颜料之研究，所用颜料悉依古法自行研制，鲜丽沉着非市售可比。著有《中国画颜色的研究》、《非闇漫墨》、《我怎样画工笔花鸟画》。代表作有《和平鸽》、《丹柿图》等。

孙雪泥

(1889～1965年)原名鸿，字杰生，一字翠章，以号行，别署枕流居士。江苏金山亭林人。现代画家、诗人。自幼喜爱剪纸、绘画及古典诗词等。1912年创办上海生生美术公司，以名画家和自己的作品，印刷制作成具有实用价值的月份牌、团扇等，又主持宋体铸字印刷局，以商养文，颇负声誉。1932年创办中国画会，任常务理事兼总务，为中国画会筹募基金举行会员作品展及举办福利事业等不遗余力。曾任上海市彩印工业同业会理事长，生生美术公司董事、总经理，生生图画公司董事长，冠生园食品公司、中联印刷公司董事，在工商界享有声誉。1950年出席第一届全国出版工作会议。1953年任上海图片出版社编辑室主任。1956年上海中国画院筹建时应聘为画师。为中国美术家协会上海分会会员、上海中国书法篆刻研究会会员、上海市文史馆馆员。

工山水、花卉，尤擅鳞介、蔬果、梅花等。山水继承云间画派，花卉果品师明代孙克弘，清雅秀逸，尤爱画梅，别具一格。代表作《富春江上木排多》、《蔬菜梅花》《西郊农事好》《渔业生产》刊于《上海中国画选集》，《菜市归来》。传世作品有《花果山图》、《高山放牧图》(藏上海中国画院)等。喜作旧体诗，多咏景咏物之作，印有《雪泥诗集》。

孙雪泥 作品

郭沫若

（1892～1978年）四川乐山人。为当代著名书法家、文学家、史学界权威，蜚声国际。历任政务院副总理、全国文联主席、全国人大副委员长、全国政协副主席、中国科学院院长。

郭五四运动后与郁达夫、成仿吾等创立创造社，发刊创造月刊、季刊、周刊及文学丛书，倡导文学革命。研究文学、历史、考古等，均有其精湛独到之处。郭沫若作为苏轼以后四川又一大文人，其书法成就直堪与东坡媲美，为世所重。郭的书法从宋四家出来，无论用笔、结体都有宋四家意味，与东坡书法同属于横画宽结一类，但又有着强烈的个性色彩，郭对古典书法有过广泛深入的学习与探究，深得苏东坡、颜真卿神韵。其书法，从开始便化他人为己用，独具风骨。无论长篇巨制，抑或短笺小札，用笔仍依稀可见颜鲁公的精神，线条朴茂、敦厚；结体宽博又富有时代气息。其行草的精妙之处，在于“意”的挥洒和“韵”的和谐。

20世纪60年代，是郭书法成熟期。此期的书法风貌精气饱满，形式与内容又有新的开拓。风格由早期的碑学功底，到融汇碑帖的广泛吸收，到晚年的匠心独具，最终走向成熟，显出激情洋溢、涤满乾坤的浪漫风采，形成风靡华夏的“郭体”书法，成为20世纪学者型书法家的一个典范。

胡佩衡 作品 《云壑幽泉》

胡佩衡

（1892～1962年）原名衡，又名锡铨，号冷庵。蒙古族，著名山水画家。河北涿县人，迁居北京，7岁入私塾，后接受过系统的现代学校教育。早岁在画师李静斋指导下临摹过四王，聪慧早熟，15岁就能独立成幅。北大画法研究会成立后，胡佩衡就以其扎实的传统绘画功力受聘为导师，并主持《绘学杂志》和《造型美术》的编辑、出版工作。曾加入中国画学研究会。20世纪40年代曾任北平艺专教授、北师大讲师，举办国画函授班。1949年后，历任北京中国画研究会常任理事、研究部主任，北京画院院委、画师。

胡佩衡早期画风以精细为主，后学吴镇、黄公望、王蒙，画风转向苍厚。他对四王有自己独到的见解，特别认为王恽对文人山水画的继承和发展有着不可忽视的作用，并著有《王石谷画法抉微》。他认为，学中国画，第一步为临摹画谱，但又主张以古法进行写生。胡佩衡晚年作品大胆施色、山重水复，寓缥缈于沉着之中，形成浓艳雄奇的独特画风。胡佩衡一生勤于著述，先后编写过《我怎样学山水画》、《齐白石画法与欣赏》、《冷庵画诣》、《画扇丛谈》等。

吴湖帆

（1894～1968年）名倩，本名万，号倩庵、东庄，别署丑翼燕。斋名梅景书屋。清代著名书画家吴大之孙。他家世居吴中，其宅为明代金俊明“春草闲房”旧址。自幼受家庭薰陶，拜陆廉夫学画，赴上海后办书画事务所、正社书画会，设梅景书屋招生授徒。后以军阀混战，避乱迁沪，卖画为生。新中国成立，备受礼遇。文革期间，蒙冤而死。

他是二十世纪中国画坛一位重要的绘画大师、书画鉴定家，他在中国绘画史上的意义其实已远超出他作为一名山水画家的意义。早年与溥心畬被称为“南吴北溥”，后与吴子深、吴待秋、冯超然，在画坛有“三吴一冯”之称。吴湖帆又精于鉴赏，家藏宋拓欧帖凡四，故其居为“四欧堂”。作为一位集绘画、鉴赏、收藏于一身的显赫人物，其成就是多方面的，可以说代表了中国绘画史上的一种现象。

吴湖帆工山水，亦擅松、竹、芙蕖。初从清初“四王”入手，继对明末董其昌下过一番工夫，深受宋代董源、巨然、郭熙等大家影响，画风不变，骨法用笔，渐趋凝重。画风秀丽丰腴，清隽雅逸，设色深具烟云飘渺，泉石涤荡之妙。其代表作有《峒关蒲雪图》、《庐山小景》、《写米芾诗意》、《芙蓉映初日》等。

1964年，我国试放第一颗原子弹，他看了几次记录片，又看到彩色照片，就用平时点染烟嶂妙笔，绘成《原子弹放射图》，在画展上展出，解放军参观时，在意见簿上提出要求："请把这幅画制版，印为宣传品，以供群众购赏"。影响之大，可想而知。

徐悲鸿

（1895～1953年）江苏宜兴人。是兼采中西艺术之长的现代绘画大师，美术教育家。自幼随父学习诗文书画，1916年入上海复旦大学法文系，并自修素描。1917年留学日本学习美术，回国后任北京大学画法研究会导师。1919年赴法国留学，1923年入巴黎国立美术学校。学习油画、素描，并游历西欧诸国，观摹、研究美术作品。1927年回国，先后任上海南国艺术学院美术系主任、中央大学艺术系教授、北京大学艺术学院院长。1933年起，先后在法国、比利时、意大利、英国、德国及苏联举办中国美术展览及个人画展。抗战爆发后，在香港、新加坡及印度举办义卖画展，宣传支援抗日。后重返中央大学艺术系任教。1949年后任中华全国美术工作者协会主席、中央美术学院院长等职。逝世后，北京建有徐悲鸿纪念馆，集中保存展出其作品。

徐悲鸿 作品 《奔马》

他擅长中国画、油画，尤精素描。他的画作满含激情，技巧极高。著名画有《田横五百士》、《九方皋》、《愚公移山》、《会师东京》等。在绘画上，徐悲鸿主张现实主义美术，强调写实，他的绘画创作坚持"师法造化，寻求真理"的原则。徐悲鸿的另一特色是线条坚卓清爽，这源于北碑的多年功夫，使线条既有如锥划沙般的沉雄劲健，又如行云流水般畅达。其粗细、浓淡、干湿都紧随体、面关系的转折，随所画部位的硬直或肥厚而变化，特别是画山水和花木时，徐悲鸿均不使用传统的皴法，而以大块墨色造型，并用表现力极强的线条勾劲，以传其神。

最能反映徐悲鸿个性，表达他思想感情的莫过于他写马的画卷。《奔马》所画的马笔墨酣畅，奔放处不狂狷，精微处不琐屑，筋强骨壮，气势磅礴，形神俱足，作品表现了中华民族坚韧不拔的进取精神。

溥心畬

（1896～1963年）满族，清室贵胄，生于北京恭王府，赐名儒，号西山逸士，河北宛平人，毕业于北京政法大学。辛亥革命后，随母项太夫人往西山过了十二年隐居生涯，博览历代名迹，与满族画家溥雪斋、溥松窗等组织松风画社精心研究书画。三十年代溥氏与张大千交游甚广，著作颇丰，人称"南张北溥"。1949年后寓居台北，任教于台湾师范大学艺术系，先后到日本、韩国、泰国、香港等地开画展，并为当地大学讲学，宣扬国粹。

溥心畬的画风属中国文人画的传统，并无师承，全由领悟古人法书名画以及书香诗文孕育而成。他的山水画，细丽雅健，风神俊朗，俱是北宗家法，一种大气清新的感觉满布画面。其所作山水远追宋人刘李马夏，近则取法明四家的唐寅，用笔挺健劲秀，真所谓铁划银钩，将北宗这一路刚劲的笔法——斧劈皴的表现特质阐发无余，并兼有一种秀丽典雅的风格，再现了古人的画意精神。

刘海粟 作品

刘海粟

(1896～1994年) 原名粟，字季芳，号海翁。祖籍安徽凤阳，江苏武进人。画家、美术教育家。十四岁到上海入周湘主持传习所学西洋画。1912年创办上海图画美术院，学习和介绍西方美术。1919年后，赴日本、欧洲考察美术。1930年被聘为比利时独立百年纪念国际美术展览会审察委员。1931年应邀赴德国法兰克福中国学院讲学。曾在日本、欧洲多次举办个人画展。1949年后，历任上海美术专科学校校长，华东艺术专科学校校长，南京艺术学院院长、名誉院长，中国文联第四届委员，中美协第三届理事。是第五届全国政协委员，第六、七届全国政协常委。1981年被聘为意大利国家艺术学院院士，获金质奖章。1988年在上海美术馆举办“刘海粟十上黄山画展”。

有画集《黄山》、《海粟国画》、《海粟老人书画集》，著有《米勒传》、《中国绘画上的六论法》等。

《黄山一线天奇观》是一幅气势磅礴的水墨泼彩画，先以水墨勾染近山，而后在墨底上泼上石青、朱砂乃至粉白。最远的一层山峰全以朱丹泼注而出，间隔以白色烟岚，接上更近的一层墨与石青相交融的山峰。此幅作品构图雄奇，大开大合，用笔劲健，潇洒纵逸，功力深厚。画面浮云流动，云海迷漫，色彩绚丽，亦绮亦庄并把西画的光感、透视及色彩诸法揉入画中，笔与腕合，古翥今翔，挥毫端之郁勃，接烟树之渺茫。作品豪放中见精微，为刘海粟成熟作品之一。

潘天寿

(1897～1971年) 字大颐，号寿者，又号雷婆头峰寿者。浙江宁海人，他是一代艺术大师和美术教育家。浙江省立第一师范学校毕业，曾任上海美专、新华艺专教授，1928年到国立艺术院任国画主任教授，1945年任国立艺专校长，1959年任浙江美术学院院长。他曾任中国美术协会副主席、全国人大代表、苏联艺术科学院名誉院士。

他精于写意花鸟和山水，偶作人物。尤善画鹰、八哥、蔬果及松、梅等。落笔大胆，点染细心。墨彩纵横交错，构图清新苍秀，气势磅礴，趣韵无穷。画面灵动，引人入胜。潘天寿的指画也可谓别具一格，成就极为突出。潘天寿绘画题材包括鹰、荷、松、四君子、山水、人物等，每作必有奇局，结构险中求平衡，能精简而意远；墨韵浓、重、焦、淡相渗叠，线条中显出用笔凝炼和沉健。不仅笔墨苍古、凝炼老辣，而且大气磅礴，雄浑奇崛，具有慑人心魄的力量感和现代结构美。

他对继承和发展民族绘画竭尽全力，并且形成一整套中国画教学的体系。他的艺术博采众长，尤于石涛、八大、吴昌硕诸家中用宏取精，形成个人独特风格。著述有《中国绘画史》、《听天阁画谈随笔》。

潘天寿 作品

林散之

(1898～1989年)安徽和县乌江人。原名以霖，号三痴，后改名散之，别号左耳、散耳、聋叟、江上老人。历任中国书协名誉理事、中国书协江苏分会名誉主席、江苏省国画院画师、南京书画院院长，被称作“当代草圣”。

林童年时代学习工笔人物画，练就基本功。此后随乡亲范培开学习书法，范授以安吴执笔之法，双钩悬腕，中锋竖管，打下了扎实的基础。其书法始学唐碑，三十以后学行书，学米芾；六十岁以后学草书。草书以王羲之为宗，怀素为体，王铎为友，董其昌、祝允明为宾。1933年，拜黄宾虹为师，得“五笔七墨”之秘。他的草书是集古人之大成者。

林散之的书法极其讲究用笔，用长锋羊毫作书，并保持中锋用笔而求瘦劲爽利，其书法不仅善于择取古学之长，融会诸家，而且更经千锤百炼，才出以己意。其用笔变化多端，或行笔缓慢，如作楷书，线条凝重，沉静枯涩，似蚕吐丝；或行笔疾厉，有迅雷不及掩耳之势，急转直下，一气呵成。正是这种丰富而微妙的变化，造成雄伟飘逸姿态，磅礴如吞的气势，划沙折股的笔意，具有极强的艺术感染力。其草书形成濡苍虚灵的书风，在当代书坛独树一帜。

出版有《江上诗存》、《林散之书画集》等。

张大千作品 《庐山图》(局部)

张大千

(1899～1983年)，原名权，改名爰，字季爰，号大千，斋名大风堂。生于四川内江。现代中国画家。1917年留学日本，在京都学染织。1919年回国后从曾熙、李瑞清学书画。1941年赴敦煌石窟临摹壁画。1949年赴香港暂居，1952年移居阿根廷。1954年移居巴西圣保罗。1956年游欧洲在法国尼斯会晤毕加索。1958年作品《秋海棠》被美国纽约“国际艺术学会”赠予金质奖章。1968年台北中国文化大学授赠荣誉博士学位。1977年返台北筹建“摩耶精舍”，1978年定居台北。出版有多种选集和著述。1936年出版《张大千画集》，徐悲鸿作序，推誉“五百年来一大千”。

其代表作《庐山图》是一幅10.8米长、1.8米宽气势雄伟，摄人心魄的巨构：下部古木森然，郁郁葱葱，上部峰岭叠嶂，逶迤起伏，变幻无常。山中屋宇、楼阁、小桥、茅亭星罗棋布，若隐若现，正中则是一瀑飞泻，紫烟缭绕。用的是大千晚年独创的泼墨泼彩法，但与常见的不尽相同。画面上群山丛树还是实笔多，勾勒精到、皴擦厚实、点染凝重，与泼墨泼彩形成的云雾虚幻相映衬，更显得苍苍莽莽，瑰丽绚烂。

李苦禅

(1899～1983年)，原名英杰，后改名英，艺名苦禅，号励公，山东高唐人。自幼家贫，在民间绘画艺人影响下学画。1919年在北京大学附设的“业余画法研究会”向徐悲鸿学习素描与西画。1920年入北京大学中文系攻读中文，1922年转北京国立艺术专科学校西画系学习。1923年拜齐白石为师学国画，1925年于北京国立艺术专科学校毕业后任北京师范学校美术专科国画教员，1930年任杭州艺术专科学校教授，1946年任北京国立艺术专科学校教授，1950年任中央美术学院附属民族美术研究所研究员，后任该院国画系教授。曾任中国美术家协会理事，中国画研究院院务委员。

在艺术上，李苦禅汲取石涛、八大山人、扬州画派、吴昌硕、齐白石等前辈的技法。特别是拜齐白石为师后，他深入生活将西方雕刻，绘画方法融入中国画，在花鸟大写意画方面发展出自己独到的特色。其作品继承民族绘画优良传统，并融汇中西技法于一炉，他常以松、竹、梅、兰、菊、石、荷、鱼、鸡、鹰等为题材，笔墨厚重豪放，气势磅礴，渗透古法又能独辟蹊径。

他笔下的鹰是理想中的鸟，既是北方人豪爽纯

李苦禅作品 《松鹰图》

朴的气质象征，同时也是他自己人格的化身。从其代表作《万里一击中》可看出，鹰、石，笔笔写出，浑朴有力，乃传统风格；画鹰用焦墨点睛时留出“眼神光”，又是将西画的光感与传统造型的意象观念相融合的表现。

黄君璧

（1899～1991年）原名韫之，又名允渲，以字行，号君翁，广东南海人。著名画家。自幼喜好丹青，初师从李瑶屏，继入楚庭美术院习西画。1927年后任广州美术学校教授兼教务主任。1937年后任中央大学教授。1941年后兼任国立艺术专科学校国画组主任。1949年后任台湾师范大学教授、艺术系主任、美术研究所教授。设白云堂授徒，被尊为“多士师长”。多次于台北和加拿大、美国、南朝鲜、新加坡数地举办个人画展，1977年与张大千在台中举办“张黄联合画展”，1987年于台北举办90回顾展。1955年获第一届中华文艺奖金美术部门首奖；1968年获纽约圣若望大学金质奖章；1971年获南朝鲜庆熙大学最高荣誉大学奖章。1960年巴西国家美术院授以院士衔。

他擅国画人物、花卉、翎毛，尤精山水。他大量临写前代名家作品，博采众长，笔墨功力深厚，尤能得石溪、石涛及夏珪之精髓。其山水画结构谨严，点画森然，自成机杼，善取山川云水之生意。黄氏晚年搜妙创真，所作大瀑布汹涌奔腾，如顷银河，气势撼人，画法吸收西方油画的创作技法，赋予云水以立体感与动势，但不露西画痕迹。他间作人物、花鸟、虫鱼、走兽，亦得心应手，挥洒自如。有《黄君璧作品集》等行世。作品《烟霞吟诗图》、《观瀑布》等。

关良

（1900～1986年）字良公，广东番禺县人。当代中国著名画家。曾任中国美术家协会理事，美协上海分会常务理事，上海画院师，浙江美术学院教授。关良早年毕业于日本东京太平洋学校西画科。主张艺术创作要深入生活。他笔下的戏曲人物形象从神态、气质和心理上均画得笔拙而神完，他的画质朴归真不落俗套，粗看无法，细品有法，匠心就在无法与有法之间。他的京剧人物画，笔墨凝重，质朴无华耐人寻味。叶圣陶先生曾写：“传神之笔殊可赞”的诗句，给予了很高的评价。1942年他在四川成都举办个人画展，郭沫若观赏关良的戏曲人物画后，认为是古今奇作，并撰文《关良艺术论》向社会介绍和赞扬他的绘画艺术。

关良 戏剧人物作品

关良一生致力于我国艺术教育事业，并为最早将西方绘画艺术介绍到我国的先行者之一，受西方现代绘画影响较深，而这些影响不露痕迹融化在关良的笔下。关良早期油画深受后印象派影响，后来他多作戏剧人物画，在京剧、皮影等民间艺术中找到了现代艺术的因素。他的油画重神似、有意境，色调清新浓郁，笔触流畅厚重，具有中国画的韵味，无矫揉造作之痕。他将中国水墨画的写意技巧与油画的色彩和笔触表现力融合起来。关良的彩墨戏剧人物画独树一帜，最见风格，现已成为我国绘画的一个新画种。

关良的《戏剧人物》等作品藏中国美术馆；其他作品有《乌龙院》、《白水滩》等。油画作品有《古瓶新花》、《三峡》等。国内出版有《关良戏剧人物》、《关良画集》、《关良油画集》、《关良艺术随谈录》等。

林风眠

（1900～1991年）原名林凤鸣，生于广东省梅县。中国现代画家、美术教育家。1920–1922年，先后入法国第戎美术学院、巴黎高等美术学校。1925年回国任北平国立艺术专门学校校长兼教授。1927年赴上海国民政府大学院艺术教育委员会主任。1928年创杭州国立艺术院，任校长兼教授。1947年专事水墨画探索。1949年再回杭州艺术专科学校任教，1952年退职居上海，先后任中国美术家协会上海分会副主席，上海市政协委员。1979年在巴黎举办个人画展。

林风眠 作品 《三喜图》

林风眠擅长描写仕女人物、京剧人物、渔村风情和女性人体以及各类静物画和有房子的风景画。作品内容有一种悲凉、孤寂、空旷、抒情的风格；形式上一是正方构图，二是无标题，他的画特点鲜明，试图努力打破中西艺术界限，造就一种共通的艺术语言。他无愧于是一位富于创新意义的艺术大师，对许多后辈画家产生过极深远的影响。

他融合中西，尽脱窠臼，别开生面，独创出一种富于时代气息和民族特色而又高度个性化的抒情画风。其画好用正方形构图，不留或少留空白；笔法灵动奔放，富于变化；墨与色的交融郁勃淋漓，浑然一体。代表作有《摸索》、《人道》、《人间》、《生之欲》、《人类的历史》、《金色之颤动》、《伤鸟》等。出版有论文集《艺术丛论》及画册《林风眠全集》等。

傅抱石

（1904～1964年）江西新喻人，我国现代著名的国画家、美术史研究和绘画理论家。他热爱中国传统书画、篆刻艺术，刻苦自学，尤崇清代山水画家石涛，1921年考入江西第一师范学校，号“抱石斋主人傅抱石”。1933年进入东京日本帝国美术学校研究部，很快以画、文、书、印“四绝”全才崭露头角，尤以山水画见长。1935年任教于南京中央大学艺术系，1949年后，除在南京师范学院美术系任美术史教授外，他还先后担任了中国美术家协会江苏省分会主席、江苏省国画院院长等职务。

由于长期对真山真水的体察，画意深邃，章法新颖，善用浓墨，渲染等法，把水、墨、彩融合一体，达到了大气磅礴，夺人心魄的视觉效果。在传统技法基础上，推陈出新，独树一帜，对山水画的发展，起了继往开来的作用。其人物画，线条劲健，深得传神之妙。徐悲鸿评价傅抱石全新的山水画使“三百年来谨小慎微之山水突现其侏儒之态”。张大千称他开创了中国人物画千年未有之新画风。傅抱石长期从事美术史和绘画理论的教育与研究，撰著的美术史和绘画理论达200余万字。其《中国绘画变迁史纲》、《国画源流概述》、《中国古代山水画史研究》等力作，融通古今，承前启后、推陈出新，具有通史性、开创性。

傅抱石 作品

其代表作有《兰亭图》、《丽人行》、《九歌图—湘夫人》、《江南春》、《待细把江山图画》等。

《松下观瀑图》作于1947年，为傅中年时期作品。图中“抱石皴”还处于探索时期，他描绘瀑布的杰出才能却充分体现出来。“抱石皴”为傅在传统山水画皴法基础上，融汇、活用了各种传统皴法，归集于“破笔散峰”的运用而独创的一种皴法。是“用草书笔法作皴”。另外，古人只有中锋和侧锋两种笔法，傅则创造性地把笔锋散开，实际上等于无数中锋。傅抱石破笔散锋地写、涂、抹、推、拉、压、簇、转、扫，毫无禁忌，大胆落笔，再加上画面局部的小心收拾，使得其作品大处气势磅礴，小处又精细耐看。此图中山体与树丛的渲染即为层层积染，而瀑布两旁石壁的渲染法则明显地流露出外来影响。

蒋兆和

（1904～1986年）原名万绥，生于四川泸州，著名画家。16岁赴上海画像和从事广告及服装设计，业余自修素描、油画和雕塑。1935年至北平，次年返四川正式开始现代水墨人物画创作。1937年春返北平，任京华美术学院教授、北平艺术专科学校教师，并举办个展。抗日战争时期从事抗日救亡宣传工作，绘制宣传画和爱国将领肖像。1947年受聘于国立北平艺专。1950年起任中央美术学院教授。曾当选中国美术家协会第2、3届理事、为第4届顾问、中国文联委员、中国画研究院院务委员、第3、4、5、6届全国政协委员、民盟中央文教委员会委员。1987年在深圳、北京两地与夫人举办书画展。出版有《蒋兆和画集》、《蒋兆和画选》。发表有《国画人物写生的教学问题》、《关于中国画的素描教学》等论文。

在中国现代绘画史上，《流民图》堪称一幅里程碑式的宏篇巨制，它标志着中国人物画在直面人生、表现现实方面的巨大成功，也是蒋兆和最具代表性的作品。《流民图》作于1943年。高2米，长20米，全图100余个人物形象，显示了作者宏观上把握矛盾冲突、把握社会现象的构思才能和水墨人物画方面的创造精神。图全以毛笔、水墨画出，其形象描绘之具体、深刻，在现代绘画史上是鲜见的。《流民图》的价值不仅在于其精神力度，还因其艺术上的空前突破。其墨韵笔致精湛到无以复加又无以删减，或潇洒，或厚重，或飘逸。他融合了中国画的线描和西画明暗塑形的表现手法，使中国人物画在写实技巧上达到了前所未有的高度。

蒋兆和 作品 《流民图》

赵望云 作品

赵望云

（1906～1977年）中国画家。生于河北束鹿，1925年到北京，京华美术专科学校肄业。1934−36年又到山东、江苏、浙江、河南、河北等地农村写生，作品描绘了抗日战争时农民的贫苦生活，获“平民画家”之称号。20世纪40年代转赴西北，描绘西北地区的山川风光和农村风物，并作敦煌之行，临摹石窟壁画。1949年后，历任中国美术家协会常务理事、西北文化部文物处处长、陕西省文化局副局长等职。其作品《雪天驮运》入选第二届全国美展，《秋林归牧》等藏于中国美术馆。1956年与石鲁访问埃及，归国后举办画展，出版《赵望云、石鲁埃及写生画集》。1962年出版《赵望云祁连山写生画集》。1981年由中国美术家协会及美协陕西分会联合在中国美术馆举办赵望云画展，1985年《赵望云画集》出版。主张“为人生而艺术”，是继陈师曾之后又一位用笔墨表现民间疾苦、反映社会现实的画家，他坚持提倡新国画运动。

赵望云擅人物、山水，笔墨苍厚，作品写西北山川、人物，富有生活气息和时代感，画风自然质朴，作品的表现的内容十分广泛，以反映和表现西北地区的自然面貌和纯朴民风为基点，创出一条颇具地域特色和人文精神的艺术道路，被称为“长安画派”，是此派创始人之一。赵望云虽没有在艺术院校任教，但他对培养艺术人材，倾注了不少心血，黄胄、方济众、徐庶之等人，都是他的入室弟子。

《雪天驮运图》表现满怀喜悦的维吾尔族人，引领着驴群驮着丰收的果实行进在天山脚下的情景，宛如一幅新生活的风情画。

沈耀初

（1907～1990年）生于福建省诏安县。是海峡两岸公认的画界巨擘。

沈幼喜绘画，后入美专攻读，毕业后多年从事教育工作，课余精研画艺。1948年赴台，1974年获得台湾画学会最高荣誉“金爵奖”，20世纪70年代末与张大千、黄君璧等被台湾当局“文建会”遴选为“台湾当代十大名画家”。1975年后，他先后在欧洲、大洋洲、南美洲及东南亚等40多个国家和地区举办过个展或联展，作品被海内外多家博物馆收藏。1990年回故乡福建省诏安县定居，沈携其毕生力作，在诏安县斥资兴建了“沈耀初美术馆”，同年10月病逝。美术馆1991年秋正式开馆，占地2800平方米，是目前福建省唯一的书画名家馆。回到大陆后，他的作品曾先后在北京中国美术馆、上海美术馆及福州、厦门等地展出，被誉为“继吴昌硕之后一盏大写意画的明灯”，“当代的著名国画大师”。沈耀初及其美术馆是福建唯一被列入“中国二十世纪二十位书画大师名家馆”的名家美术馆。

其作品《合家欢》、《狗知家贫放胆眠》、《春江水暖》、《风雨如晦》、《雄鸡一唱天下白》、《白鸡图》等，大量使用阔笔短线、亦点亦线、方笔攒簇的笔法。他的这种有节制地将线条变短变粗、化圆为方、变曲为直、中偏锋结合的笔法，表明他在继承传统笔墨的基础上有了真正的突破，较大程度地摆脱了青藤、八大、八怪、吴齐的影响。他不仅画出了自己的风格，而且创造了自己独特的笔墨语言。

赵朴初

（1907～2000年）安徽太湖人，著名作家、诗人、书法家和佛教人士。自幼酷爱诗词及书法，而后从事佛教和社会救济工作。早年就学于苏州东吴大学。1928年后，任上海江浙佛教联合会秘书，上海佛教协会秘书，“佛教净业社”社长，四明银行行长。1945年参与发起组建中国民主促进会。1946年后，任上海安通运输公司、上海华通运输公司常务董事、总经理。1949年任上海临时联合救济委员会总干事，中国人民保卫世界和平委员会常委、副主席，亚非团结委员会常委。1950年后，任中国人民救济总会上海市分会副主席兼秘书长，华东民政部、人事部副部长，上海市人民政府政法委员会副主任。1953年后，任中国佛教协会副会长兼秘书长，中国作家协会理事，中日友好协会副会长、中缅友好协会副会长，中国红十字会副会长、名誉副会长。1980年后，任中国佛教协会会长，中国佛学院院长，中国藏语系高级佛学院顾问，中国宗教和平委员会主席，中国书法家协会副主席，中国民主促进会中央常委、民进中央参议委员会主任、副主席、名誉主席，全国政协副主席。

他的影响遍及海内外，尤以宗教家为甚。他的书法以行楷书最擅长，脱胎于李北海、苏东坡，字的体势向右上方倾斜，结构严谨，笔力劲健而又有种雍容宽博的气度，隐隐透出一种佛家气象。他的书法作品俊朗神秀，在书法界久负盛名。他对中国古典文学有着十分精湛深入的研究，在诗词曲和书法方面都达到了很高的造诣。他的诗词曲作品曾先后结集为《滴水集》、《片石集》，其中不少名篇在国内外广泛传诵。

李可染　作品

李可染

（1907～1989年）原名李永顺，江苏徐州人，20世纪中国山水画革新的杰出代表，中国画一代宗师。1929年考入杭州国立西湖艺术院，师从林风眠等教授，研习西画。1943年应聘为重庆国立艺专讲师，从事中国画教学、创作和工作。1946年应徐悲鸿之聘为国立北平艺专中国画教授，同时师从齐白石、黄宾虹，潜心于民族传统绘画的研究与创作。生前任中央美术学院教授，中国美术家协会副主席、中国文联委员、全国政协委员。

作品在国内外各大博物馆多有收藏。专集有《李可染画辑》、《李可染画集》等。代表作品有《钟馗送妹图》、《怀素书蕉图》、《斗牛图》等。

他的山水深厚凝重，博大沉雄，以鲜明的时代精神和艺术个性促进了民族传统绘画的嬗变与升华。他自成体系的教育思想，出现了活跃于画坛的“李可染学派”。他以“为祖国河山立传”的感情开始山水画写生实践，以“可贵者胆，所要者魂”的艺术魄力突破传统程式，以“苦学派”的精神从事艺术劳动，创造出符合20世纪审美观念的山水意象，把中国山水画的风神气韵从传统推至现代，拓展了中国山水画的艺术空间。

李可染的《漓江》，构图奇幻优美，无尽的山峦，夹岸重叠，层层向天边伸展。点点渔帆从高大山峦隐现，沿着一江曲水婉蜒行驶，画外有画，天外有天。画家运用传统的以大观小法经营位置，极大限度地扩展了眼界。能“小中见大”，从局部见整体，咫尺有千里之势。不仅打破了固定的空间限制，也打破了作为内容连续性上的时间界限，创造出山水画可观、可游、可居的艺术境界。他的画面结构，更让人感受到一种屹立千年的中国山水，一种范宽式的饱满构图。评论家一致认为李可染山水画的价值主要是他创造性地探索出新图式，并表现出浑厚博大的精神力量。

陆俨少

（1909～1993年），原名冈祖，字宛若，生于上海嘉定。1926年考入无锡专科学校，1927年拜冯超然为师，并与吴湖帆相识。1956年，任上海爱画院画师。1961年至1966年，赴浙江美术学院兼职山水画教师。在此期间，其个人风格得以发展，最终在晚年形成了自己独特的风格。1980调任浙江美术学院教授。1981年在香港举办个人画展。1983年被聘为深圳画院顾问，当选为全国人大代表。1984年被任命为

陆俨少　作品

浙江画院院长。这期间他创作了大量的山水佳作，尤为气势阔大的《峡江图》著称。启功为之赋诗：“昨日抱图归枕伏，居然彻夜听涛声！”谢稚柳先生亦称誉：“即唐宋高手，亦不足为我俨少敌也。”《峡江图》体现了他在山水画中独创了两种新技法，一是“留白”，二是“墨块”。所谓“留白”就是以水墨留出白痕，这种白痕在作品中多数用来表现云雾，也可以被看成泉水、山径和浪花。留白要以墨色反衬，故其又创“墨块”法，以浓墨积点成块。他还擅长用长线条描水勾云，他的水纹描绘写尽了江波万态。他的勾云是以较细的拖笔中锋画云的阳面，以较淡而毛的环曲线条勾云的阴面。从陆氏的山水画的整个框架结构来说，以浓为骨架，由浓入淡，由润至燥，常以生辣的几笔浓墨作起首，然后以干笔淡墨皴擦。

陆俨少先生是从纯粹中国文化脱颖而出的大师，在中国近代画坛占据了重要的位置。先后受他笔墨风格影响的著名画家有宋文治、周昌谷、刘旦宅等。被誉为“当代中国画坛卓然翘首的文人画家。”

他的画学著作有《山水画刍议》、《山水画课徒画稿》、《陆俨少自叙》、《怎样画云》、《怎样画水》等。

谢稚柳　作品

谢稚柳

（1910～1997年）原名稚，字壮暮、稚柳，后以字行，江苏武进人。著名书画家、书画鉴定家。

少时习经史子集、诗词歌赋，后来得到家藏书画作品的启发，开始着手于笔墨丹青。26岁以后，他

迁居重庆，与张大千、沈尹默等书画界名人过从甚密，并开始研究中国艺术史，1942年他曾同张大千同赴敦煌研究壁画，并结合自己的风格，著书立说，形成了独特的思想体系，开始了艺术创作与艺术研究双管齐下的生活。1943年任中央大学艺术系教授。1949年后，历任上海市文物管理委员会编纂、副主席，上海博物馆顾问，中国美术家协会理事，上海美术家协会副主席，上海书法家协会副主席，国家文物局古代书画鉴定组组长。20世纪40年代曾在成都、重庆、昆明、西安、上海等地举办个人画展。1949年后，他一直居住在上海，其夫人陈佩秋女士亦为著名国画家。

谢稚柳几乎是一位全能的艺术家，他精通书画鉴定、美术理论、绘画、书法、诗词等各个艺术领域。谢擅画山水、花鸟、人物、走兽，画风端丽典雅，初师陈洪绶，后径法宋元，晚年喜用落墨法。四十以后，其书法学宋四家，间及“二王”，从而使他的书体变得俊秀清奇。六十岁时，其书法神移情迁，笔底致力于唐代大书法家张旭的《古诗四帖》，突破了少时含蓄典雅的老莲体和中年俊秀的风格，深得张旭的气度风神，去其狂癫，一变而为放逸清雄的格调，而仍不失其固有的潇洒出尘、醇厚清奇的情思。作品曾多次于国内、香港、日本等地展出。

谢稚柳还精于书画鉴定，最值得一提的是他的“翻案功夫”，许多在画史上被鉴定为真迹的作品，经他精辟的分析，推翻了前人的定论，而做出合乎历史的真实评价。

谢稚柳的重要著作有：《水墨画》、《朱耷》、《鱼饮诗稿》、《甲丁诗词》、《鉴余杂稿》、《敦煌石室论》等，编有《唐五代宋元名迹》。

王式廓

（1911～1973年）山东掖县人。1935年毕业于上海美专西画系，1936年考入日本国立东京美术学校。1937年回国参加抗日救亡运动，画了大量巨幅抗日宣传画，如《保卫家乡》、《大刀向鬼子们的头上砍去》、《杀敌》、《再上前线》等。1945年他画了毛主席与朱总司令的侧面油画，同时在鲁艺美术系执教。1949年后，在中央美术学院任教授，创作了一批以中国革命和根据地面貌为题材的作品《参军》、《井冈山农舍》、《毛主席和斯大林》、《井冈山会师》、《秋收场上》等。

王式廓　《血衣》

他一生留下了许多优秀的作品，其中包括人们熟悉的木刻、素描、速写此外还有鲜为人知的中国画和书法。他的素描在中国现代画史上享有很高的地位，有“素描艺术巨匠”的美誉，他的代表作大型素描《血衣》，几乎家喻户晓，在第四次全国文艺代表大会上，被称为建国以来最优秀的艺术作品之一。《改造二流子》堪称时代的杰作，徐悲鸿先生赞道“论题材这是最重要的主题而且新颖；论构图这幅最完美，论人物最成功；论技巧最高明”。

《血衣》纵1.92米，横3.45米，素描，现藏于中国革命博物馆，是公认的王先生的代表作，是反映中国农民觉醒的纪念碑性的作品。此画的创作长达20年之久，王先生为其耗尽了心血。1945年起至1973年创作完成，以它震撼人心的力量在中国现代美术史上写下了厚重的一笔。他以一个艺术家敏锐的观察力，善于揭示每个人物的内心世界，并运用娴熟的艺术技巧塑造出一个具有鲜明的个性，有血有肉的艺术形象，达到了形神兼备的艺术高度。

关山月

（1912～2000年）原名关泽霈，广东省阳江县人。当代山水画大师，岭南画派大师，著名美术教育家。早年拜师于岭南画派奠基人高剑父学中国画。1948年后，任广州市艺专教授兼国画科主任。1949年后曾任华南文艺学院教授兼美术部副部长，中南美专、广州美院教教授兼副校长、副院长、全国人大代表，全国美协常务理事。曾任广东画院院长、广州美院教授、全国文联委员、中国美术家协会副主席、美协广州分会主席、广东省文联副主席、全国第五届人大主席团成员。

关山月擅长山水、人物、花鸟，尤以写梅著称。作品多次参加全国美展。他创作的山水、梅花在海

关山月 作品 《秋溪放筏》

内外颇具影响，成为收藏热点，素有“当今画梅第一人”之称。

代表作有与傅抱石合作的为人民大会堂创作的巨幅国画《江山如此多娇》。整个画面表现出伟大祖国的风貌：近景是江南青绿山川、苍松翠石；远景是白雪皑皑的北国风光；中景是连接南北的原野，而长江和黄河则贯穿整个画面。创作完成后毛泽东为其挥毫题上“江山如此多娇”六个行草大字。还出版有《关山月画集》、《傅抱石、关山月东北写生集》、《关山月作品选集》等。

启功

(1912～2005年)字元伯，一作元白，满族，姓爱新觉罗。中国现代书法家、书画鉴定家、文学家。生于北京。曾从戴姜福学文史词章，从贾尔鲁、吴熙曾学绘画，后又受业于陈垣。启功幼年丧父，少年失学，凭勤奋自学和拜求名师而成一代名家。他6岁临《九成宫醴泉铭》，11岁学《多宝塔碑》，20余岁学赵孟頫《胆巴碑》，后改学董其昌、米芾，再后杂临碑帖及历代名家墨迹，而以习智永《千字文》墨迹最久。他的书法，结体精严，笔画清朗刚健，布势轻重有别，主宾相济，风神俊秀且雅俗共赏，具有鲜明的个性特点。他主张师法古人墨迹，甚至认为看碑也要透过刀锋看笔锋。他经过潜心研究，得出每个字的重心不在正中，而在偏左或偏上的结论。

启功长期从事教育事业，曾任辅仁大学副教授，北京师范大学副教授、教授、博士研究生导师。又曾长期兼事文物鉴定工作，历任故宫博物院古物馆、文献馆专门委员、北京大学博物馆系副教授、故宫博物院顾问、中国历史博物馆顾问、中国书法家协会主席、佛教协会常务理事等、全国政协常务委员兼文化组副组长、国家文物鉴定委员会主任委员、中央文史研究馆馆长、中国书法家协会名誉主席。

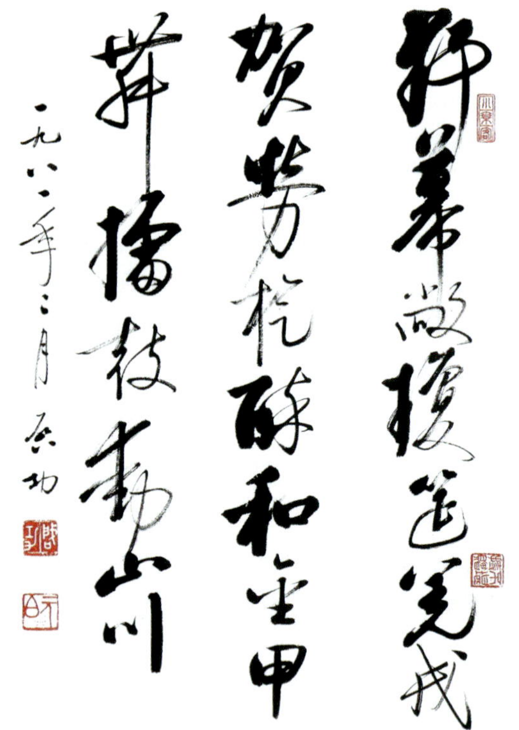

启功 书法

出版有：《启功书法作品选》、《启功书法选》、《启功草书千字文》、《启功书画作品集》、《启功书画留影册》、《启功三帖集》等。

《行书济南李易安祠》结体严谨精确，笔画清朗刚健，用笔完全是圆润的中锋；结体内紧外放，笔法遒劲俊雅，章法布局严谨。书法界曾经这样评论启功的作品：“不仅是书家之书，更是学者之书，诗人之书，它渊雅而具古韵，饶有书卷气息；它隽永而兼洒脱，使观者觉得很有余味。”

黄秋园

(1914～1979年)，江西南昌人，字明琦，号大觉子，半个僧、清风老人、退叟，著名画家。自幼爱画，少时为裱画店学徒，得以博览古人名作，练就临摹功夫，后来到银行工作35年，他的书画创作全在业余进行，尽管如此，由于他聪明好学又功底深厚，成就极大。1970年退休后，他将全部精力投入书画创作，达到他一生艺术创作的高峰。黄秋园一生未得名师指点，自学成才，而且还是业余作画，所付精力要比别人多几倍。黄秋园在中国书画界被称为“当代陶渊明”，其作品格调高，他平生不善攀附，不肯趋时媚俗，生时不引人注目，毫无名气，一似“盛世遗贤”。

黄秋园山水花鸟人物无一不精，以山水成就为高，可谓是中国画坛上的山水大家，其山水画由传统入手，开创出个人风味强烈的画风。黄秋园山水画以巨幅为胜，在章法布局上往往顶天立地，整幅落墨，点线密集，不留空白，所谓“上不留天，下不留地”。其布局满实在现代国画家中无有可匹者，然茂密处透露出浓淡深浅的灵气。他的山水世界里既无南北之分，也无文人、院体之别，学石涛而又有自己的面貌，技法集古人之大成，自成一家；他将传统文人的野隐情怀写满在浓重的笔墨烟云中，使画作具有一种现代审美意蕴，称得上是一名借古以开今的大家。黄秋园还独创了一种有别于历代名家的皴法新技法“秋园皴”，编著了《中国山水画传统技法》一书。

山水作品《山居图》，具有非常突出的艺术特点，作于1976年，时画者已暮年。画作“以元人笔墨，运宋人丘壑”，章法茂密、点线绮集、满幅经营、繁而不乱。画中人物虽小，然仍能形神兼备，无一懈笔。用笔点划任意自然，轻松且多变；山石造型以浓墨勾线，淡墨秃笔点苔，并予淡墨线上破以焦墨石点，集浓墨、淡墨、破墨于一体；山头施以攒点，暗面施以皴法；画面不强调空间的纵深，而以骨法取胜，是不可多得的艺术精品。

黄秋园　作品

潘絜兹

(1915～2002年)原名昌邦，浙江武义人。中国著名工笔重彩绘画大师，首任当代中国工笔重彩画会会长，杰出美术教育家。1932年进北平京华美术学院，师从吴光宇、徐燕孙专攻工笔人物，1945年初到甘肃敦煌，致力于临摹敦煌壁画，同时深入少数民族生活地区写生。1949年8月上海军管会文艺处美术工场工作，为上海新国画研究会创立人之一。这时期创作的《蒙民迁居图》获华东文化部二等奖。1951年调北京参加筹备敦煌文物展览，后留任中国历史博物馆美术组组长。1958年调中国美术家协会工作。1965年调入北京画院，现任画院艺委会副主席，《中国画》主编。中国美协理事，曾当选中国美协北京分会副主席、北京工笔重彩画会会长。曾任《美术》、《美术家通讯》、《中国画》、《国画通讯》等刊物编辑。擅长中国画和中国美术史论。先后在兰州、西宁、西安、南京、上海、杭州、台北等地举办个展。自20世纪40年代以来，其作品多次参加国内外展览。1999年在中国美术馆举办“潘絜兹从艺70周年暨敦煌组画大展”。

作品有《李白妇女诗集绘百图》、《中国神话组画》、《孔雀东南飞画传》等。1978年以来多次举办个人画展，并致力于工笔重彩画的振兴活动。出版著作有《敦煌莫高窟艺术》、《敦煌壁画服饰资料》、《阎立本和吴道子》、《工笔重彩人物画法》等。《石窟艺术的创造者》现藏中国美术馆，画中渗透着作者精湛的传统笔墨功力和朴素的思想感情，总体风格上吸收了唐代壁画的灿烂，与主题协调一致，创作中融合传统工笔和壁画技法，吸收西画所长，形成了工整细密、设色明丽典雅的个人风貌。此画1982年参加法国春季沙龙美展获一等奖。

许麟庐

(1916～)又名德麟，山东蓬莱人，国画家、书法家、书画鉴赏家。1934年在天津商业学校毕业。1949年后，在北京大华面粉厂任经理。1953年创办和平画店并任经理。1956年在中国美术家协会美术服务部工作。次年起在北京荣宝斋工作，曾任编辑室主任。1987年2月被聘任为中央文史研究馆馆员。他曾任中国美术家协会和中国书法家协会会员、中山书画社副社长、中国老年书画研究会副会长、北京花鸟画研究会会长、北京中国画研究会副会长、北京中国书画社名誉社长及中国书画函授大学、北京工业大学名誉教授等。

许麟庐自幼秉承家学，习书作画，1945年经李苦禅介绍，正式拜齐白石为师。在从事笔墨丹青的六十余年中，他博览了我国历代名家之作，更吸收了石涛、朱耷、扬州八怪、赵之谦、吴昌硕的笔墨技法，并将民间艺术和京剧艺术融入自己的绘画。他创造了独特的风格，成为继承和发扬齐派艺术的得力弟子，多次受到白石老人的称道。他主张博采众长，发展传统，不断创新。强调人品至上。许作画时往往一气呵成，笔力遒劲奔放，酣畅淋漓，神形兼备。无论大幅小品、花鸟鱼虫，貌似随意挥就，而又不失法度，处处见浓淡兼施之精，干湿互济之妙，疏密穿插之巧，真可谓满纸豪情，令人赞叹。作品有《秋风吹艳》、《梅花》、《荷花鳜鱼》等。其作品多次参加国内外展览，国内外不少博物馆、美术馆、饭店宾馆等均有收藏，并视之为珍品。

娄师白

(1918～)原名少怀，别名山关，居称老安草堂。生于北京，原籍湖南浏阳。1942年毕业于北京辅仁大学美术系，毕业后专事绘画，成就极大。现为中国美术家协会会员、北京中国画研究会副会长、中国书画函授大学名誉教授、北京画院一级美术师。

娄师白是齐白石的入室弟子，从14岁起就跟随白石老人学习诗、书、画、篆刻，追随达25年之久，得其言传身教，作品有齐白石风格，为“齐派”传人，

娄师白 《秋艳》

同时又有所创新。他的艺术思想是：“厚今而不薄古，基中可以融洋”。他的笔下不仅限于擅长花卉、翎毛、草虫和走兽，在人物山水画亦有其特色，并且能诗善刻，可称为当今有多面造诣的画家，被誉为“画坛巨擘”。他的作品表现笔墨浑厚，意境清新，用色鲜而不艳，雅而不俗，师法自然，突出质感。

作品曾参加全国历界美展，曾应邀赴新加坡、美国等国家美术院校讲学。其作品被人民大会堂、国宾馆及国内外诸多博物馆所收藏。娄师白的代表作有《春暖人间》、《蓖麻》、《八哥百合》、《鸭场》、《层林尽染》、《漓江帆影》、《三叠泉》、《雏鸭》、《长白积雪》等。著有《画鸭》、《齐白石绘画艺术》、《娄师白画辑》、《娄师白印章手拓本》《娄师白画集》、《娄师白作品集》、《娄师白画辑》、《娄师白印谱》等著作。

石鲁

(1919～1982)四川仁寿人，原名冯亚珩。1934年入成都东方美专国画系学习。1940年投奔延安，为抗日宣传作过大量版画、年画、连环画等。1950年到西安，成为陕西美术界的领导人物。他提出“一手伸向传统，一手伸向生活”的主张，把陕北黄土地作为

石鲁 作品 《秋山松风》

绘画创作的生活基地，与赵望云一起创立了长安画派。他是最早用中国山水画形式表现红色革命主题的画家。他的《转战陕北》、《延河饮马》等作品的发表，在画坛颇受赞誉。石鲁是敢于在中国画备受指责时，反而用心研究中国画特殊笔墨技巧的画家。他学习古人的目的明确，是为了表现现代题材，他特别注重研究任伯年、虚谷、吴昌硕的作品，有意识地把写意花鸟画的技法用在山水画中，形成一套长锋（含水多）、色墨浑用（不调匀），线面交融的画法。他的《东方欲晓》是“重大题材”，却用了类似“小品”的形式。“文革”中，石鲁受迫害至疯癫，遂留下在病中所画的奇怪之作，颇受西方收藏家青睐。

吴冠中

（1919～）别名荼，江苏宜兴人。中国当代著名画家，美术教育家、散文家。1942年毕业于国立杭州艺术专科学校。1947年留学法国研习油画，受教于苏弗尔皮教授。1948年作品参加巴黎春季沙龙展和秋季沙龙展。1950年回国，历任中央美术学院讲师、清华大学、北京艺术学院副教授，中央工艺美术学院教授，学术委员会副主任，中国美术家协会书记处书记、常务理事。

吴冠中 作品 《漓江岸》

他是一位具有世界性影响的绘画大师。绘画作品应邀先后在中国大陆及香港、台湾，新加坡、韩国、日本、德国、美国、英国、法国、西非、尼日利亚、马里等地巡回展出，受到世界各地观众的普遍欢迎。1995年接受法国轩尼诗公司“‘95轩尼诗创意和成就奖”。1999年，文化部主办“吴冠中艺术展”。2000年，获“法兰西艺术院通讯院士”称号。2002年被法兰西学院艺术院选为通讯院士，被誉为“艺术诺贝尔奖”中国第一人。

吴冠中兼取中西绘画，长期从事油画民族化实践，其油画清新、明快，富于民族特色和抒情意味。后又从事水墨画创新，其画介于具象与抽象之间，注重点、线与墨块交融的韵律感，具有强烈的艺术个性和现代气息。其作品融汇东西艺术之长，独创新格，在具象与抽象之间表现他的艺术见解。他主张艺术家应立足于祖国大地，到生活中去，到大自然中去观察、综合、提炼，表现画家对生活特有的感受。他在美术教育上也取得了巨大成就。

墨彩《高昌遗址》以187万港币开创中国国画在世画家国际画价最高纪录。代表作有《一九七四年·长江》、《江村》、《石榴》、《交河故城》等。

黄胄

（1925～1997年）原姓梁，名淦堂，字映齐。河北省蠡县人。著名中国画画家、收藏家，杰出的社会活动家。曾受命文化部，领导创办中国画研究院，任副院长；历任中国美术家协会理事，全国政协委员、常务委员，炎黄艺术馆馆长。

自幼酷爱绘画，曾从师赵望云。早年赴新疆写生，画了大量速写。1952年《苹果花开的时候》获全国美展一等奖。1955年调北京为军队专业画家，进一步深研历代名画、画论，把传统笔墨运用于创作中去，形成了以写意与重彩相融的独特风格。1957年《洪荒风雪》获第6届世界青年联欢节国际艺术展览会金奖。文革中黄胄赶驴三年，与毛驴相依为命，他的笔下的毛驴可与齐白石笔下的虾相媲美。1991年他创建了中国第一座民办公助的“炎黄艺术馆”。

黄胄擅长中国人物画和动物画，尤以画新疆人物和驴著称。人物画善于运用速写的表现手法来抓住人物特征，线条流畅有力，风格奔放，生活气息浓郁。动物画除驴外，他还常画牛、马、骆驼、狗、鸡、猫等，造型准确生动。尤擅画场面宏大、人物众多的主体性巨作，不少作品陈列于国家重要政务场合或以国礼赠送外国首脑。其作品屡次获国际奖，受到海内外人士的爱戴。黄胄以大批新意境、新技艺，展示出笔墨流畅、气度澎湃的佳作，给中国画坛开一代新典范，社会影响颇大，是一位中外盛誉的艺术家。

《丰收图》是画家32岁时的作品，高123厘米、长245厘米，共绘制人物33个，马、牛、驴等动物23匹（头）以及车、碾、农具和山坡、向日葵等各种花草。充盈画面的是和谐而丰收的喜气。如此内容丰富之极的画面，主次分明，远近参差，疏密有致，设色和谐，让人叹为观止。

欧阳中石

（1928～）生于山东泰安。迁居北京，初入辅仁大学，后转入北京大学哲学系逻辑专业，专治中国逻辑学史。毕业后在师范学校任教，后任北京师范学院逻辑学副教授，兼任书法艺术专业主讲。现为首都师范大学教授、中国书法文化研究所名誉所长、博士生导师，中央文史馆馆员、全国政协委员。

学书先后师从武岩法师、吴玉如。从唐碑入手旋即转临北魏诸墓志；后亦曾涉足于篆、隶、甲骨、金文，尤于欧阳询诸碑用工颇多。常作行书，从法二王。草书以王羲之、孙过庭为宗，亦得益于黄、祝点法。书风妍婉秀美，潇洒俊逸，形成飘逸沉稳、刚健温润、灵动厚重的独特艺术风格，在海内外享有盛誉。作品多次入选国内外重大书法展览及在报刊发表，或被美术馆、博物馆收藏。

他在首都师范大学主持创办书法专业，致力于高等书法教育；1993年，国务院学位委员会在首都师范大学设立中国第一个美术学(书法方向)博士学位授权点，他担任博士生导师；1998年，国家人事部批准首都师范大学可以接收书法方向的博士后研究人员，由欧阳先生指导。在他的主持下，首都师范大学率先在我国形成了完整的高等书法教育系列。2002年，他被授予“首届中国书法兰亭奖”的“教育特别贡献奖”，首都师范大学中国书法文化研究所获得“教育奖”。

出版有作品集《中石夜读词钞》、《中石钞读清照词》、《老子道德书卷》、《朱子治家格言》、《欧阳中石书古文辞》等。

李铎

（1930～）号青槐，字仕龙，湖南醴陵人。文职将军，研究馆员，全国著名书法家。现任中国人民革命军事博物馆研究馆员，全国政协委员、全国文联委员、第三届中国书法家协会副主席、第四届中国书法家协会顾问、中国国际友好联络会理事、中国书画函授大学特约教授、中国国际书画艺术研究会顾问、齐白石书画艺术研究院副院长、北京工业大学书画学会顾问等，享受国家特殊津贴。

李铎自幼习书，曾遍临颜、柳、欧、赵、二王等字帖。后学苏、黄、米、蔡、王铎、傅山，上溯秦篆魏碑和汉隶，广集博采，兼收并蓄，脱旧出新，独

李铎　书法

树一帜。他以魏隶入行，独创出古拙沉雄、苍劲挺丽、雍容大度而又舒展流畅的书法风格。其作品于平淡朴素中见俊美、于端庄凝重中显功力，气度不凡，雅俗共赏。1995年7月，李铎第二次完成《孙子兵法》的书写任务，总长220余米，高70厘米，按原大一一刻制成碑。

出版有《李铎书前后出师表》、《李铎书新校〈孙

子兵法〉字帖》、《李铎书〈孙子兵法〉碑拓全集》、《李铎行书千字文》、《李铎诗词书法集》、《李铎书画集》、《李铎论书断语》等字帖和专集。

杨之光

（1930～）别名焘甫，广东揭西人。1943年就读于上海世界中学，拜李健为师，学习书法、篆刻。1948年就读于广州市立艺术专科学校及南中美术院（即前春睡画院），随高剑父学中国画。1953年毕业于中央美术学院。1959年任教于广州美术学院（原中南美术专科学校）。先后任广州美术学院中国画系主任、岭南画派研究室主任、教授、副院长；中国美术家协会理事、广东美术家协会理事、中国画研究院院务委员、广东省国际文化交流中心名誉顾问、广东省文史馆名誉馆员。出版有《中国画人物画法》、《杨之光画集》、《中国当代艺术家画库——杨之光》、《当代杰出画家——杨之光》等。

杨之光擅长国画，尤长人物肖像及舞蹈人物，兼长书法、篆刻、花鸟画，并爱好诗词与演戏。他善于画概括力较强的舞蹈人物，用书法入画，用笔肯定而又鲜活，单纯中有变化，朴拙中见神采。借鉴了西洋画光与色等技巧，突出表现人物层次和人物性格化。1954年创作的《一辈子第一回》获"向科学文化进军奖章"；巨幅作品《雪夜送饭》获1959年维也纳"第七届世界青年联欢节"金质奖章；作品《藏族赛马冠军》1985年获"全国体育美术展览"荣誉奖。代表作有《石鲁像》、《吴作人像》、《浴日图》、《矿山新兵》、《儿子》等。作品曾在日本、意大利、法国、美国、加拿大、澳门、台湾地区展出。

传略入《中国美术家辞典》、《中国现代美术家名人大辞典》、《中华当代文化名人大辞典》等。广州艺术博物院内特别建立了"杨之光艺术馆"。

杨之光　《矿山新兵》

沈鹏

（1931～）生于江苏江阴，著名书法家、美术评论家、诗人、编辑出版家。沈幼年始习字画，少年从清末举人章松厂等人学习古文、诗词、中国画、书法。1950年起在《人民画报》社工作，曾任人民美术出版社编辑室副主任、总编室主任、副总编辑并兼任编审委员会常务副主任，享受国务院批准的政府特殊津贴、出版界专家待遇。沈鹏历任中国书法家协会常务理事、副主席、中国书法家协会主席。现任全国政协委员、中国文联副主席、中国书法家协会代主席、中国美术出版总社顾问以及《中国书画》主编。

沈鹏擅长行草兼及楷、隶书法字体，行草以帖派风格为主，参临汉魏碑刻，对米芾等宋代画家作品深有研究，其行草有强烈的时代风貌与个人风格，受到国内外高度评价。历年创作书法作品15000件以上。为人民大会堂、中南海、亚运会五洲大酒店等重要场所书写巨幅。其书法作品遍及亚、欧、美各大洲。

书法作品已出版《当代书法家精品·沈鹏卷》、《沈鹏书法选》、《沈鹏书法作品集》（日本）、《沈鹏书白居易长恨歌、琵琶行》、《沈鹏书杜甫诗二十三首》、《沈鹏书归去来辞》、《行草书绝妙宋词》、《草书千字文》、《楷书千字文》、《岳阳楼记》等。美术评论侧重于中国画、书法及通俗美术，曾为几十种画册及著名书画家个人专集撰写序跋。他荣获联合国世界和平艺术权威奖，被列入英国剑桥国际传记中心编纂的《世界名人辞典》以及《国际传记辞典》等。

刘国松

（1932～）祖籍山东青州，生于安徽，1949年定居台湾。1956年毕业于台湾师范大学，创立“五月画会”发起现代艺术运动。曾任香港中文大学美术系主任、美国爱荷华大学与威斯康州立大学客座教授、大陆多所重点大学与美术学院的名誉教授，国立台南艺术大学荣誉教授、研究所所长。

从1965年开始，刘国松已在世界各地美术馆及博物馆举行个人画展八十余次，参加国际性团体展百余次，并获得多项殊荣。全球收藏其作品的美术馆和博物馆有五十余家，是国际艺坛公认的台湾最具代表性的画家。1998年，刘国松做为台湾惟一被收入的艺术家，参加了纽约古根汉美术馆举办的“中华五千年艺术展”。他不仅被台湾国父纪念馆张瑞滨馆长誉为现代水墨画之父，也被四川大学林木教授称为“中国现代绘画的先驱”（2004年香港艺术馆出版之《刘国松的宇宙》画集），而华南师范大学皮道坚教授更将他与美术史上极具革命性的大师王维和米芾相提并论，也可见其在台湾甚至整个现代水墨画世界的地位。

刘文西

（1933～）浙江嵊县人。1953年入浙江美术学院，受大师潘天寿先生等老师的直接教导，1958年入西安美院。现任西安美术学院名誉院长、西安美院研究院院长，黄土画派艺术院院长，陕西省文联副主席，省美协副主席，第七届、第八届全国人大代表，全国有突出贡献的专家。

刘文西的绘画多以陕北为生活基地，作品力求描写陕北人民特有个性和气质，以独创的面貌和风采，创作出了大量陕北革命历史题材和人民群众风土人情的作品。主要作品有《祖孙四代》、《黄土情》、《东方》、《春天》等。李瑞环同志评价说："你在三十余年美术生涯中，以独具风貌的艺术手法，创作了大量反映陕北人民生活的作品，受到普遍赞誉，尤其是以毛泽东主席为题材的作品，更产生了广泛的社会影响。"他创立了"黄土画派"。发表论文和文章有《要大力发展人物画》、《为人民而创作》等。

范曾

（1938～）字十翼，别署抱冲斋主，江苏南通人。1955年考入南开大学历史系，半年后转入中国画系，1962年毕业，分配在中国历史博物馆工作，随沈从文编绘中国历代服饰资料，并临摹优秀绘画作品多件。1978年调入中央工艺美术学院任教。1984年调天津南开大学东方艺术系，任系主任

擅长中国人物画，兼长诗文、书法。《灵道歌啸图》等藏于日本冈山范曾美术馆，《八仙图》等藏于中国美术馆，《秋声赋》等藏于美国伯明翰博物馆。出版有《鲁迅小说插图集》、《范曾书画集》、《范曾画集》、《范曾吟草》、《范曾书画集》、《范曾怀抱》、《范曾自述》等。1982年获日中文化交流功劳纪念杯，1986年获日中艺术交流特别贡献金奖。

第三章 现当代群星荟萃

当代中国书画家既继承传统，又别开生面，大幅佳作层出不穷，继承和弘扬中国优秀的传统文化，繁荣当前的文艺创作，为丰厚的文化遗产再添姿彩。

本章主要收录了当代有突出贡献和有影响的中青年书画名家，后起之秀。并兼顾不同风格、流派和地域的艺术家。为查找方便，当代中青年书画家介绍，按照书画家姓名的汉语拼音，以英语字母表顺序排序。

由于资料难以包罗万象，丹青高手未能尽数，对于未能辑入的名家书画印鉴将在今后的年鉴中增补。

白磊（1946——）原名白锡程，福建厦门人，祖藉安溪。中国美术家协会会员，中国书法家协会会员，中国工艺美术学会会员，国家高级美术师。原任厦门市美术馆馆长，现任福建省花鸟画家协会副主席、中国美协厦门创作中心常务副主任、福建省书法家协会常务理事、厦门市美术家协会副主席。

他的作品受潘天寿影响，追求书中有画、画中有书的境界。而在绘画方面，白磊先后吸取了任伯年、吴昌硕等运笔用墨之法，他画中淋漓的用水、奔放爽洁的用笔、鲜亮透明的色彩给人一种信笔随意而又阳刚粗犷之感，并带有强烈闽南热带雨林环境的地域特色。作品个性强烈，格调高雅，富有浓烈的笔墨韵味和时代精神，其作品曾入选第八届全国美展等许多全国重大展览并多次获奖。

曾主持策划多个全国性大型展览，并被聘为2006年全国中国画展评审委员，2002年获国家人事部颁发的“当代中国画杰出人才奖”，“中国花鸟画百家称号”。出版个人画册、专著多部。

鲍贤伦(1955——)生于上海，1982年毕业于贵州大学中文系，现为中国书协理事、书法专业委员会副主任、浙江省书协副主席、浙江省文化厅副厅长、浙江省文物局局长、浙江大学人文学院兼职教授。

鲍贤伦1974年师从上海书家徐伯清学习。曾获全国首届青年书法理论“书谱奖”，“全国大学生书法比赛”一等奖，文汇书法竞赛获二等奖等；作品入选“全国中青年书法家作品展”，“中日书道艺术交流展”，河南“国际书法展”，第二届中国、新加坡书法交流展，全国第三届中青年书法篆刻家作品展览，全国第七届中青年书法家作品展览，巴黎现代中国书法艺术大展，全国第七届书法篆刻家作品展览，全国第八届中青年书法篆刻家作品展览，日本·中国20世纪书法大展等。

发表论文《对用笔与结构关系的再认识》、《对目前线条组合倾向的一些思考》、《再论用笔与结构的关系——兼及创作时的情态》、《春风不度玉门关——从书法艺术对五四新文化运动的隔膜看它的特质与文化品位》等。

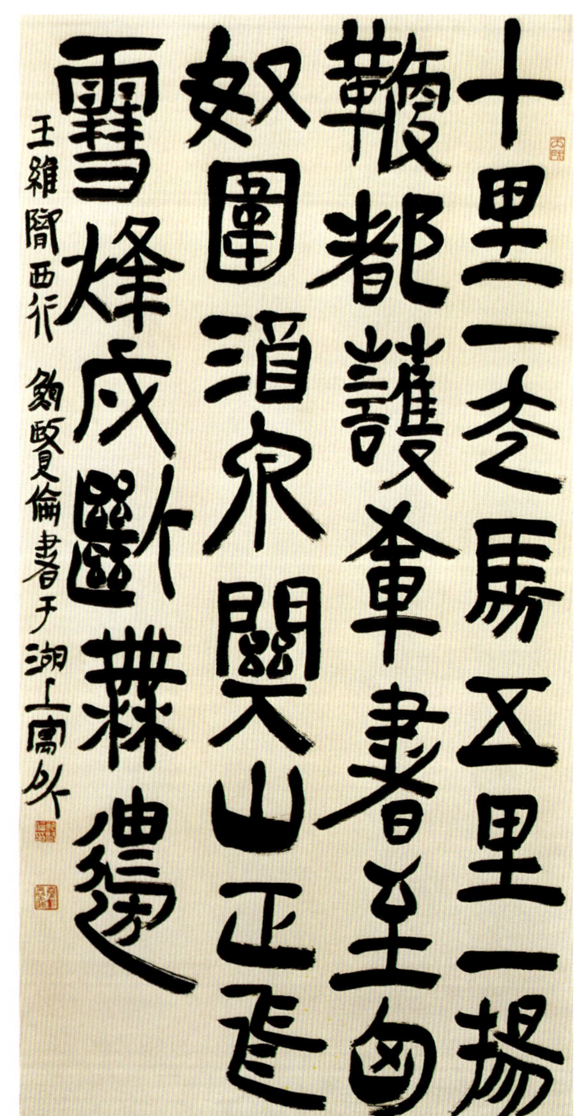

蔡正雅（1948——）江西省莲花县人。现为江西省美术家协会会员、中华诗词学会会员、江西诗词学会常务理事、中国书法家协会权益保障委员会委员、江西书法家协会副主席、中国煤矿书法家协会副主席、萍乡市书法家协会主席、萍乡市国画研究会会长、萍乡市政协委员。

蔡正雅的画以大泼墨大泼彩为主，既厚重又空灵，既浓艳又温婉。他的山水以书法线条入画，自然笔力洞达，骨气坚苍，气韵扑人。他既善于用笔用墨用色，更善于用水；他的小品虽小气象却大；他的长卷连绵数十米却不觉其繁。画作《群山如屏》曾入选文化部“群星奖”，《云山得意》获“艺术名家金杯奖”金奖、“千禧杯”金奖，《云山图》入选首届中国名家书画展等；诗词刊于《当代诗词》《当代诗词600家》《当代诗词精萃》《李杜杯诗词大赛》等多家报刊，曾获诗坛最具影响力诗人金奖；书法作品入选全国第四、六届书展及中国书协主办的《当代书法名家邀请展》等，获中宣部《五月的风》书展金奖等。编著有《萍乡市书法作品展》、《萍乡市书法作品精选》、《萍乡市国画作品集》、《蔡正雅书画集》、《正雅书画》、《蔡正雅书画新作》、《巢云轩吟草》。

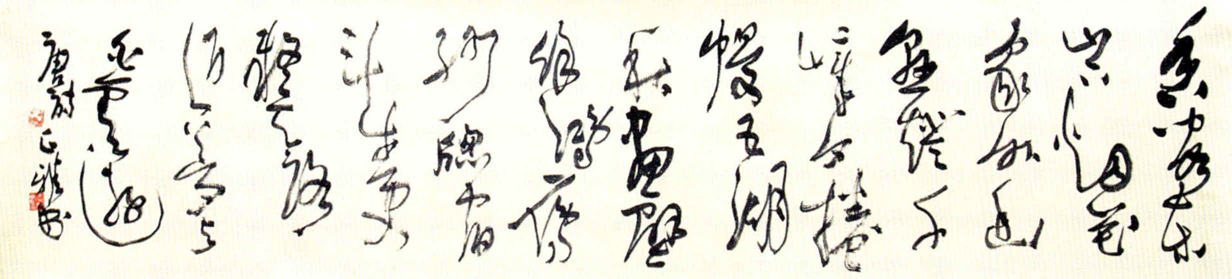

曹德兆（1939——）生于天津。1963年毕业于中央美术学院吴作人画室，现为中国美术家协会理事、天津美术家协会主席、一级美术师（享受国务院津贴）等职。

曹德兆的人物画以“以神写形”见长。每画一幅画在勾点出人物头面后并不急于画出人物的轮廓，而是先勾几笔，或用大笔泼墨画出人物的构架气势，不求细节的精致，画面笔墨迅疾、简括、松动，造型也在“似与不似之间”，意到为足。他的人物画既不重复别人也不重复自己，或水墨润泽，或行笔枯涩，有的急如行草，有的沉郁顿挫，因需而变，缘情而作。作品《操弦飞鸿》用线的灵的灵动摇忽、《新疆之春》细笔勾勒、《摇篮》全幅泼墨，面貌虽异，意境不同。

曹德兆的作品曾在日本神户、名古屋、大阪、四日日市、韩国等国及香港、澳门、台湾等地区展出、出版画集，部分作品获奖。他曾五次访日进行文化交流活动，作品多为国内外收藏家收藏。

曹传真（1952——）山东青岛人，先后就读于青岛市教育学院美术系，中央美术学院中国画系硕士研究生课程班。中国美术家协会会员。

擅长花鸟画，其作品多运用泼彩、晕染、套罩、撞色、积色等技法，设色绚烂，用笔兼工带写，给人以热烈向上的感觉。并分别在中国美术家协会等机构主办的《中华杯·中国画大奖赛》、《新时代中国画作品展》、《2001年全国中国画作品展》、《西部辉煌全国中国画提名展》、《同里保护保护环境国际中国画作品展》、《第四届当代中国山水画展》、《二十一世纪首届中国书画艺术精品大展》、《2003全国中国画画家提名展》中获奖。另有作品参展《中国美术家协会第十六次新人新作展》、《2002年全国中国画作品展》和入编《今日中国美术》、《当代中国书画艺术》等。

他用两年多的时间，多次到云、贵、川、西藏、新疆等广大西部地区采风，以当地150余种珍稀植物、花卉为题材，创作出百米巨幅画作《西部·阳光》，表现西部地区在阳光雨露的滋润下，繁荣昌盛、生机勃勃、欣欣向荣的主题。2003年12月在北京中国美术馆展出后，广受好评。出版有《中国当代书画家曹传真中国画集——西部·阳光》画集。《美术》、《荣宝斋》、《艺术界》、《国画家》等专业刊物作了专题刊载。

《西部·阳光》系列之51

陈凤新（1957——）生于北京，1981年调入中国画研究院从事摄影编辑工作。1984至1988年借调山西电视台，1989至1991年北京邮电学院大专班学生，2002年中央美院壁画系访问学者。现为中国国家画院美术馆副馆长、副编审，中国美术家协会会员，中国摄影家协会会员。

陈凤新凭借多年的绘画实践积累，对事物准确把握的经验和在摄影实践中形成的果断捕捉瞬间的能力，把他在绘画摄影创作中对光线、构图、色彩等的运用和处理和谐统一在一起，形成了自己的艺术处理手段。同时，他也能倚仗对创作对象的熟悉和了解，努力沿着不同于画家的情感脉络去寻找和强化瞬间感受，在准确感觉的基础上进行摄影艺术的生动创造，使得瞬间定格包容更多的内涵，融进更为丰厚的意义。他不仅用眼睛观察，用镜头捕捉，更用心灵去领悟。所以我们能够看到一些新颖独到、充满文化意味和时代气息的镜头。这样状态下的创作，使得他的作品不再只有单纯的实证意义、记录功能和文献价值，更有对时代的呼应、对文化的解读和认识提升，甚至有一种生命意识的召唤。

他主编出版有美术、摄影、文学等艺术门类的“最佳结合体”——《跨世界中国画名家21人》。

沉浮（1965——）生于安徽，祖籍山东，青年画家、策展人。1986年毕业于安徽阜阳师范学院美术系，现供职文化部中国艺术科技研究所，中国梅花艺术馆馆长、文化部青年联合会委员。2002年底发起成立中央国家机关工委紫光阁画院并任常务副院长。

沉浮主攻山水、花鸟，尤擅长画梅、兼攻形意书画，先后师从杨延文、李宝林。作品有《晚风》、《大漠滴翠》、《窥》等，先后在北京、银川、南京、苏州等地举办个人画展。2001年应邀赴克罗地亚举办个人画展，在东欧做访问学者。2003年参加走进徽州创作“徽州梦”系列；以沉浮为生活原型的长篇小说《梅花缘》2004年8月由中国文联出版社出版发行；同年发起跨时三十年的主题写生创作工程，计划三十年画遍中国——“中国画·画中国”全国系列艺术活动；2007年应邀为“2008北京奥运”创作系列“形意作品”。

陈茂叶（1958——)海南万宁人，1981年毕业于广东省工艺美术学校装潢专业，1984年结业于广州美院国画系，现为中国美术家协会会员，海南省美术家协会副主席兼秘书长，海南省书画院常委副院长，国家一级美术师，曾先后被省政府授予“海南省有突出贡献专家”、海南省文联授予“德艺双馨”优秀艺术家称号。

陈茂叶的作品《绿色诱惑》曾入选第七届全国美展，《绿太阳》为第八届全国美展获奖作品，《生命在于运动》入选第四届中国体育美展，《水·生命之源》入选第九届全国美展。还有一批作品入选《全国体育美展》、《全国“群星奖”作品展》等国家级美展，并多次获海南省美展“一等奖”，还被中国美术馆、毛主席纪念堂等收藏，主编有《海南黎族现代民间剪纸艺术》。

陈鹏，号天鹏，山东省枣庄市人。中央美术学院国画系大写意花鸟专业研究生毕业，文学硕士学位。中国国家画院专业画家，国家画院高研班工作室导师，北京国画艺术家协会副会长。

作品曾参加“第八届、第九届全国美展”、《东方之韵－当代中国画名家洛杉矶邀请展》、《法国巴黎——2006年中国当代优秀画家提名展》、《东京2006日本－中国文化月－当代中国绘画展》，并获奖。作品《荷塘翠羽》搭载“神舟六号”航天飞船登月。出版有《陈鹏画集》、《水墨动物画技法》、《中国水墨画当代名家－陈鹏》、《当代中国画名家精英－由心造境——陈鹏》、《中国画廊推介画家精品——陈鹏》、《当代中国水墨图像档案－画家卷——陈鹏》等画册 。

曾先后在国内及美国、俄罗斯、日本、加拿大、法国等国内外参观、考察、讲学及举办展览。并被中央美术学院、中国国家画院、鲁迅文学院、“八一军委大楼”，等许美术馆场收藏。作品在各拍卖行拍卖。

陈羲明（1955——） 字盛显，号天野，福建南平人。历任中国书法家协会第四、五届理事、评委，书法培训中心教授，中南大学艺术学院客座教授，湖南省文联委员，湖南省书法家协会驻会副主席兼秘书长，曾获全国“德艺双馨”、湖南省首批“五个一批”人材等称号。

陈羲明自幼习书，数十年临池不辍，技艺精绝。其书法，正者和而不同，奇者放浪不羁，巧者契合自然，拙者古厚质朴。其书法理论，睿智精妙，独辟蹊径。如“逢二则变”艺术观、“初学艺术，定然简略；既知简略，务进繁杂；既能繁杂，复归简略”创作观，皆具经典意义。其作品数十回入中国书协之大展，国内外诸多博物馆、美术馆及毛泽东、邓小平等故居都藏有其作品。

中国书法家协会分党组书记赵长青评价：“观其书，俊朗，奇逸，圆融，似水若山，笔墨间闪动几多造诣，几多学养，几多性情”。

中国书法家协会主席张海评价：“从书法艺术而言，羲明无疑是很有天份的书法家。又是一个很思想的艺术家，”

程大利(1945——)，生于江苏徐州。现任中国美术家协会理事，中国美术出版总社总编辑，人民美术出版社总编辑，中华民族文化促进会常务理事，中国画艺委会委员，全国美展评委。自1992年起享受国务院特殊津贴。

程大利是当代中国画坛有影响力的画家，山水画家、美术理论家和编辑家。他多次在国外举办展览，参加法国秋季沙龙展等重要展项，曾获中日水墨画交流展一等奖、黄宾虹奖、第二届山水风景画优秀奖等奖项。其《千古之声》、《黄河出峡》、《曲尽笙箫息》、《漫漫朝圣路》等一批描绘西部山川的巨幅水墨气势夺人、境界深沉悠远，笔墨厚拙沉雄同时又有书卷气息。

许多学者认为，程大利的山水风格反映着宇宙山川的本质，他对传统的继承，对艺术价值的追求和美学取向超越了当下中国画发展的障碍和干扰，弘扬了民族文化的宏大气象，体现出了一种精神高度。著名美术评论家邵大箴认为他的作品"浑厚苍茫而又抒情，有沉逸之气。"著名学者瞿墨先生认为他"画求高韵、文求高境、编求高质、人求高格。"他出版有《程大利画集》多种、文集《宾退集》、《帅心居随笔》等；编辑主编《敦煌石窟艺术》22卷、《中国民间美术全集》等，获国家图书奖，《童规》等获"五个一"工程奖。

程守贵（1940——）河南焦作人，回族。中国美协会员、中国美协河南创作中心主任、国家高级美术师、河南省美协理事。历任河南汉风花鸟画研究院院长、河南省花鸟画研究副会长。曾受中国美协之聘任首届全国花鸟画展秘书长，受文化部之聘任中国当代著名花鸟画家作品展副主任兼秘书长、评委。

程守贵是当代著名花鸟画家，他的花鸟画艺术“三境”，别有蹊径，自具一格。其绘画手法娴熟，意境铺陈合理，境界营造得当，。创立独特的“生态艺术”理念，并以中国北方太行山原始生态环境中罕见的天然黄雪莲为艺术描写蓝本，从绘画思想、题材创新、艺术表现手法、艺术风格等方面，形成了一种全新的“生态艺术”画风。画家用写实的手法，截取太行原始生态画面，表现太行雪莲的群丛生态的顽强的生命形态，一种昂扬的生机与活力，一种天然的野逸之美，具山水之神韵，花鸟之灵慧。层次分明，线条柔美，透视肌理，充满质感和光彩。

作品曾在全国首届中国花鸟画展，日本举办的第十八届水墨画精品展等国内外大展中获奖；曾入选全国少数民族美展，第八届全国美展等。以副主编的身份编辑出版了《中国花鸟画》和《当代花鸟画》等多部大型画册。出版有《程守贵的中国画》。1997年主持由文化部举办的北京首届国际扇面书画艺术展，主编《国际扇面书画艺术》大画册。1999年被中国美协聘为“中国画三百家”评委。

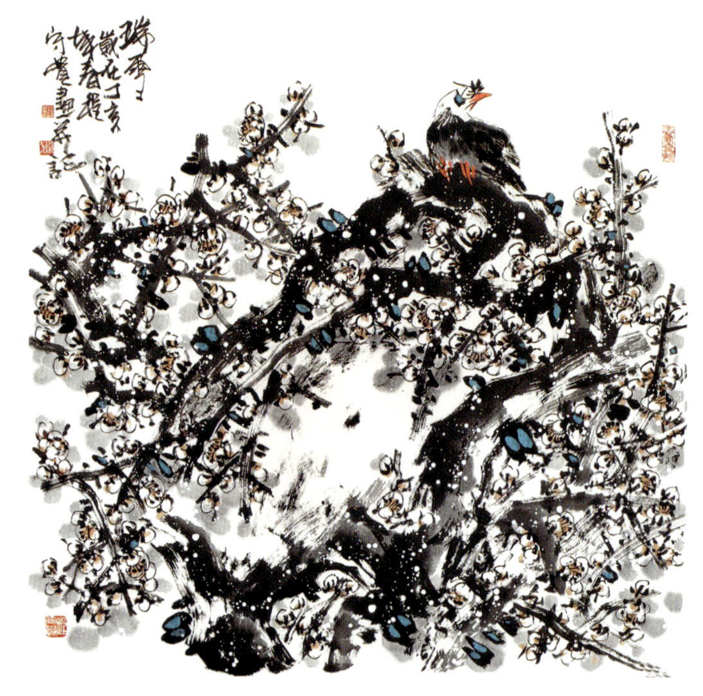

崔进（1966——）江苏东台人。1991年毕业于南京艺术学院。现为中国美术家协会会员，国家一级美术师，南京书画院专职画家。

崔进把工笔画的创作经验转换到了写意画中，并且大胆采用了破笔散峰似的笔法与有意突出灰色意境的乱墨法。在创作写意画时，大胆采用了一种十分主观的框架来诠释青年人无奈、迷茫的社会现象。他的作品早就超越了正统的西式超现实主义的模式，而具有强烈的本土色彩。作品曾获第八届全国美展大奖、全国中国画人物画展铜奖、首届中国重彩画大展学术奖、全国第一届民族文化风情展特等奖、中国第二、三届体育美展二等奖、第四届中国当代工笔画展优秀奖等。入选八、九、十届全国美展，曾参加上海新中国画大展，第四届深圳国际水墨画双年展、中国水墨文献展等大型展览，作品被国内外多家博物馆、美术馆及私人收藏。

代表作品有《乡村纪事》、《红色的记忆》、《渔家竞技图》、《午夜笛声》、《梦中画园》、《欢乐今宵》、《大操练》等。

出版有《符号中国——当代美术中的中国画·崔进》、《中国艺术家——崔进》、《百杰画家——崔进》、《中国当代著名画家个案研究——崔进水墨人物》、《崔进研究》等个人专集十七种。

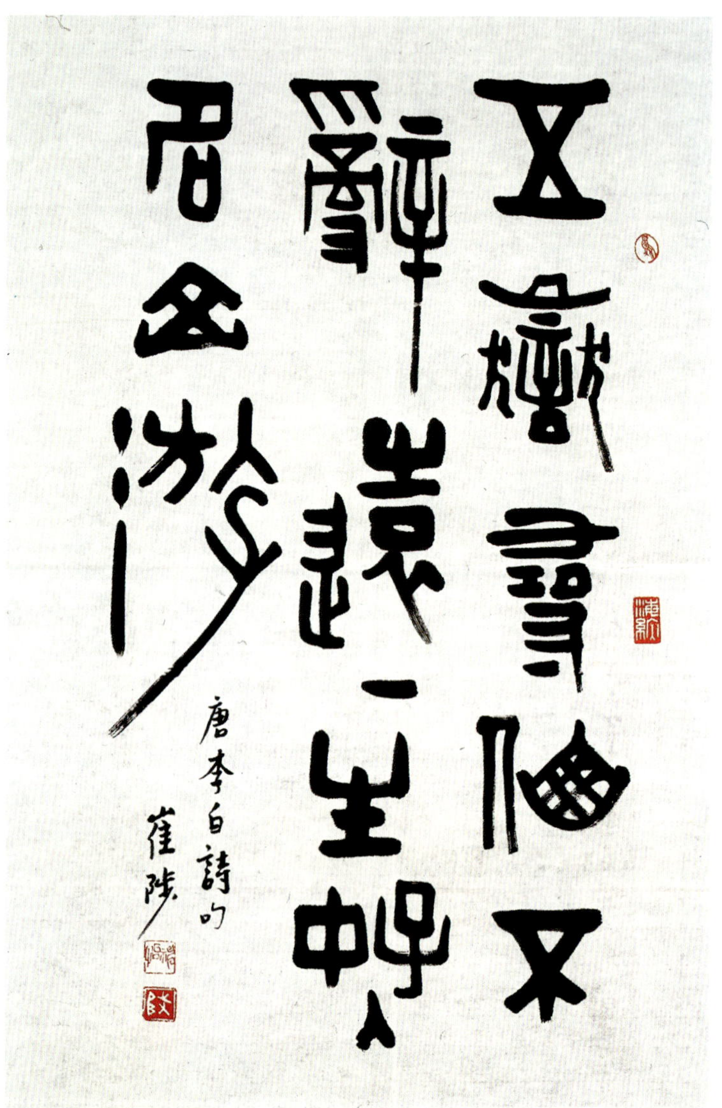

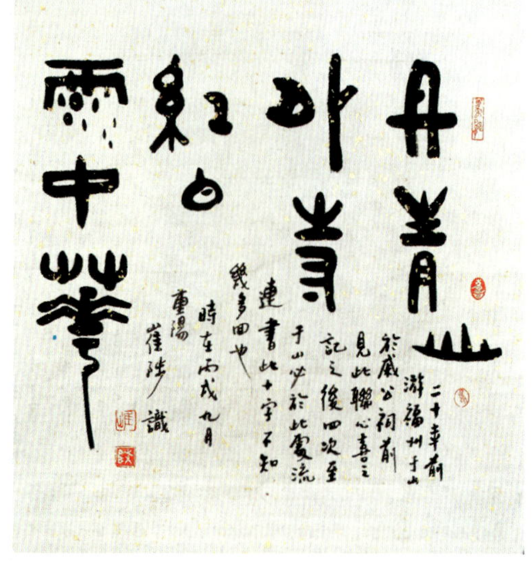

崔陟（1949——）本名崔志刚，亦名恩唐，或称博陵人，北京人。现为文物出版社图书编辑部主任、中国书法家协会会员、中国书法家协会中央国家机关分会办公室副主任。

自幼喜爱文学艺术，13岁考入北京市少年宫金石书法组，师从刘博琴先生学艺。几十年来，一直坚持书法篆刻创作、理论研究和教学。书法以篆书、隶书为主，力求古朴、含蓄、深沉，亦不失活力，以展示个性。

作品多次发表、展出，1989年在深圳举办个人书法展。2002年获“首届中国书法兰亭奖”。有《书法博物馆》、《笔墨生辉》、《书画语林》、《书家语丝》、《汉字书法通解·篆》、《中国书法艺术·明》、《点与线的艺术——书法》、《石头与火撞击的火花——篆刻》等专著及中小学生《写字》教材，在大陆及台湾出版发行。

戴成有（1940——），生于河北省乐亭县，1966年毕业于鲁迅美术学院中国画系。曾任吉林省美术家协会第四届副主席，现任吉林省美术家协会顾问，吉林省政协书画院常务副院长，长春市美术家协会副主席，长春市政协书画院副院长兼秘书长，东北师范大学美术学院教授，研究生导师。1994年享受国务院颁发的政府特殊津贴。

戴成有的作品用墨用色都极其单纯，在单纯中求丰富，在宁静中充满了凝重，通过笔触、墨色块面、挤压留白，包括远山的云雾，形成了画面的动感。

其作品曾入选“第七届、第八届、第九届全国美展”、“第四届全国山水画展”、“首届中国美协会员中国画精品展”、“第三届中国美协会员中国画精品展”、“关东画派中国画人物画进京展”、“全国高等美术院校中国画名师作品展”、“烟台之夏——中国画名家提名展”和《中国山水画百家画集》、《中国书画百家精品集》。多幅巨作被人民大会堂、毛主席纪念堂、全国人大常委会会议中心收藏。出版有《戴成有水墨艺术》画集。

邓子芳（1948——）海南省海口市人。现为中国美术家协会理事，海南省美术家协会主席，海南省文联副主席，人民日报社神州画院特邀画师，海南省书画院顾问，海南日报社主任编辑。

他作画，不事奇巧，不趋时尚，遵循着中国山水画的实践规则，外师造化而中得心源。通过他的观察、认知和笔墨经营，把对乡土家园的一片深情，把海南山水的独特韵致如潺潺细流般传达出来，流进人们的心海，让人萌动一缕超尘脱俗的田园之思。

作品多次参加全国及省举办的各种美展，并经常在全国及省级刊物上发表，有些作品还获奖。早期从事版画创作，其中《新雏声声》、《黎族女教师》、《碧海绿岛》、《南海明珠》、《新月》、《海上生明月》均入选全国版画作品展；近年致力于中国画创作，中国画《雨林兰香》获全国新闻书画展优秀奖，中国画《清幽》入选全国第八届群星奖优秀作品奖，中国画《海滩晨韵》入选西部辉煌全国中国画作品展，中国画《黎山秀色》入选迎奥运中国画大展，中国画《滨海新城》入选全国画院双年展首届中国画展。1994年在香港、澳门地区举办画展，2001年在美国加利尼福亚橙县参加《中华人民共和国当代水墨画展》、2002年应荷兰国哈德怀克市艺术中心邀请举办中国画作品展。2003年，中国画《南海神韵》、《幽山鸣泉》被我国外交部驻外使领馆馆存及收藏，中国画《五指山秋韵》入选华夏笔都全国首位知名国画家特邀作品展，2007年2月为人民大会堂创作国画《春色秀群山》。

狄少英（1957——）河北定州人。1991年毕业于解放军艺术学院美术系。现为中国徐悲鸿画院国画创作室主任，一级美术师，中国美术家协会会员，中国书法家协会会员。

他是一位很有成就的青年画家，有近30年的军旅生涯和长期的创作实践。他的画多反映时代精神和讴歌人民，他坚持中国人物画的写意传统和笔墨精华，同时又注重人物的精神气质和个性化艺术语言的提炼，使自己的艺术更深刻的表现现实生活。狄少英曾多次赴川西、甘南、青海等地采风，白云碧天下的莽莽草地，银雪皑皑的千里岷山，金顶闪闪的喇嘛庙，迎风招展的经幡，还有那健康雄壮、质朴善良的人群，都会迸发他的灵感，燃烧的激情，驱使他拿起手中的画笔，用娴熟的笔法、个性化的思维表现他们的精神世界。他的作品笔墨厚重，画面整体富于动感很传神，画中人物的灵魂与作品神韵的统一，充分显示了狄少英的艺术修养和对生活的挚爱。

他的作品多次入选全国、全军各类美展和书法展，曾获第二届中国美术家艺术展金奖、炎黄同心中国画展金奖、东南亚六国水墨画展金奖、香港回归全国中国画展银奖、首届崂山茶节全国中国画展银奖、齐白石诞辰140周年全国中青年中国画提名展铜奖、建党七十周年全国书法展览一等奖、毛泽东诞辰100周年全国书法展览二等奖、国际书法展览二等奖。作品曾赴英国、美国、加拿大、日本、新加坡、澳大利亚等国展出，部分书法作品在国内碑林刻石，国画《祖国啊母亲》和书法《毛泽东·沁园春·雪》，由毛泽东纪念堂收藏，中央电视台曾多次进行专题报道。传略收入《中国美术家》、《中国美术家、书法家汉英词典》等多部大型辞书，出版有《狄少英国画作品集》、《狄少英画集》《狄少英书法集》、《写意人物·八仙》。

丁杰（1958——）江苏人。毕业于南京师范大学美术系（后并入中央美院国画系）。现为中华海外联谊会理事、中国宋庆龄基金会理事、文化部青联常委、中国美术家协会会员、中国美协北京国际美术双年展办公室副主任，国家友好画院副院长。

1997年丁杰向团中央捐赠书画五十幅，1999年、2002年、2003年三次赴台湾参加两岸书画名家联展等文化交流活动，2004年4月参加大陆赴港、澳、台著名书画家代表团"华夏情—名人名家书画"巡展、12月参加中国当代青年书画家代表团赴澳门七人联展，2005年随团中央书记处书记周强参加联合国世界环保颁奖大会。山水作品先后入选《民族魂·国土情》全国书画大赛获三等奖、纪念毛泽东同志《在延安文艺座谈会上的讲话》发表60周年全国美术作品展、迎奥运全国中国画大展、第二届中国北京国际美术双年展系列展和2005中国中青年艺术家精品展。1997年获第十四届世界青年联欢节"杰出艺术家奖"。

曾出版《丁杰山水画选》、《丁杰画集》、《刘炳森、丁杰书画欣赏》、《中国当代美术家名作欣赏——丁杰国画作品精选》、《丁杰作品选》、《丁杰山水画集》等。

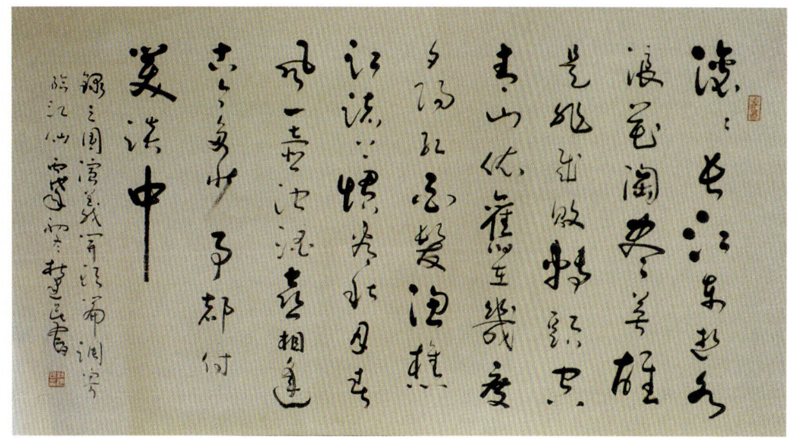

杜建民，现任中国书法家协会会员，云南省书法家协会副秘书长，云南省美术家协会理事。

杜建民多年来一直潜心于书画的创作与研究，作品曾多次在国内各类书画大赛中获奖。1990年在云南美术馆举办个人书画展并享誉艺坛，2000年7月出版《中国实力派书画家》杜建民书法专集，2004年获中国第五届百杰书法家称号，2005年6月28日获“首届中国文艺金爵奖”，10月获“最受山东收藏界欢迎的一百位书画家”称号，11月被授予“国学杰出贡献艺术家”荣誉称号和“中国国学杰出贡献奖”书画类金奖。12月在云南省博物馆主办的个人书画展，被中国书画展年度人物评委会评为“2005中国书画年度人物”，同时被授予“2005中国书画名家”荣誉称号。

段成桂（1942——）字伯硕，吉林省吉林市人。书法家。现任中国文联副主席，中国书法家协会副主席兼鉴定评估委员会主任，中国博物馆学会理事，吉林省政协副主席，吉林省文史研究馆馆长，吉林省文联副主席，吉林省博物院名誉院长，吉林省博物馆学会理事长，《博物馆研究》主编，吉林省文物鉴定委员会主任，东北师范大学兼职教授，日本北海道书道协会顾问。

他在书法艺术上造诣颇深。工真草隶，尤以草书、隶书见长。其草书飘逸醇雅，清新自然，深得二王笔法；隶书则笔力沉酣，舒展流畅，自成风魄。曾在日本札幌、泰国曼谷、法国巴黎、韩国釜山等地举办个人书法展览。精书画鉴定，于1982年发现苏轼《洞庭春色赋·中山松醪赋》墨迹手卷，并撰《苏轼二赋墨迹卷考评》、《群玉堂苏帖考评》、《苏轼法书年表》、《论苏轼的书法艺术》等文章。

段成桂为第七至十届全国政协委员，第九届长春市政协副主席，文化部优秀专家，享受国务院特殊津贴待遇，吉林省首批省管专家，世界教科文卫组织专家成员。曾任吉林省博物馆艺术部主任、副馆长、馆长，中国书法家协会第一届理事、第二、三届常务理事、第四、五届副主席兼鉴定收藏委员会主任，吉林书法家协会第一届副主席、第二、三届主席。1993年被评为文化部优秀专家。

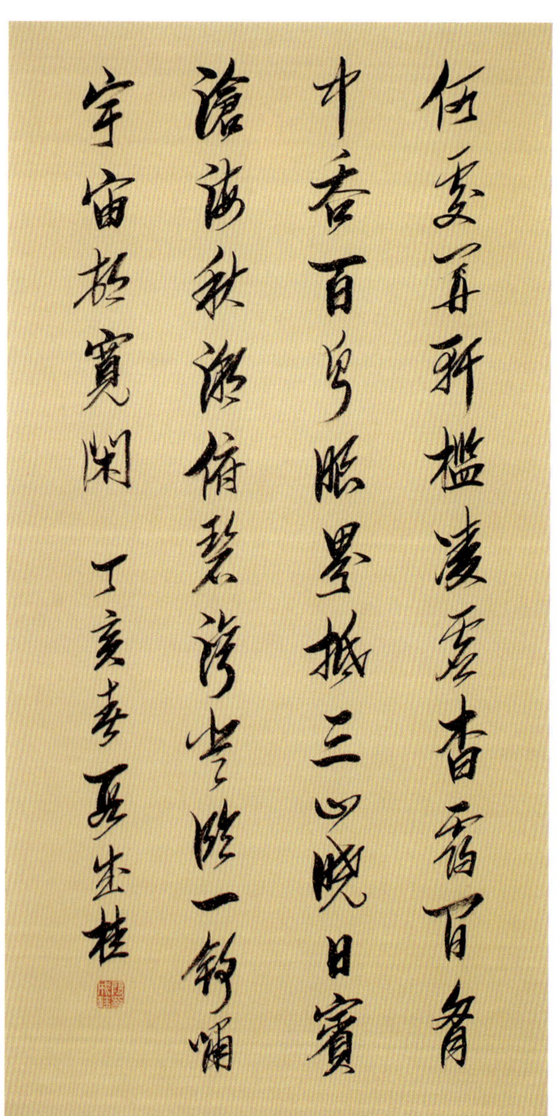

范扬（1955——）祖籍江苏省南通市，1982年毕业于南京师范学院美术系。曾任南京师范大学美术学院院长、教授、博士生导师、中国美术家协会会员。现任中国画研究院山水画研究室主任。

范扬擅长中国画，工写兼备，作风淳厚，意味纯正。他的作品打通了山水、人物、花鸟原有的门类界限，看上去满幅轻松却埋伏了雄强之骨和深厚学诣。对传统画风的深刻体悟和对从宋元绘画到黄宾虹的直接吸收，使他的画作形成了自己的风格，落笔便生墨韵，笔笔相连，连成景致不绝的大千世界。

他曾多次参加海内外各级大型展览并被中国美术馆、上海美术馆、江苏省美术馆等收藏，多家专业刊物作过专题介绍，代表作有《支前》、《皖南组画》等，出版有《水浒人物全图》、《范扬画集》等。

方国兴（1946——）江西南城人。江西省博物馆研究员，国家一级美术师、享受国务院政府特殊津贴突出贡献画家、中央紫光阁画院院士、国家文化部文化系统高级专家、江西省书法家协会副主席、中国书法家协会鉴定评估委员会委员、景德镇学院陶瓷艺术系教授等。

其书法四体皆擅，国画以书法入画，且以书画融于瓷艺，三味真火，熔书画陶瓷于一炉，风格独具，深受中央领导和启功大师赞赏。他的花鸟书画笔墨简练，格调高雅，清新隽逸，师古不泥古；他的书法善以隶笔为篆，兼收行书笔意，以篆笔为隶，兼取北碑用笔厚重质朴，浑雄鹜健。瓷画用笔简炼大气，豪放洒脱，表现“梅兰竹菊”四君子尤为传神，极富个性，卓尔不群。

作品为中南海等国内外300余所美术馆、博物馆典藏，并为吴官正、宋庆龄、郭沫若、启功、庄世平、陈立夫、徐旭东等海内外著名人士珍藏。1987年《书法》杂志评其为“全国37位优秀中青年书法家之一”，1992年载入《中日当代著名书法家集萃》。《兰》、《竹》《梅》和《篆书》4次荣获“日本国际文化交流展”金奖，瓷画《幽兰》荣获“中华当代书画作品博览”一等奖，并荣获“世界文化名人成就奖”。传略两次载入中国最高层次的《中国人物年鉴》和《美国世界名人录》等100余种名人辞书，有“江南一支笔”、“方竹国兴兰”之誉。书画国学大师启功先生称其“小篆”和“墨兰”堪称当今之绝。出版《方国兴书画瓷器艺术集》多部。

冯远（1952——）上海人。1980年毕业于浙江美术学院中国画系研究生班。历任中国美术学院（原浙江美术学院）副院长、教授，文化部教育科技司司长，文化部艺术司司长。现任中国文联副主席、中国美术馆馆长、中国美术家协会副主席、中国美术家协会中国画艺术委员会副主任。

冯远作品题材选择与手法运用极为广阔而丰富。产业工人的质朴旷达，南方姑娘的灵秀、淡雅无不令人心动。他的画作更多的是追求沉雄浩大的崇高之美，对彼岸境界的向往、对真实生活的玩味、对人间世情的体验则使他的人物画中也不乏活泼、幽默、恬淡、宁静的优美。而能轻松驾驭千变万化的不同场面、不同结构的能力，则来源于他坚实的造型能力，丰富的形象记忆、想像和创造能力，还有训练有素的笔墨修养与技能。

作为一个艺术家和艺术教育家，冯远下大功夫对中国传统艺术理论的核心精髓以及对人物画艺术未来发展等热点问题进行深入的研究，在浮躁之风盛行的当下显得可贵，实属难得。

傅伯庚(1944——)，生于黑龙江省双城堡，满族。国家一级美术师、研究馆员、教授。现为中国书法家协会会员、黑龙江省美术理论专业委员会副主任、黑龙江省花鸟画研究会理事、黑龙江省书法家协会理论专业委员会副主任、中国民族画院特聘画家、牡丹江师范学院、牡丹江大学特聘教授、黑龙江省北方书画研究院名誉院长。

傅伯庚自幼受家父影响酷爱书画，擅长各种书体，尤以草书和大篆见长。1984年开始发表书法作品，作品入选首届国际书法大展等多次国内国际书法展览。至今已有书论、画论20余篇发表于《人民日报 》、《美术》、《书法赏评》、《书法导报》等大型报刊，作品及传略入编《中国美术年鉴》等数十种大型典籍。著有《傅伯庚书法集》、专著《叩问笔墨》、文艺评论集《山颠的风流》、《翰墨当歌》等。

著名书法家郭恒这样评价傅伯庚：他写出的不再是一般模样与哪一家体法，而是千姿百态，几多情趣和一派空灵，象天法地，随心所欲，又有法可循。他摒弃了历代书法的僵化结体，汇集历代笔法的出新意致。观其书迹，虽出新奇却不离传统书体的法度；极意变化，常变常新，迹奇而理在，形奇而韵新。

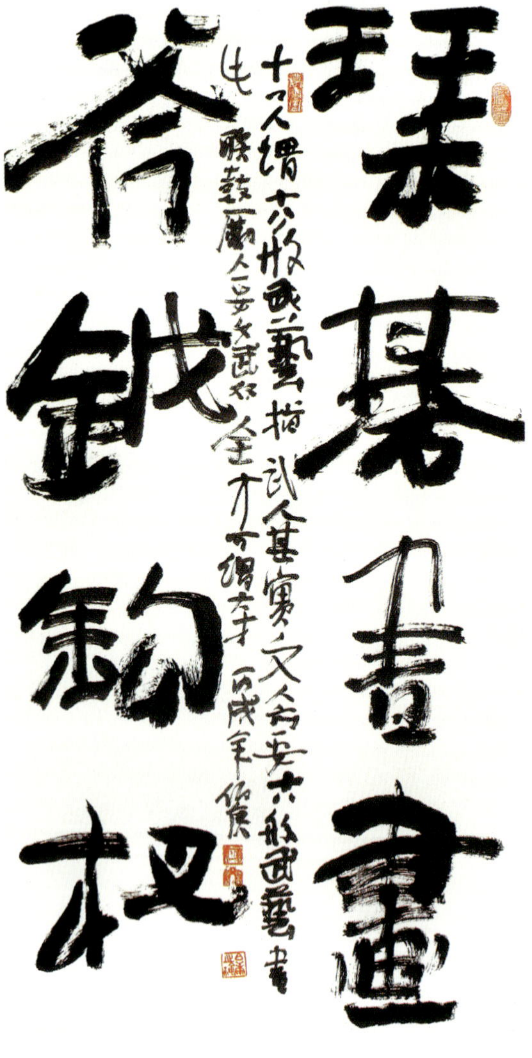

盖茂森（1941——）江苏无锡人，祖居张家港，原籍山东莱阳。1965年毕业于南京艺术学院中国画专业，1976年于江苏省国画院任专职画家。现为国家一级美术师、中国美术家协会会员、江苏省美术家协会理事、江苏省书法家协会会员、江苏省国画院顾问、江苏省艺术专业高级职务评审委员。

盖茂森擅长中国人物画、山水画，风格独特。他不仅熟悉中国人物画传统，而且研习过山水，花鸟画传统。在他的人物画创作中，将线条勾勒法与没骨法、破墨法融为一体，发挥到淋漓尽致，作品既有江南绘画的清新典雅，又有北方绘画的浓厚朴实，既有传统艺术神韵又有现代审美意识的灵性，功底深厚。

作品《戈马江南》、《老担新挑》、《胜利的脚步》、《雄风》、《香妃进京》等多次入选国内外大展并获奖。中华人民共和国文化部、北京人民大会堂、毛主席纪念堂、中南海、天安门陈列室、中国美术馆、中国画研究院、江苏省美术馆、天津艺术博物馆、黑龙江博物馆、日本名古屋博物馆等均珍藏陈列其作品。

出版有《盖茂森画选》、《当代江苏画派名家盖茂森》、《盖茂森画集》、《盖茂森新疆人物画》、《盖茂森作品集》、《盖茂森写意人物》、《中国当代名家画集——盖茂森》等多种画集。传记载入《中国现代书画界名人大观》、《中国美术家辞典》《中国美术年鉴》、《世界名人辞典》等。

高卉民（1948——），河北省献县人，1976年毕业于哈尔滨师范大学，现任哈尔滨师范大学艺术学院院长、中国画教授、博士生导师，中国美术家协会会员、黑龙江美术家协会副主席、黑龙江“突出贡献中青年专家”。

高卉民得名家亲授，传统功力精湛，擅中国大写意花鸟画，也做山水、人物和指头画。专绘中国北方山花野卉，以其雄浑博大的黑土地风格在中国画坛独树一帜。他有着国画的笔墨功夫，又有着西画的形式修养。他的用笔看似草率却有着抓住纸面不放的凝涩力度，他的构图看似若不经意却有着画框难以羁縻的构成张力。他的画无论疏体密体，在空间留白处都似乎回荡或凝聚着一股寒冷而清新的空气，令人头脑清醒、胸怀开朗，俗气顿释、浊气顿消。

他曾多次参加国内外重大展览并获奖。作品入选百年中国画大展，八、九、十届全国美展入展，众多作品在日本、南韩、新加坡、泰国、香港、台湾等十多国家地区展览并被这些地区机构、领导人及收藏家珍藏。出版有多本《高卉民画集》。著名理论家、教授誉其为“当今花鸟画坛上年青主将”、“花鸟画革新者”。

管芪枫(1959——)，重庆市云阳人，现为四川省诗书画院专职画家，创研室副主任，中国美术家协会会员，国家二级美术师。

管芪枫的创作很强调山水画的地域特色，他作品所表现的范围主要是四川的山水。他的《三峡神韵》、《走入辉煌》、《一日千里踏青山》、《踏烟极目千万里》、《蜀国多仙山》、《金秋行》、《千山兆祥云》等，无不是一种大气象、大变幻，充满流动感。而在他看似纷繁复杂其实井然有序的画面中，在一定的形式结构中形成逼人的张力，体现出一种境界高度、空间深度和技术的难度。

1996年，他获"孺子牛"杯《全国书画大展》银奖；2003年获《第二届全国中国画展》铜奖；2005年获第二届当代中国山水画·油画风景展佳作奖。1998年，其作品入选中国国际美术年——"当代中国山水画·油画风景展"，2001年入选"全国画院双年展"，2004年入选"第十届全国美术作品展"，2004年入选"文化部全国中国画百家作品邀请展"。1997年，他获97' 中国画坛百杰奖、获中国画坛百杰称号，出版有《梦界－管芪枫山水画精品集》、《百杰画家·管芪枫》、《<名家名画>管芪枫大景山水画精品集》、《二十一世纪有影响力画家个案研究》等。

桂行创（1965——）生于河南罗山。现为中国美术家协会会员，文化部青联美术工作委员会委员，河南省美术家协会理事，河南省美协山水画艺委会副主任，河南省书画院高级美术师。

作品多次入选全国美展并获奖。获奖作品有：《积翠重苍》获“跨世纪暨建国50周年全国山水画大展”金奖（中国美协主办），《苍翠豫南》获“中国画三百家美展”铜奖（中国美协主办），《苍翠大别山》获“第九届全国美展”优秀奖（文化部、中国文联、中国美协主办），《淮源素秋》获“第三届全国画院优秀作品展”最佳作品奖（文化部主办），入选全国美展的作品有：“纪念中国共产党成立80周年全国美展”、第一、二届“全国画院双年展”、“第二届全国中国画展”、“第十届全国美展”。2000年作品《积翠重苍》被中国美术馆收藏并入选“1990-2000百年中国画展”。

郭怡孮（1940——）山东省潍坊市人，1962年毕业于北京艺术学院美术系。当代中国画创作活动的重要组织者之一，美术教育家和花鸟画创作的代表性画家。现任中央美术学院教授、博士生导师，中国美术创作院院长、研究员，全国美协中国画艺术委员会主任等职，全国政协第八、九届委员，中国和平统一促进会常务理事等多项社会职务。

郭怡孮在继承家学的基础上，融深厚传统功力和现代审美情趣为一体，形成了自己鲜明的风格，相继提出“大花鸟精神”、“你的野草是我的花园”、“重彩写意”、“技法重组”等创作理论，具有较大的社会影响。

出版有《中国近现代名家画集——郭怡孮》等多部画集，编著有《中国画》、《花鸟画创作教学》、《花卉写生教程》、《郭味蕖花鸟画技法》等专著和多部教学录像资料。

韩敬伟（1957——），生于沈阳，1982年毕业于鲁迅美术学院，现任清华大学美术学院，鲁迅美术学院双聘教授。主持山水画专业教学建设与改革，2005年获国家级教学成果二等奖。

1999年，韩敬伟创作的《空谷寂寞凭枯荣》以黄土高原寻常山峦沟谷秋景为题材，物象雄伟、粗犷、朴厚，笔法拙实而又灵变，墨色干湿调节适度与秋意相合，山野中草木自生自长、自荣自枯、循环往复的景象真实而艺术地呈现。他创作的《归路》、《远山》、《山鸣谷应》同样也以黄土高原景物为题，章法满而不塞，形势完整而有又细节，形象充实而有松有紧，用笔虚实应变，墨彩沉稳而又奇变，形式构成有不露痕迹之妙，已超脱真实物理空间和特象形质的约束，显示出画面秩序、节奏、韵致、和谐的经营匠心。

他的作品曾获第七届全国美术作品展铜奖、第九届全国美术作品优秀奖、第十届全国美术作品展铜奖、第二届中国美术“金彩奖”展铜奖、首届全国中国画展·深圳特展大奖、第二届全国中国画展银奖，出版有《中国画的意与色》、《中国绘画质地表现》、《韩敬伟画集》、《韩敬伟作品集》、《水墨精神——当代中国画名家韩敬伟作品及技法》、《国画写意山水绘画手稿》、《韩敬伟山水扇面精品》等，21幅主要作品收藏于中国美术馆及全国各地美术馆。

韩永利（1940——），吉林省柳河人，毕业于吉林艺术学院，中国美术家协会会员，国家高级美术师，吉林省书画院专业画家，吉林省政协书画院特聘画家，泰国曼谷中国画院艺术顾问，

韩永利的作品以农村风情、北方雪景、家畜及动物为主。他吸收西方绘画和各种画种之长，逐渐形成了自己细腻、冷峻、清新、淡雅的画风。他的画自然、生动，别有一番朴素之气。不但艺术性强而且很注重装饰性，又比传统写意多了一分写实，自然生动，毫不做作。

他曾多次参加全国、省级美术作品展览，作品《夏日》获泰国“当代国际水墨画名家作品展”金奖，《同唱一首歌》等三件作品分别获“民族百花奖第三届少数民族美术作品展览”、“大韩民国文化艺术综合大赏展”、“九十年代中日书画交流作品展览”银奖，水粉画《花公鸡·小麻雀》入选庆祝中华人民共和国成立50周年《第九届全国美术作品展览》，《玉树琼枝》、《农家》、《正月》分别入选第6、7届“新人新作展”展，《林海雪原》等三件作品分别入选第1、4、5届“当代中国山水画展”并被授予“优秀人民艺术家”荣誉称号，《雪花飘飘》、《惊蛰》（合作）分别在“第七届全国美术作品展览”中获银、铜牌奖。

何加林（1961——）杭州人。1988年毕业于浙江美术学院中国画系山水专业。获文学学士学位。1998年毕业于中国美术学院中国画系山水专业，获文学硕士学位。2004年毕业于中国美术学院中国画系美术学博士研究生专业，获博士学位。现为中国美术学院教授，硕士研究生导师。系中国美术家协会会员，浙江省美术家协会理事，杭州市美术家协会副主席，杭州画院副院长。

何加林画山水，擅水墨，亦能青绿；有时枯而润，有时淡而腴。近年多作对景写生，讲究笔墨意趣但不落前人套式，得获真实感而能远离西式写生法的窠臼。

作品《汉中古道行》曾获全国“中华杯”中国画大奖赛银奖，作品《秋气嶙峋》曾获全国首届中国山水画展金奖，作品《大师山》参加了“开放的年代”中国美术馆建馆40周年美展，作品《烟水可居》参加了“地之缘——亚洲当代艺术文献展”，作品《渔钓图》参加醉乡绍兴——中国当代艺术作品展，作品《山水》参加同一条河——全国中国画作品展（2005年北京），作品《闲云叠嶂》参加浙派当代中国名家书画展，作品《湖山欲雨》参加二十世纪中国山水画大展，作品《烟水可居》、《雷峰塔重造图》参加“笔墨经验——中国画邀请展”。

何家英（1957——）天津人，祖籍河北任丘。1980年毕业于天津美术学院。现为天津美术学院教授、中国美术家协会理事、天津美术家协会常务理事，天津美术学院教授、硕士研究生导师，国家“有突出贡献中青年专家”。

擅长工笔人物，喜欢在绢上作画，线条极富表现力。作品严谨精到、朴素大方，造型准确，善于刻划处于静态的人物内心世界，具有完美的格局和象征性。作品刻画具微，布置谨严，人物清丽莹洁。他的写意作品也能别创新意，含蓄、虚豁、自然大方。代表作品有《魂系马嵬》、《米脂的婆姨》、《酸葡萄》、《十九秋》、《秋冥》、《山地》、《街道主任》、《无声》等。多次参加全国美展并获银奖、全国青年美展、当代工笔画学会大展及文化部“中华世纪之光”中国画提名展，《秋冥》被选入百年中国画展。作品由天津艺术博物馆收藏。还先后到日本、韩国、印度、香港等地参加画展，出版有《何家英画集》等。

何家英是当代中国画坛崭露头角的著名工笔人物画家，被誉为“最有希望最有代表性的年轻一代画家”。他的创作高扬写实精神，注重生命体验，作品注重对心灵的卓越表现和对人性的深刻关注，为中国人物画的创新作了富有成就的探索。

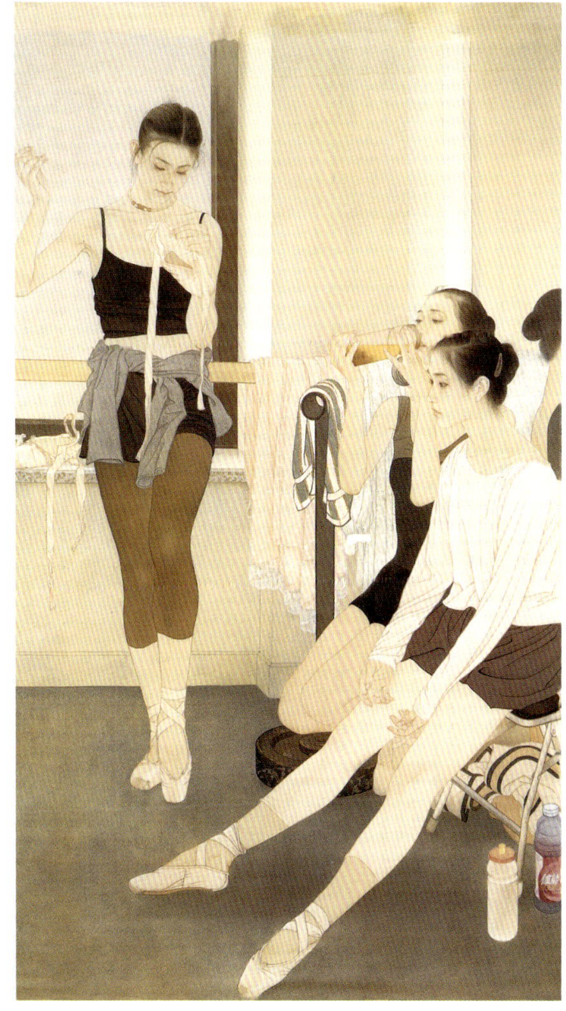

何连仁（1947——）辽宁省辽中县满都户人。现为中国书法家协会草书专业委员会委员，辽宁省书法家协会副主席、评审委员会副主任。

何连仁用笔以长锋兼毫毛笔为主，以其坚挺、灵活的特点挥洒自如地表现出意想不到的效果。在用墨上他力求墨色丰富、枯润相兼。他的作品注重整篇书体一致，不着眼于枝节处而在乎虚实相间，行气错落有致，跌宕起伏，流露出一种自然的美感。

1989年，其作品入展全国第四届书法篆刻展，1992年入展全国第五届书法篆刻展，1996年入展全国楹联书法作品展，荣获辽宁省首届探索书法展一等奖，1998年荣获全国第七届中青年书法作品展一等奖，1999年荣获全国书协主办的世界华人书法展三等奖，2000年荣获全国第八届中青年书法作品展一等奖，2001年参加中国书法协会成立二十周年纪念大会，参加第一届中国书法家协会会员优秀作品展，2002年5月被中国书协授予“德艺双馨”书法家荣誉称号。

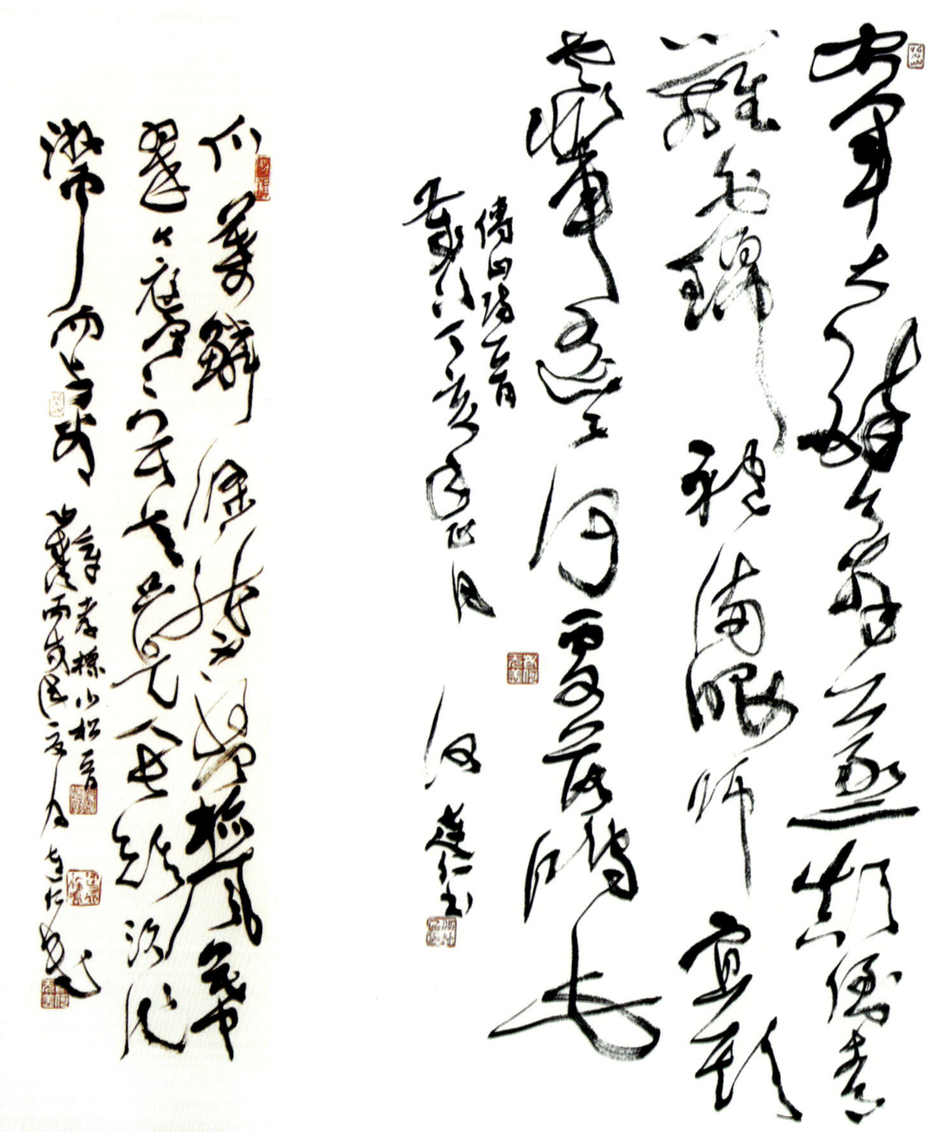

何满宗（1956——）常宁市人，中共党员，清华大学研究生毕业、硕士学位，国家一级美术师。现任中国书法家协会理事，湖南省文联主席，湖南省书法家协会主席。历任湖南省九届人大代表，长沙市十一届人大代表，湖南省青联第七届常委，湖南年轻人杂志社副总编辑，湖南省广播电视学校校长，湖南省青年书法家协会主席等职。

2004年7月在澳门、10月在长沙、2005年5月在日本爱加世博会、2006年1月在长沙举办“何满宗书法展”。2001年5月、2005年6月、2006年1月分别赴日本、香港、澳门组织湖南书法展。

书法专辑及书法理论著作有：《当代书风·何满宗书法系列》、《竹简·楚辞》、《中国书法与传统文化研究》、《怀素自叙帖技法》、《王铎草书技法》、《四体千字文》等。

书法论文有：《毛泽东书法宏观思考》、《中国书法百年论》、《湖湘书风分析》等。

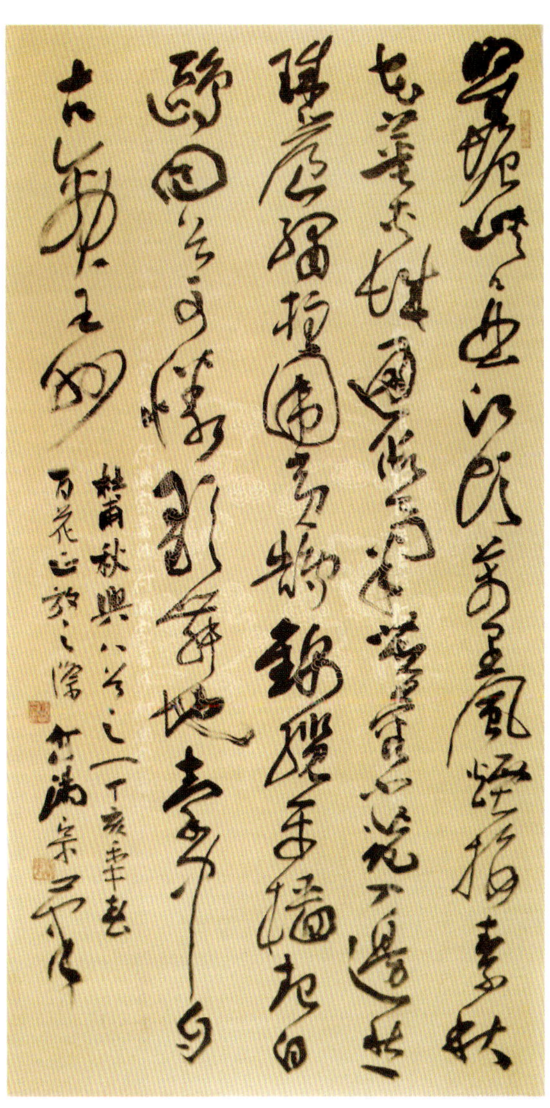

何士扬（1962——）生于福建泉州，先后毕业于福建工艺美术学校、浙江美术学院（现名中国美术学院）中国画系，现任中国美术学院副教授、浙江画院、西泠书画院、泉州画院特聘画师、中国美术家协会会员。

何士扬的人物画多中锋用笔，追求线条的委婉、流畅与刚柔相济的弹性，简练之中蓄有饱满，纤细之中富有力度，极具古雅之趣，张扬了天真的幽默韵味和返朴归真之情。观他的画，既有淡雅简洁、质朴纯正的民族风格，又像无声的诗，轻松浪漫而又委婉抒情，咏出了中国百姓对生活美好的愿望，让人轻松愉快，回味无穷。

他的作品曾参加“第八、十届全国美展”，“‘世纪之光’中国当代杰出中青年国画家新作展”，“‘水墨本色’2002理论家提名当代中国画展”，“第三届深圳国际水墨画双年展”，2003全国中国画作品展获优秀奖，“浙江名家2005中国画作品展”，“2005中国画百家金陵画展友情展”，“‘60视线’当代水墨画家邀请展”等。作品编入《中国当代美术1979-1999中国画卷》、《中国现代人物全集》等书。

贺成（1945——）山东人。国家一级美术师，中国美术家协会会员，中华诗词学会会员，江苏省美协理事，人物画艺委会主任，江苏省艺术专业高级职称评审委员，江苏省国际文化交流中心理事，江苏省红十字基金会理事，江苏省残联理事。

贺成的画作以中国画人物画为主，兼工山水，花鸟，书法。1975年，作品《支农列车到山村》在全国美展中获优秀作品奖，《民间疮痍 笔底波澜》获全国第二届青年美展三等奖，《马背上的歌》获1993年中国画大展一等奖，《前夜》获首届江苏美术节金奖，参加全国九届美展。《欢乐望果节》获江苏省"5.23"美展金奖、全国优秀奖，参加全国十届美展。《竹林七贤》、《渭城曲意》悬挂于人民大会堂，《唐人马球图》悬挂于香港特首办公楼。中国美术馆、中国画研究院、日本名古屋博物馆、中南海、毛主席纪念堂等机构均收藏其作品。传记载入《中国现代书画界名人大观》、《中国美术家辞典》、《中国美术年鉴》、《中国现代美术全集》、《东方之子》等辞书，2002年被全国政协选为"江苏十大优秀画家"。出版有《贺成画集》、《访欧画集》、《怎样画仕女》及《飞庐片羽》诗文集。

胡宝利（1955——）辽宁营口人。1978年在沈阳鲁迅美术学院国画系学习。现任中国美术家协会展览部主任，文化部艺术品评估委员会委员，文艺报美术专刊艺术顾问，清华大学美术学院特聘教授。

胡宝利的画有一种关东雄强之气和齐鲁豪放之气。那种沉雄富于真实感的山水形象，浓烈的生活气息和时代气息，撩拨着观众的心弦。他的作品《流云远舟图》、《雄峰顺飘图》、《江影寨幽图》等大面积的墨色交用，造成画面墨气氤氲而又十分和谐。作品自然流畅，依物随形，绝少有刻意的痕迹，意象间气脉贯通，凝结着天地元气。

主要作品有《塞外曲》、《塞外春风》、《黄河九曲》、《牧马人家》等，曾入选全国美展并获奖。1989年他赴日本东京、扎幌举办个展并讲学，1991年在台北举办个展，20世纪九十年代后在北京举办个人画展三次，部分作品被国内外美术馆、纪念馆收藏。出版有《胡宝利西山风情中国画作品选》、《胡宝利中国画人物精品选》、《胡宝利山河颂国画集》等。

胡一龙，中国美术家协会会员、中国美协苏州胥口展览中心、中国书画名家街艺术总监。

胡一龙的作品如《白云绕山村》、《杜甫诗意图》、《一行白鹭上青天》、《烟雨江南》、《复得返自然》、《溪山行旅图》等意境高远、笔意锲合，形成了自己的“桃源山水”样式。在他的画中，常常呈现出一种似曾相识、难能可贵的境界。他运笔以墨线为主，线条灵动活泼、自然流畅、变化有力、点皴恰当，使其更具感染力。

2000年，他的作品《陶潜诗意图》荣获“民族魂”全国书画大展优秀奖，《泰山祥云图》入选“亚亨杯”全国书画大展，2001年作品《多彩的山川》入选“第十五届全国新人新作展”，2004年《梦里家山》荣获“2004全国中国画大展”优秀奖，《山色朝晴翠染衣》参加“2004全国中国画名家邀请展”，《荷香欲醉鱼》入选2004年全国中国画大展，2005年《白云绕山乡》参加“江苏省中国美协会员作品展”，2005年《诗意》荣获“太湖情全国中国画提名展”全国奖，2005年《烟雨江南》参加“2005全国中国画名家邀请展”，2005年《观云卷云舒》入选“2005全国中国画大展”。

胡志亮（1944——）南昌人，20世纪60年代中期毕业于江西大学中文系，现为江西省书法家协会副主席，新余市书协主席。中国书法家协会会员，中国作家协会会员，省美术家协会会员。

胡志亮自幼酷爱书画艺术，此后几十年习书不辍。其书法作品参加了历届省展和国内许多重大展览；2001年还参加了“第12回日中自作诗书法作品交流展”，受到一致好评。其书法宗法二王，杂以颜柳风骨，追求“端庄杂流丽，刚健含婀娜”的书风，秀逸而遒劲，具有强烈的书卷气，是典型的学者型书法。

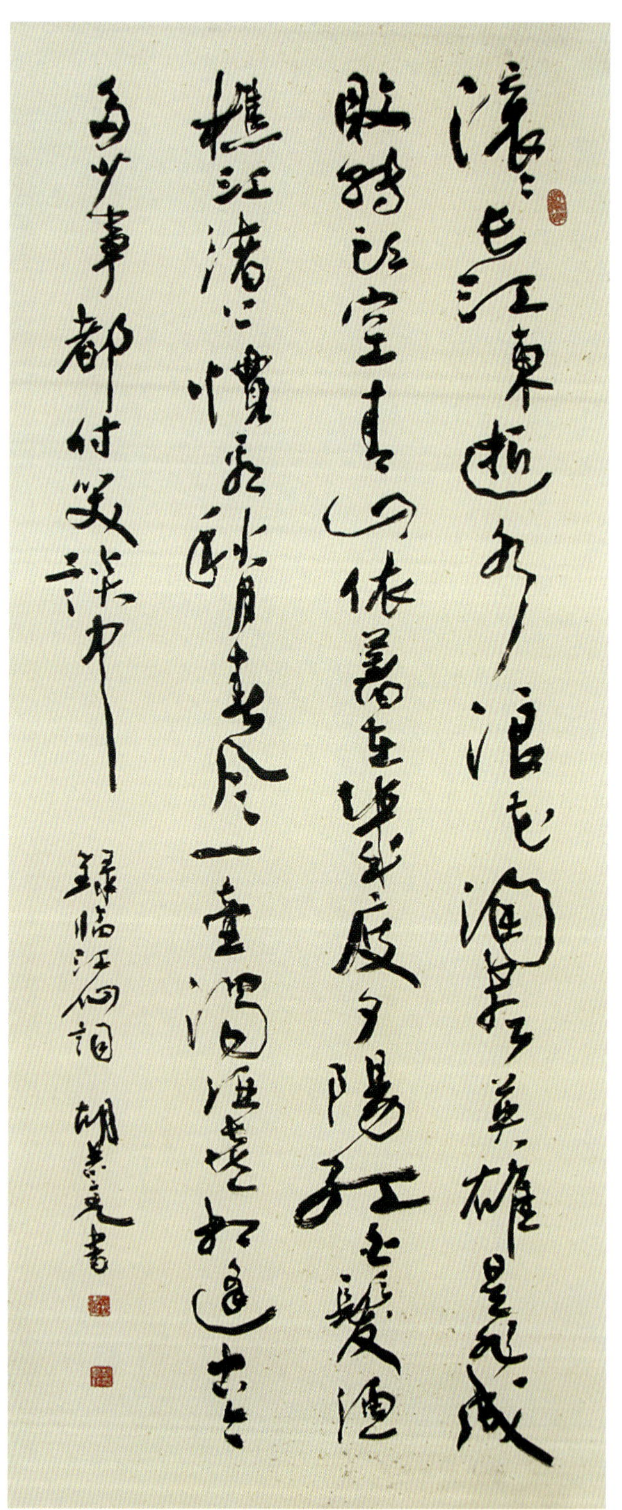

霍春阳（1946——）河北省清苑县人，1969年毕业于天津美术学院并留院任教，现为天津美术学院教授、硕士生导师，中国美术家协会会员、中国书法家协会会员、天津美术家协会副主席、天津文史馆馆员、中国青年美协顾问、《人民日报》神州书画院特聘画家，新华社新华书画家特聘画家，中央电视台书画院特聘画家，享受国务院特殊津贴。

霍春阳以“净化人的心灵”为创作宗旨，主攻写意花鸟画。他很讲究笔墨，作品笔精墨妙、水色天然，把对笔墨的讲究升华为一种“化境”——“不见有笔墨痕”。他的写意花鸟画意境静寂、空旷、淡远，画面构成简练、疏朗、精致，笔墨古朴、典雅、简约、虚淡，色调淡润、冷艳、飘渺。美术评论家梅墨生在评价他的画时说：“相对于如今那些满纸莫名其妙的满塞的‘黑画’，张扬的纵横涂抹的‘大作’，我品尝到了一种平淡幽远的意境寄托。”

1997年，霍春阳被中国文联评为中国画坛百杰。他的作品《山花烂漫》、《林间》、《浩然田地秋》参加第四、六、八届全国美展并被评为优秀作品，作品《秀色秋来重》获首届中国画艺委会中国画展佳作奖。

纪连彬（1960——）黑龙江省哈尔滨人。1982年毕业于鲁迅美术学院中国画系，1989年结业于中央美术学院国画系。原为黑龙江省画院副院长，黑龙江省美协副主席，黑龙江省人大常委。现为文化部中国国家画院专职画家，中国美术家协会会员，国家一级美术师，享受国务院特殊津贴专家。

纪连彬的作品通过对人与自然的描绘，制造出幻化的意象情境，抒发出生活的深层感觉，具有丰富的精神内涵，达到了精神的自由和现实的超越。他的人物画大胆打破传统的创作思维方式，将人与自然幻化成为多意性的形象暗喻与象征，彰显出作品深层的精神魅力。在他的笔下，不论人物或是山水都不加雕饰，浑朴天然，大巧若拙，呈现出合乎理念又具有丰富感性形态的美。

出版有《世纪之交——中国名家纪连彬画集》、《心境的幻象——纪连彬》、《写意画家——纪连彬画集》、《纪连彬彩墨画作品集》、《60一代——纪连彬画集》、《艺术与生活——纪连彬》等。

贾平西，山东蓬莱人。1964年毕业于鲁迅美术学院中国画系花鸟画专业，中国一级画家，中国美术家协会会员，中国工笔画学会会员，黑龙江省花鸟画研究会主席，黑龙江省美术家协会终身画家，黑龙江省美术家协会名誉主席。被鲁迅美院誉为历届毕业生中最有成就的四人之一，英、美世界名人。

作品多次参加国内外美术大展、并多次获金、银、铜等各种奖项，并被国内外多家美术馆、堂、院、所等收藏。先后在黑龙江省美术馆、中国美术馆、陕西省美术馆、江苏省美术馆、法国美术馆等举行个人画展。

出版有《贾平西画集》多部，并在北京人民大会堂举行艺术研讨会。国内外各级电台、电视台和各大报刊杂志均对贾平西的艺术有报道和介绍。

贾荣志（1967——）黑龙江双鸭山人，祖籍山东乳山。毕业于曲阜师范大学美术系。现为中国美术家协会会员、泰安市政协委员、泰山画院专业画家、北京《今日水墨》杂志副主编。贾荣志绘画艺术重主观意趣和笔墨风格的表现，且以心灵与自然的共鸣，在笔情墨趣之间传达出传统文人情怀与当下现实人文关照的主体精神。他的画作，气象萧森、笔力遒健、意态轩昂，尤能在温雅恬静的情致中传达恢宏的胸襟、丰富的想象和旺盛的生命力。以现代构成与几何抽象意味为特征的团块、立体相结合的块状语言形体结构及墨色相间的自然留白，画面之间的参差韵律，浑然温润而充满气势。

代表作品有《山谷苍烟》、《香韵》、《溪山雨霁》、《江流宿雾中》、《秋烟漠漠雨蒙蒙》、《扇面山水》等。曾于兰州、广州、内蒙古、厦门、浙江、韩国、新加坡、法国、日本等多个地区和国家多次举办个人画展或联展，多件作品参加全国美展并获奖。《人民日报》、《光明日报》、《美术报》、《国画家》、《大公报》、《文艺报》、《艺术市场》、《美术》山东卫视等多家媒体都曾专题报道和介绍。

江文湛（1940——）山东郯城人。毕业于西安美术学院国画系研究生班，现为西安市美术家协会副主席、中国美术家协会会员、国家一级美术师、西安美术学院客座教授、陕西文史馆馆员、《中国花鸟画》杂志编委。

江文湛早年师从我国著名山水画家罗铭先生，留校后改作花鸟画教学工作，创作了不少颇具影响力的花鸟画作品。20世纪80年代初，他在《美术》杂志上发表的作品和《浅谈笔墨抽象美》一文，阐述了中国画创作中笔墨情趣的审美价值和创作的本体要义，此文后被北京大学收入其学术信息库。1985年由陕西人民出版社出版的《江文湛画选》引起全国美术界的广泛关注。20世纪90年代后，他在终南山建立了“红草园”，创作了一批对大自然有热切感受的作品，使其成为当代中国画坛最具有影响力的花鸟画画家之一。

他的作品在入选“第九届全国美展”、“百年中国画展”等许多大型画展的基础上，还被编入《中国现代美术全集》、《中国书画》、《美术观察》以及四川美术学院教材中，被国内外许多机构和个人广泛收藏。出版有《江文湛画选》、《当代中国书画家——江文湛画集》和《长安十家／江文湛选集》。

解永全，北京人，著名的书画研究专家，现任中国画研究院副院长、文化部中国艺术品鉴定委员会委员。

1969年至1973年在广州军区210部队司令部办公室工作。

1973年至1975年在新华书店总店工作。

1975年至1978年在北京大学哲学系工作。

1978年至1982年在国家出版局团委工作。

1982年至1995年文化部干部司、艺术局工作。

1995年至2003年在中国画研究院任职。

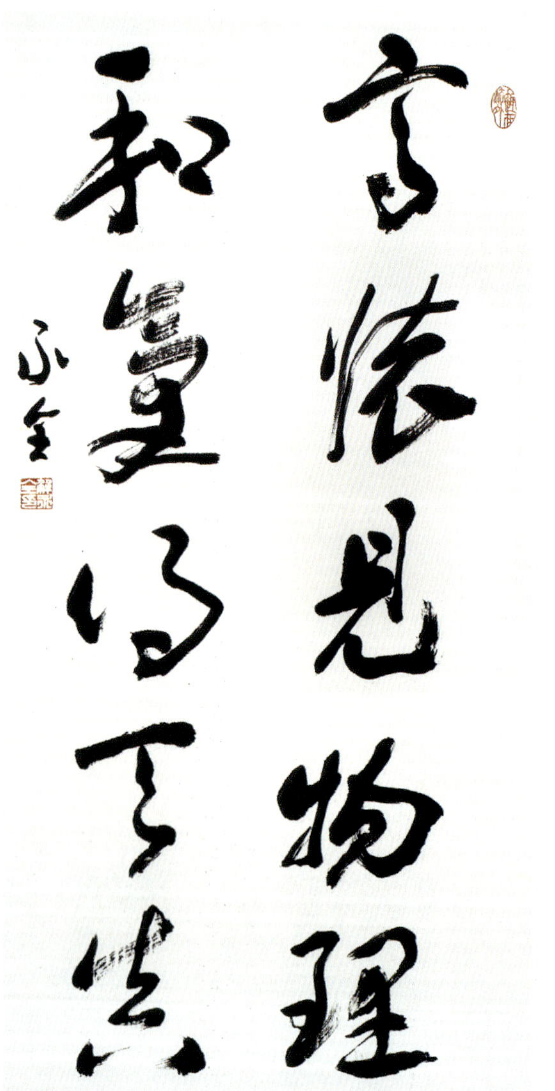

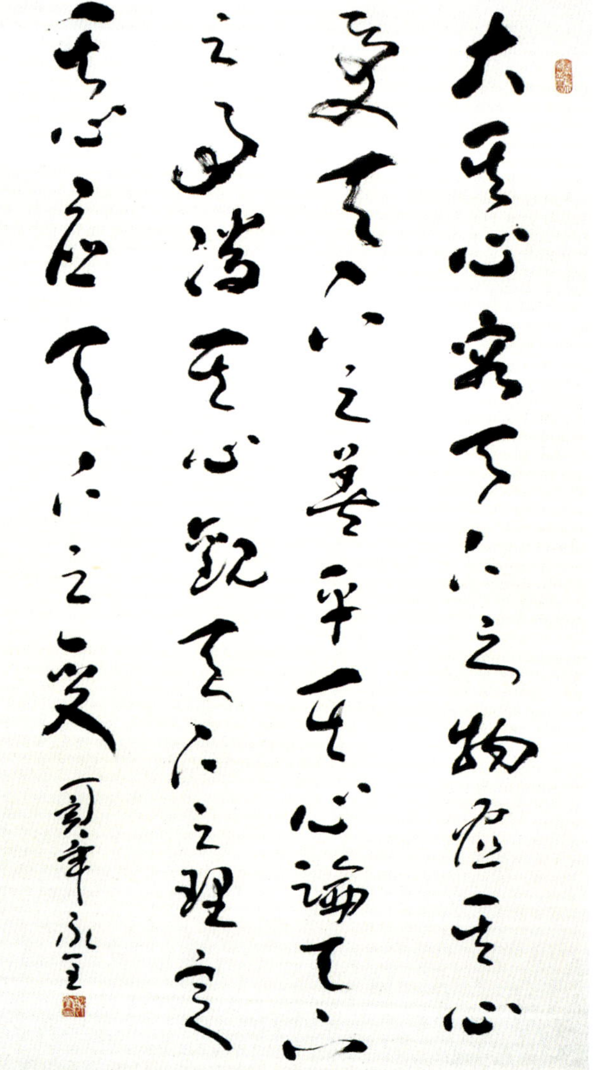

金鉴才（1943——），字明斋，号白峰，浙江义乌人。1959-1968年就读于浙江美术学院附中和中国画系书法篆刻专业，得到潘天寿、吴茀之、诸乐三、陆维钊、朱家济、沙孟海、方介堪先生亲授，并常请教于张宗祥、韩登安先生，现任浙江省花鸟画家协会副主席兼秘书长、中国美术学院客座教授、鲁迅美术学院客座教授、西泠印社副秘书长兼国画研究室主任、浙江省文史研究馆馆员、杭州吴山书画院院长、浙江省文物鉴定委员，国家一级美术师。

金鉴才擅长书法篆刻和中国大写意花鸟画，喜好古诗文。1993年在深圳首次举办金鉴才诗书画印展，2007年1月在杭州恒庐美术馆举办个人画展。

发表有《艺术的觉醒和基础的危机》、《再论艺术的觉醒和基础的危机》、《赵孟頫书法论》、《文徵明书法论》等多篇学术论文，绘画作品有《梅花》、《笑口常开》、《泼墨葡萄 》、《寂寞腊梅 》《啼鸟孤花》等，编著有《梅》、《竹》、《兰》、《菊》技法画谱和《金鉴才（诗书画印）作品集》等。

鞠太运（1949——）湖北襄樊人。毕业于天津美术学院中国画系。现为中国美术家协会会员，国家一级美术师，襄樊市美协副主席，襄樊书画院院长。

鞠太运以画楚地山水闻名，他的作品不论尺寸大小，展示的都是大自然全幅生动的神秘幽深与雄浑苍莽，。他笔下的山川草木、云烟光色，都弥漫着浓郁的楚文化气息，对山水的笔墨性表现与对情感底蕴的探索，形成和谐的统一。作品弃形质而尚意韵，尽管从表面看，其山水笔墨是极其繁复的点、线叠加，但他并未做客观的描摹，而是更重"神韵"，更加宏观，更富于智性的表达，致使他的山水画总是充满了丰富的文化含量和鲜明的文化个性。

代表作品有《月出惊山鸟》、《夕阳山色》、《野谷苍秋》、《青山雨后铁铸成》、《万壑竞秀》、《秋山满山金》、《深山听泉》、《万山归一》、《神农溪》等。曾多次参加国内外美术作品大展并获奖，其中《武陵图》被中国国家博物馆收藏，多幅作品还被其他国家机关和个人收藏。2000年应联合国教科文组织邀请，由文化部艺术人才中心组织中国美术家代表团参加法国巴黎中国文化节活动，并进行艺术交流。其名载入《中国美术家大辞典》。出版有《鞠太运画集》。

康书增（1956——），生于河北平山，1980年毕业于新疆师范大学美术专业，现任新疆师范大学美术学院院长、教授、硕士生导师，教育部高等学校艺术类专业教学指导委员会委员，中国美术家协会会员，新疆美术家协会副主席。

康书增多年来的画笔始终没有离开过新疆人物。在形式语言上，他关注最多的是线，特别对于线的组合有着深入的研究，笔法挺劲、结体紧密，有着极强的表现力和形式感，个性色彩鲜明，画风同时兼有传统意味和时代气息。他兼擅工笔和水墨。在他笔下，维吾尔老人慈祥的面容、哈萨克牧民质朴的笑脸、塔吉克妇女美丽的神情无不神化于丹青之中，跃然于绢素之上，塑造了大量独具匠心的艺术形象。其作品曾连续入选第六、七、八、九、十届全国美展，其中六、八两届获优秀奖，第九届获铜奖。部分作品被中国美术馆、上海美术馆等单位收藏。

主要代表作品有：《集》、《云上人家》、《瀚海明珠》、《冰凌零》、《红柳滩》、《喀什噶尔》等，有多件作品与论文在《美术》等刊物上发表。1999年被自治区授予"德艺双馨文艺百佳" 荣誉称号，2004年获新疆首届"天山文艺奖"。

光和热的故乡 266cm×216cm

康移风（1947——），号半山，湖南新化人，汉族，毕业于中国美术学院（原浙江美术学院）国画系人物专科，现为中国美术家协会会员，一级美术师，中国煤矿美术家协会副主席，湖南龙山国画院院长，湖南省美术家协会理事，湖南书画研究院特聘画家，湖南娄底市美术家协会主席，梅山书画院院长。

康移风习画四十余年，努力追求中国画艺术表现形式的多样，涉猎的题材较广，有近百件作品散见于全国、省部级展览及报刊上，作品曾赴澳大利亚、丹麦、波兰、新加坡等国家及香港特区展出或被收藏。

主要作品《光和热的故乡》、《深深的井》、《轻风拂过》、《小河悠悠》、《绿音》等在国家级展览获奖，并被多家美术馆收藏。作品两次获湖南省“五个一工程奖”，获文化部颁发的“群星奖”，获全国总工会颁发的“五一文化奖”。2004年元月在省会长沙举办个人展览，2005年2月参加“当代优秀国画作品展——湖南10人晋京展”，2005年12月在北京中国美术馆举办矿工系列国画展，其中作品《我的弟兄》、《憨》被中国美术馆收藏。先后出版有《康移风中国画作品集》、《我的弟兄——康移风矿工系列国画展作品集》。

我的弟兄 240cm×191cm

柯桐枝，福建莆田人。1965年毕业于福建师大美术系，现为中国美术家协会会员，湖南省花鸟画家协会主席，长沙市美术家协会主席，湖南工业大学科技学院客座教授，湖南省美协中国画艺委会副主任，长沙市文联副主席。

柯桐枝的主要成就在于“新”：即题材新，形式新，意境新。他的技法奇特而大胆，线条形直而有曲意、凝练而富于弹性、果敢坚决不迟疑停滞。整个画面协调统一，生机勃勃。他的写意花鸟画注重氛围的渲染、色彩浓艳又不失秀润之气，有生气、灵气、新气，具时代特征，显示出比前人更多的力量感和阳刚气。

作品《早班》、《永恒的悼念》、《故乡月》、《潇洒一绝——浏阳菊花石雕》、《寒塘碧玉香》、《但留金身在人间》、《山花》、《秋容》等12件作品入选由中国美协举办的全国性权威大展。在国内外举办画展7次，50多件作品被国家文化部、外交部、毛主席纪念堂、台湾中山纪念堂及各省、市博物馆、纪念馆收藏。40多件作品被省、市政府、团体作为礼品赠送外宾。许多作品曾在日本、澳大利亚、西德、美国、丹麦、马来西亚、新加坡、台湾、香港等国家和地区展出，收藏和出版。出版有《柯桐枝花鸟画选》《柯桐枝中国画精品选》《洁白世界——柯桐枝画荷》《柯桐枝作品集》等。

孔六庆（1955——）出生于江苏省无锡市。现为南京艺术学院美术学院教授、博士、硕导。中国美术家协会会员。《中国画艺术专史》副主编，江苏省花鸟画研究会工笔花鸟研究组组长。苏州大学李长白中国画艺术研究所学术委员。

1978年考入南京艺术学院美术系入李长白教授的工笔花鸟班。

曾参加全国青年美展（1985年），全国体育美展（1985年），第七届全国美展（1989年），中国画研究院院展（1990年），中国工笔花鸟画大师李长白师生展（2005年），中国美术家协会提名展（2005年）。1990年在中国画研究院举办孔六庆工笔花鸟画个展，1994年在台中市立文化中心举办孔六庆工笔花鸟画个展。

他的工笔花鸟画是清淡格调之杰构。画家深悟佛学精义，笔上参禅，画上所追求的明净、幽静、清空、冲淡、玄远的深层意境，正是禅境的示现。作品《花深禽幽》中国画研究院收藏，《雪雁图》江苏省美术馆收藏，作品《月夜图》南京博物院收藏，《秋荷图》南京艺术学院收藏。

著有《中国工笔花鸟画史》、《黄筌画派》、《徐熙画派》、《继往开来——明代院体花鸟画研究》、《中国陶瓷绘画艺术史》、《中国画艺术专史·花鸟卷》等。

旷小津（1963——），出生于天津，现为中国美术家理事，湖南省美术家协会秘书长，湖南省青年美术家协会执行主席，江苏画院、湖南书画院特聘画家。

旷小津擅长画云气，他的山水画大都是满幅皆景，以浓墨表现大山的雄奇、山间流泉淙淙、泉边清杨葱郁，山川景物统一而和谐。画面苍拙中显功力，厚重里见精巧，气韵流畅而且形神兼得；画法拙中藏巧、刚柔兼济；画风古朴苍厚、洒脱，笔墨间倾诉着不尽的情怀，绘画技法中既有对传统的继承，又透露着现代笔墨的功力。

作品参加第八、九、十届全国美展，获“西部辉煌”全国中国画提名展金奖，荣获“菜乡情”全国中国画提名展银奖，全国山水画展、建党80周年全国美展优秀奖，全国政协主办当代国画优秀作品展——湖南十人作品展，出版个人专集《旷小津国画优选》。

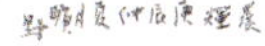

老圃，菜园子老白(1955——)生于北京，原名白进海。1982年毕业于中央美术学院中国画系，获学士学位，2002年考入中央美院两年制博士课程班，导师张立辰先生，研究课题“中国画的发展研究”，2005年起荣宝斋画院画家，教务处处长。

2003年所作《柚子》一画，画两只带枝叶之大柚斜向置于一竹箅之上。近前一柚略圆，稍远一柚略长且略大于前，其于此运用了中国画技法“远大近小”之反透视法，使画面更具包容性。柚枝之坚与柚果之绵形成对比，柚果之圆与竹箅之横竹形成对比，而柚叶之重墨皴擦、留白叶茎之繁又与柚果外廓墨线空勾之简形成对比。

李宝林（1936——）出生于吉林四平。1963年毕业于中央美术学院中国画系，师从李可染、叶浅予、蒋兆和、李苦禅等艺术大师。现为中国画研究院一级美术师、院务委员，中国美术家协会中国画艺术委员会副主任，李可染艺术基金会副理事长，河山画会会长，文化部全国美术专业高级职称评审委员会委员。享受国务院授予的政府特殊津贴。

李宝林的画作追求浑厚、苍茫、博大的生命理想，具有远大的文化抱负。以大笔墨、大构图、大境界、大气魄、大智慧，构建出山水画大山大水的沧海气势，营造出雄健、雄浑，豪放，辽远，肃穆，神秘的胸中丘壑，深刻地表现了山水画的人文精神，有很高的审美意象。

他的作品曾参加第6-9届全国美展和1969-1987年历届全军性美展，被斯诺夫人、瑞典人类学博物馆、中国美术馆、中国美协、北京市美协、人民大会堂、毛主席纪念堂、中国革命博物馆、中外收藏家等收藏。

出版有《李宝林画集》、《李宝林画选》、《当代画家系列一李宝林》、《名家国北京一李宝林》、《李宝林 · 林埔画集》。

李穆，1982 年毕业于中山大学历史系。自 1987 年起任文物出版社《书法丛刊》责任编辑。现为文物出版社编审、《书法丛刊》执行主编，中国书法家协会会员。

学书初学颜、柳楷书，后兼涉初唐诸家，对褚遂良、欧阳询等均曾临习，虽间架有成，终觉板滞，于是学智永千文，以上窥二王笔法，渐有得于心，但未能登堂入室；行书初学怀仁集王圣教序、兰亭序，颇落油滑，乃学李北海、欧阳询，稍有得，便又涉宋代苏、米，而油滑故态复萌，于是再上规于王羲之尺牍，然颇得熟态，未能生动；草书学王羲之，于阁帖中讨消息。

歸來松菊未全荒雪幹霜姿照草堂種得秫田供釀酒年年風雨醉重陽

文徵明詩丁亥初夏李穆書

般若波羅蜜多心經

沙門玄奘奉詔譯

觀自在菩薩行深般若波羅蜜多時照見五蘊皆空度一切苦厄舍利子色不異空空不異色色即是空空即是色受想行識亦復如是舍利子是諸法空相不生不滅不垢不淨不增不減是故空中無色無受想行識無眼耳鼻舌身意無色聲香味觸法無眼界乃至無意識界無無明亦無無明盡乃至無老死亦無老死盡無苦集滅道無智亦無得以無所得故菩提薩埵依般若波羅蜜多故心無罣礙無罣礙故無有恐怖遠離顛倒夢想究竟涅槃三世諸佛依般若波羅蜜多故得阿耨多羅三藐三菩提故知般若波羅蜜多是大神咒是大明咒是無上咒是無等等咒能除一切苦真實不虛故說般若波羅蜜多咒即說咒曰揭諦揭諦 般羅揭諦 般羅僧揭諦菩提莎婆呵

般若多心經

丁亥初夏李穆書於京師東直門內

李荣海（1950——）山东曹县人。现任职于中国美术家协会。历任荷泽市人民政府秘书、荷泽市文化局副局长、曹州书画院院长、荷泽市文联主席、中国文联艺术开发部常务副主任、曹州书画院、曹州碑廊创始人。现为中国美术家协会分党组成员，副秘书长，中国美术家协会理事，中国书法家协会理事，中央国家机关书画协会副主席，国家友好画院院长、研究馆员（教授）。

李荣海多次获国家和省级金、银、铜奖，应邀为国内二十多个省市的碑林书写了碑文，先后主编九本诗、书、书集，他的传略和作品被编入《当代中国书法艺术大成》、《中国当代书画家名人大辞典》、《中国文艺家传集》、《中南海珍藏书法集》、《中华人物大典》、《中国专家人名辞典》、《世界名人录》、《东方之子》等辞书。

李荣海不仅是在全国颇有影响的书法家，更是一位文艺工作组织者和领导者，他先后成功地组织了数次全国大型的书画活动，创建了闻名中外的曹州书画院及全国目前最长的曹州碑廊，建筑面积连一万平方米，成为中国书画研究、交流、展览、收藏、书画艺术家居住的重要场所。

李巍（1934——）黑龙江克山人。1957年毕业于鲁迅美术学院油画系，1958年从师齐白石门人韩不言先生研习中国写意花鸟画与中国传统美学，又得李苦禅指授。现为中国美术家协会会员、中国周易学会副会长、吉林省文史研究馆馆员、吉林省政协书画院院长，并受聘于鲁迅美术学院中国画系，任教授、研究生导师。享受国务院颁发的政府特殊津贴。

擅写意花鸟，所作构图新颖，笔墨劲健，生动传神，呈清逸隽秀之风。亦画油画。

代表作品有：《龙潭虎影》、《明月》、《草地茸茸》、《月朗风清》、《笑虎图》、《醉虎图》、《百雀图》、《红旗漫卷西风》、《修复》、《寂》、《荷搪双栖》等。1978年以来作品先后入选在日本东京举办的“中国现代书画家作品展”、“首届中国当代花鸟画邀请展”、“第二届中国当代花鸟画邀请展”、“北国风光邀请展”和在香港举办的“北国风情画展”等。曾获1957年全国第一次青年美展文化部二等奖、加拿大“枫叶杯”特别优秀奖、吉林省政府最高文艺奖—长白山文艺作品奖、20世纪艺术金奖等。

论著有《中国写意画技法》、《中国写意画散论》、《色彩浅论》、《周易与绘画》等。被评为美国蒙特利市荣誉市民，名字列入美国ABI研究院《20世纪500名人录》。

李伟（1967——）生于陕西省西安市，1988年考入中央美术学院，1995年考入天津美术学院硕士研究生，现任中国美术家协会《美术》杂志社担任编辑部副主任、副编审，中国美术家协会会员，中国版画家协会会员，中国文化部青联委员会副秘书长。

李伟的作品注重师古人，师造化，其水墨山水用不同的墨法处理，晕染出一片不同的天地，有的以圆笔皴法为统率，有的以长线披麻营造册势，有的于山石凹处不经意点墨，墨与皴重叠，为作品注入了厚重之气，使得他的画不仅墨色润泽而且画面灵动自然。在艺术取向上，李伟把笔墨表现的气韵与塑造对象的深刻性相结合，使画面中的意象塑造，诗意表现，情怀深思更富于时代性和现代感。

李文绚（1963——）河南郑州人。1984年毕业于广州美术学院国画系。现为厦门大学艺术学院美术系、教授，中国美术家协会会员。

擅长中国画。他的绘画，追求的是文人画的内涵，讲究的是笔墨的韵味。他善于抓住对生活中人物情态及场景的瞬间的视觉感受进行提练概括和归纳，对具有典型地域特色及浓郁生活气息的人物或景象进行主观意象的塑造，人物形象夸张得遒劲，而内在轻松。他对笔墨造型的个性化理解都活泛地转换成了形形色色的线，不拘不束，随心所欲，情趣自然，在浑厚、明快、亮泽的墨韵中透逸出了一种文人特有的泓清气息，清新、高雅而十分耐人品味。

作品多次参加全国性美展、省级美展并有获奖，曾赴日本、香港、新加坡、菲律宾、台湾、美国、澳大利亚等国展出。《墨荷》、《猩猩》、《雨塘》等多幅作品分别由中国革命博物馆、齐白石纪念馆、李可染纪念馆、中国美术家协会等收藏。《鹁鸪鸟》、《双鹰》、《秋苇》等百幅作品分别由港、澳、台及美国、加拿大、日本、菲律宾、英国、澳大利亚等国内外收藏单位或收藏家收藏。

出版有连环画《吴王小女》、《义犬复仇》、《苏武》、《奇冤》等；中国画VCD教材《中国画技法与欣赏》、《花鸟画技法与欣赏》等；还有《李文绚画集》等。

李小可（1944——）江苏省徐州人。1960年考入中央美术学院附中，1973年随父李可染学习山水。现为北京画院一级美术师，中国美术家协会会员，北京画院艺委会副主任，中国摄影家协会会员，李可染基金会副理事长。

李小可的作品在受李可染影响的同时，也注意研究传统并吸收外来艺术的营养，直面生活，从对生活的强烈感受中寻找自己的绘画语言，在重体验的基础上重表现，逐渐形成了自己的风格，作品受国内外美术界和收藏界的关注，并多次到美国、澳大利亚、加拿大、新加坡、韩国、日本、德国、台湾等地参展。其中多幅作品被海内外收藏家收藏。

李洋（1958——）北京人。1981年考入中央美术学院中国画系。1985年毕业并留校任教。现为中央美术学院中国画学院人物画室主任，教授，硕士研究生导师。中国美术家协会会员。上海画院特聘画家。

李洋的作品不论笔墨、设色、造型、布局和内涵，都具有非常一致的程式性。他尤其喜欢把这些因素及布置于接近方形而画幅不大的画面上。表面上与他强调水墨的绘画性有矛盾，而实际上却是一个合理的延续，而且李洋将这种延续转变成为主动的发展。他的作品在总体上更趋浑然，显露出在认识和实践上达到了一个较为自由的境界。

主要作品有《情缘 》、《太行丰碑——左权将军》等，作品曾参加"首届中国画展"、"第八届全国美展"、"百年中国画展"等展览。

出版有《信天游 · 李洋》、《李洋 · 彩墨心象》、《李洋水墨画创作》、《二十一世纪中国主流画家创作丛书 · 李洋（卷）》、《走进画家 · 李洋》、《名家逸品 · 李洋》、《高等美术院校基础教学教法 · 李洋水墨人物写生》、《名家写生 · 李洋写生集》等画集和专著。

李中原（1959——）号宕仙、武陵居士、三真堂主人，别署人山、楚夫、石佛等。祖籍湖北公安，生于湖南澧县。1987年湖南师范大学美术学院毕业，选拔到中国人民解放军国防科技大学工作，任美育室主任、湖南省高教学会书法教育专业委员会副主席。1996年4月调深圳大学工作，任书法艺术研究所所长、教授。2006年7月，兼任中国书法家协会《中国书法》杂志社副社长、副主编。

李中原书风古雅朴茂，意趣盎然，富于书卷气；绘画以山水见长，老苍深秀，气格高古，饶有笔墨韵致；篆刻以汉印为宗，上溯甲骨，别具一格。著有《隶学概论》、《中国书法简史》、《青少年书法入门——楷书新编》、《书用汉字字辨》、《李中原黄金分割习字丛帖·10册》等。先后在《中国书法》、《文艺研究》、《书法世界》、《书法通讯》、《书画艺术》、《深圳大学学报》、《书法导报》、《书法报》等权威报刊发表学术论文40余篇，其中多篇被CSSCI收录。

近些年，其书画作品参展、获奖、发表、刊石、收藏计500余件次。《中国书法》、《文艺研究》等国家权威学术期刊曾作专题介绍。1997年香港回归祖国，为矗立在罗湖桥头的巨型纪念碑题写碑名、碑文，影响深远。

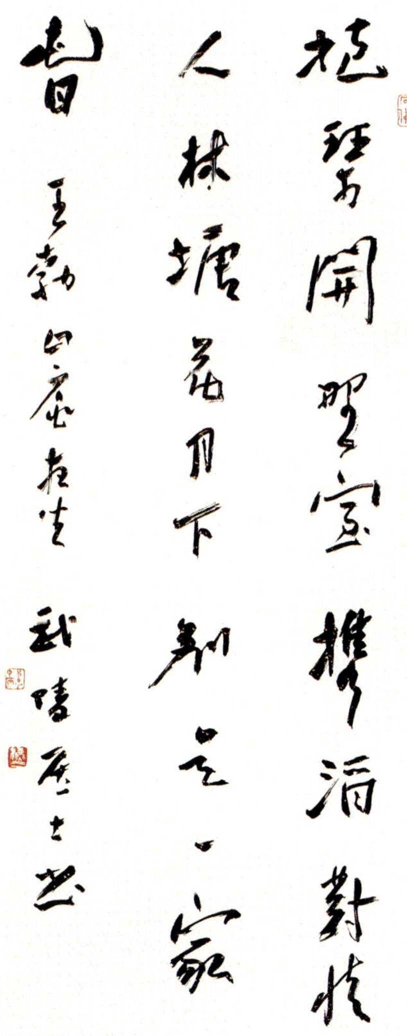

林曦明（1926——）浙江永嘉人，现为上海中国画院一级美术师、中国美术家协会会员、中国剪纸学会名誉会长、上海吴昌硕艺术研究会副会长、上海林风眠艺术研究会副会长。

林曦明的中国画妙兼南北，秀不乏雄；人物画精炼洒脱，朴实稚拙，妙趣横生，充满了浓郁的生活气息；他的山水画则构图减省，喜用大笔头的湿笔浓墨凝练画意，整个画风呈现出简捷明快和装饰化的意趣。在海派画家中，他以简笔大写意的山水而自立面目，丰富了海派绘画的艺术风貌。作品《红梅时节》、《水满鱼肥》、《太湖之歌》、《漓江雨后》、《故乡》、《晚泊》、《山童》、《牦牛图》等入选全国美展，荣获国际大奖，世界杰出贡献奖，20世纪成就奖等。出版有《林曦明作品选集》（人物、山水、花鸟、书法四卷）、《林曦明剪纸选集》、《林曦明诗集》等。1993-1994年度他荣获“世界杰出贡献奖”、“20世纪成就奖”，并入编美国传记学院出版的“世界精英五百位”、“世界风云人物五百位”。近又被美国传记学院授予“国际文化大使”、“杰出艺术家”等荣誉称号。

刘钻，现就职于哈尔滨师范大学艺术学院装潢艺术设计系，任副教授、副系主任。毕业于“哈尔滨师范大学艺术学院美术教育系”，并获“文学学士”学位。1998年于“中央美院民间美术研究室”进修“民间美术”，师从于“中国现代艺术家”吕胜中教授。2003年就读于哈尔滨师范大学艺术学院“山水画研究方向”的硕士研究生课程，师从于“中国新文人画”代表人物卢禹舜教授，并获硕士学位。2006年7月毕业于哈尔滨师范大学艺术学院“中国画系”，并获“艺术学硕士”学位。

他的山水画作以水墨国画颜料画于宣纸，以水彩或油彩画于水彩纸或画布，从不是西画式的对物写生而来，是凭借主观情怀与自然景物相接，“临春风而思浩荡，望秋云而生飞扬”，再对此心像进行摹绘。2005年7月，作品《行远图》（水墨），在“黑龙江省纪念抗日战争胜利六十周年美术作品展”中获金奖；10月，作品《蓝色的风景》（水墨），在“黑龙江省首届山水画展”中获金奖；2006年6月，作品《春山居》（水墨）参加“2006中国哈尔滨艺术高峰论坛全国著名画家”邀请展；7月，作品《山神》（水墨）参加“中韩现代美术展”；6月，作品《行路图》（水墨）参加“2006中、泰美术交流展”；9月，作品《春野雨云》（水墨）参加“2006中、韩美术作品交流展”。

刘大为（1945——）山东诸城人，1968年毕业于内蒙师大美术系，1980年毕业于中央美术学院中国画研究生班。现为中国美协分党组书记、常务副主席，主持中国美协工作，国际美术家协会主席，解放军艺术学院美术系主任。

刘大为受教于叶浅予、蒋兆和、李可染、吴作人、黄胄等中国著名画家，基本功扎实，并刻意求新，是全能型中国画画家，工笔重彩和水墨写意兼精。他的工笔人物画造型严谨，刻画入微线条流畅，刚健爽朗，风格清闲，完全摆脱了旧人物仕女画柔靡琐细的积习。他的水墨写意人物画更是继承了近代自任伯年以来包括徐悲鸿、蒋兆和、叶浅予、黄胄等大师的优秀传统，其特点就是热爱人民、贴近生活、造型生动、神态逼真、笔墨潇洒、清新流畅。作品富有浓郁的生活气息，以反映北方少数民族生活风情以及重大历史题材著称于世，有“骆驼刘”、“大为马”的称号。著名作品有《马背上的民族》、《草原上的歌》、《任重道远》、《晚风》、《漠上》、《阳光下》、《百驼图》、《帕米尔高原的婚礼》、《春风得意马蹄疾》等。其《万里长征图》卷曾搭载于神舟六号载人飞船首次进入太空。大量作品在中国及美国、日本、法国、新加坡、香港、澳门、台湾等地展出，获奖三十余次。作品被江泽民等国家领导人，以国家礼品赠送外国领导人。曾率中国美术团访问美国、日本、西班牙等国家。

出版专著有《人物小品技法》、《当代中国画名家小品画谱》、《刘大为文集》、《当代速写精粹》等。

刘罡（1961——）生于济南章丘。毕业于山东师范大学美术系，1993年进修于中央美术学院中国画系。现为济南画院副院长，中国美术家协会会员。

刘罡的山水画极重写意表现原则，他把自然山川的“形”与“象”移入胸中，再把内心意绪转入自然，“心随笔运，取象不惑”，“意在笔先，画尽意在”，在物我合一与移情感应之中，抒发自己的感受与体悟，并由此体现出个人的审美旨趣与精神向往。

1998年，其作品《秋云》入选“中国国际美术年山水画·油画风景展”；2001年作品《华不注诗意》获第一届中国美术“金彩奖”铜奖、作品《望岳》获“新时代”全国中国画大展银奖；2003年作品《太行印象》获“海潮杯”中国画大展铜奖，《自在水云间》入选第二届全国中国画大展；2005年作品《云浴山野》入选“当代中国第二届山水画油画风景展”和“第三届全国画院优秀作品展”。作品《祥云》、《华不注诗意》、《月夜》分别被中国美术馆、中国文联金彩奖组委会、山东省美术馆收藏。出版有个人画集三册。

刘建（1960——）山东文登人。现为中国美术家协会理事，中国美术家协会研究部主任，中国美术协会《美术家通讯》主编。

1989年，刘建获“第七届全国美展”银牌奖，1989年获“第七届全国美展”铜牌奖，1987年获“纪念建军60周年全国美展”佳作奖，1991年获“北京——台北当代版画展”杰作奖，1999年获中国80、90年代优秀版画家“鲁迅版画奖”。其代表作品有《巴黎街景》《老巷－1》《老巷－2》《老巷－3》等，曾参加“法国秋季沙龙”、“印度·第八届国际美术展”等国际展览。作品由中国美术馆、印度国家美术学院以及美国、日本、法国、保加利亚等国家收藏，录于《中国现代美术全集》等。

刘建平（1946——）毕业于天津美术学院绘画系，现为中国美术家协会连环画艺术委员会委员、中国美术分类全集编辑工作委员会副主任、中国美术分类全集总编辑委员会副总编辑、俄罗斯彼得堡国立列宾美术学院名誉教授、天津市美术家协会副主席，享受国务院颁发政府特殊津贴。

刘江（1962——）号知非，重庆万州人。现为中国美术学院教授、中国书法家协会常务理事、中国书法教育委员会副主任、中国印学博物馆馆长、浙江省书法家协会首席顾问、浙江省书法教育研究会理事长、西泠印社副社长。

自幼承家学，好书画，年少时遍临前人书帖，擅真草篆隶行诸体，后专攻篆书，由秦汉碑版文字入手，上追钟鼎款识铭文，龟甲兽骨文字，下涉吴昌硕、杨沂孙、邓石如等。刘江先生是中国美术学院书法系创始人之一，其篆书、甲骨文书法风格独具，尤以石鼓文笔法写卜文见长，笔墨厚重、雄浑、朴拙、刚健，浑穆中有灵动，朴拙中寓雄秀；章法开合有度，富有变化，深得古法。

作品入选全国一、二、三、四、五届书法展，又多次入选由国家组织的到日本、新加坡、韩国、美国、加拿大、意大利及香港、台湾等地的书法展。作品被国内外众多博物馆、艺术馆、纪念馆收藏，或为各地风景名胜点以及碑林勒为碑石、匾联。出版有《刘江书法篆刻选》、《刘江甲骨文书法集》、《刘江甲骨文百印集》、《刘江书唐诗百首》等十二种作品集和《篆刻美学》、《篆刻的形式美》、《中国印章艺术史》等二十种专著，其中四种专著已被翻译成日、韩等国文字出版。

2002年被评为浙江省“二十世纪有突出贡献的文艺家”，2005年入选浙江省书法二十家作品展，并荣获中国书协授予的“二十世纪德艺双馨艺术家”的称号。

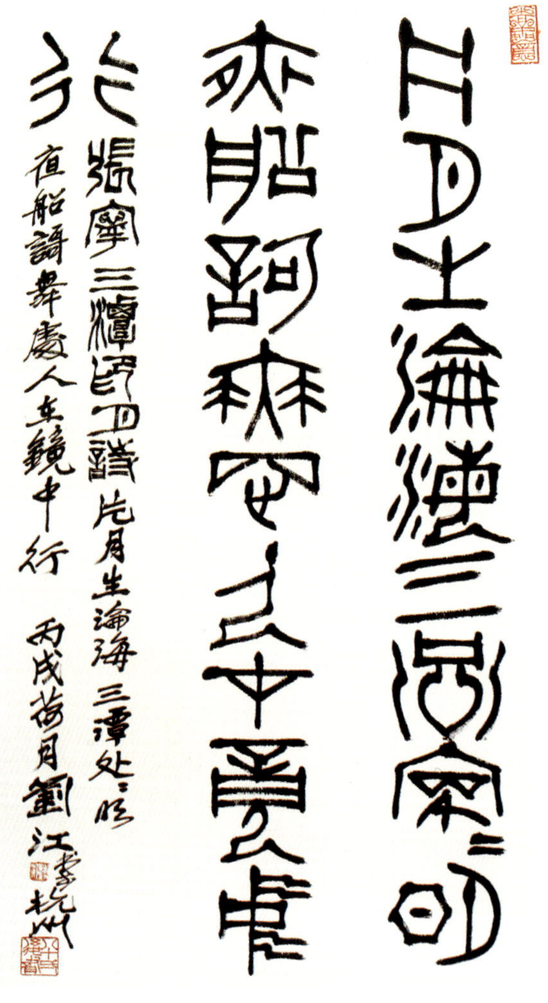

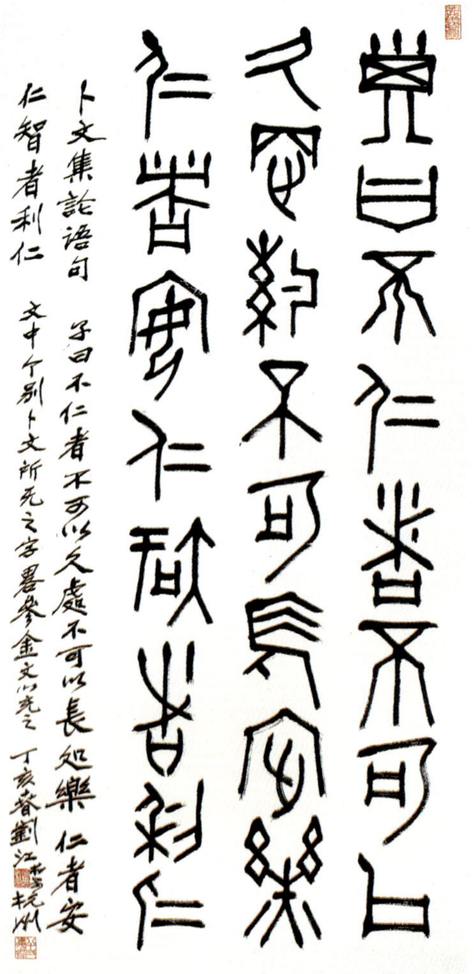

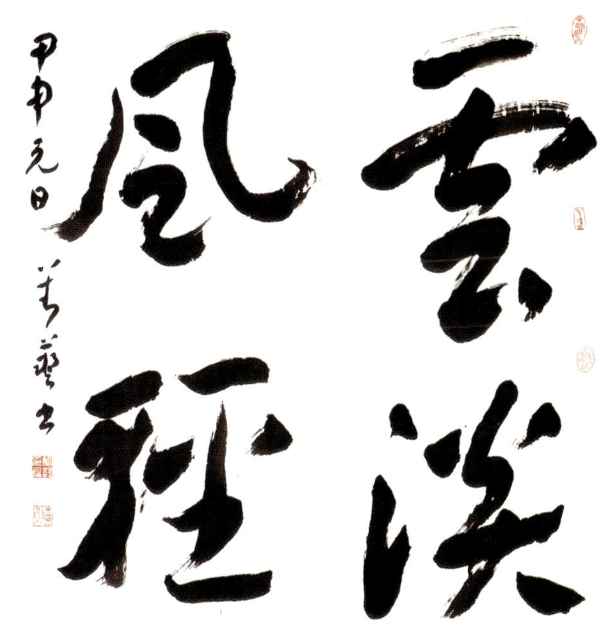

刘艺（1931——），原籍台湾台中市。原任中国书法家协会副主席、创作评审委员会主任、编审，现任中国书协顾问，兼任炎黄书画院副院长、中国和平统一促进会书画委员会副主任等职，享受政府特殊津贴。

刘艺的书法精于今草及章草，兼擅行、楷、隶、篆诸体，作品形式多样。在书法理论研究方面，他以当代书法创作及中外书法对比为主题，先后发表了“中国书法在大陆以外的发展与演变”等论文译文七八十篇，出版了《书苑徘徊——刘艺书法图文选集》及译著《渡边寒鸥论书百绝》和《长扬石刻字技法概论》。他的作品先后参加过历届全国书法展、中日代表书法家作品展、旧金山中国当代书法艺术展等重大展览。大量作品被中南海、钓鱼台等单位及书法爱好者收藏。自1993年以来，他陆续出版了《刘艺草书滕王阁序》、《刘艺草书琵琶行》、《刘艺草书秋兴八首》、《刘艺章草千字文》二种、《刘艺书法作品集》及《刘艺诗书卷》等著作。

2001年5月，刘艺以其突出贡献荣获中国书协“特别贡献奖”，2004年3月又获中国书协颁发的“评审工作特别贡献奖”，11月所撰“论全国书法篆刻展”获第四届中国文联文艺评论奖“评论文章二等奖”。

刘宇甲（1943——）祖籍河北吴桥，出生于四川自贡，中国画画家，国家一级美术师。现供职于南京市文联，任美术家协会副秘书长。

刘宇甲擅长中国山水画，作品风格沉雄清雅、刚柔相济、形式多变，尤喜以泉石、古松为作画题材。他的山水画笔墨自然朴实，格调深沉清雅，以情入画，意象生动，意蕴丰富，意境变化万千，有独特的艺术品味和审美情趣。著名国学大师文怀沙先生观其画后题词赞誉：“留看画齐，可省登临筋骨。”

刘宇甲创造性地提出山水画创新要“深思、大胆、动情”的三条无形之理，强调气韵生动的重要构成应是格调、气势、情趣和形式美的自然统一。他曾编著出版《中国写意山水画支法》、《龚贤研究集》、《明清山水画大师·龚贤》、《浅论松树画法》及《刘宇甲画集》、《刘宇甲中国画集》等。其作品多次参加国内外展览，并选入各类画集，被人民大会堂、展览馆收藏。个人被收入《中国美术家人名录》、《世界华人文学艺术界名人录》、《世界人物辞海》等辞书。

刘玉社（1954——）河北柏乡人，现任中国美术家协会新疆兵团美协副主席、中国国画家协会常务理事、新疆大山水画创作研究会会长、石河子大学文联主席。

刘玉社是集中国画与艺术理论研究于一身的学者型画家，他积极倡导多样和谐人文的中国画发展，曾应邀北京大学、扬州大学、台湾、西安等地进行书画学术交流。30余年从事传统文化研究与艺术实践、艺术素质教育工作，并被高校多家文化研究聘为客座教授、研究员等。他倡导“文人画”，国画作品及理论文章曾多次获一等奖、金奖，四幅作品被“中国当代名家书画笔会”收藏，两幅作品被内江“张大千纪念馆”收藏。

作品曾入选全国《梅兰竹菊优秀作品集》、《中国当代书画名家精品集》，也曾被作为礼品回赠日本、英国、美国等专家学者。他的60余篇理论文章及国画作品散见于《美术》、《国画家》、《中国文化报》、《中国艺术报》、《光明日报》、《中国画》等报刊，代表作品有《秋色佳》、《雅士图》、《幽居图》、《同乐图》等。

刘云，中国美术家协会理事、湖南书画研究院院长、湖南省美术家协会副主席、国家一级美术师。

刘云的山水画“在精神层次上有一种隐略的神性和形而上存在，从而造成了独特的审美品格——静穆而神秘，使人产生美学的静观和精神的超越。试图引导人们的在审美调整人与自然的关系，使人超越现象而重新找回对自然的那份亲近和亲和——感觉之根”。著名批评家邓平祥对其作品如是说。著名批评家邵大箴评价刘云山水画创新之路说：“因为他生活在现代，感受到当代的文化气息，他要说自己的、不同于昔日的文人画是理所当然的。”

刘振铎（1937——）生于河北省献县，1958年毕业于沈阳师范学院美术专修科。曾任黑龙江画报美术编辑、黑龙江省美术家协会创作专职画家、创作室主任，省美协常务理事。现为中国美协会员，国家一级美术师，黑龙江省文史馆馆员。

刘振铎20世纪六、七十年代主要从事主题性人物画创作，代表作品有《歌唱丰收》、《社员都是向阳花》、《开发大庆的人》、《林海良材》、《山河图》、《红装素裹》、《做个红色庄稼汉》等。八十年代后开始山水画研究，创作大型山水画《白马、黑土、红云》、《北国秋意》、《秋韵》、《镜泊飞瀑》等均参加全国大展；六十年代初至九十年代曾参加全国第三、四、五、六、七、八共六次大展，全国年画展、工笔画展、体育美展、出国展等，许多作品被中国美术馆及各级博物馆收藏。出版有《刘振铎山水画选》、《刘振铎国画精品选》、《刘振铎人物画风》、《刘振铎山水写生》等。

中国美术资深评论家王观泉这样评价他："刘振铎较之于南方画家和中原画家别有一番风姿，无论是画他的故乡或为天下山水造型，他能以不变（粗狂豪放的笔墨风格）应万变——画尽天下山山水水的世俗风情。"

刘中（1969——）生于北京。法国教育部造型艺术硕士，法国教育部法语学士。中国美术家协会会员，北京市民族联谊会理事，现任职于中国美术家协会外联部。入选国家人事部《中国专家大辞典》。

刘中四岁起习画，少儿时代先后六次荣获全国及北京市少儿绘画比赛一等奖，三次荣获国际少儿绘画比赛大奖。

1983年水彩画《我爱长城》被选入全国第一套儿童画邮票印刷发行。1984年中国画《我对法国的印象》获“中法建交二十周年少儿绘画比赛”一等奖，并代表中国少年画家访问法国六城市。1988年壁画《中国神话传说》获“芬兰国际青年绘画比赛”金奖。1990年在北京首都博物馆举办青年时代第一次个人画展，中国画《岁月》被选入美国《艺术》杂志。1993年在北京国际艺苑美术馆举办“梦孔雀－西双版纳风情”个人画展，中国画《净》等作品被多家报刊登载发表。

刘中澄，国家一级美术师、辽宁省收藏家协会副会长、著名书画鉴定家，曾任辽宁省博物馆研究室主任，现任辽宁美术馆常务副馆长，辽宁省政协委员，研究员，一级画家，中国美术家协会会员，中国书法家协会会员，辽宁美协理论委员会主任。

刘中澄擅长山水画及写意牡丹及书法，注重传统笔墨与现代精神的结合，作品苍润、深厚，曾多次应邀参加国内各类展览。

他曾发表专著及论文三十余万字。主要专著与研究成果有《东北书法史》、《中国古今书画真伪鉴》、《中国古今书画真伪图典》、《辽宁省博物馆藏名家楹联墨迹选》、《辽宁省博物馆藏明清扇面萃编》、《现代三大师——齐白石、黄宾虹、徐悲鸿精品集》。论文有《万岁通天帖与东晋书法》、《赵构与行书大字七言诗》、《欧阳修书法观及其〈自书诗文稿〉》、《关于辽宁朝阳袁台子晋墓壁画的研究》、《论古代书画作伪与款识》、《清邓石如的隶书及其真伪辨识》、《辽阳东门里魏晋墓壁画研究》、《论海派绘画的艺术精神与审美追求》等。

龙瑞（1946——）四川成都人，1966年毕业于北京工艺美术学校，后考入中央美术学院中国画系山水画研究生班，为李可染先生研究生。现为全国政协委员、中国美术家协会理事、中国画艺术委员副主任、文化部美术高级职称评委主任、中央直接掌握的高级专家、国家有突出贡献的中青年专家、享受政府特殊津贴、文化部德艺双馨艺术家、国家一级美术师、博士生导师。

在当年“现代型”艺术创作普遍的时期，龙瑞新的作品处处洋溢着新意和爽劲，透着一种我行我素的魄力和左冲右突的狂放。而近期的创作中，他早已走进自己的世界，被时评认为“回归传统”或者“回归黄宾虹”的新近艺术状态，显现出一种超出画家式感性思考的深刻，以及在理论界陷于茫然困惑之际而显得特别珍贵的敏锐与清醒。

龙瑞的作品，平展而不伤远意的构成布局，细碎而不失脉络的团峦块峰，飞扬而不显跋扈的勾勒皴擦，跳荡而不乱节律的直笔打点，繁密而不致壅塞的积墨积染，汇成了他独特的笔墨程式。

他的作品《山乡农校》曾入选第六届全国美展优秀作品展，《幽燕秋趣》入选第二次东方美术交流学会展，《山上有棵小树》获1988年北京国际水墨画大展大奖。出版有《龙瑞水墨画集》、《秋天的收获—龙瑞山水画专辑》。

卢禹舜（1962——）黑龙江省哈尔滨市人，满族。1983年毕业于哈尔滨师范大学艺术学院，1986年在中央美术学院进修，1987年借调中央美术学院国画系。现任中国国家画院副院长，哈尔滨师范大学副校长兼艺术学院院长，教授，博士生导师。黑龙江省中华文化发展基金会会长，黑龙长禹舜文华艺术研究院院长，中国美术家协会理事，中国美术家协会中国画艺委会委员，教育部高等学校艺术专业指导委员会委员，中国高校艺术教育委员会委员，中国艺术研究院中国美术创作院特聘创作研究员，俄罗斯列宾美院荣誉教授，美国洛杉矶大学客座教授，日本浅井学园大学客座教授，上海画院特聘画家，《艺术研究》、《振龙美术》主编。曾被评为中国文联建国五十年全国百名优秀文艺家、第十届全国美术作品展评委、享受国务院政府特殊津贴。

曾多次参加国内外重大学术活动，部分作品获奖和被权威机构收藏，在20多个国家和地区举办个展或联展，出版个人画集，文集二十余部，合集数十本。

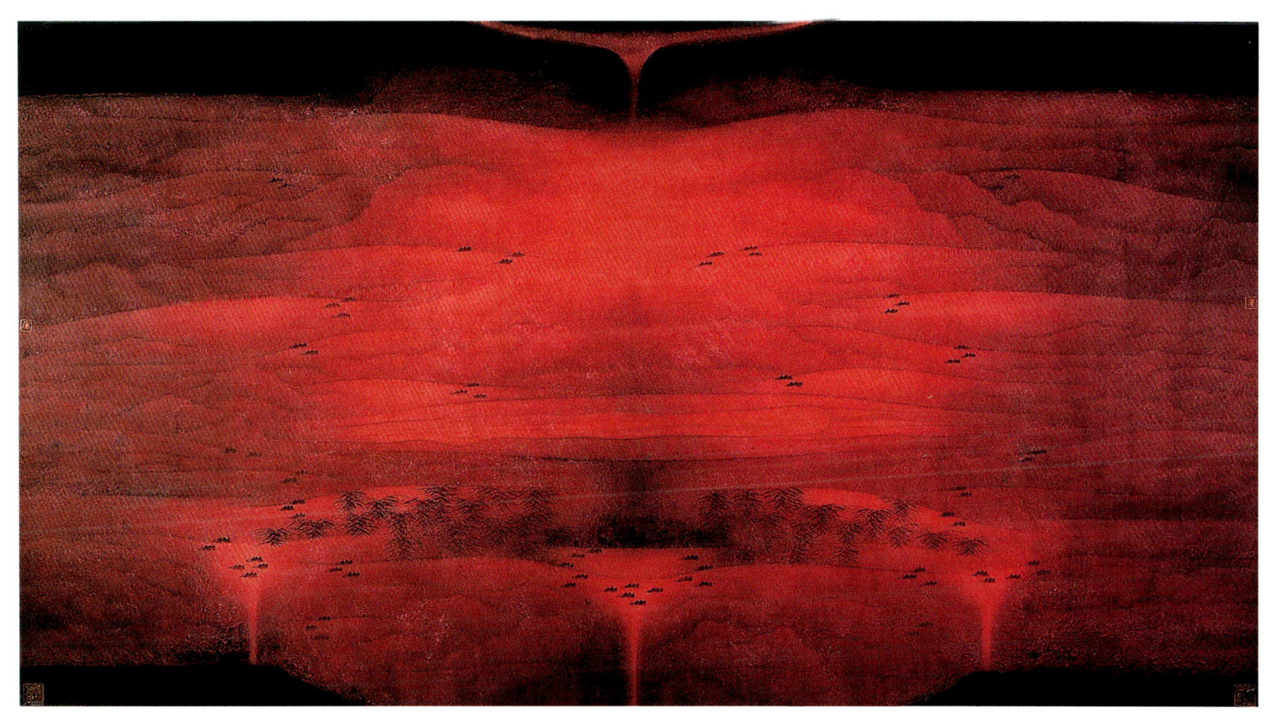

陆鹤龄（1944——）生于陕西西安，早年攻读于中国美术学院国画系研修生班两年，国家一级美术师，中国美术家协会理事，文化部社文学会理事，中国博物馆学会会员，安徽省美术家协会常务副主席，安徽省文联委员，安徽民间艺术学会会长。文化部、人事部授予的“全国文化先进工作者”，“安徽省文化艺术拔尖人才”，享受国务院有突出贡献特殊津贴的专家。

陆鹤龄的作品取材广泛，寓意深长。他笔下所涉及的古今中外的人物形象朴实豪放、生气勃勃。他在笔墨技巧上更是广收博采、不拘一格。早年吴作人先生曾评：“陆鹤龄的作品对中国画的传统有继承又有发展”，方增先曾称誉他“用笔简洁、厚重、墨法灵动，可谓已得浑厚华滋之妙”。到了20世纪九十年后，他完全从浙派人物小品中破茧而出，创出了气势憾人、韵味别出的具有个人风格的大写意作品，在传统与现代、“势“与“韵”的链接上，创造出了一种整体性与多元绘画基因相互支撑、互相生发的创作模式。

他除了作品不断地在国内外发表与出版、展出外，还编著了颇有影响的大型精印《四味书屋珍藏书画集》及和德国Viola konig博士合作编著出版了德文版《中国安徽古代艺术》专集，出版有《陆鹤龄中国画集》等。

吕章申（1955——）生于河北大名，中共党员，高级建筑师。1977年就读于清华大学建筑系建筑学专业，师从著名建筑学家吴良镛，李道增先生，并跟随著名画家王乃壮、华宜玉等先生学习美术。1980年分配到文化部，先后在文化部计划财务司和艺术司计财处工作，1992年至2000年在中国美术馆担任副馆长，党委书记。2000年至2005年，先后担任文化部计划财务司司长，人事司司长。2005年9月起，担任中国国家博物馆馆长。

吕章申从事书法创作研究近二十年，曾向著名书法家启功、朱乃正、张荣庆等先生学习书法，又因其在文化界多年，耳濡目染，以学养养识见，以识见促书支，走出一条自我的书法道路。他的行草朴实简洁，结体布局疏朗，整体意境散淡，内在气韵秀润，以“精而造疏，简而意促”的特点，表现出与时流迥异的独特个性风格。他在报刊、杂志上发表个人书法作品近百篇，并被多家博物馆、纪念馆和个人收藏。2005年5月出版《吕章申书法集》，由著名国学大师文怀沙先生题写书名并作序。

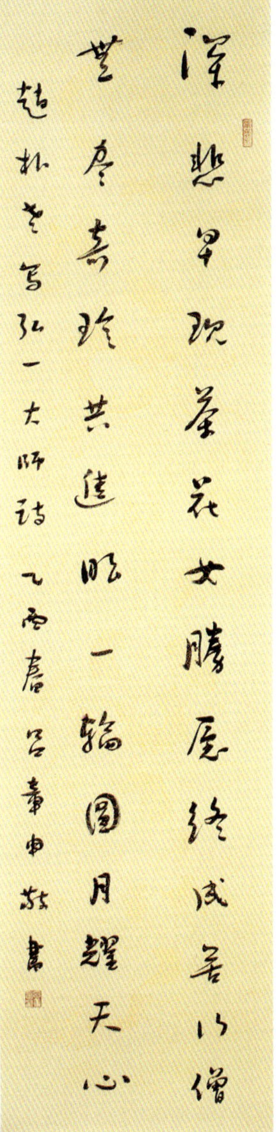

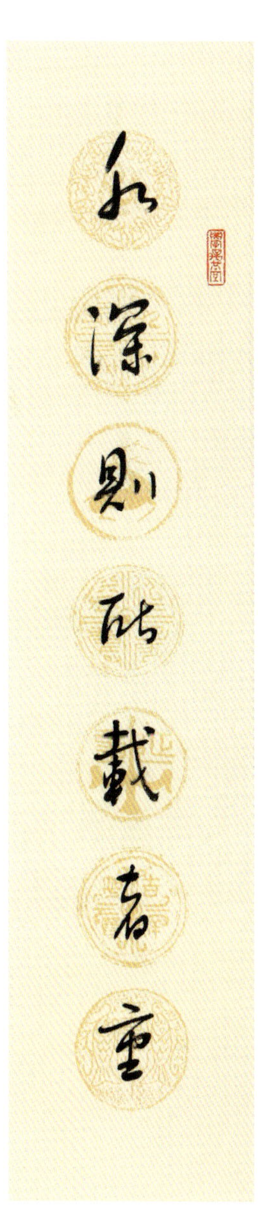

马寒松（1949——)天津人。1976年在天津红桥区文化馆工作，1980年开始在天津人民出版社任美术编辑、副编审。现任中国美术家协会会员、天津美术家协会理事。

马寒松擅长中国画、连环画。早期从事连环画创作，1989年转入人物画创作。曾经大量的写生训练与默写训练奠定了他人物画造型的坚实基础。由于多年的读书习惯和良好的文学功底，他的中国画作品总是表现出凝重优雅的气质和有如沉吟的诗歌般的意境。他的作品人物造型灵动、稳健，富于变化和表现力。他严谨的造型与恣意纵横的书法线条组合，造成一种有张力的、新颖的视觉感受。他注重自己作品的格调和内容，表达真善美与阳光健康的内涵永不言弃。

代表作品有《聪明的青蛙》、《兔娃娃》、《豹子哈奇》、《封神演义》等。作品入选第六、七届全国美展，入选全国文学插图艺术展，获全国连环画评奖（第四届）优秀封面奖、绘画二等奖，赴香港举办首次个人画展，赴日本东京讲学举行个人画展，旅美在洛杉矶个人展，获美国政府颁发《杰出艺术家》证书，受聘于加州尔湾大学教授中国画，赴台北个人展，中国文化部派赴伦敦参加中国艺术节举办画展·赴加拿大个人展，发表论文《我的人神鬼怪》、《可试走这个路子》等。出版《马寒松作品集》等多种画册；拍摄《彩墨情怀》等六部纪录片播映；巨幅作品二幅陈列中南海。

马世晓（1934——）生于山东滕州。幼承庭训，颇好翰墨。1960 年毕业于原浙江农业大学（现为浙江大学）留校任教。从事书法创作和教学活动，1993 年晋升为书法教授职称。曾任中国书协第三届理事，中国书协第一、二届创作评审委员，浙江书协第二、三届副主席，浙江省书法教育研究会副会长。

现任浙江大学教授，浙江书协顾问，浙江省钱江书画院名誉院长，浙江省高校书协名誉主席。

主攻行草字体，以晋唐为宗，兼及汉魏名碑，以其敏悟及勤奋终自成家。书法创作以狂草为其代表，深得传统草书艺术精粹，融多种风格于一炉，入古出新，别开生面，风格主调潇洒雄逸，气韵生动，极富艺术个性和鲜明的时代精神。创作上并注重移情入书，随性生发，自成丰富多变的风格系统，拓展了草书的审美领域。2006 年 12 月，由中国美术馆、中国书协、浙江大学、滕州市委、市政府主办的《马世晓书法艺术展》于中国美术馆展出。书法作品为故宫博物馆、中国美术馆、中国人民革命军事博物馆、文化部、中南海等单位收藏。

著有《马世晓行草两种》、《马世晓草书咏菊绝句二十二首》、《马世晓书法作品集》、《张芝草书系列研究》等，主编《中国书法全集 · 刘墉卷》、《历代小楷精选》。

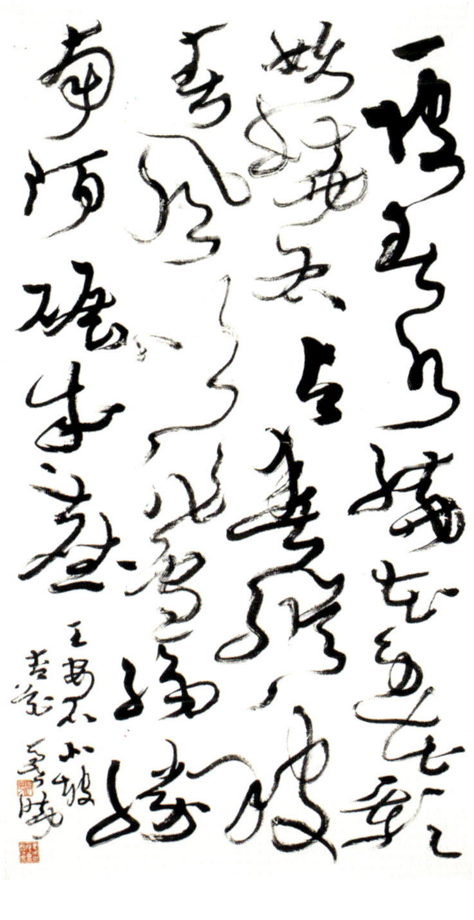

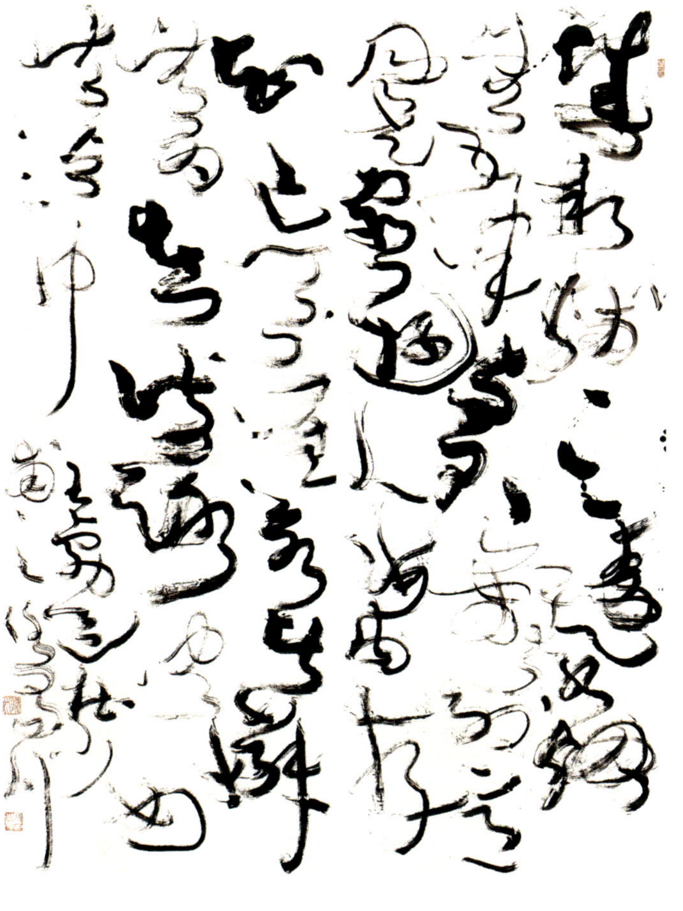

马新林（1956——），出生于山东省济南市，毕业于广州美术学院中国画系，文学硕士。现为中国美术家协会办公室副主任、中国美术家协会会员、中国书法家协会会员、荣宝斋画院特聘专家、广州美术学院中国画系客座教授。

1997年马新林被中国文联评选为首届“德艺双馨”中国书法家协会会员。他的作品曾入选人民美术出版社50周年暨荣宝斋（新记）50周年综合展会、中亨杯全国书画大展、全国高等院校教师美术作品展、全国第三届书法篆刻展览、全国第六届书法篆刻展览、国际临书大展、西泠印社第三届篆刻展、首届和第二届北京国际美术双年展花鸟画大展、首届写意中国画展、第二届中国美术家协会会员优秀作品展、中国画名家学术邀请展等。收入《中国画优秀作品选》、《四条屏中国画选辑》、《中国当代艺术界名人录》、《世界华人艺术家成就博览大典》、人民网收藏栏目等，被中南海、毛主席纪念堂、人民大会堂、外交部、北京艺术博物馆、中国美术出版总社、荣宝斋等收藏。他还曾在北京、台北、美国洛杉矶等地举办“马新林书画作品展”。

出版有《马新林书法篆刻作品集》、《马新林花鸟选辑》。

买鸿钧（1969——）生于河南，毕业于中央民族大学美术系，中央美术学院助教研究生班。现为北京画院专业画家，北京市青联委员，中国美术家协会会员。

买鸿钧工山水，旁及花鸟、书法、篆刻。他的画作充盈着风神疏朗，空清而绝去渣滓的“清”；优游不迫，韶秀自然的“秀”；极不易得的空“灵”。

曾荣获“建国五十周年全国书画展览”金奖，九九全国书画展铜奖，澳门回归全国美展优秀奖，中国美术金彩奖。入选九届全国美展，“2005中国实力派画家香港邀请展”，“笔墨在当代——2005中国画名家邀请展”，第二届北京国际美术双年展等。

满维起（1954——）天津市人。擅长中国画。毕业于解放军艺术学院美术系中国画专业。国家一级美术师，硕士生导师，中国美术家协会会员，中国艺术研究院中国美术创作院副院长

满维起的山水属于密体小青绿，画面多景象，无论方寸之小，抑或丈尺之巨，皆万物繁茂，层峦叠嶂，饱涨着生命力的律动感。他在继承青绿山水严谨工细的法度之下，以消退了火气的青、绿、蓝为主黻，衬以墨色的含蓄与凝重，在色度的明暗对比及变化中尽现空间的变化与灵动。他的作品构图饱满，充实而富有张力，安排有序，满而不塞，繁而不密，能够茂密之中见空灵，空旷之中见物象，可谓之满密而不滞，尽显空幽清雅之意。

作品先后参加全国第九次新人新作展，第三、四届全国体育美展，全国首届山水画展览，第八届全国美展获优秀奖，庆祝建军70周年全国美展，97’中国画百杰展。出版有《现代山水画家满维起专集》、《百杰画家满维起》等。

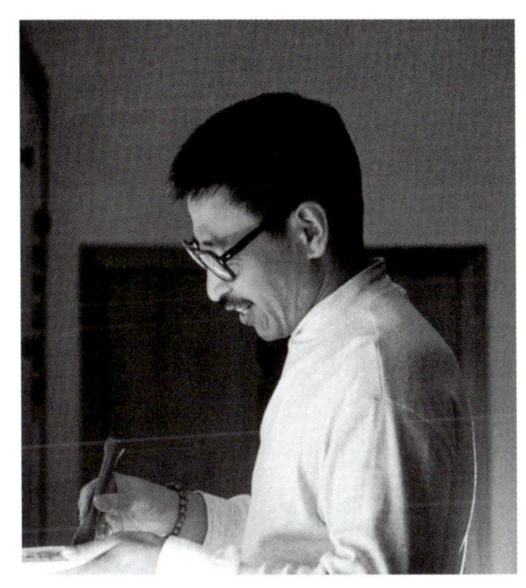

梅墨生（1960——）生于河北，先后毕业于河北轻工业学校美术专业、中央美院国画系及首都师范大学书法硕士研究生班，兼事书法、绘画创作与艺术史论研究，现为中国书法家协会会员、中国美术家协会会员、中华美学学会会员、中华诗词学会会员、曲阜师大兼职教授、山西师范大学客座教授、中国文物协会特聘高级专家，国家画院一级美术师、理论研究部副主任。

梅墨生的传统水墨艺术追求淡雅、古朴，作品集中体现了在现代背景下中国传统山水画的审美趣向。他的作品从审美理念上延续了中国古代文人画的传统，可以说是这一流派的重要代表性画家。

其书法获首届全国电视大赛成年组一等奖，绘画曾获当代国际水墨画名家展金奖，论文曾获首届美术学（论文）二等奖等多项奖励。出版有《梅墨生书法集》、《梅墨生画集》、《当代著名青年书法十家精品集——梅墨生》、《中国名画家精品集——梅墨生》、《梅墨生写生山水册》、《当代书画家艺术丛书——化蝶堂书画》等，著有《现代书画家批评》、《中国书法全集·何绍基卷》、《书法图式研究》、《精神的逍遥——梅墨生美术论评集》、《现当代中国书画研究》等。

潘鸿海（1942——）上海梅陇人。1962年毕业于浙江美术学院附中，1967年毕业于浙江美术学院（现中国美术学院），历任浙江人民美术出版社美术记者，美术编辑，编辑部主任，副总编，《富贵江画报》（工农兵画报）负责、浙江画院院长。现为浙江画院名誉院长，中国美术家协会会员，国家一级美术师，浙派中国书画研究院艺术顾问，享受国务院突出贡献专家称号。

20世纪80年代中期以来，潘鸿海逐渐从量的积累开掘出自身的艺术语言，形为体系，他创作的《又是一个丰收年》、《鲁迅》组画、《马克思刻苦学习的故事》、《囡囡》、《通向村庄的堤》等油画、水粉画为中国美术馆收藏。他的江南风情油画《姑苏行》、《忆江南》等由博物馆收藏。

他出版有《鱼亦乐》、《潘鸿海水墨世界》、《水墨江南》等国画集和个人油画作品集十余册。近年来的他的中国水墨画作品也以飘逸、素雅而受世人关注，其中数十件水墨画作品入编《人民大会堂藏画集》等全国大型画册。

祁海峰（1964——），生于河北省武安市，1988年毕业于中国美术学院。现为河北省美术家协会主席、中国美术家协会理事、国家一级美术师。

祁海峰的作品《山上有朵云》曾获“第三届河北省文艺振兴奖”，《祁海峰油画作品选》获“第七届河北省文艺振兴奖”，记三等功两次，作品《晨曦》参加“中国当代艺术展”，作品《山上有朵云》参加“第七届全国美展”，作品《腊月》参加“中国首届油画精品大赛”获优秀奖，作品《山上有朵云》参加“当代中国油画展”，《银色的梦》“广州首届九十年代艺术双年展”获提名奖，作品《裂隙》参加“中国油画艺术展”，作品《向日葵》参加93中国油画展”，作品《闹春》参加“日中美术交流展”获优秀奖，作品《粉墨登场》参加“第八届全国美展”，作品《城市之光》参加“第九届全国美展”，作品《百花齐放》参加“纪念毛泽东同志在延安文艺座谈会上的讲话发表60周年全国美展”获优秀奖，作品《逝去的风景》参加“第三届中国油画精选作品展”等。

出版有《祁海峰油画作品选》、《祁海峰水墨作品集》、《祁海峰油画专辑》、《祁海峰彩墨专辑》、《生存的风景 · 祁海峰绘画作品集》等。

齐英石（1954——）生于吉林省，毕业于吉林艺术学院美术系。人物画家、中国美术家协会会员、海南省美协理事、《海口晚报》美术编辑。

齐英石的作品多以海南黎族的生活环境为背景，在画面中强化了色彩的元素，追求墨和色彩的统一，在单纯中求丰富，丰富中求单纯，以求人物与环境的自然和谐。2002 国画作品《姐妹》获纪念《讲话》60周年全国美展优秀作品奖，2004 年国画《五指山记忆》（中）入选第十届全国美展，连环画《玄奘西行》入选第十届全国美展。2005 年，国画作品《香蕉地》获首届中国写意画展优秀作品奖、作品《笑傲激流》入选第六届中国体育美展；2006年，国画作品《红土》获第三届中国美协会员中国画精品展优秀作品奖。

主要出版连环画作品有《西游记》(第89回)、《淘气王历险记》、《玄奘西行》、《格林童话》等。

任惠中（1958——）山东省莱莱州人。2004年毕业于中央美术学院首届中国画专业博士课程高研班。现为中国美术家协会会员，北京解放军艺术学院美术系中国画教研室主任、教授，文化部中国国家画院人物高研班刘大为工作室指导老师。

在任惠中的创作中，无论是线还是墨都报以真诚和热情之心相待，保持写生中的“直接性”与“敏感性”。画面大胆运用抽象因素，结构既严谨又生动。

国画作品参加全国第三届工笔画大展，第八、九、十届全国美术展览优秀作品展，中国画三百家大展，首届、第二届全国花鸟画展，纪念建军70周年全国美术展，百年中国画展，中国北京国际双年展等大型画展，并获全国首届人物画展览优秀奖，纪念抗战及世界反法西斯战争胜利50周年全国美术展览铜奖，首届全国写生画展佳作奖及全军美术展一等奖、三等奖，第十届全国美术展览铜奖等。出版有《任惠中画集》、《现代中国画家——任惠中》、《名校名师——任惠中·素描速写教学示范作品》、《名家名画·任惠中》、《当代名家中国人物画精品——任惠中》、《高等美术院校基础教学教法·任惠中水墨人物写生》、《艺术生活——任惠中》、《任惠中·雅风集图册》等。

茹峰（1963——）江苏苏州人，1982年毕业于苏州工艺美院，1990年毕业于中国美术学院中国画系，获文学学士学位。曾在苏州古吴轩出版社工作，任总编辑，美术编辑室主任等。2002年8月杭州师范美术学院任院办主任，基础培训室主任，国画系教授。现为中国美术家协会会员、中国美术学院中国画系博士，杭州师范学院美术学院技法教研室主任、副教授、硕士研究生导师、《水墨现状》丛书主编。

茹峰擅长中国山水画，其山水画张扬了古已有之的“吹雪弹雪”法，泼彩吹拂，寓人工于天成，刚柔相济，动静对应，冷寂的表相下跃动着生命的脉搏。构图夸张而不突兀，特别强调几何图形的运用，善于穿插交错组合，以线条、色块及不断变换的视角，展示出一种耐人寻味的形式，使作品的审美突破了题材的束缚，而上升到了自由的高度。茹峰在继承中国水墨传统的同时，也更多地借鉴了西方的美学观点，为他的作品增加了表现力度和审美内涵。

作品曾参加“中国画三百家展”、“第四届全国工笔画展”、“国土情民族魂全国中国画展”、“2001全国中国画展”、“新世纪中国画名家邀请展气”、“新时代全国中国画展”、“第六届中国艺术节·国际水墨画展”、“第十届全国美展”、“首届中国画名家学术提名展”、“第三届全国山水画展”、“当代中国画名家邀请展”等全国性学术展览，曾获“国土情·民族魂全国中国画展”铜奖。

作品编入《二十世纪中国山水画全集》、《中国山水画百家》、《当代中国工笔画》、《当代中国画·山水队》、《今日水墨》等50余种画集，并有作品与论文发表在《美术观察》、《艺术探索》、《江苏画刊》、《中国美术》等10余种专业刊物。曾出版有《茹峰作品集》、《当代名家青绿山水精品·茹峰》、《艺术与生活·茹峰》等多部个人画集。所绘制的邮票《中国名亭》四枚(爱晚亭、兰亭、琵琶亭、醉翁亭)由国家邮政总局发行。

上官超英（1957——）山东菏泽人，现为山东省美协副主席、中国超大写意创始人、中国美协会员、国家一级美术师、山东画院高级画师、曹州书画院副院长。

1978年考取山东工艺美术学校工艺绘画专业，1982年考入山东纺织工学院美术系深造，1986年获文学学士学位。擅长中国水墨画，自创独特的“超大写意”艺术风格。作品苍郁雄浑，大气磅礴，浓烈豪放，彩墨淋漓；“以神巧意，随心赋彩”，强调寓情于理，意象思维，具有强烈的时代感和视觉冲击力。

代表作品有《大贵之风》、《夏之声》、《深秋时节》、《绿肥红瘦话江南》、《寻找回来的世界》、《余辉》等。1989年在中国美术馆举办曹州书画院作品展，《春馨沁九州》、《鸣春》等6幅作品被中南海、怀仁堂收藏。从1990年始先后在中国美术馆、岭南画派纪念馆、八大山人纪念馆、何香凝美术馆等地多次举办个人画展，编辑出版有《当代中国花鸟画集》等。1997年“上官超英超大写意”在中央电视台作专题播放。《美术》、《美术观察》、《中国画》、《人民日报》等多次进行介绍。一度被评为“98、99中国书画百杰”。2006被评为“当代最具学术价值和市场潜力的青年国画家”和“中国书画报道年度人物。”

沈德志（1945——）山东人，著名国画家，现任宁夏文联副主席，银川书画院院长、宁夏美术家协会名誉主席、中国美术家协会会员、国家一级美术师、中国民族艺术家协会副主席、银川市美术家协会名誉主席、中国书画函授大学教授、银川市政协常委等职。

沈德志的作品主要体现塞上高原的山川风貌及风土人情，艺术风格粗犷、浑厚，画风气势磅礴，在宏阔深邃的意境中展现出丰富的人文内涵。1997年，沈德志被中国文联、中国美术家协会评为当代杰出的《中国画坛百杰》画家，荣获中国文联“成果奖”，享受国务院政府特殊津贴。

他的国画作品曾入选全国第七届、第八届美术作品展览（中国文化部、中国美协主办）、全国首届国画大奖赛（中国美协主办）、全国“建党”美展（中国文化部、中国美协主办），新加坡国际绘画精品展等，在国际、全国展览和大赛中多次荣获金奖、一等奖等多种奖项，并在法国、日本等10多个国家展出，部分被收藏。

沈定庵（1927——）浙江绍兴人。曾任中国书协二届理事、浙江书协首届副主席，现为兰亭书会会长、浙江文史研究馆馆员、浙江书协顾问、西泠印社社员、浙江省佛教协会名誉理事。

沈定庵6岁即随书画大师徐生翁先生习字，著有《沈定庵书法作品展》、《沈定庵书法集》、《定庵随笔》及增订本，主编《20世纪书法经典·徐生翁卷》、《伊秉绶书光孝寺虞仲翔祠碑》等。

书法作品为毛主席纪念堂、北京人民大会堂、中南海、故宫博物馆、辽宁博物馆等所收藏。

石纲（1967——）湖南长沙人。现为湖南书画研究院专业画家、中国美术家协会会员、湖南省青年联合会常委、湖南省青年美术家协会执行主席、湖南省美术家协会理事、湖南省美术家协会中国画艺术委员会副主任、长沙市美术家协会副主席等。

石纲擅中国山水画，他的画广大、雄峻、恢宏、奇诡，充满艺术灵气。他的作品既描写了江山的雄伟辽阔，又渲染了丹碧掩映、黑白交辉的云气，既有变幻不定的奇光异彩，又有战颤着灵魂的似水底世界的小树；既有千里江山图丹青的靓丽，又有西方现代主义的结构与时空的叠压。寄托着其敏感、抑郁、低沉、思变的情绪，表达了对已知世界的艺术驾驭和对未知世界敏锐的探求精神。

作品曾参加第八、九、十届全国美展，2005年作品参加由湖南省政协和全国政协在北京举办的当代国画优秀作品展——湖南十人展，曾在第八、十届美展、1992国际水墨大奖赛，全国首届中国山水画展览，第三届当代中国山水画展览，第一届中国美术金彩奖全国美术作品展中获奖。作品收入《新中国美术史》、《中国现代水墨画》、《中国当代美术1979至1999年》、《当代名家山水画线稿》等大型画集。出版有《现代山水画库——石纲山水画集》、《石纲画集》、《石纲山水精品》等。1999年被中国文联评为“中国百名优秀青年文艺家”。

舒建新（1957——）山东青州人。1982年毕业于无锡轻工业学院造型美术系，现为中国国家画院美术馆馆长、一级美术师，中国美术家协会会员。

舒建新的创作从人物画走向“黄家山水”，由“黄家山水”回到人物画，是一个大跨度的集众家之长的过程，也是他的艺术胸襟不断开阔、艺术眼光不断提升，对当下文化的反思不断强化的过程。经过这番锤炼，他得以在当代纷繁多变的艺术格局中立定精神，超越“艺术创造性”狭隘的一面，而以更开阔的眼界和更深厚的文化素养实现更富有意义的“艺术创造性”。他的作品时时流溢的静谧、清雅与幽美的氛围，渲染的是人对自然生命谛视的静观与悟解。把山水、人物化静为动，寓动于静，呈现出一种韵味悠扬的闲适与散淡，成为他绘画美学观的外部形态，并在一贯的从容中营造出悠远寥廓的深邃境界。

作品曾多次参加国内外主要展览并获奖，被国家级艺术机构及钓鱼台国宾馆、驻外使领馆收藏。他还曾先后在北京、香港、新加坡、马来西亚、日本举办个展和联展，出版了多种个人画集，并多次赴国外进行艺术交流和讲学。

宋剑锋（1940——）生于太原，1957年考入北京艺术学院美术系预科，师从于吴冠中、阿老、高冠华、白雪石、俞致贞、罗尔纯、张海诸，1962年转入中央美术学院中国画系学人物画专业，师从蒋兆和、叶浅予、张安治、李斛诸，1964年毕业。曾任贵州人物画艺委会会长、贵州艺专美术系主任、海南大学艺术学院第一任院长、海南省美协第一、第二届副主席、海南省画院院长等职。现为中国美术家协会会员、海南省有突出贡献的优秀专家教授、海南省美协顾问、海南省书画院顾问。

宋剑锋画画讲求笔精墨妙、潇洒飘逸、淋漓渲染。每一笔每一墨块，每一点每一线，干湿浓淡都见变化，而作品题材多为普通大众喜闻乐见。曾七次参加全国美展，并多次在国内外举办展览，多幅作品由中国美术馆及国内外多家美术馆收藏，在《美术》等全国刊物、画册、专集发表，本人被编入《中国美术家人名辞典》、《中国美术家年鉴》、《世界华裔美术家索引》等辞书。

宋鸣（1957——）生于宁夏银川市。1982年毕业于西安美术学院。现为中国美术家协会理事、中国书法家协会会员、宁夏政协委员、宁夏文联委员、宁夏青年联合会副主席、江苏省国画院特聘画家，国家一级美术师。现为宁夏美术家协会主席。

擅长中国画、书法。有坚实的绘画基础和造型能力，长期临池不辍，对书画艺术追求执著、醉意，尤擅长传统中国山水画创作。国画作品追求自然天成，意境古朴清雅，时有新意而不入俗趣。书学唐宋诸家，上溯晋风，下悟明清，以行草见长，奇崛中见雅正。书画创作极其推崇苏轼的"出新意于法度之中，寄妙理于豪放之外"的艺术主张。

曾有绘画作品先后参加全国七、八届美展，全国水彩、粉画展览、全国第九、十一届版画作品展览、全国首届中国画展览会、全国首届山水画展览并获优秀作品奖等大型美展。书法作品曾入选全国第二、四、七届书法篆刻作品展览和全国第三届中青年书法展展出。《中国当代青年书画展》书法作品获银奖。《美术》杂志、《美术报》、《书法报》、《中国书画报》、《民族画报》和《中国画家》曾有作品及专题介绍刊出。传略被辑入《中国美术年鉴》、《中国文艺家传集》等。2000年荣获中国文联第三次"德艺双馨"中青年美术家表彰。1994年应邀赴日本学术访问，2001年作为中国美协代表团成员访问匈牙利。书画作品被中南海紫光阁等美术馆、博物馆及国外友人收藏。

苏士澍（1949——）北京市人，满族。全国政协委员、国家文物局文物出版社社长、中国书画收藏家协会会长、中央国家机关书画协会主席、全国政协书画室副主任、中国文物保护基金会副会长、中国书协理事、中国书画中央国家机关分会副会长、西冷印社理事、中国和平统一促进会理事、中华海外联谊会理事、中国环境文化促进会理事、中国书法培训中心教授、中国书协评审委员会委员、中国教育学会书法教育专业委员会副理事长。

苏士澍自幼酷爱书法篆刻，少年时拜刘博琴先生为师，中青年后从师启功先生。他的书法真、草、隶、篆俱佳，以篆书最精。他的大篆稳重、坚实，用笔活泼，别具一格；他的小篆骨架精细，圆满而不失隽秀，丰简宜人；他的隶书瘦硬，沉稳而不失灵动；他的楷、行书行笔流畅，结构新颖。

1997年，他荣获中国文联“德艺双馨”百家会员称号，同年享受国务院政府特殊津贴。1999年荣获国家人事部“有突出贡献中青年专家”称号。他曾多次参加过内外各种大型书画展览，多次在日本，台湾及香港澳门等地区举办个人展及书法讲学活动。编辑出版了我国古代各种书体工具书《草字编》、《隶字编》、《行书编》、《篆书编》、《楷书编》。主编多卷本《中国书法艺术》。主持并策划编辑出版了《历代碑帖书法选》、《中国真迹大观》等。

月满西楼

红藕香残玉簟秋轻解罗裳独上兰舟云中谁寄锦书来雁字回时月满西楼花自飘零水自流一种相思两处闲愁此情无计可消除才下眉头却上心头

李清照一剪梅 癸未夏日苏士澍书于北京

文化遗产鉴古传今

文化遗产鉴古传今 苏士澍书于北京

孙海峰（1964——），生于浙江海宁，2005年结业于中国画研究院高级研修班，2006年就读于中国国家画院姜宝林精英班，现为浙江画院山水工作室研究员、首都师范大学美术学院客座教授、中国美术家协会会员。

孙海峰重视传统绘画的基本法式，强调绘画性；强调墨色的多重积染，画面效果沉厚而充满绘画趣味，笔墨气息厚重华滋，在注重优美基调的前提下抒发着大气磅礴的阳刚壮美。他的作品线条和点苔繁密，有序而富有节奏，在浓郁的文化意趣中显示着勃郁的生机和气韵，赋予了自然在艺术语言、画面组合构成和笔墨语言意趣方面上的美感。

他的作品曾参加“全国第五届工笔画大展”，“2005年全国中国画作品展”，“2005年中国画研究院年度提名展”，“第三届全国画院优秀作品展”，“浙江画院广东画院作品联展”，“纪念李苦禅全国中国画提名展等学术大展”和“传承与融合·当代全国中青年画家提名展”，“扇步江南·当代浙江中青年山水画家精品展”，“东方墨·当代中国水墨艺术家邀请展”，“盛世写意·当代中国画提名展”，“无法解读的江南·2007江浙沪水墨艺术家作品邀请展”，“贴近文脉·中国画研究院精英画家六人展”等学术邀请展等。出版有《当代中国水墨个案孙海峰》、《孙海峰青藏风情作品清赏》、＊《欧洲写生笔记》等专辑。

孙建东（1952——）上海人。1982年毕业于云南艺术学院美术系，现为云南艺术学院美术学院教授、硕士生导师、中国美术家协会会员、云南省美术家协会副主席、云南省政协常委。

孙建东擅长中国画，在花鸟（尤其是孔雀）、人物等方面有很高的造诣。为著名画家袁晓岑先生的入室弟子。其作品清新洒脱，雅俗共赏，注重人与自然的和谐，造型与传神的融会，继承了传统的笔墨精华，又在色墨交融方面作（进行）了大量探索，兼得恩师袁晓岑先生的艺德、、风骨与自然的灵性，紧紧抓住彩云之南这块红土地上，尤其是他曾生活过九年的西双版纳傣族地区最浓郁的花鸟精神和民族生活的地域审美特色，使他的作品别具风貌，自成一家。

作品曾入选第七届、八届全国美展，曾获国际现代名家水墨金奖等大奖。1999年获中国文联颁发的“99中国百杰画家”荣誉称号、2001年获英国剑桥国际传记中心“21世纪成就奖”荣誉证书。出版专集论著：《孙建东中国画集》、《孙建东国画作品优选》、《袁晓岑艺术传略》（合著）、《中国画二十家 · 孙建东》等。2000年元月在台湾举办个展，2004年3月在法国。

孙克纲（1923——）天津市人，原中国美协理事、天津美协副主席、现任天津美协名誉副主席、天津文联委员、天津画院专业画家、国家一级美术师，全国第四次、第六次和第七次文代会代表，享受国务院特殊津贴。

孙克纲早年师从天津著名画家刘子久先生学画，以泼墨山水著名，在中国画坛上自成一家，与孙其峰有“津门二孙”之誉。其泼墨作品以泼墨为主，兼用积墨、破墨及各种笔法，笔法奔放而强悍、境界空灵清透、大气磅礴，充满灵动的韵味，厚重、圆浑、气势宏大。作品有《秦岭烟云》、《太行十月》、《峨眉天下秀》等，其《李白诗意》曾获全国第六届美展中三等奖；1993 年荣获天津市鲁迅文艺大奖。

出版有中国画丛刊《迎春花》、《山水技法》、《山水课徒画稿》、《孙克纲画集》、《孙克纲山水画法析览》、《当代美术家画库 · 孙克纲专集》、《荣宝斋画谱 · 孙克纲绘山水部分》、《孙克纲教学画稿》、《中国现代名家画谱 · 孙克纲专集》、《中国美术家作品丛书 · 孙克纲画集》、《中国近现代名家画集—孙克纲》、《孙克纲山水画集》等著作。

孙源（1950——）生于云南省昆明市。现为中国书法家协会编辑出版委员会委员、云南省书法家协会秘书长、云南省美术家协会会员、昆明市书法家协会副主席等职。国家二级美术师。

孙源的隶书作品追求凝重茂密、气势宏大的效果，落笔不俗，中和俊逸。作品1990年曾获“云南省首届艺术奖书法一等奖”，入选全国第二、三、五届书法篆刻展，全国第四届中青年书法篆刻展，第十、十一届中日自咏诗书交流展，全国第四届刻字艺术展，第一、二届中国天津书法艺术节，新加坡国际书法交流大展等。传略入编《中国美术年鉴》、《中国艺术界名人录》、《世界华人美术名家年鉴》等辞书。

作品赴日本、新加坡、马来西亚等国家及我国台湾、香港地区展出，并被诸多博物馆、纪念馆、名胜景点收藏和镌刻。

精衛啣微木將以填滄海
刑天舞干戚猛志固常在
同物既無慮化去不復悔
徒設在昔心良晨詎可待

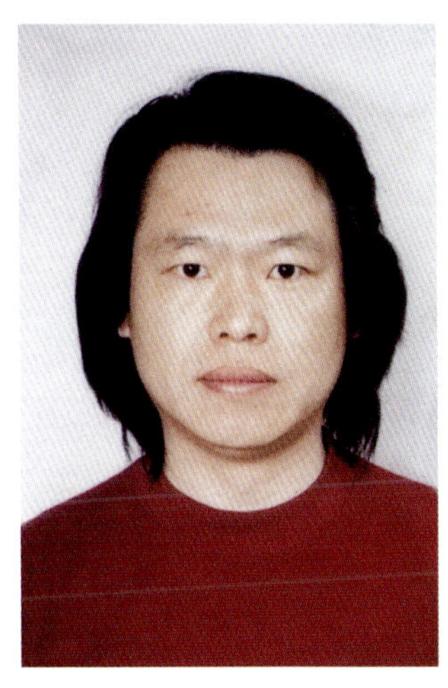

谭乃麟（1965——）山东青岛人。现任中国美术家协会会员，山东省美术家协会理事、青岛市美术家协会副主席兼秘书长、青岛画院创作部主任。1999年作品《春溢瑶寨》获中国美协主办“迎99澳门回归中国画摄影作品大展”金奖，《吉祥雪城》获“世纪中国风情”优秀奖，2001年作品《天籁》获全国中国画银奖，《远方的云》获“二十一世纪中国画澳大利亚展”金奖，2004年作品《祥云》获中华人民共和国第十届美术展览优秀奖，2005年作品入选中国文化部主办的全国画院优秀作品展览，2006年作品入选中国美协主办的“2006春季影像全国中国画邀请展”，参加中国美协主办的“全国著名中国画家学术邀请展”。

谭乃麟的人物画造型严谨、神态生动，弥漫着祥和的气氛。更多地选取的是人物静谧安详的决定性瞬间，虽然他描述的是世间的人物和事物，笔墨营造出来的氛围效果却有一种来自神性的上升感和崇高感。求写实造型的同时，并未放弃传统笔墨趣味，力图将两者恰当融合。他将人物画中线条改造为带有块面感的皴擦笔触，辅以淡墨晕染，较为恰当地融入到人物结构中；将传统留白结合于西画的高光表现，既照顾到笔墨的疏密关系，同时也兼顾了结构形体，颇具一定的价值。

他把西方绘画的透视明暗手法与中国画笔墨技巧情趣和谐结合，不露声色、不着痕迹，形成了既大气沉着又富含变化的创造性意象和围构。

谭开，澄怀堂主，1965 年生于于广西。曾就读于南京艺术学院和研修于北京画院，现为解放军国防大学书画研究院副院长。作品在国内外重大展览中多次获奖和结集出版。

1994 年于广西柳州市博物馆举办个人画展、1999 年于中国美术馆举办个人画展、2000 年于深圳关山月美术馆举办个人画展。

北京电视台曾作两次专题报道，中国国际广播电台、深圳电视台均作专题报道。《人民日报》海外版、《中国书画报》、《统一论坛》等国内几十种报刊刊登作品或文章。作品被人民大会堂、钓鱼台国宾馆、统战部礼堂和国防大学校史馆等收藏。作品多次参与嘉德布罗意波长、瀚海等多家拍卖行拍卖。

谭全昌（1949——）生于辽宁东港，毕业于中央民族大学美术学院。现为中国美术家协会理事、吉林省美术家协会副主席、吉林省书画院院长、国家一级美术师，获“中华慈善美术家”荣誉称号。

谭全昌近年来致力于对东北名山——长白山风光的描绘，以中国画的笔墨创作出了一批令人耳目一新的长白山水画。这批些作品以现代笔墨技法表现长白山的冬韵风情，以西画的写生方式描绘博大浩瀚的白山林海，以当代人的审美情趣表现东北的长白风情。在他的笔下，长白山是墨色淋漓且气象万千，既丰富多彩又不失大气磅礴，而他的漓江山水则不仅气韵生动且笔墨酣畅。其作品曾多次参加全国大型美术作品展览并获奖，部分作品被国内外美术机构和个人收藏，曾为人民大会堂吉林厅创作巨幅作品《寒江雪柳》。

出版有《谭全昌油画集》、《谭全昌中国画作品集》，传略与作品被编入《世界名人录》、《国际著名美术家作品选集》、《中国美术名家作品选》、《中国现代美术全集》等大型艺术类辞书。

唐辉（1965——）年出生于北京。1992年毕业于中央美术学院中国画系，现为《荣宝斋》杂志主编、荣宝斋画院常务副院院长、北京市美术家协会理论委员会委员、中国美协艺委会学术秘书等职务。

唐辉的作品中对新安画派有着青睐，更将北派山水的雄浑与南方山水的滋润有意识地结合，打破地域局限，使得画面充实而又不乏空灵。

显现着对山水艺术的独到见地和个性的追求。著名美术批评家许宏泉评价说“循着古人之迹面师其心，以其执著与自信表达着自己对山水境界的理解。如《清泉飞瀑》、《山居图》、《山光秋色》等作品，让我们兴奋地看到，画家在笔法上的常识在当下也显得十分难得了。”

先后出版编辑《荣宝斋画谱·近现代部分》、《荣宝斋画谱·古代部分》及各种画册一百余种，2000年初主编《荣宝斋》杂志。其作品多次参加各种展览，部分作品被中国美术馆等各个收藏单位收藏并多次出版。

陶博吾（1900～1996年），江西彭泽人，1926年考入南京美术专科学校，从沈溪桥、梁公约、谢公展等人学习书画。1929年考入上海昌明美术专科学校，从黄宾虹、王一亭、潘天寿、诸闻韵、贺天健等学习书画，从曹拙巢学习诗文。

陶博吾生性谈泊名利、不求闻达，艺术上极为推崇吴昌硕，一生受其影响很深。他是中国诗、书、画艺术大家，被列入20世纪100年间最杰出的20位中国书法家之一。他在诗、书、画方面都造诣皆深。他的书法绘画沉雄厚重、古傲拙朴、奇异生动，真、草、隶、篆四书皆精，以大篆、行书成就最为突出。他的行书全然不顾技巧、章法，凭感觉直书，随意而为，晚年更是纯真自然、无拘无束，笔下作品有一种不假雕饰、稚拙天真的古典原始味道，读后令人既感陌生，又觉新鲜。他的诗文情感真挚、意境超远。他著有《习篆一径》、《石鼓文集联》、《散氏盘集联》、《博吾诗存》、《博吾词存》、《博吾联存》、《题画诗抄》、《博吾随笔》等。

1989年5月16日，陶博吾在中国美术馆举办个展。当时中国书协主席启功看完展览后连连称“好”，并对其作品三鞠躬，向陶博吾道：“陶老，您的作品实在精妙，超凡脱俗，才华横溢。就功力来讲达到吴昌硕。”

邊柳園補郭 新月在宮牆

八十三叟陶博吾集散氏盤字

王超尘（1925——）湖南津市人。自幼酷爱书法，早年师从孙世灏，张一尊习山水画，后从事美术教学及设计，现为中国书法家协会会员、湖南省书协顾问、湖南省文史研究馆馆员、湖南书画研究院特聘书画家、深圳大学书法艺术研究所顾问等。

王超尘擅隶书，研汉碑之众，得益《张迁碑》、《西狭颂》，于隶法中融渗篆意，作品温润典雅，古厚纯和，独具一格，其内涵颇具“汉魏遗韵”、“明清风骨”。书作曾入选中、日举办的明、清、现代中国的书展、1986年国际和平年美术、摄影、书法展览等国内外重大书法展，。国内近百处名胜古迹如：黄鹤楼、岳阳楼、炎帝陵、曲阜、雁荡、南岳、中国翰园碑林、漓江碑廊、广州白云山碑林、浙江柚庐严子陵钓台、韶山毛氏宗祠、花明楼刘少奇怀念亭等留有碑文、匾额、楹联等墨迹勒石。事迹收入《中国当代书法家辞典》、《中国历代书法家大辞典》、《中国当代书画家名人大辞典》等，出版有《王超尘隶书》（台湾发行）、《王超尘书法选集》、《王超尘隶书岳阳楼记》、《王超尘隶书桃花源记》、《王超尘隶书醉翁亭记》等。

王朝瑞（1939——）山西文水人，1956年毕业于山西大学艺术系。现任山西画院名誉院长、王学仲艺术馆副馆长、山西省山水画学会会长，中国美术家协会会员、中国书法家协会会员、国家一级美术师。

王朝瑞书画兼长，“书画双关”。他的山水画以清新典雅的独特风貌跻身于画坛。在书法领域中，他的隶书独辟蹊径，自成一家，以“古雅静的书风，体味其动感和力度”而称著。

他的绘画作品《绵山鹿桥》曾获台湾《华夏艺术国际展》银奖，山水画《秋霁词意》获“新加坡、中国书画艺术展”金奖，书法作品获全国第四届书法展览三等奖，纪念孙中山先生诞辰130周年《海峡两岸书画名家作品联展》一等奖，隶书楹联获台湾《华夏艺术国际展》及香港《中华杯中国书画世界赛》金奖。他的绘画作品《月是故乡明》被中南海收藏，《平遥古城》被国家文物局收藏。他本人获“中国百杰画家”称号，出版有《王朝瑞画集》、《中国画二十家王朝瑞》、《当代中国画名家研究丛书——王朝瑞研究》和书法集《王朝瑞隶书阿房宫赋》。

王冬龄（1945——）江苏如东人。现为中国美术学院现代书法研究中心主任、教授、博士生导师，中国书法家协会理事、评审委员，浙江省书法家协会副主席，浙江省书法教育研究会理事长，杭州市书法家协会主席，国际茶文化研究会理事。

王冬龄的书法众体皆工，尤其擅长草书。他师承林散之、陆维钊、沙孟海等，自有一番气象。他的书法以 50多种质感及表现力不同的线条，挥写出大量潇洒飘逸而又雄健豪放的书法作品，得到广泛好评。1988年，他在非洲扎伊尔参加“中国当代书法艺术展”，1995年参加“‘95国际现代书法双年展”，1998年在纽约－比尔堡古根海姆美术馆参加“中华五千年文明艺术展”，在瑞典玛尔莫康斯塔尔美术馆参加“当代笔墨中国书法展”，在法国巴黎参加“当代中国书法展”，2000年在中国香港参加“当代中国书法展”，2001年在苏富比纽约分部参加“无际中华——中国当代艺术展”，2002年在英国伦敦大英博物馆参加“惊人之笔——中国现代书法艺术展”，2004年在西安参加“全国第八届书法篆刻展”，2005年参加“首届当代名家书法提名展”等。著有《清代隶书简论》、《书法艺术》、《画人学书概述》、《中国美术通史书法篆刻史》等。

王冠（1926——）原名王冠安，吉林人。1948 年毕业于东北师范大学美术系。曾任辽宁省文联副主席，辽宁省美术家协会主席，辽宁画院院长、辽宁美术馆馆长，辽宁省美术、书法专业高级职称评委委员会主任，中国美术家协会常务理事，中国书法家协会理事。现为辽宁省文联顾问、国家一级美术师、经国务院批准享受政府特殊津贴的著名书画家。

王冠长期从事美术、书法创作，其书法创作汇篆、隶、行、草于一体，熔多家碑贴于一炉，在传统功力基础上，按美学规律不断追求新意，探索书法艺术美，形成独特的“书画合璧”艺术风格，使书画相辅相成，相得益彰，突出了诗情画意与双重欣赏的艺术功效，深为广大群众喜爱和好评。书法作品除参加各种展览和出版之外，应各地之邀已刻碑立于河南宋陵、经川丝路碑林、河南翰园、辽宁元帅林、千山、北京圆明园、黄帝陵等处传世。他曾到美国、加拿大、韩国、日本、英国、法国、德国、台湾等国家和地区进行艺术交流和考察，作品在部分国家进行展览。其代表作品有《明月逐人归》、《一点沧州白鹭飞》、《梨花一枝春带雨》、《芭蕉吟雨》等。艺术业绩收入《中国当代名人录》、《中国当代名家大典》和《中外文学艺术名人肖像集》等辞书，并出版有《王冠书画艺术》专集多部。

王金石（1954——），湖南省邵阳市人。1977年毕业于湖南师大美术系，现为湖南师大美术学院教授、湖南省美术家协会副主任。

王金石的山水画作品在经意与随意之间，幻化出独有的画面神韵；在充满对比而不失雅致的格调中，呈现出一派自然的活泼生机；在错落有致的造型与别致的情调中，使观者产生出一种飘飘欲仙的醉意。2004年他的作品入选中国画名家百人展，编入《美术研究》2004年、2005年、2006年中国当代画家年鉴。多幅作品被毛主席纪念堂、全国政协及国内一些省市博物馆、美术馆和香港、台湾等地收藏。

编著有《历代山水名作选》、《山水名作》、《工笔山水》、《中国山水画速写技法》、《中国山水水墨写生教程》、《王金石写生作品集》、《走进大西南》等；主要论文有《传统山水画解析》、《从古典形态走向现代》、《创意与自然的和谐》、《在自然中寻找自我》等。

王克文（1933——）浙江泰化人，画家、美术史学者，毕业于华东艺专（今南京艺术学院）美术系，为“虹卢画派”山水画家王康乐之子。长期在上海戏剧学院舞美系从事中国画教学、创作和中国美术史、论研究工作。现为上海戏剧学院教授、上海市文史研究馆馆员、中国美术家协会会员、上海美术家协会会员、上海书画院画师、上海宏润画院院长。

王克文擅长泼墨山水。其山水作品苍秀清逸，寓传统于现实之中，别具风貌。他注重主观意识对山川的组织和安排，其淡化用墨的表现手法尤为突出，干、湿、浓、淡、长、短、粗、细，各种线形的韵律成为画面的主要节奏，表现出山川树石特殊的结构，使真山真水的光影感觉在他的作品获得某种抽象的形式感。他还善以现代人新的自然观和新山水意境的价值观去描绘山水，造就了一种以主观意识指引下形式感极强的现代水墨山水画。

代表作品《山村烟翠》、《烟树帆影》、《千峰环野图》、《云烟林岩图》、《深壑帆影图》、《桐庐春晓》、《群峰出没》、《层峦帆影》、《帆影落空江》、《云山松深》、《云壑幽亭》、《春山晓霁》等。

出版专著有《山水画技法述要》、《敦煌艺术》、《山水技法》、《山水画谈》、《中国绘画》、《行云流水》、《山水画意境创造与笔墨理法》、《王克文画册》、《王克文画集》、《王克文山水画选》和以“山水画”为专题的系列著作二十多种。

王阔海（1952——）山东省招远人，原名王克海。1970年入伍，1989年毕业于解放军艺术学院国画系，现为中国美协会员，国家一级美术师，中国大地画会副理事长，中国华侨文学艺术家协会常务理事，二炮政治部创作室创作员。

他潜心研究中国画美学理论及传统笔墨技法，汲取了汉砖、瓦、画像、石刻等艺术精华，兼收并蓄了汉画、浮雕、壁画、唐三彩、剪纸、皮影等民间艺术的精髓，并将其转换整合成为现代的水墨图式，被美术界誉为“王阔海的新汉画艺术”。其作品以大气、文气、灵气为主体的审美意象，古朴典雅，狂放而不失精微，洒脱而有力度，形成了自己独特的艺术风貌。

他的作品多次参加全军、全国美展。其中《土枪土炮》获“全国第八届美展”优秀作品奖，1990年向亚运会捐赠巨幅鹰作《九雄图》，中央电视台于1993年以《大地之舞》为题进行了专题艺术介绍。1996年6月18日在北京中国美术馆成功地举办了“王阔海中国画展”。《凉山托子》获1997年“世界华人大奖赛”银奖，《神剑之魂》、《倚天长剑》获“全军美展”优秀作品奖，《出猎图》获2001年“情系奥运中华书画艺术大展”银奖。1997年出版《王阔海国画集》，1999年参加国务院文化部代表团赴澳大利亚举办画展，2000年春，为中国革命军事博物馆古战争馆绘制历史战争题材的巨作《岳飞抗金图》、《成吉思汗出征图》，并永久陈列。新汉画作品《游猎图》被国家领导人收藏。

王利峰（1958——）山西省长治县人，1982年毕业于青海师大艺术系，现为中国美术家协会会员，青海省文联委员，青海省美术家协会常务副主席、秘书长，西宁市美术家协会副主席。

王利峰的创作不只停留在再现和模仿客观自然，而是从大自然当中汲取创作灵感和素材，创造出一个人化的自然空间。其画作在借鉴和吸收外来文化的基础上，按照艺术规律来表现和传达具有民族精髓及文化内涵的艺术作品，在民族创新上取得成功，使作品呈现出清新的面貌。

作品多次入选全国美展，获奖收藏，入编多种画集和辞书，在欧洲、日本、香港、马来西亚等地展出。《美术》、《国画家》、《水墨中国》、《水墨》、《中国画》等多种刊物有其介绍，2006年随中国文联代表团出访日本，参加中日文化艺术交流活动。

王炜（1942——）生于重庆，1961年毕业于中央美院附中。1966年毕业于中央美院版画系。现为中国书画家协会主席、中国欧盟协会理事、中国书法家协会会员、中国美术家协会会员、《中国书画家》杂志主编、《亚洲美术》杂志副主编。

王炜长期从事版画、国画、油画、书法的创作，近十多年来主要在水墨画领域进行探索，将版画的力度、油画的色调、书法的线条、音乐的旋律和谐地与水墨画的韵味相融，拓展出属于自己的水墨画艺术空间。他近几年来创作的一批荷塘系列作品使人强烈地感受到一种顽强不息的生命力，一种诗与力的交响，并且赋予了荷塘一种“禅”的意境和趣味。作品曾多次在日本、瑞士、美国、意大利和香港、台湾等地展出，深受海内外各界人士的喜爱，并被广泛收藏。1956年其木刻作品《踢足球》被编入《中国儿童画选》，同年水彩、油画作品被选送南斯拉夫展出。

吴东民（1956——），海南万宁市人。毕业于海南大学艺术学院。现为中国书协副主席、海南省文联专职副主席、党组成员，海南省书法家协会主席、中国美协会员、海南省书画院院长、国家一级美术师。

吴东民的作品摒弃细节和层次的微妙变化，少用或不用艳丽的色彩，追求纯粹的黑白世界，对黑白对比有着更加独特、准确的理解和把握，赋予了黑墨亮丽的色彩，使其更加契合中国画的神髓。

1997年、1999年、2004年，他被中国文联、中国书协授予“德艺双馨”艺术家。书法作品入选第五至八届国展，第五至八届中青展，首届书法兰亭奖展，第一至三届楹联展，首届行草书大展，首届扇面书法展，第三至五届全国刻字展，第二至五届国际刻字艺术展；美术作品入选全国首届中国画展、2000-2002年国画作品参加全国画院一、二届双年展、全国第十届美展。

吴涛毅（1956——）生于江苏省南京市。1987年毕业于中央美术学院研修班，现任中国美术家协会外联部主任、中国美术家协会理事。

吴涛毅的作品经常鲜活地展示出细致入微的刻画与大气磅礴的挥洒。这些在他的第九、十届全国美展获奖作品及近年的水墨画探求中表现的淋漓尽致。他不仅在大主题、大创作上收获成果，在意笔抒情的水墨画上也日渐优势，也在水墨人物画上进行探索，他的江南小景和古意人物都独具个性，使人感到一种清新的气息扑面而来。

其作品曾多次参加全国、全军美展，国画作品《我是一个兵》获建军70周年全军美展优秀作品奖，国画作品《脊》获建党80周年全国美展优秀作品奖，国画作品《民兵史话长卷》获第九届全国美展金奖，插图作品《静静的艾敏河》获第十届全国美展银奖。部分作品分别被中国美术馆、中国人民革命军事博物馆及聂荣臻元帅纪念馆收藏。出版有《涛毅插图画集》、《吴涛毅美术作品集》、《吴涛毅素描集》等专著。

萧朗（1917——）名印钵，字朗，别署萍香阁主人，北京市人。现任中国美术家协会会员，天津美术家协会名誉副主席，天津美术学院教授。

萧朗是中国当代著名花鸟画家和美术教育家，自20世纪 30年代末拜著名画家王雪涛为师，随王研习书画达十余年，同时得到齐白石、陈半丁等人教益。1949年入华北大学深造。从20世纪40年代起，先后在北京师范大学、河北艺术师范学院、广西艺术学院任教。

萧朗的花鸟画多属小写意画法，形象简括生动，笔墨洗练自然，赋色丰富典丽，风格秀润清雅，富于书法情趣和书卷气息。擅长创构诗意盎然的灵境，透过鸿蒙之理，将静穆的观察与活跃的生命统摄到优美的作品之中，形成独特的艺术风貌。其作品取材十分广泛，尤以鸡、草虫等类作品为世人所盛赞。

主要作品有《浴罢》、《踏遍青山》、《威风》、《秋歌》等。1938年起，萧朗的作品开始参加全国美展、地方画展并设席讲学、出国访问。出版专著有《萧朗画集》、《萧朗课徒画稿》、《怎样画写意草虫》、《写意禽鸟画范》、《写意复瓣花画范》、《写意草虫画范》、《荣宝斋画谱——草虫部分》、《萧朗花鸟画教程》、《萧朗花鸟画小品集》、《中国近现代名家画集—萧朗》等多部。

谢云（1929——）原名谢盛培，号裳翁，浙江苍山人。中国人民大学新闻系毕业。曾任中国书协分党组副书记、秘书长、中国文联委员、广西书画院院长。现为中国书法家协会秘书长、中国线装书局总编辑、编审。

谢云六岁开始从父习书法，长期的出版工作使他涉猎广博，融传统与现代于一体，形成自己的书风。刘海粟大师评谢云书法为："奇而不奇，不奇而奇，放逸可观"。曾多次在《中国书画》、《中国画报》等国内报刊上发表书画作品与评论。1989年于中国美术馆举办《谢云书法展》，1989、1993年先后在日本举办个人书法展，并讲学。1998年出席巴黎中国书法展。在国内外出版主要著作有：《谢云书法作品集》六种，线装书局出版线装本《谢云笔潮斋诗稿》、《谢云篆书集》两种，中国文联出版社曾出版谢云书画评论集《灯前余墨》，在国内外书刊上发表诗稿、文章数百篇，其中两次与访谈刘海粟大师的谈内容刊登在1989年2月1日的《人民日报》上。2001年获中国书协中国书法艺术特别贡献奖。

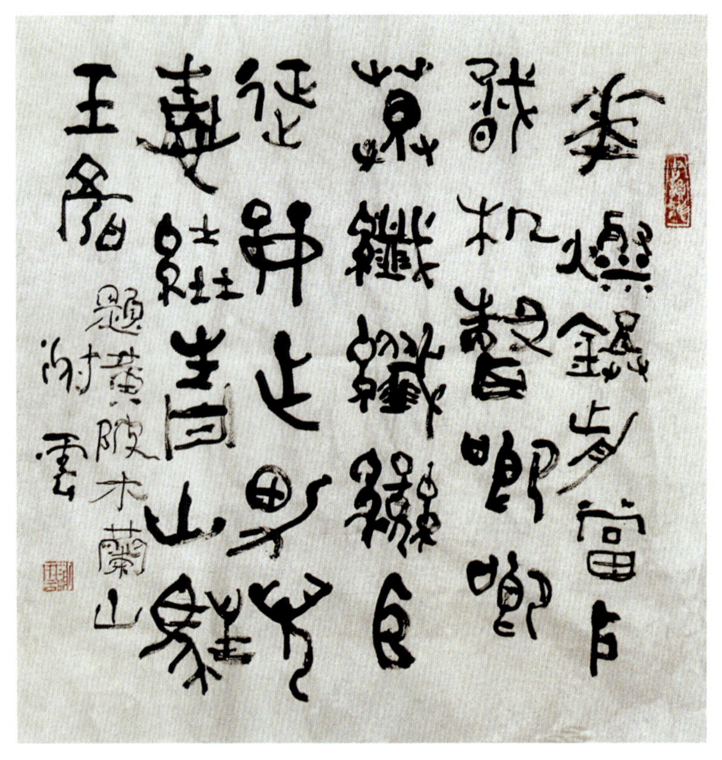

山圍故國周遭在潮打空
城寂寞回淮水東邊舊
時月夜深還過女牆來
唐劉禹錫石頭城 謝雲

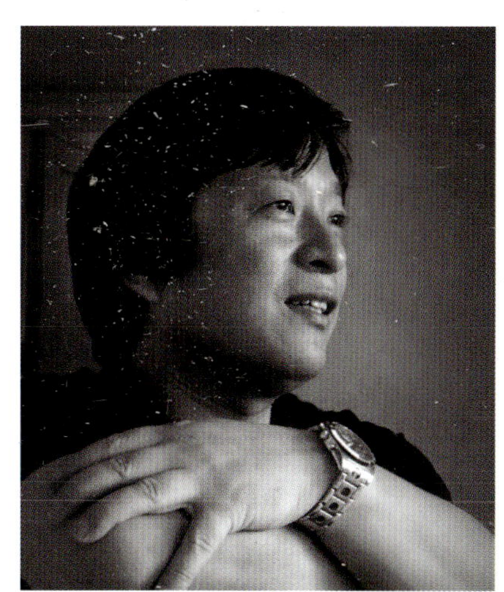

徐惠泉（1961——）江苏苏州人，曾先后就读于苏州工艺美术学校和中国美术学院国画系。现任中国美术家协会会员、江苏省国画院特聘画画师、苏州市美术家协会副主席兼秘书长苏州市青年书画协会会长、国家一级美术师。

徐惠泉擅长水墨人物画，他的水墨人物画以小品为主，笔墨秀润，造型俊逸，色彩淡雅，气象生动，表现的多是妙龄少女，营造的是“如诗、如歌”婉约清新的意境。他用具有书法笔意的线条、编织成变幻多姿的人物意象，笔法生动活泼，笔力力透纸背，线条自然爽利。他在突现线条状物功能的同时，注重其自身的表现性，劲中带柔，稚中寓秀，灵气飞动。

作品曾获中国美协1992国际水墨画大赛优秀奖，1993全国中国画大赛三等奖，“巴黎铁塔艺术杯”大赛一等奖，第二届“枫叶奖”多伦多国际水墨画创作大赛金奖，第四届全国工笔画展铜奖。作品入选首届全国中国画展，第八届全国美展，台湾大陆名家水墨联展，香港“人物五杰展”，日本二十世纪中国绘画展，第四届全国工笔画展，迎接新世纪中国工笔画展。

作品被国内外美术馆、博物馆及企业、私人广为收藏。代表作品收入《中国现代人物画全集》、《中国工笔画全集》、《20世纪中国绘画》、《当代中国工笔画集》、《名家人体艺术》、《名家仕女画艺术》、《中国人物画百家》、《中国现代重彩画法》等70余部合集。出版有《徐惠泉人物画》《当代工笔人物精品——徐惠泉》、《徐惠泉写意人物》专著及《徐惠泉人物画技法》VCD光盘等

徐家钰，毕业于广州美术学院中国画系。现为中国美术家协会会员、桂林市美术家协会理事、广西书画院院士、桂林画院秘书长、国家高级美术师。

作品多次参加由文化部、中国文联、中国美术家协会主办的全国重大展览。1997年被中国文联、中国美术家协会授予“中国画坛百杰画家”荣誉称号。作品多次由中国美术家协会选送美国纽约、澳大利亚悉尼参加“中国优秀山水画展”。多次应邀赴日本、马来西亚、台湾等国家和地区举办个人画展，荣获美国金钥匙奖牌和世界杰出人才证书，荣获英国剑桥二十世纪成部奖牌和世界名人证书，荣获桂林首届德艺双馨艺术家荣誉称号。

徐培晨（1951——）生于江苏沛县。现为中国美术家协会会员、江苏省花鸟画研究会副会长、南京师范大学美术学院教授。

徐培晨擅长中国画，山水、人物、花鸟俱佳，尤精丹青猿猴。他作品中的猴子在拟人化了后亲切而生活气息浓厚，他用笔潇洒、遒劲、泼辣，给人很强的冲击力。

他的作品曾多次在全国性展获金奖和第一名，国家文化部美术馆、博物馆、名人纪念馆及中共中央办公厅、中南海、毛主席纪念堂等都有收藏。他还曾在中国美术馆、香港收藏家画轩等举办个展2000至2004年自安徽合肥至北京，在全国33个省市区及香港特别行政区举办“万水千山总是情——徐培晨国画猿猴全国巡回展”。

出版论著、画集《画猴技法述要》、《怎样画猴》、《徐培晨画集》、《徐培晨国画猿猴集》、《徐培晨梅、兰、竹、菊百图》、《徐培晨国画猿猴大观》、《徐培晨国画猿猴近作选》等二十三部。新华社、中央电视台、《人民日报》、《中华儿女》、《中国文化报》、《香港大公报》、《美国国际日报》等新闻传媒给予高度评价，有“徐猿猴之称”。国际名人研究院将其提名为世界书画名人，授予其世界级艺术家称号。

许占志（1940——）生于吉林省长春市，原籍河北省青龙县。曾任长春市文联副主席、吉林省美术家协会副主席、中国画艺委会主任、长春书画院院长。

现为中国美术家协会会员、吉林省文史研究馆馆员、长春美术家协会顾问、吉林省美术家协会顾问、吉林省政协书画院顾问、长春市政协书画院院长、长春书画院名誉院长。

国家一级美术师，享受国务院政府特殊津贴，并先后被评为吉林省长春市首批有特殊贡献专家、长春市十位有突出贡献的老艺术家之一和吉林省颁发的"世纪艺术金奖"。

在多年的美术教育和书画创作之余，致力于山水、花鸟书法的研习。创作上情寄家乡，立足本土，博采众长，突出地域为其努力的方向，作品多次入选国家，地方各项综合、单项美展和联展，并被专业机构和博物馆收藏。

先后在香港、日本、韩国、美国、新加坡、法国、台湾等举办个展或联展入选国内外各种画集、出版物。出版有《林中——许占志的中国画作品集》、《白水黑水塞外情个展画集》、《许占志中国画集》、《中国画二十家》、《走进经典》、《中国当代实力派画家文献丛书》和多种丛书等。

颜家龙（1928——）湖南省涟源市人。曾任中国书法家协会第二、三届理事会理事、湖南省书法家协会主席。现为中国美术家协会会员，中华诗词学会名誉理事，湖南省文史研究馆馆员。

自幼酷爱文艺，曾从叔祖父清至民国期间著名学者、书法家颜昌晓先生学习书法，中学从书画家周达先生学习国画山水。尔后在中央大学及浙江美术学院进修期间，曾从师于傅抱石、潘天寿等名师。书法先习于欧阳询，以求骨法洞达、体势端庄。继而主攻行草书，对王羲之、米芾等名家墨迹研习至勤，尤得力于李邕之《麓山寺碑》。作品追求气势的雄健、浑厚和阳刚之气，重视节奏变化及生动活泼。在笔墨锤炼上，力求力透纸背，使线条似铁丝般坚实，即使点画之间的牵连笔，也求其力量充盈，不拖泥带水，不飘浮油滑。结字重心稳妥，排列适度，即使作变型处理，造型也很美观。绘画主攻国画山水、并擅长人物，每以书法用笔入画，风格独特而高雅。

作品先后参加全国第一、三、五、七届书法篆刻作品展览。2004年在中国美术馆成功举办个展，作品还入选《中国现代美术全集》书法卷、《中国行书大典》。并有《颜家龙书法》、《得德楼文稿》等多种专集刊行。曾被中国书协授予“德艺双馨会员”称号，并获中国书协授予的“中国书法家荣誉奖”。

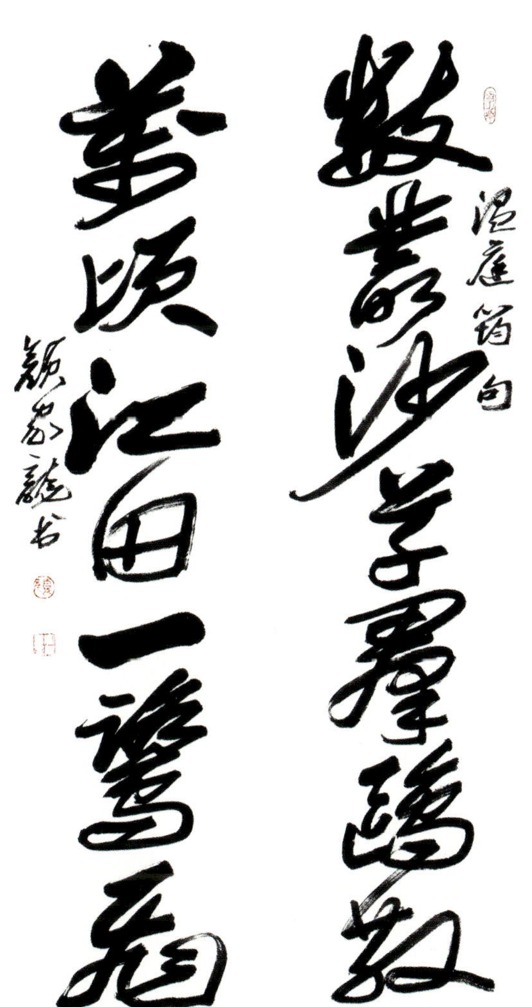

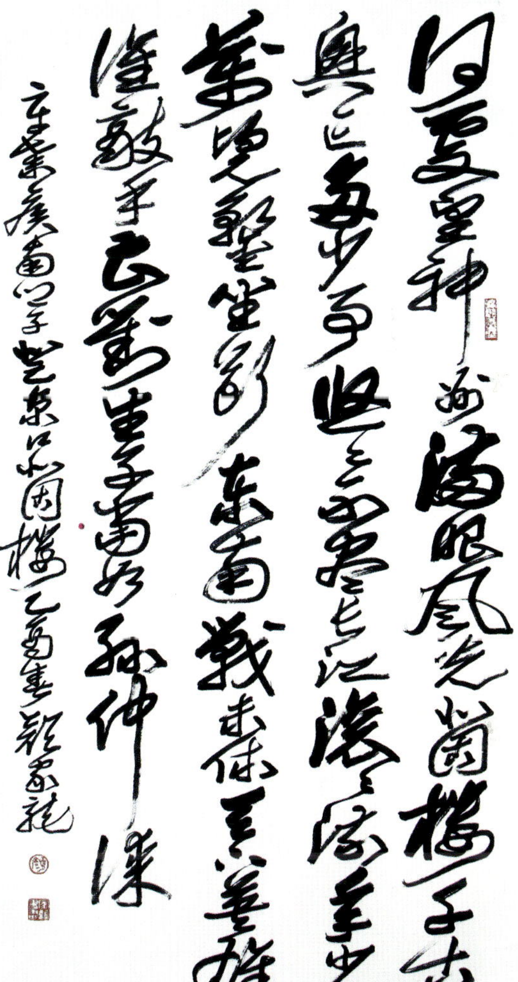

杨国平（1958——）号湘西山民，湖南洪江侗族人。毕业于怀化师专美术系、湖南师大美术系。现为湖南科技大学艺术学院教授、硕士生导师、院党总支书记兼副院长、中国美术家协会会员、湖南省美术家协会理事、湖南省美协水墨画艺委会副主任、湖南省教育厅艺术教育委员会委员、湖南省书画院特聘画家、《中国画》杂志特约编委、《美术家》《画坛杂志》、《中国美术》（香港）杂志编委、湘潭市美术家协会副主席。

杨国平擅长山水画。师从著名画家易图境、杨晓村、王乃壮诸先生。他的画热情饱满，把湘西的神奇美丽、淳厚雄浑演绎的淋漓尽致，入木三分。他继承了中国画的优秀传统，大气、洒脱，韵味十足；同时又以平面构成式的章法，别出新意的色彩，不拘一格的手法，使他的画充满了鲜明的时代感和“湘西山民”的艺术个性，独具一格。代表作品有《岭松》、《赏梅图》、《归牧图》、《赏花图》等。

作品多次入选全国美展并获奖，数百幅作品收入《人民日报》、《光明日报》、《文艺报》、《美术报》、《国画家》、《中国画》、《中国书画收藏》等海内外几十种报刊杂志及各种画集。百余幅作品在香港、台湾地区和美国、加拿大、法国、日本、澳大利亚等十几个国家展出。并为国内外美术馆、博物馆、纪念馆及知名人士所收藏，先后在青岛、深圳、上海、南京、北京等地参加学术交流及全国知名画家作品联展、巡回展。出版有《百家画库——中国美术家杨国平画集》、《中国画二十家——杨国平画集》、《山野寻梦——杨国平山水精品》等多部画集。

杨鹏（1957——），昆明人，1982年毕业四川美术学院，1991——1992年结业于浙江美院中国画系人物画专业。现为中国美术家协会会员、国家一级美术师、云南省美术家协会副秘书长、云南省中国画艺术委员会副主任。

对星月及云南夜晚的描绘，对云南少数民族妇女的生活的体现，是杨鹏的主要创作题材。其作品的审美意向、表达情感，在于运用外在的形式符号，借以传达“物我互渗”的思想。

作品入选第八、九届全国美展、全国首届中国画人物画展、十一届全国新人新作展，香港现代艺术中心1998中国名家精品展。1993、1997应邀访问德国并举办双人展、个展，1994年访问美国并举办展览，参加国际性展览30余次。多次在国际、国内专业刊物上发表作品，二次获云南省政府文学艺术创作基金奖。

纳木措湖畔的少年　丁亥年杨鹏写于昆明

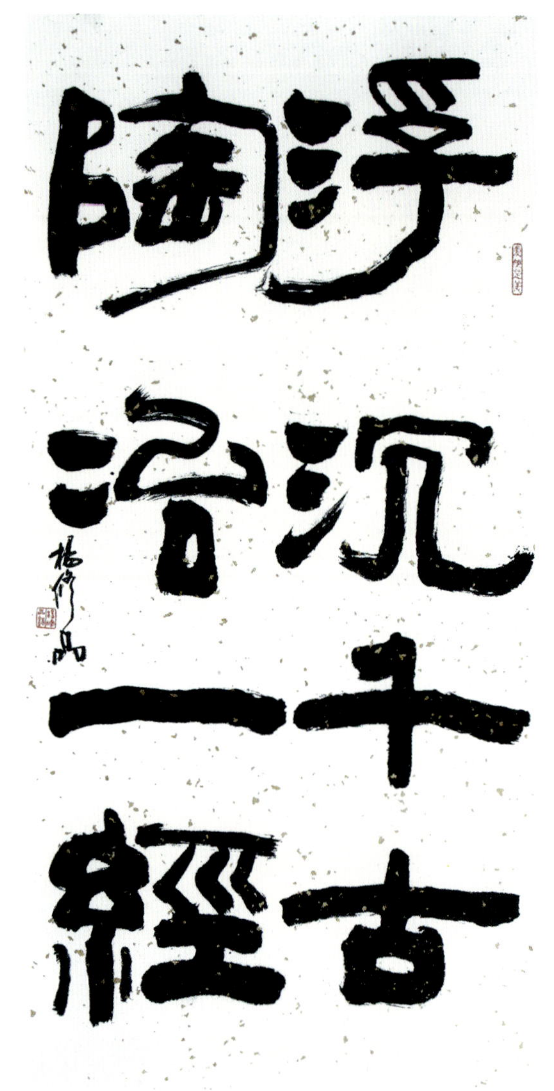

杨修品（1943——）云南省昆明人。云南师范大学中文系教授、历任中国书法家协会理事、云南省书法家协会副主席。

著有《美学论语》、《美学纵横》、《爱便是美》、《书法美学》。1979年书法获全国一等奖（书法杂志组织评审）。

姚新峰（1957——），江苏省常熟人。1983年至1984年进修于南京艺术院美术系、1993年结业于中央美术学院中国画系。现为中国美术家协会会员、国家一级美术师、苏州国画院副院长。

其作品多描绘江南水乡风情，作品风格明快、诗意弥漫，展现出清逸恬淡的江南生活风貌。代表作品有《荷塘月色》、《浣衣曲》、《暮秋》、《水乡秋》、《莲熟时节》等。

曾入选由文化部、中国美术家协会主办的第十届全国美术作品展览、首届全国中国画展览、第二届全国中国画展览（获优秀奖）、第二届中国人物画展、第三至五届中国当代工笔画展览（获佳作奖、铜奖）、第十三次新人新作展、世界华人书画展、国际中国画大展、中国当代著名花鸟画家作品展（获优秀奖）、全国第二届中国花鸟画展览、全国当代花鸟画艺术大展（获优秀奖）、新时代中国画大展（获优秀奖）、首届重彩画大展、迎接新世纪中国工笔画展、庆祝建军60周年全国美展、第四届中国体育美术展览、庆澳门回归中国画、摄影作品大展（获铜奖）、首届中国工笔重彩微型作品艺术大展（获铜奖）等展览。曾获“新江苏画派·七彩世纪中国画大展”金奖、首届江苏省山水画展银奖、第二届江苏省山水画大展金奖、江苏省体育美展一等奖等多种奖项。出版有《姚新峰画集》、《姚新峰工笔花鸟画》、《姚新峰作品选》等画集。

易洪斌（1943——）湖南长沙人，笔名米萝、常莎。室名中之虚斋，又名人生易老轩。中国美术美术家协会理事、吉林省美术家协会主席。现任吉林省政协常委、文教委主任、系中华美学学会、中国书画家联谊会、中国作家协会、中华诗词学会会员、神州书画院、中国同泽书画研究院、吉林省书画院顾问、兼吉林日报北群书画院院长、中华全国新闻工作者协会常务理事、吉林省专家协会副会长、吉林省散文学会会长、吉林省作家协会副主席等。享受国务院颁发的政府特殊津贴，国家级有突出贡献专家。

擅长中国画，作品风格雄深雅健，大小写意并举，重人文色彩，走兽、人物、花鸟等题材均有涉猎，尤精于画马，挥毫急写，姿态飞动，个性突出，意在笔先，自成气象，为“关东三马”之一。同时，又致力于人物画的创作和探索，创作出了一批历史画、哲理画和人体画作品，颇受好评。曾在长春、南京、烟台、深圳等地数次举办个展，作品在美国、韩国、香港等国家和地区及国内一些画展上展出，多次参加文化界、美术界举办的大型活动。

出版有《易洪斌画集》、《易洪斌画集》、《关东三马——许勇、郭广业、易洪斌作品选》、《易洪斌现代彩墨画》、《嘤鸣集——武春河、易洪斌、蒋力华、马国强书画作品集》、《易洪斌现代写意画选》以及《美学漫谈》、《维纳斯启示录》、《两个人的世界》、《凡圣之间》等多部专著，并在全国报刊发表了一系列学术文章和文艺作品。名字载入《中国现代美术家辞典》、《世界现代美术家辞典》、《中国当代美学名人志》、《中国文艺家传集》、《中国当代艺术界名人录》、《世界华人文化名人传略》、《世界华人艺术家成就博览大典》、《中国当代名人录》及英国出版的《20世纪2000位杰出人士》等数十部辞书。

尹石（1953——）生于洪泽湖畔。现为江苏省美术家协会秘书长，中国美术家协会理事，国家一级美术师，南京印社理事，江苏省文联委员。

尹石自幼酷爱书画艺术，主攻中国画兼习书法篆刻，师承著名画家王板哉先生。擅长写意花鸟，兼作山水。以墨竹、紫藤、鹰等题材为其特长，尤以“江南一竹”闻名。

尹石画竹讲究布局的虚实，疏密，穿插，正侧等的变化统一，画面酣畅淋漓、一气呵成，诗情画意、相得益彰。其作品多次参加国际国内的各类展览，在国内外报刊上发表了大量作品。编著出版有《写意墨竹法》、《写意菊花法》、《怎样画竹·提高篇》、《尹石中国画精选集》。辞条及作品被辑入《中国当代艺术界名人录》、《中国当代美术家人名录》、《中国现代书法界人名辞典》、《中国美术家会员辞典》等50余部辞书和作品集，并有作品被国内外美术馆和外国艺术团体收藏。1994年11月在江苏省美术馆举办了尹石书画展。1998年随江苏省文艺家代表团、中国美术家协会代表团先后赴韩国、台湾、巴西、法国、德国、荷兰、比利时、奥地利、意大利等国家和地区访问并举办书画展。2003年12月出席全国六次美代会。

于文江（1963——）生于山东牟平。1984年毕业于山东师范大学艺术系，1998年深造于中央美术学院国画系。现为中国美术家协会会员、中国当代工笔画学会理事、文化部中国画研究院专职画家、创作研究部副主任兼人物研究室主任、国家一级美术师。

于文江多年来都力求在丰富、厚重、完美上达到一个高度，他的人物画在工笔与写意之间寻找一种新的艺术机缘，《女人体》为他的工笔绘画的探索划上了完满的句号。20世纪90年代他把花鸟画甚至山水画的因素引入人物绘画中来并取得成功。他的以《净湖》（1997年）为代表的一系列作品标志着他艺术风格的成熟，用中国现代工笔绘画的造型语言塑造着一种文化精神的时代气象。

于文江的作品《秋暮》获得中国当代工笔山水画大展一等奖，作品《蒙山秋》获纪念《毛泽东在延安文艺座谈会上的讲话》发表五十周年全国美展银奖，作品《大红枣》获中国工笔画大展金奖，作品《家园》获首届中国画大展铜奖，作品《净湖》入选“百年中国画大展”，作品《正午蝉鸣》、《山寨小溪》参加一、二届全国画院双年展。他本人被中国文联、中国美协评定为“中国画坛百杰”称号。

出版有《当代中国画精品集·于文江》、《于文江作品集》、《走近画家·于文江》、《名家逸品·于文江》。

于云涛（1950——）天津市人。1966年支边来新疆生产建设兵团，现为中国美术家协会理事、新疆生产建设兵团美术家协会主席、新疆美术家协会中国画艺委会委员、新疆画院院外画家、新疆石河子市政协委员、政协教科文卫体委员会副主任。现任石河子市文学艺术界联合会主席。

自幼受家庭影响喜爱绘画。1987年至1988年曾在鲁迅美术学院中国画系进修，从事美术创作20余年。在《美术》、《美术观察》、《美术大观》、《东方美术》、《新观察》、《人民日报》、《中国书画报》、《香港书画报》、《中日文化交流》、《新疆日报》等报刊发表美术作品千余幅，多幅作品被欧、美、澳洲、日本、巴基斯坦、台湾、香港等地机构、人士收藏，多次在国内举行个人画展，名字与作品被收入多部名人大词典及大型画册。著有《云涛速写集》、《于云涛西域风情中国画水墨人物画集》、《中国国画家——于云涛》。

《那棵大榕树下》入选第七届全国美术作品展，《幕士塔格的传说》入选第八届全国美术展，《银灰色的草原》入选第十届全国美展获优秀奖并被中国美术馆收藏，《帕米尔的阳光》入选全国首届中国画展，《晨》入选全国群星美术作品展并获优秀作品奖，《林间嬉戏》入选首届全国农垦美展，《闪光的年华》入选全国纺织画展，《梦想天堂》被中国国家博物馆收藏。

虞逸夫（1915——）原名念祖，号天遗老人，江苏武进人，晚年寓居长沙。18岁考入无锡国学专科学校，在校4年，受业于唐文治、陈石遗、陈天倪、钱基博等著名学者，为其学问奠定了坚实的基础，后经黄炎培先生介绍，抗日战争时期在重庆，曾任国民政府部门秘书专员等职，现任湖南省文史研究馆馆员，湖南省诗词协会顾问，湖南省书法家协会顾问，长沙市博物馆顾问，长沙市考古工作队顾问。

虞逸夫学识渊博，潜心研究文史，擅长文物考古，诗词书法常有考古杂文和诗词在全国性刊物和港台报刊上发表，多次应约为文史、艺术界人士的专著作序。学书从大篆入手，以探其源，顺流而下，至南北朝而止。其间名碑名帖，见必临习，于章草汉隶致力尤深。晚年历变既多，外慕俱绝，见新出土之汉晋简帛书而笃好之，心模手追，以为日课，志在怡情，不计工拙，年来颇得动静交养之助，笔健快意，乐以忘老。20世纪30年代避寇西蜀时，与国学大师马一浮先生以诗相唱和。马老称其“书法文辞俱美，论诗甚有见地，尊稿丽而有则，蔚然成家，四言铭诗尤有玄致，知其所存者益进于道矣”。虞逸夫书法运笔跌宕起伏，疏密相间、枯润相生，飞扬流动，可谓势来不可止，势去不可遏，令人叹为观止。

喻贵森（1948——）生于南昌市。国家一级美术师、中国书法家协会理事、中国书协鉴定评估委员会委员、江西省书法家协会常务副主席。《中国当代青年书法家辞典》、《中国当代书法家辞典》、《中国当代艺术界名人录》编委，《中国文艺家传集》等辞书特邀编委及《中国当代书画名家润格大全》润格审定委员会委员，中国书协培训中心教授，《中国书法》刊授导师。

喻贵森自幼酷爱书画艺术，先后师从张鑫与陶博吾、尉天池先生。作品以书外求道，众艺归一为宗旨，呈现出深邃的意蕴和丰富的内涵。作品曾入选全国第二、三、四、五、七、八届书法篆刻展览和第一、二、三届全国中青年书法篆刻展。本人获首届中国书法家协会“德艺双馨”会员与99中国百杰书法家称号、2002年“中国当代百名杰出书法家”荣誉称号及2003年“杰出爱国人士”荣誉称号。2004年6月正式成为“世界科教文卫组织专家成员”，中国国家博物馆画廊艺委会顾问。入选《中国当代文艺名人录》、《中国当代书法家辞典》、《中国古今书家辞典》、《中国现代书画篆刻家名人录》、《中国现代书画家辞典》和97年度获中宣部“五个一”工程奖《中华正气歌》等数十本辞书、画册。

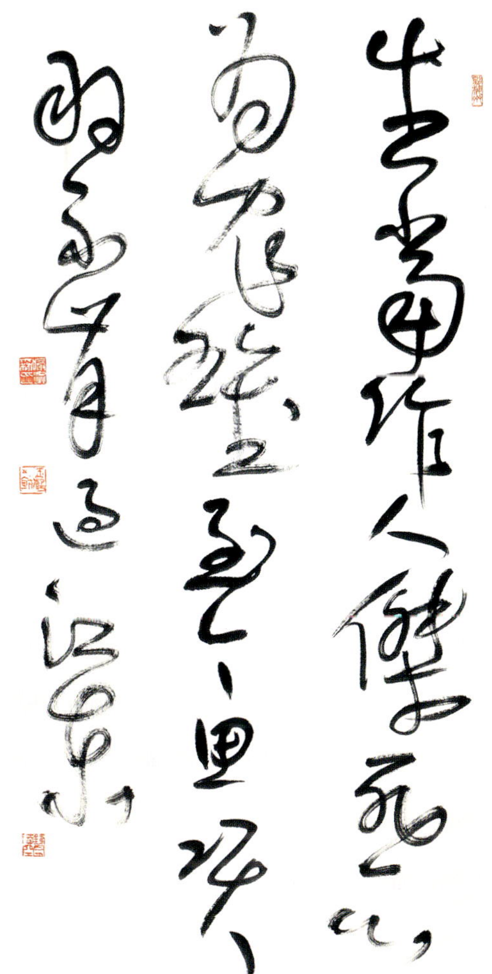

张复兴（1946——）天津人，山水画家。现任中国艺术研究院美术创作室创作研究员、一级美术师、广西美协常务理事，广西艺术学院名誉教授、桂林画院院长、中国美术家协会会员、广西自治区政协委员。

在张复兴的作品中，无论是巨幅大幛还是斗方小品皆以桂林蓊郁苍翠的林木为其主要意象。他创造出了一套既能体现出这种地形地貌的特点，而又富有中国画的笔墨趣味和写意精神的语言与图式，使作品呈现出既是“景语”又是“情语”、既为写实又为写意、既非常具体又十分诗化，情景交融、秀娇华滋，达到了笔墨美、形神美与意境美三者兼而有之的境界。

他多次在全国美展中获奖，两次获广西自治区文艺创作最高奖——铜鼓奖，被评为广西有突出贡献专家，并获2005年国家科技奖励办公室授予“优秀人民艺术家”荣誉和2004黄宾虹学术奖，出版有《张复兴写意山水画艺术》、《当代中国画名家解析历代大师作品－张复兴篇》等。

张青渠（1944——）河南偃师人。1959年就读于郑州艺术学院，1965年至1970年就读于广州美术学院。中国美术家协会会员、湖南美术出版社编审、湖南省直书画家协会主席、国家一级美术师、现为北京当代弘文画院副院长。

著名人物画家张德育评价说，青渠的书与画都达到了一个高度。他用笔用墨都很有讲究又有灵动，通过干湿浓淡丰富的墨色变化，恰如其分地表现出一种儒雅和书卷气，这是很难得的。而在他的代表作《唐马仕女》系列作品中，他一反唐朝美女多肥腴而是把仕女画得单瘦高挑、动作轻盈，把马画得膘肥体胖，温顺可爱，一派盛世祥和的意味。

1997年，他的作品《瑶山盛会》参加首届全国中国人物画展览、1998年中国画《不眠之夜》参加北京中国历史博物馆举办《纪念刘少奇诞辰100周年书画作品展》、1999年中国画《雪夜》参加中国美术家协会与中国诗书画院举办的“庆祝建国50周年书画大展”并获铜奖，其传略收录《中国美术辞典》、《现代中日美术通鉴》、《世界华人文学艺术界名人录》、《世界美术家传》、《世界华人美术名家书画集》等十余部大型辞书，出版有《张青渠国画精选》、《写意古典人物画技法》、《张青渠作品集——中国人物画》、《半方楼诗文》等。

张少山（1941——）生于天津。1958年入天津美院（原河北艺术师院）学习中国画，受教于张其翼、孙其峰、王颂余诸先生。1963年毕业。国家一级美术师、享受国务院特殊津贴。曾任宁夏文联副主席、中国美术家协会第五届、第六届理事、宁夏美协第三届、第四届主席、中国民间美术学会理事、宁夏民间美术会会长。现任宁夏文学艺术界联合会、宁夏美术家协会第五届名誉主席。

张少山的作品以写意人物画见长，兼画山水花鸟。笔墨厚重朴拙，不拘成法，画面具有浓郁的西部风韵和唯美的艺术情结。而他以历史人物为题材的作品则用笔洗练酣畅，清新典雅，因心造境，新意迭出。代表作有表现回族生活的《揣手》、《秋天的盖头》、《白盖头》、《梁上婆姨》、《手抓羊肉》、《场歌》等；表现藏族生活的《玉宇祥云》、《雪城阳光》、《高原牧歌》、《雪域骄子》、《天高云淡》、《高原晨晓》等。作品曾入展“全国第八届、第九届美展”、“全国人物画展”、“中国画三百家作品展”、“全国当代山水画邀请展”、“全国中国画小品展”，“全国回族画展”等诸多全国性画展，出版有《少山人物画集》、《少山人物小品集》。

张寿庠，现任天津市美术家协会副主席兼秘书长、中国美术家协会会员、国家一级美术师。山水画家，六十年代毕业于天津工艺美院。先后师从津门名家穆仲芹、赵松涛、孙克纲诸先生，痴迷丹青四十余载。其画，笔融南北，彩赋造化，苍秀俊逸，境新意远。

张松（1952——）安徽省芜湖人，毕业于安徽教育学院艺术系国画专业、安徽师范大学美术学院研究生班。现为中国美术家协会理事、中国商联·全国艺术市场联盟常务副秘书长、安徽省文学艺术界联合会委员、安徽省美术家协会秘书长、安徽省政协书画社理事、黄山画会副会长、农工民主党安徽省书画院院长、安徽省文史馆特约画师、国家一级美术师。

在艺术思想上，张松坚持开拓性、包容性和创造性，恪守“中西合璧，多维治艺”的原则，遵循“艺术心灵的冲动，来自于我眼中世界”的理念，将传统风骨与现代意识熔于一炉，使内心感受到的诗情画意在挥笔运墨间得以淋漓尽致的抒发，形成自己独特的艺术风格。曾先后在北京、上海、南京、合肥、芜湖、日本京都等地举办个人画展，参加全国、全军美展及中外交流展并被国内外有关艺术机构、团体、博物馆、美术馆、画廊、企业家收藏。

出版有《张松画集》，还有数百件作品刊登于国内外的艺术报刊上。2005年被国务院科技奖励工作办公室授予“优秀人民艺术家”称号。

张文华（1955——）北京人，1978年毕业于北京首都师范大学美术学院，现为中国美术家协会理事、北京美术家协会理事、北京美术教育学会理事、《美术》杂志社编辑部主任。

他的绘画作品曾在国内外参加展览，有著述《CI企业形象设计》、《青海岩画》等

张鑫（1939——）祖籍南京，1964年毕业于长沙铁道学院。当代著名书法家，曾任中国书法家协会书法创作评审委员会委员、鉴定收藏委员会副主任。中国书协第一至三届理事。现为江西省书法家协会名誉主席、江西师范大学艺术学院客座教授、江西财经大学书画院客座教授。

张鑫毕生钟情于传统文化，长于古书画、古籍版本和历代拓本的鉴赏与收藏。他曾师从大书法家邓散木，融会贯通古今大家，形成自己独特的风格。他的作品线条狂放泼辣、收放自如，布局严谨自然。他的草书在用笔技法上深谙古法，表现了结体严谨而又潇散飘逸的书法风貌，给人以精微宏丽、曲折委婉的美感。

他被中国书法家协会授予“德艺双馨艺术家”的称号，书法作品列入《中国美术全集》、《新文艺大系》、《中国当代书法五十人》系列光盘等刊物。

出版有《阿呜涂鸦——张鑫书法选》。

张旭光，字散云，1955年10月出生，河北安新县人。现任中国书法家协会分党组成员、副秘书长，中国书法家协会展览评审领导小组副主任、草书委员会副主任、硬笔书法委员会主任。北京大学书法研究所客座教授，中国美术馆艺术委员会委员。自1988年先后在中国美术馆举办个人作品展，在中央电视台举办讲座，赴日交流讲学；作品多次入选国展、中青展、名家精品展等重大展览，收入《中国著名书法家精品集》、《中国当代美术全集·书法卷》等多部大型书法集；在曲阜、岳阳楼等多处勒石刻碑；被中南海、中国美术馆、军事博物馆和日本、韩国以及欧美国家收藏；出版专著有《楷书》、《行书》教材，《现代书法字库·张旭光卷》、《张旭光书法集》、《张旭光诗词书法》《行书技法》光盘、《行书临摹·创作》光盘，并有多篇文章发表。先后担任中国书法兰亭奖、八届国展、首届青年展等多次重大评审活动评委会副主任，负责组织和评审工作。

章飚（1942——）安徽省绩溪县人，1967年毕业于安徽师范大学艺术系。现任中国美术家协会理事、中国版画家协会常务理事、安徽省文联副主席、安徽省美术家协会主席、国家一级美术师、享受政府特贴。

章飚用独特的视角，创作了大量具徽派底蕴的艺术作品，形成了气韵沉郁、浑厚质朴的独特风格，在中国画坛独树一帜。他的画作最大特点就是淳厚朴实。他的画作不为中国画散点透视以线为主的传统式所囿，多采用西画点线面相合的写景法，画面丰富深入、简洁明快、层次分明、气韵生动、意境浓郁、醇厚有味，呈现出诗情画意的艺术境界。

出版有个人专集《章飚中国画选集》、《章飚版画选》、《章飚画集》。美术作品百余幅入选出国、全国展或发表、出版并十余次获国家级、省级奖项、作品被送往美国、法国、日本、挪威、新加坡、荷兰、埃及、乌兹别克斯坦、拉脱维亚等国家及香港和台湾地区展出并被多家美术馆、博物馆收藏。

章祖安（1937——）生于浙江绍兴，1960年毕业于杭州大学中文系，现为中国美术学院教授、博士生导师、中国美术学院书法研究所所长、浙江省书法家协会副主席。

章祖安是当时浙美书法专业教学开创时期的参与者，至今仍躬行于高等书法教学第一线。主要著述有《周易占筮学》、《章祖安书法集》、《中国传统文化与中国书法艺术》等。

赵宝平（1960——）字散石，号含道山房主人、七竹堂主人，辽宁大连人。祖籍山东平度。毕业鲁迅美术学院中国画系，并取得硕士学位。现为鲁迅美术学院中国画系主任、中国画系书法专业主任、教授、研究生导师、鲁迅美术学院学术委员会委员、中国美术家协会会员、辽宁省美术家协会主席团委员、辽宁省美术家协会中国画艺术委员会副主任、中国周易学会理事。

擅长中国画，他的作品泼墨大胆，以黑色为主调，以富于智慧的表达切入了全球普遍关注的传统文化。中国画《海花》入选第六届全国美展，中国画《悠悠叶尔乌河》入选第八届全国美展，中国画《打回老家去》(合作)获“纪念九·一八事变60周年中国画展”银奖，中国画《英烈千秋》(合作)获“百年中华英烈颂”艺术大展特别奖，并被中国军事博物馆收藏，中国画《秋山林屋》入选东北亚与第三世界美术展，中国画《山渠初晓》选为“黄宾虹奖·全国高等美术院校新秀中国画集”评委作品。在法国巴黎艺术城、日本福冈、韩国国立现代美术馆苍洞艺术创作工作室举办了个人书画作品展。

出版了《赵宝平素描集》、《赵宝平速写集》、《赵宝平书道作品集》、《赵宝平水墨人物作品选》、《赵宝平书法作品》、《赵宝平水墨山水作品》等。2005年9月至2006年8月应韩国国立现代美术馆长的邀请参加由该馆主办的《亚洲艺术家邀请项目》，进行文化艺术交流和创作。

赵定群（1947——）湖南益阳人。现为中国书法家协会发展委员会委员、江西省书法家协会副主席、南昌市书法家协会主席。

擅长书法，真、行、草、隶、篆样样精通，其涉猎晋唐诸家，兼取宋人笔意，作品用篆隶中苍劲古朴的线条去写行草中跌宕多姿的字形，既注意点划、单字之间的正斜、疏密、伸缩、挪让等变化，更着重于宏观的运笔节奏，高潮起伏，墨色虚实，轻重协调。常常假借传统的书法形式来表现个人的现代审美意识，形成了自己特有的风格。

作品曾获国际书法大赛二等奖，全国书画名家邀请展金奖，全国书法教师毛笔组一等奖，书法作品曾入选中国书协会员代表优秀作品展，扬州八怪杯国际书法大赛二等奖等奖项，青少年书法报举办的全国书法教师擂台赛一等奖。滕王阁正墙巨型碑文、一楼楹联，八大山人纪念馆碑文，南昌大桥桥名，世纪大厦厦名等均选用其书法。98、99年在中央电视台全国少儿书法赛中评为唯一的园丁奖。

赵国经（1950——）生于河北景县，1976年毕业于天津美术学院中国画专业。现为中国美术家协会会员、天津美术家协会副主席、天津画院一级美术师、享受国务院特殊津贴专家，天津画院副院长。

王美芳（1949——）女，生于北京，1969年毕业中央美术学院附中。现为第四届中国美术家协会理事，中国美术家协会会员，天津美术家协会理事，天津工艺美院教授，天津画院特聘画家。

自1973年以来，赵国经、王美芳就开始了长期合作。作品多次参加全军、全国美展并获奖，曾连获三届天津鲁迅文艺奖。作品《新书下连》入选建国25周年全国美展，《专心》入选第四届全军美展；《新来的水手》入选建国25周年全国美展，《高原的愿望》入选第五届全国美展，《蒙山腊月》入选第三届全国青年美展，获天津市美展二等奖、全国三等奖，《再添来亨》入选华北地区美展，《王贵与李香香》入选第六届全国美展获铜奖，《做嫁衣》入选第六届全国美展获银奖，《正月》入选第七届全国美展获铜奖，《太阳、雪山和我》入选建党70周年全国美展，《乡间小路》入选“在延安文艺座谈会上的讲话发表50周年”全国美展，《红楼人物——王熙凤》入选天津“弘扬民族文化”美展获一等奖，《隔辈人》入选第八届全国美展获优秀作品奖，《兴尽晚归舟 误入藕花深处》入选第九届全国美展获铜奖，《八月》入选第十届全国美展获铜奖。

赵俊生（1944——）生于天津。现为中国美术馆艺委会会员、中国美术家协会台风、日中水墨交流学会会员、东方美术交流学会会员、国家一级美术师、享受国务院特殊贡献津贴。文化部美术高级职称评审委员、中国国际书画研究会副会长。

赵俊生作品常以老北京风情人为题作画，在生动有趣、温馨隽永中隐隐地透出一种怅惘的怀旧心情。而在他的水墨人物画里，他以苏东坡诗词为主题的作品把近千年前大文豪的精神气质、积极入世笔对人生而又随遇而安、俯仰自在的高逸潇洒的心性，用一种非常传神的笔墨形象和调侃幽默的味道画了出来，趣味横生。

他的作品曾参加过国内外众多的展览。1991年其作品《李白乘舟将欲行》获第三届中国国际吟诗节唐诗意境大奖赛二等奖，《天桥摔跤图》获1992年国际水墨画大奖赛东方杯二等奖，《当局者迷》获1996年中日韩国际联展东方杯二等奖，作品《东坡醉酒图》被北京图书馆收藏，《融》被中国美术馆收藏，《抚琴》、《品茶》、《赏梅》、《戏蝶》被汉城 WALKRHILLART CENTER 收藏，《竹林七贤图》被中南海收藏并出版，《戏人》被第三届深圳国际水墨双年展收藏。出版有《赵俊生旧京风情》、《名家画北京》、《赵俊生水墨画集》、《赵俊生画集》、《赵俊生画选》等。

赵立凡（1943——）江苏宿迁人。幼年入读私塾，袭承家教，习书画，读孔孟。后入学校读小学、中学。1959年毕业于江苏扬州艺术学校，先后在中央新闻纪录电影制片厂和中央电视台从记者做起，历晋任新闻部副主任、主任、新闻中心副主任、国家广电总编室副主任，1998年调任中央电视台副总编辑。现任中央电视台副总编辑，《中国电视报》总编辑，《电视研究》副主编，高级记者，中国书法家协会理事，中央电视台书画院院长，中国国际书画人才网学术顾问，中国文联全国书画院创作交流协会筹委会副会长。

赵立凡出身于书香门第，五十多年来，勤书勤诗，敬而不废。书道自然，涓秀活泼，既师古而又不泥古，既从师而又不乏匠气。诗词既亲切细流，又大气荡然，爱随意蕴，浩然情深。其先后和中国美术家协会、中国书法家协会举办《中国画家五十人》、《中国书法家五十人》电视展播，举办《杏花村怀中国书法电视大赛》、《杏花村杯中国画大赛》，举办《八十年八十人物画展》，个人也曾多次在国内外参加书画展事。著有诗书类《赵立凡诗词书法集》、《赵立凡书法艺术》和诗词集《一往情深》、《心路微澜》等。

社会兼职：中华诗词学会理事、中国大众文学会理事、中华文化交流与合作促进会常务理事、宋庆龄基金会理事、国家教育部语言文字研究所特约研究员、中南海紫光阁画院顾问以及中华文化学院和北京第二外国语学院名誉教授。中国广播电视学会学术委员，中国广播电视学研究会理事长，中国广播电视史学研究会副会长，全国人大新闻记协副会长，全国新闻工作者协会书法家联谊会理事，全国十大杰出青年组委会、评委会委员。

知己知彼者百战不殆不知彼而知己一胜一负不知彼不知己每战必殆

赵卫（1957——）生于北京。1985年毕业于北京师范大学中文系。现为中国国家画院画家。创作研究部主任、文化部高级职称评审委员会委员、享受国务院专家政府特别津贴、国家一级美术师。

赵卫的山水画勾、皴、擦、点、染诸法各司其事，交织又不混合，谐调又各自分明，达到了强调传统山水画语言符号独立审美价值的作用。成为审美形式风格上的创新。其作品构图，笔墨和物象都更显得饱满而鲜明，给人以张力和伸延的形式感。这就打破了传统山水画程式化的构图法则，而使整个画面更有现代感，更贴近生动的现实景观。赵卫更注重以墨色为主的基调。张士增评价赵卫山水画艺术的另一成功之点是平易自然和民歌式抒情的格调。所描绘的几乎都是那些貌不惊人的山峦林木和似曾相识的农舍村庄，以自己的文学修养增加了画作文学性一面的含量。

作品先后参加第七、八、九、十届全国美展并获奖，2005年参加文化部主办的全国画院优秀作品展，获佳作奖。入选《百年中国画展》、《中国绘画五十年》等国家级大型展览和画集。在国内外举办过多次画展，出版有多部个人画集。

周鼎（1955——）“老西儿”。生于山西交城。中国美术家协会会员、内蒙美协理事、内蒙古塞上国画院院长、呼和浩特市美协主席、山水画艺委会主任专职画家。获中国美协“三百家”称号。

周鼎的画始终把握着寓精神于物象的理念，曾于北京、郑州、洛阳、内蒙古、马来西亚、台湾多外地区和国家举办个展或联展。多件作品参加全国美展并获奖。

《光明日报》、《内蒙古日报》、《美术报》《国画家》、《美术界》、《美术》、《中国画坛》、《墨痕》、《中国美术》、《书画家》、《中国画清赏》、中央电视台“东方时空”等多家媒体都曾专题报道和介绍。

周积寅（1938——）江苏泰兴人。1958年入南京艺术学院中国画专业学习，1962年毕业后留校跟随俞剑华教授进修中国画论，为其关门入室弟子。现任南京艺术学院教授、美术学博士生导师、中国美术家协会会员、江苏省美学会常务理事、扬州画派研究会名誉会长、中国郑板桥研究会及日本郑板桥研究会顾问。1985～1995年间，担任南京艺术学院学报《艺苑》主编，1995年被国务院批准为享受政府特殊津贴专家。

周积寅擅长中国画、书法，尤爱画梅，其作品意境清新、笔墨苍润；书法得郑板桥“六分半书”之神韵，并有自己的面目。他笔下有红梅、绿梅、蜡梅、白梅，有老树虬干，有柔条嫩枝，或傲立于山岩，或斜擎于绝壁。时以浓墨焦墨刻画，时用淡墨湿墨写出。其笔墨技法上继承了中国画的传统精华，并加以发展，其工笔、写意、没骨、白描都能灵活运用，不拘成法。

周积寅先生在美术学研究与教育方面成就卓著。自从1962年开始从事中国画论、画史研究工作以来，先后发表学术论文2百（200）余篇，专著20余种，主编美术丛书凡40余卷。

出版专著有《郑板桥书画艺术》、《中国画论辑要》、《董源巨然》、《中国美术通史》卷五、卷六、《郑板桥年谱》、《吴派绘画研究》、《明清中国画大师研究丛书》十六卷、《扬州八怪研究资料丛书》、《郑板桥》、《沈铨研究》、《周积寅美术文集》、《中国历代画目大典》(战国至宋代卷、辽至元代卷)、《中国画派研究丛书》十五卷等。

周矩敏（1953——）江苏苏州人。毕业于南京艺术学院绘画专业。现为中国美术家协会会员、国家一级美术师、江苏省建筑壁画艺委会会员、评委、江苏省建筑壁画协会副理事长、苏州国画院院长、苏州美术家协会副主席。

擅长人物画，得新金陵派名家指授，又从丰子恺《缘缘堂》插图中吸收养料，在全面掌握传统绘画技巧的基础上，经过深思熟虑，将创作的重点放在当代画人所忽略的民国时期的人物画题材上，并选取自己所熟悉的上世纪四十年代的江南知识型百姓生活场景为题材，大胆尝试，刻意求新。作品运思精深周密，用色、用光均为主观情愫的跃现，绚烂沉淳，丰中见约，奇风高格，雅韵隽永。其作品视角新奇，形式新鲜，人物真实、幽默诙谐，具有江南文人典型的气质与风骨。他并不排斥传统线描的运用，将其改造成柔美的曲线，设色多用平涂、填色，以整体感产生民间绘画的装饰性，强化作品的地方特色和个人风格。他的构图饱满、匀称，在平正中求得繁简、疏密、开合的变化。

他的作品多次参加全国美展，其中《弦叙》参加第八届全国美展优秀作品展，获最高奖。《丝竹》参加日本艺术中心国际艺术交流展，获中心年度奖。作品《白鹭》入选第六届全国美展；《双陆》获第四届全国体育美展一等奖，作品被国际奥委会总部收藏。《旧历》参加全国美展并被收藏。《风云》获江苏省美术大展金奖等。同时还创作了《散淡人生系列百图》、《姑苏情韵 · 百俗图》等鸿篇巨著。出版有《周矩敏国画集》、《漫游三十年代的上海》、《散淡人生系列》等。

周石峰（1962——）湖北武汉人。1986年毕业于江汉大学美术系。湖北省美术院创作研究部主任、中国美术家协会会员、文化部青联美术工作委员会委员、湖北省美协中国画艺术委员会副主任、系国家一级美术师、享受政府专家津贴。

擅长中国画，所创轻烟山水画在继承传统笔墨语言的基础上建立了自己的山水画语言系统，其画淡若轻烟，其境空灵、纯净、典雅。

曾获第二届全国中国画展银奖，第二届全国画院双年展学术奖，首届中国写意展优秀作品奖等多项奖项。在《国画家》、《中国画》、《美术观察》、《中国美术》等专业刊物重点发表论文及作品。曾6次举办个人画展，广东、山东、湖北电视台曾拍专题片介绍其绘画艺术。

出版有《轻烟中的精神趣味——周石峰画集》、《走进精典·当代实力派画家文献丛书——周石峰卷》。

周士钢（1960——）生于大连，1988年就读于南京艺术学院美术系，1994年进修于中央美术学院中国画系。现为中国美术家协会会员，辽宁省中国画研会副会长，辽宁师范大学美术学院客座教授，大连画院画家。

他是开创海滩和高尔夫球场休闲题材的国画家、工、写皆精，形成了鲜明的个人艺术风格，具有浓郁的生活气息和强烈的时代色彩。其作品厚重、大气，以红、黄、蓝构成作品固有特色，加上强大的黑色作为主调，给传统水墨赋予新的表现形式。

主要作品入选首届、第二届中国北京国际美术双年展，第八届、第九届、第十届全国美展，获全国第九届美展铜奖，获纪念建军七十周年第九届美展一等奖，获中国首届国画家学术邀请展一等奖，获建党八十周年全国美展优秀奖，获全国纪念反法西斯战争胜利六十周年中国画展银奖。

作品曾先后在日本、德国、法国、立陶宛等国家展出，其绘画他作理论和绘画实践被国内外多家专业媒体多次专题介绍，多幅作品被中外多家收藏机构收藏，出版有多部个人专集。

周尊圣（1958——），生于黑龙江林口县，1993年在进修中央美术学院中国画系。中国美术家协会会员、黑龙江省美术家协会理事、新疆师范大学美术学院客座教授。现为北京职业画家。

自20世纪90年代初开始，周尊圣就对新疆风物进行深入探索研究，创立了“天山山水画”的独特风格。其作品多次参加国内外美术大展并获奖，参加第八、九届全国美展，先后在黑龙江、山东、浙江、台北、乌鲁木齐、中国画研究院、中国美术馆举办了个展，部分作品被美术馆、博物馆、艺术馆收藏。1998年中国艺术院美术研究所举办了周尊圣“天山山水画”学术研究会。出版有《周尊圣山水画集》、《中国画坛百杰——周尊圣》、《周尊圣天山山水画艺术》、VCD《走近天山》等。

中国艺术研究院副研究员、美术评论家崔庆忠认为：周尊圣的“天山山水画”以新疆的自然美为母题，开掘了艺术美的形态，且达到了一个新的高度。在著名艺术评论家夏硕奇看来：周尊圣是大山大水、大开大合、在构图图式上是大漠孤烟直，长河落日圆。那样的一种宏大的空间感，这样就形成了他的艺术风格。一种追求奔放，追求阳刚，追求大气概的特色。

朱松发，中国美术家协会会员、安徽省美术家协会副主席、国家一级美术师、安徽省政协委员，享受国务院特殊津贴的专家，现供职于安徽省书画院。

其中国画作品入选第六、第七、第八届全国美展等国内外专业美术大展并获奖，入载《中国现代美术全集》，为博物馆、美术馆、人民大会堂、国务院紫光阁等收藏和陈列。《人民日报》、《美术》、《美术观察》、《国画家》、《美术报》、《中国书画报》等国家重点学术报刊多次重点推介其作品和学术成就。

出版《朱松发画集》等多种个人专集。

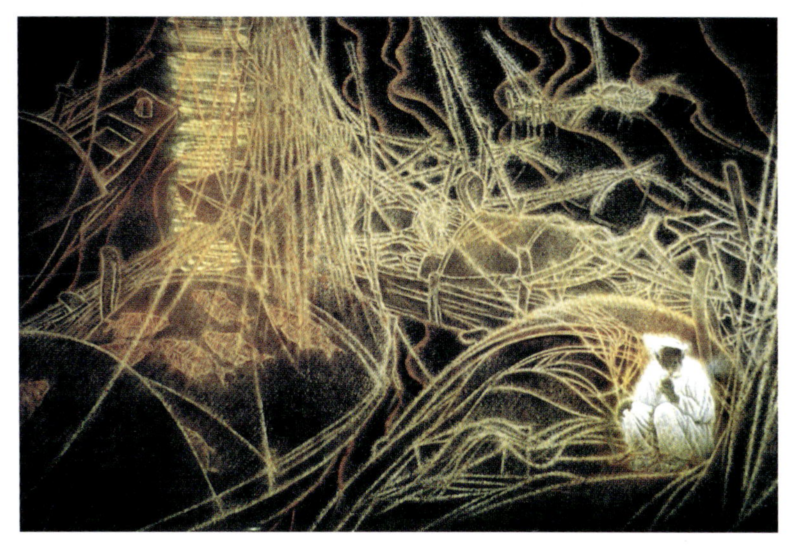

朱训德（1954——）生于湖南，现任中国美术家协会理事，湖南省美术家协会主席，湖南师大美术学院院长、教授。

朱训德工笔人物画和水墨画在全国画坛都很有影响，作品有浓郁的生活气息和时代精神，有形而上的幽玄，进入了全心的层面，透过画面律的线，沉稳的色，以张化的形和色将你引入内在的思味，颇合内美静中参的哲理。其作品曾获全国美术展银奖，国际水墨书画大展金奖，当代中国水墨神韵提名展卓越成就奖，湖南省政府文学艺术创作荣誉奖。数多件作品为中国美术馆联合国教科文组织及国内外艺术博物馆收藏。成就列入《中国著名艺术家传记》和《世界文化名人辞典》等典籍。

出版有《朱训德画文集》、《朱训德作品集》、《现代中国画家二十人朱训德画集》，译著《与风景的对话》，《听泉》等。主编有《文心意象》美术研究生画文集、《当代中国大美术视觉文集》等。

祝林恩（1937——）生于黑龙江省哈尔滨市，1958年毕业于鲁迅美术学院附中。中国城市山水画创始人。国家一级美术师、教授、中国美术家协会会员。2003年8月17日成立哈尔滨城市山水画研究会并任会长。

祝林恩早年从事油画创作，1987年开创“中国城市山水画”，成为黑龙江省三大画种之一。祝林恩充分调动了各种绘画手段，使他的“城市山水画”产生了艳而不俗、板而不滞、直中有曲、曲中有韵、色彩辉煌而又稚气之感，代表作品《鄂伦春的春天》、《毛主席视察哈尔滨车辆工厂》等。

1991年，祝林恩参加海峡两岸现代水墨画大展，并在北京、香港、台北、新加坡等地举办画展，1996年赴加拿大举办个人画展，获“城市山水画创新奖”，1998年、1999年、2001年三次赴日本举办城市山水画个展，2000年获中国百杰画家称号，2006年先后在法国的塔拉斯贡、圣雷米等城市举办个人画展。出版有《祝林恩画集》、《祝林恩城市山水画集》、《祝林恩城市山水画·当代著名画家技法经典》等。

邹立颖（1960——），生于吉林东丰。先后毕业于鲁迅美术学院，解放军艺术学院，中央美术学院国画系硕士研究生班、国家一级美术师、现为海军政治部文艺创作室专业画家、中国美术家协会会员、文化部青联美术工作委员会副主任、中国长城画院副院长。

邹立颖长于中国人物画、山水画。他强调以造型带动笔墨，主张笔墨为造型服务。他以一种积极的关注现实，关注生活的人生态度，去描绘身边世界中平凡、普通的人们，赋予笔下形象以真实的人的本质。他选择了一种朴素、浓郁而富有充沛感性的写意与写实相结合的笔墨语言，以丰富的用线和丰富的皴染相间的水墨淋漓样式建立起他的人物画面貌。作品《创痛》获“纪念抗日战争胜利50周年全国美展”银奖，《雪域情》获“第九届全国美展”优秀作品奖，《江河作证》获“抗洪精神赞全国美展”银奖，《沧海还珠》获“迎香港回归全国美展”银奖，《牧云的男人》获“全国中国画提名展”金奖等。出版有《走进画家邹立颖》、《立颖新辑》、《邹立颖中国画小品》、《邹立颖水墨人物画艺术》、《当代著名画家技法经典》、《中国当代人物画十家·邹立颖》等专辑。

種德收福

德為至寶一生用之不盡 心作良田百世耕之有余 丙戌年秋月 为瑞书于京華

山高路遠坑深大軍縱橫馳奔 誰敢橫刀立馬 唯我彭大將軍

録書毛澤東詩詞六言詩給彭德懷同志 甲申年冬月為瑞作于京華

邹为瑞，江苏省徐州人。现为中国国际经济科技法律人才学会副会长、《中外名流书画家》报总编辑、中外名家书画院执行院长、中国书法艺术家协会副主席，主持书画院和报纸编辑出版工作。

邹为瑞的书法作品善于把握事物变化的法度，章法布局左顾右盼，奇正互生。字体多变，风格儒雅，骨雄气畅，既乘前人古意笔法，又合乾健坤顺之天机。曾先后主办和参与主办“毛泽东诞辰100周年书画展”、“中国黄河魂全国书画展”、“中华魂全国大展”、“锦绣澳门回国展”等全国性大型展览活动。

著有《毛泽东诞辰100周年书画作品集》、《不尽的思念》、《中华魂全国书画艺术大展作品集》、《江山多娇书法艺术作品集》、《唐诗百首咏酒书画集》、《书画名家贺“神六”》、《毛泽东主席扮演者书画集》、《爱情婚姻家庭格言书法集》、《风景这边独好》和《山水揽胜》等十余部。

香港、澳门、台湾地区及海外华人、华侨书画名家

褚大雄（1939——）生于四川雅安，旅美画家。1978年考入中央美术学院中国画系研究生班，师从李可染、叶浅予、蒋兆和等大师。1985年他受聘于日本东洋大学美术研究员。1986年日本安田火灾海上保险株式会社东乡青儿美术馆以“气与空灵的画人”，隆重推出“褚大雄水墨画展”，轰动日本朝野，被称为“东方毕加索”、“中国传统水墨画特别是人物画第一人”，是日本当年度最成功的画展。1988年日本东乡青儿美术馆以“禅的水墨——玄妙墨色美”，再次举办“褚大雄水墨画展”，展品被该馆全部收藏。1993年创办美国闲云山庄墨玄堂，专事弘扬中国传统水墨画。1995年台湾国父纪念馆隆重推出“褚大雄儒释道水墨画大展”和“褚大雄敦煌石窟壁画摹品展”，同年荣获“全球中华文化艺术国画大奖”；1996年美国乔治亚州约克大学举办“褚大雄东方水墨画展”，同年参加韩国亚细亚美术大展并被授予艺术勋章。

范淳奇（1972——）广东潮阳人。现为《香港书画报》总编辑，中国南方画院副院长，香港各界文化促进会会员，岭南书法篆刻研究会理事。

范淳奇的书法作品虽小但不失其清，虽缓却不失其真，虽平也不失其远，在温润含蓄的外表下不失执义刚直的存在。其形势若如石，但不是峻峭嶙峋的石，而是错落排叠的石，有点像其居之地街上的砌铺之石。这种石形势平实而巧妙，虽有人工的痕迹而趋向自然的流走，延伸开来，有章有法。一眼望去浑浑茫茫不容有隙，细看则漫漫散散各自有形，有节奏起伏支撑着内在的起伏跌宕，令人称奇。

他的作品曾入选1999年第九届全国美展，2000年世界华人书画展，2001年中国书画小品展，2003年省港澳书法联展，2004年纪念邓小平诞辰100周年全国大型书法展，2005年国际潮人书画展，2006年广东美术大展，被浙江大学，暨南大学收藏。他曾应邀参加“第二届国际书法教育学术研讨会”及“第三届中国书法史论国际研讨会”，出版有《范淳奇书画》。

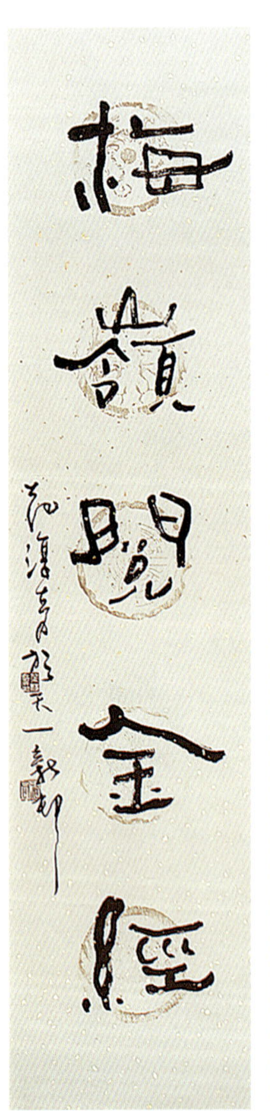

管伟邦（1974——）香港人。1996年毕业于香港中文大学，2002年取得艺术硕士学位。现为大学讲师兼任教授。

善于国画创作。在山水画的创作中，一方面借用笔墨的涵养来提升画面的表现力与历史观，保留元、明以来对笔墨观念的意义与价值；另一方面，又利用大刀阔斧的画面切角与对比强烈的视觉效果、黑白明暗的和谐统一与章法的精练简洁、大气磅礴的抽象墨块与精心细致的山水描写来缔造一个宽广深邃的笔墨世界。

作品曾参加第十届“全国美展”、“北京印象二人展”、；1999年、1997年“香港艺术双年展”、“水墨丹青六人联展”、2005年《中国北京国际美术双年展》、《第十届全国美术作品展》及2004年《视艺全接触》等活动，获得奖项主要包括第十届全国美术作品展优秀奖（2005）。香港艺术新进奖（2003）、香港艺术双年展入选（1999、1997及2005）。作品被香港中文大学、香港艺术馆等收藏，著作有《笔墨的反思——笔墨在中国画中的意义》。

林勇逊（1944——）生于广东省揭阳县。现任香港同胞庆祝国庆筹备委员、香港绿野书画学会永远会长、香港兰亭书画学会第一副主席、香港文化艺术推广协会副会长、国际潮汕书画总会副主席、中国华侨文学艺术家协会理事、香港中文大学专业进修学院、香港城市大学中国文化中心之中国画、篆刻导师、香港警察书画学会、房屋署等团体导师。

林勇逊早年随王兰若老师习艺。画作风格传统，笔法严谨，具备深厚功力。以他的长卷《春山淡雅》《夏山苍翠》《秋山明净》《冬山萧瑟》为例，其笔墨敦厚、苍润，设色清纯高雅，或勾勒或点染或皴擦，各类表现手法谙熟于胸，挥洒自如，有古人韵致。四季阴晴、各得其妙，观赏性很强。

1987年，他在香港三联书画展览厅举办“林勇逊书画印”个展，并曾于香港大会堂高座展览馆多次举办个展，作品展于美国、加拿大、法国、韩国、北京、澳门、广州、深圳、武汉、长沙、福州、肇庆、佛山、汕头、中山、东莞等地。其篆刻作品编入香港区域市政局出版的《香港美术家作品集》，出版有《林勇逊书画集》系列。

戚谷华（1942——）女，上海威海卫人。早年得著名书法家费新我指点，后得著名书画家钱君匋先生教导。现为君匋艺术院顾问、香港书艺会会长、《香港书画报》社长、香港大学专业进修学院书法导师、香港大学专业进修学院“中国书法文凭课程”客席导师。

戚谷华的楷书从颜体入手，雄浑丰腴，端庄劲健的楷法使她如痴如醉。除楷书外，她还旁通隶书，以求其古质之意，十余年间打下扎实的基础。在楷书的基础上，她流益于行草，专攻旭素，汲取了明代的祝允明、董其昌、张瑞图等酣畅淋漓的章法布局，逐步酝酿出她的狂放不羁，清劲洒脱的独特风格。

1982年，戚谷华加入上海书法家协会，作品曾入选“第七届全国中青年书法篆刻展”、“全国妇女书法篆刻展”、“当代香港艺术双年展”、“当代香港百人书法展”、“省港澳书法联展”、“粤港书法联展”，入编《当代书坛名家精品与技法》，并被国内各省博物馆、香港大专院校、香港艺术馆收藏。1994年10月她应美国三蕃市中文学校邀请讲授书法，与亚特兰大书画家协会书法交流。出版有《戚谷华书法集》。

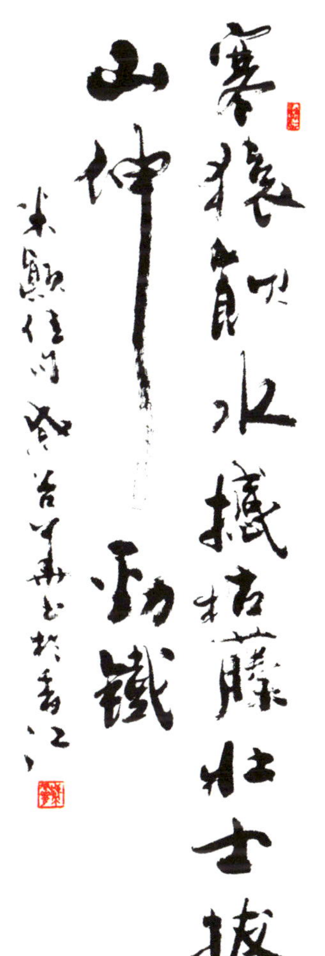

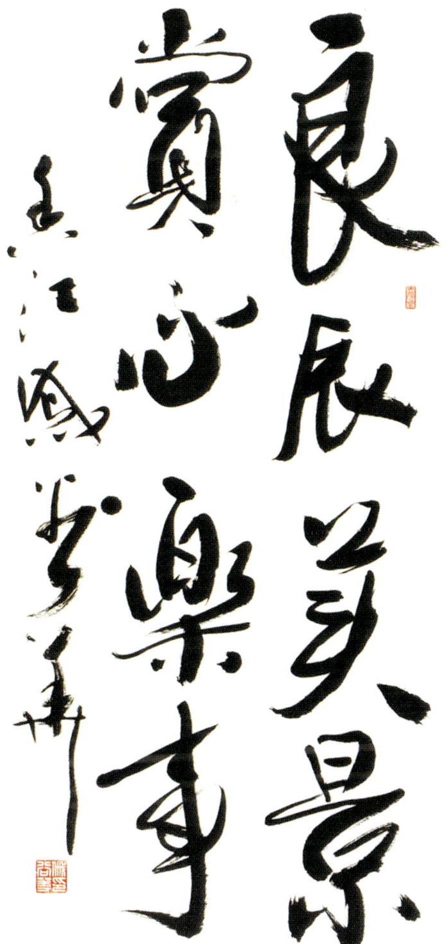

区大为（1947——）生于广州，1961年始随广东吴子复先生学习书法、篆刻，其后自学山水画，现任香港中文大学艺术系兼任讲师，香港城市大学中国文化中心客席艺术家，香港艺术发展局视觉艺术顾问、审批员。

区大为早期以隶书著称，书法波磔颇有奇气。他的隶书充满了童趣，在质朴与稚拙之中捕捉自然原始的风韵，开创了书法的现代新貌。他除了擅于书写带有古拙味的隶书，也精于刻印和山水。他的山水画作将书法用笔和山石皴法结合，结构严谨、用笔细致，反映著传统山水画面目的新蜕变。他的焦墨山水常用秃笔破墨，毫无媚态，多以委婉曲折的笔墨展示了画家心中追求的大自然的沉穆、和谐、欢欣与秀丽。

1998年、1989年，区大为两度荣获“香港市政局艺术奖”（书法、篆刻），1998年他获得“香港艺术发展奖”。2005年，香港艺术馆委任他区大为为香港艺术双年展评审委员，1999年澳门市政厅委任为第十六届全澳书画联展评审委员。他出版有《区大为印谱》系列及《砚边春雨》、《朱墨雨近》等多种作品集，作品被香港艺术馆及中外多间美术馆所收藏。

苏美贤（1951——）女，广东中山人，现为香港书艺会主席、香港绿野书画学会副主席、香港美术研究会执委、荷梦画会执委、师艺坊秘书、广东省书法家协会会员、香港中国妇女会、王仁曼艺仁行书法班、香港玛利诺书院小学部书法班导师。

苏美贤的书法作品无论是结体、用笔、线条都体现出了严谨的作风。她在楷、行、草、隶诸体的研习上都有其体会和心得，汲取了中锋行笔、疏朗飘逸的书写作风。看她的作品，无论是书法或者画作，都会感觉得她创作中的快乐无忧的心情，她描绘着心中的情愫，把充盈着情感的艺术作品呈现在了观者眼前。其书法作品曾入选1994年“首届穗港台澳女子书画联展”，1995年“全国妇女书法篆刻联展”，“1996年度当代香港艺术双年展”，“1998年度当代香港艺术双年展”，“第七届全国中青年书法篆刻展”，“省港澳书法联展”，“2001年广东女子书法展”，“当代香港百人书法展”，国画作品入编《广东中国画小品集》。

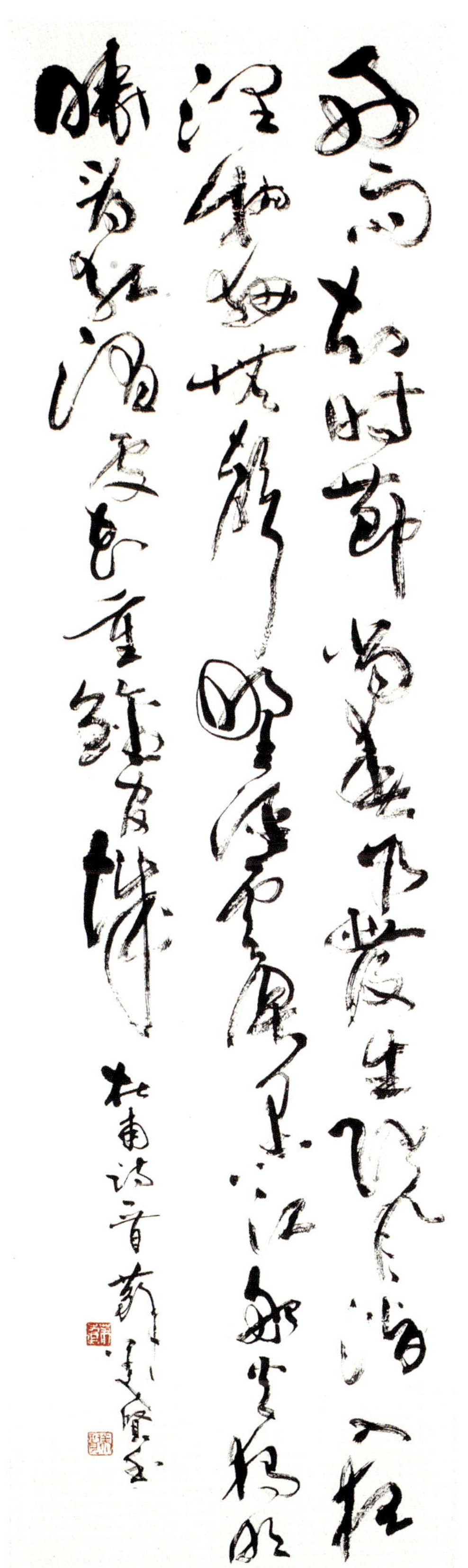

王秋童（1944——）又名王翰，广东澄海人，20世纪70年代移居我国香港。现为香港亚洲美术家协会副主席、香港美术研究会副主席、香港国际艺术交流协会理事、香港雅真艺术有限公司艺术总监。

擅长中国画、版画及书法，曾学过水彩、粉画、油画，有着独特的用笔用墨用色法（笔、墨、色技法）。创意用中国水墨描绘都市风情是他的创意，给传统水墨画注入了现代元素。他善于采取传统西画的焦点透视法，使画面境界深远，视野开阔。又采取国画色、水彩、水粉色混用的方法，使色彩更加典雅艳丽，流光四溢。他的笔调泼辣奔放，水墨淋漓酣畅、点彩轻快随意、晕染自然。使都市街景在虚虚实实、似是而非中，更显得多姿多彩、沉雄磅礴。

作品经常参加各种展览，多份报刊如美术、美术报、大公报、文汇报、星岛日报、画廊、福建日报、南方日报等均曾报道或刊登作品。作品《雨后》入选第九届全国美展并获优秀奖；《太平山下》入选2000年港澳台美术作品展并获金奖；《太平山》入选在荷兰鹿特丹举办的“欧洲国际东方美术大展赛”并获银奖。其传略及作品载入《当代名画家篆刻家辞典第二卷》。代表作品有《金色都会》、《铜锣湾夜色》、《香港中环》、《九龙尖沙咀》、《夏晚》、《九龙佐顿道》、《不夜城》、《节日街头》、《花花世界》、《红绿灯》、《小巴站》、《斑马线》、《烟雨蒙蒙》等。出版有《王秋童水墨画集》。

萧瀚（1945——）安徽芜湖人。1968年毕业于安徽师范大学艺术学院，现旅居德国、为中国绘画德国美术家协会主席、中国美术家协会会员、安徽大学及师范大学艺术学院客座教授、国际彩墨联盟顾问。

擅长中国画，作品以中国传统为基础，并以创新的手法开拓具意象和印象色彩的水墨画的新路。以多次滴彩积色，形成诸多冷暖灰色调子，产生天然之趣，再结合大自然之万象，研创出自然而富变化的独特风格。其创作理念为“穷尽色彩之光辉，融合笔墨之精神，抒发现代之情怀”，被称为“积墨色调水墨画的开派人”。自2002年于北京中国美术馆中央圆厅、上海美术馆、广州艺术博物院、深圳美术馆、甘肃美术馆、山东美术馆举办画展和学术研讨会。他先后应邀在台湾国立历史博物馆、孙中山纪念馆中山画廊等多处举办个人画展，历年来作品参加多项国内外大型美术展并屡次获奖，作品广为德国、台湾及东南亚各地的博物馆和著名艺术机构及私人收藏家收藏。《欧洲之春》三联画亦为欧洲理事会大厦收藏。2001年首次进入香港苏富比拍卖“成交价前十名”行列。代表作品有《雨花台颂》《皖南雨景》《河湾泊舟》等。

萧晖荣（1946——）生于广东华侨家庭，现为西泠印社社员，浙江大学中国艺术研究所研究员、西安美术学院客座教授、中华人民共和国文化部文化市场发展中心艺术品评估委员会委员等。

萧晖荣工花卉，亦写山水、人物，擅写梅。他以花鸟尤其是梅花为主要创作对象，取法传统写意。在他的梅花作品中，他落笔时大都风急雨骤，纵横随意，如“大写意”，进入“收拾”阶段便慢下来，边思边画，渐繁渐密，又入了“小写意”之境，甚至还取用工笔重彩的某些方法，或勾勒，或圈点，或敷填。

他的中国画作品连续入选第六、七、八、九、十届“全国美术作品展”，2005年至2006年曾在北京等十大城市举办11次“萧晖荣中国画展”，2007年为庆祝香港回归十周年于香港（大会堂）和北京（北京画院）举行十二和十三次个展。其作品入藏故宫博物院、钓鱼台国宾馆等，并为很多海内外知名人士如日本首相安倍晋三等收藏。出版有《翰墨缘——萧晖荣的艺术生活》、《中国名画家精品集——萧晖荣》、《世纪画坛菁英·国画篇——萧晖荣》、《融古铸今——萧晖荣中国画展》等。

许固令（1943——）广东省汕尾市人。1980年移居海外，1989年起作为职业画家，游艺于中、港、台、东南亚、日本、美国、加拿大、澳大利亚等地，以中国戏曲人物脸谱画为主题创作。

许固令运用现代主义的表现手法和丰富的大色彩表现最传统最古老的戏剧脸谱题材。他笔下的脸谱形象被简化再简化，从一个人画到半个人，从一张脸画到半张脸，直至简练为几条作为符号的线条，在淡化形象中更为自由地表现自己企求表现的世界。他作品中色彩的涂抹到位，线条的表达潇洒，狂放而又略带抽象的大特写画面，演绎着世间不同的人生。

1991年，他的《荷塘印象》获年度全日本收藏家联盟金奖，1992年作品《八卦脸》获韩国国际现代水墨邀请赛优秀作品奖，1993年作品《月亮代表我的心》获法兰克福中国现代水墨展荣誉奖。他曾在香港、台湾、韩国、日本、加拿大、德国、美国、新加坡、澳大利亚、西班牙等地举办个展。出版有《水墨风情》、《戏痕许固令脸谱新作集》、《艺术生活——许固令》等。

子君（1958——）名张民军。八十年代初毕业于湖南师范大学美术学院国画系，擅长人物、金石，现研修于北京荣宝斋画院方增先、冯远、罗志人物画、宋雨桂山水画工作室。

赵世光（1916——）广东人，1939年考入中国新闻学院，受教于乔冠华、金仲华等，1948年拜“岭南画派”代表之一赵少昂为师，多年从事教育及创作。现任中国书画函、西江大学客座教授，国内外十余文艺团体的名誉会长、顾问及美研会永远会长。“岭南派”重要代表人物之一。

在艺术创作上，赵世光坚持融汇古今中外技法，扩大国画题材视野，喜写前人所未写之物象，构图独特，色彩和谐，技法多变，并富时代气息和人情味。他善于描绘世界各地奇禽异兽、花果虫鱼，并借物抒情，歌颂真善美。他尤擅长写珊瑚鱼、热带兰、天堂鸟，作品雅俗共赏，驰誉中外。他的书法也潇洒飘逸，独具一格，对艺术理论亦有研究。

叔世光从五十年代起就积极拓展艺运，为最早期多个美术团体的筹创人之一，曾先后参加美、加、日、澳、欧、韩、东南亚等地的邀请展或联展、个展。1988年他被评为自白石起百名家之一，曾获澳州“世界艺术成就奖”，香港“终身艺术慈善成就奖”，韩国“亚细亚最高荣誉艺术赏奖”，韩国画家所评最具有影响力的现代画家。

此外，赵世光还曾多次发动义展，在家乡捐建艺术展览馆、美术馆等。他领导画会在全国各省市山村捐建的“希望中小学”到2006年止已14所，为美术界罕见。

赵占鳌（1932——）山东省莱阳县人。1962年毕业于复兴岗大学部美术系，师从名画家林克恭先生，现为专业画家。

在多年的绘画生涯中，赵占鳌以其扎实的西画基础，在现代水墨中大胆创新，吸取中国传统（东方）绘画精神，秉持着忠实于生活的艺术信仰，使其作品无论中画还是西画都不限于传统的定法，用笔用墨都能另辟蹊径，取材布局也能在险中取幽、暗中破明，呈现出一种真实的美感，而这一切也是他走遍名山大川所得，既用心去感受一切，意境自然深远。

“外师造化，内得心源”，这正是赵占鳌对大自然的认知和体悟。在这样的认知、体验和转化过程中，他的作品内涵无论是悲悯的、激动的还是无望的，所蕴涵及流露的风格都自然而真实，表现出来却是独特而个性，其油画堪称一绝。曾办个人画展30余次，应邀参加海内外联展多次，作品多为海内外爱好者收藏，并出版“赵占鳌画集”五册（水墨3集，油彩2集）。

第五篇　书画论

纪连彬 《祥云》 68 × 68cm 中国画作品

中国书画理论是中国书画的精神理想、观念内涵与形式技法等特质的归纳、探究和阐发。中国书画理论是中国文化理论的重要组成部分，中国书画印的理论是不可分的，它们同时与文论、乐论、诗论相互交流、相互借鉴、相互影响、共同发展、共同繁荣。精辟的中国古代经典书画论是认识、总结中国古代书画艺术发展规律的重要依据，是发展中国书画艺术的指南。现代书画理论则是对古代书画理论的继承和发展，它不仅影响指导着当今书画创作实践和人们的文化审美观念，而且其影响波及到实用美术领域的应用和发展。

本篇辑录了古今名家关于中国书画的精辟论述。这些观点在中国书画界、美术界均曾产生深刻的影响。

第一章　经典画论（选）

《庄子·田子方》

庄周（约前369～前280）著。文中描述了一位慢条斯理，“解衣般礴”的“真画者”旁若无人的情景。这里体现的是“真画者”追求“道”的精神；不为名利，回归自然的精神；绘画时要在精神上与获得精神之美。

《淮南子·说山训》

西汉淮南王刘安(公元前179～122)主持编撰。“画西施之面，美而不可说；规孟贲之目，大而不可畏，君形者亡焉。”直接论述了绘画的神似与形似的关系。

《鲁灵光殿赋》

东汉王延寿（生卒年不详，约于汉安帝时期在世，年仅20余岁)著。东汉文学家王逸之子。一篇。提出 “恶以戒世、善以示后”的绘画功能。

《景福殿赋》

三国魏何晏(190～249)著。 “图像古昔，以当箴规。淑房之列，是准是仪。”。是一篇论述列女画的文章。

《赞画序》

三国魏曹植(192～232)著。31首。由于汉代用图绘功臣烈士像的方式表彰功勋，建安19年(公元214年)魏宫建成，曹植作画像赞。画赞前有序：“观画者，见三皇五帝，莫不仰戴……见高节妙士，莫不忘食”。是现存第一篇直接论述绘画的文章。

《文赋》

西晋文学家陆机（261～303)著。。提出 “丹青之兴，比《雅》、《颂》之述作，美大业之馨香。宣物莫大于言，存形莫善于画”的论点，将绘画与《雅》、《颂》相提并论，恐怕也是历史上的第一次。

《论画》

又称《模写要法》或者《摹拓要法》。东晋顾恺之(约348～409)著。一篇。提出临摹不是“依样画葫芦”，临画者既要在生活体验基础上“迁想妙得”，又要研究和熟悉画理，画法、内容及艺术特点，强调“以形写神”、“悟对通神”，以达到传神目的。为中国古代画论中最早有关画理、画法的一篇重要的画论著作。

《画云台山记》

东晋顾恺之著。一篇。文章记述了所画云台山的山川布局与人物的安插，具体地勾出整个画面的轮廓特点，对这幅内容复杂、组织繁综的创作构思、构图予以严密而完整的考虑，具有浑然优美的整体感觉。提出了人物画创作的“神话”说，在背景安排、色彩施用等方面，周密而恰当的将人物思想感情和精神状态的刻画典型而深刻。为中国古代画论中有关画理的一篇极为重要的著作。对了解当时山水画发展状况，提供了宝贵的文字资料和印证。

《魏晋胜流画赞》

东晋顾恺之著。一卷。论魏晋两代名画家卫协、戴逵等所作的21幅作品。指出作画的难易与批评的标准，提出“生气”、“自然”、“骨法”、“神气”、“天骨”、“骨趣”、“置陈布势”、“情势”、“迁想妙得”、“巧密精思”、“天趣”等一系列绘画的主张。强调“以形写神”，达到“形神兼备”的绘画境界。为中国画论的绘画作品的评论树立了典范，对后来谢赫的“六法”论有很大的启示作用。

《古画品录》

又称《古今画品》或《画》。南朝齐谢赫（479～502年）著。一卷。评论自三国吴到萧梁三百年间27个名画家的绘画作品。据他们的艺术造诣而将其分成六品：第一品陆探微、曹不兴、卫协、张墨、荀勖。第二品顾骏之、陆绥、袁蒨。第三品姚昙度、顾恺之、毛惠远、夏瞻、戴逵、江僧宝、吴柬、张则、陆杲。第四品蘧道愍、章继伯、顾宝光、王微、史道硕。第五品为刘瑱、晋明帝、刘绍祖。第六品宗炳、丁光。提出了“气韵生动、骨法用笔、应物象形、随类赋彩、经营位置、传多模写”的“六法论”，作为人物画创作和品评的准则。指出了绘画批评的典范，成为后世论画和鉴赏批评的标准，以致于“六法”一词，后来引申成为中国画的代称，或理论、技法的总称。

《山水松石格》

传为南朝梁萧绎（508～554年）著。山水画论。一卷。主要阐述山水画的总体与细部的关系，凡风格精神、笔墨色彩、构图布置、山水技法等都有精辟的说明，对景物布置、远近比例、建筑人物、点缀鸟兽也有精当的见解。主张“设奇巧之体势，写山水之纵横”；“格高而思逸”，“笔妙而墨精”；提出“设粉壁运神情”，“路广石隔，天遥鸟征”的透视学观点和“炎绯寒碧”、“高墨犹绿，下墨犹的”等色彩知识及对自然景候的观察“秋毛冬骨，夏阴春英”。还提出“造化为灵”、“幽趣”、“芳情”等绘画理论观点。为中国山水画理论及技法经验的重要著作。

《续画品》

南朝陈姚最(535～602年)著。一卷。评论南朝21个画家及作品，各为论断，共16则。多不过五六行，少则三四句，语词多骈骊，气体雅俊，评论公允得当。认为绘画的社会功能，于“九楼之上，备表仙灵；四门之牖，广图贤至，云阁兴拜伏之感，掖庭致聘远之别”。提出“心师造化”、“自娱”、“情趣”、“目想毫发”、“气运精灵”、“穷生动之致”的绘画理论主张。为继谢赫《古画品录》之后的绘画品评的重要著作。

《叙画》

南朝宋王微（生卒年不详）著。山水画论。一篇。主要阐述山水画原理、功能及各种表现技法。提出山水画与地图不同，认为山水画是独立的艺术画种，强调“竟求容势”、“写山水之神”、“明神降之”的作用和“拟太虚之体”、“此画之致也”的道理，提出“望秋云，神飞扬；临春风，思浩荡”的艺术境界。为中国最早的山水画论著作之一。

《画山水序》

南朝宋宗炳（生卒年不详）著。山水画论。一篇。主要阐述用画的形式把哲理的内容（道）表达出来，第一个把老庄之道与山水画联系起来，指出作山水画，观山水画是用来观察体现圣人之道的山水画功能论。提出“以形写形、以色貌色”、“应目会心”、“澄怀味象”、“澄怀观道”、“卧游”、“以形媚道”、“应会感神”、“披图幽对”、“万趣融其神思”、“畅神”等著名论点；提出绘画透视学“远小近大”原理。为中国最早的山水画论著作，是中国山水画乃至整个中国画的最重要著作之一。

《述画记》

又称《画记》。传为南朝梁孙畅（生卒年不详）之所作。一卷。品评东汉至南朝齐间刘褒、蔡邕、杨修、卫协、王献之、康昕、顾恺之、史道硕、温峤、谢岩、江思远、戴勃、谢约等15名画家的简单资料。提出“曾画云汉图，人见之觉热；又画北风图，人见之觉凉”，“误点成蝇”。为中国一部较早的画品论著，因散失而流传不广。

《后画录》

唐代彦宗（生卒年不详）著。一卷。评论当时所见壁画画家。提出“骨气”、“神气”、“风神”、“风骨”、“灵心自悟”、“挥毫造化，动笔合真”等品评绘画作品用语。为中国画论品评著作之一。

《画品拾遗》

又称《画拾遗》、《画录拾遗》。传为唐代窦蒙（生卒年不详）著。一卷。评论田僧亮、冯提伽、孙尚子、董伯仁、李雄、阎立本，张孝师、范长寿、尉迟乙僧等画家及作品提出“风格精密”、“直自师心、意存功外”、“迹简而粗，物情皆备”、“沉思用笔”、“气正迹高”等绘画理论主张。

《续画品录》

传为唐代李嗣真（公元696年）著。一卷。评论魏晋南北朝至唐代的著名画家：曹不兴、卫协、顾恺之、陆探微、张僧繇、杨子华、郑法士、孙尚子、董伯仁、展子虔、田僧亮、杨契丹、张善果、郑法轮、郑德文、刘乌、王元昌、阎立德、阎立本等19人绘画作品。提出“气韵标举、风格遒俊”、“气力”、“风韵”等品评绘画作品的用语。为中国画论品评著作之一。

《画断》

唐代张怀瓘(生卒年不详)著。活动于唐代开元（713～755）至乾元（758～759）年间。一卷。对六朝顾恺之、陆探微、张僧繇三大家之评鉴各有抑扬。谢赫崇陆抑顾，姚最崇顾抑张，孙畅之抑顾，李嗣真崇顾、张，抑陆。而张怀瓘在画论上于推崇之中，分别三人之优劣，成为定论。提出“像人之美；张得其肉，陆得其骨，顾得其神”等品评用语。

《丹青引》

唐代杜甫（公元712年～770年）著。画诗，一篇。存《杜工部集》。为杜甫赠给画马名家曹霸将军一首诗，运用诗歌形式，表达了他对绘画艺术的真知灼见。提出“意匠惨淡经营中”、“干惟画肉不画骨”、“斯须九重真龙出，一洗万古凡马空”等绘画理论观点。为中国古代题画诗中最优秀作品之一。《杜工部集》中，杜甫还有许多题画诗，如《刘少府新画山水幛歌》、《画鹘行》、《观曹将军画马图》、《戏题王宰画山水图歌》、《画马赞》、《姜楚公画角鹰歌》、《通泉县署壁薛少保画鹤》等。这种以诗论画的形式对当时和后世大量论画诗作具有启发和示范作用。

《唐朝名画录》

唐代朱景玄（生卒年不详）著。提出“画者圣也。盖以穷天地之不至，显日月之不照。挥纤毫之笔，则万类由心；展方寸之能，而千里在掌。”表达了他对绘画艺术的真知灼见。比曹植更广阔，与陆机愈深邃。总结了初唐、盛唐的绘画理论观点，其“万类由心”突破了“中得心源”赋予画家更大的主观能动性。为中国古代画论中最优秀作品之一。达到了前人没有达到的高度。对后世大量画论具有启发和示范作用。

《画竹歌》

唐代白居易（772～846）著。画诗，一篇。存《白氏长庆集》。有“植物之中竹难写，古今虽画无似者……举头忽看不似画，低耳静听疑有声”的描述。

《画记》

唐代白居易著。画论，一篇。存《白氏长庆集》。“画无常工，以似为工……但觉其形真而圆，神和而全”。

《历代名画记》

唐代画家、绘画理论家张彦远（约815～卒年不详）著，是关于绘画艺术的著作，也是我国第一部系统完整的关于绘画艺术的通史。自顾恺之对于前代画家及作品的论述，谢赫提出“六法”以来，唐代张彦远的《历代名画记》是第一部重要的著作。他集中并整理了前人的著作，又单独搜求了一些历史材料，写出了《历代名画记》十卷。内容大致可以分为三部分：绘画历史发展的评述、画家传记及有关的资料、作品的鉴藏。就绘画提出了自己的见解，如指出了绘画艺术是一种重要的文化现象，绘画是形象的教育工具；从师资传授的关系追溯画家们的一脉相传的承继关系，强调绘画艺术的传统性，而同时又指出“衣服、车舆、风土、人情，年代各异，南北有殊”，要认真对待内容上的现实性等观点。

此书写成于大中元年（公元847年），它为前代的中国绘画理论和历史的研究作了总结，并为以后的研究奠定了基础。

《蜀八卦殿壁画奇异记》

五代蜀欧阳炯（896～971）著。画诗，一篇。存黄休复《益州名画录》中。“六法之内，唯形似、气运(韵)二者为先。有气运而无形似，则质胜于文；有形似而无气运，则华而不实”。

《笔法记》

五代梁荆浩（生卒年不详）著。一篇。提出“画有六要”，气、韵、思、景、笔、墨；“画有四品”，神、妙、奇、巧；“笔有四势”，筋、肉、骨、气。

《林泉高致》

宋代郭熙（公元1020～1109年）、郭思（生卒年不详）著。一卷。主要分山水训、画意、画决、画题、画格拾遗、画记等六篇。前四篇为郭熙所作，后两篇为郭思附注。《山水训》为重要篇章。提出画山水“本意”在于抒发“林泉之志”，山水画家须“身即山川而取之”，要“饱游沃看”，达到“历历罗列于胸中”，要“远望之以取其势，近看之以取其质”，抓住对象特征特点，提炼概括，画出“可行”、“可望”、“可游”、“可居”的山水境界，并分别四时写出阴晴朝暮等景象和变化。提出平远、高远、深远为“三远”，综括了山水画的取景法。对于画学，反对局限于“一己之学”，主张“兼学并览，广议博考”而“自成一家”。对后世山水画理论和创作的影响很大。

《图画见闻志》

宋代郭若虚（生卒年不详）著。其中卷一《叙论》。主要阐述作者绘画思想。分诸家文字、国朝求访、自古规鉴、叙图画名意、制作楷模、气韵非师、用笔得失、曹吴体法、吴生设色、妇人形相、收藏圣像、三家山水、黄徐体异、画龙辑要、古今优劣等十六则。为中国画论中具有卓见之著名著作。尤其对“创作论”的见解深刻。

《益州名画录》

宋代黄休复（生卒年不详）著。三卷。主要评论在蜀画家58位。分逸、妙、神、能四格八品。

《梦溪笔谈》

宋代沈括（公元1031～1095年）著。二十六卷。有《画苑》本。记载北宋画家之遗闻轶事，颇为翔实。如论述徐熙、黄筌之画法、体格；董源、巨然水墨山水之意趣；宋迪传授陈用之以败墙张素之法等。间有品评画迹、阐发画理，如谓“书画之妙，当以神会”，中国山水画以大观小方法等。

《东坡题跋 》

宋代苏轼（公元1037～1101年）著。六卷。东坡美学思想多散见于题跋之中，虽非完整的理论，然皆长年积累，出自甘苦之言。提出“出新意于法度之内，寄妙理于豪放之处”，“笔略到而意已具”。“取其意气所到”等，后人论文人画以苏轼为师。至今仍有借鉴可取之处。

《画史》

宋代米芾（公元1051～1107年）著。书中压制荆、关、李、范，树董、巨为榜样。抬南贬北，将文人画等同于南宗画，并创 “米家山水”。

《江湖长翁集》

宋代陈造(公元1133～1203年)著。一卷。提出画人物肖像画，必须力求“气旺神完”，而不能只追求形似，把人画得和木偶一样。为此，他反对“使人伟衣冠，萧瞻视，巍然屏息，仰而视，俯而起草，豪发不差，若镜中写影”的创作方法，主张“着眼于颠沛造次，应对进退，颦额适悦，舒急倨敬之顷，熟视而默识，一得佳思，亟运笔墨，兔起鹘落”的创作方法。

《山水纯全集》

宋代韩拙（生卒年不详）著。十篇。提出“凡用笔先求气韵，次采体要，然后精思”。“所以意在笔先，用意于内然后用格法以挥之，可谓得之于心应之于手也。”等。

《鹤林玉露》

宋代罗大经(公元1196～1242)著。一卷。肯定绘画必须传神、必须师法自然。提出“以真马为师”，“积精储神，赏其神骏，久之则胸中有全马，故由笔端而生，初非想象模画也”。强调绘画与造物主生物一样，落笔之际，达到“不知我之为草虫耶，草虫之为我耶”的境界。

《圣朝名画评》

又称《宁朝名画评》。宋代刘道醇（生卒年不详）著。三卷。全书分为六门：人物、山水松木、畜兽、花草翎毛、鬼神、屋木。每门之中，分神、妙、能三品，每品再分上中下三等。所录凡90余人，所记诸人皆北宋初画家，亦有少数五代人。各有小传或合传，传后加以评语，或二、三人并为一评，说明所以列人名品之故。提出识画“六要”、“六长”说，作为识画方法品评标准，甚为精到。为宋代中国画品评方面的重要著作之一。为研究北宋初期绘画的重要资料。

《广川画跋》

宋代董（生卒年不详）著。134篇。主要阐述作者山水画思想。

《藏一话腴》

宋代陈郁（生卒年不详）著。一卷。提出了肖像画的“写心”问题。提出“写其形，必传其神”，“传其神，必写其心”，强调画家必须“胸宽广”，还要“识见高，讨论博”，再加上能深刻地“察其人，观其形”，使表现对象的形、神、心三者兼备。还提出“写心惟难”，此为人物画之最高原则——写心说。

《画继》

宋代邓椿（生卒不详，大约活动于北宋至南宋前半期）著。十卷。续唐张彦远《历代名画记》、宋郭若虚《图画见闻志》而作，故名。所记自北宋熙宁至南宋乾道年间，列画家219人小传，并私家所藏画目，以及评画之衙和遗闻轶事，搜辑颇广。提出了“人品既已高矣，气韵不得不高”，立论推重上流而抑低工技，认为“画者，文之极也”，强调画家的“天赋”，一变北宋院体画派格法之说。为《图画见闻志》后又一部重要的画史著作，是研究北宋末，南宋初绘画的重要资料。

《竹谱》

元代李　（1245～1320）著。四谱。分为《画竹谱》、《墨竹谱》、《竹态谱》、《竹品谱》。至今仍有借鉴可取之处。

《写山水诀》

元代黄公望（1269～1355）著。32则。提出“当逸墨撇脱。有士人家风，才便入画工之流矣。”“合古人意趣，画法尽矣”。

《画鉴》

又称《古今画鉴》或《画吟》。元代汤　（约13世纪末至14世纪前期）著。一卷。全书分吴画、晋画、六朝画、唐画、五代画、宋画、金画、外国画、画论等九篇。所论画家始于三国东吴曹不兴，而终于元代陈琳、龚开。评论各家画迹，列举笔墨特点，辨别真伪，见解均极精湛。大体类米芾《画史》。提出“气韵”、“神采”、“风神”、“天真”、“笔意”、“笔法”等绘画理论主张，强调“形似为末节”，“自出新意”。主张写意，以书法之笔作画的“当以意写之，不在形似耳”。为研究元代绘画理论、评论画迹，划分画派等重要资料。

《绘宗十二忌》

元代饶自然(公元1312～1365)著。山水画论。一卷。分12个有关山水画法偏失问题来论述，即：一、布置迫塞。二、远近不分。三、山无气脉。四、水无源流。五、境无险夷。六、路无出入。七、石止一面。八、树少四枝。九、人物伛偻。十、楼阁错杂。十一、滃淡失宜。十二、点染无法。从内容看，作者对于山水画法偏失问题，分析得细致具体，从构图到设色、点染等山水画法几乎完全涉及到了。

《图绘宝鉴》

元代夏文彦（生卒年不详）著。五卷，又《补遗》一卷。卷首有杨维祯作序，提出“天质”、“人品”、“心传意领”的绘画创作主张。卷一论述六法、三品、三病、六要、六长等，是画学的总纲。卷二记吴（三国）至五代画家；卷三为宋；卷四系南宋及金；卷五是元代和外国；又附了补遗、续补，辑载画家小传1500余人。该书是对《历代名画记》、《图画见闻志》、《画继》以及《宣和画谱》许多有关著述进行探索钩沉而成书，而且著者家富收藏，精于鉴别，长于绘画，这是编写成书的重要条件。

《升庵画品》

明代杨慎（1488～1559年）著。一卷。此书把顾恺之、陆探微、张僧繇、展子虔推为画坛“四祖”。全书共48条，附宋人诗14首，及赞一首，大都详于故实，而略于品题。其中《文思迟速合画功》、《论诗画》、《同能不如独胜》等条颇具见地。认为绘画是画家用以托意的东西，可以记事。认为画家应该重视形神兼备，师法自然。关于绘画的风格的形成，他曾谈到地域的关系时指出："江南之艺，骨气多不及蜀人，而潇洒过之"。关于绘画的表现技巧，他主张落笔便成，反对先朽。认为书画同法，主张以书法入画。还主张"废古人之短，成后人之长"的继承发展论点。

《中麓画品》

明代李开先（1502～1568）著。一卷。该书仿谢赫《古画品录》等例，但品第与历来不同，分五品，每品之中，优劣兼陈，分等而不列高下。全书五篇，第一篇论诸家梗概；第二篇分"六要"（神笔法、清笔法、老笔法、劲笔法、活气法、润笔法），"四病"为（僵笔、枯笔、浊笔、弱笔），指出各家所长或所短，分列各家作品于下。第三篇搜罗尺寸之长，使无遗漏；第四篇分别品等而不列高下；第五篇论述各家所从出之源，立论重气骨。所品评均明代画家，侍论推崇浙派，如戴文进、吴伟、陶成、杜堇为第一等，倪瓒、庄麟为次等，而沈周、唐寅为四等。能够独树一家之言，力排众议，难能可贵。

《四友斋画论》

明代何良俊（1506～1573年）著。一卷。有画论5条，在采用前人画论成说基础上，有个人见解。指出绘画具有认识、审美、教育、怡情等社会职能。把画家分成"正派"、"行家"等类别。"正派"以荆浩、关仝、董源、巨然、李成、范宽、李唐为代表的"笔力神韵兼备"的画家；"院派"如马远、夏珪等以"人物最胜"，"树石行笔甚遒劲"的画家；"利家"指像朱孟辨、张以文等"画山水亦好，然只是游戏，未必精到"的画家；"行家"指像戴文进等虽有精湛熟练的表现技巧，但却因缺乏高尚人品，优雅气质，使画面缺乏了某种韵味的"单是行耳，终不能兼利"的画家。

《梅谱》

明代沈襄（公元1507–1557年）著。一卷。收入《画法要录》、《书画书录解题》。该画谱将梅分老、雅、繁、疏、官、园、盆、沼、山、溪、野、篱12种，提出画梅的"八忌"、"十四病"等避忌，并评述梅的花、蕊、枝、干等画法，意在写实传神，为求肖形重形似，是其创作经验的总结。

《天形道貌》

明代周履靖（1509～1583年）著。一卷。认为画人物最重要的是分贵贱气貌，朝代衣冠。强调同一类型的人的共同特点，而不重视各个人的具体特点。同时强调画人物衣纹，用笔全类于书法，贵乎笔力，在乎柔中生刚。录有衣褶描法十八种及画肖像时的比例方法。

《画说》

明代莫是龙（1537～1587年）著。一卷。全书共十六条，论画以李思训为北宗，王维为南宗，对王维尤为推崇。论画重传神，提出"传神者必以形"、"味外之味"等。学习古代优秀作品，"集其大成"，"一变其法"，"自出机杼"，"不合而合"，"变"等等。有轮廓而无皴法者，谓之"无笔"；有皴法而无轻重、向背、明晦者，谓之"无墨"。

《画笺》

明代屠隆（1543～1605年）著。一卷。该书凡二十六则，分为"赏鉴"、"似不似"、"古画"、"唐画"、"宋画"、"元画"、"国朝画家"、"邪学"、"粉本"、"临画"、"看画法"、"品第画"、"学画"、"藏画"等。强调书法入画的重要性，"看画之法，如看字法。松雪诗云：'石如飞白木如籀，写竹应从八法求'，正谓此也"。提出元人的画有"天趣"，即为"士气"画，特别重视画家本人的抒情寄兴作用："人能以画寓意，明窗净几，描写景物，……布置笔端，不觉妙合天趣，自是一乐。若不以天生活泼为法，徒窃纸上形似，终为俗品"。

《郁风斋笔麈》

明代王肯堂（1549～1613年）著。一卷。论画多针对当时画坛弊端，直抒已见。认为山水画是高人逸士由于热爱山水，胸中饱藏丘壑，不得不吐，因而吐出的东西。指出山水画"三变"过程，重视绘画的规矩绳墨。他对"今之作画者，握笔不知轻重，而辄蔑弃绳墨，信手涂抹表示不满。欣赏郭恕先的 "界重楼复阁，层见叠出，良工料之，无一不合规矩"。尤对郭氏作为一个"狂士"和"世外人"，而能"于一艺委曲精微如此"，表示衷心的佩服。

《画旨》

明代董其昌（1555～1636年）著。一卷。杂论中国画的画法和画学，也有题古画和自画的跋语。提出“画家以古人为师，已是上乘”，“画家当以天地为师”，“米元章作画，一洗画家谬习，观其高自标置，谓无一点吴生习气”，“画人物，须顾盼语言”，“花果迎风带露，禽飞兽走，精神脱真”等真知灼见。标榜“文人画”，创立了“南北宗”说，主张“行万里路，读万卷书”，“气韵”的“生而知之”，“自然天授”等。

《妮古录》

明代陈继儒(1558～1639年)著。四卷。主要内容为杂记书画、碑帖、建筑、陶瓷、古玩之事。其中谈论书画较多，评论赏鉴，颇有深度。认为绘画应该反映绘画对象的“意气”和表现画家的力、巧、神、胆、学、识。而归根要求于绘画的，则是表现所谓“不出蕴藉中沉着痛快”的“笔墨之味”。而“笔墨之妙”与“笔墨之味”，主要是画家特定的人品、胸次、气质的自然表露。把“多文”和读“万卷书”作为能绘画与作画不俗的条件。

《六研斋笔记》

明代李日华（1565～1635年)著。十二卷。为随笔札记集辑，除谈玄及偶尔论及诗词外，大都论书画及记所见书画之文，十分精到，所录名迹，均有趣味、跋语、年月、姓名，足资考证，且行文清隽，楚楚有致。文笔清秀，富有小品意味。

《竹嫩画媵》

明代李日华。二卷。该书名为《画媵》，是以画为主，诗文为附从之意。其诗各体皆备，以七绝最为潇洒有致。认为绘画应有“存典故，备法戒”的作用，强调绘画抒情写意以自娱的作用。认为画家应以造化为师，如写石就应该是“片石坐对久，窍穴悉自知”，“率尔运枯管，郁然写奇姿”。指出“泼墨者，用墨微妙，砚笔，经如泼出耳。使浊者为之，则涂鬼矣”。认为有成就的画家，也必然吸收了古人的长处。

《画旨》

明代恽向（公元1568～1655年）著。一卷。认为绘画应是传神为主，而绘画的“意”的极界是“无意”，“至平、至淡、至无意，而实有所不能不尽者”。对“逸品”之画的笔墨、形象、意境，作了形象化的说明。主张学习古人，但反对“食古不化”、“泥古不变”，即以学古人为手段，以成自家面目为目的。

《燕闲清赏笺》

明代高濂（1573～1620年）著。三卷。此为高濂《遵生八笺》第十四到十六卷的《燕闲清赏笺》，有《论画》、《论画家鉴赏真伪杂说》、《鉴赏收藏画幅》等。提出天趣、人趣、物趣，而以六法论画为下，其实“三趣”并未出六法范围。

《绘事微言》

明代唐志契（1576～1651年）著。山水画论。四卷。第一卷自撰，凡五1则，各有标题，为论画见解，卷首郑光勋序。第二卷至第四卷为辑前人论画之作，乃节录南朝齐谢赫以下至明代，屠隆、沈颢、李日华诸家26种画论。指出“临摹最易，神气难得，师意南昌不师其迹，乃真临摹也”。对山水画技法，认为“画无枯树，则不疏通”，“画不点苔，山无生气”。主张山水画应该情景合一，“最要得山水之真性情”而“山性即我性，山情即我情”。把山水画看作“风流潇洒之事”，认为山水画是“留影”，应该“得趣”。对于人物画为“画人物是传神”，对于花鸟画为“画花鸟是写生”。而对不同题材的总的要求是“笔下有神”，并认为“传神者必以形”，也反对所谓“画中邪学”如郑颠仙那样的放纵过度。

《画引》

明代顾凝远（公元1582～1645年）著。七则。提出“工不如拙”，“惟不欲求工而自出新意，则虽拙亦工，虽工亦拙也”。

《宝纶堂集》

明代陈洪绶（公元1593～1652年）著。一卷。为陈洪绶文集，其中论画颇多。主张绘画“气运兼力，飒飒容容”，把“周秦之文”、“至能而若无能”的神品，看作绘画美的最高境界。评“画者有入神家、有名家、有作家、有匠家”。把自己看作“画易见好”，“能事未尽”的“作家”，而把“本至能若无能”的周长史推为“神家”。主张兼学唐、宋、元人之长，去其短，“唐之韵，运宋之板，宋之理，得元之格”。

《金川玉屑集》

明代练安（生卒年不详）著。一卷。练安认为“画之为艺，世之专门名家者，多能曲其形似”，“意态情性之所聚，天机之所守寓”，即绘画对象精神本质之所在，并且达到“方其得之心而应之手也，心与手不能自知，况可得而言乎”，提出“苏文忠公论画以为人禽宫室器用，皆有常形，至于山石竹木水波烟云，虽无常形而有常理。常形之失，人皆知之，常理之不当，虽晓画者有不知”。主张把客观现实看作绘画艺术的源泉，反对把“古人之迹”看作绘画艺术的源泉。

《画引》

明代顾凝远（生卒年不详）著。三卷。认为绘画应以追求意韵生动为最终目的，“或在境中，或在境外，取之于四时寒暑晴雨晦明，非徒积墨也”。对于“生拙”认为若能“自出新意，则虽拙亦工，虽工亦拙也。生与拙，唯元人得之”。对笔墨技巧美则要求“一气呵成，绝无做作”。

《画麈》

明代沈颢（生卒年不详）著。一卷。论作画之法。提出“实诣”说，认为绘画可以是“层峦叠嶂，如歌行长篇”，也可以是“远山疏麓，如五七言绝”，但都应“挹之不神，摸之有骨，玩之有声”。“愈简愈人深永，庸史涉笔，拙更难藏”，即绚烂之极的平淡，是有“实诣”的“简洁高逸”，是“沿繁者芟洗日净”的“味外取味”的“颓林断渚”，最早提出“似而不似，不似而似”观点，重视画家的素养。提出落款作为画的一个整体，“书绘并工，附丽成观”，“一幅中有天然候款处，失之则伤局”等。

《宝绘录》

明代张泰阶（生卒年不详）著。二十卷。卷一为总论、杂论；卷二至十七为画卷画册类；卷十八至二十为持幅类。家有藏画宝绘楼，因以名书。编中除自藏者外，亦有他姓所珍而耳目所及者，因未逐品注明，无从分别。以著录绘画为主，并录历代诸家题跋。认为绘画应该规矩，意趣兼备。主张学习古人要彻头彻尾地学习，如南宫、房山之学王洽“形神俱有”。至于倪瓒之取法荆关，那是“乃神似，非形似也”，表示不甚赞同。

《染香庵跋》

清代王鉴（1598～1677年）著。一卷。王鉴认为绘画“虽工未为上乘”，强调“画家应妙形影无定法，真假无滞趣”努力达到绘画的“神品”。强调唯古是尊，“画之有董、巨，如书之有钟、王，舍此为外道”，学习古人，强调学其神韵。推崇王时敏，认为王时敏学大痴一派，“深得三昧”。认为元四大家之中，虽然“皆宗董、巨，各有所得”，而只有黄子久独“得其神”。

《画筌》

清代笪重光(1623～1692)著。一卷。用骈体文写成，辞藻华美，近如歌诀。所论多为山水画法，认为画应“抒高隐之幽情，发书卷之雅韵”，而“从来笔墨之深奇，必系山川之写照，善师者化工，不善师者抚缣素”，笔墨与山水的情调须保持一致，“山川之气本静，笔躁急则静气不生，林泉之姿本幽，墨粗疏则幽姿顿减”。凡山之位置高下起伏，水之出入纡曲流止，及树、石、船、桥、亭、屋之点缀，与乎皴、擦、点、染诸法等都有精到论述。

《广东新语》

清代屈大均(1630～1696)著。一卷。明确提出重神轻形的见解。“古人贱形而贵神，以意到笔不到为妙”。画家为求“通神”，“写生必须博物”。指出张穆之画马所以“每下笔如生”，就因为曾养了几匹名马，“与之久习，得其饮食喜怒之精神与夫盘力所在”。欣赏赵子昂的画马，除了欣赏其“得马之情”外，也欣赏其“设色精妙”。

《清晖画跋》

清代王翚(1632～1717年)，著。一卷。该书为后人集王多年题画跋及论画语录而成，共96则，其中有题古人名迹者，有题自作者，有题恽寿平、吴历所作者。认为“凡作一图，用笔有粗有细，有浓有淡，有干有湿，方为好手，若出一律，则光矣”，“画有明暗，如鸟双翼，不可偏废。明暗兼到，神气乃生”。“画石欲灵活，忌板刻，用笔飞舞不滞，则灵活矣。繁不可重，密不可窒，要伸手放脚，宽间自在”，“以元人笔墨，运宋人丘壑，而泽以唐人气韵，乃为大成”。其画论多出自经验心得，论古甚得要领。

《南田画跋》

清代恽寿平（1633～1690年）著，又名《瓯香馆画跋》。三卷。为著者题跋的片言短语汇集，提出绘画以“高逸”为最高境界，云“郭恕先远山数峰，胜小李将军寸马豆人千万”，“吴道子斗日之力，胜李思训百日之功”。又云：“画以简贵，如尚之简入微，则洗尽尘滓，独存孤迥，烟鬟翠黛，敛容而退矣”。提出了“摄情”说，“笔墨本无情，不可使笔墨者无情；作画面摄情，不可使鉴画者不生情”。主张学古而变，变而又笔下有古，“随意涉趣，不必古人有此，然云西丹邱直向端出入”，“不同之同，不似之似”。

《画筌评》

清代王翚、恽寿平著。一卷。认为绘画是“高人韵士写其胸中逸气”，“气韵生动”“全在用笔用墨间奇取造化生气”。又云：“画有明暗……明暗兼到，神气乃生”。论及笔墨则云：“凡作一图，用笔有粗有细，有浓有淡，有干有湿，方为好手”。他们评米友仁的画为“苍润奇雅”，评吴仲圭的画为“骨气自是不凡”，评赵大年的画为“妩媚可人”，评倪去倮的画为“天真简淡”。品评十分公允。

《论画绝句》

清代宋荦(1634～1713)、朱彝尊（1629～1709）著。画诗。一卷。该书分原唱，和诗两章，两千余字。为宋、朱二人的唱和诗作38首，宋诗26首。论古今画家流派的优劣，见解独到；朱诗12首，多论明末清初之画，言“文人画”派之支流的浅薄。宋、朱二人均为著名文人，其不满“文人画”之支流，可见当时之“文人画”已是强弩之末也。

《石涛画语录》

又称《苦瓜和尚画语录》。清代石涛（1642～1707）著。一卷。认为“夫画者，从于心者也”，“山川使予代山川而言也。山川脱胎于予也。搜尽奇峰打草稿也。山川与予神遇而迹化也”，“我之为我，自有我在”。提出“一画”说，为清代绘画艺术的一部重要理论著作。主要归纳五点：一、观察对象以及表现手法，二、如何反映从自然中获得的感受，三、题材处理和艺术的来由及如何借古开今，破格创新等。

《佩文斋书画谱》

清代王原祁（1642～1715年）著。一百卷。该书为一部内容浩繁的资料性汇集，共有一百卷，包括书、画两大部分。卷首有康熙帝的《御制序》，其中分为：书体、书法各两卷，书学、书品各三卷，画体、画法、画学、画品各两卷，《历代帝王书》三卷，《历代帝王画》一卷，《书家传》三十三卷，《画家传》十四卷，《历代无名氏书》六卷，《历代无名氏画》两卷，《御制书画跋》、《历代帝王书跋》、《历代帝王画跋》各一卷，《历代名人书跋》十一卷，《历代名人画跋》七卷，《书辨证》一卷，《历代鉴藏书类》四卷，《历代鉴藏画类》六卷。所引书籍1844种，每条逐一注明出处，搜罗广博、体例完善、分类科学，对书画研究者查找、稽考资料提出了非常便利的条件。为中国一部书学、画学的类书巨著。

《雨窗漫笔》

清代王原祁（1642～1715）著。一卷。论山水画十则，第一则为自序，多系自身，创作的甘苦，经验及对宋、元诸家画艺的心得体会，虽极力鼓吹师古，但其对画理的阐述、技法的传授，颇多独到见解。认为“作画以理、气、趣兼到为重，非是三者不入精、妙、神、逸之品”。他说，作画应有“言外意”，提出用笔“七忌”，认为“意在笔先，为画中要诀”。强调“安闲恬适，扫尽俗肠”，反对“利名心急，惟取悦人”。

《江村销夏录》

清代高士奇（1644年～1703年）著。三卷。该书著录家藏或所见书画，不分类别，以时代为序，自东晋王羲之起，至明代沈周、文徵明诸家，应载书迹原文，画迹内容、布局、画法和跋尾，以及卷轴、纸绢、尺度、印记，并附自撰评语、题跋。间有收录伪本和标题失实之处。是书别有记录法式，大抵以标目、尺度、评语为主，本文、款识为第二。书画著录书体裁如备，后来的著录书，多仿其体例。

《芥子园画传》

又为称《芥子园画谱》。清代王概（1654～1710年）等著。全书共分三集：初集山水谱，五卷；二集为兰、竹、梅、菊四谱，八卷；三集为花卉、草虫及花木、禽鸟两谱，四卷。每集首列画法浅说，或画法歌诀，次摹诸家画式，附简要说明；末为摹仿名家画谱。浅显易懂，极便初学。嘉庆23年（1818）。书坊又将丁皋《写真秘诀》一卷，并采择《晚笑堂画传》等人物画谱中的图绘，编作《仙佛图》、《贤俊图》、《美人图》三卷，合刻成《芥子园画传》第四集的人物画谱。提出绘画“启人逸致，夺自造化而移精神”的功用，认为“画至于神，能事毕矣，岂有不自然者”。认为“神”须建立在“形”的基础上，“笔墨为传神”，“神理凑合”。为中国绘画史上最系统的一部画谱。

《指头画说》

清代高秉（1671～1734年）著。一卷。论述指头画作法，以笔记形式，详述高其佩指头画之运指、用墨、蘸色、渲染等法，并记其用纸、钤印染、题款诸特点，亦载高其佩生平轶事及梦中得指运法等传闻。认为绘画美的最高境界，具有“静气”。重视传写绘画对象之神，追求所谓“别趣”、“机趣”。重视“有我”，反对“泥古”。强调画家作画应具有多种风格。是研究指画艺术和鉴定高其佩作品的重要参考资料。

《绘事发微》

清代唐岱(1673～1752年)著。一卷。二6篇。认为绘画是“怡情养性”的东西，是“轩冕巨公不得自适于林泉而托兴笔墨，以当卧游”。反对“用之图利”，认为“六法中原以为气韵为先”。他还把“气韵”解释为“有气则有韵，无气则板呆矣”。主张“景界要新”，“落笔要旧”。主张了“用古人之规矩格法”。他还谈到，一个画家“善文”、“善书”，对于提高绘画技巧有重大作用。

《国朝画征录》

清代张庚（1685～1760年）著。三卷，续二卷。载清初至乾隆初画家476人，三卷中，自八大山人迄袁枢共290余家；续录二卷，自黄宗义迄闺秀鲍诗收168家，列小传，评述画风特长、师承、流派、或合传，或附传，处理基酌，颇见匠心。每多摘录画家的名言精论入传中。小传后的论赞，都十分精到，对画理的发挥尤为出色。对各家各派的评论，也大体公允。

《浦山论画》

清代张庚著。一卷。总论叙述各派源流及其得失，明末清初各派名称实始见于此。后论画八则，分“笔”、“墨”、“品格”、“气韵”、“性情”、“论功夫”、“入门”、“取资”。主张绘画必须表现“气韵”，把“气韵”分为“有发于墨者，有发于笔者，有发于意者，有发于无意者”。认为绘画是抒情，而抒情必须借物，这叫作“取资”。不袭前人成言，独抒心得。

《板桥题画》

清代郑燮（1693～1765年）著。一卷，为《郑板桥集》中的一部分。录有关题画文字四十八则。《补遗》部份有题画竹五十六则，题画兰十五则，题画兰竹石二十三则，题自画及别人之画十七则。提出了“胸有成竹”、“胸无成竹”、“眼中之竹”、“手中之竹”、“心中之竹”，认为“必极工而后能写意，非不工而遂能写意也”。

《写真秘诀》

又称《传真心领》。清代丁皋(公元？ −1761年)著。一卷。凡二十五篇，各有名目。卷末有《退学轩问答》八则，为记录有关写像问题解答。提出肖像画应该形神兼备，而以形似为基础，“务要各处审定阴阳，染明虚实，方能神似”，“细细描模，欢神自得”等。作者特别重视画眼的传神，“眼为一身之日月，五内之精华，非徒袭其迹，务在得其神。”重视笔法墨气，“有笔法而有生动之情。有墨气而有活泼之致”。认为画人物肖像画，采光是“向北之房”和“微阴之候”最为合适。认为画家在绘人物肖像时应“用吾之气韵”，“以自己之神，取人之神”。为中国肖像画入门法书。

《频罗庵画跋》

清代梁同书（1723～1815年）著。一卷。强调绘画的抒情作用，称赞李晴江画梅“全以胸中灵气行之”。称赏倪文贞公画“自其胸中吐出磊磊落落之石”。他对画家的作品首先注重其如何表现出画家的人品、胸次、气质、情思等绘画风格和笔墨趣味。强调“士夫气”，“士夫笔墨”，“乘兴作画，多用秃笔，不求甚似。尝试示人曰：若猜何物？”他赞之曰：“此正是士人笔墨无所不可”。

《二十四画品》

清代黄钺（1750～1841年）著。一卷。仿司空图《诗品》体例形式，列举出绘画中的二十四种画品，即绘画的二十四种美的境界，分别为：气韵、神妙、高古、苍润、沉雄、冲和、澹远、朴拙、超脱、奇辟、纵横、淋漓、荒寒、清旷、性灵、圆浑、幽邃、明净、健拔、简洁、精谨、隽爽、空屡、韶秀二十四品。措词典雅清新，斐然可诵。

《山南论画》

又称《山南老屋论画》。清代王学浩（1754～1832年）著。一卷。该书仅有八条，多论及笔墨。认为“画以造化师”，“画为山水传神”是不可及的境界，认为“作画第一论笔墨”而“画中设色”非为写形传神，只是“补笔墨之足，显笔墨之妙处”。“用墨之法，忽干忽湿，忽浓忽淡，有特然一下处，有渐渐渍成处，有澹荡虚无处，有沉浸浓郁处，兼此五者，自然能具五色矣。凡画初起时，须论笔，收拾时，须论墨，古人所谓大胆落笔，细心收拾也”。

《松壶画忆》

清代钱杜（1764～1845年）著。上下两卷。上卷论画及谈画法，颇见精到，无虚空之言；下卷记其平生所见名迹，评述布置及作法，并加以评论。提出“下笔须先定意见”，“心手并运”。主张学古人应求获得古人作品中的“神意”、“神韵”，而不应“一意在皴染勾勒上取形似”。学古还得博学古人之长。另有《松壶画赘》二卷，为钱杜的题画诗，多论及画理。

《溪山卧游录》

清代盛大士（1771～1836年）著。四卷。一、二卷多论画法或抄录前人画论；三、四卷记载其同时代画家和友人的交游及题赠诸事。提出士大夫画与画工画的区别。指出画有“三到”：“理、气、趣”。认为“非是三者，不能入精妙神逸之品”。提出绘画的“忌”。强调画家主观情思抒发和寄托，如画“旅雁孤飞，喻独客之飘零无定也。闲鸥戏水，喻隐者之徜徉肆志也。松树不见根，喻君子之在野也。杂树峥嵘，喻小人之昵比也。江岸积雨，而征帆下归，刺小人之追逐名利也”。反对画家“沈溺于利欲名扬”，作画“初下笔时，胸中先有成算，某幅赠其达官，必不虚发；某幅赠某富翁，必得厚惠。是其插鄙陋劣之见，已不可向迩，无论其必不工也，即工亦不过书画之蠹耳”。

《养素居画学钩深》

清代董棨(1772～1844年）著。一卷。本书论画凡二十三则。强调了画家“内以乐志，外以养身”的“陶然自得”，强调反映绘画对象的形神，同时表现画家的主观情思，提出“四不穷”说：“笔不可穷、眼不可穷、耳不可穷、腹不可穷”。

《画耕偶录》

清代邵梅臣（1776～？年）。一卷。主要是辑录著者的题画之作而成的。认为“画道本闲家具耳”。提倡“神采为上，形质次之”。作画“当有意无意，求天趣于笔墨之外”，“奇怪不悖于理法，放浪不失于规矩”。主张绘画应“简淡高古”，“脱脂粉气”、“脱火气”，即“绚烂之极，归于平淡”。又要有“魄力”而无“闺阁气”。“画笔宁拙毋巧”。要“萧条淡漠”，“趣味深长，精神完固”、“离俗当远”和“忌甜”等。强调学力与天分。

《画筌析览》

清代汤贻汾（1778～1853年）著。一卷。为汤贻汾因《画筌》在编写方法上论说互杂，不便学者阅读，而整理、删去与山水画无关紧要的材料，将原起一段作首，下分为十篇：第一篇论山、第二篇论水、第三篇论树石、第四篇论点缀，第五篇论时景，第六篇论勾染，第七篇论用笔用墨，第八篇论设色，第九篇为杂论，第十篇是总论。每篇后附已见。

《墨林今话》

清代蒋宝龄(1781～1840年)、蒋　生（生卒年不详）著。十八卷，近代续一卷。记载乾隆至咸丰间画家1286人，多为江浙人氏，各立小传。起自董文格，迄元和闺秀，记述各家姓名里居、韵事画艺，并涉及书法、金石、诗词、收藏等事，不以时代为先后顺序，采辑有关诗作，运用具有形象性的“诗话”写作手法，使本书成为富有诗情画意的画家史传和美术评论，开创了中国美术批评的一种新形式。

《习苦斋画絮》

又名《戴文节题画类编》。清代戴熙（1801～1860年）著。十卷。1893年。原为戴熙的日记手录，多是题画跋文，后经惠年以卷册、大幅、横幅、立幅、纨扇、杂件等为编次成书付梓。认为绘画应“画其神”，求其“生趣”与“生机”，摄其“影”，求其“意足”，“求诸骊黄之外”，得其“味外味”。认为“画当以神遇，若求诸迹，便落滞相”。同时认为“有志者不当以写意了事”。主张师法造化，“画者本无心也，但摹绘造化而已。吾心自有造化，静而求之，仁者见仁，智者见智可也。泥未有是处”。得造化之神奇，必以心运，“画当形为心役，不当心为形役”，“以目入心，以手出心，专写胸中灵和之气，不傍一人，不依一法，发挥天真，降伏外道”。要求画“四美具”：有“功力厚”的“闲”，“智慧足”的“静”，“旨趣别”的“淡”及“气味长”的“远”。重视创作激情，灵感之类在绘画创作中的作用，强调“空灵”为最高的审美理想。

《小蓬莱阁画鉴》

清代李修易（1811～1861年）著。一卷。提出绘画“抒写性灵”，云：“吾辈读书弄翰，不过抒写性灵”。并提出韵、格、散并重之说，认为唐人画以韵胜，宋人画以格胜，其特点为“先立粉本，惨淡经营，定其位置，然后落墨”。元人创“散笔之法”。这种画法“随钩随皴，初元定向，有不足处，再以焦墨破之，亦不拘定轮廓”。主张“以唐之韵，行宋之格，行元之散”。强调了绘画作品既重笔墨，又重情趣。注重师从造化，反对“徒恃稿本求生活”。

《画说》

清代华翼纶（1812～1899年）著。一卷。认为“画本士大夫陶情适性之具”，“但以自娱可耳”。“既不求名，又何能求得利”，画家就应“孤行已意”，“变化在心，造化在手”，“自写吾胸中之丘壑”。又云：“求奇求工，皆画弊也。于苍莽横逸中，贵有神闲气静之致”。“画乃天生就一种人，忌可学而至。盖学必有绳墨，便死于绳墨中矣”。“子久、云林，梅道人辈，其品高出一世，故其笔墨足为后世师”。极力反对“心绪恶劣，诸务冗繁，强而为之”。主张“以古人为师”，“尚友古人”，“知门径、守宗派”。

《梦幻居画学简明》

清代郑绩(1813～1874年)著。五卷。主张绘画应反映现实，以形为神，形神兼备。提出“立意”、“品格取韵”。画山水，不能“忽格于形象”，又不能“描摹虽似而品类无神”。画花卉，要求“合而观之，则一气呵成。深加细玩，复神理凑合”。画禽兽，要求“能于形似中得筋力，于筋力中传精神。具有生气”。画人物，要求“写其人不徒写其貌，并要肖其品”。

《桐阴论画》

清代秦祖永（1825～1884）著。六卷。共收晚明至清同治初画家凡360人，分三编，每编各120人，初编记自明季至道光间；二编记自明季至康熙间；三编记自雍正至道光间。对各家宗法造诣皆有品评，并在书眉朱批。分神、妙、能、逸四品，泛列逸品为最多，评论之外，各有小传。主张山水画家以“真笔墨”“为山水传神”，“点画人物”，则要“虽寥寥数笔，亦能传神”。“理与气会，理与情谋，理与事符，理与性现，方能摈落筌蹄，都成妙境”。“笔墨外另有一种超尘拔俗之概。人品之洁，可以想见焉”。“作画能沉着松灵，则不患无气，不患无韵矣”。“作画须要师古”，“博览诸家然后专宗一家”。

《东庄论画》

清代王昱（生卒年不详）著。一卷。该书为王昱追忆师传，参以心得。所论不出“娄东画派”范围。对于研究王原祁一系的山水画，是较为直接的资料。提出“学画所以养性情，且可涤烦襟，破孤闷，释躁心，迎静气”的绘画社会职能。认为“山水家多寿，盖烟云供养，眼前无非生机”。提出绘画“六要”为“气骨古雅、神韵秀逸，使笔无痕，用墨精彩，布局变化，设色高华”。又云：‘清空’二字，画家三昧尽矣；“又一种位置高简，气味荒寒，运笔浑化，此画中最高品也。须绚烂之极，方能到此”。还主张“以性灵运成法”、“以天然图画，开拓心胸”。既非主张刻意抄袭古人，更非主张认真师法自然，强调写实。

强调“画虽一艺，具中有道。试观古人真迹，何等章法，何等骨力，何等神味”。

《国朝院画录》

清朝胡敬（生卒年不详）著。二卷。该书系采撷《石渠宝芨》著录中所录清初至嘉庆时，略叙字号、籍贯及简历，并摘录皇帝褒赏之题矢，间加案语，评赞艺术特长。小传后备列《石渠宝芨》著录画目。后附合笔者28人。《石渠》未著录而散见于他书的画院画家33人，附记于卷末。书前有嘉庆21年（1816）排序，详考历代画院之沿革，列举主要画家，可资了解画院历史的概貌。为研究清代院画的重要资料。

《过云庐画论》

清代范玑（生卒年不详）著。一卷。分三论，一论山水，二论花卉，三论人物，共40余条。论山水最详，凡三十二则，论花卉五则，论人物六则。提了出“画有虚实处”，“六法甚难”，“临摹古迹”，“临与仿不同”，“画品有三”等，其中有不少创见，值得重视。认为“应物写形，果能曲体其情，盈天地间何物不可揽入笔姿，日星之表”。“写仙佛圣贤，必得世外之姿，日星之表”。“神鬼威厉，隐逸萧闲，武人英伟，文士秀发”。肖像画则更“以逼肖为极则”。主张“整笔工细”为“纵笔写意”之基础。“无法”应是“有法之极”。重视用笔“画以笔成，用笔既淡，不得议其画矣”。认为“临”与“仿”不同，“临有对照，背临，用心在彼。仿有略仿，合作、主见在我”。临是依样画葫芦，“有我则失真矣”。仿是借古人酒杯浇自己块垒，“无我则成假矣”。强调书画相通，从书法文法中吸收营养。“古人精六法，无不精于八法者也。不备诸体而成画，无有是处”。

《大观录》

清代吴升（生卒年不详）著。二十卷。卷一至卷十为魏晋至明代各家书迹；卷十一为晋至五代画，卷十二为北宋君臣画，卷十三为北宋诸贤画，卷十四为南宋君臣画，卷十五为南宋诸贤画，卷十六为赵孟頫画，卷十七为元四家画，卷十八为元贤画，卷十九为明贤画，卷二十为沈、唐、文、仇画。每种书画作品下详记质地、尺寸、法书并记行数、字数，名画并叙所绘情状、画法、并加以评论，然后录书法本文、名画款识，又录后人题跋。

《南宗抉秘》

清代华琳（生卒年不详）著。一卷。专论南宗写山水之法。提出绘画要“形活”与“笔活”兼备。主张既学古人尤贵变化，尤重于“理”。云：“或出炉冶，而欲写其性灵，必研精殚思，以求尽善。”言用墨用笔者居多，最后为辨别旧谱，山有三远说，尤见精辟。

《颐圆论画》

清代松年（生卒年不详）。一卷。为著者随手记录，虽不成系统，但阐发很多绘画创作的见解。主张“多画忠孝节义，暗寓劝惩”以求“有功于世”，“画山水、花鸟、竹兰、怡情适兴，风雅清高，已属盗名惑世，折人福泽”，提出作画必须“处处有我”，“中国画三等秘诀：一曰用笔，一曰运墨，一曰用水。再加以善辨纸性，润燥合宜”。主张从书法中吸收笔法。“书画同源，只在善用笔而已”。

《绘事雕虫》

清代连朗（生卒年不详）著。十卷。仿照《文心雕龙》之体，而谦为“雕虫”。凡十五篇，卷一为原画、画圣、画人、天文、地理。卷二为人物、写照、山水、界画、器用。卷三为花卉、蔬果、翎毛、畜兽、鳞介。卷四为草虫、树石、杂画、白描、著色。卷五为工致、写意、没骨、皴染、点泊。卷六为学问、师资、宗派、神理及体性。卷七为位置、骨法、传模、定势、通变。卷八为气韵、笔墨、名意、命题、去瑕。卷九为落款、粉本、灵异、品质、声价。卷十为才略、兴废、鉴藏、装裱。其中精论颇多，但也有沿袭前人之说而未加熔铸者。

《山水画式》

清代费汉源（生卒年不详）著。一卷。提出对于人物画，要求写出画家所感受的，即符合自己审美理想的那种特定神气。对于山水，甚至对于屋宇，也是如此。“画寺观宜壮丽，画村舍又宜古朴，而亭馆全在幽雅”。论画“三远唯深远为难，要使人望之莫穷其际。不知其为几千万重，非奇思不能做”。此奇思即指画家的那种想象力。

《读画纪闻》

清代蒋骥（生卒年不详）著。一卷。认为画人物画，要求传写出所画人物的理所应有的，也即符合自己的审美理想的那种神气。如画美人，要求“写得临风扬步，翩翩然若将离绢素而来下者”；为“神女写照”，则应该“意在端严，不在妩媚”。对于山水画，他则讲究“理”，要求符合事物的客观规律。如“画中有风者，其人物及山石树身皆当与风相左。惟树杪，藤梢点缀处作飘扬之致”。强调画家主观情思的表现，笔墨技巧应表现“书卷气”，同时把画家“胆识”与“布置章法，胸中以有胆识为主”联系起来。

《画谭》

清代张式（生卒年不详）著。一卷。主张“画山水以气韵生动为主”，画人物“下笔时要得其气象”，“借笔墨以寄吾神耳”。“多临古人真迹，多参古人画说”。强调书画相通，“学画又当学书”，“未有不能书字而能书画者”。“试以古人真迹，拈笔脚细审之，其出笔行笔，沉着痛快，无迹可寻，与书法用笔何异”，“初以古人为师，后以造物为师”。“以古人入，从造物出”。“题画须有映带之致，题与画相发，方不为羡文。乃是画中之画，画外之意”。

《天下有山堂画艺》

清代汪之元（生卒年不详）著。两册，分为《墨竹谱》与《墨兰谱》两部分。有文有图，详述兰竹的画法及衬景的画法。主张画墨兰、墨竹，应该“写影传神”。认为墨竹、墨兰传神的最高标准是“自然”。“初以古人为师，后以造化为师”。《墨竹谱》前有墨竹指三十二则，详论写作之法，颇为精到。谱分写嫩竿、老手、重叶、布叶诸法以及风晴雨雪四式。《墨兰谱》前有墨兰指附蕙石苔草二十八则，论写兰之法，亦甚详明，谱首为写叶、写花法及两丛风兰、悬崖折枝诸法，次为蕙叶花箭交答、花蕊添插叶法及两丛帘竹、露根折叶诸式，又次为写石、点苔、写草法及山瀑、水口、灵芝诸式。是兰竹的技法入门书。

《学画杂论》

清代蒋和（生卒年不详）著。一卷。杂述著绘画美学见解，认为“画者，理也，意也”。“未落笔时，先须立意，一幅之中，有气、有笔、有景，种种具于胸中。到笔着纸时，直追出心中之画。理法相生，气机流畅，自不与凡俗等”。主张师法自然，又重视学习古人，主张临摹古人“以熟为主”，认为熟后才能“离古法而自出新意”。“学习须从规矩入，神化亦从规矩出”。

《观画百咏》

清代叶德辉（生卒年不详）著。四卷。为观画而作的诗，且有详注，虽繁冗而搜辑甚勤，间亦有所考证，对画论的发挥较多，持论独出心裁，不为时风所拘，对元四家及董其昌、萧云从、查士标、李流芳、卞文瑜、王时敏和王原祁等贬语甚多。

《春觉斋论画》

近代林纾（1852～1924年）著。一卷。本书提出绘画的“陶情养心”观点，认为“西洋机器之图与几何之画，方称有用。若中国之画，特陶情养心最妙之物”。重传神，也重形似，重合“理”。主张画家多种风格，对“以为粉彩填砌即为俗，水墨渲染即为雅”的论点提出异议，主张“法律须尊古人，景物宜师造化”。

《学画通论》

黄宾虹著。黄宾虹（1865～1955）现代国画大师。写生作画，屡行变革，遂自成风格。其画中年苍浑清润，晚年尤精墨法。并对画论、画史深有研究，著作有《美术丛书》、《古画微》、《虹庐画谈》、《学画通论》等。

黄宾虹曾在《渴笔山水》题曰：“宋元人渴笔法，刚而能柔，润而不枯，得一辣字诀。”

《以美育代宗教说》《文化运动不要忘了美育》

蔡元培著。蔡元培（1868～1940）早年留学于德国，思想深受西方哲学之影响，他继承了中国古代教育思想，大力倡导美育为人的精神服务。认为美具有普遍性和超脱性。美之普遍性就是指审美对象可供任何人鉴赏，对任何人都是美的；美之超脱性则是美可以脱离现象而进入自由观念。主张以审美教育为手段，引导人们超越现实，达到人人彼此相爱，相互关心的境界。他认为：“教育欲由现象世间而以达到于实体世界之观念，不可不用美感之教育”。

他还主张美育应取代宗教。他反对“美育附丽于宗教论”，也主张“纯粹之美育”，“鉴激刺感情之弊，而专尚陶养感情之术，则莫如舍宗教而以纯粹之美育”。他指出宗教把人的感情活动导向利害纷争，而美育则是“陶养感情”，使人们超越利害纷争而进入纯粹无差别的实体世界。

《中国绘画史》

潘天寿著。潘天寿(1886～1971) 每作绘画必有奇局，形简而意远。潘天寿具有大胆的创造精神，他常说，“荒山乱石，幽草闲花，虽无特殊平凡之同，慧心妙手者得之尽成极品。”他对画史、画理也研究有素，著有《中国绘画史》、《顾恺之》、《听天阁诗存》、《治印丝谈》。并缉有《听天阁画谈随笔》等。

《中国画论类编》

俞剑华著。中国美术史家，中国画家俞剑华(1895～1978)长于中国美术史研究，尤精绘画史。兼擅山水画，著述甚丰。

1955年，编成《中国画论类编》、《敦煌艺术》、《中国壁画》诸书。《中国画论类编》是其重要著作，辑录先秦至清末的画论著述，拾遗补缺，条理分明，且有真伪考证，为同类编著中最为完备可信者，而分类编纂之法又使读者查检方便。

《艺境》

宗白华著。本书是一本美学论丛，收录了宗白华(1897–1986)先生关于艺术美学方面的文章22篇，具有十分重要的学术价值。宗白华是我国著名美学家。他“终生情笃于艺境之追求”，亦即探求艺术的美，是在中外艺术不同种类的比较中发现并关注书法的，并从美学角度高屋建瓴予以审视。

《艺境》一书分“艺境”和“流云”两集。“艺境”是美学和文艺论文，由中国艺术的审美特征、中国文化的美丽精神、艺术的价值结构，文艺的空灵与充实、诗歌书法的空间意识和空间美感等组成。宗白华不论专论，还是散论，大都深刻而精警，能够洞察书法艺术的底里。宗白华的书法美学思想，在现代书法理论中独树一帜，愈来愈显示出它的价值和意义。

《中国画论研究》

伍蠡甫著。伍蠡甫(1900～1992)广东新会人。侧重艺术理论，特别是中国画论研究，兼事国画山水创作。著有《中国画论研究》、《伍蠡甫艺术美学文集》、《中国历代名画欣赏大辞典》、《西方文论简史》等。

其《中国画论研究》中曾引用不少西方美学家有关线条美的论述，认为“我国绘画线条的理论，由于紧密结合立意和运笔这一基本法则，所以，唐代所论的‘一笔画’到清代石涛提出的‘一画’说，‘线条’的概念已远远超越了艺术媒介的范围。”

《中国画变迁史纲》

傅抱石著。傅抱石（1904～1965）是我国早期美术史论家、国画教育家。他最早发出“中国画的一切，必须中国人来干”的呐喊，并身体力行地撰写了《中国绘画变迁史纲》(1931年出版)。本书在体例和内容上打破了以往用朝代为线索来记叙画史的方法，而是以论串史，使读者对数千年的绘画了然于心。

傅抱石在《中国画变迁史纲》中指出“对景造意，不是无景造象，也不是对景造形，造意而后，自然写意”。非常准确地阐释了对景写生的关键在于情动于先，造意于先，写意在后；对景写生写得是由景所引起的此时此地的情和意，不是无视自然任意乱画，也不是对景机械的抄写客观的形态。

《中国画论体系及其批评》

李长之著。李长之(1910～1978).的“感情的批评主义”的理论认为批评要达到客观公正，必须要用感情。这是看似和客观相反而实则相成的态度。“感情的批评主义”，包含几个要点：一是对一篇作品要爱憎分明，不委曲求全，如此才能公平；二是要撇开一己的好恶，“跳入作者世界里”深味吟咏，作“同情之了解”；三是一个批评家，必须说出具体的好作品的条件来。这个条件，李长之称之为“感情的型”。表现出他要为现代批评建立新范式的抱负。

《中国画论研究》

王世襄著。王世襄（1914～）研究的范围很广，涉及书画、雕塑、烹饪、建筑等方面，他对工艺美术史及明式家具、古代漆器和竹刻等有独到的研究。

《中国画论研究》是作者用多年时间修改而成的一部心血之作。作于1996年之《大树图歌》有句如下：“行年近而立，放心收维艰。择题涉文艺，画论始探研。上起谢六法，下逮董画禅。诸子明以降，显晦两不捐。楷法既详述，理论亦试诠。”是作者对数十年来对画论一稿的感悟与检讨。

《鲁迅论美术》

张望著。张望（1916～1992），1932年参加中国左翼美术家联盟，作品《出路》、《负伤的头》等被鲁迅编入《木刻纪程》，是中国新兴版画运动的第一代版画家和开拓者之一。著有《鲁迅论美术》、《张望集》等。

指出鲁迅对于美术的研究，不仅仅是“介绍过国外木刻艺术和绘画作品”。他的美术的论文，有其独到精辟的见地，同时也是中国新美术的导师。

《黄胄书画论》

黄胄著。本书分为上、中、下三篇，上篇为书画题跋，中篇为谈艺录，下篇为黄胄艺术研究文选。黄胄（1925～1997）在20世纪50年代末至70年代末，两次大量临摹古代精品。他主张“必攻不守”，以速写起家，在生活中积累了成千上万的速写。他认为国画家在生活中直接用毛笔搜集素材，才能与国画的笔墨功夫结合得好。黄胄以大批新意境、新技艺、笔墨流畅、气度澎湃的佳作，给中国画坛开一代新典范。

第二章 经典书论（选）

《草书势》

东汉崔瑗(77～142年)著。《草书势》被认为是我国历史上流传至今最早的一篇书法论文。它是谈论草书技法的文章，用比喻的手法加以描述。它由两部分组成：第一部分提出草书的出现正是由繁到简的社会需要的反映；第二部分是从草书欣赏的角度，对草书的姿态美进行讴歌。严格地说起来，《草书势》还算不得是一篇完整的书论。

《非草书》

赵壹，东汉光和间辞赋家。《非草书》是古籍中记载确凿并且对社会产生了较大影响的第一篇书学文献，是较早论及书法并对草书进行非议的一篇赋文。文中对草书产生的渊源作了客观的、理性的分析，对当时模仿杜度、崔瑗、张芝等人的习草之风之盛也作了生动形象的描述，并对这一流行时风予以尖锐的批评，阐述了他对草书的认识和持有的态度。对后来的书法理论的形成与发展起了极大的推动作用。

《四体书势》

卫恒(?～291)，西晋书法家。《四体书势》一卷，是卫恒的书法理论著作，原文收入《晋书·卫恒传》，是存世最早和比较可靠的重要书法理论之一，有很高的史料价值。文中探讨了汉字的构成、字形字体的演变，并对西晋以前的书法家进行了评论，指出他们在书法方面的得失。这篇文章，可以说是对西普以前的书法史的总结，也是我国书法理论的重要文献。

值得指出的是，他在叙述字体由古文、篆书、隶书直到楷书、行书、草书的发展过程中，注意到汉字字形由繁到简，由难到易的不断简化的规律，以及这种变化发展的社会原因。有关当时的各种书体、书史的演变，以及一些书法家代表的情况资料，大都赖此书得以保存。

《笔阵图》

卫夫人（272～349年）著，名铄，字茂漪，东晋人，传为王羲之之师。《书法要录》说她得笔法于钟繇，熔钟、卫之法于一炉。《笔阵图》云："横"如千里之阵云、"点"如高峰坠石、"撇"如陆断犀象、"竖"如万岁枯藤、"捺"如崩浪奔雷、"折"如百钧弩发、"钩"如劲弩筋节。卫铄认为，书法品位就高在"多力丰筋"，即筋劲，力强。多"肉"则是下品，是"墨猪"，臃肿无神气。魏晋人讲"风骨"，讲"清奇险峻"，所以以"瘦硬"为美。后代人或崇尚"丰腴"，或崇尚"肥劲"，对"筋"、"骨"、"肉"也就有了不同的理解。但"书必有神、气、骨、肉、血，五者缺一，不能成书"则是历代书家的共识。卫铄的贡献就在于她把"筋"、"骨"、"肉"之说引入书论，使之成为书法审美范畴，为后世的创作和欣赏开辟了新的思路。

《笔意赞》

王僧虔(426～485年)著，王是南朝齐著名的书法家和书法理论家，通文史，精音律。为王羲之的四世族孙，王导的五世孙。本文见于《书苑菁华》第18卷。此文一序一赞，仅一百多字，以《告誓》与《黄庭》为范本，对书法艺术的本质和学书的方法，如器具的选择与使用，字帖的选择与特点，用笔的标准及结字的方法等问题作了精辟的阐述。其语言简练，文辞优美，耐人寻味，为大家手笔。文中第一次明确地提出了形神兼备、神采为上的创作与鉴赏的原则，揭示了书法艺术创作最根本的追求目标，并强调书家应做到心、手、笔相忘，才能达到创作的最高境界，自然地表达其情感。王氏的这些论述对后世书法艺术的发展产生了深远的影响。

《古今书评》

南朝梁书法评论著作。袁昂（461～540年）撰。《古今书评》1卷，为奉敕之作。文中评论张芝、索靖、锺繇、王羲之、王献之、羊欣等25位书法家的艺术特点，均采用比喻手法，其中特别推崇张芝、锺繇、王羲之、王献之4人，许多评语，成了后代评论书法的根据。梁武帝萧衍《古今书人优劣评》就以此文附益而成。此文曾收入唐《法书要录》、宋《书苑菁华》中。

《书品》

南朝梁庾肩吾(487～551年)撰。《书品》全书1卷，记载了自汉至齐梁以来能写真书和草书的名家123人，分上中下三等，每等再分上中下共为9品，并对每一品级给予评论，品评他们书法艺术的成就。此书的特点在不是就每件作品加以品评，而是就每一级集中综合品评，区分优劣。体例严谨，条理井然。同时，总序中还记述了一些字体的起源和发展，而且还开辟了书法鉴赏的道路，是研究书法及中国书法史的宝贵资料。

《笔髓论》

唐代虞世南(558～638年)著。虞世南作为初唐书法“四大家”之一，他不仅以其圆润秀美的书法而流芳后世，在书法理论上也成就斐然，其理论代表作《笔髓论》充分反映了虞世南对书法艺术的独特见解，从四个方面论述虞世南的书法创作观：心与手的关系、心与意的关系，各体书的创作特质，关于创作的心态。《笔髓论》讲了用笔的方法，各体书的书写法则和完成后所要具备的神情意态。指出要明确“兵无常阵，字无常体”，一切都在变化中，关键在对整个“形势”的掌握和对变化“技巧”的活用；但是“字虽有质，迹本无为”，所以书艺要“契妙”。但仅仅熟练掌握和运用法则还不够，还必须懂得：“书道玄妙，必资神遇，”“机巧必须心悟”；“心悟非心合于妙也。旦如铸铜为镜，明非匠者之明，假笔转心，妙非毫端之妙”。就是要在法则外去追求书法艺术的神韵、格调和意境，这才是学习书法最重要的。《笔髓论》对唐代尚法书风从理论上加以倡导和推进。

《书谱》

唐代书法家孙过庭（648～703年）的书法名迹、著名书法理论著述。《书谱》原为2卷6篇，现存其草书真迹一卷，题为《书谱卷上》。此卷为纸本，草书，其内容论述正、草二体书的章法及学习和创作的经验，议论精辟，文章宏美，是一部书文并茂的书法理论著作。后署“垂拱三年(687)写记”。《书谱》深得书法之旨趣。至今流传，成为学习草书的楷范。《书谱》是中国书学史上一篇划时代的书法论著，提出他著名的书法观：“古不乖时，今不同弊”，为书法美学理论奠定了基础，在书法艺术上的成就是与他在书法理论上的成就相统一的。孙过庭书法，上追“二王”，旁采章草，融二者为一体，并出之己意，笔笔规范，极具法度，有魏晋遗风。

《书断》

张怀瓘(生卒年不详)，唐代海陵人，主要活动时间约在唐玄宗与肃宗年间。《书断》共上、中、下三卷。上卷卷首一篇自序，序后列总目，总目后逐一叙述古文、大篆、籀文、小篆、八分、隶书、章草、行书、飞白、草书十体源流，各系以评赞，终为总论。中卷和下卷罗列古今书家，从黄帝时苍颉起，迄至唐代卢藏用止，3200多年间共86人，分神、妙、能三品，各列小传，传中附录38人。卷末有通评一篇。此书征引繁博，颇多佚闻，其评论亦极有斟酌。

《法书要录》

张彦远（约生于唐宪宗元和十年(815年)，卒年不详）编著，唐代书学论著总集。《法书要录》10卷，编辑东汉至唐元和(806～820)年间书论法理著作39种，其中有的只存其目，实收34篇。书中编入赵壹《非草书》、羊欣《采古来能书人名》、王僧虔《论书》、虞　《论书表》、梁武帝《论锺书十二意》、《与陶隐居论书启九首》、庾肩吾《书品》和李嗣真《书后品》、窦臮《述书赋》和张怀瓘《书断》等，都是古代书论中的名篇。流传甚广的传为卫铄的《笔阵图》和王羲之的《题笔阵图后》也都收入在内。采摭繁富，后之论书者，大抵以此为据。

《笔法记》

荆浩（生卒年不详），五代后梁画家，字浩然。荆浩在《笔法记》中提出的六要：“一曰气，二曰韵，三曰思，四曰景，五曰笔，六曰墨。”将气放在六法六要之首。在论述书法作品的格调、风格时，首先看“气格”。《笔法记》中也对“物”与“象”的关系进行了论述，指出艺术形象有“真”与“似”之分，他说：“似者得其形遗其气，真者气质俱盛”。其中“真”与“气”、“景”与“思”其实就是“象”与“心”的变体。凡此等等，皆反映了书画于唐末五代在理论研究上所达到的水平。

《集古录》

也称《集古录跋尾》，中国现存最早的金石学著作，北宋散文家、书法家欧阳修（1007～1072）著。《集古录》是对家藏金石铭刻拓本所作题跋的汇集，共400多篇，其中碑刻跋尾占绝大多数，铜器铭文仅20多篇，嘉　六年(1061)成书。全书收录了上千件金石器物，所收集器物上自周穆王，下至隋唐五代，内容广泛。通篇笔势敦厚凌厉，字体神采秀发。正像苏东坡所赞：笔势险劲，字体新丽，用尖笔干墨作方阔字。这亦自然之事，本身编纂的是金石学，方竣字里行间自不免沾染些金石气息。

《东坡题跋》

中国书画著录书，北宋著名文学家、书画家苏轼（1037～1101年）著。共6卷，第一卷文跋93条；第二、三卷诗跋189条；第四卷书跋119条；第五卷画跋106条；第六卷杂事96条，共603条。在《东坡题跋》中，苏东坡的美学思想散见于其中，是苏东坡散文中独具特色的一种体裁，充分体现了他在文学艺术上的宗旨：崇尚自然、不事雕琢；冲淡简远，高雅绝俗，代表了封建社会后期美学思潮。反映了他旷达超脱、随缘自适的处世哲学。同时，题跋在写法上随兴而发、妙趣横生。

《海岳名言》

书法品评著作，北宋书画家米芾（1051～1107）著。共一卷，论书对古人多所讥贬，有矜持之嫌，如评薛稷书《慧普寺》额为“笔笔如蒸饼”，称“柳公权师欧，不及远甚，而为丑怪恶札之祖。自柳世始有俗书”，认为“小字展令大，大字促令小，是张颠教颜真卿谬论”。但所言运笔布格之法，自抒心得，能脱落蹊径，独阐精微。

《宣和书谱》

法书著录著作，北宋徽宗宣和年间官方主持编撰的宫廷所藏书法作品。全书20卷，著录宣和时御府所藏历代法书墨迹，包括197人的1344 件作品，按帝王及书体分类设卷。其中历代帝王书一卷，正书四卷，行书六卷，草书八卷，八分书一卷。每种书体前有叙论，述及各种书体的渊源和发展，论说所录书家的标准和道理所在。依次为书法家小传、评论，最后列御府所藏作品目录。全书体例精善，评论精审，资料丰富。

《书小史》

书法家传记，南宋陈思（生卒年不详）著。全书记载了自上古伏羲、神农到五代徐铉、郭忠恕的书法家传记等。纪一卷记载帝王51人；传九卷记载后妃10人、诸女13人、诸王27人，以及苍颉到郭忠恕等430人。南宋咸淳三年（1267）谢愈修序称其“证订名帖，饱窥异书”，“趣尚之雅，编类之勤，可谓不苟于用心矣”。

《续书谱》

书法论著，南宋词人、音乐家、书法家姜夔（1163～1203）著。共一卷，有总论、真书、用笔、草书、用笔、用墨、行书、临摹、方圆、向背、位置、疏密、风神、迟速、笔势、情性、血脉、书丹等十几则。此书意在承继唐代孙过庭的《书谱》，侧重于阐述真、草书的具体书写方法，是南宋书论中成就最高、影响最大的学术著作。宋谢采《续书谱序》云：“白石生好学无所不通，书法得魏、晋古法，运笔遒劲，波澜老成，尤好临习《定武本兰亭序》。所著《续书谱》一卷，议论精到，用志刻苦。”

《翰林要诀》

书法技法类，元代元统至元年间书法家陈绎曾（生卒年月不详）著。该书共一卷十二章：一执笔法，二血法，三骨法，四筋法，五肉法，六平法，七直法，八圆法，九方法，十分布法，十一变法，十二法书。对执笔法、血法、骨法、筋法、直法、圆法等各种方法都立种种名目，并一一进行论说，论述翔实独到。

《法书考》

书法考证著作，元代盛熙明（生卒年月不详）撰。《法书考》是盛熙明总　前人和自己，学习书法的经验编辑而成。共分八卷。卷一为书谱，分集评、辨古二篇。前篇为古人书评，后篇列举古书、古碑，详加辨正；卷二、三、四、五、六、七为字源、笔法、图诀、形势、风神、工用，都是辑录前人成说裁。卷八是附录，分印章、押署跋尾两篇，成书于至正四年(1344)。前有虞集、欧阳玄、揭傒斯三篇序，后有清代朱彝尊跋。

《书史会要》

书家汇编，明代著名史学家、文学家陶宗仪（1329～约1412）著。《书史会要》共九卷，附补遗一卷，是作者搜集金石碑刻、研究书法理论与历史汇集而成，有汉魏至宋元时期名家作品617篇，始于三皇，止于元代，计450人。卷一为三皇至秦；卷二为汉、三国，卷三为晋，卷四为宋、齐、梁、陈、北齐、隋，卷五为唐、五代；卷六为宋；卷七为元，卷八为辽、金；卷九为书法则。

《书法雅言》

书法理论著作。明代书学家项穆(1573～1619)著。共一卷，分书统、古今、辨体、形质、品格、资学、规矩、常变、正奇、中和、老少、神化、心相、取舍、功序、器用、知识等17篇。作者从儒家的观点出发，把书法推到"同流天地，翼卫教经"的地位。所论以晋人为宗，对宋元人书如苏轼、米芾、倪瓒品评刻厉，别又见地。项穆强调内心修养的书法学习，强调一开始便应注意精神与形式的互相渗透。此外他还强调书法的"正统"，把王羲之与孔子并列，排斥苏轼、米芾，认为后世有成就的书法家，都不过是发挥了王羲之的某一方面。

《郁氏书画题跋记》

中国书画著录书，明代郁逢庆（生卒年月不详）编。共十二卷，又续记十二卷，成书于崇祯七年(1634)，是作者赏鉴唐宋元明法书名画，抄录题跋，汇集而成，其中有不少名迹精品。编法上不分类，时代上无顺序，体例也不统一，但对每件作品的题跋、印记等都加以详细记录。

《书诀》

书学论著，明代嘉靖年间书法家丰坊（生卒年月不详）著。共一卷，主要论术学书之法，偏重于篆籀；又排比古今书家，加以品评。论颜真卿独推其擘窠题署为第一，认为《东方画赞》、《多宝塔碑》是俗笔，又认为苏轼的书法以肉衬纸，有俗气，于楷法仅取其《上清》、《储祥宫碑》等三种。最后专论术悬腕用笔方法。其中笔诀是编皆论学书之法，尤其注意于篆籀。全书论术笔诀书势共四段、论篆法三段，次论古文、大篆、小篆、隶书各一段。原书所列法帖书迹极为繁佚，综计所载目录，占全书十分之八九。。

《无声诗史》

中国明末清初画史著作，姜绍书（生卒年月不详）著，成书于清康熙十八年（1679年）后。《无声诗史》全书7卷，散列明代画家470余人的传记。卷一至卷四为正编，记载了洪武(1368～1398)至崇祯(1628～1644)270余年间的画家201人；卷五记明代女画家22人；卷六、七为附录，记明代其他已无真迹、水平不高或偶尔作画者247人。全书除了征引王登《吴郡丹青志》外，材料多系自行采择，对同时期画家的记述尤多得自直接见闻，对研究明代画史有不可替代的资料价值。该书在编写上较为重视妇女画家，重视画家论画见解，顾及到画家的工艺擅长，在评论不同画派的画家时评价也还公允。

《国朝书品》

清代学者、书法家、书学理论家包世臣（公元1775～1855年）著。该书将清代书法家的作品分为神品、妙品、能品、逸品和佳品五品，其中神品一人，为邓石如的隶书与篆书，妙品为邓石如的八分及楷书和姚鼐的行书。

《艺概·书概》

中国近代诗文评论集，清代文学家刘熙载(1813～1881)著。《艺概》是作者平时论文谈艺的汇编，全书分为文概、诗概、赋概、词曲概、书概、经义概共6卷，分别论述文、诗、赋、 词、书法及八股文等的体制流变、性质特征、表现技巧和评论重要作家作品等。既注重文学本身的特点、艺术规律，同时又强调了作品与人品、文学与现实的联系。作者自认为谈艺"好言其概"，所以以"概"名书，取其得其大意，言其概要的意思，举少以概多，使人明其指要，触类旁通。这是刘氏谈艺的宗旨和方法，也是《艺概》一书的特色。

《寒松阁谈艺琐录》

张鸣珂著。此书为近代张鸣珂(1829～1908)，所作。共六卷，1923年著。有中华书局刊行本。书中记载咸丰、同治、光绪三朝书画家三百三十一人，自序中谓为续《墨林今话》而作，体例亦同，晚年书成，已达八十高龄。主要叙述名氏、籍里、生平事迹、著述文集、评赞画艺、兼及书法，诗文诸专长，凡与书画家相交至深者并附简历。书中所收皆著者同时代人或相去不远者，其中不少人且与张氏交游密切；故记事信实，保存不少重要文献资料。

《广艺舟双楫》

康有为著。中国清代书法理论著作，一名《书镜》，中国近代政治家、思想家、教育家康有为（1858～1927）著。《广艺舟双楫》于光绪十五年（1889年）著，共6卷27章，全书的涉及面很广，对书法艺术的各个方面几乎都有论述或评价。书中提倡南北朝的碑刻书法，总结了清代的碑学，指出长期在帖学统治下书坛的弊端，想从南北朝碑刻中开辟出一条新路。全书结构严谨，有系统、有理论，是当时最全面最系统的一部书学著作，是碑学发展史上第三篇重要的著作，对书法艺术的发展影响很大。从它问世起，碑学成了有实践、有系统理论的一个流派，在中国书法史上牢牢地占据了它应有的地位。

《广艺舟双楫》是从理论上全面地系统地总结碑学的一部著作，提出"尊碑"之说，大力推祟汉魏六朝碑学，对碑派书法的兴盛有着极其深远的影响，甚至还波及到日本。

《美学通论》

蔡元培（1868～1940)著。近代教育家、思想家，他是中国近现代美育最有成效的真正的开创者，不仅在理论上大力倡导美育，而且在实践上不遗余力地实施，为开创系统的现代美育做出了重大贡献。他就任北大校长以后在北大首开美学课，组织各种艺术教育。

蔡元培先生指出“美育者，应用美学理论于教育，以陶养感情为目的者也”。通过以“普遍”“超脱”的美之本质和爱美的“人类公性”为基础，“破人我之见，克利害之计较”，“陶养性灵，使之日进于高尚”，从而达到人人公而忘私，彼此相爱的境界。

他在北大首开美学课，编写《美学通论》。提倡音乐、书法、绘画的修养。《美学通论》一书，有《美学的趋向》、《美学的对象》等章节。阐述了蔡元培的美学思想。1918年他先后发起成立北大音乐研究会(附设音乐传习所，蔡元培兼任所长)、画法研究会，聘请音乐大师刘天华、肖友梅；著名画家陈师曾、徐悲鸿、刘海粟来校讲课并指导传习。

《书画书录解题》

余绍宋著。余绍宋，（1882～1949）书画家、目录学者。余绍宋在近现代美术史上的地位也比较独特。定居杭州期间，编著了一部中国美术史上的重要著作——《书画书录解题》。明清以后的画学著作汗牛充栋，而余氏的《书画书录解题》13卷是我国第一部书画类著作的专科目录典籍，著录自东汉至近代有关书画书籍共850余种。按书的性质分为史传、作法、论述、品藻、题赞、杂著、丛辑、伪托、散佚10类，每类之下，又分子目。除散佚类外，都记卷数、版本、撰人，略述内容，并作品论，对疏漏及错误处，亦有考证，是近代有影响的书画专科书目著作。

《书法论》

沈尹默著　沈尹默(1883～1971)，浙江湖州人。有《书法论》、《学书丛论》、《历代名家书法经验谈辑要释义》和《二王法书管窥》等书学著述，对前人的书论多有取舍和阐发。

《书法论》中阐述了我国自古以来书法与名画并称，千百年来，人无异议，书法是艺术的一种。并主要论述了三端：一、笔法，二、笔势，三、笔意。

沈尹默观点：他不赞成前人“小字只须悬腕，大字才用悬肘的腕、肘分工论”。他认为“肘不悬起，就等于不曾悬腕”。并指出“肘搁在案上，腕即使悬着，也不能随己左右地灵活运用”。他也不赞成前人“以左手垫在右腕下面写字”的“枕腕”说，认为“那妨碍更大，不可采用”。他对前人的某些执笔说也持异议。认为南唐后主李煜是“把拨镫四字诀与五字执笔法”错误地“混为一谈”的第一人，同时指出李煜在“五字执笔法、押、钩、格、抵”后又加“导、送是不合理的，因为导、送是主运的，与执笔无关”。他也不同意前人常把“笔势”当作“笔法”的论述，认为“笔法是任何一种点画都要运用着它的，即所谓笔笔中锋”，而笔势“是每一点画各自顺从着各自的特殊姿式的写法”。他指出，“笔势是在笔法的基础上发展起来的”，它“有肥瘦、长短、曲直、方圆、平侧、巧拙、和峻的不同，并不像笔法那样一致而不可变易”。

《艺术论丛》

林风眠著林风眠(1900～1991)，广东梅县人。他关于艺术的论述，主要集中在《艺术论丛》一书中。他在1935年出版的《艺术论丛》中指出，艺术不为人们所重视和艺术落后的原因就在于“艺术批评之缺乏”，缺乏欧洲那样有“用哲学生物学社会学为基础去批评艺术的批评家”。

他还曾提出过“调和东西艺术”说，认为“西方艺术是以摹仿自然为中心，结果倾于写实一方面。东方艺术，是以描写想象为主，结果倾于写意一方面”。“西方艺术，形式上之构成倾于客观一方面，常常因为形式之过于发达，而缺少情绪之表现……东方艺术，形式上之构成倾于主观一方面，常常因为形式过于不发达，反而不能表现情绪上之所需求”。“其实西方艺术之所短，正是东方艺术之所长，东方艺术之所短，正是西方艺术之所长，短长相补，世界新艺术之产生，正在目前”。

《刻印概论》

傅抱石著。在傅抱石（1904～1965)先生22岁时，他写了一本关于刻印规矩方法的书稿，叫《摹印学》，成为他最早的著作之一，1934年抱石先生留学日本，重新编著了此书，更名为《刻印概论》。然而就是这样一本对篆刻艺术有独创性论述的著作，1937年又重新作了修改并定稿，一共七章，近五万字，历时四个月手抄完成，成为一部完整的著作。并于1939年8月请西泠印社的第二任社长马衡先生作序。马先生称赞该书“引赅博，说解详赡，洵艺林之盛事。”在书中，先生对篆刻艺术的源流，印石材料的认识，印章样式、用途的研究，对篆法、章法、刀法的分析介绍等，都作了完整全面而又透彻明了的论述，并附有几百枚印拓，红黑参差间布，极富视觉美感。

《启功论书》

启功著。《启功论书》是启功（1912～2005）书学研究著述的精选本，不仅写作的时间跨度绵亘半个多世纪，尤为难能可贵的是诗、札记、论文的观点新异鲜明，前后照应，厚积薄发，发前人论书之未发；循循点拨，拨后学道途之迷雾。是先生有感于“幼年也习闻过那些被误解而成的谬说”，设身处地地为众多学书者“试图重新作比较近乎情理的解释”和“寻求合乎情理的探索”（引《论书札记 · 前言》）；是先生艰辛自学所悟经验之谈的和盘托出，也是感铭师恩而无私回报世人的宝贵精神财富之一。《启功论书》系由先生的书学代表作《论书绝句》（选三十五首）、《论书札记》（全篇）和《书法入门二讲》（全文）三部分组成，诗、札记、论文与书法合璧。全书配以与著述相关的传世碑版墨迹，图文并茂，是按照先生“让群众喜闻乐见、通俗易懂”的初衷编排的。

《书法与中国文化》

欧阳中石著。欧阳中石（1928～）山东泰安人，在国学、逻辑、音韵、戏剧、书学、语文教学法等领域均有较高造诣，博学兼优，硕果累累。作品有《艺术概论》、《书法与中国文化》、《中国书法史鉴》、《中国的书法》、《章草便检》、《传世画藏》、《中国传世法书墨迹》等。

其中《书法与中国文化》从中国文化的大背景中探索书法艺术的形成及其演变规律，使读者对书法艺术的内涵有更深入的认识。从中国文化的方方面面来做研究，研究成果立意明确，结构层次清晰，内容非常丰富，材料剪裁取舍得当，行文流畅，是一部学术性、知识性和可读性均很强的著作。目前我国有关书法方面的著作已有数部，但尚无一部全面探讨书法与文化关系的著作，此项研究填补了这个空白。

《中国美学史》

李泽厚著。李泽厚（1930～）先生《美的历程》曾认为魏晋是人的觉醒和文字的自觉时期，根据这一观点，在大量史料基础上，依据人的社会实践是美产生的根源这一基本观点，论述中国美学的基本特征和发展线索，确立中国美学史的对象、任务和方法。认为在禅宗诞生之前，中国美学以儒、道、楚骚美学思想为三大主干。本书全面地分析论述了魏晋南北朝的玄学、佛学、文论、书论、画论、乐论、人物品评中所包含的美学思想和美学理论。

第六篇　书画教育
文化交流

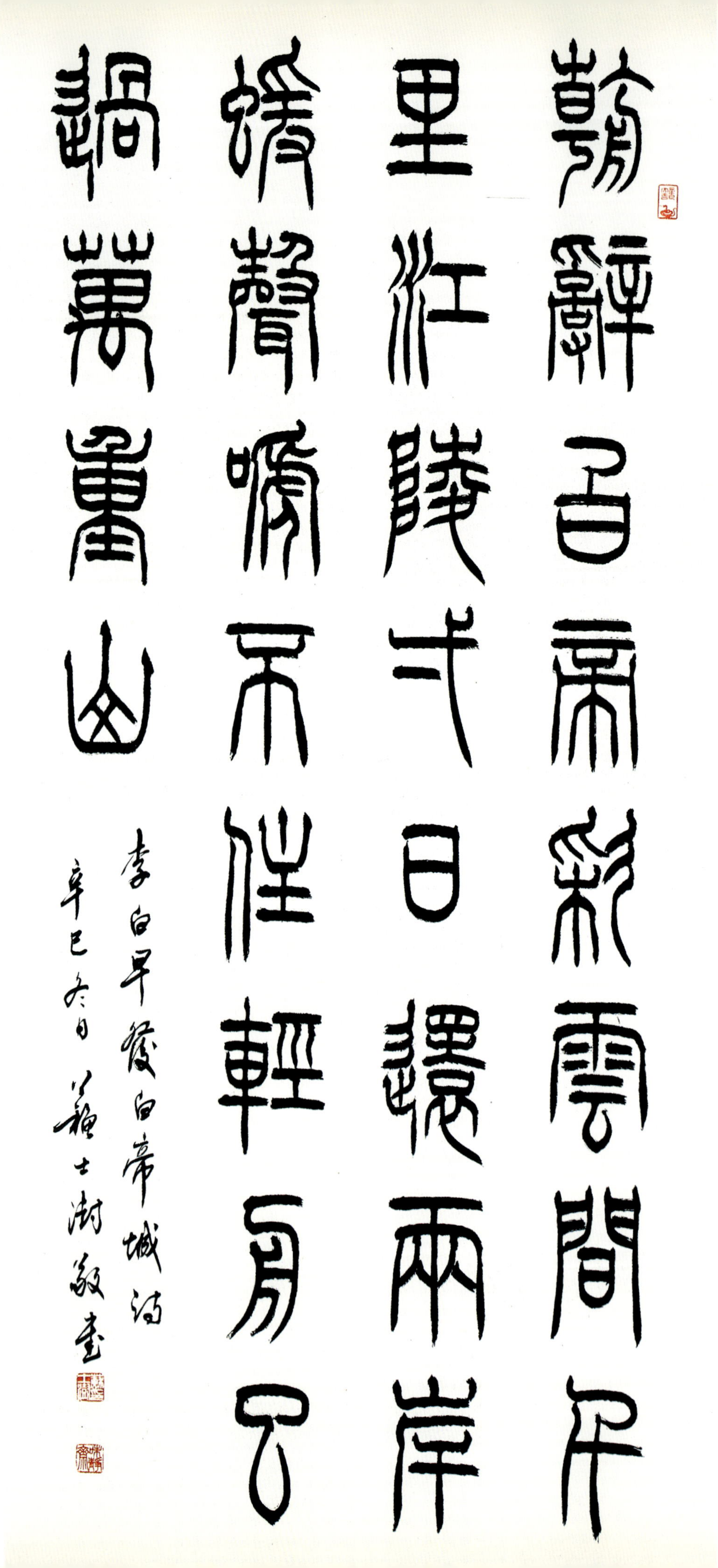

朝辭白帝彩雲間千
里江陵一日還兩岸
猿聲啼不住輕舟已
過萬重山

李白早發白帝城詩
辛巳冬月 蘇士澍敬書

苏士澍　书法作品
138 × 68cm

第一章 书画教育

中央美术学院

中央美术学院是教育部直属的唯一一所高等美术学校，校址北京。于1950年4月由国立北平艺术专科学校与华北大学三部美术系合并成立，毛泽东为学院题名。徐悲鸿、江丰、吴作人、古元、靳尚谊先后担任院长。现任党委书记为杨力，现任院长为著名画家、美术史论家潘公凯教授，现任院学术委员会主任为著名油画家靳尚谊教授。

中央美术学院现设有造型学院、设计学院、建筑学院、人文学院、城市设计学院五个专业学院，并设有继续教育学院、海南教学实习基地和附属中等美术学校；学院现有七个本科专业（绘画、雕塑、艺术设计、美术学、建筑、摄影、动画），两个硕士学位授予点（美术学、设计艺术学），一个博士学位授予点（美术学），2003年获准建立艺术学博士后流动站。专业范围涵盖油画、中国画、版画、壁画、雕塑、动画、平面设计、产品设计、时装设计、摄影艺术、数码媒体艺术、环境艺术设计、建筑设计、美术史论、设计艺术史论、艺术管理、设计管理、博物馆学、艺术考古、美术教育学等20多个学科。

中央美术学院设有条件完好的图书馆、美术馆等教学设施。图书馆有各类图书、画册30余万册，是国内目前最大的美术专业图书馆。中央美术学院自行编辑、出版、发行《美术研究》、《世界美术》两本国家一类学术刊物。

中国美术学院

1928年，卓越的教育家蔡元培、林风眠先生，选址杭城西子湖畔，创建我国第一所综合性的国立高等艺术学府——“国立艺术院”。以兼容中西艺术、创造时代艺术、弘扬中华文化为办学宗旨。几十年来，学院十迁其址，五易其名：1928年，国立艺术院。1929年，国立杭州艺术专科学校。1938年，国立艺术专科学校。1950年，中央美术学院华东分院。1958年，浙江美术学院。1993年，中国美术学院。

建院76年来，学院聚集和造就了一大批中外闻名的艺术家，林风眠、潘天寿、黄宾虹、刘开渠、吴大羽、颜文樑、倪贻德、李苦禅、李可染、艾青、陈之佛、庞薰琹、雷圭元、萧传玖、关良、黄君璧、常书鸿、董希文、王式廓、王朝闻、李霖灿、邓白、吴冠中、赵无极、朱德群、罗工柳等，都曾在这里撒播艺术的种子，留下耕耘的足迹。

今天的中国美术学院，已是当今国内在造型艺术领域中，学科最完备、规模最齐整的综合型美术学院之一。它拥有四个校区，地跨杭、沪两市，占地千余亩。现有学生6000余人，教师500余人。已有正高职称76人，副高职称138人，中级职称177人。学院所拥有的两大主体学科：美术学和设计艺术学，均已获得国家教育部博士、硕士学位授予权。学院设有造型学院、设计学院。造型学院设有中国画系、书法系、油画系、版画系、雕塑系、综合艺术系、新媒体艺术系、造型基础部和美术史论系；设计学院设有视觉传达系、工业设计系、陶瓷艺术系、染织与服装设计系、环境艺术系、建筑系和设计基础部；另设有国际教育学院、视觉艺术学院、上海设计艺术分院、成人教育分院、艺术设计职业技术学院、附中等教学机构。

鲁迅美术学院

鲁迅美术学院前身是1938年建于延安的鲁迅艺术学院，由毛泽东、周恩来等老一代领导人亲自倡导创建。毛泽东同志为学院书写校名和“紧张、严肃、刻苦、虚心”的校训。1998年，江泽民同志为学院校庆题词：“弘扬鲁艺传统，培育艺术人才，繁荣社会主义文化事业”。

1946年，鲁艺先后迁校至齐齐哈尔、佳木斯、哈尔滨和沈阳，曾更名为东北鲁迅文艺学院。1953年，以美术部为基础组建成东北美术专科学校，建址于沈阳。1958年发展为鲁迅美术学院。

学院现有11个系（21个专业）和一个成人教育学院、一个附属中等美术学校。本部设中国画系、版画系、油画系、雕塑系、摄影系、视觉传达设计系、环境艺术设计系、染织服装艺术设计系、工业设计系、美术史论系、文化传播与管理系、艺术文化研究中心（含中国人物画工作室、美术教育专业）。成人教育学院开设脱产、函授、自考教育，设有中国画、平面设计、环境艺术设计、服装艺术设计、工业设计、摄影和美术教育本、专科各专业。学院各专业均具有学士学位授予权，美术学、设计艺术学和艺术学硕士学位授予权覆盖各专业。

学院拥有一支素质好、能力强、专业结构和职称结构比较合理的教师队伍。现有教师284人，其中教授41人，副教授93人，讲师80人，助教70人。此外，还有一批国内艺术界有名望的离退休老专家、老教授仍在教学一线发挥着重要作用。

学院既是著名的学府，同时又是美术创作、艺术设计和学术研究的重要基地，在全国历届美展中获奖总数位居前列。中国美术馆、中国历史博物馆、中国军事博物馆藏有数量颇多的鲁美教师和校友的作品。学院在大型艺术、历史题材创作方面居全国领先地位，《攻克锦州》、《清川江畔围歼战》、《莱芜战役》、《郓城攻坚战》、《赤壁之战》、《济南战役》、《井冈山革命斗争》等全景画，是学院大型艺术创作的整体实力的标志。

天津美术学院

天津美术学院座落在海河之滨、三叉河口，位于天津市中心。其前身为北洋女子师范学堂，1906年6月由中国近代著名教育家傅增湘先生创办，是我国最早的公立高等学府之一。该校初期是师范教育的学校，1926年左右，专门设立了美术科，同时增设了西画、国画、图案三个专用教室。1929年美术科发展为图画副系，学校成为当时国内建制最完善的师范院校之一。

新中国成立后，学院经过多次调整、易名，经历了河北师范学院、河北天津师范学院、河北艺术师范学院、河北美术学院、天津艺术学院等，于1980年2月定名为天津美术学院。

学院占地94亩，校舍建筑面积8.79万平方米，目前设有美术学、绘画、艺术设计、工业设计、雕塑等五个二级学科， 设有中国画、书法、油画、版画、雕塑、视觉传达设计、装饰艺术设计、服装艺术设计、染织艺术设计、环境艺术设计、工业设计、数字媒体艺术、摄影艺术、综合绘画、公共艺术、多媒体设计、美术史论等17个专业方向。硕士研究生、本科生、留学生等各类在校生3000余人。

学院建设有绘雕艺术学科实验室中心、艺术设计学科实验室中心和现代艺术学院实验中心，还建了一批工作室、电教室、语音室、多功能演播室。

学院图书馆藏有国家级中国书画作品、陶器和青铜器等文物，各类复制资料近万件。

学院师资力量雄厚，荟萃一批海内外享有盛誉、教学严谨的美术教育家和知名学者。目前共有专任教师238人、外聘教师110人，还聘请了24位美、法、德、日等国的著名学者及国内著名学者担任兼职教授。

学院对外交流活跃，先后与美国、法国、德国、比利时、韩国等国家的艺术院校建立了友好关系。经常邀请国外著名教授、专家来院授课、专题讲座或举办画展。率先同法国部分美术学院成功地建立了3+1和2+1模式互相承认学历、承认学分的办学项目，双方每年互派交流教师和学生留学研修，每年选派留法学生20余名。

四川美术学院

四川美术学院座落在美丽的山城——重庆市西郊的长江之畔。

1938年李有行、沈福文、雷圭元、庞薰琴等热血青年，在成都创办了“中华工艺社”，表达振兴中华之意。1940年成立由李有行任校长的四川省艺术专科学校。当时成都还有另一所南虹艺术专科学校也是人才集聚的地方，王朝闻、张大千、徐悲鸿、黄宾虹、史岩、叶正昌、程丽娜等都曾先后在那里执教、讲学，后与四川省艺术专科学校合并，并改名为成都艺术专科学校。随着解放大军挺进西南，一批艺术战士随军从西安南下，他们是由贺龙担任校长的西北军政大学艺术学院的一部分，抵达重庆，创建西南人民艺术学院。1953年，全国进行院系调整，成都艺术专科学校的绘画科、应用艺术科和西南人民艺术学院的美术系合并成立西南美术专科学校。1959年正式更名为四川美术学院。

20世纪五、六十年代，学院以大型群雕《收租院》为代表的超级写实主义雕塑作品，在全国引起了轰动，被赞誉为“雕塑史上的一次革命”；七、八十年代，学院的油画、版画创作，获得了丰硕成果，最具有代表性的是罗中立院长创作的《父亲》，成为中国美术史里程碑的作品。八、九十年代，学院适应经济社会发展的需要，不断的拓展美术创作领域，使美术创作全方位发展。这一期间入选全国美展的作品就达300多件，获奖作品40多件。此外还出版了不少画集，专业美术教材及学术著作。

学院现设有国画系、油画系、版画系、雕塑系、设计艺术系、工业设计系、美术学系、美术教育系、建筑艺术系、影视艺术系、继续教育学院与高等职业技术学院、高等教育自学考试办公室，社科部与公共课教学部共14个教学单位。目前，有油画、雕塑和装潢三个省级重点学科，17个硕士学位点。现有教师285名，其中正、副教授 131名，各类在校学生4700余名。

学院与国外许多大学、艺术团体、艺术家建立了广泛的交流与联系。在法国购置了工作室，形成对外开放新格局。

广州美术学院

广州美术学院是广东省所属的一所美术与设计系科设置齐全的高等美术学府。始建于1953年秋，其前身是中南美术专科学校。该校由华南文艺学院、中南文艺学院和广西艺专的美术专业调整合并而成，原址在湖北武昌。1958年迁校至广州，同年8月更名为广州美术学院，并开始招收本科生。1969年与广州音乐专科学校、广东舞蹈学校合并为广东人民艺术学院。1978年2月恢复广州美术学院原有建制，并面向全国招收研究生。1982年具备硕士学位授予权，是全国首批取得硕士学位授予权的单位之一。

学院现已建成美术与设计两大学科体系：美术学科下设中国画系、油画系、版画系、雕塑系、美术史系、美术教育系等6个系；设计学科下设建筑与环境艺术设计系、装潢艺术设计系、数码艺术设计系、服装设计系、装饰艺术设计系、工业设计系、设计艺术学系、染织艺术设计教研室、家具艺术设计教研室、陶瓷艺术设计教研室等10个系（室）。学院本科教育共设有绘画、雕塑、艺术设计、动画、摄影、服装设计与工程、工业设计、美术学、艺术设计学等9个专业，24个专业方向。研究生教育设有美术学和设计艺术学两个硕士点，50多个研究方向。

学院于1979年成立《美术学报》编辑部。1984年创办产、学、研三结合的“广东省集美设计工程公司”。1986年成立美术研究所。1998年成立设计分院(2004年更名为设计学院)。1999年成立美术大专、本科层次的自学考试辅导中心。2002年成立继续教育分院（2004年更名为继续教育学院）。

学院拥有一支老、中、青相结合的高素质师资队伍。其中有著名美术家、设计家、美术史论家及美术教育家潘鹤、迟轲、郭绍纲、杨之光、尹国良、尹定邦、蔡克振等教授70多名，副教授140多名，讲师190多名。历任院长胡一川、高永坚、郭绍纲、梁明诚、张治安，现任院长黎明。

现在校硕士生300多人，普通本科生4000多人，继续教育学历生2000多人。

学院现有两个校区，老校区位于广州市昌岗东路，面积约10万平方米；新校区位于广州大学城内，面积为27万平方米。

南京艺术学院美术学院

南京艺术学院美术学院的前身可追溯至刘海粟先生于1912年创办的上海美术专科学校。近一个世纪以来，刘海粟、张大千、黄宾虹、陈之佛、潘天寿、朱屺瞻、吕凤子、丰子恺、俞剑华、关良、傅雷、谢海燕、颜文樑、吕斯百、蒋兆和、常书鸿、刘汝醴、陈大羽、苏天赐等现代中国美术史上的杰出人物都曾在此执教，为我国的美术研究和教育事业培养出了一大批优秀的专业人才。

经过九十多年的发展历程，南京艺术学院美术学院已发展成为中国画、油画、版画、壁画、插画、书法、雕塑和美术史论各专业（方向）齐全的综合型美术学科。1981年和1986年先后被国家教育部确定为首批硕士和博士学位授予单位。

现有博士生导师7名、硕士生导师23名、教授15名、副教授21名。“十五”期间培养博士学位获得者25人，硕士学位获得者69人，学士学位获得者3891人，为国家输送了一批具有较高学术水平的专业人才。2000年以来承担国家级科研项目5项，省级科研项目17项，出版的专著或专集达108部，在省级以上刊物发表论文数百篇。本学科1993年和1999年先后两次被评为江苏省普通高校优秀学科梯队。2003年和2006年绘画、美术学专业分别被评为省级特色专业。2004年“绘画课程群”被评为江苏省普通高校优秀课程群，“油画课程”被评为江苏省普通高校一类精品课程，“版画专业工作室建设”项目获江苏省普通高校“教学成果二等奖”。2006年“中国画课程”被评为江苏省普通高校一类精品课程，“版画”课程被评为二类精品课程。2006年本学科成为江苏省“十一五”重点学科暨国家重点学科建设培育点。据不完全统计，从第六届至第十届全国美展中，本院师生共获得金奖3枚，银奖10枚，铜奖14枚，优秀奖20枚。近年来，本学科有一批骨干教师先后获得国务院“政府特殊津贴”、“江苏省有突出贡献中青年专家”、“江苏省跨世纪中青年学术带头人”、“ 江苏省333工程培养对象”等荣誉。

西安美术学院

西安美术学院位于西安市南郊，校园占地三百多亩，校舍建筑面积十万余平方米。

西安美术学院建立于1949年，是建国初期中央人民政府按照全国总体布局，在西北大区设立的唯一一所高等美术学府。她的前身是西北军政大学艺术学院，建院55年来，西安美术学院从一所窑洞大学，发展成为拥有中国画、油画、版画、雕塑、平面设计、建筑环境艺术、服装、装潢、陶瓷艺术、美术教育、美术史论等11个系、34个专业，以及附属中等美术学校、基础部、成人教育学院、艺术研究院、国际意象研究中心、传统艺术研究所、巴黎艺术城工作室等专业齐全的美术院校。西安美术学院依托周秦汉唐的文化传统、丰富的民间艺术传统、延安文艺和长安画派、黄土画派传统，面对新时代，现已发展为绘画、雕塑、摄影、动画、艺术设计、美术学专业类别齐全，教学和科研、创作并重的美术学院。学院从1978年开始招收研究生，美术学和设计艺术学学科均有硕士学位授予权。学院是国务院学位委员会第九批授予的博士学位授权单位，美术学为博士学位授权点。学院有接收港、澳、台学生和外国留学生，以及接受外国文教专家的资格。

学院现有各类在校生8700余人，有一支教学经验丰富、科研能力强的专业师资队伍，还特聘了国内外著名学者、专家、教授30余人为客座教授和名誉教授。学院设有美术研究院、中国画艺术研究中心、书法教学研究中心、美术馆、网络中心、文物标本陈列馆、民间艺术陈列馆、藏画精品陈列馆、少数民族服饰陈列馆及各类专业工作室，并在深圳、青岛、上海设立了分院。学院还办有面向国内外发行的专业美术刊物《西北美术》，院图书馆藏书45万册，历代书画艺术珍品2064件。

多年来，西安美术学院为社会培养了大批美术专业人才，也创作了数千件反映时代、反映生活和具有较大社会影响的优秀作品，并多次在国内国际大赛中获奖。迄今，获国家级奖牌147人次，获省部级奖1123人次。在国际展览中有数十件作品被欧、美、日等国家展览馆收藏。近年来，西安美术学院进一步扩大了对外文化艺术交流，先后同英、法、美、德、日、新加坡、马来西亚等国的艺术院校建立了学术交流关系，并互派留学生。在法国巴黎国际艺术城购置了画室，定期安排教师进行学术交流和考察。在国内又先后成功举办了《华夏纵横》、《中国西部高等美术教育研讨会》、《全国高等美术学院招生工作会议》、《西部·西部》大型艺术创作展览工程、《国际当代素描艺术展暨国际素描艺术研讨会》、《俄罗斯当代素描、油画大展》、《全国九大美术学院中国画系教师作品展暨学术交流研讨会》、《“黄土绘画”艺术研究会(黄土画派)成立大会暨首届会员作品展》、《全国首届高等教育设计论坛》等三十多项大型活动。2003年，中国美术家协会学术交流中心在学院挂牌成立，刘文西教授荣膺全国首批“百位名师”，杨晓阳院长当选为中国美术家协会副主席，郭线庐、王胜利副院长当选中国美术家协会理事。2004年，学院33位教师的24件作品在全国第十届美术作品展中获奖，刘文西、刘永杰、贺荣敏三位教授主讲的《中国画水墨人物写生课》被省教育厅评为精品课程。

山东工艺美术学院

山东工艺美术学院位于历史文化名城——济南市千佛山东麓。学院是经国家教育部批准成立的全日制本科普通高等学校，由山东省教育厅主管。创建于1973 年，为目前我国31所独立建制的高等艺术院校中唯一一所工艺美术院校。学校设有装潢艺术设计系、环境艺术设计系、工业设计系、服装设计系、美术系、数字艺术系、现代手工艺术系、艺术学系、应用设计学院、公共课教学部、继续教育学院等 11 个教学单位，设有艺术设计、工业设计、服装设计与工程、艺术学、广告学、美术学、摄影、雕塑、绘画、动画、戏剧与影视美术、建筑学、包装工程、表演等14个本科专业（50个专业方向），其中艺术设计为山东省艺术设计类唯一省级重点学科。博物馆藏品丰富，收藏历代书画艺术珍品、历代陶瓷系列藏品、民间美术品万余件。创办有学报《设计艺术》及院报《山东工艺美术学院报》。

学院现有教师209人，其中资深教授5人，教授30人，副教授61人，现有在校本科生3341人，学院有一批全国优秀教育工作者，全国优秀教师，省级专业技术拔尖人才，有享受国务院特殊津贴专家，突出贡献的中青年专家，全国及省级“德艺双馨”艺术家。并特聘了国内外知名大学的著名学者、专家、教授60余人为客座教授和荣誉教授。出版多种有影响的专著、画集及教材等，荣获国家社科基金项目优秀成果一等奖等多项科研成果奖、教学成果奖和艺术创作奖。1999年起与东南大学联合培养硕士研究生。2004年与山东大学联合培养艺术设计专业硕士研究生，并与境外多所大学签订友好合作协议。多年来，山东工艺美术学院为社会培养了大批设计艺术人才，创作了一批反映时代、反映生活和具有社会影响的优秀作品，并多次在国内、国际大展中获奖。在第十届全国美展上，山东工艺美术学院设计作品入选率占全国的10.27%，喜获2银8铜6优的好成绩。

湖北美术学院

湖北美术学院位于武汉，为华中地区唯一一所多学科门类、多学历层次的高等美术学院。

湖北美术学院的前身是私立武昌艺术专科学校，由曾参加过辛亥革命的蒋兰圃、唐义精及徐子珩等数位热衷于艺术教育事业的有志之士于1920年创建。

几十年来，学院师生创作了大量优秀的美术作品，参加国内外美术展览和设计展示活动多次获得国家级金、银奖章和其它重要奖项。有些作品被中外美术馆和博物馆收藏，还出版了大量的专著和画集等。经过几代人的努力，湖北美术学院形成了“兼收并蓄”的学术精神、“兼容互动”的教学理念和锐意创新的艺术风格。

学院美术各学科、专业发展全面，现设有动画学院及中国画、油画、壁画、版画、雕塑、设计、工业设计、环境艺术设计、服装设计、美术学和美术教育等12个院系及研究生部，成人教育部，中等专业部（附中）和公共课部。

学院成立了湖北省人文社科重点研究基地——现代公共视觉艺术设计研究中心，下设陶艺研究所、雕塑艺术研究所、民间美术研究所、非文化研究所、水彩艺术研究所和环境艺术研究所等，承担教学、科研和艺术的社会开发。美术学绘画专业已建成省级重点学科，设计艺术学为“十五”期间省级重点学科。中国画系工笔人物画课程、雕塑系泥塑课程和版画系石版课程为省级精品课程。学院现有美术学、设计艺术学和艺术学三个二级学科，已开始招收艺术专业硕士生FMA。湖北美术学院学报《华中美术》在国内外公开发行。

对外的学术交流日益频繁，聘有外籍和国内客座教授、特聘教师多名。学院经常邀请国内外著名专家，学者举办艺术展览和专题学术讲座。学院还相继派出教师出国考察、举办展览和进行学术交流。

清华大学美术学院

原名中央工艺美术学院，1956年5月21日，中华人民共和国国务院正式批准成立。学院的师资队伍由中央美术学院华东分院实用美术系、中央美术学院实用美术系、清华大学营建系等单位的专业教师及若干名海外归来的专家共同组成。11月1日，中央工艺美术学院在北京马神庙白堆子正式举行建院典礼(此日被定为院庆日)。当时，学院下设染织美术、陶瓷美术和装潢设计三个系。同时成立中央工艺美术学院研究所，下设美术委员会和科学委员会。另有理论研究室、刺绣研究室、服装研究室、家具研究室、张景祜泥塑工作室和汤子博面塑工作室。

1957年，学院归属文化部领导。1958年9月，创办当时唯一的一种工艺美术类综合性学术刊物《装饰》杂志。

1999年11月20日学院并入清华大学，更名为清华大学美术学院。

学院下设设计、美术和史论三大分部，一个培训中心。其中设计分部由染织服装艺术设计系、陶瓷艺术设计系、工业设计系、环境艺术设计系、装潢艺术设计系和信息艺术设计系组成；美术分部由绘画系、雕塑系、工艺美术系和基础教研室组成；史论分部由艺术史论系和《装饰》杂志社组成。学院拥有一批著名的艺术教育家、艺术家和学者。目前共有教师195人，其中教授54人（博士生导师18人），副教授84人。

学院具有设计艺术学和美术学两个学科的硕士和博士学位授予权，还设有艺术学博士后科研流动站。2001年1月，“设计艺术学”由教育部评为“全国高等学校重点学科”。改革开放以来，全院师生在国内外各种重大艺术设计创作活动中取得了显著的成就，先后出色地完成国家和国际重大艺术设计项目200余项，共获国际和国内各类奖项300余项，出版教材、专著300多部，在中央电视台和北京电视台播放专题教学片和电化讲座教材100余部。

郑州美术学院

郑州美院创建于1988年，原名郑州艺术研究院，是河南省目前唯一一所培养高级艺术人才的省属全日制美术专业院校。

学院现有工艺系、绘画系和服装系，附设有专升本层次、五年制专科和郑州美术中等专业学校，开设专业有环境艺术设计、装潢艺术设计、电脑艺术设计、卡通动画设计、广告艺术设计、景观艺术设计、摄影艺术、建筑与室内设计、数码与网页设计、服装艺术设计、服饰形象设计、美术教育、中国画、油画、版画、书法篆刻和雕塑等21个专业。

中国人民大学徐悲鸿艺术学院

中国人民大学徐悲鸿艺术学院是一所集音乐、美术为一体的综合性艺术学院，是中国人民大学“十一五规划”重点优先发展的学院之一。

学院现有绘画系、艺术设计系、音乐表演系、基础部、东方艺术研究所、文化创意产业研发中心，招收绘画专业、艺术设计专业、音乐表演专业的本科生，艺术学、美术学、设计艺术学的硕士研究生，同时还招收美学专业的博士研究生。美术类本科专业教学实行工作室制，有中国画、油画、插图、平面设计、新媒体、动画、景观建筑、书法等工作室。音乐表演专业有钢琴、管弦乐、声乐等专业方向。除声乐专业学制5年外，其他专业学制均为4年。

学院现有本科生364人，研究生72人；现任教师53人，其中教授、副教授20人，拥有一批知名画家、学者、教授以及从国内外重点院校毕业的优秀青年学者，同时还聘请国内外业界精英来学院兼职任教。

除了在专业教学方面积极探索，徐悲鸿艺术学院还承担了学校艺术素质课程的教学。近年来在全校开设了绘画、音乐、书法、中外艺术鉴赏等课程，受到同学们的普遍欢迎。

东北师范大学美术学院

东北师范大学美术学院原为东北师范大学美术系。始建于1946年，学院现有教授6名，副教授18名。讲师13名。在校本科生近800名，硕士研究生40名，函授生530名。美术学学科有硕士学位授予权。

东北师范大学美术学院现设有美术教育系，油画系，水彩画系，中国画系，雕塑系，环境艺术与服装艺术设计系，装璜艺术与电脑美术设计系 等7个系（其中美术教育系为师范专业，其余6个系为非师范专业）及美术研究所，理论与继续教育研究室等8个学科研究室。

江西师范大学美术学院

江西师范大学美术学院创建于1951年，是江西美术的摇篮。在老一辈艺术教育家呕心沥血的培育下，办学规模从小到大，专业方向由单一的美术教育发展为两大专业（美术学、设计艺术学）八大方向（美术教育、视觉传达、电脑美术、环境艺术设计、服装艺术设计、室内与家具设计、雕塑、陶艺）。

20世纪50年代至60年代前期，人才培养目标主要是能兼任音乐课的美术教师。60年代后期师资队伍得到补充，学历、职称结构更加合理。1992年率先在省内创办了艺术设计专业，陆续增设了视觉传达、数字媒体、环境艺术、服装艺术、家具艺术设计等培养方向，成为江西省绘画与实用艺术人才重要的培养基地。2002年设计艺术学专业被评为江西省首批本科品牌专业，素描、色彩分别被评为江西省本科精品课程。

美术学院实行多层次办学。1998年起美术学专业陆续招收了美术史、中国画、油画、版画、水彩、书法、艺术设计等方向的研究生。本科教学开设了油画、视觉传达等十个方向。还开办了本、专科函授专业，是江西省美术自考的主考单位。从2004年起，江西省高等学校美术专业招生制度改革，实行统一招生考试，美术学院承担起了全省美术专业招考改革的任务，成为江西省美术高考的主考单位。

美术学院现有教职工75人，专任教师67人，他们分别毕业于中央美术学院、中国美术学院等名牌院校，其中教授13人，副教授11人，硕士21人（3人在读博士）。其中有江西省美术家协会副主席、江西省书法家协会副主席、常务理事、华东设计艺术委员会常务理事等社会兼职。在校本科生1378人，研究生39人，函授生325人。

华南师范大学美术学院

华南师范大学美术学院是一个以美术教育为主、兼有艺术设计、工业设计专业的高师美术学院。其前身是成立于1987年的华南师范大学艺术系的美术教育专业，同年开始招收美术专业本、专科生；1990年独立成系。2001年设立艺术设计四年制本科专业并招生，2004年设立工业设计、摄影两个四年制本科专业，并于2005年招生。1998年获美术学专业硕士学位授予权，次年招收美术史与教育方向硕士生，现将招生方向扩大为中国美术史与理论研究、西方美术史与理论研究、美术教育学与理论研究、中西美术比较研究、中国画创作与理论研究、油画创作与理论研究、平面设计与理论研究、现代艺术与理论研究、版画创作与理论研究9个。同时招收（美术学科）教育硕士。2005年1月，学校对全校学科与专业进行新一轮的调整，成立美术学院。

学院现任院长为林钰源，副院长为方少华、程新浩。美术学院下设美术教育系、平面艺术设计系、环境艺术设计系、工业设计系、摄影（新媒体）艺术系、美术史论部。

近三年，发表专业论文53篇，出版专著、教材47部，发表或参展美术作品133幅，承担科研项目22项。其中教材成果尤为突出。广泛开展对外学术交流活动，与日本、韩国、挪威等国家进行双向学术交流活动。

中央民族大学美术学院

中央民族大学美术学院是一所专门培养少数民族高级美术专业人才为主的教学基地。1959年随着我国的建设和各民族地区发展的需要，当时的中央民族学院决定建立艺术系，内设美术、音乐、舞蹈三个专业，美术学科设国画和油画两个专业方向，并从中央美术学院、浙江美术学院以及鲁迅美术学院等院校调入一批优秀本科毕业生，他们与中南民族学院合并来的民族绘画专业的教员一起，团结奋斗，白手起家，逐步建立起一套适应少数民族青年的严格而科学的教学体系。1964年又增设了民族工艺专业，至此一所适应民族地区需要，专门培养少数民族美术创作设计和教学专门人才的摇篮初步建成。1983年在此基础上单独成立了美术系，2002年底成立了美术学院。

美术学院现有绘画（油画、中国画）、艺术设计（装潢设计、服装设计）、美术学（美术教育）专业外，还成立了艺术研究室、版画与丝网印刷工作室、电脑美术工作室、陶艺工作室等，现正在筹办服装设计工作室、数码设计工作室、漆画工作室。

中央民族大学美术学院自1959年至1968年共有藏、维、蒙、白、侗、苗、瑶、壮、纳西、朝鲜、景颇、满、回、达斡尔和哈萨克等十五个民族近200名本科和专科毕业生。1972年至1976年又招收了三年制的绘画专业学生150多人，民族成份达到30多个。他们当中有第一代本民族中国画的画家，如：强桑（藏）、吐尔地·依明（维）、郑东寿（朝），第一代工艺美术家吕国昌（朝），以及知名的油画家克里木·纳斯尔丁（维），李富一、金龙武等。1977年恢复高考至今共招收并毕业了30多个民族成份的学生2000多人。1985年起，美术学院经国务院学位委员会批准获得绘画艺术硕士学位授予权，2001年设立了博士点，自此，中央民族大学美术学院真正成为能培养少数民族地区所需的三个学历层次的美术创作、科研和教学专门人才的教学单位。至今已培养并毕业了国画、油画、设计三个研究方向的硕士生30多名。美术学院现有教师42人，其中教授3人、副教授8人，教师中大多为硕士研究生或研究生班毕业。

学院有一批杰出的民族美术教育家。他们是张加言、陈紫薇、郝红章、陈依黎、吴鸿奎、蒋振明、朱跃奎、张光福、王一舟、陈兆复、张正恒、贺崇武、邢琏、刘秉江、蒋正鸿、金捷中、罗贻、周秀清、余武章、陈圣谋、李景彬等。

中央民族大学美术学院的成长，还得到李苦禅、周元亮、叶浅予、李可染、王雪涛、康殷、文金扬、韦启美、钱绍武、詹建俊、靳尚谊、朱乃正、刘大为等著名艺术家关怀和帮助，他们经常来学院讲学，作专业示范。

学院教师出版个人专著近30部，发表论文100多篇，发表绘画作品500多幅，这其中国家级项目8项。

河北师范大学美术学院

美术学院由原河北师范大学美术系和原河北师

范学院美术系合并而成，并于2001年6月正式成立。

美术学院现有教职工77名，其中教授13名，副教授20名。省管专家2名，省级中青年骨干教师4名。现有全日制普通本科生644名；硕士研究生52名，教育硕士8名；函授、夜大等成人教育学员1500名。

美术学院下设国画系、油画系、版画系、视觉设计系和基础教学部，设有美术研究所和民俗艺术研究所。

美术学院教师的论文、作品不断在学术刊物上发表，专著、编著接连出版，不少教师的创作在全国美展等颇有影响的专业展览中获奖。2002年3月，在北京中国美术馆举办了“传承与创造——美术学院教师作品展览”，并出版了展览画册。

浙江师范大学美术学院

美术学院筹建于1985年，其前身为艺术系美术专业（1985～1993.1）、美术系（1993.2～1997.10）、艺术学院美术系（1997.11～2001.6）、美术学院（2001.6 至今）。1988年开始招收美术教育专业专科生，1993年开始招收美术教育专业本科生，是浙江省最早招收美术类本科专业的院校之一。1999年开始招收艺术设计专业本科生。2001年开始招收课程与教学论（美术教育学方向）硕士研究生和教育硕士专业美术学科教学学位研究生。2003年设美术学专业硕士学位点，2004年开始招收美术学专业硕士研究生。

学院现有教职工68名，其中在编专任教师54名。其中教授7名，副教授8名；省、校级中青学科带头人各1名，校级青年骨干教师4名；具有博士、硕士学位教师12名。外聘教师18名。全日制本科生526人，研究生44人，各类成人高等学历教育学生1000多人。学院从1988年至2006年，累计毕业生总数1033名，分布在全国各地的政府部门和企事业单位。

近年来，曾应邀组团在美国关岛大学举办教师美术作品展览和讲学，参加中、日、德美术作品学术交流展等。派教师赴欧、美、南非、台湾、香港、澳门等国家和地区进行学术交流、讲学和办展览，邀请美国、意大利、乌克兰、新加坡、南非、台湾以及清华大学、社会科学院、同济大学、中国美术学院、中国传媒大学、南京师范大学等国家和地区以及国内的知名学者到我院讲学。

学院现有美术学和艺术设计两个本科专业和美术学专业硕士学位点，主要培养普通中高等学校的专业美术教育师资、企事业单位艺术设计部门的专业艺术设计人才，以及社会文化艺术教育、新闻出版传媒、艺术市场经营、文化行政管理、美术专业创作等部门的复合型、综合性、高素质的人才。美术学专业开设有中国画教育、油画教育、版画教育、设计教育等4个选修方向；艺术设计专业开设有视觉传达艺术设计、环境艺术设计、影视舞台艺术设计、动画漫画艺术设计等4个选修方向。美术学专业硕士学位点设有中国画艺术研究、油画艺术研究、美术理论研究3个选修方向；课程与教学论（美术教育学）专业设有中国画课程与教学、油画课程与教学、设计课程与教学等3个选修研究方向，美术教育硕士学位研究生主要开设针对基础美术教育研究的选修方向。

内蒙古师范大学美术学院

内蒙古师范大学美术学院的前身是内蒙古师范学院艺术系美术专业，成立于1954年。1954年～1970年共培养毕业9届专科生206名，1972～1976年共培养毕业5届大专生145名。1978年，全国恢复高考后，开始招收本科生，1980年开始招收研究生。1982年内蒙古师范学院扩建为内蒙古师范大学，原艺术系美术专业扩建为美术系，2001年又扩建为内蒙古师范大学美术学院。50余年来，共为自治区和少数民族八省区培养各级各类美术师资和专业人员3000多人。学院以蒙汉两种语言授课，是内蒙古自治区师资力量最为雄厚、教学设施完善教学水平高的美术教育、艺术设计教学单位是内蒙古自治区培养美术教育师资、艺术设计的摇篮和科研创作基地。2000年被教育部评为全国艺术教育先进单位。其教学条件、教学水平在2004年教育部本科教学教学水平评估工作中得到评估组专家的一致好评。

学院现任院长为苏和。

美术学院现设有美术教育、绘画、雕塑、艺术设计、工业设计、动画设计6个系和理论教研室。有中国画、油画、版画、水彩、雕塑、陶瓷艺术、广告设计、室内设计、工业设计、动画设计10个专业方向，有3个硕士学位授予点。全院共有教职工72名，其中专兼职教师63名，24人具有高级职称，硕士研究生导师13名。全院现有在校研究生57名，教育硕士23名，四年制本科生1206名，成人函授后期本科生400余名，是内蒙古师范大学全日制本、专科生人数最多的学院。

西北师范大学美术学院

西北师范大学美术学院前身是国立西北师范学院劳作专修科，设立于1939年，现为西北师范大学所设18个学院之一。

1949年11月，西北师范学院为适应国家艺术教育事业发展的需要，将原三年制的劳作专修科，改建为四年制的艺术系，当时是我国师范院校中最早设立美术专业的五所院校之一，首任系主任由我国著名美术教育家吕斯百先生担任。在后来的岁月里，学院在名称和设置上几经变迁。1996年，学校在原美术系和音乐系的基础上，合并成立了西北师范大学敦煌艺术学院。2006年1月，成立西北师范大学美术学院。

60多年来，先后有吕斯百、常书鸿、洪毅然、刘文清、方匀、韩天眷、汪岳云、黄胄、陈兴华、张阶平、杨鸣山等多位艺术大师在这里辛勤耕耘。

学院现设有美术学系、艺术设计系、基础教学部、实践教学部、敦煌艺术研究中心、图书资料管理中心等内设机构，有美术教育、中国画、油画、版画、视觉传达设计、环境艺术设计、公共艺术设计等多个本科专业方向，具有艺术学、美术学两个学科的硕士学位授予权，包括中国画艺术研究、油画艺术研究、美术理论研究、传统美术研究、艺术设计理论研究等五个研究方向。目前，学院拥有一支教学经验丰富、专业基础扎实、整体力量雄厚的师资队伍，在46名专业教师中，有教授9人，副教授15人，其中博士3人，硕士15人。全院现有研究生近100人，本科生500余人。

近年来，学院教师在承担繁重的教学任务之余，完成了大量的科研与创作工作，出版专著和教材十余部，发表论文百余篇，在国内外各种学术期刊发表作品和各类展览展出美术作品千余件，上百件美术作品获得省级以上奖励。

云南艺术学院美术学院

美术学院前身是云南艺术学院美术系，成立于1959年，建系之初即设置国画、油画、版画、雕塑专业，逐步增设了美术教育、成人教育、艺术摄影专业，是一所培养能在文化艺术领域从事美术教育、创作和研究的高等美术人才的专业院校。

现在美术系已经升格挂牌为美术学院。现设置绘画专业（四年制本科，分设国画方向、油画方向、版画方向。），雕塑专业（五年制本科），艺术摄影专业（四年制本科），电脑美术设计（三年制专科），美术教育专业（四年制本科），成人教育专业（三年制日制生专科升本科、三年制函授专科升本科和三年制函授生专科），并且建有美术学硕士研究生教育。各类专业及学科皆面向全省及省外地区招生。

美术学院现有教师四十余人，其中，教授8人、副教授12人，讲师11人，平均年龄38岁。同时，常年聘请客座教师20人，均是在创作、教学与研究方面具有突出成就的专家。

美术学院在云南省教委的扶持下，建设有油画专业、版画专业两个省级重点学科。

专业设置有：四年制国画、油画、版画、艺术摄影、现代传媒与印刷、美术教育、美术学专业类，五年制雕塑，二年制专科升本科，三年制电脑美术专科，三年制成人函授专科、本科美术教育专业，美术学研究生的教育。

美术学院建构国画、油画、版画、雕塑、美术教育五个教学系，并设艺术摄影、美术理论，电脑美术教学三个研究室，成人教育部。共同完成对专业理论、表现技能、艺术实践与专业创作等必修课及跨专业选修课程。

上海大学美术学院

1983年，上海最早的一所多学科综合性高等学府——上海大学美术学院揭牌创立。学院办学历史可以追溯到1924年，当时创办的上海大学已开设了美术科，尔后相继成立“上海美专”、“新华艺专”等学校。1952年“上海美专”并入华东艺术专科学校迁至南京。1959年筹办新的“上海市美术学校”，1960年改为“上海市美术专科学校”，1965年“上海美专”停办，保留中专部为“上海美术学校”。1983年上海市委做出决定，以上海美术学校为基础，并从其它院校、美术出版社、油雕院等单位抽调部分教学骨干，建立美术学院，并入上海大学，定名为上海大学美术学院。1994年，上海工业大学、科技大学、科技专科学校、上海大学四校合并成立新上海大学，美术学院仍为上海大学美术学院，学院现有绘画、美术学、雕塑、艺术设计、建筑学等5个本科专业。中国画系、油画系、雕塑系、美术设计系、史论系、建筑系等6个教学系，“公共艺术实验中心”的陶瓷、玻璃、版画、多媒体、材料实验等工作室。

学院现有教职人员168人，其中专任教师119人，正副教授53人，讲师 39人，助教 10人，教师队伍中有相当部分是国内和本学科中的学术领军人物或知名学者，其中有：邱瑞敏、汪大伟、张培础、杨剑平、王 音、凌启宁、金纪发、章德明、姜建忠、潘耀昌、徐建融、陈平、王孟奇、戴明德、郭力、黄阿忠、武云霞等。 学院现拥有学生2248人，其中本科生1176人，硕士研究生107人、留学生5人、成人教育560人、中专部400人。

上海大学美术学院是上海高等美术教育对外开放与交流的重要平台。学院目前已与日本、美国、德国、法国、英国、澳大利亚的高等艺术学府建立了校际合作办勘与交流关系。学院自筹资金，组织教师出国访问、考察，1997年至1999年组织了17批共50多人次。1997年起，学院每年接待国内外学者来访、讲学、办画展均在20次以上，来访人次均在百人以上。组织各种交流画展、讲座百次以上。近年，学校在法国巴黎购置了艺术工作室，进一步扩大国际交流与影响。学院还招收了韩国、日本、美国、澳大利亚、马来西亚、法国、印度等国的留学生和各画种的长、短期进修生。

新疆师范大学美术学院

成立于2000年9月，前身是成立于1978年的新疆师范大学美术系，已有28年办学历史，迄今为止共计为社会培养了美术人才 2640名，其中普通本专科毕业生713名、成人教育本专科毕业生1927名。

学院现有教职工45名，其中行政人员7名，教师38名。专职教师中教授7名、副教授10名、讲师19名、助教9名,硕士生导师10名。

现有在校普通本科生共18个班，学生总数498人；成人本专科共21个班，学生总数489名；硕士研究生56名。在校生共计987名。

学院现设有美术教育、艺术设计、绘画三个系。美术教育是传统优势专业，具有多年的办学历史，师资力量雄厚，教学经验丰富；艺术设计与现代高新技术、科研成果结合紧密。另外，学院还设有一个成人教育中心，负责全院的成人教育工作。

2003年建成美术学硕士点，填补了新疆高校美术专业研究生教育的空白，目前拥有10名导师和45名研究生，11名高校在职研究生。

同时，学院还设有“创作与教学”、“新疆民族工艺美术”、“电脑设计”和“中亚美术”四个研究所，一个院办产业：“艺术家画廊”。

美术学院的办学定位是：在国际上有特色，在国内有影响，在西北地区同类院校中属一流，在区内高等学校美术教育领域占据主导地位的教学研究型的高水平、高层次的美术学院。在培养目标上是：为社会培养厚基础、高素质、综合性的美术应用人才和研究型的未来美术家。

湖南师范大学美术学院

成立于1958年，现为全国八所“国家体育与艺术师资培训培养基地之一”，是湖南省唯一一具有美术学、设计学硕士研究生单独招生的高等美术学府。60余名专任老师中，有正教授19名，副教授24名，其中具有博士学位及硕士研究生学历的教师18名，另外聘请了美国、韩国、日本及国内十多位著名专家学者作我院兼职客座教授。美术楼使用面积6400平方米，艺术设计楼使用面积8000平方米。专业图书资料收藏处于同类院校领先水平，有专业图书70000余册，古今名人藏画300余幅.大型进口专业图书14000余册。中外文期刊17000余册。1997年以来，学院承担了省级科研课题8项，出版刊物专著、译著、教材120余部，在国家级刊物上发表论文208篇，入选全国美展和全国艺术设计大赛作品65幅，获奖作品30幅。拥有美术学、设计学、课程教学论、教育硕士、高教硕士五个方向的硕士学位授予权。

美术学专业为四年制本科。培养掌握美术学的基本理论、基本知识和基本技能，能够在高等和中等学校进行美术教学和教学研究的老师和其他教育工作者。开设素描、水彩画、油画、中国画、工艺美术、中外美术史、美术技法理论、书法、美术教学法、艺术概论等123门课程，美术学专业拥有硕士学位授予权。

艺术设计学专业为四年制本科。培养具备艺术设计与创作、教学和研究等方面的知识和能力，能在艺术设计教育、研究、设计、生产和管理单位从事艺术设计、研究、教学、管理等方面工作的美术人才。开设基础图案、素描、水彩画、平面构成、立体构成、工艺美术、字体设计、中国一国、楞设计、设计原理、设计表现技法、设计制图、人体工学、透视学、CI设计、馐设计、广告设计、室内设计、环境设计、书装设计、电脑设计等62门课程，设计学专业拥有硕士学位授予权。

46年来，学院数易其名1958年，湖南省委、省政府批准成立湖南艺术学院，设音乐、美术两系。1961年，湖南艺术学院音乐、美术两系并入湖南师范学院成立艺术系。1989年，湖南省人民政府批准成立湖南师范大学艺术学院2001年，湖南师范大学艺术学院分为美术学院、音乐学院。

第二章　当代书画社团

西泠印社

西泠印社创立于清光绪三十年（1904年），坐落于浙江省杭州市西湖景区孤山西麓，由浙派篆刻家丁仁、王禔、吴隐、叶铭等发起创建，以“保存金石、研究印学，兼及书画”为宗旨，是海内外研究金石篆刻历史最悠久、成就最高、影响最广的学术团体，有“天下第一名社”之盛誉。

1913年，近代艺术大师吴昌硕出任首任社长，盛名之下，精英云集，李叔同、黄宾虹、马一浮、丰子恺、吴湖帆、商承祚等均为西泠印社社员，杨守敬、盛宣怀、康有为等为赞助社员。此后二十余年，西泠印社迅速发展，声望日隆，逐步确立了海内金石书画重镇的地位。受西泠印社影响，河井荃庐、长尾甲等海外社员把源自中华的金石篆刻艺术带回国内，在日本、韩国创立了全国性的篆刻创作与研究团体。西泠印社促成、推动了周边汉字文化圈内篆刻创作与研究的产生、发展和繁荣。

1949年，西泠印社收归国有。1979年后，社团活动步入正轨，学术研究、对外交流、组织建设、人才培养等方面都取得了长足进步，文化影响扩大，规模空前繁荣。2003年西泠印社创社百年华诞，109个海内外印学社团汇聚孤山，共襄盛典。

西泠印社历任社长为吴昌硕、马衡、张宗祥、沙孟海、赵朴初、启功。截至2005年底，西泠印社拥有社员313人，分布于中国26个省（市）自治区、香港、澳门特别行政区、台湾地区和日本、韩国、新加坡、马来西亚、法国、捷克、加拿大等国家。每年固定在清明、重阳前后举办雅集。每年还不定期邀集外地社员赴杭研究印学、商讨社务、观赏藏品，开展篆刻书画创作和展览交流活动，编辑出版金石书画出版物。西泠印社逢五、逢十周年庆典时，还汇聚海内外印学同道，举行大型纪念活动。

除金石篆刻和书画艺术的研习外，西泠印社藉社员和各界贤达之力，上自鼎彝碑碣，下至印玺泉刀，无不博采旁搜，并设印学图书馆，专收两浙图经志乘、乡邦掌故、先贤著述及一切考论金石、古器、书画等书，以供 赏鉴研究之用。西泠印社还搜辑、考订、出版了大量印谱、碑帖和印学研究著作。

北京画院

北京画院（原名北京中国画院）是新中国成立最早、规模最大的专业画院。北京中国画院于1957年5月14日正式成立。周恩来总理及郭沫若、陆定一、沈雁冰等300余位文化界、美术界知名人士出席了成立大会。艺术大师齐白石任名誉院长，叶恭绰任院长，陈半丁、于非闇、徐燕孙任副院长。现任院长王明明。1965年，画院增设油画、雕塑、版画等专业，“北京中国画院”更名为“北京画院”。

北京画院群英荟萃，人才辈出。1981年，北京画院聘请著名画家吴作人、李可染、李苦禅、蒋兆和、叶浅予、黄永玉、黄胄、董寿平、吴冠中、白雪石、田世光、崔子范、俞致贞、张仃、刘凌沧、赵枫川等16人为院外画师。先后有120余位画家聚集在这里，成为新中国美术事业中一支引人瞩目的重要力量。数十年来，由北京画院画家创作的公开发表和参加展览的作品数以万计，在国内外产生了广泛的影响。北京画院还为全国各地培养、输送了千余名美术专业人才。

北京画院主办的大型学术刊物《中国画》，已陆续出版70期，先后发表了海内外大量的中国画作品及数百万的学术研究文章，曾在60余个国家和地区广泛发行，为弘扬民族文化传统，促进当代中国画创作和理论研究，提高中国画在国际画坛的地位与影响发挥了积极作用。

上海中国画院

1956年，最高国务会议通过周恩来总理提出的在北京和上海两地各成立一家“中国画院”的建议，组成了“上海中国画院筹备委员会”。经过四年的努力，于1960年6月正式成立了“上海中国画院”，首任院长为丰子恺，现任院长为程十发、执行院长施大畏，几十年来，画院先后汇集了一百几十位书画篆刻艺术家，素有“中国画半壁江山”之称。集创作研究、教育、展览、经营多种功能，致力于研制精品，发展国粹，培养人才。取得了丰硕的学术成就，为中国画事业的振兴与发展做出了可贵的贡献。

上海中国画院内有“程十发藏品陈列馆”、“林风眠作品陈列馆”、“上海中国画院美术馆”三个展馆，还有“上海中国画院画廊”、“上海林风眠艺术研究协会”及多功能会议大厅，是上海中国画院艺术研究、学术讨论、合作、展览等活动的中心。

广东画院

前身是1959年成立的广州国画院筹备委员会，是建国后国内最早成立的四所画院之一，1964年改名为“广东画院”。“文化大革命”期间停办，1978年复办。建筑面积4800平方米，有画家工作室、展览厅、学术讲座厅及陈列室。经常举办美术方面的学术讲座、学术交流、美术展览，编辑出版了《广东画院集刊》等数十本画集。每年举办一次院展，并先后在国内外举办了个人画展，与多个国家和地区有文化交流活动，不少作品为国内各类博物馆、美术馆收藏。

江苏省国画院

在南京城西的清凉山麓，石头城旁，有一座掩映在古木藤萝、茂林修竹之中的山丘，全国三大画院之一的江苏省国画院就座落在那里，名曰“四明山庄”。“四明山庄”位于虎踞路175-1号，占地28亩，是1987年值建院30周年之际迁来的。

1956年，在中国人民政治协商会议第二届全国委员会上周恩来总理提出创建国画院的建议，根据这次会议精神，江苏省国画院1957年开始筹建，并于1960年正式成立，傅抱石任院长，钱松喦、亚明任副院长，并集中了当时江苏国画界的一批精英画家。

1960年秋，傅抱石院长便组织了13位画家为“江苏国画工作团”进行为期三个月的二万三千里旅行写生，推出了一批适应新时代的精品力作。1961年5月在北京举办“山河新貌写生作品展”，引起巨大反响，被誉为“巧妙地运用了传统的笔墨，表现了祖国的大好河山。而且还突破了旧笔墨的束缚，在传统的基础上创造新笔墨”。由此奠定了江苏省国画院在全国的重要地位，影响了当时中国画的发展。

1977年恢复画院后，钱松喦任院长，亚明、宋文治、武中奇任副院长。九、十月间，画院组织14位画家赴湖南写生，举办“芙蓉国里尽朝晖”画展，获得成功与好评。十一届三中全会以后 ，中外文化交流日益频繁，国画院先后组织画家外出举办画展，扩大画院的知名度。

1984年11月，画院领导班子调整，由赵绪成任院长，喻继高、宋玉麟任副院长（后增选吴宏远为副院长），江苏省国画院进入了新的发展时期。近二十年来，画院有100余件作品入选全国美展，获全国、国际性金、银、铜奖近50个，获优秀、荣誉奖90余个，大量画院画家作品被国内外博物馆、收藏机构收藏。另外，画院还出版江苏省国画院作品集12种，有40多位画家出版了专集，出版文集30多种。

画院现任院长赵绪成，胡宁娜、刘云担任副院长。目前，江苏省国画院在机构设置上，下设院行政办公室、艺术委员会和山水、人物、花鸟、书法、理论五个研究所，另外还有美术馆、傅抱石纪念馆、培训部等。

贵州国画院

贵州国画院是隶属贵州省文化厅处级事业单位。成立于1980年。行政编制35人，专门从事中国画创作。现在岗创作人员14人。在岗人员已全部进入二级美术师以上，国家一级美术师4人。

第一任院长系著名国画家宋吟可，副院长孟光涛，顾问陈恒安。秘书长潘中亮主持日常工作。建院之初得到财政支持较大，购进绘画材料及深入生活遍及西南三省。1981年10月即在中国美术馆举办院展，得到首都理论家及观众好评。后转上海美术馆展出同样得到成功。1984年调整领导班子，李昌中任副院长，筹办了以书画集资一百余万元，参与“爱我中华、修我长城”活动，捐资四十余万元修葺长城数百米及城垛两座并立碑以志。

历年来已由各种渠道出版个人画集七八部(人)，荣获全国美展铜牌奖一枚(七届钱文观《马寅初的忧虑》)，省级一等奖十余次(人)及社会金、银、铜奖。举办各种院展，纪念展、个展数十次。先后评为国家一级美术师有八人之多。建立资料室，收藏作品一批。1992年由国务院总理李鹏作为国礼赠大型国画《草海复苏》、《摇篮春晖》给巴西总统和第二届全球环发大会，即由贵州国画院画家绘制提供。1982年为宋庆龄中华少儿福利基金会捐款一万元及部分作品。1998年为抗灾举办义卖捐款近十万元全部支援救灾工作。

新疆画院

新疆画院成立于1981年6月，是自治区文化厅下属的事业单位。现有专业创作人员32名(含离退休)，新疆画院特聘画家50人。包括汉、维吾尔、哈萨克、柯尔克孜、满、苗、回、蒙古等8个民族。有十人获得“四十年来为自治区美术事业做出工作者‘金驼奖’”，有二人获得由中国版画家协会颁发的“鲁迅版画奖”，有四人获得由自治区党委宣传部颁发的自治区“德艺双馨”文艺百佳称号，有二人获得由自治区文联颁发的自治区中青年“德艺双馨”会员称号。

画院成立以来，画家创作完成了大量具有浓郁民族特色、地方特色的美术作品。这些作品多次参加国内外举办的各种形式的画展，有百余副作品在全国、自治区获得金、银、铜优秀等不同奖项，部分作品被国内外美术馆、博物馆收藏。画家还分别在美国、日本、法国、独联体香港、台湾等国家地区以及北京、上海、广州、深圳、东莞、四川、湖南、江苏、安徽、甘肃、乌鲁木齐等地多次举办个人作品展。

新疆画院画家除完成创作展览之外，还担负教学辅导任务，经常为大专院校的学生、基层单位群众进行美术教学辅导工作。在第五届全国边疆文化长廊会议期间，协助举办了麦盖提农民画“麦盖提－乌鲁木齐－北京”巡回展，出版《中国新疆麦盖提农民画集》并拍摄二部农民画电视专题片；为自治区重要外事活动、残疾人福利机构、厂矿企业、部队、教育基金捐赠了大量的美术作品。

画家的美术作品和评论文章多次在国内外报刊刊登个人专集在多家新闻媒体播体。出版个人作品集19册，部分作品入选《中国美术全集》《中国现代美术全集》、《中国文艺大系》、《中国当代油画艺术》等美术专著。

重庆国画院

重庆国画院是重庆市文化局直属的研究和创作中国画的事业机构。自1981年成立以来，画院始终坚持一手抓传统，一手抓生活，多次组织学术研究和创作活动，组织画家到抗战遗址和三峡库区收集素材，体验生活，创作了大批有分量的历史画和有地域特色的风情画，组织了《大三峡——重庆中国画展》和有十二个省画家参加的《河山如画、西部热土中国画展览》 等几十个展览，先后在重庆，北京，南京，桂林，珠海等地展出，仅在北京中国美术馆就举办展览三次 。画院画家严谨的创作态度，对笔墨语言形式的探索，充满浓郁生活气息和地域特色的作品受到首都美术界和各地同行的关注，《美术》、《国画家》杂志多次予以介绍，人民美术出版社出版了《重庆中国画院作品选》。党和国家领导人李鹏、杨尚昆、张爱萍、方毅、廖汉生等先后亲临画院视察，日本首相中曾根等国际友人曾到画院参观，吴作人、李可染、蒋兆和等艺术大师对重庆国画的建设十分关心并多次亲临画院展览予以指导，平山郁夫、朱屺瞻、唐云、方增先等中外知名艺术家。中国画研究院。各地美协和画院的画家曾到画院与重庆国画家进行交流，画院画家的作品多次参加国内外重要展览并获奖，许多作品为中外机构收藏。画院的学术研究和创作活动推动了重庆市中国画的创作和研究。重庆国画院以其独特的组织形式和运行机制，专兼职相结合的画家队伍和浓郁地域特色的作品于2000年载入新中国第一部国家公办画院典籍——《当代中国画院》。

福建省画院

福建省画院座落于福州乌山之麓、白马河畔，这里树木葱郁、清静幽雅。主楼为白墙蓝瓦的园林式结构建筑，占地面积8.42亩。

福建省画院创办于1982年，隶属福建省文联，它是集聚国画、油画、版画、雕塑、书法等门类的高水平的美术人才专门从事美术创作、学术研究以及开展国内外文化交流等诸多职能的公益性学术机构。二十多年来，画院举办了一系列高层次、高水平的学术活动：如陈子庄、陈子奋、李耕、宋省予等名家艺术研讨会等。华君武、关山月等前辈艺术家，邵大箴、薛永年、孙克、王仲、陈传席、陈履生等全国著名美术评论家，方毅、贾庆林、丁关根、聂大江、何振新等同志及海外许多友人均曾莅临画院，或参观、或笔会、或讲座。2002年创办的院刊《画院 · 画家》在全国同行中广泛交流，影响甚好。

福建省画院现任院长陈济谋，常务副院长郭东健，副院长朱发新。林锴、何水法为名誉院长。画院一直保持画师群体合理的年龄结构，使画院拥有可持续性发展的巨大潜力。现有专职画师16人，特聘画师16人，均为正高职称或中国美协、中国书协会员，其中4人享受国务院特殊津贴。学院画师参加大量国际性、全国性权威美展、书法展，获奖70多人次，其中自六届全国美展到十届全国美展，我院画家作品50人次入选，获奖19人次。有许多作品被中国美术馆、中南海等国家机构和重要专业单位以及国外各重要的博物馆、美术馆收藏。

河北画院

河北画院始建于1984年，位于河北省石家庄市槐安东路113号。河北画院是河北省唯一从事美术创作、理论研究和组织、指导、培训、展览的全省专业、业余画家的省级美术专业机构，是河北省文化厅直属的文化事业单位（1997年成立的河北省美术创作中心也设立在河北画院）。

河北画院现拥有专业画家多名，他们大多毕业于我国著名的美术学院。其中一级美术师19名，二级美术师5名。

河北画院拥有60名特聘院外画师，这批画师是河北省颇具实力和美术作品创作上的有生力量，许多人在全国屡屡获奖。

现已建成的河北画院综合办公楼、河北美术馆、画家宿舍占地1.1公顷，建筑面积5300平方米，为开展美术创作及组织研讨活动提供了必备条件。

河南省书画院

河南省书画院成立于1986年，院址在郑州市繁华地段，北二七路55号。是集中国画、油画、版画、书法于一身的综合性画院，也是河南省惟一一所省级专业美术创作研究单位，隶属河南省文联领导，建制正处级，编制30名，1996年政府核定为差额补贴国家事业单位。现有在职书画家11人，离退休书画家7人，顾问47人，特聘书画家330人。20年来，河南省书画院画家创作成果在全国美展中获金、银、铜及优秀作品奖13人次，获省政府文学艺术成果奖3人次，获其他全国性奖项20余人次，专业书画家都出版有专集。在国际展览中获各种奖项12人次，多次受到国内外新闻媒体的报道和评论。

目前画院拥有在省内外有影响力的书画家队伍正高职称的8人（其中离退休4人）、副高职称的8人（其中退休3人）、其中省美协名誉主席1人，省美协副主席2人、省书协名誉主席1人、省书协副主席2人、协会常务理事、艺委会正副主任秘书长6人。

院长：李运江，副院长：王宏剑，王晓军。

深圳画院

深圳画院是政府主办的专业艺术创作研究机构，成立于1987年。

由政府投资2700万人民币兴建的深圳画院新址，座落在青山环抱的银湖之畔，建筑面积5000多平方米。

国家一级美术师，中国美协理事、艺委会委员、广东省美协副主席董小明为现任画院院长、法人代表；国家一级美术师、中国美协理事、中国版画家协会理事其加达瓦任常务副院长。

在“国际水墨画展‘88北京”的基础上，深圳画院与中国画研究院联合主办了“国际水墨画展‘92深圳”，成为同时期中国美术界最具影响力的国际性展览。1998年12月经文化部批准，由深圳市政府主办、深圳画院承办了“第一届深圳国际水墨画双年展”。这项已列入政府文化事业发展规划的常设性展览。2000年 12月，深圳画院又将承办以《水墨与都市》为主题的“第二届深圳国际水墨画双年”，这一主题是由《城市山水画》延伸而来。九十年代中期，深圳画院根据自己地理环境和艺术特点，提出了《城市山水画》这一学术课题，并邀请了三十多名全国著名的中青年山水画家共同参与这一以现代化都市为题材的创作和研究活动。在积极开展研究和创作活动的同时，深圳画院也接待了数以百计的国内外著名画家和理论家，开展了积极广泛的艺术交流，并与美术馆合作举办了华君武、丁聪、沈柔坚、方召麟、周思聪、舒传熹等著名画家的画展。

山东画院

山东画院成立于1988年9月，系山东省文化厅所属的集创作、交流、研究、辅导和收藏于一身的综合性国家美术事业单位。其专业包括国画、油画、书法、版画、水彩水粉、年画、雕塑等。

吕常凌为院长，省委任命王奎章为常务副院长，聘请省内优秀美术家600多人为高级画师和画师，组成了我省美术创作的骨干队伍。画院成立以来，组织了一系列创作、展览和交流活动，连续成功地举办了山东省一至六届艺术节的综合美展，胜利完成了全国七届、八届和九届以及建党70周年、毛泽东同志诞辰100周年、纪念抗战胜利50周年、建党80周年和迎接香港、澳门回归的全国美展及省展的创作和展出活动。在几次全国大型美展中，均获得了入选作品和获奖数量名列前茅的优异成绩。另外，先后在本省、外省和晋京举办了三十多次综合与专题美展。编辑出版了《山东画院作品选》、《齐鲁揽胜——山东画院建院十周年作品选》和八十多位书画家的作品专集。

山东画院还多次出国进行美术考察、艺术交流，举办展览；推荐和组织百余名画家应邀到十几个国家和地区进行考察和举办画展，有的获得了艺术大使、荣誉市民和客座教授的称号。

甘肃画院

甘肃画院座落于风景怡人的兰州四十里黄河风情线东段，建筑古朴典雅，环境优美。成立于1990年，占地面积约9.68亩，建筑面积4490平方米，美馆1200平方米，是全省美术创作、研究、交流和教育的专业机构，现在形成了一批中国画、油画、版画、书法为重点的从事专业研究书画艺术创作的画院，有一支由花鸟画家、山水画家、人物画家、油画家和版画家组成的专业创作和研究队伍，具有较高的艺术创作的理论研究水平。目前，在职有员23人（其中：有专业技术职称的13人，正高7人，副高4人，中级职称2人，中国美协会员7人，中国书协会员2人，行政后勤人员10人）离退休人员12人（其中正高6人）。

画院先后有500多件作品入选全国性各类美展，有的获奖，有数1000件作品刊载于国内外杂志报刊，有数10篇论文分别在国家级刊物上发表，学术交流上交流，有的还被列为国家社会科学艺术学科科研项目。

甘肃美术馆隶属于甘肃画院，是进行学术交流研讨、作品收藏、艺术珍品展示的重要窗口。

湖南书画研究院

湖南书画研究院成立于1991年11月5日，占地面积约为3700平方米。湖南书画研究院的画家是由省美协分流出来的画家组成，聘任了黄铁山、李立、曾晓浒、钱海源、郑小娟、王憨山、易图境、王金星、徐之麟、王菊生等15位著名画家为特聘书画家和理论家。特聘原湖南省委副书记、省长刘正同志为名誉院长。

原院长陈白一是著名工笔人物画家。现任院长钟增亚是一位擅长写意人物的著名画家。

海南省书画院

黑龙江省画院

安徽省画院

湖北省美术院

吉林省画院

辽宁国画院

陕西国画院

广西书画院

四川省书画院

浙江省画院

云南省画院

江西省画院

山西画院

宁夏书画院

天津画院

第三章　中外书画交流

1924年5月21日　中国美术展览在法国阿尔萨斯省首府史太师埠（斯特拉斯堡）的莱茵河宫举行。林风眠、徐悲鸿等人作品参展。

1933年5月　徐悲鸿组织的中国近代绘画展览在巴黎举行，后移至比、德、意、苏等国展出。

1933年　中国艺术国际展览会在英国伦敦举行，共有书画、青铜器、织绣等1000余件作品参展。

1934年1月20日　刘海粟主持中国现代绘画展览会在柏林普鲁士美术院举行，后在汉堡、荷兰海牙、瑞士日内瓦等地展出。

1934年3月14日　"革命的中国之新艺术"展览会在法国巴黎皮尔·沃姆斯画廊举行。展品是鲁迅和宋庆龄共同搜集的木刻和绘画作品，共计78件。

1938年　徐悲鸿应泰戈尔之邀，赴印度，后至新加坡、吉隆坡等地开办筹赈展览会，将卖画所得近10万美元全部捐献于祖国抗战。

1939年年初至1940年底

张善孖赴法国、美国举办画展达100多次，募集捐款达20多万美元，全数寄回祖国支援抗战。

1940年1月20日　刘海粟发起的中国现代名画筹赈展览会在印尼雅加达开幕。

1950年10月1日　中国艺术展览会在苏联莫斯科开幕。

1951年4月30日　中华人民共和国文学艺术展览会在苏联列宁格勒举行。

10月1日　苏联莫斯科画家之家举办中国年画展览会。

1955年1月20日　中国绘画展览会在英国伦敦开幕。

12月11日　德意志民主共和国总理格罗提渥、副总理博尔茨访问齐白石，并代表德国艺术科学院授予齐白石通讯院士荣誉状。

1956年8月4日　日本画家丸木位里、赤松俊子《原子弹灾害图》及访华旅行写生展在北京开幕。

10月17日　陈半丁国画展，艾中信访问民主德国写生画展，关山月、刘蒙天访问波兰写生展览在北京举行。

1958年　潘天寿《荷》、李硕卿《移山填谷》、杨之光《雪夜送饭》、亚明《货郎图》等作品参加在莫斯科举办的社会主义国家造型艺术展览会。

1978年3月10日　法国19世纪农村风景画展览在中国美术馆开幕。

12月2日　中国现代绘画展览在日本东京举行。

1979年9月21日　林风眠画展在法国巴黎开幕。

1981年12月15日　由吴冠中、詹建俊、刘焕章组成的中国美协代表团先后访问了尼日利亚、马里。访问期间举行了画展。

1982年3月19日　中国20世纪五位名画家传统画展在法国巴黎开幕，展出吴昌硕、黄宾虹、傅抱石、潘天寿、陈之佛的作品100件，5月19日结束。

5月8日　由吴作人等三人组成的中国美术家代表团赴法国巴黎，出席法国春季沙龙画展开幕式。这次在巴黎大宫举行的中国现代艺术展览。展出中国160位美术家近30年来较优秀的作品165件。

9月8日　中国北京画院、日本北京画院、日本南画院绘画展览在中国美术馆开幕。

1983年3月　"中日书法艺术交流展览"在北京举行。

5月17日　刘开渠为团长的中国美术家代表团赴阿尔及利亚，参加苏卡赫拉斯第二届国际造型艺术节活动。

10 月　中国书协和日本刻字协会联合举办“第二次日本刻字展览”。

10 月 11 日　李可染中国画展在日本东京、大阪先后举行。

1984 年 2 月 2 日　中国年画展览在芬兰瓦萨市开幕。

4 月　应日中文化交流协会和全日本书道联盟邀请，以舒同主席为团长的中国书协代表团访问日本。

4 月 13 日　纪念中国杰出画家齐白石诞辰 120 周年画展在苏联莫斯科举行。

6 月 26 日　以蔡若虹为团长的中国美术家代表团到日本访问。

10 月 8 日　吴作人、萧淑芳作品展览先后在日本东京、大阪两地展出。

12 月　应新加坡中华书学协会邀请，以沈鹏为团长的中国书法家代表团出访新加坡。

1985 年 10 月　中国书协、中国文联和全日本书道联盟、日中文化交流协会举办“第四次中国书法研究班”。

1986 年 6 月　“第二次中国新加坡书法交流展览”在北京举行。

9 月　应日中文化交流协会，全日本书道联盟邀请，中国书协副主席陆石率中国书法家代表团访问日本。

10 月 15 日　德意志民主共和国驻华大使宴请我国有关方面人士，转达聘请我国画家李可染为德意志民主共和国艺术科学院通讯院士的决定，并颁发了证书。

1987 年 3 月　“中日妇女书法交流展”在北京中国美术馆举行。全国政协主席邓颖超向展览发来贺信。

3 月　“启功、宇野雪村巨匠书法展览”在北京中国美术馆举行。全国人大副委员长楚图南、全国政协副主席吕正操等领导人出席。

11 月　“中日刻字书法艺术联展”在山东济南举行。

11 月　应日文化交流协会及日本书道院邀请，以萧琼为团长的中国女书法家代表团出访日本。

1988 年 2 月 10 日　新加坡国家博物馆和南洋美术专科学院联合举办的吴冠中书画展在新加坡国家博物馆开展，共展出 100 幅作品。吴冠中夫妇应邀参加展览开幕式。

4 月　在香港举办“中日书法交流展”，应香港艺术中心邀请，以黄绮、武中奇为顾问，刘艺为团长的中国书法家代表团出席了开幕式。

4 月　应日本方面邀请，以陆石为团长的中国书法家代表团出访日本。

5 月　为庆祝东京日中友好会馆建馆一周年，应日本邀请，以佟韦为团长的中国书协代表团出访日本。

10 月　应日中文化交流协会和全日本书道联盟邀请，以黄绮为团长的中国书法家代表团出访日本。

12 月　就新加坡中华书学协会的邀请，启功、陆石、佟韦赴新加坡参加新加坡书协成立二十周年庆祝活动。

1989 年 3 月　“第二次中日妇女书法交流展”在北京中国美术馆举行。

4 月　应全日本书道联盟的邀请，中国书协主席启功一行访问日本。

11 月　应日中文化交流协会和日本书道院邀请，以廖静文为团长的中国女书法家代表团出访日本参加“第二次日中妇女书法交流展”开幕式。

1990 年 3 月 25 日—5 月 15 日

吴冠中应邀赴英国大英博物馆举办个人展览。

4 月　“中日友好自咏诗书展”在北京民族文化宫举行。

9 月　应日中文化交流协会、日本刻字协会邀请，权希军率中国书协刻字代表团访问日本。

11 月　应日中文化交流协会和全日本书道联盟邀请，邵宇率中国书法家代表团访问日本。

12月　应新加坡中华书学协会邀请中国书协代表团访问新加坡，出席“第一届国际书法交流大展”开幕式。

1992年9月　中日邦交正常化二十周年，中国书法家协会和全日本书道联盟、日中友好会馆共同举办中日名家书法展。

1993年1月12日　“从长安门到天安门——北京·韩国现代美术展”在中国美术馆展出。

12月　“红星照耀中国·艺术展”在美国纽约苏荷区金画廊举办。

12月　北京第二届国际书法交流大展在中国美术馆举行。

1994年6月　中国书协和全日本书道联盟共同举办第十一次中国书法研究团，在黄山市举行歙砚、徽墨的研修。

10月25日—31日

“‘94中、韩、日北京国际现代艺术展”在北京首都师范大学美术馆举行。

1995年1月8日—9日

“‘95中日美术研讨会”在京召开，主题是“走向21世纪的东方美术”。

1996年11月　应日中文化交流协会、日本书道院的邀请，中国女书法家代表团赴日参加第三次中日妇女书法展。

1998年3月　《世纪女性艺术展》在北京中国美术馆举行，张强踪迹学报告作为大展一部分在当代美术馆展出。现代书法家高乐、党禺分别赴日本举办展览和学术交流。

3月22日——3月27日

“‘98福州亚太地区当代艺术邀请展”在福州于山堂的福州画院展出，30位艺术家中包含有加、美、日的艺术家。

4-6月　由张以国策划的《笔语——当代中国书法展》在美国纽约哥伦比亚大学瓦利克美术馆举办，并出版大型图录。在21位艺术家的参展作品中，包括白砥、洛齐、邵岩、王冬龄、张强五人的现代书法作品。

7月　应日本邀请，中国二十一世纪书法大展在日本东京美术馆举行，中国书协代表赴日访问。

10月　应法国文化部、教育部、巴黎索尔邦大学远东研究中心邀请，中国书协代表团访问法国。江泽民总书记和法国总统希拉克为“笔林——中国现代书法艺术巴黎大展”题词。

12月　由中国书协举办的中国现代书法大展在法国巴黎举行，邱振中、王冬龄、邵岩、杨林等现代书法家作品参展。

2000年5月　中国书法家协会在昆明云南美术馆举办“第十一届中日友好自咏诗书展”。

11月10日至21日

在日本东京举行由文化部归国华侨联合会、日中艺术文化振兴协会主办，中国驻日本大使馆协办的“日本·中国书法绘画展”

2003年10月11日　由中国美术家协会主办的系列美术作品展中的第一个展览——“刘大为与若埃尔·勃朗（JOEL BLANC）绘画作品联展”在法国的多维尔市（DEAUVILLE）开幕。

2004年2月18日　中国美术家协会与法国巴黎艺术城共同主办的当代美术作品系列展首展“中国风情——当代中国画作品展”在法国巴黎艺术城展览馆隆重开幕。

4月15日至4月26日

傅益瑶画展在北京中国美术馆展出。此次画展由中国人民友好协会主办，中国美术馆承办，中国日本友好协会、中国美术家协会、中国佛教协会、中国艺术研究院美术研究所、日本中国友好协会、日本放送协会（NHK）、天台宗延历寺、大本山永平寺、佐川急便株式会社等单位协办。

4月15日　由中国美术家协会主办的“拉脱维亚当代美术作品展”在中国美术馆开幕。参加开幕式的有：拉脱维亚总统瓦伊拉·韦凯－弗赖贝加、拉脱维亚文化部长海连娜·德玛克娃、拉脱维亚驻华大使艾那斯·赛马尼斯、中国文化部副部长孟晓驷、中国文联副主席李牧、中国美协主席靳尚谊、中国美协常务副主席刘大为、中国美术馆副馆长钱林祥等中外嘉宾。

6月10日　应文化部、乌兹别克斯坦驻华使馆的提议，乌兹别克斯坦艺术院的邀请，中国美协主办的“中国当代美术展”作为“中国文化日”活动之一赴乌兹别克斯坦进行展览。同时，以中国美协常务副主席刘大为为团长的中国美协代表团到达乌兹别克斯坦首都——塔什干，开始了为期一周的交流访问活动。

6月22日　由中国美协常务副主席刘大为带队的中国美协访蒙代表团到达乌兰巴托，进行学术交流和访问。

8月6日　中国当代美术作品展在拉脱维亚首都里加的外国艺术博物馆开幕。

8月13日至18日

由中央民族大学美术学院和韩国美术教育协会共同主办的“‘2004中韩当代美术交流展”和“权相玖、申铉大二人作品展”在中央民族大学举行。

9月29日至10月9日

为纪念黑龙江省与日本山形县建立友好省县十周年，应日本山形县书道联盟的邀请，以黑龙江省文联索燕鹏为团长、黑龙江省书协副主席高庆春、张戈为副团长等九人组成的黑龙江省书法家代表团一行于出访日本。

2004年10月10日　作为法国文化年开场大戏的“法国印象派绘画珍品展”在中国美术馆拉开帷幕。展览由中华人民共和国文化部和法兰西共和国文化通讯部主办，中国美术馆、上海美术馆和法国奥赛博物馆承办，这是在我国举行的最为重要、规模最大、印象派主要画家的作品最为齐全的一次展览。

10月14日　为纪念中俄建交55周年，由北京徐悲鸿纪念馆主办，俄罗斯驻华大使馆、美术家协会、圣彼得堡列宾美术学院、赫尔岑师范学院协办，中华世纪坛承办的“二十世纪俄罗斯现实主义绘画大展——北京特展”在中华世纪坛开幕。

10月20日　中国美术馆国际学术论坛——路德维希夫妇捐赠学术研讨会在北京中国美术馆举行。

2004年11月1日　“世界文化遗产亚洲学术研讨会”在北京理工大学召开。会议由北京理工大学主办，理工大学设计艺术学院承办，中国文物研究所、北京文物保护协会 、敦煌研究院、清东陵文管处、中国工艺美术协会展示委员会、中国文物协会等机构协办。

11月11日　由中国美术家协会、上海美术家协会、美术世界株式会社（日本）共同主办，日中经济综合研究所协办的《世界和平美术大展2004》在上海刘海粟美术馆隆重开幕。

2005年5月27日　何满宗书法展在日本爱知世界博览会上湖南周期间展出。

10 月17日至23日

由北京画院和日本南画院联合主办的“第六届中日美术交流联合展”在北京画院美术馆展出。

2006年2月　“全日本华人书法家协会”在东京成立，协会由东京中国书法学院院长刘洪友、西泠印社晋鸥、国际名人杂志社社长魏来五道、思源文武会馆长高小飞等人发起创建。

11月20日　首届欧洲华侨华人中国书法展20日在葡萄牙北方城市波尔图市开幕。

第四章　书画报刊

《美术》

中国美术家协会主办的专业性机关刊物。其前身《人民美术》创刊于1950年2月，共出版6期，王朝闻、李桦为执行编辑。1954年1月20日正式创刊，改今名，为月刊，1961年改双月刊。王朝闻任主编，力群任副主编。至1966年出至第2期停刊。1976年3月复刊，至1979年第1期为双月刊，1979年第2期始改月刊。至1989年12期，总期数为264期。1987年6月以前由人民美术出版社出版，同年7月改由《美术》杂志社出版。复刊后华君武任主编，李松涛为副主编；1980年起王朝闻、王琦任主编，何溶、李松涛、丁永道、吴步乃任副主编。1984年12期起，主编为邵大箴，副主编为李松涛、吴步乃。90年代由王琦、华夏、叶毓中等先后负责。现任主编为王仲。各地知名美术理论家、画家曾参加该刊的编辑工作。

创刊以来，随时报道了国内外重要美术创作经验，并曾多次介绍、组织有关当前美术创作问题的讨论。20世纪80年代以来，每年协助中国美协召开各地美术评论家、美术史家参加的美术理论讨论会，研究美术现状，推动史论研究。1989年与台湾《艺术家》杂志交换稿件和台湾《雄狮美术》、香港中华文化促进中心共同举办中国水墨画新人奖。主要栏目有理论研究、当代美术思潮、美术家研究、创作谈、革命美术活动回忆录、美术交流、古代美术、外国美术、民间美术等。读者对象为国内外美术家、美术爱好者。

《中国书法》

中国书法家协会主办的国家级中文核心期刊，是当代中国书法权威刊物，为中国文联十佳报刊之一。1982年10月在北京创刊，启功任主编，先后由宝文堂书店及中国文联出版公司出版，为不定期丛刊，1986年改为季刊，谢冰岩任主编，由中国书法杂志社编辑出版。1999年改为月刊，继2004年大幅度改版扩容以后，从2005年第一期起，《中国书法》改为国际大开本出版发行。现任主编为周志高。

《中国书法》内容着重介绍、评析现代有成就的书法家、篆刻家，评论、研究当代书法家的创作；开展书法理论的研讨；也以较大篇幅研究和整理古代优秀的书法艺术遗产。同时有选择地介绍日本、新加坡等国汉字书法家的状况及其创作成就。《中国书法》辟有现代名家、书坛中青年、书学论坛、法书赏析、书艺论、海外书坛、展览巡礼、现代书家传略等栏目，力求反映当代书法创作及理论水平，同时也注意普及书法知识。

《美术研究》

美术学术季刊，中央美术学院学报。创刊于1957年，1960年停刊，1979年复刊。读者对象为国内外美术史论专业工作者，艺术家及艺术爱好者。设有美术史研究、理论研究、创作与评论、教学研究、学术交流、问题讨论、文献与考古等栏目。重点发表国内外美术史论专家、学者之论文及古今中外优秀美术作品。致力于世界学术交流，并与巴黎第一大学美术史杂志《写与看》建立了学术关系，双方拟定互发系列文章。1957年至1959年由学报编辑委员会集体主编，1979年至1986年由金维诺、佟景韩负责，1987年至今由靳尚谊、佟景韩任主编，杜哲森任副主编。现任主编为邵大箴，副主编为杜哲森，副社长为张海波。

《世界美术》

中央美术学院学报，为学术性季刊。创刊于1979年。读者对象为美术院校师生、美术家、美术理论工作者和美术爱好者。设有艺术家与作品、艺术思潮与流派、史与论、考察与访问、技法与材料、博物馆巡礼等栏目。曾系统、全面地以西方美术史为重点介绍了世界各国和地区艺术发展的历史，著名的艺术家和美术史迹，发表了一批国内专家学者撰写的有一定艺术水平的研究评介外国美术史的论文，有选择地翻译了一些著名的西方美术家有关美术史学的论文和著作的章节，以译介、专访、特约撰稿的形式介绍了外国现代艺术。历任主编朱丹、王琦、金维诺、邵大箴、李春、靳尚谊、佟景韩、刑啸声。现任主编邵大箴，副主编为易英。

《中国艺术》

人民美术出版社出版。是以对外发行为主的大型综合性美术期刊。创刊于1985年7月。以“振奋民族精神，发扬民族文化，不断提高我国文化艺术水平，并在国际间宣传我国历史文化和现代艺术成就，加强国际艺术交流”为宗旨。强调“艺术性和学术性，有长期保存和收藏价值”。读者对象为国内外专业艺术工作者、收藏家和有关专业团体。内容为古典艺术和现代艺术两个部分，设有古典艺术、画家与画、作品赏析、民间艺术、建筑艺术、工艺美术、理论研究、探索之窗、海外画坛等栏目。暂有中、英文两种版本。创刊时邵宇任主编，于明川任副主编。20世纪80年代主编沈鹏，副主编于明川，顾问邵宇。90年代主编为程大利。

《美术之友》

评介各类美术读物为主的普及性期刊。1982年3月创刊。原为季刊，后改变月刊。由全国及各省市专业美术出版社联合主办。旨在向读者推荐优秀美术书籍，报道全国美术出版信息，传播美术知识，反映读者要求，沟通读者、作者、编辑以及出版发行工作者之间的关系，并交流工作经验。读者对象为美术工作者和美术爱好者等。设有画家介绍、书林画廊、编辑专访、出版社介绍、新园地、美术基础知识讲座、出版消息等栏目。主编沈鹏，编辑部主任吴葆伦。

《书法研究》

书法专业理论刊物。创刊于1979年5月，1981年起定为季刊。由上海书画出版社编辑出版。办刊方针：“以书学理论建设为主线，倡导开展学术争鸣，注重文献史料积累，关心海外书艺动向，并注意吸收新兴的文艺理论。”1982年曾发起关于书法艺术美学本质的讨论。设有古代书家、现代书家、古代书论、现代书论、书法美学研究、技法研究、碑帖赏析、篆刻、海外书坛、散佚史料编纂等栏目。国内外发行外。创刊时由吴惠霖任编辑组长，现任主编卢辅圣，副主编戴小京。

《书法》

书法篆刻艺术专业刊物。1977年6月试刊，1978年3月正式出版，1979年起定为双月刊。上海书画出版社编辑出版。设有古代书家及作品、古代书论选读、碑帖介绍、古代印选、明清篆刻和现代篆刻作品选、近代书家和现代书家专题介绍、书苑撷英、现代书法作品选、论坛、港台海外书法、书法篆刻讲座、文房四宝、名胜书艺等栏目。每期重点向读者推荐一件鲜见的古代书法或篆刻精品。读者对象为书画专业工作者和爱好者。曾多次参与举办和专辑报导全国重大书法活动，如1979年全国群众书法竞赛，1980年全国第一届书法篆刻展览，1981年全国首届书学研讨会，1983年全国首次篆刻大赛，1987年全国中青年书苑撷英大赛及当代书家作品展等。为纪念刊物创办十周年，编辑出版了《当代书家墨迹诗文集》。国内外发行。历任主编黎鲁、赵坚、茅子良，现任主编蔡大搏，副主编周志高、刘小晴。

《新美术》

浙江美术学院学报。创刊于1980年。上海人民美术出版社出版。主要内容为：介绍本院画家的新作和教学研究成果；刊登中国美术史方面的学术论文，并发表国外美术史家研究中国美术的重要论文；美学、艺术批评、外国画家介绍等。读者对象为美术专业工作者及艺术爱好者。历任主编金冶、杨成寅、肖峰、潘公凯、范景中。

《艺术界》

综合性艺术刊物，安徽省文学艺术界联合会主办。创刊于1988年7月。以“博采艺术群芳，荟萃艺术精华，促进美术、摄影、书法、电影、电视、戏剧、音乐、舞蹈等艺术门类的相互交流和繁荣”为己任。设有特辑、艺术家在思考、艺术杂文、艺术评论、艺术散文随笔、现代派艺术、艺海拾零等栏目。辟有美术作品插页和漫画之页，1988年出版的三期中，曾刊发涉及美术界动态和有关美术家的三个特辑。读者对象为专业艺术工作者和艺术爱好者。

《荣宝斋》

《荣宝斋》系大型艺术双月刊，主办单位中国美术出版总社，主管单位国家新闻出版署，于1999年10月创刊，国内外公开发行。以中华文化及艺术品市场为主要研究对象，展示中华瑰宝；开展学术探讨；介绍优秀艺术作品；传播艺术市场信息；寻求艺术市场进一步规范化途径。其主要栏目有物华天宝、艺术论坛、画苑、鉴赏与收藏、人物聚焦、艺坛时讯、观点荟萃等。是一本集学术性、艺术性、知识性、收藏性为一体的大型艺术期刊。

《美术观察》

《美术观察》是中国艺术研究院主办的国家级艺术类核心刊物，为月刊。它以观察家的眼光审视美术，及时报道美术界重大焦点问题，介绍推出名家名作，刊登美术学最新研究成果，评介艺术市场动态等。读者对象为美术家、美术院校师生、美术研究工作者及业余爱好者。刊物分设“观察家”、“美术学”、“市场与鉴赏”、“域外观”、“信息与联谊”六个栏目。现任主编邓福星。

《国画家》

由天津人民美术出版社出版，创刊于1979年，原为《迎春花》，主要介绍艺术成就较高的当代海内外中国画画家及其作品，深入剖析画家的艺术思想、技法特征以及继承与创新的经验。主编刘建平，执行副主编陈正明。

《中国文化报》

《中国文化报》是中华人民共和国文化部主管的权威性文化艺术类报纸，以继承、弘扬中华民族文化传统，繁荣、发展文化事业和文化产业，促进中外文化交流为宗旨，权威发布国家文化政策，快速报道全球文化动态，大力推介优秀文化作品，理性评说社会文化热点，客观反映和科学探究文化领域的管理之策、经营之道和消费之势。

该报立足文化系统，面向文化艺术界、文化产业界及其它与文化相关的行业，并且兼顾文化所覆盖的政治、经济、社会生活的各个领域和各个层面。突出文化艺术领域焦点新闻的深度和广度的报道，注重指导性、服务性和可读性，办报二十多年来，形成了独特的风格和特色。

该报除新闻版和理论版外，还拥有《文化市场》、《文化产业》、《文化生活》、《社会文化》、《美术》、《音像》、《企业文化》、《城市文化》、《品牌文化》、《科教》等各具特色的专刊。

《中国艺术家》

中国艺术家杂志，是由香港《文艺报》社主办，是一本海内外发行，各大图书馆、艺术团体及艺术院校收藏、交流的大型艺术类专业期刊，由著名书法家、理论家、摄影家、中华全国新闻工作者协会主席邵华泽题写刊名。主编：绿岛。

特设“名家写真”、“艺术人生”、“诗书画”、“书画走廊”、“作品选登”、“论坛与观察”、“东方人物”、“艺苑资讯”等不同栏目。

《画界》

《画界》杂志创办于2005年5月，由全国政协办公厅主管，人民政协报社主办。

《中国硬笔书法》

由湖北省硬笔书法家联谊会创办，柳长忠任主编的大型综合性硬笔书法艺术季刊，2004年创刊。

该杂志倡导“玩艺悟道，养性修身”的理念，关注硬苑书坛最新成果，刊发艺林玩家最新力作。

《美术大观》

《美术大观》杂志创刊于1952年，其前身为《东北农民画报》。辽宁美术出版社出版。以贯彻“二为”和“双百”方针，坚持普及与提高相结合的原则，强调老人性、知识性、学术性与现代精神，繁荣当代美术事业为宗旨。

《中国书画报》

《美术时空》

《中国画市场》

《中国画研究》

《中国书法教育》

《中国艺术市场》

《书法导报》

《中国书法报》

《中国美术报》

第七篇 主管部门政策法规

舒建新
《青城揽胜图》
中国画作品

第一章　主管部门和机构

中华人民共和国文化部艺术司

主要职责是管理文学、艺术事业，编制并组织实施艺术事业发展规划；指导文艺事业发展的结构和布局；研究指导改革工作；协调全国性艺术比赛、展览和非营业性演出等重大艺术活动；指导部直属艺术单位业务建设。

中国文学艺术界联合会

是由全国性文学艺术家协会，各省、自治区、直辖市文学艺术界联合会和全国性的产业文学艺术工作者联合会组成的人民团体。成立于新中国诞生前夕的1949年7月，是中国人民政治协商会议发起单位之一。首任主席为郭沫若，现任主席为孙家正。中国文联实行团体会员制。现有团体会员50个，即中国美术家协会、中国民间文艺家协会、中国书法家协会等。

50多年来，在中国文联指导下，各文艺家协会经常开展各种活动，如组织作家、艺术家进行各种学习和讨论；组织各类文艺演出的观摩；举办各种艺术展览；召开各类学术研讨会、座谈会；举办文艺评奖活动，设有全国性、专家性的文艺奖项13个，包揽各个艺术门类；举办旨在培养文艺新人的讲座、讲习班，开展纪念文化名人的活动等。

中国文联及各协会办有《中国艺术报》等30余种全国性的文艺刊物和报纸，拥有中国文联出版社等7家图书和音像出版社、1家影视中心。

中国文联广泛开展对外文学艺术的交流活动，每年接待数以百计的外国文学艺术家代表团来华访问，同时组织为数越来越多的中国文艺家出国访问，增进了中外文艺界的友谊和合作。

中国美术家协会

该协会是中国各民族美术家组成的人民团体，是中国文学艺术界联合会的团体会员。中国美协会址设在北京，在全国各省（除台湾外）、直辖市、自治区成立分会，称中国美术家协会（省市区）分会。1990年后，各分会改成为中国美协的团体会员。

中国美协由中共中央书记处领导，中共中央宣传部代管。

中国美协吸纳在美术创作、美术评论、美术史研究、艺术设计等方面成就卓著者为会员，集中了全国有成就、有影响的美术专家、学者，是综合美术各门类的、全国唯一的国家级美术组织。

中国美协负责组织、指导全国美术家进行美术创作和理论研究，承担国家重大展览的组织、实施、评选、评奖，举办大型的全国性美术展览和各种学术展览，出版学术刊物，开展学术研讨，努力促进中国美术的发展和繁荣。

中国美协积极开展广泛的国际美术交流，举办并参加各种类型的国际美术展览，接待世界各国的美术家访华并组织中国美术家出国访问，与各国美术界进行形式多样的交流。

中国美协的最高权力机构为全国代表大会。代表大会每五年举行一次，选举产生理事会；理事会选举主席、副主席，组成主席团；主席团聘任秘书长、副秘书长，负责处理日常会务工作。

中国美协前称中华全国美术工作者协会（简称全国美协），1949年7月21日在北京中山公园来今雨轩成立，徐悲鸿当选为第一任主席，江丰、叶浅予为副主席，蔡若虹、刘开渠、吴作人、李桦、古元、王朝闻、倪贻德、力群、朱丹、野夫为常委。

1953年10月4日改称中国美术家协会（简称中国美协）。推选齐白石为主席，江丰、叶浅予、吴作人、蔡若虹为副主席，华君武为秘书长。

1960年7月30日中国美协第二次会员代表大会在北京召开，选举何香凝为主席，蔡若虹、刘开渠、叶浅予、吴作人、潘天寿、傅抱石为副主席。华君武为秘书长。

1979年11月3日中国美协第三次会员代表大会在北京召开。选举江丰为主席，王朝闻、叶浅予、华君武、刘开渠、关山月、李少言、李可染、吴作人、黄新波、蔡若虹为副主席。常务书记为华君武、刘迅、张仃。

1985年5月6日中国美协第四次会员代表大会在济南市召开，吴作人当选主席，王朝闻、叶浅予、古元、关山月、刘开渠、华君武、李少言、李可染、周思聪、秦征、黄永玉、蔡若虹当选副主席；1990年10月增补王琦为副主席（常务）。

1998年9月11日中国美协第五次会员代表大会在北京京西宾馆召开，聘请王琦、王朝闻、关山月、华君武、李少言、吴冠中、罗工柳、秦征、黄永玉、蔡若虹为顾问，选举靳尚谊为主席，刘大为（常务）、刘文西、刘勃舒、肖峰、李焕民、林墉、杨力舟、哈孜·艾买提、常沙娜、程允贤、詹建俊为副主席；李中贵任秘书长，王春立、金毓清、戴志祺任副秘书长。

2003年12月3日，中国美协第六次会员代表大会在北京五洲大酒店召开，聘请王琦、王朝闻、黄永玉、吴冠中、华君武、罗工柳、秦征、刘文西、刘勃舒、李焕民、肖峰、哈孜·艾买提、常沙娜、程允贤、詹建俊为顾问，选举靳尚谊为主席，刘大为（常务）、王明旨、王明明、韦尔申、冯远、尼玛泽仁、许江、杨力舟、杨晓阳、吴长江、林墉、曾成钢、潘公凯为副主席；刘大为兼任秘书长，戴志祺、李荣海、陶勤任副秘书长。

中国书法家协会

中国书法家协会是中国共产党领导的全国各民族书法家组成的人民团体，是由国家级的书法家、篆刻家、书法理论家、书法教育家和书法活动组织、管理工作者组成的全国性专业组织，是中国文学艺术界联合会的团体会员。

中国书法家协会创建于1981年5月。25年来，书法在艺术创作、学术研究、书法教育、对外交流和组织管理等方面都有长足的发展。中国书法家协会现有团体会员35个，个人会员8000余人。中国书协机关内设办公室、组联部、研究部、展览部、外联部。下设《中国书法》杂志社、中国书法培训中心、中国书法考级中心、中国书法家协会网站、中国书法工艺发展基金和中国书法产业办公室等直属单位。16个专业委员会：中国书协楷书专业委员会、中国书协行书专业委员会、中国书协草书专业委员会、中国书协隶书专业委员会、中国书协篆书专业委员会、中国书协篆刻专业委员会、中国书协学术委员会、中国书协刻字委员会、中国书协硬笔书法委员会、中国书协教育委员会、中国书协编辑出版委员会、中国书协鉴定评估委员会、中国书协权益保障委员会、中国书协书法发展委员会、中国书协国际交流委员会、中国书协书法艺术指导委员会。

中国书法家协会的主要工作是在普及的基础上努力提高书法艺术水平，关心和支持国内的群众性书法活动，开展对会员的联络、协调、服务和业务指导，开展理论学术研究；举办书法展览，组织书法作品的创作与评选；主办《中国书法》杂志和《书法通讯》；开展书法教育，推动书法普及；配合党和国家重大活动开展专题活动；维护书法艺术家的创作成果和合法权益等。

中国书法家协会积极开展对外交流活动，加强同港、澳、台地区和各国书法界的联系，发展与世界各国同行的友好合作，广泛建立国际联系。

中国书画家联谊会

中国书画家联谊会是经中华人民共和国政府批准的国家级联合性社会团体，是与中国美协、中国书协等同类国家级社团优势互补的独立社团法人，业务受中国文联领导。徐悲鸿的夫人廖静文担任会长、著名画家王子忠兼任法人代表。

该会设有会员部、人事部、外联部、专家鉴定部、艺术交流部、教育培训部、展览部、公益事业部、学术部、艺术创研部、财务部、法律顾问室等办事机构；设有艺术专家资格认证评审工作委员会、徐悲鸿艺术研究会、名家艺术传播中心、名家传略编委会等分支机构。

该会以继承和发扬徐悲鸿艺德艺风及美育思想为己任，推崇书画同源及精品理念，崇尚道德，恪守规则，以诚信为本，广泛联谊国内外艺术家及其爱好者。

该会建立了较完善的“华英奖”授奖体系，其最高奖为“徐悲鸿艺术奖”；还建立了较科学的ISQ9000A艺术资质认证体系，并经业务主管部门批准，以中国国家级联合性社团的身份，面向国内外的书画艺术家、美术工作者及其爱好者实施认证工作；现设有常设机构，常年受理申报或提名，定期评审等。

本会名家艺术传播中心承办名家资质备案、真迹鉴定、精品收藏和画集编印及全国书画名家艺委会委员，常务委员推介等事宜，开设了颁发证书的徐悲鸿画室书画研修班；多次组织知名书画家为使馆、宾馆、饭店等创作书画精品，并经常开展国际艺术交流等活动。

中国书画收藏家协会

中国书画收藏家协会是经中华人民共和国民政部批准登记（社团证字第3279号），由国家文物局主管的中国书画收藏家、鉴赏家、书画理论家、著名书画家、篆刻家等自愿结合的全国性的国家一级专业社会团体。现任会长为苏士澍。协会的宗旨是：在中国共产党的领导下，团结书画收藏界各方面的专家、学者、坚持党的四项基本原则，遵守宪法、法律、法规和国家政策。组织会员开展中国书画艺术研究，进行书画收藏品信息与学术交流，协助会员在国内外举办书画藏品、作品展览；对会员与收藏者进行收藏、鉴定、鉴赏等业务培训；帮助会员出版书画作品、收藏品、书画理论方面的书刊，以及有关咨询服务等等。提高书画鉴赏水平，为构建和谐社会发挥应有的作用，编辑出版了《中国书画收藏家丛书》。

《中国书画收藏家丛书》主要是介绍著名画家、书法家和有实力的中青年画家，从不同的艺术层面和艺术风格，分别推出在书画艺术上卓有成就和相当影响的名家名作，充分利用，发挥各个方面的资源优势，竭诚为书画家、收藏家、鉴赏家及广大爱好者之间搭建起相互联系的桥梁与相互交流的平台，逐步建立起良性的互动机制。

第二章　主要相关政策法规

1、《中华人民共和国文物保护法》（2002 国家文物局）；

2、《文物拍卖管理暂行规定》（2003 国家文物局）；

3、《文物出境鉴定管理办法》（1989 文化部）；

4、《文物出口鉴定标准》（1960 文物局 外贸部）；

5、《对建国后已故著名书画家作品限制出境的鉴定标准》（1989年文物字第185号），从［2001年12月1日］起废止；

6、《一九四九年后已故著名书画家作品限制出境的鉴定标准》、《一七九五到一九四九年间著名书画家作品限制出境鉴定标准》（文物保发[2001]42号）；

7、《美术品经营管理办法》（1994 文化部）；

8、《传统工艺美术保护条例》（1997 文化部）；

9、《文化部、财政部关于印发〈国家重大历史题材美术创作工程实施办法〉的通知》（2005）；

10、《关于禁止和防止非法进出口文化财产和非法转让其所有权的方法的公约》（1970）。

第八篇　文化遗产主题作品展示

陈风新
《清泉鸣谷图》
138 × 68cm
中国画作品

包少茂，甘肃岷县人。现为文化部青联美术工作委员会委员、中国长城画院理事、中国美术家协会会员、甘肃陇中画院专业画家、国家二级美术师。

包少茂的山水画作品师法自然但不拘泥于自然，既神奇又细致，既熟识又妙然，独具特色。著名美术评论家陈履生这样评价他：包少茂采用传统笔墨技法与现代构成意识相结合的理念，把自己的绘画融入当代语境，使画面中的意象塑造、诗意表现、情怀深思更富于时代性与现代感。他的画面完整饱满而张力弥漫，展现出了他心灵的感悟与自然的律动，营造出独特的精神家园。

包少茂的作品曾获第三届当代中国山水画展铜奖，2000年全国书画家新作展铜奖，国际华人诗书国印艺术大展金奖，纪念抗日战争胜利60周年书画展银奖，21世纪全国首届书画篆刻家作品展银奖，2003年全国中国画提名展银奖，澳门回归国画展银奖，首届中国美协会员中国画精品展优秀奖，全国小品精作扇面展银奖，2005年全国中国画作品展优秀奖。作品还曾多次入选国内美术大展和学术邀请展，被中国美术馆、《人民日报》社、中国画研究院、中国艺术研究院、中央电视台等机构收藏。出版有《当代著名家技法解析——包少茂西部山水》、《情系西部·包少茂作品精选》等画集。

蔡建昌（1953—— ）又名蔡剑苍。福建晋江人。中国福建省美术家协会会员、泉州市美协常务理事、晋江市美协会长、中原书画院高级画师、中国书画研究院研究员。

蔡建昌擅长版画和民间绘画。他的作品主题与民俗民风紧密扣合，处处散发着浓郁的生活气息，反映了侨乡人民对美好生活的追求。代表作品《这是集体的庄稼》、《百鱼图》、《祈》等。多部作品发表在《美术》、《中国文化报》、《中国书画艺术家》等报刊上。作品获全国农民画展二等奖、三等奖，1996年获“丁绍光奖”全国美术作品大展优秀奖，获‘99中国当代民间绘画作品邀请展一等奖；1984年10月，作品入选中国美协、全国总工会等单位合办的全国职工书画展，同年参加文化部中展公司中国农民画展览。作品赴挪威、瑞典展出；1987年参加菲律宾椰风文艺社主办的菲中青年美展获二等奖。《八仙过海》被浙江美术馆收藏，《元霄迷会》被漳州灯迷博物馆收藏。2004年，在第七届中国艺术节暨中国秀洲农民画艺术节上被评为“中国现代民间绘画优秀画家”。

2005年出版《中国书画艺术家》（合著）一书。曾获中国文化部嘉奖及福建电视台“古韵民风”推介，传略编入《中国美术年鉴》、《中国美术选集》、《中国美术家人名录》等多部辞书。

蔡明龙（1939——）江苏靖江市人。中国书画艺术家协会理事、中国国家研究会研究员、中国老年书画艺术编辑部理事、国家一级美术师。酷爱文艺，尤喜书画，擅长油画，长期潜心研习，兼容中西，博采我需，扬己之长，勇于创新。

风景油画，源于自然，高于自然，再创自然。融欧洲风景画，中国山水画、年画的中国著名风景油画。比欧洲风景画景点多，视野广，比中国山水画、年画具体真实，又比中国山水画色彩丰富。借此风格的油画，能尽多容纳景点，显示风景的自然美 、艺术美，反映蕴意丰富的中国民族文化。

曾获全国教师美术作品展一等奖，中堂艺术家丰碑奖，20世纪中日书画名匠勋章，中国国学书画金奖，中国文艺杰出成就奖、书画艺术金奖、艺术奉献奖等。刊登多家报刊杂志，入编《北京国际艺术精品博览》、《中国现代艺术精品集》、《一代名家》、《全国当代书画名人名作精品集》、《永载中华》国礼史册、《全国老干部书画摄影作品集》等。

陈伯程（1943——）江西新余人，中国著名画家。现为中国美术家协会会员、江西省美术家协会副主席、国家一级美术师、教授、享受政府津贴有突出贡献的专家。

因版画、漆刻的成功创作而出名，近些年又把触角转入国画山水创作，取得很大成功。其山水画没有过多地受传统国画的影响和约束，融汇版画、漆画、民间艺术的造型和色彩，加之对人生自然的体悟，创造了一个属于他自己的质朴艺术天地，其画作灵动简约、超逸安详、疏朗隽雅、纯朴自然.书画齐臻，画风独特。

其作品多次入选国家重要展览，多次出国展览。先后在山东、广东、甘肃、福建、河南、浙江、江苏等地举办个展。参加“中国书画名家代表团”并担任副团长访问澳大利亚、新西兰等国家。主要作品有《农民艺术节》、《工人画》、《好球》、《游人如潮》、《做龙灯》、《山村》、《造化镇神秀》、《鸭子岛》、《水乡》、《古代科学家》等。其名录入编中外几十部大型辞书和专集，长春出版其“传记”文稿。人民日报、中央电视台等新闻媒体多次宣传。其作品为政界要员、文化名人、艺术馆堂、收藏行家及中央领导人收藏。2001年至2005年被世界文化艺术鉴赏中心、国际文艺家联谊会等组织评为“中国当代功勋艺术家”、“中国当代杰出艺术家”、“中国终身成就艺术家”、“人民艺术家”、中国当代山水画“百强画家”等荣誉称号。

陈超，海南大学毕业。现为中国国际书画艺术研究会会员、海南省硬笔书法家协会理事、海口市书法家协会理事。

1998年被授予“海南省自学成才者”称号，书法作品被海南省新闻代表团作为出访礼品赠送给外国友人。作品多次应邀参加全国书展，在“洛阳杯”中韩书画家作品大赛、首届“山谷杯”全国书画大赛中获金奖。

书法作品编入《领袖，名人与延安》，艺术传略编入《中国当代艺术界名人录》。2000年在“海瑞纪念馆”举办个人书法作品展，2005年应邀参加由安徽省委、省文联、省军区政治部、省国资委联合主办的“纪念抗战胜利60周年，献爱心‘希望工程’中国书画名人名家名作邀请展”活动中荣获“希望工程爱心金奖”。

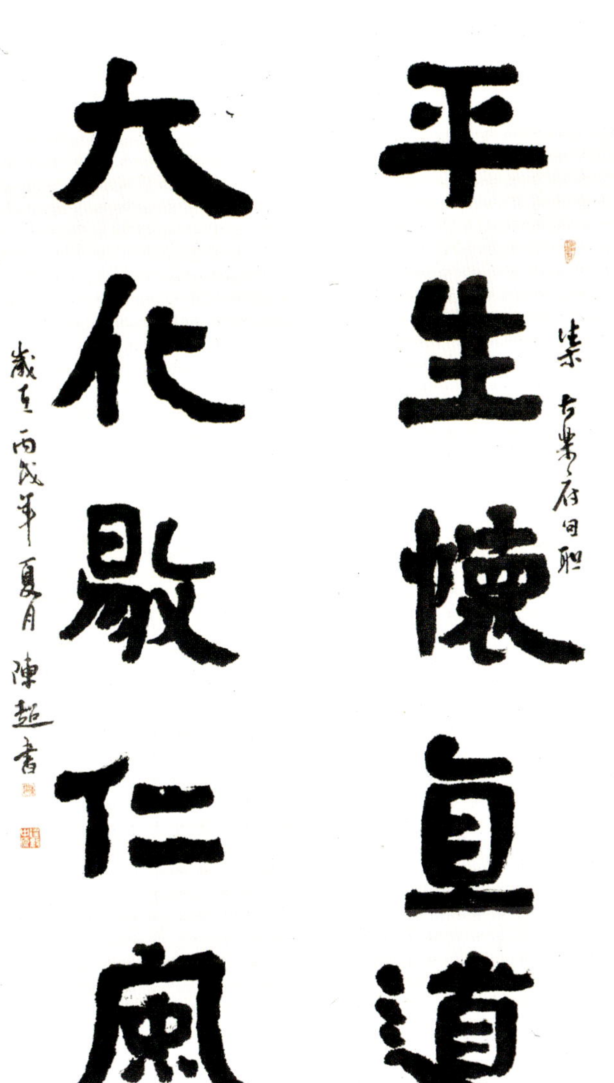

陈出新，女，曾用陈湘香、楠竹山人等。1954年7月出生，湖南湘潭人。1983年毕业于广州美术学院油画系，同年分配至人民教育出版社工作，现任人民教育出版社教材中心美术设计部美术编辑。

作品《寂静的山谷》发表于《美术》1996年第1期；

作品《有桥的风景》发表于《美术》2000年第3期；

作品《秋》系列、《故土》、《夏日》、《密密的寨子紧紧相连》、《田园曲》发表于《江苏画刊》2000年第4期；

作品《天淡云闲》、《寂静的山村》、《田园风光》发表于《美术观察》2001年第3期；

作品《夏日浓荫》、《新秋》、《流水依石转》、《幽岭闲云》发表于《美术》2001年第5期；

作品《白云下面有人家》发表于《今日中国美术》11卷，2002年；

1995年7月在中国美术馆举办《陈出新彩墨风景画展》，展出作品80余幅；

作品《浓荫》入选1999年“跨世纪暨建国五十周年全国山水画大展”。

陈国创（1955——）河南省新郑市人。1972年入伍，曾任战士、宣传干事、军部美术宣传员。

1975年选拔为工农兵美术创作员，国画创作《离队之前》获武汉军区美展优秀奖，连环画《能文能武战斗队》由武汉军区战斗报社出版。1977年考入河南大学美术系，1981年毕业1993年至1995年考入广州美术学院关山月画室进修国画山水。

现任中国烟草学会工业委员会副主任、包装艺术学组组长、中国设计委员会常务委员、清华大学美术学院、中国烟草学会联办卷烟包装研究生课程班副主任、兼职教授、郑州大学包装工程系兼职教授、曾四次获得世界包装组织“世界之星”设计大奖，美术作品、摄影作品多次在全国美展、影展中获奖，2002年12月《陈国创国画集》由蓝天出版社出版发行，是我国包装设计界的一位著名设计师和中青年画家。

陈建平（1963——）1981年从西安入伍，先后任乌鲁木齐军区后勤部俱乐部放映员、美术干事。

1986年起任兰州军区《人民军队》报社美术编辑。多幅作品入选军区、全国性展览并获奖，部分作品被收藏，在《解放军报》、《美术报》、《国画家》等多家报刊发表作品。

出版有《连队实用美术》、《军旅报头图案集》、《陈建平速写》、《陈建平中国人物画》等书，甘肃电视台为其拍摄了《植根军营沃土，绘写精彩人生》专题片。早年从事版画创作，近年来专攻中国人物画。现为甘肃省美术家协会会员。

陈小奇（1957——），湖南湘乡人，毕业于湖南师大美术学院。现为中国美术家协会会员、湖南省美协理事、国家一级美术师、齐白石纪念馆馆长。

陈小奇继承了中国写意水墨画的诗性和智性，长于水墨写意和工笔重彩。其作品曾获全国诗书画大展美术类一等奖，台湾第一届中国工笔画大展“精英奖”，齐白石国际艺术节、全国中青年国画提名展优秀奖及“齐白石艺术新人奖”，“太湖情”全国中国画提名展优秀奖（未设金、银、铜奖），“走进张家界”全国中国画提名展“优秀奖”（未设金、银、铜奖），2006全国第六届“群星奖”湖南展区金奖；参加第八届全国美展，第三届、四届、五届全国工笔画展，全国首届花鸟画大展，全国花鸟画艺术大展暨国际艺术双年展。

出版个人画集、《当代著名画家技法解析——陈小奇写意人物》等。

程云（1957——）江西浮梁人。先后毕业于景德镇陶瓷职工大学，江西师范大学硕士研究生班。高级工艺美术师、中国工艺美术学会会员、中国工艺美术家协会会员、中国古陶瓷研究会会员、中国美术家与书法家协会江西分会会员、高岭陶艺学会理事、景德镇学研究专家、景德镇市政协委员。

程云擅长书法、陶瓷装饰设计。自幼喜好书画，从事书画陶艺创研教学30余年，负责完成《陶瓷艺术设计专业素描基础课教学的改革》江西省重点教改课题和《景德镇陶瓷与中国世界文化遗产》江西省人文社科重点课题。他的水墨技法，常去巧承拙，讲究气韵，气势和力度，在平实中凸现精神表现。同时将水墨画的“浓”、“淡”、“焦”、“重”、“轻”等多种元素，交叉运用表现出多种“破量”形式，即巧用肌理效果产生新颖感。

1984年，他的瓷盘作品《浩》在中国美术馆全国卫生美展获三等奖。历年来有30多件作品获国家、省、市级奖励，并获市新产品开发能手奖、市先进科技工作者奖。作品载入《中国陶瓷美术家辞典》、《中国现代美术全集》陶瓷卷等辞书。出版有《当代中国工艺美术名家程云》作品集和《程云陶瓷艺术》作品集，绘画和陶瓷作品获奖几十项，多次应邀出国讲学交流，作品参加国内外美展，部分作品被国内外美术馆，博物馆收藏。

崔浩（1981——）北京人，2003年毕业于中央美术学院。现任职于国家文物局文物出版社文物修复与复制中心，中国博物馆学会会员、中国书画收藏家协会会员、中国书画艺术研究会会员、中央国家机关书画协会会员、中国艺术家生态文化工作委员会委员、北京收藏家协会会员、京都书画艺术研究院艺术研究员。

2001年，作品《马灯》入围（中央美院陈列馆），2002年作品《雾》获首届“华夏杯”书画艺术精品展精品奖、作品《晨风》获中华文人书画优秀小品展银奖，2004年作品《圣光》获第三届中国书画艺术“华表奖”大展赛铜奖，2005年作品《舜荣上朝》获第三届全国青年国画年展优秀奖，2006年作品《青衣 · 偷得浮生片刻闲》获全国第六届工笔画大奖。

作品入编《当代书画篆刻精品集》、《当代中国文人书画名家辞典》、《当代中国名人名家书画集》、《第三届全国青年国画年展作品集》、《全国第六届工笔画大展作品集》、《书法丛刊》2006年第三期、《中国文博名家画传－徐森玉》。

邓辉楚（1944——），生于湖南省邵阳市，1967年毕业于源南师范大学。现为中国美术家协会会员、首都书画艺术研究院院长、湖南省书画家协会名誉主席、湖南书画研究院特聘画师。

邓辉楚深谙传统山水画技法奥秘，行笔布局皴擦句所无不得古人精髓，且化各家所长，得自家之悟，达到了运笔自如、炉火纯青的境地。他的作品追求大、清、厚蕴的艺术品格，给人以强烈的亲和力。作品《为了一个数据》、《潇湘四季图》、《雷锋》、《园丁之歌》等参加全国美展，并获省文艺创作奖；《领袖的足迹》、《彭德怀故居》、《武陵朝露》、《山林寻源图》、《山色秀可餐》等十余件作品分别被天津艺术博物馆、湖南博物馆、湖南美术馆、湖南文史馆、湖南图书馆、毛主席图书馆、齐白石纪念馆、北京大学和国务院管理局等单位收藏。

出版有《邓辉楚山水册》、《邓辉楚山水画集》、《邓辉楚山水画（千禧精品）》、《古苗河图卷》（63米长卷）、《百川汇海图》（长卷）等。

樊杰颖（1971——）生于河北怀安。曾先后就读于河北柴沟堡师范学校、首都师范大学美术系（学士学位）、首都师大美术学院研究生班，现供职于中国国家画院美术馆。

从开始学画一直走到现在，樊杰颖对绘画的认识从简单、感性逐渐走向深层与理性，由表面的描摹转向内在精神的表达（即作品背后的另一种真实）。在他的画中，不仅有范宽山水的博大气势、霍去病墓前的群雕的生动、民间艺术的单纯，更有“艺术不是准确的再现，而是真实的表达”的体现。他的画风粗犷、原始、厚重、朴实，多以北方农民和西北景象为描绘对象。

作品曾参加全国美术作品大赛并获奖，一些作品被北京通州博物馆、韩中亲善协会、吴道子艺术馆及个人收藏，并在《中国美术》、《经典艺苑》、《当代艺术人》、《国画大家》和《美术大观》等刊物刊发，并在浙江吴弗之艺术中心、首师大美术馆、今日美术馆举办个展及联展。

富中奇（1959——）生于黑龙江省齐齐哈尔市，满族。1978年考入鲁迅美术学院中国画系，1982年毕业分配在黑龙江省画院任专职画家，1988年入中央美术学院研修班。现为中国美术家协会会员、国家一级美术师．

作品曾参加全国高等美术学院工作创作展、全国第六届美术作品展、全国第八届美术作品展、全国第九届美术作品展。

作品发表于《美术》、《江苏画刊》(香港)、《收藏家》、《中国美术报》、《艺术研究》、《艺术品论》、《美术大观》、《美术观察》、《中国书画》、《中国现代水墨》、《九五中国水墨》、《画家》、《朵云》、《美苑》、《国画家》、《艺术界》、《1992年中国画年鉴》、《中国当代艺术》、《中国名画家点品》、《第七界亚冬会全国著名画家作品专辑》、《中国，韩国著名画家作品专辑》、《中国工笔画1990–1997》、《中国山水画作品集》、《中国当代画家作品集》、《中韩美术交流展专辑》、《富中奇画集》等。

高建胜（1963——）1988年毕业于南京师范大学美术系中国画专业。现为江苏省美术家协会驻会画家、江苏省美术家协会省直分会理事、江苏徐悲鸿研究会理事、中国美术家协会会员、江苏省国画院特聘画家、南京书画院特聘画师，国家一级美术师。

高建胜的花鸟画笔精墨妙意传神，其工笔画清新雅致，写意画苍劲浑厚。作品《江南春雪》曾入选“第六届中国艺术节国际中国画大展”，《蕉阴栖禽图》获“民族魂国土情全国书画大奖赛”三等奖，《荷塘秋趣》获“江苏省首届艺术节”铜奖，《红叶》获“江苏省青年美术作品展”三等奖，《清影》获纪念“5.23”讲话发表60周年全国美术作品展江苏展区金奖，《金风染露》入选《全国首届写意画展》，另有作品入选“中韩美术作品展”、“中日美术作品展”等国际交流展。他还有多幅作品收入《江苏美术五十年》、《江苏省首届美术节作品集》、《当代中华墨萃》、《第六届中国艺术节国际中国画大展作品集》、《南北方中国画大展》、《民族魂国土情全国书画大奖赛作品集》等大型画册。多幅作品被中南海、江苏省委及国内外书画收藏者收藏。

高寅（1952——），江苏省常州市人。现为中国美术家协会江苏分会会员、中国少数民族美术促进会会员、江苏省国画院特聘画师、中国民族画院特聘画师。

高寅的作品既有近于工笔的密体山水，笔墨古秀劲挺，意境幽深苍茫；又多充满写意精神的疏体山水，笔墨疏朗清新，意境淡远开阔。他画中的意象以点线，墨色构成，在强调线的韵律节奏、墨色的层次氤氲中融入书法用笔的美感，以淡雅之色、清逸之笔呈露江南山水雅秀润泽的诗性之美，表现出气势壮阔、清雅灵逸的审美特质。

1989年他入编《中国当代书画家大辞典》、《当代书画篆大辞典》、《当代书画篆刻家辞典》。出版有《高寅山水画集》、《高寅画集》、《当代著名画家技法解析——高寅水墨江南》、《中国近现代名家精品丛书——高寅山水画作品精选》等专著。

高曦峰（1961——）生于青海，青海西宁人。现为青海美术家协会理事、青海省博物馆展览部副主任。1983年毕业于西北民族大学美术学院，进修于西安学院中国画系。

作品曾参加《全国第二届山水画展》、《全国第四、五届山水画展》并荣获“新世纪中国山水画四百家”荣誉奖、《第三届国际书画艺术作品展》，作品《春山图》荣获“优秀奖”。《第五届国际书画作品展》，《走进高原》荣获“金奖”。《祁连之春》荣获多伦多国际艺术双年展“优秀展”，《春归图》在《中国西部书画大赛及展览》中荣获“三等奖”。作品曾在《书与画》、《美术家》、《国画家》中专题介绍。

葛冰华（1960——）哈尔滨师范大学艺术学院国画系书法篆刻专业教研室主任。书法专业硕士研究生导师、中国书法家协会会员、西泠印社社员。

1998年在当代全国中青年篆刻展中被评为十杰篆刻家。1998年在全国第七届中青年书法篆刻家作品展中荣获三等奖，2000年由中国文联授予全国首届“德艺双馨”书法家。2001年被中国书法家协会评为艺术委员会委员，2005年在西泠印社第五届篆刻艺术展中获奖，2005年任《中国高等院校书法教程》主编。

出版专著有《葛冰华篆刻集》、《葛冰华书法集》、当代青年篆刻选集《葛冰华卷》、《全国大写意印风作品集》等合集十余部。论文40余篇，分别发表书法专业报刊上。

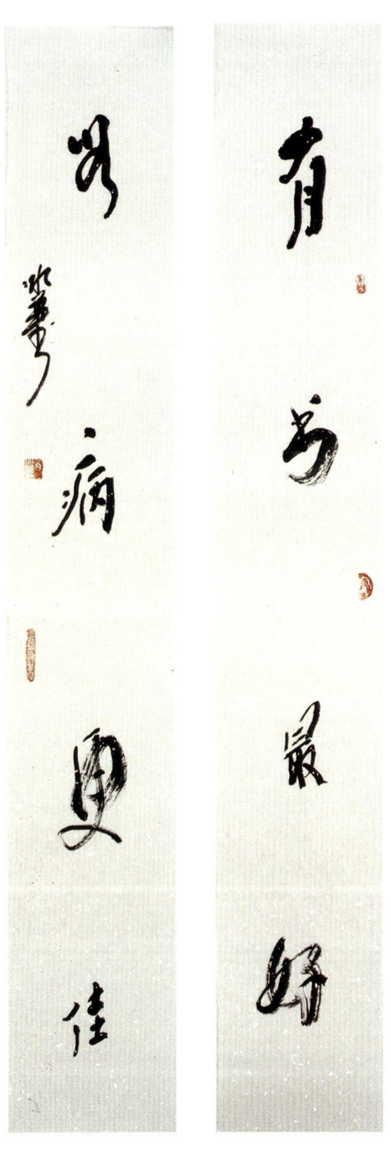

耿莹（1939——）籍贯湖南省礼陵县。导师有蒋兆和、亚明、郑乃光、叶浅予、刘凌仓、潘洁兹、王叔辉。1980年进入中国画研究院，1982年3月在中国美术馆参展，1983年加入中国画院人物画研究班，1984年6月7日正式被批准为中国美术家协会会员。

1979年日本长崎唐人会馆个展、日本丰台市艺术馆展览、美国三藩市华人会馆纪念日画馆、加拿大东方艺术中心画展。1981年参加由国际书店组织的美术纽约四人画展；加拿大青年华人画家展；日本东京上野美术馆收藏画展；日本足立美术馆收藏画展；台湾台北华夏美展；香港青联社文化交流展；并有11幅作品被美国休斯顿博物馆、日本奥斯卡会馆、美国迪斯奈等多家国外博物馆、美术馆收藏。1982年参加新加坡华人商会艺术交流展，荷兰世界艺术画廊展。

曾创作连环画《古墓冤魂》；插图《印度民间故事》《泰山民间故事》《强盗与妻子》；连环画《文成公主传奇》；题画诗集《收集整理历代题画诗》（上、下）。

苟学臻（1963——）青海省西宁市人。1986年毕业于青海师大艺术系。现为青海省美术家协会理事、青海省青年书画家协会理事、青海书画院高级画师、青海师大附中高级教师。

2004年作品《收获秋天》入选第十届全国美展及青海省第十一届美展一等奖，应邀参加苏州胥口美术展览中心青海画家邀请展，2005年作品《山脊春牧》入选全国纪念徐悲鸿诞辰110周年画展及第五届当代中国山水画展并获创新奖，2006年《世界华人书画经典》杂志做专页介绍。

部分作品在《中国教工》、《中国书画报》、《美术报》、《国画家》、《美术大观》、《世界华人书画经典》等刊物上发表。出版有《苟学臻西部山水》画集，并有多家美术馆、博物馆及外籍友人收藏。

郭德福（1949——）吉林省大来人。《沈阳晚报》高级美术编辑。现为中国美术家协会会员、中日美术交流协会会员、世界教科文卫组织专家。自幼随父、兄学习中国画，毕业于鲁迅美术学院。

擅长中国画、连环画，在白描、山水、人物、花鸟、工笔、写意等方面都有很深的造诣。尤其是自创“报中画”和“欢乐白描”等艺术手法，将中华几千年的文化精华、历史故事、诗情词意等都用白描形式于方寸之间创作出来，图文并茂，充满诗情画意。

国画作品曾十三次入选全国美术大展，国画《盛京演义》获2004年十届全国美展银奖，国画《再来一个》获1981年全国美展表彰奖，国画《白山之歌》获1988年东北三省美展金牌奖，国画《蒲松龄设茶闲话图》获1991年中、日美术交流大展优秀奖，1998年禅画代表作《玄奘西行途中》入选《世界美术集》，2006年应邀为北京2008年奥运会创作20米长的巨幅国画《雅典奥运群英谱》，多幅国画作品被中国美术馆、国家博物馆收藏。从1996年以来连续10年在《沈阳晚报》上创办了《报中画》个人绘画专栏，共刊出了九百余幅美术作品，出版有《名家补墨》、《郭德福“报中画”专辑》、《郭德福经典白描艺术丛书》、《盛京演义》、《鸿门宴》等专著。画家的其名字收入《中国美术家大辞典》、《中国当代书画名人辞典》、《世界美术家传》及英国剑桥大学编辑的《世界艺术家名人辞典》。

郭金兰，女，中教高级美术教师，曾在北京师范学院艺术系进修，有《娃娃学画》、《儿童写意画初学》等专著出版，曾为中央电视台全国儿童赛评委并在少儿节目中多次讲评。

学习和研究中国工笔花鸟画三十余年，现在形成自己的风格，作品曾多次参加展出，也到日作、马来西亚展出并受好评，《美术观察》、《艺术界》、《中国艺术家》等刊物也曾发表，作品也登在《中国画家在线》网站。

郭瑞智（1952——）山东高密人。山东省美术家协会会员。擅长国画、年画。作品多次入选全国及省市美展。其中《庄户舞》入选全国首届中国风俗画大奖赛获荣誉奖，并被长安博物馆收藏。国画《中国妈妈》入选2005年纪念抗日战争胜利60周年全国中国画作品展，被中国美协收藏。

论文《聂家庄泥塑》发表在山东人民出版社《乡土魂宝》论文集，论文《从族影看高密扑灰年画的发展》发表在上海学林出版社《潍坊年画研究》论文集。1986年以来，在创作之余从事高密扑灰年画的考察、研究，创作了一批深受群众喜爱的新扑灰年画作品，举办了多期“扑灰年画学习班”，为继承发展，传承高密扑灰年画输入了新的血液。

郭震乾（1954——）笔名，白黑。中国美术家协会会员、中国摄影家协会会员、国家一级美术师、入选国家“百千万人才工程”、宁夏文联委员。任宁夏美术家协会副主席兼秘书长。

作品参加：第七届全国美术作品展览、第十届全国美术作品展览（入选2件）、第十、十一、十二、十四、十五、十六届全国版画作品展览、中国版画百年回顾展、全国第六届三版展、全国第五届体育美展、中国优秀版画家作品展、当代中国版画展（美国展出）、中日国际版画名家邀请展、中国画提名展、2005当代中国画作品展、第三届中国油画展、中国伊斯兰油画展、荷兰首届国际版画展、意大利第二十三国际版画藏书票展、日本二十四回国际版画书票展等。荣获：“鲁迅版画奖”、“97中国艺术大展”银奖、“庆祝中国共产党建党80周年全国美术作品展览”优秀奖、“纪念毛泽东延安文艺座谈会上的讲话发表60周年全国美术作品展览”优秀奖、“首届全国丝网版画作品展”优秀奖、“全国第七届三版展”优秀奖、“全国第三届书票展”佳作奖、“宁夏文学艺术作品评奖”特别奖、“宁夏美术作品展览”金奖、一等奖等，多次被授于“宁夏杰出美术家”称号。中央电视台《西夏梦幻——记青年画家郭震乾》8分钟专访多次播出。为中央广播电视大学教材《艺术鉴赏概要》撰稿“第四节——摄影艺术作品鉴赏”出版发行。作品被意大利、日本、加拿大多伦多、荷兰马斯特里赫特、香港、深圳、青岛、广东美术馆、神州版画博物馆、中国美术家协会、安徽文联、湖北美术学院等收藏。

作品收入《中国现代美术全集》、《美术》、《美术文献》、《中国版画》、《新华文摘》及中央电视大学教材《艺术鉴赏概要》等。

何鸣（1944——）生于江苏省南京。现任江苏省花鸟画研究会副会长、南京市花鸟画研究会会长、民革中央画院理事、南京中山书画院院长。

何鸣的画作构思灵巧。一树、一石、一草都匠心别运，摆脱前人的窠臼，具有时代感。他的线条流动明快，焦墨与留白的对比、用水的变化多端，创造出轻松、清新、愉快、美好的意境。先后在香港、美国、日本举办个人画展，两次赴台讲学，举办个展。

入选《中国当代美术家人名录》、《中国当代艺术界名人录》、国家人事部《中国专家大辞典》、美国《世界名人录》。出版有《中国画自学入门》（获国家优秀图书提名奖，江苏省优秀图书特别奖），合著出版《新芥子园画谱》、《美术辞林》、《中国画教材》，主编《学画入门》、《中国花鸟画技法》等十多种专著。

何卫东（1960——）山西人。1986年毕业于西北师范学院美术系。1991年至今在佛山电视台广告部任电视广告工艺美术师。

他在绘画中，特别讲究虚和实的运用。优秀的绘画作品，在构思和构图上，往往在画面上留出较多的空白，形成虚实相间的节奏变化，绘画要求蕴藉含蓄，给人以充分想象的意境。其《水乡鹭影》充分发挥水墨的无穷变化，在作品中常常是墨中有色，色中有墨，使画面更加丰满强烈，具备一种特有的厚重感，在材料上进行一些新的组合，表现理想中的自然景观，画面留出一些空白，两只鹭鸟自由飞翔，使画的主体突出，体现了绘画的虚实美，给人以回味。

何文青（1964——）重庆荣昌人，毕业于青海师范大学艺术系美术专业。现为青海省青少年活动中心副主任、中学高级教师、青海省美术家协会理事、西宁市美术家协会理事、青海省中青年书画家协会副主席、青海省青联委员。

2004年，作品《秋山暮韵》获青海省美术展览三等奖，作品《秋雨山泉情》获西宁市庆中华人民共和国成立55周年作品展三等奖、花鸟画《听雨》参加首届省直机关职工书画展。2005年作品《贵德行写生》参加西宁市更好风情写生作品展，《花鸟》三幅参加省美协主办的作品展、作品《湿地情思》参加青海省水墨画展，作品《霜菊》选入纪念徐悲鸿诞辰110周年及国际著名美术家作品展选集（世纪珍藏版），作品《黄南、祁连行》参加青海省写生作品展。另外，作品《清泉》《湿地情思》《千学湖畔》入选世界华人书画精典集，作品《秋山行》获2005年全国教师书画大赛二等奖。

黄丕谟（1925——）上海崇明人。是中国现代版画江苏水印版画创始人之一。现为中国版画家协会常务理事、江苏省版画家协会副会长、江苏省美术家协会版画艺委会委员、南京市文联副主席、南京市美术家协会名誉主席、一级美术师。曾任南京市美术家协会主席。

黄丕谟的木刻水印版画独具一格，他吸收了传统水印版画善于表现水墨韵味的精髓，亦充分借鉴西方现代美术的形式美，其作品中西交融，相得益彰。平静柔和的色彩加上点、线、面的有机交叉组合，使他的作品又具有极强的形式美感，开辟了水印版画的新时代。

主要作品有《黄海渔归》、《古墙新影》、《春风春水江南》、《今日江南分外娇》、《江南三月》等。出版专著有《黄丕谟水印版画集》（中日文两种版本）、《黄丕谟从艺50年作品选集》、《黄丕谟画展集》、《木刻技法》以及美术史论、艺术评论、技法经验等著作数十种（篇）。传略收入英国剑桥国际传记中心出版的《世界名人录》、《世界名人大辞典》、《国际名人年鉴》、中日合出的《中国现代美术家年鉴》等多种辞书。

黄庭海（1944——）江苏人。当代著名书画家，国家一级美术师，教授。现任南京市文联专职画家、南京市美协副秘书长、南京市文联艺术艺研室副主任、兼任泰国中国画院、张家界书画院、温州墨池画院艺术顾问、河南中原书画研究院、锡山云林画院名誉院长等。

黄庭海早年师学傅抱石、亚明、邵洛羊，求学于浙江美术学院得潘天寿指授。擅山水、花鸟、书法和理论，是新“南派”山水画的创始人及代表人物，当代“金陵八家”画展成员。2000 年《荷塘幽禽图》被评为“中国名家名花（荷花王）奖”，《荷塘诗情图》等入选“中国十大花王”画展，1999 年获“曼谷国际水墨画巨匠”金奖，“日中国际美术展”金奖；1999 年、2000 年两获中国文联“中国百杰画家”称号，入选第一届、第三届、第四届“全国山水画展”和“当代中国山水画二百家”等，并被中国艺术研究院《美术观察》杂志列入中国画名家作专题推介。30 余件作品在香港、新加坡、北京、深圳、南京等地拍卖高价成交。出版有《历代名家山水画要析》、《南方山水画派》、《黄庭海论画文集》、《黄庭海中国画集》等多部。

黄文琦（1956——）广东揭西人。中国美术家协会会员，海南省美术家协会副秘书长、海南省书画院艺委会委员、海口画院副院长、北京画院石齐工作室画家、辽河文化产业园特聘画师。擅长写意人物。他的泼彩水墨人物画艳丽多姿，又配以梦幻奇诡般的氤氲背景堪称一绝。黄文琦作画讲究章制理法，每幅画的主客、虚实、疏密、开合和呼应，都依传统的美学原则来经营，用笔用墨看似随意，却能收放有度，恰到好处。特别是对墨色的渗化，笔墨的肌理、画面的构成方面，作做出了有效的探索和尝试。他的画作 “俗”得有度，“雅”得也到位。

代表作有《在那个年代》、《父与子》、《杏坛秋》、《苏东坡在海南》、《丹霞山的记忆》、《新闻巨子》等。作品参加第八、九届全国美展和其他专题学术展十六次，获银奖二次，获省展金奖三次。被毛主席纪念堂、孔子基金会、亚欧现代艺术馆、澳洲中国美术馆、齐鲁美术馆等收藏。

吉成林（1938——）山西襄汾人，山西艺术学院毕业，中央美院结业。荣誉博士、高级讲师、名誉教授，中国文化研究院院士，中国美术家协会会员，历任临汾市美协副主席、水彩画艺委主任，香港国际画院水彩画艺委会副主席。

早年受英国水彩画、前苏联油画、水彩画的影响，从艺47年，从师徐悲鸿、齐白石、吴冠中的高才弟子等师的真传实教，并以大自然为师，以中外名家为师，融中西绘画于一体，自成一家，人物、风景、花卉、静物，写实、写意、抽象、具象，写生、创作、记忆、印象，论文兼能，并形成了具有科学性、独创性、超越性的写实水彩画创作体系。创中国主题性人物水彩画篇幅之最。作品和论文在国际全国40余次获金奖、国际金奖、特等奖、一等奖；国家报刊、媒体传播180多个国家与地区。编入《新中国美术50年》、《中国美术分类全集·现代水彩卷》等5部史册。

出版《中国水彩画家吉成林》等4种画辑。与中外12个国家领导人座谈、合影、宴会、被接见，作品被国内外博物馆、院、画廊及私人广泛收藏，论文和邮票被中国国家博物馆收藏。

蒋美艳，女，满族。祖籍河北，出生于黑龙江省哈尔滨市。毕业于哈师大美术系，师从卢禹舜、高卉民、范曾、萧淑芳、石齐、王明明、蒋彩苹先生等。现为中国美协黑龙江分会会员、黑龙江北天书画院艺委会副主任、副院长。

1999年在黑龙江省美术馆举办个人画展，2000年去新加坡写生，2001年出版个人画集《溢彩佛陀》，2003年移居北京。2004年进修于北京画院，2005年考取中国艺术研究院重彩硕士“访问学者”，同年作品《山里红》巨幅作品入选全国第六届工笔画展，并被收藏。2006年进修中国美协高研班，同年《秋韵》巨幅作品入选全国中国画大展，并被收藏。2007年作品《清凉夏日》获中国美协高研班结业展优秀奖。

2007年5月出版《当代实力派画家艺术研究》、《蒋美艳重彩花卉》个人画集。2007年6月在哈尔滨市禹舜美术馆举办画展。

冷柏青（1970——）生于湖南祁东。现为中国书法家协会会员、湖南省书法家协会理事兼创作委员会副主任、湖南省书画研究院特聘书法家、中国交通书协理事、湖南省政协书画室创作员、七十年代书家艺委会委员、衡阳市书法家协会副主席兼秘书长。

作品参加全国第六、七届中青年书法篆刻作品展、首届全国中青年名家百人艺术书法展、第二、三届流行书风印风作品展、（第二届获银奖）、国际炎帝杯刻作品展、全国第二届扇面书法展、全国七十年代书家提名展、建国85周年全国书法大展、“四川·北京书法双年展”、中国书法群落精英联盟展、“北京·湖南艺术书法展”、江苏、湖南青年书法精品展。2000年获湖南省文联“德艺双馨”中青年文艺家称号，获首届湖南“十佳青年书法家”称号，2001年出版《湖南十人书法作品集——冷柏青卷》，2005年出版《流行书风精品集·冷柏青》。

李明（1966——），郑州人，毕业于河南大学美术系中国画专业。现为中国美术家协会会员、文化部青联美术工作委员会委员、‘97中国画坛百杰、河南省美协常务理事、河南美协山水画艺委会副主任兼秘书长、河南日报报业集团书画院副院长兼秘书长、河南省国画家协会副主席兼秘书长。

1992年，他的作品《伏牛秋》入选纪念毛泽东在延安文艺座谈会上的讲话发表50周年全国美展，1993年作品《君山不墨千秋画》入选全国首届中国画展，《永恒》入选全国首届山水画展。1995年，《太行浩气》荣获第八届全国美展获奖作品，由中国美术馆收藏，1998年12月，作品《长龙卧雪》获全国第八届群星奖铜奖，1999年为河南省人大会堂创作巨作《秋山行云》，2000年为北京京西宾馆创作巨作《邙岭秋色》，为郑州火车站创作巨作《大河朝晖》《三皇揽胜》，1997年11月获由中国文联授予的“中国画坛百杰”称号，12月获中国首届国画家学术邀请展“国画家奖”。出版有《百杰画库·李明作品精选》等20余部专集、合集，＋多幅作品被中国美术馆、中国文联、毛主席纪念堂、北京大学、中央电视台、解放军画报社等单位收藏。

李岗（1971——）生于山东省掖县。先后毕业于哈师大艺术学院美术教育系、中央美术学院国画系山水助教研修班。现任黑龙江省美术家协会理事、黑龙江省高师研究会理事、黑龙江省炎黄研究会理事、书画院副院长、哈师大艺术学院美术教育系副主任、美术学硕士。

在李岗的作品中，常常会发现较多的现实生活素材，具有朴素新切的特点。而他近期将中国戏剧人物的线性造型引入大块重墨渍染的山水空间中，使身处画中的古典人物脱离了传统的根基，与山水共同成为中国文化精神的象征，而现实人物在画中的存在也具有时空并存的意味，显现了他对传统文化的反思和超越的价值理想。

1998年，李岗的作品《虎子》参加全国高师美术教师作品展优秀作品奖，作品《于无处听惊雷》获全国第九届美术作品展黑龙江展区优秀作品，作品《寒谭》系列之二参加全国第十届美术作品展（获黑龙江展区银奖）、北京国际双年展——2005中国中青年艺术家精品展等，作品《青城山写生》系列作品参加中国国家画院主办的青城幽韵写生作品展。他还要许多作品被中国美术家协会、中央美术学院、中原书画院、黑龙江中华文化发展基金会、湖北美术馆、北京大学等机构以及国内外友人收藏。

李庆林（1955——）生于青岛，毕业于山东艺术学院油画专业。现任中国美术家协会烟台油画写生基地联络部主任、烟台三水美术馆常务馆长。

李庆林对版画、水彩画、雕塑等多种艺术都有涉猎。他的作品大气而不失严谨，灵巧而不失庄重，既有油画色彩的厚重、丰富，又透着水彩画的轻盈、流畅。其20世纪80年代后期创作的油画《老船系列》风格自然淳朴，造型严谨、细腻。20世纪90年代开始创作的《老街系列》充满了人文的怀旧情感，一街一巷重现了中国老街巷的历史轨迹，充满了浓郁的乡土气息。2000年后其作品更加成熟，色彩表现力强，印象感觉的特征明确，《雪景系列》将冬天的冷酷、单调、空旷彻底抛开，而用丰富多彩的色调强化了绘画的语言。近作《中华古韵》系列则用大胆的夸张重组手法，从自然王国到自由王国的发展创作之路。已经从客体的描摹简单再现，而变为现代视觉审美的艺术化创作，令人印象深刻。

李天放（1950——）河北保定人。高级工艺美术师、中国美术家协会河北分会会员、河北省水彩、水粉画协会会员、美协保定分会理事、保定工艺美术协会理事。

创作作品多次参加全国、省、市级美术展览，工艺美术展等各级展览并获奖，并多次在报章杂志上刊登和发表。

代表作品有《锦绣田园》、《农家小院》、《人勤春早》、《云岗石窟》等。2004年《水粉风景·锦绣田园》个人写生集由天津人民美术出版社出版发行。

林剑丹（1942——）生于浙江省苍南县莒溪镇。师承金石大师方介堪先生、著名诗人王敬身先生。现为中国书法家协会创作评审委员、浙江省书法家协会副主席、西泠印社社员、温州书画院院长、国家一级美术师。连续三次被评为温州市专业技术拔尖人才，享受国务院颁发的政府特殊津贴。

林剑丹的书法、篆刻、国画作品多次参加国内外大型展览或被国家级艺术机构收藏。1987年参加《中日书法讨论会》、《中日兰亭书会》，1998年以来曾率浙江省书法家代表团及温州市书画家代表团赴日本、韩国、马来西亚、台湾等国家与地区进行访问与展览。连续三次被评为温州市专业技术拔尖人才。

著有《林剑丹古玺文字印联选》、《眺舟楼随笔》等。

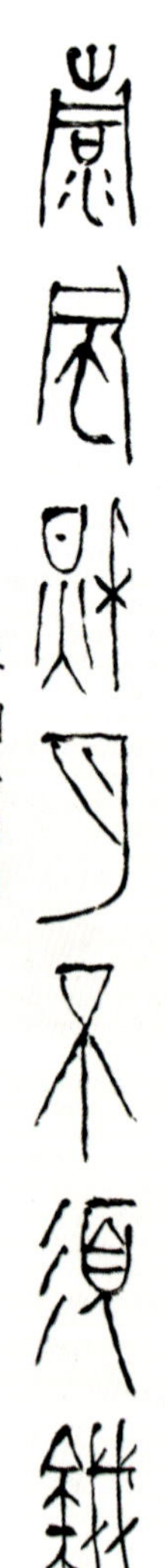

刘杰（1960——）出生于呼和浩特，1989年毕业于中国书画函授大学。现任内蒙古美术家协会 第七届委员会委员。他在创作中博采古今诸家之长，师法元明传统，融汇时代画风，寄情于山水在心境与真境地结合，是对流逝岁月的默默眷恋与吟咏，其作品试图把阴山的自然情怀与人的精神气度通过笔墨凝为一体，写照阴山不朽的精神魅力。其代表作品《青山秋色》获内蒙古自治区第二届中国画展银奖；《秋山合鸣》获内蒙古自治区第三届中国画展金奖，被内蒙古美术馆收藏；《秋山图》赴欧洲巡展获铜奖，被台北乾隆艺术馆收藏；《青山铸忠魂》获纪念抗日战争60周年全国书画展铜奖，被中国抗日战争纪念馆收藏；《山居图》被编入《国际著名美术家作品展选集》；《山水》获庆祝内蒙古美协成立50周年美术作品展金奖。多幅美术作品刊登于各大报纸和全国大型美术画册。

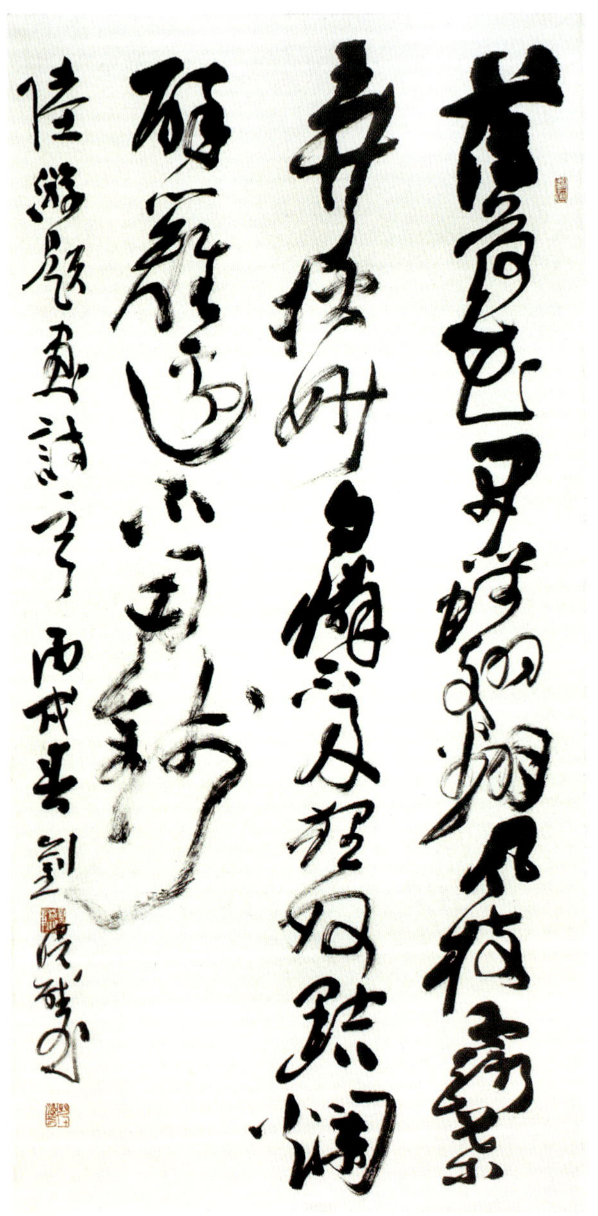

刘晓斌（1963——），湖南师范大学美术系毕业。现为中国书法家协会国际交流委员会委员，湖南省书法家协会副主席，中国铁路书法家协会副秘书长，湖南省美术家协会理事。湖南省“德艺双馨”书法家，中华全国总工会 “五一文化奖”。

刘晓斌书法，注重挥运的开张承合，凸现着一种力与势的张扬，在墨润的虚实之中起伏着一咱明快的节奏。用笔可以“写”而论之，锋颖迅疾侧利，转折顿挫见情，起讫变化有度。其转笔运指都体现在一个较高的技巧层面上，划出了一个“写”与“画”的明确界限，这也是有无“笔法”的分界。

书法作品获得全国第八届中青年书法篆刻展二等奖，新世纪全球华人大赛金奖，第二届书法艺术节全国书法百家精品展精品奖，第12届全国群星奖金奖，纪念邓小平诞辰一百周年全国书法大赛银奖，全国产业（企业）庆祝建国55周年书法精品展金奖，第13届全国群星奖优秀作品，第3回韩国国际书艺大展“特选奖”，全国首届小字书法作品展金奖等。

陆春涛（1965——）上海崇明岛人。1984年至1986年就读于上海外国语大学美术专业班。现为《美术天地》杂志艺术总监、中国美术家协会会员、上海市崇明画院常务副院长、当代十大写意花鸟画家之一。

陆春涛的花卉作品主要以《瓶花系列》、《田园系列》为主，浓艳的花卉插在古色古香的青花瓷瓶中，水墨与色块的交融、飞白而出的花瓶、小鸟，浓厚水墨气息中烘托出的红、黄、绿、白等醒目的色调，无时无刻不在给人们以一种全新的视觉感受。在他的作品中没有刻意追求空间感，而是给人以更加丰富的想象力；在画面的感觉上，西画元素的植入淡化了传统的东西表现，画面具有更强的视觉效果与审美情趣，表现出物象生机勃勃、鲜活灵动的生命感。他也画油画和瓷画。油画作品中花卉更显张力，色彩更加柔和，瓷画作品既婉约又豪放。

2001年至2006年曾先后三十八次参加中国画展、中国画邀请展、文化交流展、国际艺术展，学术特邀展、当代花鸟画提名展等，并获得不同程度的奖项，2006被评为“当代最具升值潜力的画家”。

1988年至2006年间又先后九次在国内外举办个人画展，出版有：《陆春涛画集》、《水墨状态——中国画名家十人集 · 陆春涛卷》、《花之俏 · 陆春涛花卉作品集》、《中国艺术家——陆春涛》等。

卢乐群（1942——）浙江临海人。师从沙孟海、陆维钊，现为浙江省书协顾问、中国书法家协会创作委员会委员、浙江省书法家协会创作委员会顾问、台州文联主席、台州学院客座教授。

卢乐群的书法作品先后获全国群众首届书法比赛奖、全国第四届书展二等奖、全国第五届书展全国奖、全国第三届中青展一等奖和国际赛克勒杯一等奖。先后在中国美术馆、日本《朝日新闻》会馆、新加坡书法中心举办《卢乐群书展》。作品被收藏在中国美术馆、中国国家博物馆、中国历史博物馆、毛主席纪念堂、周恩来纪念馆、朱德纪念馆、中南海及新加坡国家美术馆等处。著作有《卢乐群书法集》、《卢乐群书法作品集》，有论文《论兰亭序的真实性》、《民间书法的启迪》、《儒道思想对书法的影响》、《隶书行书化的思考》等多篇发表于国内报刊。

罗云（1964——）四川人，现定居北京。毕业于中央美术学院，曾就读于北京大学书画高研班，参加中国美协人物画高研班。现为《中国美术名家》主编、中国徐悲鸿画院院士、中国徐悲鸿画院创作基地主任、中国美协巴蜀创作中心创作室主任、北京国画院特聘画家。

罗云擅长中国人物画也画花鸟。他笔下的人物尽是普通民众及其普通的生活，其作品善于把握线、墨的运用，追求整体用线的节奏与韵律，在浓、淡、干、湿、没骨、泼洒和皴擦晕染的多种墨法抒写间，找到了一种错落相间的气韵，既表现形体、结构、质地、运动的美感，又表现出一种精神意境的营造，使画面常常弥漫着恬静、平和、朴素、抒情的气氛。

作品于1992年中国美协主办的《首届中国油画静物展》上获优秀奖，《二十一世纪中国画澳大利亚展》上获优秀奖，并多次参加全国水墨画大展，在中国美术馆，山东威海、安徽黄山、山东临沂等地举办过个人画展。作品刊载于《中国当代著名书画精品集》、《中国画名家宝鉴集》、《中国近现代书画选集》、《二十世纪中日书画名匠集》、《2000年中韩书法交流展》、《世界美术书法世纪成就大典》、《当代绘画艺术》、《荣宝斋》、《东方名家》等处。出版有《罗云人物画集》。

马东生（1954——），生于辽宁辽阳，毕业于解放军西安政治学院。现任第二炮兵政治部文艺创作室创作员、二级美术师、中国书法家协会会员。书法篆刻作品入选全国第四届篆刻艺术展、全国第七届书法篆刻展、全国第三届刻字艺术展、西泠印社首届中国印大展、全军第一、二、三届书法篆刻展、全军中国书法家协会会员优秀作品展等。曾获全军书法篆刻大赛二、三等奖、全国篆刻艺术展铜奖等。1995年由民族出版社出版发行《马东生印集》，2001年9月入编《中国篆刻百家·马东生卷》。

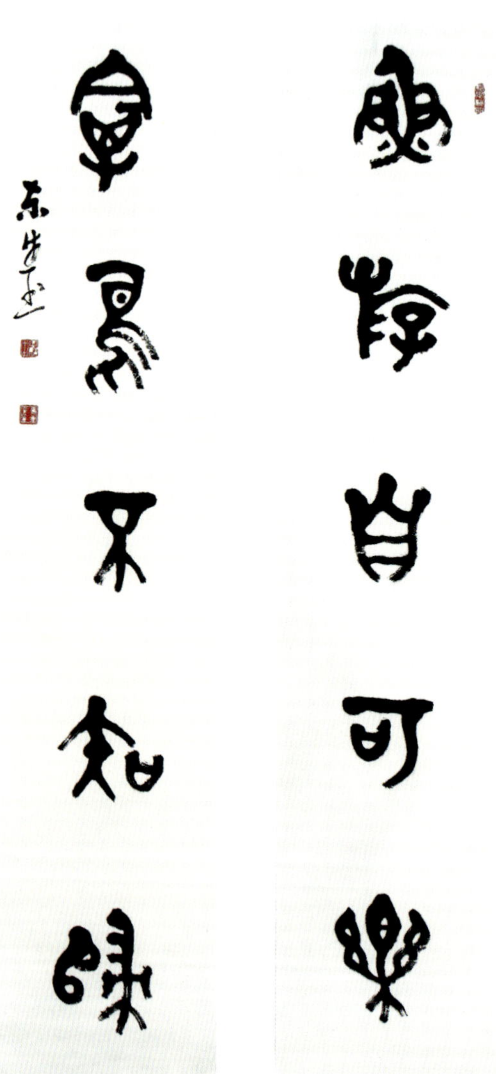

马军（1958——）安徽淮北人。1982年毕业于江苏省无锡轻工学院造型美术系，1996年任北京敦煌艺术大展艺术总监。

马军的创作早期以敦煌彩墨人物为主，1995年后主攻彩墨山水及中国西部风情画，创造了既水晕墨涨又色彩斑斓的画面效果。他溶敦煌壁画传统的水墨与西方的后期印象派的色彩为一体，改变了前人在生宣上无法进行色彩塑造的传统。他赋予抽象的宗教式的敦煌人物以现代人文精神和生命气息，使作品人物更加神气鲜活、亲切可爱。

全国人大常委会副委员长程思远称马军的画是“真正的中西合璧”，全国人大常委廖静文题词：“风情万种，画越古今”，中国人民大学国学院院长、红学家冯其庸认为：马军的敦煌画抓住了敦煌的神韵，与看过敦煌画的人能产生共鸣。1995年，马军作品《思维菩萨》获得世界华人佛像展金奖，2004年作品《阿尔泰之秋》入选庆祝中华人民共和国成立55周年全国青年书画展。

缪一萍，女，生于四川荣县，1990年就读于湖北美术学院。现为海南省书画院画师、海南省美术家协会理事、海南省中国画花鸟研究会副会长、海南省女画家协会副主席。

缪一萍的作品以海南随处可见的山花、山鸟为题材，试用亦工亦写的表现手法和多层次的色彩构成，来表现山花的壮丽，黑色的山鸟与山石起着色彩对比和色彩稳定的作用，不燥不俗，构图上采用全影式构图，表现和传达一种宁静自然的祥和之美。

牛朝（1967——）字弈樵，号耕墨楼主人，陕西省吴堡县人，中国美术家协会会员。先后担任中央美术学院客座教授、中国重彩画高研班客座教授、中国榜书艺术研究会艺术委员、北京世纪名人国际书画院院士、文化部中国艺术考级中心书画评委、《重彩画学报》主编、《魅力中国》副主编及中国美术家协会法律顾问工作。

擅长工笔画、现代重彩画及水墨画，题材涉及花鸟、山水、人物等。作品特点是，构图奇巧、精致，画面宁静、雅逸，将现代绘画的理念与传统绘画之精神和谐相融。作品多次入选全国各级美展、各类综合美展，多次发表于全国各类报刊。主要作品有《百合蛱蝶图》、《薄云暮蔼图》、《苍山立岩》等。

牛惠民（1963——）河南内黄人，1988年毕业于河南大学艺术学院。现为中国美术家协会厦门创作中心秘书长、河南省书画院特聘国画家。

牛惠民的画作具有立体的丰满感与耐人寻味的内涵。1999年国画作品《黄落山川知秋晚》入选河南省跨世纪书画大展获一等奖，《秋雨过山村》入选河南中国画晋京展精品展，2001年《灵山秋华》入选全国第四届当代中国山水画展获银奖，2002年中国画《山水》入选纪念毛泽东同志在延安文艺座谈会上的讲话发表60周年全国美术作品展，2005年八幅作品参加河南省优秀青年山水画家提名联展，2006年五幅作品参加海峡情中国画名家邀请展、郑州－厦门－台北联展，2006年中国画《秋岚》入选2006年全国中国画作品展获优秀奖。

美术作品及论文发表于《美术》、《美术报》、《东方艺术》、《华夏风情》等报刊。出版有画册《牛惠民山水画》。

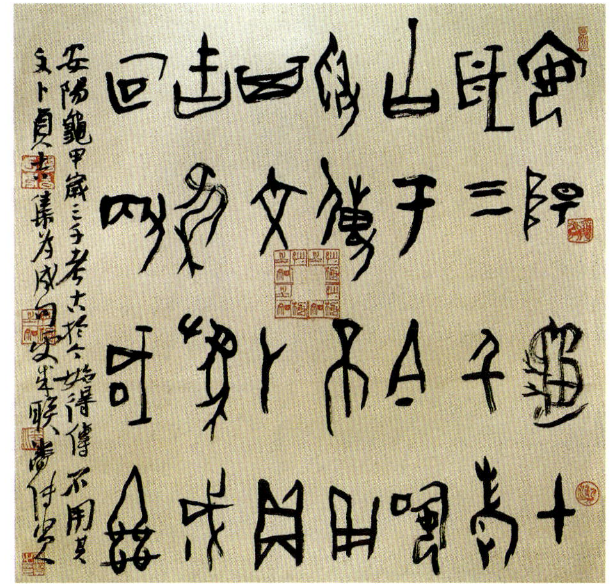

潘传贤，字拙如，别署大贤。现就职于中国铁路文联。中国铁路书法家协会副主席、秘书长、国家二级美术师、中国书法家家协会会员。

工行草，偶作篆隶。作品曾参加中国书协举办的第四届吉隆坡国际书法交流大展，第二届中韩交流展，中日韩代表作家展，2003 年（汉城）国际书法名人大展，第五、六届中青展及中日书法名家邀请展，海峡两岸书画名家作品展，内地与澳门两地书家精品赴澳门展，中央国家机关中青年十人书法展等大型展出百余次。

1986 年应邀在桂林、柳州、西安等地举办个人书法展览。

1992 年人民美术出版社出版发行《潘传贤书法选集》。

钱鹏虎（1941——）江苏无锡人。长期从事美术装潢设计和装潢美术专业教学。国家级工艺美术师、兼职客座副教授、中国包装协会设计委员会委员、中国民族文化研究院研究员、中国书画艺术家协会会员、江苏省书籍装帧研究会会员、美协会员。2001年定居美国纽约，现为美国东西方文化艺术研究院专职画家。

自幼喜欢绘画，特别热爱油画艺术。几十年来坚持写生、实践，设计和创作了较多的美术作品，多次入选和参加国家部、省级的评比展览并获奖，艺术作品多次参加国家、部、省级展览。发表和刊登于《人民日报》、《中国文化报》、《世界知识画报》、《中国艺术家》杂志、《中国民族》杂志（英文版）。油画作品入选《当代绘画艺术》（2001年版）、《中国写生作品集》（2001年版）、《中国写生作品集》（2002年版）、《中国写生作品集》（2004年版）、《中国当代书画作品集》（2005年版）、2005年个人油画作品专辑由中国画报出版社出版。

乔加强（1943——）出生于山西安邑。号乔山、中条山人。设计专家曾获联合国“世界之星”包装奖。

自幼随祖父习书画，后专科学习绘画、设计五年。先后得到张汀、刘文西、崔振宽、潘元华先生指点。四十多年来其书画作品外师造化、走遍了全国名山大川、丰富了创作素材。作品在国内外许多刊物登载，并被日本、台湾、美国收藏家收藏。出版有《乔加强山水写生》、《乔加强设计作品集》。

现任清华大学院美术学院兼职教授、湖南师大艺术学院客座教授、湖南工艺美术大学客座教授、北京画中画文化艺术交流中心艺术总监。

乔明（1968——）云南昆明人。毕业于云南艺术学院、现为中国书法家协会会员、昆明市书协理事。

2002 年 9 月楷书作品入展全国第三届正书大展，2002 年 10 月荣获全国教师美术书法作品大赛一等奖，2003 年 8 月草书作品入展“全国书画小品展”，2004 年 1 月荣获云南省第四届文艺创作基金奖，2004 年 11 月荣获昆明市第二届优秀文艺作品创作“茶花奖”，2005 年 10 月楷书作品入展“三晋杯”全国首届公务员书法大展，2005 年 9 月入展首届国际艺术——西泠印社首届中国书法大展，2006 年 12 月行书作品入展全国首届行书大展，2006 年荣获全国首届普洱茶乡艺术节优秀作品奖。

五百里滇池奔来眼底披襟岸幘喜茫茫空濶無邊看東驤神駿西翥靈儀北走蜿蜒南翔縞素高人韻士何妨選勝登臨趁蟹嶼螺洲梳裹就風鬟霧鬢更蘋天葦地點綴些翠羽丹霞莫孤負四圍香稻萬頃晴沙九夏芙蓉三春楊柳

數千年往事注到心頭把酒凌虛歎滚滚英雄誰在想漢習樓船唐標鐵柱宋揮玉斧元跨革囊偉烈豐功費盡移山心力儘珠簾畫棟卷不及暮雨朝雲便斷碣殘碑都付與蒼煙落照只贏得幾杵疎鐘半江漁火兩行秋雁一枕清霜

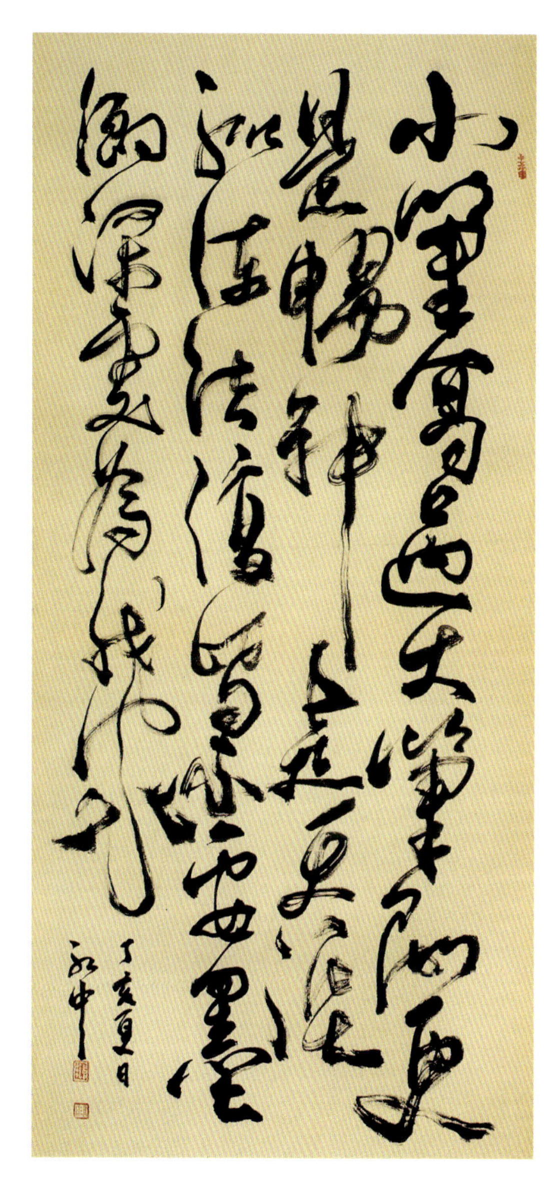

乔彤，北京人。号，红中，又号吹云轩主。自幼爱好书法、绘画、篆刻，一直注重从古今名家中汲取营养，致力于书法研究。草、行书、行草、大草方面下过较深的功夫。书法四体皆能，行草为最者。书法风格飞动劲健、气韵高古。性喜诗辞翰墨，营构四国艺苑， 交游天下艺道之是，焚香品茗 ，自在挥毫。 书法得力青藤，上追秦汉 ，落处皆归以自家心田。 中锋逆出，掷笔急走，手腕翻腾，线转百变，不上无法，不为法缚，奇怪生焉。

秦国良（1942——）江苏南京人。原南京书画院副院长、现为南京书画院调研员、江苏省美协会员、南京市美协理事、南京市人物画研究会副会长、江苏省科普美协副秘书长、南京科普美术摄影协会理事长、南京师范大学南京工程学院兼课教授、高级美术师、晚晴书画院顾问等。

1962年由南艺投笔从戎在部队从事美术创作，曾受教于黄胄、郑洪流先生，得益匪浅，奠定了现实主义创作道路。曾涉足油画、版画、水粉画和国画，具备了中西绘画的功力和素质。1980年调入南京书画院开始专攻中国画。

其擅画人物兼画山水、花鸟，画风清新典雅，追求一种朦胧的抒情韵致。作品多次参加国内外美术交流并获奖，曾赴日本、韩国、澳门进行美术交流活动，部分作品被海内外美术馆、博物馆及鉴赏家收藏。

作品《密林深处》被联合国中国宴会厅陈列收藏，代表作有《水下尖兵》、《甘南十日》等。1996年在江苏省美术馆举办秦国良山水、花鸟画展。香港文汇报、大公报和菲律宾商报整版和半版均有评析文章。多幅作品赴美国、欧洲展出。出版有《国画山水》、《国画花鸟》、《秦国良作品集》等。

邵磊（1956——）陕西西安人。现任西安市建筑设计研究院工程监理公司项目部部长、总工程师、西安市书法家协会理事。

喜欢诗歌和书法，中学时代开始创作诗歌，研习书法，20世纪70年代曾在《陕西省博物馆》资料室工作，以书法抄写文献、资料。八十年代初结识长安著名书法家程克刚先生后，随其学习书法，颇受其影响。九十年代中期又得著名书法家吴三大先生亲授，经二位先生之教诲及指导，他在书法艺术上有了很大的提高。习书既师古人，亦师今人，博采众长，兼容并进，宗法二王、欧阳询、颜真卿，尤喜米芾、王铎等。遵循艺术源于生活，高于生活的真理，不论文章，诗、书艺都严格要求，勤于创作。

作品在全国以及省、市级大展中多次获奖、报刊、杂志发表。部分大博馆、图书馆有作品收藏。

《鸽子》

人們把我們當作和平的象征。有多少人知道，我們的心情與生活。我們不論是棲息在屋檐下，還是陋室里，我們從來沒有怨言。主人不論給我們吃什麽，我們從不挑剔生活。還是給人們帶來歡樂。主人不論将我們放飛到何處，哪怕是遥遠的天際。我們總要飛回自己的窩。

二零零四年七月二十日寫於長安城南雁塔書屋

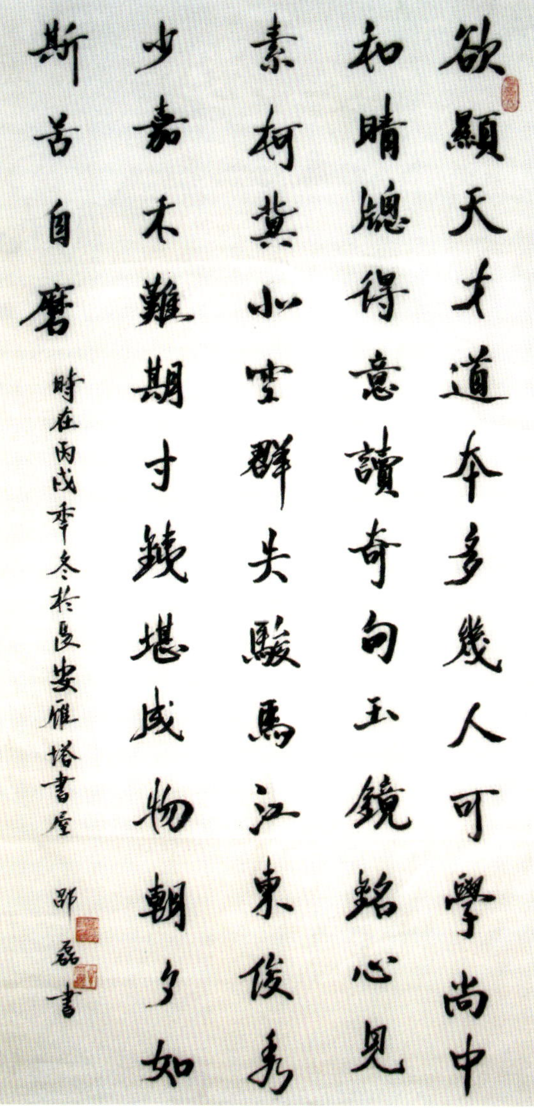

沈健（1961——）字天行，斋号写云楼，云南昆明人，祖籍四川南充。1981年毕业于云南财贸学院商业经济系。现为中国书法家协会会员、昆明市书法家协会副主席、世界教科文卫组织专家成员等。

擅长书法，学书从颜真卿入手，后则碑帖兼学。于帖多取颜真卿、怀素诸家，于碑喜临《石门铭》、《石门颂》、《西狭颂》等。书作寓厚重于流动之中，追求大气、浑穆、简远之书风。作品多次入选全国书法展览及在多种专业报刊发表。1987年作品入选“全国第三届书法篆刻展览”并被收入作品集。

曾荣获2005年第28届世界遗产大会国际书画大赛金奖，中国书画年度回顾展优秀奖，2004年度中国艺术市场最具影响力的书法家提名奖，2005年中国电影百年书画大展佳作奖，2005年世界教科文卫组织首批特殊贡献金色勋章，2006年中国国学研究会授予“国学10年明珠艺术家”荣誉称号，并获“国学10年个人艺术成就奖”。名字载入《中国当代书法家辞典》、《世界名人录》、《中国世纪专家传略》等。

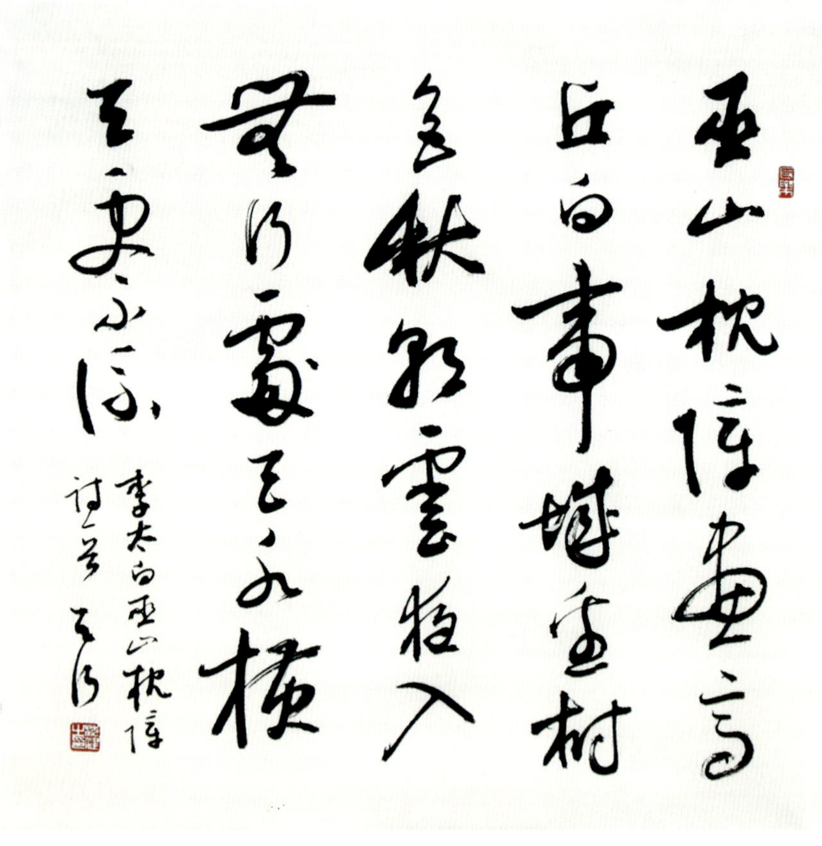

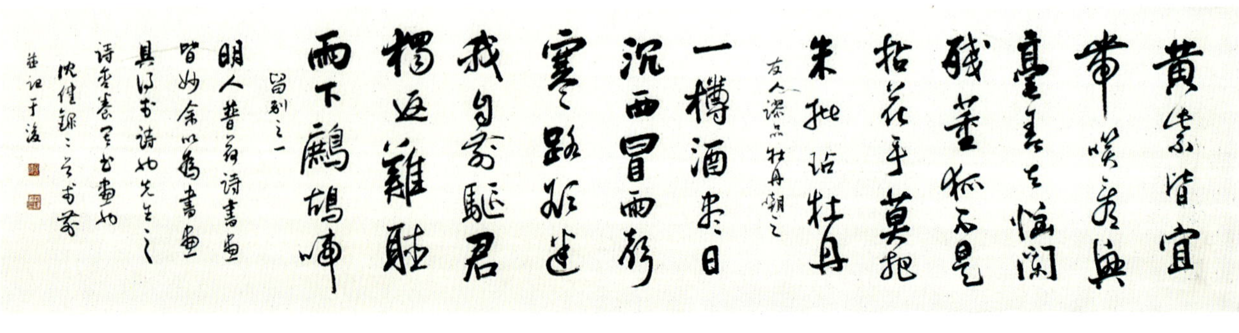

石禅，1960年生于上海青浦。原名沈剑霖，字瘦梧，号钵梅斋主·卖买花堂。现为上海书画院画师、上海申窑签约画家。作品曾获江南之春画展一等奖，曾参加全国山水画精品展等。1996年始探釉下彩，2000年加盟上海申窑，潜心研究瓷艺，画风独树一帜，尤为擅长绘制石榴，作品为海内外人士广泛收藏多次参加上海美术展并获奖，出版有《石禅画集》、《石禅写意花卉集》。

石禅作品以花卉、供品、江南小景等为题材的小品为主，为使画面更单纯，简洁，线条几乎支撑了整个画面，成为绘画最主要的构成元素。他的这种把绘画语言纯化，使之象音乐一样具有模糊性和抒情。

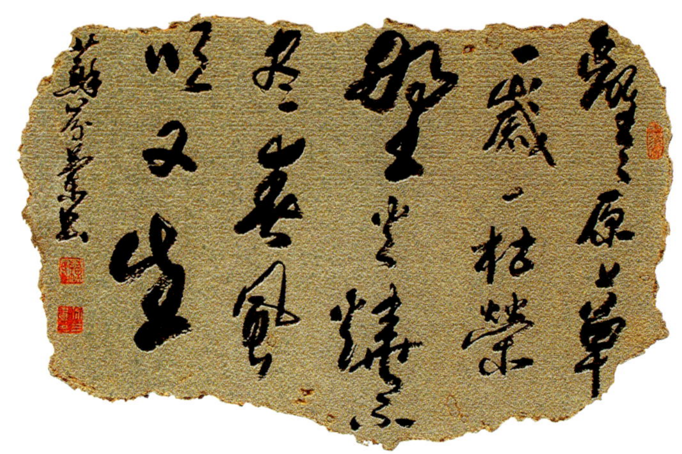

行草唐诗

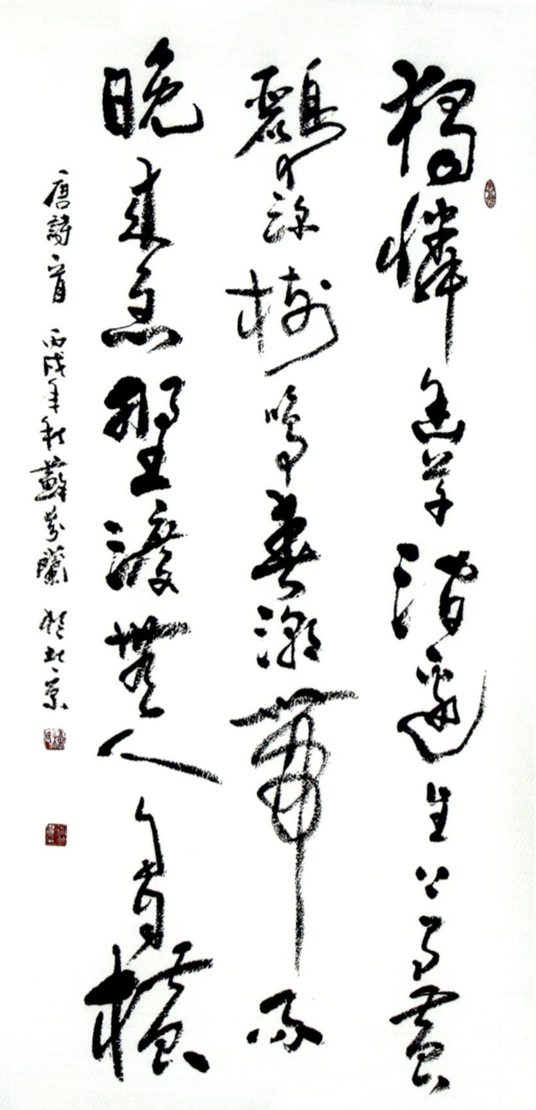

苏芬兰（1959——）女，生于陕西省蓝田县。现任中外名家书画院副院长、《中外名流书画家》报执行编委、中国书画家协会副会长等职。

苏芬兰的作品以真草隶行见长，其楷书特点是中宫紧收，静中取动，潇洒舒展，飘逸隽秀，穿插避就，精细而微，犹、显、闲、雅、清、正，有均衡而不匀齐的韵律感，体现了我国传统的结字规律。其行草笔意既朴拙浑厚、苍劲挺拔，又翩然洒脱、流畅自然，显出刚柔相兼的气势，用笔灵活，迟速相宜，结字方、扁、长，气韵飞动，挥洒自如，自成一体，被誉为“才女书法家”。其作品先后入选中国书协举办的“第二届中国书坛新人展”和“第三、四、五、七届全国中青年书法大展”并获“书圣杯国际书法比赛”银奖等。

作品和简历先后在《书法》、《书法报》、《中国书画报》、《中国艺术报》、《书画艺术报》、《法制日报》、《甘肃日报》、《老人杂志》等媒体刊发和宣传，并被国家级的博物馆、纪念馆、图书馆、寺院刻碑和收藏。

孙成新（1946——）北京人。任职于中国美术出版总社、人民美术出版社、中国美术家协会会员、中国文联书画艺术中心艺术研究部主任、荣宝斋特约画家。美国纽英伦艺术家协会名誉主席、波士顿市名誉市民。

孙成新师从李可染、何海霞、董寿平、白雪石等。他的山水画《北岳宏观》被北京市美术家协会收藏，《武夷山居图》被中国美术馆收藏。他善于驾驭群山、悬崖、瀑布等宏大的山水场面，也能在乡间小景、渔歌、夜船、小桥、古屋等小品中深得意趣。他写实，更写意，无论是江南小景还是京城胡同，都能在虚实交错、斑剥厚重、玄虚空灵中透出一种朦胧深邃的诗意美。也因此，他的《胡同印象》被大英博物馆收藏，在中日建交三十周年的东京绘画大展，《胡同印象》和《草原魂》还双双获最佳奖。

孙景全（1940——）山东郓城人。1963年毕业于山东艺术学院。山东壁画艺术研究院副院长、中国美术家协会会员、中国壁画学会理事、中国水浒学会副秘书长、艺委会主任、国家一级美术师、教授。

1983年连环画《促织》（聊斋系列）获“第四届莫斯科国际书展”二等奖，1986年中国画《水浒英雄谱》获北京、香港国际图书博览会二等奖，1992年水墨画《醉》获“加拿大国际水墨画展”枫叶奖，1998年中国画《松风魂》入选“中国当代百位名家书画精品展”，1999年水墨画《踏浪放歌》入选“亚洲艺术节－中国画名家作品展”并被收藏，2000年中国画《天界》获“香港国际书画大展”银奖，2001年中国画《高洁图》获“泰国当代国际水墨画名家作品展”金奖，2004年唐三彩壁画《水泊英雄聚义图》，获“首届全国壁画大展”大奖，2006年专著《水浒博览大典》山东济南出版社出版发行，国家“十一五”规划重点图书项目。

新华通讯社、《人民日报》（海外版）及山东电视台、中央电视台、日本NHK电视台等新闻媒体均对其作品进行专题报导评介。艺术生涯和作品被《中国现代美术全集》（壁画卷）、《中国现代美术1979-1999》（中英文版陶艺壁画卷）、《中国壁画百年》等数十部大型画集、辞书辑录。

万传新（1954年——）安徽凤台人。现为中国书法家协会会员、安徽省书法家协会理事、安徽省直书画家协会理事。

艺术成就：书宗秦汉，浸淫六朝碑版，旁涉晋、唐、宋、明、清诸家，且能兼收并蓄，追求清雅简淡的书风。曾获全国首届铁龙碑书法大赛一等奖，中宣部文艺局六部书法展金奖，铁道部书法展一等奖，《安徽书法大展》银奖。曾先后参加全国第三、四、五届中青展，五次参加中日书法交流展，安徽——新加坡书法作品交流展，作品被新加坡收藏。1997年6月首次在阜阳博物馆举办个人书法展，2002年2月18日在合肥亚明艺术馆举办个人书法展。2002年10月参加了天津第二届书法艺术馆举办的《中国铁路书法家十人作品展》和2003年7月16日在合肥亚明艺术馆举办的《中国铁路书法家十人作品展》。1998年10月在香港出版了《万传新书法作品集》。

作品收入《楹联大观》、《国际现代书法集》、《中国翰墨名家作品博览》。勒石于河南《清风书壁》、长沙《常德诗墙》、甘肃《皇帝内经》石刻，传略收入《中国书法界名人辞典》、《中国历代书法家大辞典》、《中国青年书法家辞典》等。

人閑桂花落夜靜春山空月出驚山鳥時鳴春澗中

王維鳥鳴澗 傳新

亂石穿空驚濤拍岸卷起千堆雪江山如畫一時多少豪傑

節錄蘇軾赤壁懷古 萬傳新

王春和（1971——）字远尘，号一泓，蒙古族。斋号抚古堂、一泓草堂。中国书法家协会会员、中国人民大学首届书法专专业业硕士研究生、山东曹州书画院特聘书画师。

2003年8月，入展中国书协主办的“全国第二届行草书大展”，同时被邀请参加中国首届敦煌国际书法节，作品被主办单位收藏，2004年2月，入展中国书协主办的“全国第八届书法篆刻展”作品被主办单位收藏，2004年至2006年8月结业于中国人民大学徐悲鸿艺术学院首届中国优秀中青年书法家硕士研究生班，荣获学院颁发的“何二水”奖学金“探索奖”荣誉称号，于8月20日参加了在中国美术馆隆重举办的——“中华风”中国人民大学徐悲鸿艺术学院首届中国优秀中青年书法家硕士研究生班学员毕业作品展暨中国名家书法作品邀请展。2006年7月，出版《王春和书法作品集》，2006年8月作品入展中国书协主办“纪念红军长征胜利70周年作品展”，作品并被收藏，2006年11月，成立内蒙古自治区第一家从事特长教学、专业报考、师资培训的私塾式，专业化个人书法工作室——王春和书法工作室。

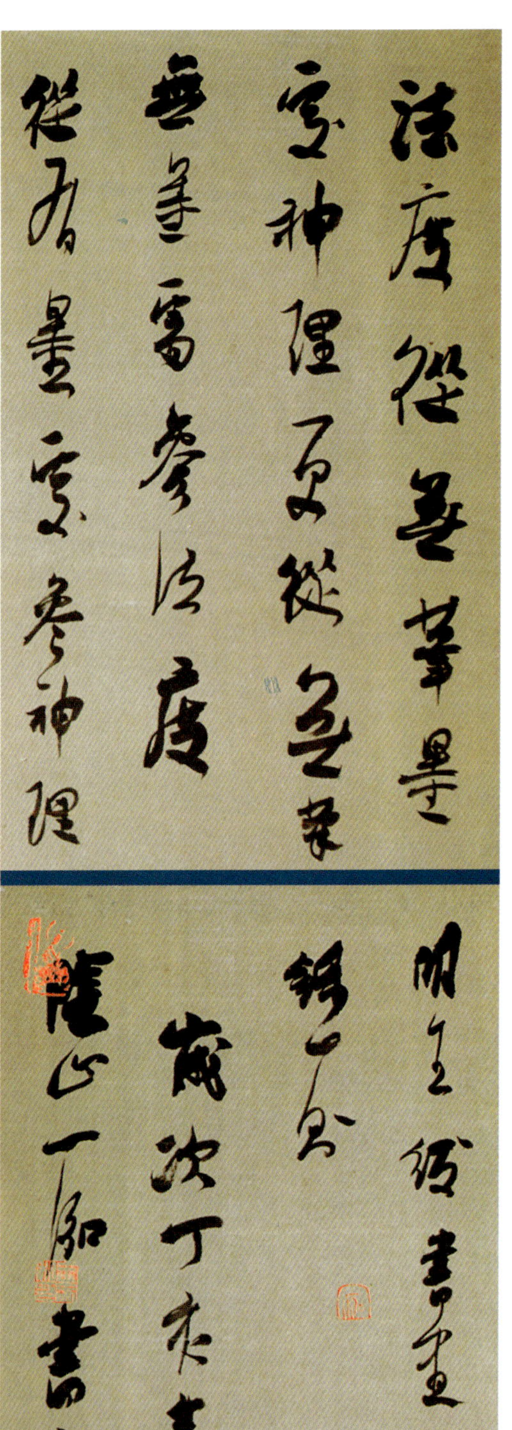

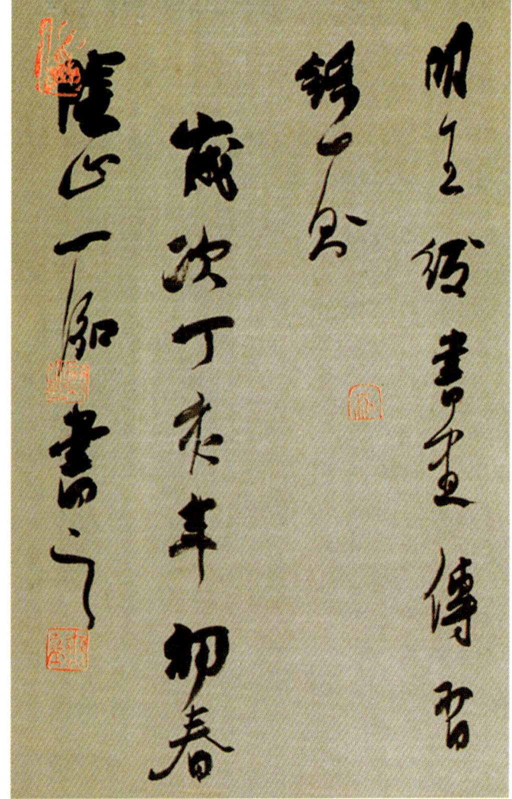

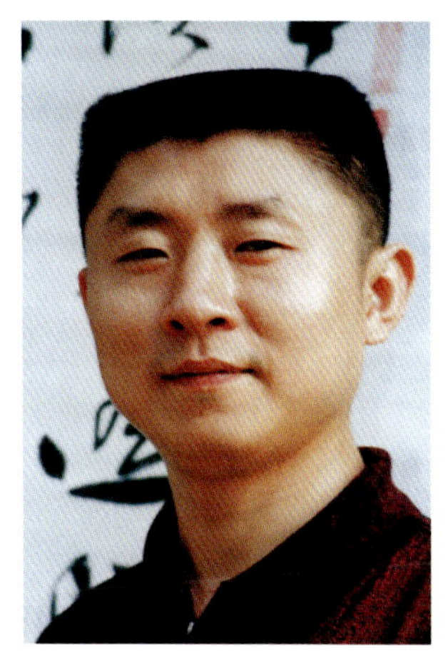

王芳泽（1975——），湖南双峰人，毕业于中国人民大学首届书法硕士研究生班。当代诗人、书法家、画家。师从李铎先生，求教于欧阳中石、沈鹏、刘炳森等，现为中国工艺美术协会会员、中国国画家协会理事、湖南省书法家协会会员、江苏省国画院特聘书法家。

作品曾荣获文化部中国画研究院主办的“国际华人诗书画印艺术大展”银奖、文化部社会文化司主办的“中国国际科技文化成果博览会书画大展”成年组金奖、中华全国总工会主办的全国首届“五一文化奖”等。

出版有《王芳泽书法集》、大型专著《王芳泽诗书集》。被《书法》杂志社主办的“中国书坛－全国青年百强榜”提名，荣膺“当代乡村文化名人”。新华社、《人民日报》、《人民日报》海外版、中央电视台、《人民政协报》、《世界知识画报》、《中国文化报》曾有专题报导；《书法》、《中国书法》、《书法世界》、《书法赏评》、《美术报》、《中国书画报》、《书法导报》、《写字》、《中国钢笔书法》等全国著名书画专业报刊均辟专栏介绍。

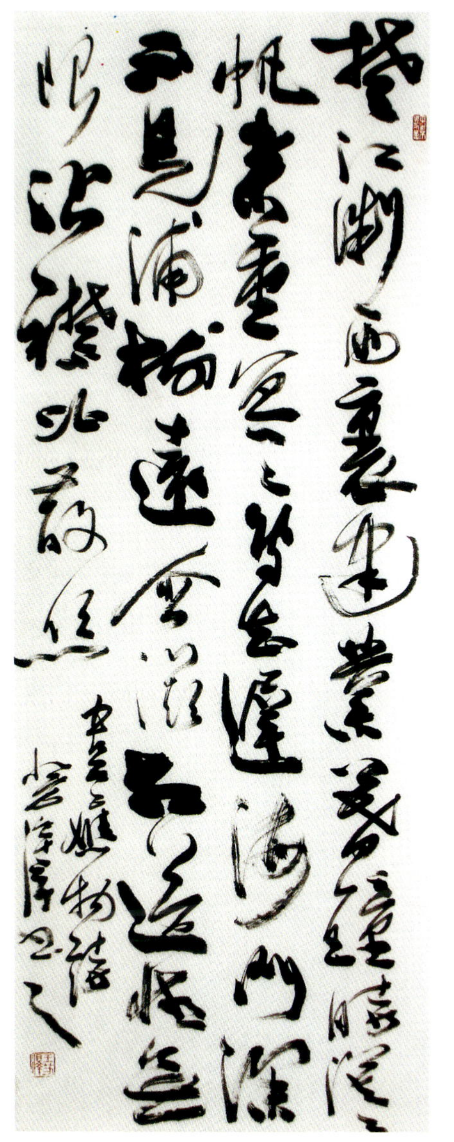

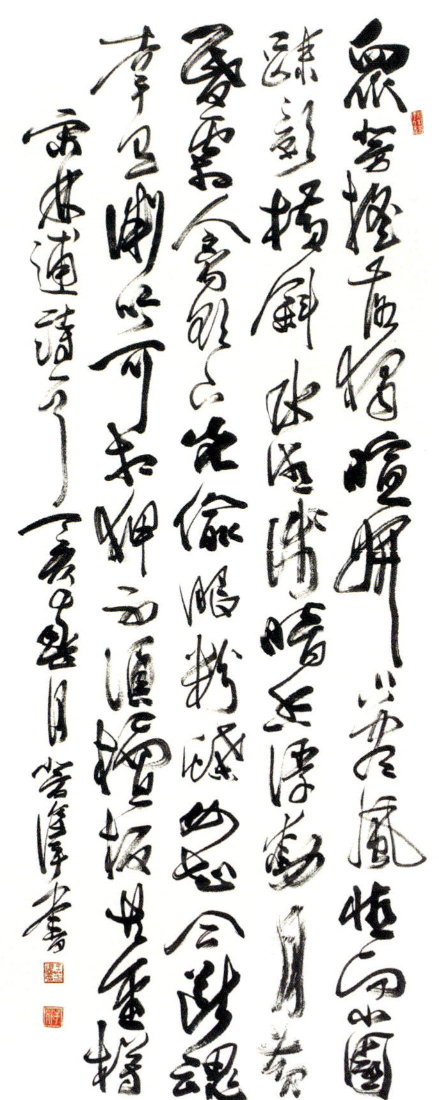

王菊芳（1946——）江苏扬州人。从事工艺美术创作、研究三十余年。现为工艺美术师、扬州市美术家协会会员、中国公共关系协会艺术委员会委员、北京华夏名流书画院院士、一级画师。

王菊芳在人物、山水、花鸟画方面都很有造诣。尤以画猫和牡丹见长，但偏爱画猫，画猫之作最多，也最为传神，工笔、写意兼能。她笔下的猫，形神兼备，栩栩如生，有着鲜明风格。王菊芳的大多数作品都是有感而发，意境深邃，富有魅力，画面简洁凝练，呼应有致。笔墨厚重浑朴，含蓄有力，画风温厚润泽，舒展大方。她所画的仕女、牡丹、松石、梅兰竹菊都透着南方画风特有的温婉、清雅、灵秀，从中可感受到画家对自然、对生活的痴情。无论是小草花卉还是乔木山石都透出清新的诗意，刚中有柔、柔中有骨。她的作品都是小中见大，趣味横生，十分难得。“意”“趣”更为难得。其画动物高明之处在于得“意”出“趣”。

她的大量作品在全国及地方报刊发表，并被海内外藏家收藏。2006年入选中国著名书画家世界巡回展（日本东京展）。

王树忠（1968——）字博石，斋号朔风堂，出生于山东茌平。现为中国美术家协会会员、中国金融美术家协会会员、中华名人画院画家、黑龙江画院特聘画家、中信国安专职画家、艺术总监。

在人物造型上，王树忠大量运用短碎而急促的线条，几乎没有长线条的概括，形似乎是在笔墨的显现过程中显现出来，几无准确的结构可言，但笔墨的气势显然是由笔墨关系决定的，人物头部是用枯笔擦出杂乱的胡须，在腰部的横刀与衣襟的留白之间是淡墨衬托的密集短促的线条，腿部则是一片浓墨，也是对上面的杂乱的收拾。

1989 年毕业于北京画院研修班。1990 年在中国画研究院举办“王树忠画展”，1996 年在山东美术馆举办王树忠“思古幽情”个人画展，2003 年出版《荣宝斋 2003 第二回中国画清赏雅集》之《王树忠作品选》，2005 年由北京经典艺苑主办“王树忠新作展”。2005年考入中国艺术研究院“贾又福山水工作室”硕士研究生兼访问学者。2006 年《王树忠水浒人物画集》由人民美术出版社出版，2006 年《王树忠山水画集》由中国艺术出版社出版发行。

王跃奎（1972——）生于四川，毕业于哈尔滨师范大学艺术学院，师从著名画家、中国国家画院副院长卢禹舜教授。现为哈尔滨师范大学艺术学院国画系教师。

在王跃奎看来，中国画是以线造型的艺术，唯其用线才为中国画注入了意象性、抽象性与情感性。它不是描摹自然，而是以线写心，以线畅神。作品的精神与品格之高下不在设色艳丽与淡雅，在于线性之雅俗。

1999年，王跃奎的作品获文化部主办的“全国大学生艺术节”绘画专业组银奖，2001年获全国高等院校黄宾虹学术奖“金华奖”。2002年，他的《太行秋色》等作品被中国美术学院文化艺术公司收藏，2003年作品获“纪念吴道子画展”精品奖，2004年作品《风过溪声远》入选全国第十届美展、获黑龙江省第十届美展银奖，2005年获黑龙江省首届山水画展银奖。作品《只遣东风日日来》被黄宾虹艺术馆收藏。作品入编《全国著名中青年画家佳作选》、《全国名家扇画图典》。

魏怀亮（1960——）河北平山人，毕业于湖南师大美术系。现任湖南书画研究院副院长、中国美术家协会会员、湖南省美术家协会理事、国家二级美术师。

魏怀亮的创作不同于传统中国山水画创作中的自然物象的横向挪移，作品中增加了不同时空的纵向挪移，并通过创作观念的调整，在传统与现代的过渡与结合上做了深入的探索。作品多次参加全国性大展，其中《冬声》入选《中国人民解放军美术精品展》，《跨越》获第十届全国美展优秀作品奖，并在韩国、日本等国展出，《让》入选第三届全国画院优秀作品展，《对话》获2005年全国中国画展优秀作品奖，《无题》获2006年全国中国画提名展优秀奖。出版有《魏怀亮画集》，简历和作品被选入《当代中国画作品选集》《湖南美术50年》等多部辞书和大型作品集。《美术》，《国画家》，《美术报》，《解放军报》、中央电视台、湖南卫视、山东卫视等专题介绍作品。

韦斯琴（1969——）安徽芜湖人。1995年毕业于南京艺术学院美术系书法专业。中国书法家协会会员、中国散文学会会员、安徽省作家协会会员。

韦斯琴擅长书法，其小楷精致、清雅、秀逸，具有一种清空疏淡华滋润泽之美，不受物役，安宁清雅。与别的书家不同的是，韦斯琴常将自己的散文作为书法的文字内容，散文细腻，小楷亦雅致，书文合一，优游涵泳，为一般书家所无。她的大字行草也很有特点，吸收了章草与明人书风，用笔轻重有度、用墨干湿有节、速度徐疾有秩，观之有似激情澎湃。

书法作品曾获第六届全国书法展全国奖，首届全国扇面书法展二等奖，第八届全国中青年书法展三等奖，首届全国青年展获奖并获探索奖提名，首届林散之奖，祖国颂主题书法大赛一等奖，第四届全国正书展获奖，“高恒杯”全国书法大赛获金奖，“顺时针杯”全国书法大赛一等奖，首届全国行书展获奖提名，第二届兰亭奖一等奖，并参加过第五、六、七届中青年书法展，第七届全国书法展、首届行草书法展、三届正书展、第二届百家精品展。出版有书画集《云为诗留》、散文集《六月无痕》等。

吴文军（1932——）安徽怀远人。中国凤阳书画院副院长、安徽省美协、滁州市美协会员、高级画师。

吴文军自20世纪50年代起，研习华派老艺人李凤鸣的凤画数十年不辍，他的凤画打破了传统模式，融入了祖国风光山水，既画牡丹又画花草、山水及多种动、植物。他的作品还借鉴京剧花旦化妆的神韵，用工笔重彩精心绘制凤凰俊彩眉目，来显示其灵秀雅致的气派，具有独特的个人风格，被人们赞誉为“情感凤画”。

他先后创作了《百花采凤》、《丹凤朝阳》、《三王图》、《百鸟朝凤图》、《龙凤吉祥》、《黄山松精神颂》等作品。其中，《丹凤朝阳》入选《周恩来同志诞辰九十周年书画展》，2004年8月12日《春到小岗》在国家博物馆展出并获老年书画展铜奖。2005年10月，《三王图》在江苏宜兴徐悲鸿纪念馆举行“纪念徐悲鸿诞辰110周年全国书画展”获得大展特别奖。2005年、2006年连续以《龙凤呈祥图》、《鸿鸾禧旺图》入选全国中国画大赛，为鸡年画鸡、狗年绘狗展示凤画生肖系列。2006年11月30日，被安徽省首届工艺美术大师颁奖大会评为凤画大师。

肖凡（1970——）云南沾益人。毕业于云南艺术学院美术系，曾进修于中国美术学院国画系。现为云南画院专职画家、国家二级美术师、云南省美术家协会会员。中国画作品多次入选国内外重要展览并获奖。2006年荣获云南省“四个一批”文学艺术贡献优秀新人奖。

《雪山寒林》、《雪山秋霁》、《金爵特拉》、《新晴野望》都是肖凡从香格里拉白马雪山国家级自然保护区写生归来创作的自然山水作品，白马雪山自然风光神奇、秀丽、四季变化异常，区内峰峦成群，多雪山峡谷，河流险滩，原始森林植被丰富，季节性牧场随处可见，自然生态也复杂多样，有“人间天堂——香格里拉”之美誉。作品格调清逸雅致，空灵秀润，用笔萧疏散淡，松脱自然，充分体现了局部山水的动人之处，充满着浓郁的人情味。在传统笔墨语言符号与客观现实物象之间的语言转换，作者做出了有效的实践探索，也充分体现了“师法自然”的山水精神。

徐大虎（1965年——）山西省临猗县人。现为中国楹联学会会员、中国国画家协会理事、山西省美术家协会会员、山西省书法家协会会员、临猗县美术协会副主席、河东书画院院长。

1997年书法入选《世界华人书画展》文化部艺术局、中国书协等主办，书法入展《山西省首届中青年书法篆刻展》山西省书协主办，1998年书法入选《第四届中国书坛新人新作展》中国书协主办，书法获《中国化工书画艺术展》三等奖，中国书协主办。1999年国画《钱塘江春行》入选庆祝澳门回归展，中国美协主办。国画《山色两芒然》入选纪念孔子2550周年大展，中国美协主办。书法获“中国根”全球华人书画大赛二等奖，中国文联、中国书协主办。2000年国画《秋实》入选第二届光明日报美术报，“人济杯”中国画大赛，光明日报主办。2001年书法入选《新世纪全球华人书法大赛》，中国书协主办。国画《武圣关公》获“牡丹杯”全国著名书画家精品展佳作奖，中国文联主办。2002年国画《家园》庆香港回归五周年邀请展中获优秀奖，被命名为“中国青年美术家百杰”，中国书画报主办。2004年国画《故乡》获第三届光明日报美术奖，光明日报主办。书法入选中国楹联界首届自撰楹联书法展，中国楹联学会主办。2005年国画《辉煌》获中国电影百年书画优秀奖，中国电影家协会主办。2006年国画《溪山深处》入选山西省第二届山水画展，山西省美协主办。

作品发表于《中国文化报》、《中国书画报》、《书法报》等刊物。

徐建明（1954——）江苏吴县人。毕业于南京艺术学院美术系中国画专业，1972年师从山水画家宋文治，又受到刘海粟、陈大羽、张文俊等画家的指导，系统研究山水画。现任南京艺术学院美术学院副教授、副院长、中国美术家协会会员、江苏省壁画研究会副会长等职。

他工山水、人物、花鸟，有奇趣。尤精山水。他重视传统，更重视师法自然。他的作品汲取了“明四家”笔墨线条的雅致和文气，又掺有时代生活气息。他运用重彩、淡彩和点彩三结合，使画面色彩透明厚重，呈现出严谨又潇洒、雄浑又苍茫、典雅又清新的艺术风格。

1977年，他有两幅山水画入选全国美展并被国家收藏。1980年1幅作品获全国第二届青年美展三等奖，并被中国美术馆收藏。1984年作品《希望的大地》获全国第六届美展优秀奖。1987年开始在南京博物院举办个人画展。1988年在北京中国美术馆举办个人画展。1993年在江苏省美术馆举办个人画展。1999年青绿山水画《湖山辉映》入选全国九届美展。多幅作品分别发表在《中国画》、《江苏画刊》、《人民日报》（海外版）等刊物上，1993年香港《文汇报》对其艺术成就作了专版介绍，1991年出版个人画集，1994年至1999年间出版了《山水临本教材》、《怎样画系列》、《山水画技法》、《画青绿山水》等专著。2001年，创作邮票小型张《武当山金顶春晓》。2002年创作邮票《千山》。2002年与人合作《三峡史诗》长卷等。

杨永进（1955——）陕西宝鸡紫草塬人，曾为《文化艺术报·书画摄影》主编、西安美院聘任教授、陕西工艺美术馆副馆长、现为陕西省美术家协会会员、陕西省书法家协会会员、西安市文史馆艺术研究员、陕西省山水画研究会副秘书长、文艺报美术专刊副主编、中国工艺美术家协会会员。

杨永进先后就学于西安美院、陕西国画院。作品和艺术评论文章在国内外多家报刊、杂志上发表，多次参加全国及省市书画展览并获奖，入编《当代中国书画名人图录》、《中国国际书画篆刻家年鉴》等书籍。在陕西省美术馆、兰州、深圳等地多次成功举办个人作品展，部分作品被中央军委大楼及国内外文化团体收藏。获西安市文学艺术界联合会“德艺双馨”奖。陕西人民美术出版社出版有《杨永进画集》，著有《画余三随》和书法山水专集多册，主编出版有《书画摄影》集等。

天道酬勤

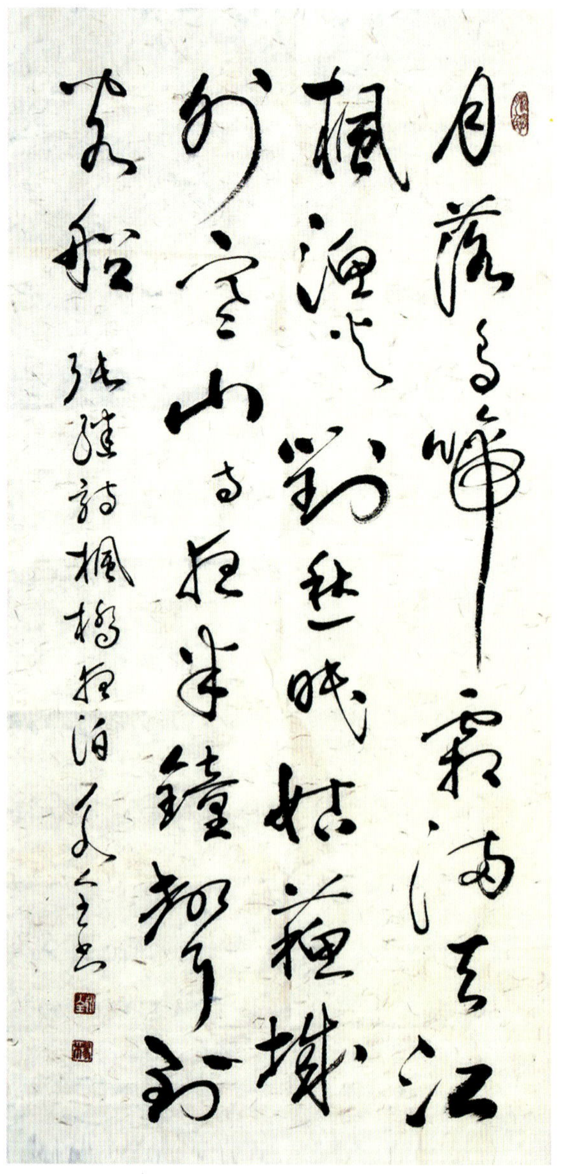

杨永全（1939——）生于山东烟台，1965年山东大学数学系本科毕业生。原国家科委信息中心副主任、国家科委人才中心主任、研究员，中国科技系统工程协会副理事长，长期从事火箭、卫星的地面测量、计算、控制工作，并因有突出贡献荣立一等功。

杨永全的书法及诗词是其一生的钻研。他自幼习练，所作许多诗词多以书法形式成册。古典近体诗、词重意境，并力求不失格律。书法方面，他尤工颜真卿楷书，常临二王行书，崇尚怀素草书。1997年他加入中国书协成为会员，同年入中国书画家联谊会并任理事。他的作品曾多次入选全国性书法活动和赛事，中国历史博物馆等馆室都有收藏。1995年10月他在人民大会堂成功组织全国著名书画家“共绘科技百花园——中国书画家联谊会”大型活动。

姚叶红（1958——）生于重庆。现为中国诗书画院研究员、四川省美协会员、四川省文史研究馆巴蜀诗书画研究会副会长、四川省公安厅书画院特聘画家、市美协常务理事、市山水画会秘书长、四川东方书画艺研会理事。

姚叶红先后师从陈恒、白志忠老师学习工笔学鸟、人物和素描色彩，又得到赵蕴玉先生等诸多前辈的授教，1983年师从著名画家岑学恭先生专攻国画山水。作品《神女应无恙》获文化部中国诗书画研究院主办的“迎接97香港回归中国书画作品大奖赛”山水组铜奖，《天府胜境》获中国美术家协会、中国诗书画院主办的迎国庆50周年暨澳门回归全国书画大赛“成就奖”，被文博单位收藏并出版大型画册，1994年姚叶红在四川省美术馆举办个人画展并出版《姚叶红画选》，2005年应邀在武侯祠博物馆成功举办山水画展，2006年赴新加坡举办中国山水画联展并获奖。

于晓君（1974——）祖籍山东莱州，1998年山东师范大学美术系毕业，2004年山东师范大学美术学院山水研究生毕业，师从中国著名画家胡应康博士，现为青岛画院专职画家，中国美术家协会会员。

于晓君喜欢以古人的山水田园诗题于作品之上，他尤其钟情于王维的诗词。他常常以至静的语言来体现自己画作中的高致，情性诚厚，寄寓佛理禅趣，使他的精神在绘画的世界里得到彻底的解放。他的画用笔清逸挺拔，墨色清淡自然，整幅作品精致高雅，画面始终笼罩在一片和谐、亲切的氛围中，使观者陷入深深的陶醉和向往之中，由心底生出一份美感。

他的作品曾获山东省庆祝建党80周年美术作品展二等奖，纪念毛泽东同志《在延安文艺座谈会上的讲话》发表60周年全国美展金奖，山东省第二届写生作品展二等奖，第十届全国美展山东展区银奖，山东省第三届写生作品展二等奖，2006中国画家提名展优秀奖，全国城市山水画展优秀奖。出版有《艺术界》、《山水写生》、《华夏美术》、《水墨前沿》、《水墨前沿——中国画精品集》、《山东省写生作品集》、《中国画界》、《齐鲁艺苑》等。

余石（1957——）生于上海，自幼喜爱艺术，素描、写生、油画、金石俱佳。长期刻苦探索中国水墨的韵味，并将其韵味注入油画之中，逐步形成自己的艺术风格。

余石中西画兼事，并多年来在中国书法上的孜孜以求，为他的创作打下了坚实的基础。在他的笔下，荷没有颓弱之气，叶和花的团块紧抱中宫，气力充足，又忽然间生出细枝，于厚重中蕴育出游动之感。余石在以油画写荷花时，大胆引入墨色，气力殊胜，运笔急骤，使颜色产生类似中国书法中的飞白之感，这种粗头乱服的写法表露出作者内在的激情。

1999年，他的个人画展在上海美术馆举行。此后他除了在许多地方举办画展外还参加了上海艺术博览会、上海艺术博览会、山东省美术馆、东营市、大王镇十人三地巡展、香港国际金融中心“IFC国际当代艺术展”、俄罗斯符沃斯托克市“阿尔卡”现代艺术画廊、法国布列塔尼八人巡展。同时，他还出版有《余石画集》、《余石作品选集》、《21世纪优秀艺术家——余石》、《余石画集》、《石画石说》等。

曾周（1962——）生于海南。1984年结业于北京中国画研究院。现为中国美术家协会会员、海南省美术家协会理事。

1980年作品《吉林之春》入选第二届全国青年美展，并在《人民日报》上发表，1989年作品《微风》入选全国第七届美展，1992年作品《南园夜风》获中国美术家协会和海南省金岛集团主办的国际水墨画大赛金奖，1994年作品《南国月夜》入选全国第八届美展。曾先后在日本、新加坡、韩国、香港、澳门等地举办作品联展，多件代表作品被马来西亚、新加坡、香港等国家和地区艺术机构收藏。

张建青（1958——）陕西省渭南市人。毕业于青海师范教育学院美术专科。现为青海省美术家协会理事、青海书画院特聘画师、西宁画院专职画家、国家二级美术师

自幼受秦砖汉瓦影响，从事绘画艺术创作。工中国山水画，亦作花鸟，作品多以表现青藏高原沉雄、博大的自然景观，多件作品被"毛主席纪念堂"、"厦门博物馆"、"银川美术馆"、"青海省图书馆"等机构和个人收藏。

近百余件作品在《中国书画报》、《青海日报》等刊物发表，"张建青的绘画艺术"曾在青海电视台"西部彩虹"栏目专题介绍，其传略被编入《中国书画名家签名铃章艺术总览》、《1993中国美术家》等大型辞书。

张健钧（1947——）1974年毕业于南京师范大学美术系，1997年调入苏州美术馆。现为国家二级美术师、江苏省美术家协会会员、苏州美术馆专业画家。

1998年油画《物理世界第一夫人——吴健雄》参加江苏省美术节大展，1999年油画《苏州的春天》获江苏省油画大展银奖，2000年油画《苏州园林》由江苏省美术馆收藏，2001年油画《信念·命运》获省展佳作奖，2003年粉画《闲庭信步》获中国首届粉画展铜奖，2004年《太湖风景》入选江西美术出版社编《水彩风景写生作品集》，2006年论文《关注现实的不同路径》发表于《美术博览》第23期，油画《早春》入选《江浙沪油画家写生作品展》，2007年论文《徐悲鸿与颜文梁的友谊》发表于《中国美术研究》，中国优秀美术家丛书《张健钧油画作品》发表，《心象境界——张健钧油画展》于苏州美术馆展出，《心象境界——张健钧油画展》于侯北人美术馆展出。

张宇（1958——）安徽临泉人。研究生。国家一级美术师、享受政府津贴专家、中国书法家协会会员、中国书协楷书委员会委员、安徽省文史研究馆馆员、中国煤矿书法家协会副主席、安徽省书法家协会理事、安徽省青年书法家协会副主席。现任淮北矿业（集团）公司工会主席。

他擅长书法，尤其楷书，笔画详备、块架分明、流美自然、动静结合，灵动飞扬，委婉曲妙。其中的牵丝映带，彼此呼应，妙不可言。虽为楷书实带行意，带有遒劲的动态美。同时又写得应规入矩、有法有式，可谓八法具备、笔意飞动。

书法作品荣获中国文联、中国书协、天津市人民政府主办的第三届中国书法艺术节最高奖——“书法十杰”，中国书法家协会主办的“全国第八届书法篆刻作品展”全国奖，“皖北煤电杯”全国书法大赛特等奖，全国第三届正书大展最高奖，安徽省第十二届群星奖一等奖，第七届安徽省艺术节书法金奖，安徽省新世纪书法大赛金奖等。入选中国书协、文化部等国家级书法大展30多次。出版有《张宇楷书千字文》、《张宇书法作品集》等七部专著，2005年为赵朴初先生纪念馆书写纪念碑文。2000年被评为安徽省首届十佳青年书法家，2004年被中国文联、国家人事部评为全国中青年德艺双馨文艺工作者，2005年被中国煤矿文联授予文学艺术最高奖——乌金大奖，2006年当选全国第八次文代会代表，第二届中国书法兰亭奖（安美杯）全国书法大赛评委。

古之成大事業大學問者必經過三種之境界昨夜西風凋碧樹獨上高樓望盡天涯路此第一境也衣帶漸寬終不悔為伊消得人憔悴此第二境也衆裏尋他千百度驀然回首那人卻在燈火闌珊處此第三境也錄王國維人間詞話丙戌七月十九日張宇書於淮北黎苑得餘室燈下

渭城朝雨浥輕塵客舍青青柳色新勸君更盡一杯酒西出陽關無故人

唐王維渭城曲一首 丙戌冬月 张宇书

张元国（1938——）字玉生，斋号竹韵轩，苗族，重庆市人。现任中国书法家协会会员、北京中联国兴书画院副院长、中国名家书画研究院副院长、北京国龙将军书画院院长、南国书画家协会副主席、中国国家博物馆画廊艺委会委员。客座教授、世界华人艺术家联合会理事、中原书画研究院、桂林炎黄书画艺术研究院艺术顾问、香港世界著名艺术家联合会理事等职。

擅长行草书和榜书。其书法艺术取法“二王”，兼收颜柳，书风豪纵奔放，雄浑遒劲，灵动洒脱，阳刚之气溢于笔端。其作品获第二届“红军杯”全国书画大赛一等奖，“王子杯”海峡两岸书画大赛金奖及国际文化交流银奖，“大红鹰杯”全国中老年书画大赛二等奖等多项奖励，2001年海峡两岸书画交流大展获得金奖。被授予“中外书画艺术名人”、“世界银质艺术家”和“99中国百杰书法家”等称号。作品和辞条入选《当代书画篆刻家大辞典》、《中国当代艺术名人录》、《中国书法家名鉴》、《中国书法选集》等大型辞书。先后编辑出版《中国当代书画篆刻家大辞典》、《97名人名家书画作品集》、《共和国将军书画作品集》、《和谐盛世——百名将军百名部长百名画家书画作品集》、《张元国书法作品集》等。其书法作品被毛主席纪念堂、开封中国翰园碑林等多处纪念馆、博物馆、碑林收藏刻碑。

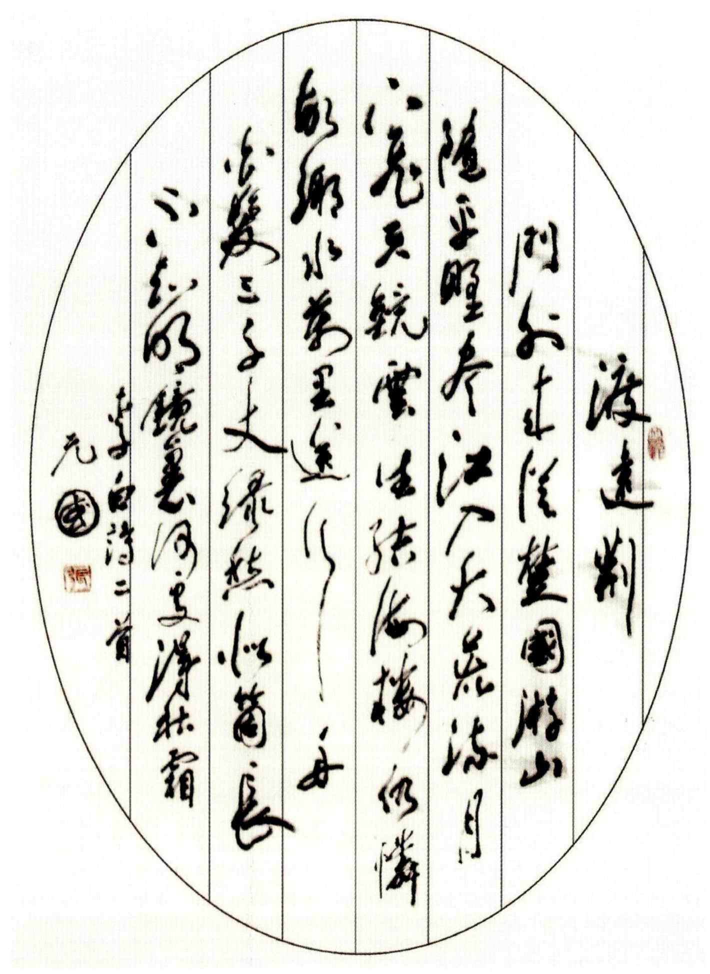

章志远（1941——）湖南长沙人。国家一级美术师，著名山水画家。现为世界教科文组织专家成员、中华人民共和国人事部人才研究会艺术家学部委员、理事，一级国画家、世界艺术家协会理事、中国美术网艺术委员会理事、国际中国美术家协会会员、中国工艺美术家协会会员、中国民间文艺家协会会员、中国艺术研究院特邀书画家、中国国际交流出版社、《世界名人录》、世界人物出版特约顾问编委、副主编、中国当代书画艺术研究会名誉主席、景德镇陶瓷艺术家协会顾问、东方美术研究院教授、东南大学艺术学系教授、江苏国际文化交流中心高级专职画家、中国民族书画研究院院长、南京国际郑和书画院院长。

章志远是新中国成立后成长的一代卓有成就的画家之一。其国画作品《追日》、《把春天留给廊桥》等50多幅作品先后在世界四十多个国家的博物馆、美术馆、和地区展览，并获得文化部、中国文联、英国剑桥国际名人传记中心及国际有关艺术组织颁发的国家级多项大奖。出版的《章志远画集》获中国国际名人学术研究中心、中华名人研究会、中国名人爱心基金会、世界学术贡献奖评委会颁发的“世界学术贡献金奖”。

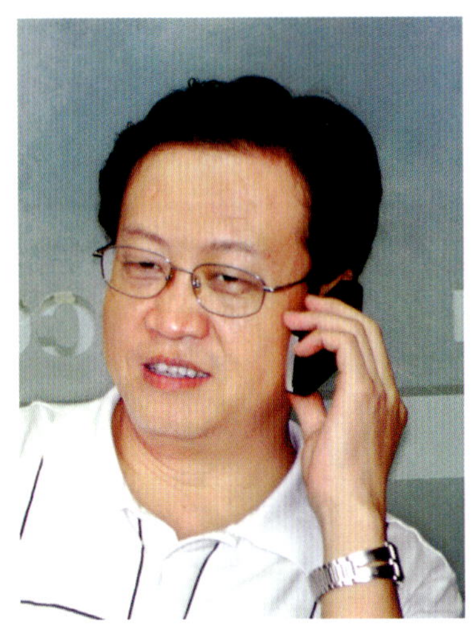

赵国柱（1955——），山西平遥人。现为中国书法家协会会员、中国硬笔书法协会常务理事、学术理论委员、中国楹联书法艺术委员会委员、山西省书法家协会理事、山西省青年书法家协会主席、山西省硬笔书法家协会副主席、中共太原市委副秘书长、《太原日报》社社长。

赵国柱是山西省硬笔书法家协会主要创始人之一。他的草书作品张弛有度，威而不猛。他将于髯翁魏体草书的简练、老辣、柔劲和今草、狂草大家的连绵、流畅、劲利于一炉，逐渐形成了大巧若愚、大智若拙、气息醇厚而不乏灵动的草书艺术风格。他的草书《李白诗》善从大处落笔，不激不厉，愈后愈神气贯通，大小、浓涩、粗细、连断、笔势皆从自然中流出，给人一种大气凛然的感觉。

2006年，赵国柱荣获中国第四届时代新闻人物评选活动“中国书画名家百佳影响力人物”称号，2007年他被中国书法家协会授予“中国书法家进万家行动计划先进个人”荣誉称号。他的书法作品曾获2006年《书法导报》国际书法篆刻大展“创作银奖”、第一届“洛阳杯”中韩书画家作品大赛金奖、第二届“欧阳询杯”全国书法大赛银奖等，在《中国书法》、《书法》、《中国书画报》等专业报刊刊登，著有《赵国柱钢笔楹联字帖》等。

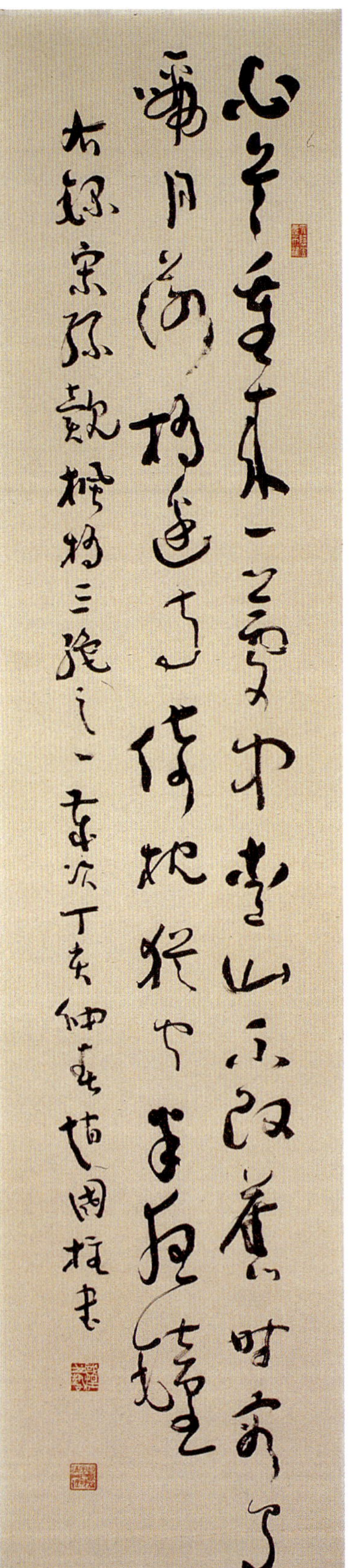

赵秦（1969——），生于南京。1992年毕业于南京艺术学院美术系、2002年毕业于中央美术学院国画系山水专业研究生班。现为中国艺术研究院研究生院贾又福工作室副教授、江苏省国画院特聘画家。

1992年赵秦参加南京艺术学院展览馆·十人成果展，2001年参加中央美术学院国画系·写生作品展，2002年参加中央美术学院美术馆·六人山水画展，2003年参加中国美术馆、山东省美术馆·首届贾又福工作室教学回顾展，2004年参加中国历史博物馆·全国高校名师展，2005年参加山东淄博倚文斋·个人作品展，2006年参加威海全国百名名家邀请展、中国美术馆·当代山水画八人展，2007年参加山东济南威海等地“齐鲁迎春”巡回展。

作品曾在《江苏画刊》、《美术》、《美术研究》、《水墨》、《荣宝斋》、《收藏》、《中国画》、《国画研究》、《中国画收藏导报》、《现代美术》等几十家专业媒体上发表，作品及二十多篇论文入编多部大型画册及专著，人民美术出版社等出版其个人专集三本。

赵尊清（1954——）河南遂平县人。河南省美协会员、河南省花鸟画研究会理事、查岈山书画院名誉副院长、职业画家。

作品入展中国美协主办的“全国第二届中国花鸟画展”、“亚享杯全国绘画书法精品展”、“5.23全国美展”、“迎奥运全国中国画大展”及文化部中国画研究院主办的“国际华人诗、书、画艺术大展”，并获优秀奖。作品“牛”在省美展及全国大展中获铜奖、佳作奖、优秀奖，并编入多部大型画集。

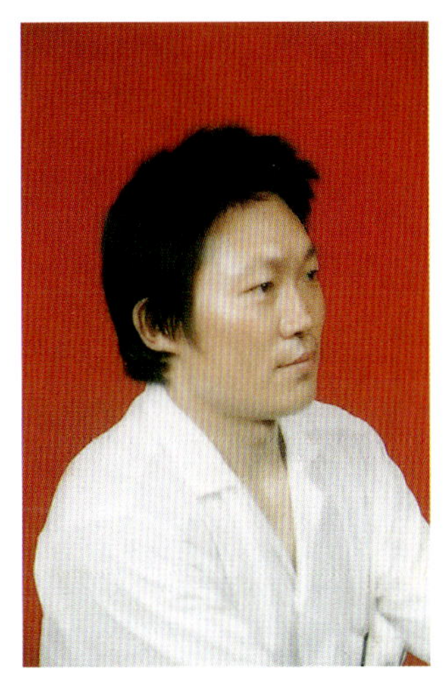

周忠树（1962——）艺名愚木，江苏铜山人。毕业于南京艺术学院国画系。现任苏北书画院常务副院长、高级美术师、中国国画家协会会员、江苏省美协会员。

擅长中国画。先后师从李慕唐、马奉信、朱葵、贺成、李海陆等先生，是傅抱石和李可染两位艺术大师的再传弟子，是当代实力派画家之一。对中国画艺术精髓的主体思想、客体自然，本体技法之间的相互关系，在把握处理上都有比较全面的、更高层次的认识和理解。其作品道法自然，笔墨凝练灵动，刻画细致真切，意蕴深远隽永。以山水画为主兼作写意花卉。他的工笔山水画擅长画长卷鸿篇巨制，在技法上大胆吸收装饰手法，以线造型又体现了线条的优美变化。在用色上他力求大气，单纯中求丰富，大胆施用金色，使画面金碧辉煌，富有装饰意味，从而形成了特色鲜明又耐人寻味的艺术风格。写意花卉多以梅兰竹菊为表现的题材，善于用水破墨，墨色变化之中更显梅的苍老如铁的质感，生动而鲜活，已得到诸多专家的认可与赞誉。

代表作品《秋妆》、《母亲湖》、《水共长天》等作品多次入选中国文联，中国美协举办的画展，入编、发表多部画册、报刊，被文化艺术机构及收藏家收藏。

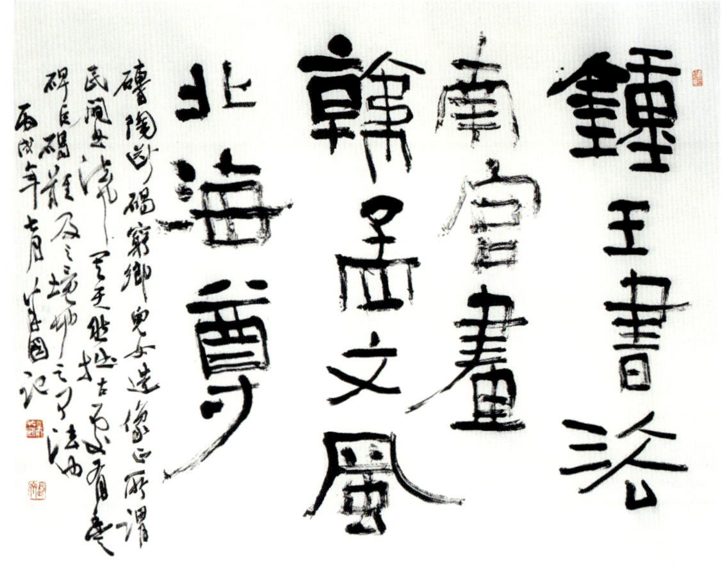

朱成国（1950——），生于辽宁沈阳。当代著名篆刻家、书法家。曾担任全国第五届篆刻展评委、现为中国书法家协会鉴定评估委员会委员、辽宁省书法家协会副主席、篆刻委员会主任、辽宁印社社长、沈阳市书法家协会副主席、沈阳市大东区文化馆副馆长、国家二级美术师。

2000 年，朱成国被省文联、省书法家协会授予“辽宁省优秀中青年书法家”称号，1996年被沈阳市政府命名为“沈阳市十大书法家”称号，1985 年篆刻获辽宁省政府“优秀文艺作品奖”。其书法篆刻作品参加第一、二、五届全国书法篆刻展，全国第三届中青年书法展，全国第二届楹联书法展，全国第四届篆刻展。

出版有《朱成国篆刻选》、《中国篆刻百家——朱成国卷》等。书法篆刻作品及传略被编入十余部辞典中，并在《中国书法》、《书法》、《西泠艺丛》、《书法报》、《书法导报》等专业报刊上发表。

朱兴贤（1957——）现任中国书协评估鉴定委员会委员、中国书法家协会会员、云南省书法家协会副秘书长。供职于云南省粮食局。

朱兴贤作品曾入选首届中日书画公开征集展、龙脉杯全国书画大赛、第四届中国书坛新人作品展、人与自然一迈向21世纪中国当代书法名家邀请展、第十一届中日友好自咏诗书交流展、第四届全国刻字艺术展等。荣获第三届云南省文学创作奖、书法三等奖，2001年随云南省书法代表团赴新加坡参加书法交流活动，2002年随云南省书法代表团赴中国台湾地区参加国际书法交流展。

高峰入雲清流見底兩岸石壁五色交輝青林翠竹四時具備曉霧將歇猿鳥亂鳴日夕欲頹沉鱗競躍實欲界之僊都自康樂以來未有能與其奇者

陳眉公小窗幽記 朱興賢書

心手閒適披咏疲倦意緒棼亂聽歌拍曲歌罷曲終杜門避事鼓琴看畫夜深共語明窗淨幾洞房阿閣賓主款狎佳客小姬訪友初歸風日晴和輕陰微雨小橋畫舫茂林脩竹課花責鳥荷亭避暑小院焚香酒闌人散兒輩齋館清幽觀寺

明人許次紓所著茶書中把飲茶描寫的一種意境空靈之事 霜秋朱興賢書

第九篇　大事记

李小可
《家园》
179 × 96.5cm
中国画作品

书画艺术活动大事记

公元前 284?～前 208 年	书法家李斯在世
公元 150—230 年	书法家钟繇在世
公元 192 年	书法家蔡邕卒
公元 239—303 年	书法家索靖在世
公元 286—312 年	书法家卫玠在世
公元 321—379 年	书法家王羲之在世
公元 344—388 年	书画家王献之在世
公元 375—443 年	书法家宋炳在世
公元 557—641 年	书法家欧阳询在世
公元 569—658 年	书法家褚遂良在世
公元 648—713 或 716 年	画家李思训在世
公元 649 年	画家阎让卒
公元 673 年	画家阎立本卒
公元 699—759 年	画家王维在世
公元 708 或 709—783 或 784 年	书法家颜真卿在世
公元 723—787 年	画家韩滉在世
公元 778—865 年	书法家柳公权在世
公元 832—912 年	画家贯休在世
公元 933—388 年	画家黄居寀在世
公元 963 或 965 年	画家黄筌卒
公元 967 年	画家李成卒
公元 1012—1067 年	书法家蔡襄在世
公元 1036—1101 年	书画家苏轼在世
公元 1045—1105 年	书法家黄庭坚在世
公元 1051—1107 年	书画家米芾在世
公元 1082—1135 年	书画家宋徽宗(赵佶)在世
公元 1086—1165 年	画家米友仁在世
公元 1106 年	画家李公麟卒
公元 1129 或 1130—1200 年	书法家朱熹在世
公元 1248—1310 年	画家高彦敬在世
公元 1253 或 1254—1322 年	书画家赵孟頫在世
公元 1257—1302 年	书法家鲜于枢在世
公元 1269—1354 或 1358 年	画家黄公望在世
公元 1276—1355 年	画家曹知白在世
公元 1277—1348 年	画家张雨在世
公元 1276—1354 年	画家吴镇在世
公元 1199—1295 年	书画家赵孟坚在世
公元 1335—1407 年	画家王冕在世

公元1296—1370年　画家楚石在世
公元1301—1374年　画家倪瓒在世
公元1357—1434年　画家沈度在世
公元1362—1416年　画家王绂在世
公元1385年　画家王蒙卒
公元1426或1427—1509年　画家沈周在世
公元1426—1508年　画家周臣在世
公元1459—1508年　画家吴伟在世
公元1460—1526年　画家祝允明在世
公元1468或1470—1523年　画家唐寅在世
公元1469或1470—1559年　画家文徵明在世
公元1479年　画家陆董卒
公元1483—1544年　画家陈淳在世
公元1488—1518年　画家谢时臣在世
公元1494—1533年　画家王宠在世
公元1496—1576年　画家陆治在世
公元1498—1573年　画家文彭在世
公元1500或1501—1582或1583年　画家文嘉在世
公元1501—1568年　画家王榖祥在世
公元1502—1575年　画家文伯仁在世
公元1508—1572或1578年　画家钱榖在世
公元1509—1605年　画家陆树声在世
公元1514—1595年　画家周天球在世
公元1523—1602年　画家宋旭在世
公元1525—1590年　画家项元汴在世
公元1535—1612年　画家王穉登在世
公元1555—1636年　画家董其昌在世
公元1558—1639年　书画家陈继儒在世
公元1585—1646年　画家黄道周在世
公元1586—1655或1645年　画家恽向在世
公元1592—1680年　画家王时敏在世
公元1592—1652年　画家王铎在世
公元1593—1644年　画家倪元璐在世
公元1596—1668或1673年　画家萧云从在世
公元1597—1658年　画家项圣正谟在世
公元1597—1年　画家杨文骢在世
公元1597—1677年　画家王鉴在世
公元1599—1652年　画家陈洪绶在世
公元1602—1675年　画家金俊明在世
公元1605—1年　画家傅山在世
公元1629年　画家米万钟卒
公元1629年　画家李流芳卒

公元1632–1717年	画家王翚在世
公元1633–1690年	画家恽寿平在世
公元1687–1764年	画家金农在世
公元1715年	画家王原祁卒
公元1719或1720–1804年	书画家刘镛生
公元1733–1799年	画家罗聘在世
公元1772年	画家邹一桂卒
公元1772年	画家钱维城卒
公元1774–1829年	画家改琦在世
公元1775–1855年	书法家包世臣在世
公元1775–年	画家黄均在世
公元1799–1871或1872年	书法家何绍基在世
公元1799–1870年	画家吴熙载在世
公元1824–1896年	画家虚谷在世
公元1829–1884年	书法家赵之谦在世
公元1830–1904年	书画家翁同和在世
公元1835–年	画家吴大徵在世
公元1842–1927年	书画家吴昌硕在世

1900年3月	由李叔同发起和主持的海上书画公会在上海福州路杨柳楼台旧址成立。
本年	敦煌千佛洞发现秘密石室，内有大量魏、晋、唐经卷及唐拓碑铭。
	斯文赫定率领的瑞典考察队在新疆罗布淖尔发现并发掘古楼兰遗址。
1901年	英国斯坦因在新疆获晋简、汉简数十枚。两年后又在敦煌获大量汉、晋竹木简。
1902年7月12日	管学大臣张百熙在奏进学堂章程中提出了“中、小学都设有图画课”的问题。
本年	清政府在南京创立全国第一所优级师范——两江师范学堂。
1903年11月26日	张之洞等奏进学堂章程中提出“高等小学堂一、二、三、四年级图画课每周各两堂”的倡议。
1904年	西泠印社在杭州西湖孤山成立，由丁辅之等人发起组织。首任社长为吴昌硕。
1905年	黄宾虹在安徽歙县成立黄社，以纪念明清之际的思想家黄宗羲而命名。该会明为研究诗文，暗中宣传革命。
1906年6月	李瑞清在两江师范学堂设立图画手工科，开设图画手工选科甲班，招收学员33名。次年9月开设图画手工选科乙班，招收学员36名。
1907年	河北保定的北洋师范学堂建立图画手工科。
1909年3月3日	豫园书画善会在上海成立，吴昌硕等人发起。首任会长为钱慧安。
	《戊申全年画报》由上海时事报馆出版，计36册。
1910年	周湘创办中西画函授学校。
1911年	周湘在上海创办的“图画传习所”改称“布景画传习所”。
	高剑父在广州举办中国近代第一次个人画展。并在广州创办春睡画院。
1912年1月5日	《真相画报》创刊。广州真相画报社出版，上海商文印刷所印刷发行。
2月11日	《临时政府公报》第13号发表蔡元培《对于教育方针之意见》，强调美育在教育中的重要地位。
5月25日	教育部派王家驹等办夏期美术讲习会，鲁迅在讲习会上讲《美术略论》。9月12日 教

育部成立美术调查处，鲁迅参加该处领导工作。

11月23日	上海图画美术院（上海美专前身）创立。创办人为乌始光、刘海粟等。
本年	上海文美会在上海成立，由柳亚子和李叔同发起组织。李叔同任教于浙江两级师范学堂，将石膏模型用于学生的写生练习。
1913年 2月	鲁迅发表《拟播布美术意见书》。
1914年5月	北平教育部举行全国儿童艺术展览会，筹办人为鲁迅、陈师曾等人。
本年	李叔同在浙江两级师范学堂的素描课上用半裸的男体和全裸的童男写生。
	国立北京高等师范开设图画手工科。
1915年 3月	上海图画美术院首次在教学中使用人体模特儿。
本年	洋画社团东方画会在上海成立。乌始光为会长，汪亚尘为副会长，陈抱一为艺术指导。
	中华美术协会在日本东京成立，由留日学习美术的部分学生联合发起组织，江小鹣为会长。
	国立北京高等师范学校开设三年制手工图画科。
1916年	洋画研究会在杭州成立，由李叔同发起组织并兼任会长。
1917年	上海图画美术学校在成绩展览会上首次展出人体习作，而遭到攻击。
本年	康有为提出“中国近世之画衰败极矣”，“此事亦当变法”的主张。
1918年2月22日	北京大学画法研究会在北京成立。由北京大学校长蔡元培发起组织。
4月15日	北平艺专前身国立北京美术专门学校建立。首任校长郑锦。
6月	上海神州女子学校设立图画专修科。
9月1日	《中华美术报》在上海创刊。
10月6日	江苏省教育会美术研究会在南京成立。
11月25日	上海美术学校创办的《美术》杂志第一期出版。
本年	蔡元培为北京大学画法研究会撰写“旨趣书”，提出绘画“不可不以研究科学之精神贯注之”。
1919年1月15日	陈独秀在《新青年》第6卷第1号发表《美术革命——答吕澂来信》。
9月	上海图画美术学校实行男女同校，是中国最早实行男女同校的美术院校。
秋	丰子恺、吴梦非、刘质平创办上海专科师范学校，即后来的私立上海艺术大学。
本年	油画社团艺术社在日本东京成立，陈抱一为社长。
	美术社在北京成立，由闻一多发起组织。
	中华美育会在上海成立，由吴梦非、姜丹书、丰子恺发起。参加活动的画家有倪贻德、李超士、关良、潘天寿等。
	武昌美术函授学校创建。创办人为唐义精、蒋兰圃。该校为私立武昌艺专前身。
	教育部批准国立北京美术学校升级为高等学校，本科设中国画、西洋画、图案三系。
1920年4月20日	中华美育会会刊《美育》创刊。主编为吴梦非。
5月	中国画学研究会在北京成立。金城为会长。
6月1日	北京大学《绘学杂志》出版。该杂志发表徐悲鸿《中国画改良论》、陈师曾《文人画的价值》等文章。
	山东省立第一师范学校设立国画手工专修科。
	私立南京美术专门学校创办，创办人为沈溪桥。
1921年1月	晨光美术会在上海成立，1927年该会更名为晨光艺术会。
本年	广东省第一次美展开幕。
1922年1月	苏州美术会在苏州成立，颜文樑为会长。

4月24日　广州市立美术学校成立，创办人为胡根天等。许崇清为首任校长。
9月　苏州美术专科学校创建。校长为颜文樑。
本年　上海大学开设美术科。
上海书画会在上海成立，钱病鹤为会长。
东方艺术研究会在上海成立，由关良等人发起组织。
西湖画会在杭州成立，丰子恺为主持人。
1923年5月27日　《艺术》周刊创刊，东方艺术研究会编辑出版。
本年　古艺术保存会在北京成立，由吴法鼎发起。
白鹅画会在上海成立，陈秋草为主持。1928年改名白鹅绘画研究所。
赵浩公等在广州成立癸亥合作画社。
1924年　北京京华美术专科学校创立，校长为姚华。
私立北京艺术学校创办，创办人为王悦之。后更名为私立北平美术学院。
四川美术专门学校成立。
海外艺术运动社在法国巴黎成立，林文铮为会长。该会亦名“霍普斯会”。
红叶画会在北京成立，由王子云发起。
1925年1月1日　《翰墨缘》半月刊于济南创刊，俞剑华主编。
4月　刘海粟、王济远、朱屺瞻、李毅士等举行上海洋画家联合展览会。
本年　中华艺术大学在上海创办，创办人为陈抱一、陈望道、丁衍庸。
私立西南美术专科学校在重庆创立。
立达学园美术科在上海江湾创立，创办人为丰子恺、朱光潜等。
寒之友画会在上海成立，由于右任、何香凝、经亨颐发起组织。
台湾水彩画会在台湾台北成立，由日本籍画家石川钦一郎发起组织。1932年该会改名为一庐会。
广州成立国画研究会。
1926年1月15日　《艺术界》周报创刊。
年初　中国金石书画艺观学会在上海成立，黄宾虹为会长。1929年该会改名中国艺术学会。会刊于2月20日创刊，黄宾虹任编辑。
3月27日　上海艺术学会在上海成立，俞寄凡为会长。
4月　上海县长危道丰命令严禁美专人体模特儿写生，孙传芳密令封闭美专，通缉刘海粟。
10月　国立北京艺专校刊《艺专》创刊出版。
10月　林风眠发表《东西艺术之前途》，提出东西艺术应沟通和调和的主张。
本年　私立无锡美术专门学校创立。
新华艺术专科学校前身新华艺术学院在上海创立。
吼虹画社在北京成立，由王森然、李苦禅等人发起。

1927年1月15日　湖社在北京成立，该会前身为中国画学研究会。
5月11日　北京艺术大会在国立北京艺术专门学校开幕，活动内容有绘画展览、音乐演奏、戏剧表演，展出作品3000件以上。
11月　《湖社月刊》创刊，金荫湖主编。
蔡元培在南京创办国立中央大学艺术教育科。
12月28日　蔡元培主持艺术教育委员会会议，通过全国美术展览会办事细则和筹备国立艺术大学案。

本年	《国画特刊》于广州创刊。
1928年1月1日	苏州美术馆举行开幕式。
1月1日	《艺林旬刊》创刊，北平中国画学研究会编辑出版。出版至72期后改为《艺林月刊》。
1月	徐悲鸿与田汉、欧阳予倩组织南国社。
	《美育杂志》于上海创刊，李金髮主编。
3月1日	国立艺术院在杭州创立。校长林风眠。
4月	烂漫社在上海成立，由黄宾虹、张善孖、张大千等人发起组织。
10月1日	《亚波罗》创刊，国立艺术院编辑出版。
10月	艺苑在上海成立，王济远主持。该会又名艺苑绘画研究所，曾编辑出版《艺苑》杂志，由汪亚尘主编。
11月	朝华社在上海成立，由鲁迅、柔石发起组织。鲁迅主持，成员有崔真吾、王方仁等。
本年	艺术运动社在杭州成立，林风眠主持。
1929年1月22日	西湖一八艺社在杭州国立艺术院成立，由陈卓坤、陈铁耕等18人发起组织。
1月	上海中国书画保存会成立，由黄宾虹、王一亭等人发起。
4月10日	教育部主办的第一次全国美术展览会在上海举行，并出版《美展》会刊，徐志摩主编。
4月14日	中华留法艺术协会在法国巴黎成立，方君璧为召集人。
6月	国立艺术院首次招收研究生，李可染、张眺被录取，导师为法国画家克罗多。
9月	《故宫月刊》创刊，国立北平故宫博物院编辑出版。共出版42期。
10月	《故宫周刊》（中国书画）创刊。
本年	蜜蜂画会在上海成立，郑午昌为主持人。
1930年1月10日	《中国美术号》（中国书画·特刊）出版，该刊为《东方杂志》第27卷1至27号。
1月	中国画月刊《艺林》于北平创刊。
3月11日	中国画期刊《蜜蜂》于上海创刊，郑午昌主编。
3月15日	《白鹅艺术半月刊》于上海创刊，陈秋草主编。
3月	苏州美术专科学校校刊《艺浪》创刊。
	时代美术社在上海成立，许幸之为社长。
3月27日	南国画会在上海成立，吴作人为会长。
暑期	中国左翼美术家联盟在上海成立，许幸之为主席，叶沉为副主席。
10月	北平普罗画工同盟在北京成立，由胡蛮发起并主持。
10月	苔蒙画会在上海成立，由庞薰琹发起并主持。
10月	广州艺术协会在广州成立，高剑父为会长。
本年	昌明艺术专科学校创办，创办人为潘天寿、王一亭等。
	王道源创办私立上海艺术专科学校。
	私立东方美术专科学校在成都创立，创办人为冯健吴。
1931年春	上海一八艺社研究所在上海成立，被国立杭州艺专开除和被迫退学的一八艺社社员张眺、于海、陈卓坤、陈铁耕等联合上海的江丰等人成立。
8月	世界艺术学会在北京成立，由胡蛮发起并主持。
本年	中国画会在上海成立，曾编辑出版《国画月刊》和《国画》。
	苏州左翼美术家联盟成立。
1932年4月	北平左翼美术家联盟成立，由胡蛮等人发起。

5月26日	春地美术研究所在上海成立，该所在上海一八艺社研究所成员的基础上又加入新成员后成立。该所亦名春地画会，实际是中国左联以画会名义的公开组织。
6月17日至19日	在上海举办春地画会画展。
8月1日	摩社（muse）在上海成立，由倪贻德等人发起。
夏	白社国画研究会在上海成立，诸闻韵为社长。
9月1日	《艺术旬刊》创刊，刘海粟、傅雷主编。
9月23日	决澜社在上海成立，由庞薰琹、倪贻德、陈澄波、周多、曾志良等人发起。共举办四届展览会。
1933年1月1日	艺风社在杭州成立，由孙福熙、徐悲鸿等人发起。孙福熙为社长。《艺风》同时创刊。
1月	中国留法艺术学会在法国巴黎成立，由中国留学巴黎的美术学生发起组织。常书鸿为主持人。
10月	红色中华社出版《革命画集》。
11月12日	中国美术会在南京成立，张道藩为总干事。该会是国民党政府组织的美术团体。
12月11日	工农美术社在江西瑞金成立，由蔡乾发起并主持。该社是中华苏维埃共和国的第一个美术团体。
1934年11月10日	《国画月刊》于上海创刊。
本年	中国女子书画会在上海成立，由冯文凤等人发起。同年6月2日，该会举办中国女子书画展览会。
1935年4月4日	中华艺术教育社等主办的全国儿童绘画展览会在上海举办。
9月	百川书画会在上海成立，由黄宾虹等人发起。
本年	中国左联东京分盟在日本东京成立，由官亦民等人发起。同年八月在东京举办美术展览会。
	私立中国艺术专科学校在济南创立。校长为张绍华，教务长为李苦禅。
1936年	默社在上海成立，徐悲鸿为主要负责人。《中国美术会季刊》创刊。《国画》创刊，谢海燕主编。
3月15日	中华美术协会在上海成立，同年9月24日至30日该会举行第一届美展。
8月	国立中央美术陈列馆在南京建立。1960年9月更名江苏美术馆。
1937年4月1日	教育部主办的第二届全国美术展览在南京举行。
7月1日	《前线画报》于延安创刊。
9月19日	《战时画报》创刊。
10月	《抗战画报》于西安创刊。
本年	徐悲鸿在香港用重金购得中国古代名画《八十七神仙卷》。
1938年1月	新四军战地服务团绘画组在南昌成立，编辑出版抗日画刊《老百姓画刊》、《抗敌画报》。
	《抗战画刊》创刊，初在汉口出版旬刊，后迁至重庆改为月刊。
3月	北平艺专与杭州艺专合并，改称国立艺术专科学校。林风眠任主任委员。
	《战时艺术》于桂林创刊。
6月6日	中华全国美术界抗敌协会在武汉成立，由国民政府军委政治部第三厅发起组织。汪日章为理事长。成立后举办全国抗战美术作品展览会。
10月1日	鲁迅艺术文学院在延安成立。毛泽东为鲁艺题词："抗日的现实主义，革命的浪漫主义"。

1939年2月7日	边区美术协会在延安成立，曾先后举办1941年美术展览会、反侵略画展等。
4月20日	《战斗美术》于重庆创刊，王琦、卢鸿基主编。
9月1日	《抗战艺术》创刊，国民政府军事委员会政治部编辑出版。
9月10日	《美术界》于上海创刊，温肇桐主编。
10月	《战地画刊》创刊，赵望云主编。
1940年	中国美术会在重庆成立，由中华全国美术界抗敌协会、中国美术会、中华全国美术会三大团体合并而成立。张道藩为理事长。该会多次举办抗战画展，出版大量的宣传画和书刊，并在重庆、上海、北京、武汉、山东等地设立分会。
7月7日	露露美术社在兰州成立，由杨露影发起组织并主持。成立后多次举办画展，并协助赵望云、韩乐然等画家在兰州举办画展。
7月15日	鲁艺美术工场在延安成立，钟敬之、江丰先后为场长。
7月	国立艺术专科学校奉令退四川璧山。校长滕固病故，吕凤子继任校长。
	《战时后方画刊》于成都创刊。
	《中华全国美术会会刊》于重庆创刊。
夏	中国艺术协会在香港成立，由香港部分美术家发起。
秋	教育部西北艺术文物考察团成立，聘王子云为团长。
本年	广东省立艺术馆成立，胡根天任美术组主任。此即广东艺专前身。
1941年1月	鲁艺华中分院在江苏盐城建立，刘少奇兼任院长，莫朴任美术系主任。
4月	淮南成立抗日军政大学第八分校文化队美术系，由吕蒙负责。
5月	友声书画社在重庆成立。由黄炎培等人发起。该社以所得润金捐助抗日军人家属。
8月	在延安举办陕甘宁1941年美术展览会。
12月	太平洋战争爆发，上海美专部分师生内迁浙闽，参加国立东南联合大学，成立艺术专修科。
1942年1月24日	延安工艺美术社在陕西延安成立，张仃为社长，朱丹为副社长。
5月23日	毛泽东在延安文艺座谈会上发表讲话。
12月25日	教育部举办的第三届全国美展在重庆举行。展览至1943年1月1日结束。
本年	庚子赔款中英文教基金会在重庆磐溪拟设立中国美术学院。徐悲鸿任院长。
1943年	筹设国立中央美术馆，张道藩、陈树人等为筹备委员。
1944年3月	现代美术会在成都成立。
本年	延安举行文教展览会和建设展览会。参展作者100多人，作品达3500余幅。
1945年1月18日	现代绘画展在重庆开幕，参展画家有林风眠、倪贻德、庞薰琹、丁衍庸、周多、赵无极等。
4月15日	香港的受难画展在重庆开幕。
8月	东北画报社正式成立。
8月15日	日本宣布投降。国立杭州艺专迁回杭州原校址，国立北平艺专迁回北平原校址。
10月10日	上海市画人协会在上海成立。
本年	今社画会在广州成立，由高剑父、陈树人等人发起。1948年曾在广州、香港两地举办岭南国画名家书画展览。

	现代画会在四川成都成立，由庞薰琹、吴作人发起。成立后举办了现代美术联合展览、独立美展。
	高剑父在春睡画院旧址创办南中美术院。
1946年 年初	华北联合大学文艺学院成立，江丰任美术系主任。
3月8日	廖冰兄的猫国春秋展览在重庆开幕。
3月24日	上海美术作家协会成立，由上海部分进步美术工作者发起。刘汝醴为负责人。
10月	北平美术作家协会在北京成立，由北京部分进步美术家共同发起。徐悲鸿为名誉会长，吴作人为理事长。
秋	年画研究社在河北武强成立，从创立到同年底就印制年画38万张。
1947年3月25日	中华全国美术会发起首届美术节。
4月	上海市美术馆筹备处成立。
5月5日	《时代日报》周刊《新木刻》于上海创刊。
春	人间画会在香港成立，符罗飞为第一任会长，张光宇为第二任会长，黄新波为秘书长。
1948年10月	东北鲁迅文艺学院成立，设美术、音乐、文学三部。
11月	水彩画社团清云画会在台湾成立，许深渊为会长。1988年画会在台湾举办第四十届美展后，即告停办，画会活动长达40年。
12月7日	一二·七艺术学会在北京成立，徐悲鸿为会长。
本年	华北大学三部美术系成立。该系由从延安转移华北的美术家与河北邢台冀鲁豫地区北方大学艺术学院的美术系、张家口华北联合大学鲁艺文艺学院的美术系合并而成。江丰任系主任。
1949年2月2日	由江丰等人带领的一大批解放区美术工作者到达北平，受到北平国立艺专校长徐悲鸿的欢迎慰问。
2月15日	国立北平艺专被人民政府接管。
4月	在北京中山公园举办《新国画展览会》，展出80多位国画家在2个多月创作的近200件作品。
本年	中华艺术研究会在上海成立，方干民为会长。
	红黄蓝画社在香港成立，由何磊发起组织。
7月2日	中华全国文学艺术工作者代表大会在北京开幕。出席代表650人，其中美术工作者代表88人。大会主席郭沫若致开幕词，并作《为建设新中国的人民文艺而奋斗》总报告，党和国家领导人毛泽东、朱德到会祝贺并讲话，周恩来作政治报告。19日大会闭幕，正式成立中华全国文学艺术工作者联合会。
7月2日	全国文代大会举办的全国美术展览会（即第一届全国美展）在北平艺专开幕。展出木刻、素描、国画、雕塑、漫画、年画、画报、油画、水彩、洋片等556件，展览会于16日结束。
7月21日	中华全国美术工作者协会在北京成立。徐悲鸿当选为主席，江丰、叶浅予当选为副主席，1953年改名为中国美术家协会。
9月1日	全国文代大会举办的全国美术展览会移至上海展出。
9月15日	上海美协举行第一次执行委员会，主任委员刘开渠，副主任委员米谷、陈烟桥。
10月14日	广州解放不久，香港人间画会部分会员集体绘制毛泽东巨幅画像（高30米），题为《中国人民站起来了》，悬挂于广州爱群大厦。

11月26日	中央文化部发布经毛泽东主席亲自审阅的《关于开展新年画工作的指示》。
11月23日	毛主席批示，同意由文化部长沈雁冰署名发表《关于开展新年画工作的指示》；
11月	国立北平艺专与原解放区华北大学三部美术科合并成立中央美术学院筹备会；新国画研究会在京成立。
1950年1月17日	南京成立革命历史画创作委员会。
2月1日	中国美协机关刊物《人民美术》创刊，并发表有关"新国画运动"的文章。
2月1日	上海美协、杭州美协在上海联合举办新年画展览会。
2月16日	中国美协、新华书店总店在北京联合举办1950年全国年画展览会。
2月	北京市人民美术工作室成立。
3月2日	中国美协召开年画座谈会。
4月1日	国立北平艺专与华北大学三部合并为中央美术学院，徐悲鸿任院长。
4月16日	中央文化部颁布新年画创作奖，北京李琦等25幅作品分获甲、乙、丙奖。
7月6日	国务院颁发《古文物遗址及古墓葬调查发掘暂行办法》及《禁止珍贵文物图书出口暂行办法》。
10月11日	上海美术界举行关于文人画与笔墨情趣座谈会。
10月29日	上海新国画研究会成立。
本年	国立杭州艺专改名中央美术学院华东分院。(1958年改名浙江美术学院)。
1951年	上海老画家钱瘦铁（1896—1967）创作《志愿军进军图》(山水画)。
2月7日	天津举行全国年画展。
3月1日	全国新年画展览会在北京举办。
4月13日	华东文化部在上海主办全国美术展览会华东作品观摩会开幕。
9月14日	人民美术出版社在北京成立。
9月19日	中央文化部发出《关于加强对上海私营出版业的领导，消除旧年画及月份牌画片中的毒害内容的指示》。
10月20日	中央文化部、出版总署发布《关于加强年画工作的指示》。
10月20日	文物局和故宫博物院在北京举办伟大祖国古代艺术展览。
11月14日	胡乔木在北京文艺界整风学习动员大会上作《文艺工作者为什么要改造思想》的报告。
1952年1月24日	上海举办新年画展览会。
8月16日	华东人民美术出版社成立。
9月4日	文化部公布1951—1952年度新年画创作奖，其中贵州省以24幅获集体奖，林岗等28件分获1—3等奖；
1953年	蒋兆和《把学习成绩告诉志愿军叔叔》印刷达30万张。
1月7日	北京举行画家齐白石93岁寿辰庆祝会。周扬代表文化部授予齐白石荣誉奖状。周恩来总理出席晚宴。
2月28日	杭州举办黄宾虹90寿辰庆祝会。赖少其代表华东文化局授予黄宾虹奖状。
2月28日	文化部批准国画研究所成立（后改为民族美术研究所），黄宾虹任所长，王朝闻任副所长。
3月3日	中国人民解放军军委总政治部召开文艺创作会议。
4月3日	文化部发出"关于建立省市美术工作室的几项通知"。
9月16日	全国国画展览会开幕。
9月23日	中国文学艺术工作者第二次代表大会开幕。周扬作《为创造更多的优秀的文学

艺术作品而奋斗》的报告，会议10月6日闭幕。

10月4日　中华全国美术工作者协会改名中国美术家协会，推选齐白石为美协主席。

10月20日　现代中国美术展览会在日本神户举行。

12月12日　徐悲鸿遗作展览会在北京中山公园开幕。

1954年1月20日　中国美协机关刊物《美术》创刊。

4月28日　齐白石绘画展览在北京举办。

8月　天津人民美术出版社成立。

9月19日　李可染、张仃、罗铭水墨写生画展览在北京开幕。

9月19日　黄宾虹作品观摩会在上海开幕。

10月10日　徐悲鸿纪念馆开幕。

12月12日　上海举办任伯年画展。

1955年　中国美术家协会陈列馆成立，后改名为中央美术学院美术馆。

1月28日　北京故宫博物馆展出明清绘画400多件。

2月26日　华东地区美术展览在上海开幕。

3月27日　第二届全国美术展览会在北京开幕。展出彩墨画、油画、雕塑、版画、年画、连环画、招贴画、漫画、插图、水彩画、素描速写等作品996件。至5月15日结束。然后到上海、广州、武汉、重庆、西安、沈阳等地巡回展览。

5月3日　《人民日报》就第二届全国美展发表社论《争取我国美术的进一步繁荣和提高》。

5月5日　中国美术家协会第一届理事会第二次会议在北京举行，讨论继承遗产等问题。中国文联副主席周扬到会并作报告，提出反对虚无主义和保守主义两种倾向。

6月6日　全国艺术教育行政会议在北京举行。

本年　华东人民美术出版社改名上海人民美术出版社。

1956年2月5日　新旧年画、民间玩具展览会在北京举办。

7月8日　第二届全国国画展览在北京开幕。

7月25日　中国美协召集在京国画家和各地来京国画家座谈，对第二届全国国画展交换意见。会上对虚无主义、保守主义思想进行了批判，对国画的特色、继承遗产、吸收西洋、重视生活等问题也作了讨论。文化部副部长夏衍到会讲话，希望进一步贯彻“百花齐放，百家争鸣”方针，鼓励画界展开自由辩论。

8月10日　上海美术展览馆正式成立。第二届全国国画展同时在沪开幕。

8月22日　首都文化界集会纪念日本画家雪舟等扬逝世450年。

9月12日　越南民主共和国美术展览会在北京开幕。

9月15日　近代画家任伯年、吴昌硕、陈师曾、黄宾虹作品展览会在北京展出。

9月　北京故宫博物院绘画馆展出隋至元代历代名画精品，并增加古代书法展览。

10月30日　《人民日报》发表社论《发展国画艺术》。

11月1日　中央工艺美术学院在京成立，邓洁任院长，庞薰琹、雷圭元任副院长。

11月10日　石鲁、赵望云埃及写生展在北京开幕。

1957年1月15日　中央美术学院、中央美术学院华东分院学报《美术研究》创刊。

3月9日　为纪念近代画家吴昌硕逝世30周年，上海举办吴昌硕遗作展览会。

3月16日　全国青年美术工作者作品展览会（即第一届全国青年美展）在北京开幕。共展出845位青年作者的900多件作品。

5月14日　北京中国画院成立，齐白石为名誉院长，叶恭绰为院长。周恩来总理出席了成立

	大会并讲话，并建议定名中称“中国画”，不称“国画”。为庆祝画院成立，文化部举办国画展览会，展出古代、近代和现代国画家作品。
5月23日	北京美术家集会座谈今后美术创作前途、筹组画会、举行画展等问题。文化部、中宣部、美协有关领导到会听取意见，会上大鸣大放。
7月28日	美术界反右派斗争运动开始，并在运动中错误地提出“江丰反党集团”，最后将江丰及受牵连的同志错误地定为“右派分子”。
8月1日	中国人民解放军建军30周年纪念美术展览会在北京举办
9月16日	齐白石逝世。首都各界于22日举行公祭，周恩来总理等党和国家领导人参加了公祭仪式。
12月26日	杭州吴昌硕纪念馆正式开馆。
1958年1月1日	文化部、中国美协联合举办的齐白石遗作展在北京开幕。同时展出了黄宾虹、徐悲鸿部分遗作，展览延期至2月23日闭幕。
2月下旬	中国美协在北京召开各地分会和分会筹委会负责人联席会议。对美术家如何上山下乡劳动锻炼与工农结合，加强艺术实践，繁荣创作等问题交换了意见。
3月15日	文化部在北京召开第一次全国性艺术科学研究座谈会。
6月18日	潘天寿被苏联艺术研究院聘为名誉院士。
6月28日	《东风》美术月刊在上海创刊。
8月16日	近百年中国画展览在北京举行。
8月25日	文化部召开全国文化艺术教育工作会议。
9月15日	中央美术学院举办工农美术训练班开课。
11月21日	全国美术工作会议在北京召开，交流群众美术普及和专业美术干部下乡下厂与群众结合的经验。
本年	《中国画》在北京创刊。
	东北美术专科学校改名鲁迅美术学院。
1959年1月23日	中国近百年画展在巴黎开幕。
1月	中央美术学院编辑的《群众美术》（月刊）创刊。
3月	中国现代绘画展览会在瑞士拉秀德封市开幕。
3月	广州美术学院成立，院长为胡一川。
3月24日	社会主义国家造型艺术展览会邀请各兄弟国家的委员及美术家代表参加在莫斯科举行的讨论会。我国出席会议的代表蔡若虹、王朝闻参加了讨论会。
6月18日	明清写真画展在北京开幕。
9月20日	李可染水墨写生画展在北京举办。
10月1日	画家八大山人纪念馆正式开馆。
本年	在西南美术专科学校基础上成立四川美术学院。
1960年2月12日	中国人民解放军第二届美术作品展览会在北京举行。
3月16日	江苏省中国画院正式成立。傅抱石任院长。
4月14日	中国美协举办林风眠画展。
4月15日	永乐宫展览在北京展出。
6月	上海中国画院在周恩来总理、陈毅同志直接关怀领导下成立；
6月17日	全国美术作品展览会在北京展出。共展出27个省市自治区的美术作品907件。至7月31日结束。
6月	中国人民解放军艺术学院成立，其中美术系于1979年正式组建。

7月22日	中国文学艺术工作者第三次代表大会在北京召开。
7月30日	中国美协第二次会员代表大会在北京召开。
8月9日	中国美协第二届理事会第一次会议选举何香凝为主席，蔡若虹、刘开渠、叶浅予、吴作人、潘天寿、傅抱石为副主席。
10月7日	第二届工人业余美术创作展览会在北京举办。
11月12日	"北大荒"美术作品展览会在北京举行。
本年	在西安美术专科学校基础上建立西安美术学院。
1961年3月20日	纪念中国古代十大画家展览会在故宫绘画馆开幕，展出两个月，展出期间召开了学术研讨会。
5月2日	"山河新貌"江苏中国画家写生作品展览在北京开幕。
6月2日	中国美协在北京召开关于革命历史画创作问题座谈会。
9月	北京故宫博物院举办石涛及扬州画派作品展览。
1962年1月1日	故宫博物院举办沈周诞生535周年，陈洪绶逝世310周年纪念展览会。
1月1日	清代扬州画派展览在南京举办。
2月5日	中国革命博物馆将馆藏的70余件美术品举办展览会。
2月17日	司徒乔遗作展在京举行。
3月11日	画家董希文、吴冠中、邵晶坤西藏写生画展在北京举行。
4月	中国美术馆主楼在北京建成，毛泽东主席题写"中国美术馆"馆额，刘开渠任第一任馆长。
5月23日	文化部、中国美协在新建成的中国美术馆联合举办全国美术展览会(即第三届全国美术展)。共展出绘画和雕塑作品1115件，工艺美术品和设计图稿355件，美术出版物544册（幅）。
9月中旬	黄宾虹画展在杭州举行。
9月30日	潘天寿书画展在北京举行。
12月27日	林风眠画展在上海开幕。
1963年9月6日	北京故宫博物院举办历代名画陈列。
10月12日	画家徐悲鸿逝世10周年纪念展在中国美术馆举行。
10月25日	西泠印社建社60周年纪念，同时在杭州召开社员大会。
12月12日	毛主席批示："各种艺术形式——戏剧、曲艺、音乐、美术、舞蹈、电影、诗和文学等等，问题不少，人数很多，社会主义改造在许多部门中，至今收效甚微。"
12月28日	文化部、中国人民保卫世界和平委员会、中国人民对外文化协会、中国文联以及中国美协联合举办世界文化名人、画家齐白石诞生100周年纪念展览，在中国美术馆举行。
1964年2月9日	1964年年画展览在北京举办。
5月1日	中国美协书记处致美术工作者们的信要求歌颂社会主义劳动者的伟大精神，拟举办社会主义新人新貌展览会。
6月27日	毛主席在《中央宣传部关于全国文联和所属各协会整风情况报告》草稿上，作了第二个批示。这个批示于7月11日作为正式文件下发。
7月15日	中国人民解放军第三届美术作品展览会在中国美术馆开幕。
9月26日	文化部、中国美协联合举办庆祝中华人民共和国成立15周年全国美术展览会(即第四届全国美展）分别在北京、上海、重庆举行。华北地区作品首先在中国美术馆展览。

11月8日	全国高等美术院校1964年毕业创作成绩展览会在北京举行。
12月19日	第四届全国美展东北、西北地区的作品移至北京展出。
1965年1月31日	第四届全国美展华东地区作品展在中国美术馆开幕。
3月14日	第四届全国美展西南地区作品在中国美术馆展出。
4月25日	全国工农业余美术作品展览会在中国美术馆开幕。
6月13日	第四届全国美展中南地区作品在中国美术馆展出。自1964年9月至1965年7月，第四届全国美展，先后分为华北、东北、西北、华东、西南、中南六个大区，巡回于北京、上海、重庆三地展览，合计展出全国各省市、自治区作品2818件。
7月18日	毛泽东同志对美术教学中使用模特儿的问题作了批示："男女老少裸体模特儿，是绘画和雕塑必须的基本功，不要不行，封建思想，加以禁止，是不妥的。即使有些坏事出现也不要紧，为了艺术学科，不惜小有牺牲……"。
10月	湖北美术院成立。
12月24日	大型泥塑群像《收租院》展览在中国美术馆展出。
本年	北京中国画院改名为北京画院。
1966年1月	户县农民画在北京展出。
2月2日至20日	林彪和江青炮制了所谓《部队文艺工作座谈会纪要》。"纪要"全盘否定了建国以来党领导文艺的伟大成就，排斥一切中外文学艺术遗产，全盘否定"五四"以来特别是三十年代文艺工作的成就，大批作品被打成"毒草"，大批作家被打成"黑线人物"，文艺创作在思想上陷入了僵化和虚假的境地。1979年5月，中央正式通知撤消《纪要》。
4月17日	毛主席的好学生焦裕禄美术作品展览在中国美术馆举行。
本年	《美术》杂志停刊。
1967年11月	《美术战报》文字版改为《新美术》，为"中央直属文艺系统美术口革命大联合刊物"。1967年第一期发表大批判文章《打倒齐白石》等。
1968年1月1日	红太阳画展在上海美术展览馆展出，是由工厂、农村、部队、学校34个基层单位群众组织倡议筹办，展出作品300多幅。
1969年9月27日	中国美协全体干部和职工下放农村"五七"干校。
1970年5月9日	中央美术学院教职工下放部队农场劳动。冬天"四人帮"建立中央五七艺术学校，江青任校长。
年底	周恩来同志指示，搞宾馆布置要做到朴素大方，要反映出我国有悠久的历史和独特的民族文化，要陈列中国画，从古到今都要有一些。
1972年5月23日	纪念毛泽东同志《在延安文艺座谈会上的讲话》发表30周年全国美展在中国美术馆开幕。
1973年10月1日	全国连环画、中国画展览及户县农民画展览在中国美术馆开幕。
11月	国务院文化组决定在中央五七艺术学校的基础上改建为中央五七艺术大学，下设戏剧学院、音乐学院、美术学院等，江青任名誉校长，于会泳任校长，浩亮、刘庆棠、王曼恬任副校长。
1974年2月15日	所谓"黑画展览"先后在中国美术馆和人民大会堂展出。展出18名作者215幅作品。此后，上海、陕西等地举办类似展览，据不完全统计，被定为"黑画家"或受到株连的美术工作者上百人。
10月1日	庆祝中华人民共和国成立25周年全国美展在中国美术馆开幕。上海、阳泉、旅大工人画展览同时在京举行。

1975年10月1日　全国年画、少年儿童美术作品展览在中国美术馆开幕。

1976年2月1日　上海农民画展览会在上海展出。

3月　《美术》杂志复刊。

1977年2月18日　全国“双庆”美术作品展览在中国美术馆举行，历时两个月。

2月下旬　文化部召开全国美术工作座谈会，与会代表愤怒批判“四人帮”利用美术反党的罪行。

5月23日　文化部主办的纪念《讲话》发表35周年美术作品展览在中国美术馆举行，共展出自1942年《讲话》发表以来的部分优秀作品764件。

8月1日　庆祝中国人民解放军建军50周年美术作品展览在中国美术馆开幕。

9月9日　“毛主席永远活在我们心中”美术作品展在中国美术馆开幕。

9月　文化部宣布撤消五七艺大建制，恢复中央美术学院。

11月20日　文化部在山东潍坊召开华东、东北、华北等省、市、自治区有关代表参加的年画创作现场会。

11月25日　浙江美术学院恢复招生。

1978年2月　《美术丛刊》于上海创刊。

5月　中国文联恢复工作，各协会筹备组成立。

5月　《艺苑掇英》于上海创刊。

8月　中国美术家协会筹备组成立，负责筹划恢复协会活动的工作，组长为蔡若虹，副组长为朱丹、华君武。

1979年2月15日　何香凝中国画遗作展览在中国美术馆举行。

2月15日　中央美院学报《美术研究》复刊。同年《世界美术》创刊。

2月17日　中央美院、中国美术馆联合举办王式廓、董希文、李斛遗作展览。

3月8日　中国美协在北京召开第23次常务理事扩大会议，取得以下一致意见：一、协会正式恢复工作。二、在第四次文代会期间，召开美协第三次会员代表大会。三、30年来美协及各分会成绩是主要的。四、林彪、“四人帮”强加在美术家头上的一切诬陷不实之词都应推倒，并公开平反昭雪。五、1957年12月12日所作《中国美术家协会第十二次常务理事会关于右派分子处理的几次决定》应予撤消，并为江丰和受所谓“江丰反党集团”牵连的同志恢复政治名誉。六、加强与台湾省美术家的联系。

3月15日　中国美术馆举办任伯年、吴昌硕、陈师曾、齐白石、黄宾虹作品陈列。

3月20日　国家出版事业管理局、中国美协联合举办全国书籍装帧艺术展览在中国美术馆开

幕。　作品来自82家出版社出版的书籍和设计稿共1100多种，插图200多幅。展出期

间举行　了授奖大会。4月10日结束后移展至杭州、长沙、西安等地。

4月25日　吴冠中绘画展览在中国美术馆举办。

5月1日　中国美术馆举办余本画展。

6月25日　刘海粟绘画展览在中国美术馆开幕。

6月　《中国美术》创刊号发行。

8月14日　傅抱石遗作展览在中国美术馆开幕。

8月　中央美院领导班子改组，名誉院长吴作人，院长江丰。

10月1日　为庆祝中华人民共和国成立30周年，各省市自治区先后举办美术作品展。

10月30日　中国文学艺术工作者第四次代表大会在北京人民大会堂开幕。11月16日闭幕。

11月3日　中国美协第三次会员代表大会在北京开幕。会议通过了新的《中国美术家协会章程》，

选举江丰为主席，王朝闻、李少言、李可染、吴作人、华君武、叶浅予、蔡若虹、刘开渠、关山月为副主席。

11月5日　中央美院举办开院历届毕业生成绩展览。

11月20日　全国科普美术作品展览在中国美术馆开幕。

12月7日　石鲁书画展览在中国美术馆举办。

12月11日　司徒乔遗作展览在中国美术馆举办。

12月　天津杨柳青年画展览在中国美术馆举行。

1980年1月16日　国际儿童年世界儿童绘画比赛最佳作品展览在中国美术馆开幕。

2月10日　文化部、中国美协联合举办的庆祝中华人民共和国成立30周年全国美术作品展览（即第五届全国美展）在中国美术馆开幕，展出480位作者的417件作品，其中中国画106件，油画131件，雕塑54件，版画79件，其他画种46件。3月10结束。

2月25日　天津艺术学院分建为天津美院和天津音乐学院。

2月27日　文化部中国画创作组、中国美协在北京召开中国画人物画创作座谈会。

3月27日　文化部、中国文联、中国社会科学院在中国美术馆联合举办纪念左联成立50周年展览。

4月17日　卫天霖遗作展览在中国美术馆举办。

4月19日　潘天寿书画在中国美术馆举办。

4月27日　上海金山农民画展在中国美术馆开幕。

5月1日　沈阳鲁迅美院学报《美苑》季刊创刊。

6月7日　北京故宫博物院、中国美术馆联合举办近百年中国画藏品陈列在中国美术馆举行。

6月16日　文化部艺术局召开有关中国画展销、出口等问题的谈会，与会者对起草的《关于加强国画展销、收售、出口管理试行办法的通知》提出修改意见。

9月1日　文化部艺术教育局举办全国高等美术学院学生作品巡回展览在北京开幕。

9月21日　中央工艺美院师生作品展览在中国美术馆举办。

9月22日　晋唐宋元绘画在故宫博物院展出。

9月30日　古元画展在中国美术馆举办。

9月　中央美院成立年画、连环画系，恢复画室制。

10月28日　关山月画展在中国美术馆举办。

12月20日　文化部、共青团中央、中国美协在中国美术馆联合兴办第二届全国青年美展，展出575名青年作者543件美术作品。展期一个月。

本年　浙江美院学报《新美术》及《美术译丛》创刊。

1981年1月10日　第二届全国青年美术作品展览评奖委员会于1月10日至16日组织了评奖工作，2月18日举行授奖大会。

4月　“历代书法展览”在中国历史博物馆举行，展出了当代著名书法家作品及部分古代碑帖墨迹。

4月19日　赵望云画展在中国美术馆举办。

5月5–9日　中国书法家协会第一次全国代表大会在北京人民大会堂举行。舒同当选为中国书法家协会第一届主席。

5月　北京故宫博物院举办清代扬州画家作品陈列。

6月23日　中央美院在香港举行综合性美展。

7月1日　文化部、国家文物局、中国美协、中国革命博物馆、中国美术馆联合举办的庆祝中国共产党成立60周年美术作品展览在中国美术馆开幕。同时在全国有19个省市自治区分别举办了美术作品展览。总政文化部在中国人民革命军事博物馆举办建党60周年全军美术作品展览。

7月　由中国书协主办的“庆祝中国共产党诞辰六十周年展览”在北京中国美术馆举行。

7月5日　朱屺瞻国画展在中国美术馆开幕。

7月31日　蒋兆和、萧琼书画展在中国美术馆举办。

8月　中国艺术研究院美术研究所主办的《美术史论》创刊。

9月　在北京举行“纪念鲁迅诞辰一百周年书法展览”。

9月　中国书协陕西分会成立。

12月　中国书协安徽分会成立。

10月　中国书学研究交流会在浙江绍兴举行。

10月12日　西藏自治区文学艺术工作者代表大会首次举行，会议期间选举产生了中国美协西藏分会领导成员。

11月　中国书协贵州分会、中国书协山西分会成立。

11月1日　文化部中国画研究院成立大会在北京举行，院长李可染。中国画研究院第一届画展同时在中国美术馆开幕。

12月　中国书协安徽分会成立。

12月14日　李铁夫逝世30周年纪念展览在广州举行。

12月20日　邓拓藏画、书法展览在中国美术馆举办。

1982年1月1日　首届全国少数民族美术作品展览在北京举行。

1月　中国书协浙江分会成立。

3月　中国书协黑龙江分会成立。

3月3日　文化部艺术教育局委托四川美院筹备的全国高等艺术院校美术创作教学座谈会在重庆召开。

4月　中国书协辽宁分会成立。

5月14日　文化部批复“筹建中国民间美术博物馆”，隶属文化部。在正式建馆之前，可成立一个收集民间美术小组，由中国美术馆代管。

6月1日　文化部、教育部、中国妇联、共青团中央、中国美协在中国美术馆联合举办全国少年儿童美术作品展览。

6月12日　叶浅予画展在中国美术馆举办。

6月　《美术》杂志在湖北召开1982年美术理论讨论会。

7月10日　文化部、中国美协在北京联合举办全国年画工作座谈会，对《关于加强改进年画工作的意见》草案进行了讨论。

7月27日　黄胄画展在中国美术馆举办。

8月1日　总政文化部在北京举办纪念建军55周年美术作品展览。

10月　《中国书法》创刊号出版。

11月19日　第五届全国人大常委会第二十五次会议通过《中华人民共和国文物保护法》。

12月6日　故宫博物院绘画馆举办任熊、任薰、任预、任颐绘画作品陈列。

1983年1月　应日中文化交流协会、全日本书道联盟邀请，中国书协代表团访问日本。

1月13日　中国美协、中央美院举行祝贺李苦禅从事艺术教育60年茶话会。

1月31日　新建的徐悲鸿纪念馆揭幕式在北京举行。

2月　中国书协湖北分会成立。

2月8日　刘国松画展在中国美术馆举办。

2月22日　中国美协第三届第三次常务理事会议在北京举行，推举吴作人担任中国美协代理

	主席。
2月29日	文化部、中国美协联合发出《关于创作革命历史题材美术作品的通知》。
5月1日	故宫博物院举办“吴门四家”及其传派作品陈列。
5月13日	中国文联党组决定：刘迅、秦征任美协书记处常务书记，彦涵、江有生、阚凤岗任书记处书记。
同日	意大利文艺复兴时期艺术展览在北京展览馆举办。
6月4日	张大千画展在中国美术馆开幕。
8月10日	文化部群众文艺局在陕西省户县召开全国农村群众美术工作座谈会。
8月17日	罗工柳画展在中国美术馆举办。
9月	中国书协北京分分成立。
9月16日	赵无极画展在中国美术馆举办。
9月26日	文化部、中国文联、中国美协、美协北京分会、中央美院和徐悲鸿纪念馆在首都剧场联合举办纪念徐悲鸿逝世30周年大会。
10月17日	文化部、中国美协在中国美术馆联合举办全国农民画展。
11月4日	庞薰琹画展在中国美术馆举办。
11月5日	彦涵为团长的中国美术家代表团赴美参加当代中国画展的开幕活动。
11月23日	为纪念郑板桥诞生290周年，在郑板桥故居江苏兴化郑板桥纪念馆举行了学术交流会。
12月	中国书协天津分会成立。
12月21日	中国历史博物馆、首都博物馆、北京市文物商店为纪念齐白石诞辰120周年，在天安门东朝房联合举办齐白石绘画藏品展览。
1984年1月1日	文化部、中国文联、中国美协、湖南省文化厅、美协湖南分会、湘潭纪念齐白石诞辰120周年筹委会联合举办纪念齐白石诞辰120周年大会在湘潭举行，并举办展览。同日，纪念齐白石诞辰120周年作品展览在中国美术馆举办。
1月28日	中国美协、美协广东分会、中央美院、广州美院在北京联合举办胡一川从事艺术活动55周年庆祝会。同日，胡一川画展在中国美术馆开幕。
3月24日	艺术教育家唐义精和画家唐一禾教授遇难40周年纪念会在湖北艺术学院举行。
4月11日	故宫博物院举办王时敏、王鉴、王翚、王原祁、吴历、恽寿平绘画陈列。
4月12日	中宣部在北京召开大型美术丛书《中国美术全集》编辑出版工作会议。
4月14日	文化部在中央美院陈列馆举行捐献中国书画家潘天寿书画遗作表彰大会，同时举办潘天寿书画展。这批书画委托潘天寿纪念馆保存。
5月8日	中国美协、中央美院为蒋兆和教授从事艺术活动60周年举行庆祝会。
5月9日	纪念已故教育家、史学家、艺术家、原中央美院教授王森然从事教育事业70周年纪念会在北京人民大会堂举行。
5月10日	纪念渐江大师320周年大会即黄山画派学术讨论会在合肥市举行，同时举行渐江即黄山画派名作联展。
8月10日	李苦禅书画展在中国美术馆开幕。
8月	文化部、中国美协在杭州进行第三届全国年画评奖工作。
10月1日	文化部、中国美协主办第六届全国美术作品展览，分画种在九个展区同时开幕。共展出作品3724件。展出期间分别举行专题座谈会。
10月23日	中国美协、中国电影家协会、中央美院联合举办庆祝许幸之教授80寿辰、从艺

60周年纪念会。

11月19日	台湾画家6人作品展在中国美术馆举办。
12月6日	周怀民向无锡市政府捐献宋元明清字画73件。无锡市决定建立周怀民藏画纪念馆。
12月10日	文化部、中国美协在中国美术馆举办第六届全国美术作品展览(优秀作品部分)，展出作品918件。
12月19日	中国美协、中央美院在北京民族饭店举行常书鸿、常任侠从艺60周年纪念会。
12月	上海美术馆新馆建成。
1985年4月22日至29日	中国书法家协会第二次全国代表大会在北京召开,会议选举启功先生为中国书协主席。
5月	《前进中的中国青年美展》在北京中国美术馆展出，揭开了85美术运动的序幕。
5月6日	中国美术家协会第四次会员代表大会于5月6日至11日在济南市郊宾馆举行。刘开渠主持了大会开幕式,吴作人致开幕词。大会通过民主选举,吴作人当选为中国美术家协会主席。
5月10日	国际青年年中国组织委员会,全国青联、全国学联主办前进中的中国青年美术作品展览，展出各种绘画作品600余幅。
6月10日	首届全国体育美术展览在中国美术馆举行。
7月4日	中央美术学院成立国际美术教育交流中心。
7月6日	《中国美术报》创刊。
7月	《中国美术报》在京问世，重视评介新思潮。
7月19日	文化部、中国文联、中国美协、美协北京分会、中央美院、北京市文物局、徐悲鸿纪念馆联合举办纪念徐悲鸿诞辰90周年大会，并于9月20日在徐悲鸿纪念馆举行座谈会。出版了《徐悲鸿诞辰九十周年纪念文集(1895—1985)》。
9月	《美术思潮》举办建国后第一次理论评奖。谷文达、李小山、朱青生、殷双喜、王林等获奖。
9月22日	江苏省政府举办傅抱石逝世20周年纪念会。纪念活动包括：一、举行学术报告会。二、开放傅抱石纪念馆。三、在南京博物院举办傅抱石画展。四、出版《傅抱石先生逝世20周年纪念文集》。
10月	《江苏青年美术周大型现代艺术展》在南京举行。
10月13日	“半截子美展”在中国美术馆开幕。
10月15日—29日	《中国现代书法首展》在北京中国美术馆举行。同时宣布成立中国现代书画学会，选举古干为首任会长。
11月	经国家出版局批准，《中国书协》杂志改为季刊。
12月2日	中国美协浙江分会、青年创作社主办的“‘85新空间”画展在浙江美术学院陈列馆展出。
12月8日	中国美协在北京召开全国美术理论工作会议，22日结束。
本年	上海大学重建并成立上海大学美术学院。院长李天祥。
1986年2月	“全国妇女书法篆刻展览”在北京中国美术馆举行。
2月22日	江西省文化厅、中国美术馆、中国画研究院、江西省文联、中国美协江西分会、南昌市美协、南昌画院联合主办黄秋园中国书画遗作展在中国美术馆开幕。
3月	中国书协二届三次常务理事会在北京举行。
4月28日	中国文联、中国美协、中央美术学院、中国画研究院联合举办的李可染画展在中国美术馆开幕。展出作品200多件。

4月30日	中国文联、中国美协、中央美术学院举办的吴作人画展在中国美术馆开幕。展出作品200多件。5月12日举行了吴作人从艺60周年展览座谈会。
5月	中国书协新疆分会成立。
5月	“世界和平年全国美术、摄影、书法展览”在北京中国美术馆举行。
6月	中国书协江西分会成立。
6月19日	中国美协上海分会举办的“海平线‘86”绘画联展在上海美术展览馆举行。
6月23日—25日	举行上海绘画艺术研究讨论会。7月1日结束。
6月	王朝闻主编的《中国美术史》编辑学术讨论会在北京举行。
7月	由文化部、中国书协和《中国书协》杂志社主办的“全国第二届中青年书法篆刻展”在北京中国美术馆举行。习仲勋方毅、宋任穷等领导人出席了开幕式。
8月	中国书协主席团会议在北京举行。会议决定成立四个委员会：学术委员会、创作评审委员会、篆刻研究委员会、教育委员会。
8月15日	《中国美术报》和珠海画院联合主办的“‘85青年美术思潮大型幻灯展”在珠海开幕。
10月	中国书协二届二次理事会在山东烟台举行。
11月	全国第二次书学讨论会在山东掖县召开。
12月11日	石涛艺术学会成立。
1987年2月8日	中国美协在中国美术馆主办“二月九人画展”，9位女画家：郁风、肖惠祥、庞涛、何韵兰、庞媛、周思聪、周菱、聂鸥、邵飞参展。
3月	中国书协二届五次常务理事会同意筹建中国书协中直分会。
5月	由中国文联、中国书协等十三个单位联合主办首都文艺界学习毛泽东《在延安文艺座谈会上的讲话》座谈会。
6月	《美术》杂志一直由人民美术出版社出版，现将编辑、出版业务合为一体，建成美术杂志社。
7月	由中国书协和长江流域所在省市联合主办“长江领”书法展。
8月1日	文化部、总政文化部、中国美协在中国美术馆联合举办庆祝中国人民解放军建军60周年美术作品展览。
9月6日	首届中国艺术节美术展在中国美术馆开幕。
9月18日	人民美术出版社、中央美术学院、江苏省文化厅等单位共同主办的“变革中的马列主义艺术观的确立”美术理论研讨会在江苏扬州召开。
9月	《中国新文艺大系 --1976--1982书法集》正式出版。
10月	由中国书协主办的《全国第三届书法篆刻展览》在河南郑州市举行。
12月	中国书协内蒙创始会成立。
2月4日	香港中华文化促进中心主办的石鲁回顾展在香港开幕。
1988年3月	中国书协工作会议在广东肇庆召开。
3月31日	中国美术家协会理论委员会在北京成立。选举邵大箴为主任委员，沈鹏、水天中、薛永年为副主任委员。
4月5日	上海市文化局、上海市文联、中国美协上海分会、上海中国画院为庆贺林风眠从艺70周年在上海美术馆举办林风眠画展，展出作品88件。并举行林风眠艺术学术讨论会。上海学林出版社出版《林风眠》一书。
4月	中国书协广西分会成立。
5月	《中国美术通史》(王伯敏主编)由山东教育出版社出版发行。

6月	中国书协名誉主席"舒同书法艺术展览"在北京中国革命军事博物馆举行。薄一波、习仲勋、方毅等领导出席。
10月26日	中国画研究院、中国美协主办，经文化部批准，北京国际水墨画展暨学术研讨会在中国画研究院开幕。展出作品135件，其中50件是海外画家选送的，共有14个国家和地区140位作者参加。10月31日结束。共有9件作品获本届展览大奖，吴冠中作品《云山》获荣誉奖。
11月8日	全国第五届文化会在人民大会堂开幕，邓小平等党和国家领导人接见了全体代表并一起合影。书法界代表有启功、陆石、佟韦等十五人。
1989年1月	"全国地震美术、书法、摄影展览"在北京中国美术馆举行。
2月	中国书协二届常务理事会七次会议在京召开。
2月4日	《文化：中国与世界》丛书编委会、中华全国美学学会、《美术》杂志、北京工艺美术总公司、《中国市容报》、《文学自由谈》杂志联合主办的中国现代艺术展在中国美术馆开幕。展出百位作者250件作品。本次展览还举办了中国现代艺术研讨会、"我的艺术观"座谈会及学术讲座。
4月	由中国画研究院、中国艺术研究院联合主办的"中国新文人画展"第一回展在北京举办。
5月	中国书协吉林分会成立。
5月	由中国书协主办，江苏分会承办的"全国篆刻展览"在南京举行。
8月	"第四届全国书法篆刻展览"在北京中国美术馆举行。
8月30日	吴作人国际美术基金会获准注册登记，正式成立。
9月15日	第二届中国艺术节美术展览在中国美术馆开幕，本届艺术节美展由第七届全国美术作品展览获奖作品展、内蒙古民族民间美术展览、甘肃民间民俗美术展览组成。
9月	《中国美术全集》60卷全部出版发行。
10月	中国书协西藏分会成立。
11月	"全国第三次书学讨论会"在四川都江堰举行。
12月	"中外草书展览"在中国美术馆举行。
12月25日	中国艺术研究院美术研究所主办的《中国美术报》宣布自1990年1月1日停刊。由浙江日报社主办的《大众美术报》亦于次年停刊。
1990年1月	全国文化艺术工作情况交流座谈会在北京举行。
1 月	"中国现代妇女画展"在澳门市政厅展览画廊举办。
4月	中国书法家协会第二届常务理事会第八次会议在北京举行。
4 月28日	"90春季画展"在北京中国画研究院展览厅举行，有边平山等10人的183件作品。
5月	经上级批准，中国书协分党组于十二日正式建立。
5月18日—6月10日	徐冰在河北省金山岭长城实施作品《鬼打墙》，他拓印了长城的一个完整的烽火台和一段城墙。11月赴美国举办个人展览，展出了此作品和《析世鉴》。
5月20日—30日	"女画家的世界"画展在中央美术学院画廊举办，有8位女画家参加。分别为喻红、姜雪鹰、韦蓉、刘丽萍、余陈、陈淑霞、李辰、宁方倩等，共有70余件作品展出。
7月	中国书协、中国美协、中国摄协联合举办创作思想座谈会。

8月　“邵宇书画展”在中国工艺美术馆开幕。李鹏总理发来贺信。

9月19日—20日　中国画研究院、中国艺术研究院主办“第二届中国新文人画联展”在北京中国画研究院举行。

10月　“全国第三届中青年书法篆刻展”在合肥开幕。

11月　中国书协甘肃分会成立。

12月7日　根据上级批复，并征求书协主席、副主席意见，中国文联党组任命佟韦为中国书协秘书长。

1991年1–2月　《中国当代书法展》在广州、北京等地展出。

1月　中国书协二届十次常务理事会在北京举行。

1月29日—2月4日　“大尾象工作组”联合艺术展在广州展出，陈劭雄、梁钜辉、林一林参加。

2月　中国书协春节联欢会在京举行，全国政协副主席程思远、王光英出席。

2月　中国书法家协会中直联谊会在中国书协春节联欢会上宣布成立。

3月　“近距离——王华祥艺术展”在北京举行。

4月　中国书法家协会在京如开了“中国书法十年回顾与展望”座谈会。

4月19日—22日　中国艺术研究院美术研究所主办的“新时期美术创作研讨会”(简称西山会议)在北京举行，所长水天中致开幕词，80年代美术界许多活跃的理论家、批评家参加了会议并发言，栗宪庭作《文革后的第三代画家》的发言，此会议后，《美术》杂志发表批判文章。

5月　为庆祝中国书法家协会成立十周年，举办“中国国际书法邀请展”，“首届中国国际书学交流会”。

6月28日　“中国当代艺术研究文献展暨讨论会”在中国画研究院举行。会议由王林发起主持，艺术家、批评家协助提供相关资料，先后在北京、南京、重庆、昆明、沈阳、广州巡回展出，被认为创造了一种新的展览形式。

7月　吴冠中荣获法国文化部颁发的法国“文学艺术最高勋章”。

7月9日　由《北京青年报》主办的“新生代艺术展”在中国历史博物馆开幕。

9月28日　炎黄艺术馆落成揭幕。

10月　高名潞等著《中国当代艺术史1985—1986》由上海人民出版社出版发行。

10月　中国书法艺术博览会在广西柳州举行。

10月　《‘91南京中国当代书法家作品邀请展》在南京江苏美术馆举行。由邱振中、文备等策划。张强、王南溟等人的后现代形态作品开始出现，并受到关注。

11月　《上海现代书法展》在上海美术家画廊举行。吴华赴法国巴黎发展。批评家栗宪庭、郎绍君、刘骁纯等发表文章，对现代书法给予关注和支持。

12月　中国书法家协会第三次代表大会暨第三届理事会在人民大会堂举行。中共中央政治局常委李瑞环打来电话，向大会表示祝贺；彭冲、赵朴初、程思远、邓力群等领导同志接见与会代表。邵宇当选为中国书法家协会主席。

1992年4月　中央美术学院的“20世纪中国大展”在中国美术馆展出。

5月　《人民日报》、神州书画院在广州举办《中国现代书画展》。

5月　中国书法家协会在京召开纪念毛泽东《在延安文艺座谈会上的讲话》发表五十周年座谈会。

5月　吕澎、易丹著《中国现代艺术史1979—1989》由湖南美术出版社出版发行。

5月　“全国第四届中青年书法篆刻作品展”在山东枣庄开幕。

5月25日　由浙江省博物馆、北京画院、潘天寿纪念馆、炎黄艺术馆联合主办的“吴昌硕、齐白石、黄宾虹、潘天寿四大家学术研讨会在北京召开，金维诺、邵大箴、薛永年、水天中、郎绍君、刘骁纯等40余位美术史论家、画家与会发言，对四大家的艺术成就进行了多种角度的剖析研究。

6月　《邵岩书法展》在北京中央美术学院陈列馆举行，《中国书法》刊登展览讨论会纪要。

6月　"全国第五届书法篆刻展"在辽宁沈阳开幕。

7月　经中国文联党组研究，并经中央宣传部批准，谢云同志任中国书法家协会分党组副书记，沈鹏同志、张虎同志任分党组成员。

8月　经中国文联党组提议，中央宣传部同意，中国书协主席团通过聘请权希军同志为中国书法家协会顾问。

9月　第五届全国书法篆刻展在香港中国文物馆举行。

9月　《王南溟、倪卫华作品展》暨上海美术当下状态学术讨论会在京举行。王南溟推出作品《字球组合》录像。

9月23日　中国美术馆、中国画研究院等单位主办的李可染艺术展在中国美术馆展出，本次展览是画家逝世以来规模最大的一次展览。

10月20日　"广州·首届90年代艺术双年展"在广州中央大酒店展览中心开幕，展出作品近400件。主办者以建立中国自己的艺术市场为宗旨，调动国内企业集资投资，获奖作品奖金高达45万元。

10月20日　上海书画出版社暨《朵云》编辑部主办"四王绘画艺术国际研讨会"在上海龙华宾馆举行。

10月　《现代书法》杂志在广西南宁创刊，由广西美术出版社主办，蒋振立任主编。这是国内公开发行、正式出版的第一份现代书法专业期刊，标志着中国现代书法进入良性发展阶段。

11月4日—8日　中国画研究院等单位主办的"第二届国际水墨展"在深圳举行，来自中国和十多个国家和地区的136名画家的200多幅作品参展，是一次大型国际艺术交流展。

12月　古干《现代书法三步》一书由中国人民大学出版社出版。

12月3日　圆明园画家在北大三角地举办现代艺术展，引起在京新闻界极大兴趣。

1993年4月　中国书法家协会培训中心成立。

5月　全国第四届书学讨论会论文评选工作在北京密云举行。

6月　"后八九国际巡回展"在香港大会堂低座展览厅、香港艺术中心包氏画廊、澳洲悉尼当代美术馆展出。

8月　卜列平主编的《中国现代派书法赏析》由四川美术出版社出版。

《第一次书法主义展》在河南郑州展出。张强、洛齐、邢士珍、邵岩、李强等人作品参展。书法主义开始成为引人注目的流派。

中国书法家协会主办的《第五届全国中青年书法展》中，广西张羽翔、蔡梦霞等人的现代书法作品异军突起，并获大奖，形成轰动全国的"广西现象"。

11月16日—25日

"第一届中国艺术博览会"在广州中国出口商品交易会大厦9号馆举行，这是由文化部组织举办的大型艺术品交易会，以后每年一次。

12月11日　"九十年代的中国美术·中国经验展"在四川省美术馆展出。

12月　书法主义、广西现象、《现代书法》杂志创刊等成为1993年中国书坛十大新闻。

张强《现代书法学综论》一书由山东友谊出版社出版。

1994年1月　中国书法家协会在人民大会堂举行"94中国书法家迎春联谊会"。全国人大副委员长李锡铭、王光英、程思远、布赫到会祝贺。

3月　中国书法家协会三届三次常务理事会在北京举行。

3月　中国书法家协会书法培训中心研修班暨首届书法艺术创作训练班开学。

4月15日　第三届中国当代工笔画大展在南京江苏省美术馆举行。

4月　中国书协组联工作会议在江苏省召开。

4月18日　吴冠中起诉上海朵云轩和香港永成公司拍卖伪作《毛泽东肖像》在上海中级人民法庭开庭审理，这是国内画家因伪作而投诉拍卖单位的首例官司。

6月　王南溟《理解现代书法》一书由江苏教育出版社出版。8月在黄山召开该书学术讨论会。

7月　中国书协、中国书协刻字研究会主办"第一届国际刻字艺术交流展"。

9月28日　常州刘海粟美术馆开馆。

9月　中国书协在河北省召开组联工作会。

10月　江苏省现代书画研究会成立，张学成任会长，文备任副会长兼秘书长。

王冬龄师生《现代书法探索展》在北京中国美术馆举办。

10月　"张力与表现水墨展"在中国美术馆举办。

12月　中国书法家协会中国书协创作评审委员会在成都举行"当代中国书法创作评审理论研讨会"。

12月14日—15日

"'94杭州潘天寿国际学术研讨会"在杭州首次举办。

12月27日　"第八届全国美展"在中国美术馆展出，展出作品共498件，这个由文化部联合中国美术家协会主办的国家级大型综合美展规模缩减。取消金、银、铜奖项，代之为126件"获奖作品"。

12月　全国第三届篆刻艺术展在北京中国革命博物馆举行。

本年　浙江美术学院更名为中国美术学院。

1995年2月　东南大学现代书画研究所在江苏南京成立，文备任所长，凌继尧任名誉所长。这是我国大专院校尤其是国家重点大学第一个设立的现代书法专业研究机构。

2月　中国书协三届四次常务理事会在北京举行。

4月　中国书协组联工作会议在安徽省宣城市召开。

7月　由中国书协主办的书法培训中心首届学员结业作品展在中国美术馆举行。

7月　《第二届书法展》及学术研讨会在山东威海举行。30余人与会，展出作品30余幅。

邵岩现代书法作品获中国书协举办的《第六届全国中青年书法展》一等奖，在全国引起热烈讨论。

8月　卜列平、魏立刚在北京创立中国首家现代书法专版画廊"颂风轩"，成为中国现代书法界在北京的一个主要集中地，开始探索现代书法进入国际艺术市场的发展道路。

8月29日　"中国女美术家作品展"在中国美术馆展出。

9月　"全国妇女书法篆刻作品展"，在中国美术馆举行。

9月　在内蒙古自治区主办"第三届中国书坛新人新作展"。

9月　上海市中级人民法院宣布《炮打司令部》一案终审裁定吴冠中胜诉。

9月　中国书法家协会、中国书协刻家研究会在青岛举办"全国第二届刻字艺术展"。

10月　中国文联、中国书法家协会在北京人民大会堂举行"舒同墨海生涯80周年庆祝会"。

10月　中国现代书法十周年纪念活动在江苏南京举行。《中国现代派书法十周年代表作家作品展》在江苏省美术馆举办，同时举办学术研讨会。

11月　《首届国际现代书法双年展》在浙江杭州举行。

11月	“墨与光·中国当代抽象水墨展”在比利时佛兰德斯艺术中心举行。
1996年1月	中国书法家协会硬笔书法委员会在北京成立。
3月	“重返家园·中国当代实验水墨联展”在北京中国美术馆展出。
3月2日—6日	“以艺术的名义”展在上海刘海粟美术馆展出。
3月	中国书法家协会第三届第五次常务理事会在京召开。
3月	杨朝岭编著的《中国现代书法十年》一书由广西美术出版社出版。
	张强《游戏中破碎的方块——后现代主义与当代书法》由中国社会出版社出版。
3月18日	“‘96上海美术双年展”揭幕，是国内美术双年展的首次政府行为。
6月	中国书协组联工作会议在山东烟台召开。
6月	“走向21世纪的中国当代水墨艺术研讨会”在广州华南师范大学召开。
6月	由中国书协主办的第一届行草书法展在广东茂名举行。
7月	中国书协主办的首届当代名家书法展在北京举行。
8月16日—20日	‘96中国艺术博览会在中国国际展览中心展出。
11月	《张强踪迹学报告综合展》在北京首都师大美术馆举办。
	《魏宝荣现代书法水墨艺术展》在深圳美术馆举行，并举行作品研讨会。魏宝荣作品集出版。
12月	“回到视觉——中国美术学院具象表现绘画5人展”在杭州中国美术学院陈列馆展出。
12月26日	上海美术馆举办“新中国现实主义油画经典作品展”。
1996年	首届当代艺术学术邀请展北京展段因故停展，第二展段于次年在香港举行。
1997年1月	朱青生开始在《江苏画刊》发表系列文章《什么是现代艺术》，全年连载12期，影响甚大。
1月	中国书协组联工作会在海南举行。
3月27日—31日	潘天寿诞辰100周年纪念会在京举行。
4月18日	深圳何香凝美术馆启用。
4月23日—28日	“首届当代艺术学术邀请展”在香港艺术中心包氏龙画廊举行。
5月	《中国现代书画十人展》在南京江苏8省美术馆举办。
6月	“第七届中国水彩画在大展”在四川美术学院举行。
7月	美国哥伦比亚大学艺术史博士候选人张以国为筹备当代中国书法展回国，会见北京、山东、浙江等地现代书法艺术家。
	卜列平、张大我、魏立刚在北京、山东、天津等地联络筹备全国性现代书法组织。杨应时提出推动现代书法发展的十条建议，引起共鸣。
10–11月	杨应时策划“现代书法南开行”活动，卜列平、魏立刚、张大我、余琳四人先后在天津南开大学举办现代书法艺术系列讲座。
10月31日	“中国之梦：97中国当代艺术”在北京炎黄艺术馆展出。
11月29日	“延续”展在中央美术学院画廊兴办。有姜杰、展望、隋建国、李秀勤、傅中望五位青年雕塑艺术家参展。
12月5日	中国现代书法发展晤谈会在南京中山陵八号东苑宾馆举行。与会正式代表卜列平、文备、魏立刚、张强、朱青生、傅京生、杨应时、王南溟、庄天明。会议决定成立一个全国性的现代书法组织，暂定名为中国现代书法学会(后正式定名为中国现代书法艺术学会)。确定朱青生、文备、卜列平、杨应时四人为组织筹备期间固定联络人。
1998年1月	文备、张强合著的《现代书法十年文献汇编》一书由广西美术出版社出版。

由王南溟主持的青岛海青国际艺术家工作室成立。

由陈振濂策划推出的《学院派书法展》在北京国际艺苑举行。

1月　中国书协组织书法家到北京房山区，为当地农民书写春联。

2月　中国文联、中国书协联合主办的“二十一世纪书法展”在北京中国美术馆举行。中共中央总书记，国家主席江泽民同志观看了展览，刘华清、丁关根、贾庆林、布赫和张廷发及有关方面负责同志出席。

2月14日　《现代书法》杂志在北京举办在京作者座谈会，探讨现代书法的未来发展。共有20余位当时在京的各地艺术家和批评家出席会议。

4月　中国书法家协会第三届第六次常务理事会在北京召开。

4月　中国书法家协会培训中心主办的第五期书法创作培训班及研修班面授教学在北京举办。

5月　中国书协主办“全国第四届新人新作展”。

5月　中国书法家协会在甘肃省博物馆举办“第九届中日友好自咏诗书法交流展”。

5月　《毛笔的世界——前卫书道、现代书法联展》在澳大利亚墨尔本市举行。中、日澳三国艺术家参加。张大我、魏宝荣、邢士珍参展。

7月　中国书法家协会主办《首届中国书法艺术作品赴美展》在美国旧金山举行。

8月　北京大学在京郊怀柔县交界河国际艺术家村举办现代书法档案整理工作会议。由朱青生主持，20余位国内外专家出席。

9月10日—12日

中国美术家协会第五次全国代表在会在京召开。靳尚谊当选中国美协主席，刘大为当选常务副主席。美协主席团聘请王琦、王朝闻等10人为顾问。

10月　中国书协在郑州举办“全国隶书学术讨论会”、“全国隶书作品展”。

11月　《传统反思：中国当代艺术展》在北京德国大使馆举行。王南溟、邱振中、陈光武、张大我、朱青生、刘超等人现代书法作品参展。

11月10日　“‘98中国国际美术年——当代中国山水画、油画风景展”在中国美术馆开幕。

11月20日—26日

“传统·返思——中国当代艺术展”在北京德意志联邦共和国大使馆举行。

11月28–30日　中国现代书法发展战略研讨会在江苏高邮召开，会上正式宣告成立中国现代书法艺术学会。选举凌继尧任学会会长，文备、卜列平、张强、魏立刚、阎秉会为副会长，文备兼任秘书长，杨应时任副秘书长。并成立了常务理事会、理事会、各专业委员会。学会会址设在南京东南大学文学院。

1999年1月　杨应时开始在美国策划中国现代书法代表艺术家作品展，并着手建立中国现代书法国际互联网站。

4月3日　“‘99中国新观念艺术展”在上海华中师范大学艺术系展出。

6月　《巴蜀点兵》：“99成都20世纪末中国现代书法回顾展暨研讨会”在四川成都国际会议展览中心和市郊金地山庄举行。杨应时、刘子建应邀担任学术主持。展出50余位艺术家的400余件作品，并进行了四场作品讨论会和学术讨论会。鱼凫村国际现代书法中心同时在成都市郊成立。

7月　全国中青年书法展获奖作品拍卖会在北京举行，杨林、邵岩现代书法作品创最高成交价。

8月　中国书协主办的“是中国书协书法培训中心六周年教学回顾展”在中国美术馆举行。

9月　中国文联、中国书协在京联合举办“庆祝中华人民共和国成立五十周年系列书法大展”。

9月15日—19日，10月24日——31日

“对话·1999艺术展”分别在北京国际艺苑美术馆、天津泰达当代艺术博物馆展出。

10月　　《杨林、邵岩、刘毅三剑客书法展》在北京中国美术馆举行。

11月5日—12月3日

由文化部主办的《吴冠中艺术展》在中国美术馆举行。这是1949年以来国家的文化主管部门第一次为在世的画家举办个人画展。

12月　　中国书协在中国美术馆、中国革命博物馆举办“世纪之交千人千作全国第七届书法篆刻展”、“全国第一届少年儿童书法展”。

12月6日　　由文化部、中国美协共同主办的第九届全国美展获奖作品展在北京中国美术馆举行。共有588件获奖作品展出。

12月15日—17日“世纪回眸”全国美术理论会议在北京召开。

12月　　中央工艺美术学院并入清华大学，更名为清华大学美术学院。

2000年3月底　　中央美术学院和中国美术学院由文化部分别划归教育部和浙江省管理。

7月3日　　以创作人民大会堂巨幅国画《江山如此多娇》闻名于世的我国当代著名国画艺术大师关山月在广州逝世。

11月6日　　由上海美术馆主办的上海美术双年展以“海上—上海”为主题在上海美术馆开幕。

12月　　深圳画院举办“水墨都市——第二届深圳国际水墨双年展”，同时举办学术研讨会。

12月　　中国书法家协会在河北鹿泉市举办“全国第五届书学讨论会”。

12月20日　　中国书法家协会第四次全国代表大会在北京举行。沈鹏当选中国书法家协会主席。

12月　　由中国文学艺术界联合会、故宫博物馆、中国书法家协会在北京中国美术馆举办“千年书法大展”。

2001年4月　　中国书协在山东潍坊举办全国篆刻大展。

5月　　举办庆祝中国书法家协会成立二十周年系列活动：纪念大会在北京人民大会堂举行，第一届中国书法家协会会员优秀作品展、国际名家邀请展在中国革命博物馆举行，国际书法论坛在北京举行。

12月18日—22日中国文学艺术联合会第七次全国代表大会、中国作家协会第六次全国代表大会在北京人民大会堂举行。江泽民在会上发表讲话。

2002年3月16日　　《人民日报》报道：法兰西学院艺术院最近选举中国著名画家吴冠中为该院通讯院士。这是法兰西学院艺术院自1816年建立以来第一次选举中国画家为通讯院士。

4月9日　　中国出版集团成立大会在北京举行。中国出版集团成员包括人民出版社、人民文学出版社、商务印书馆、中华书局、中国大百科全书出版社、中国美术出版总社、人民音乐出版社、三联书店、东方出版中心、中国对外翻译出版公司和新华书店总店、中国出版对外贸易总公司、中国图书进出口(集团)总公司等13家大型企事业单位。

2003年　　海南省美术家协会在海口市举办了“海南省山水画家作品提名展”，共展出吴东民、邓子芳、谢耀庭、宋剑锋、黄文琦、陈海、游桂光、方宝价、吴清江、邹才干、冯连武、雷振中、陈其智、吴挺光等14位海南画家创作的63件作品。

10月10日　　由中国文学艺术界联合会和中国美术家协会共同主办，中央电视台、中国美术金彩奖奖励基金监管委员会、中国国际体育旅游公司协办，北京骜飞传媒广告有限公司承办的2003年第二届“中国美术金彩奖”颁奖晚会在世纪剧院举行。“中国美术金彩奖”是经中共中央宣传部批准设立的美术专业国家级学术奖。

10月16　　由江苏省徐悲鸿研究会和南京师范大学联合主办，北京徐悲鸿纪念馆、《美术》杂志、《国画家》杂志协办的“新世纪首届徐悲鸿学术研讨会”在南京召开。

10月28日—11月3日由中央文史研究馆、中国美协西安学术交流中心、西安美术学院、中央美术学院国画系主办，陕西省美术家协会、陕西国画院协办的“著名国画家、美术教育家罗铭教授遗作展暨学术研讨会”在西安美院举办。

11月19日－25日

由文化部港澳台司、教科文组织全国委员会秘书处、国家文物局文物保护司和澳门特别行政区政府文化局共同主办的“中华瑰宝——申报世界遗产艺术作品展”在中国美术馆展出，这是澳门特区政府在京举办的首次大型艺术展览。

12月3日－5日　中国美术家协会第六次全国代表大会在北京召开。这次会议是自1998年9月第五次美代会召开5年来中国美术界的又一次盛会。

12月24日－12月28日　由中共中央文献研究室第一编辑部主办，深圳民族精神与中国发展研究中心承办的“纪念毛泽东同志诞辰110周年中国名人名家书画精品展”在北京炎黄艺术馆举办。

2004年3月18日24日　由中国美术馆、中华文化联谊会、中国美术家协会主办的“台湾当代著名水墨画家欧豪年七十岁回顾展”于在中国美术馆展出。

3月19日　由李可染基金会主办的“从传统走来中国山水画展”在中国美术馆举办。

3月26日　“从怯隐走向坦显”中国水墨人体画展暨研讨会在位于南京朝天宫二号的荣宝斋南京分店举行。

3月29日　由中国文联与山西省委宣传部主办，中国美术家协会和山西省文联承办，山西省美术家协会协办的《力群美术作品展》暨学术座谈会在北京中国美术馆举办。

4月30日—5月7日　为了纪念我国著名的国画大师李苦禅先生（1899——1983）诞辰105周年，由上海图书馆与李苦禅纪念馆联合主办的“李苦禅艺术展”在上海图书馆举行。

5月16日　由中国美术家协会和无锡市人民政府共同主办，无锡广电集团承办的“2004年全国中国画作品展、中国美协无锡展览中心揭牌仪式”，在无锡美术馆隆重举行。

6月3日　“中国美术家协会大连美术馆”开馆典礼暨开馆首展“当代著名中国画家作品展”开幕式，在新落成的中国美术家协会大连美术馆举行。

2004年6月22日　由北京市委宣传部、北京市文化局主办，北京画院承办的“北京风韵系列作品展·故城寻梦”在中国美术馆隆重开幕。

6月26日　“北京瀚海2004春季艺术拍卖会”上《杜甫诗意百开册页》(陆俨少)以6930万元人民币成交，创下中国书画拍卖有史以来的最高价。

2004年7月2日　由中国美协旅游联谊中心主办，《时代国画》编辑部协办的“水墨·心象当代中国画名家学术邀请展”在北京中国画研究院美术馆举行。

7月5日　为纪念张爱萍将军逝世一周年，由北京新四军研究会四师（淮北）分会和上海大学美术学院联合举办的“张爱萍诗意画展”，在军事博物馆开幕。

7月1 4日　为庆祝新中国成立55周年暨香港回归7周年，“邵华泽、李琦、冯真书画展”在港举行，80件书画作品受到香港各界好评。

7月13日－18日　由中国出版工作者协会美术出版工作委员会、中国美术出版总社和中国美术家协会共同主办，23家美术期刊协办的建国以来“首届中国美术出版界美术家作品展”，在中国美术馆隆重举行。

7月30日－8月4日　由中国美协、内蒙古美协、内蒙古乌海市人民政府共同主办的“王章一中国画展”在中国美术馆举行，共展出王章一中国画作品70余件。

8月1日　《绿色时空——庆八一中国人民解放军美术精品展》在上海浦东国际会议中心隆重举行。

8月11日　由文化部、江苏省人民政府共同主办的“其命唯新——傅抱石百年诞辰作品展览”在中国美术馆开展，由此揭开了“傅抱石百年诞辰纪念活动”的序幕。傅抱石是近百年来，中国最有成就的画家之一，而此次展览也是中国美术馆有史以来举办的最大规模的傅抱石个人画展。

8月20日－25日　由中国美术家协会艺委会、《文艺报》、常熟市人民政府、江苏省文联、江苏省美协主办的“纪念邓小平诞辰100周年殷培华画展”在中国美术馆举办。

8月21日　中国高等教育学会美育研究会2004年年会暨高校美育的理论建设与队伍建设研讨会在中国人民大学开幕。

8月28日－8月31日“第二届全中国代表书家展”在日本池袋东京艺术剧场大展览厅隆重开幕。

8月30日　中国美术创作院在北京正式成立，成立大会及挂牌仪式在中国艺术研究院举行。

9月4日－5日　由中国美术家协会、中国美术馆联合主办，中国美协中国画艺委会、武汉瑞丰置业有限公司承办，蒋兆和艺术研究会、武汉东海岸文化艺术发展有限公司协办的“第二届中国人物画大展——纪念蒋兆和诞辰100周年”分别在中国美术馆和炎黄艺术馆开幕。

9月13日－10月10日由中华人民共和国文化部和中国美术家协会主办，深圳市人民政府承办的“第十届全国美展港、澳、台邀请作品展”在深圳市关山月美术馆举办。

9月20日　由中国文化部文化艺术发展促进会、中国美协《美术》杂志社共同主办，中国美术家协会网、中央国家机关工委紫光阁杂志社、国经协经济研究院协办，江苏明城投资集团特别承办的以“中国画·画中国”为主题的大型美术写生创作活动，在江苏南京市文化艺术中心正式启动。本次活动计划三十年完成，每年一省，画遍全国各省。

10月13日　由关山月美术馆举办的“建设新中国：20世纪50年代至60年代中国画专题展”，在深圳关山月美术馆开幕。

10月22日　由文化部艺术司、中国画研究院和宁夏回族自治区文化厅共同主办的中国美术界“聚焦西部·宁夏行——中国画画家宁夏写生创作作品展”，在宁夏展览馆开幕。

10月25日　由中央美术学院研究生部主办的“中国画精神——中央美术学院2002届中国画高级研修班（含部分博士生课程）第一展”在中国美术馆举行。

11月3日　在中国楹联学会成立二十周年庆典活动之际，备受各界注目的中国楹联界首届自撰楹联书法展在中国人民革命军事博物馆隆重举行。

11月6日－8日　由河南报业集团、河南美术家协会、《漫画月刊》、河南新闻美术工委、淇县人民政府共同主办的“云梦风情书画展”在郑州美术馆举行。

11月12日　由中国文联、湖南省人民政府、中国美术家协会主办，湘潭市人民政府承办的首届中国（湘潭）齐白石国际文化艺术节开幕式，在白石公园广场隆重举行。

11月20日　由中国美术家协会主办，河南省美协、河南电视台、《国画家报》承办，中原书画研究院、西安中国画院协办的王西京中国画展在河南郑州升达艺术馆隆重开幕。

11月21日　中国金融美术家协会在北京举行了成立大会，中国金融美术家协会的成立。

11月26日　中国艺术研究院中国书法院在北京正式挂牌成立。

12月2日　在中国美术馆“中央民族大学美术学院教师作品展”在美术馆开幕。

12月10日　由文化部和中国美术家协会共同主办的“第十届全国美术作品展览”在中国美术馆开幕。

12月23日上午　由首都师范大学中国书法文化研究所主办的“全国首届书法专业研究生书学学术周”正式开幕。

12月25日　由北京师范大学艺术与传媒学院主办、书法专业承办的第四届书法文化活动周在北师大新主楼四季厅隆重开幕。

2005年1月12日　由中国美术馆、中国美术家协会、中央美术学院联合主办，无锡广播电视集团协办的"春华秋实——中央美术学院1978级研究生成果汇展"，在中国美术馆隆重开幕。

4月4日　扬州八怪书画院成立庆典暨庆祝画院成立全国书画名家作品邀请展开幕式在"扬州八怪"的杰出代表——郑板桥故乡——水乡兴化隆重举行。

4月27日－29日　中国书协全国工作经验交流会在京隆重召开。

6月1日　由湖南省人民政府主办湖南省商务厅和湖南省书法家协会联合承办的中国湖南（香港）投资洽谈活动周湖南书法展，在香港会展中心展出。

6月30日　北京师范大学教授、博士生导师，全国政协常委，中央文史馆馆长，中国书法家协会副主席、主席、名誉主席启功先生因病在北京逝世，享年93岁。

8月1日－8月7日　为纪念中国人民抗日战争胜利暨世界反法西斯战争胜利60周年和中国人民解放军建军78周年，由中国人民解放军总政治部宣传部、中国书协联合举办的"全军中国书法家协会会员优秀作品展"在中国美术馆正厅举行。

12月10日－2005年1月8日

由文化部和中国美术家协会共同主办的"第十届全国美展"，继前一阶段十个展区的分画种展览后，其"获奖作品展"，在中国美术馆隆重地拉开了帷幕。

12月12日　由李可染艺术基金会、张元帅府博物馆共同主办的"李可染抗战宣传画捐赠仪式"，（"西安事变"68周年纪念日）在沈阳张元帅府博物馆隆重举行。

12月13日－2005年1月10日

经中华人民共和国文化部批准，由深圳市政府主办，深圳画院，关山月美术馆以及深圳美术馆承办的"第四届深圳国际水墨画双年展"在深圳关山月美术馆，深圳画院，深圳美术馆隆重举办。

2月28日　由文化部中国文化艺术促进会、中国美术家协会《美术》杂志社共同主办的"中国画·画中国"——江苏南京行画展，在北京中国美术馆开幕。

3月20日　由香港文化艺术交流协会、《美术天地》杂志主办、香港美术研究会、油尖区文化艺术协会协办的"2005·中国画实力派画家赴香港邀请展"在香港中环大会堂隆重举行。

3月27日　《全国第四届正书大展》组委会在厦门市文联大厦举行新闻发布会。

4月4日　毛泽东诗词墨宝展在北京河南大厦举行。

4月6日　由英国红楼基金会、中国美术家协会联合主办的"英国皇家艺术院院士在中国"作品展在中国美术馆开幕。

5月2日－5日　第二届中国国际画廊博览会在北京国贸举行。此次国际画廊博览会有15个国家和地区的110家画廊参展。

5月22日　为纪念毛泽东同志《在延安文艺座谈会上的讲话》发表六十三周年，历时三年筹备的"关东画派中国画人物画大展"，在中国美术馆隆重开幕。

6月6日　由中国美术家协会主办，中国美术家协会理论委员会和西安美术学院承办的"首届中国美术金彩·长安论坛"，在西安美术学院西部美术馆隆重开幕。

6月20日　由北京大学主办，《亚洲艺术》杂志，《美术界》杂志协办的"北京大学·中国山水画名家邀请展"在北京大学开幕。

7月18日　文化部、中央国家机关侨联、北京市侨联、文化部侨联、中国徐悲鸿画院、古都北京国画院、徐悲鸿纪念馆在北京中央美术学院美术馆隆重举行纪念近代爱国主义艺术家、杰出的美术教育家徐悲鸿先生诞辰110周年国际著名美术家作品展及学术研讨会。

8月1日－7日　为纪念中国人民抗日战争胜利60周年暨世界反法西斯战争胜利60周年和中国人民解放军建军78周年，由中国人民解放军总政治部宣传部、中国书法家协会联合举办的“全军中国书法家协会会员优秀作品展”在中国美术馆举行。

9月2日　“纪念反法西斯战争胜利60周年国际艺术作品展”在中国美术馆隆重开幕。

9月10日　由香港文化艺术交流协会、《亚洲美术》杂志社主办，苏州远大企业有限公司、中国美术出版社、香港亚洲美术家协会、香港美术研究会协办的2005·香港“当代中国画名家邀请展”在香港中环大会堂隆重开幕。

9月20日　由中国文学艺术界联合会、北京市人民政府和中国美术家协会联合主办的“第二届北京双年展主题展国外部分”及“中国中青年艺术家精品展”在中华世纪坛隆重开幕。

10月13日　由国家体育总局、中国奥委会、中国美协和十运会组委会共同主办的第六届中国体育美术作品展在南京博物院举行。

2006年8月1日　由中国美术家协会、山西临汾市委宣传部主办，山西省洪桐县浩益煤焦化有限公司协办的“纪念中国工农红军长征胜利70周年全国中国画作品展”在北京军事博物馆拉开帷幕。

9月24日　备受关注的中拍国际2006年金秋珍品拍卖会在北京国际饭店成功落下帷幕。174件拍品在此次拍卖会上花落各家，三千九百多万的成交额创下了中拍国际历史之最。

10月12日　清华大学美术学院50周年暨张仃作品展在清华大学美术学院隆重举行。这次展览由清华大学美术学院和中国美术馆共同主办。

10月17日　纪念孙中山诞辰140周年画展在上海孙中山故居纪念馆开幕。

10月18日　中国农民画研究中心在上海成立。

10月21日　“书画长征路展”大型主题展开幕式暨画册首发式在中国美术馆举行。

10月22日－28日　纪念中国工农红军长征胜利70周年邮票设计及书画艺术展在北京德胜国际文化交流中心开幕。

11月30日　中国美术馆首次举办青少年书画展。

李伟
《历山烟云》
138 × 68cm
中国画作品

满维起 《红土放歌》 220 × 140cm 中国画作品

卢禹舜 《唐人诗意》 136 × 68cm 中国画作品

大国气派　先进神采

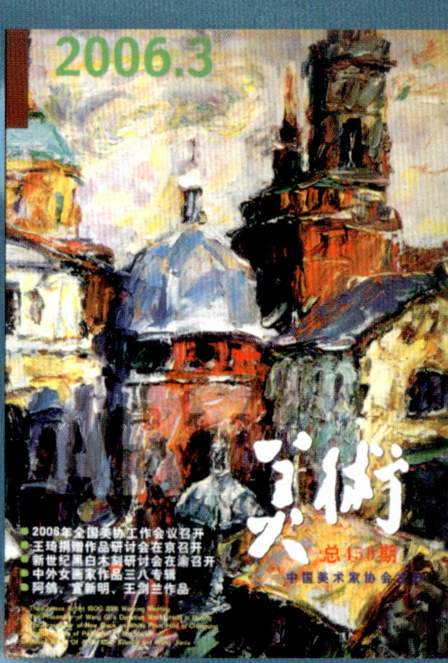

2007年大征订！

1950年创刊　中国美协主办　首任主编王朝闻

一部正在行进的中国当代美术史
一位陪伴您艺术人生的良师益友

美术观察
ART OBSERVATION

国家级艺术类核心期刊　2005年获第三届国家期刊奖提名奖

中国艺术研究院主办　美术观察杂志社出版

邮发代号/2-228　每期定价/22.60元　全年定价/271.20元

读者可去当地邮局订阅，或向本社直接邮订、零星邮购，免收邮费

地址/北京朝阳区惠新北里甲1号　邮编/100029

电话/010-64925242　联系人/杨文静

2007 欢迎订阅

http://msgc.chinajournal.net.cn

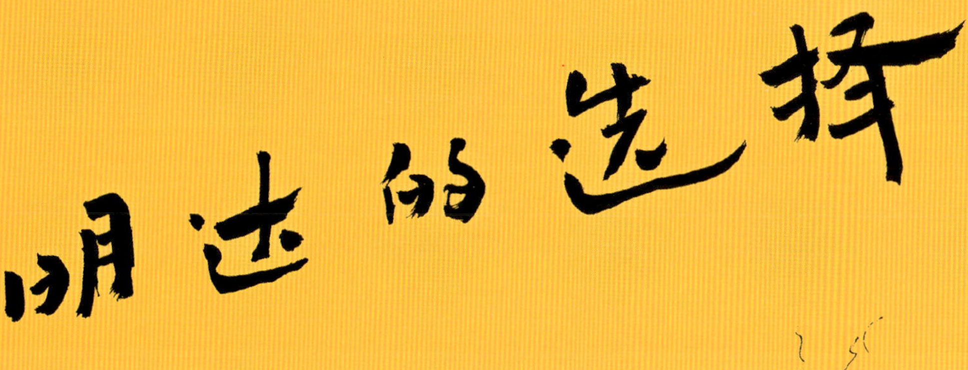

——这阵子老犯迷糊，支点招吧。

——支招？到这里找找吧。

可从各地邮局订阅，亦可汇款至本刊发行部邮购
每期定价：28.00元人民币　　邮发代号：2-969
地　　址：北京北总布胡同32号
邮　　编：100735　电话、传真：(010)65128417
帐户名称：人民美术出版社
开 户 行：中国光大银行王府井支行
帐　　号：083502120100304581439

CHINA ART MARKET

中國藝術市場

学术眼光关注市场　市场角度体现学术

主要栏目

封面人物　本期关注　拍场内外　市场扫描

名家名廊　心亮观点　本刊直荐　古玩收藏

地址：北京市工人体育场东路甲15号　邮编：100027

电话:010-81600531　13701178196　传真：010-85761938

E-mail：china_art_market@yahoo.com.cn